(주) 어떤 주제의 경우 두 가지 속성이 공존될 수 있으나 주된 속성을 기준으로 구분한 것이다.

(예1) 〈Ch. 3 CVP분석〉의 경우 저원가 전략의 타당성 검토를 위한 CVP분석은 전략적이나 수시로 행하는 가격 변경 의사결정은 전형적인 운영적 의사결정에 해당한다.

(예2) 〈Ch. 8 책임회계제도〉의 원가 차이분석은 단기 운영적 분석이나, 수익성 분석에 기초한 제품 포트폴리오 구성의 경우 장기 전략적 분석이다.

Strategy | Product | Process | Human

신홍철 | 이주원 | 강대준

2판

전략적 의사결정을 위한 회계정보 창출 활용 입문서

新 관리회계

經文社

2판 서문

관리회계를 출간한 지 벌써 4년이 경과하였다. 그동안 본서를 교재로 채택해 준 여러 교수님들과 개별적으로 구입하여 사랑해 준 독자분들께 감사를 표한다. 나름대로 전략적 관점을 반영하고 전통적인 토픽과 신규 토픽 간의 균형을 꾀한 성공작으로 자평한 책이다. 출간 후 눈에 띈 오탈자를 이번 개정판에서 모두 수정할 수 있게 되어 홀가분한 느낌이다. 기왕 수정하는 참에 그간 강의를 통해 느꼈던 몇 가지 변화의 필요성을 개정판에 반영하였다.

첫째, 독자의 눈높이를 맞추기 위한 변화이다. 본문과 예제 및 주 · 객관식 연습문제 간의 유기적인 연계를 위해 다소 난이도가 높다고 판단되는 (가령, 2차 시험 준비용) 문제는 과감히 생략하고 교수용 참고자료로 배치를 달리했다.

둘째, 제1장 환경변화에 대한 내용을 일부 추가하고 제10장 제4절의 전략적 성과관리의 대표적 모델인 BSC(균형성과표)를 대폭 보완하였다. 아울러 최근 출제경향을 파악할 수 있도록 초판 이후의 CPA 및 CTA 1차 기출문제 중 본서에 적합한 문제를 선별하여 추가하였다.

셋째, 추가 참고문헌에 대한 업데이트를 통해 보다 최근의 실무 동향을 파악하게 하였으며 참고문헌의 핵심 내용을 한 슬라이드로 요약해 학생들로 하여금 짧은 시간에 해당 문헌이 추천된 배경을 이해할 수 있게 하였다.

넷째, 문제에 병기된 (난이도를 반영한) ★ 표시를 보다 현실화하였다. 이로써 담당 교수가 학생들의 눈높이를 감안해 적절한 수준의 숙제를 부과할 수 있음은 물론, 수강생 스스로도 자신의 실력이 어느 정도인지를 가늠할 수 있도록 했다. 또한 꾸준히 제기되었던 학생들의 질문을 참고해 다소 미진하다고 느꼈던 본문의 설명을 보완하고 해답집의 풀이를 수정해 독자 스스로 이해할 수 있도록 하였다.

다섯째, 강의용 파워포인트의 대폭 보완이다. 수업에의 몰입도를 높이기 위해 교재에 소개된 예제의 일부 수치를 빈칸으로 남겨 강의 중 함께 채워나갈 수 있게 하였고, 연습문제에 대한 풀이를 ppt로 만들어 필요한 경우 피드백 차원에서 사용할 수 있도록 하였다.

PREFACE

끝으로 개정작업을 준비하면서 공저자들은 본서를 교재로 사용하는 교수님들께 유용한 자료를 지속적으로 제공하는 것이 좋겠다는 의견의 일치를 보았다. 스터디가이드처럼 담당 교수가 보다 유연하게 강의에 활용할 수 있도록 각 장 요약 및 추가 선택 가능한 참고자료(가령, 간단한 퀴즈, 기출 중간고사나 기말고사 등)를 제공함은 물론, 함께 알면 바람직하다고 판단되는 기사, 참고문헌 등을 함께 공유할 수 있는 채널을 활용하기로 의견을 모았다.

이번 개정판 출간을 계기로 다시 한 번 교재의 중요성과 관리회계 강의의 보람을 깨닫게 되었다. 본서가 더욱 좋은 교재로 사랑받을 수 있도록 독자 여러분 및 강의 담당 교수님들의 비판을 겸허히 받아들이고 교재에 담지 못한 유익한 내용을 함께 공유하는 채널을 적극 활용하여 미력이나마 관리회계 교육에 일조할 것을 공저자 두 분과 함께 다짐하는 바이다.

2019년 2월 연구실에서
공저자를 대표하여 신홍철 씀

서문

2001년에 출간했던 『전략적 관점을 강조한 관리회계(이하, 관리회계)』를 분리 · 편철하는 차원에서 지난 여름 『新원가회계』라는 제목의 원가회계 교재를 출간한 바 있다. 본서는 『新원가회계』의 후속서이다. 이미 원가회계 서문에서 밝힌 것처럼 대부분의 국내 대학들은 원가회계를 먼저 개설하고 후속 과목으로 관리회계를 개설하고 있다. 미국처럼 관리회계를 먼저 개설한 후 다소 난이도가 높은 토픽들을 모아 후속 과목(원가계획 및 통제 혹은 전략적 원가관리 등)에서 강의하는 것이 바람직하다는 개인적인 소신을 갖고 있다. 그러나 국내현실을 감안하여 원가회계를 수강한 학생들이 이어서 관리회계를 수강한다는 가정하에 본서에서는 원가정보의 활용에 초점을 맞추었다.

2001년도에 출간했던 『관리회계』는 기존 교과서와 차별화된 새로운 관리회계 내용들을 충실히 소개하였고 나름대로 관리회계 교육에 기여했다고 자평한다. 그러나 책의 분량이 만만치 않아 학생들이 들고 다니기가 쉽지 않았을 뿐만 아니라 개설과목 및 담당 교수의 취향에 따라 교재 일부 내용을 선별하여 강의해야 한다는 불편이 있었다. 이러한 아쉬움을 감안하여 언젠가는 원가회계와 관리회계로 분리 · 출간하겠다고 결심했었는데 그 실천의 일환으로 『新원가회계』를 먼저 출간한 것이다.

본서 준비에서도 원가회계 집필 원칙을 따랐다. 무엇보다 강의 담당 교수와 학생들의 눈높이를 최대한 반영하여 모두로부터 사랑받는 교재를 출간하고자 하였다. 이런 목적에서 풍부한 실무 경험 및 젊은 감각을 겸비한 공저자와 함께 작업했다. 회계필드에서 오랫동안 활약해 온 강대준 드림인사이트 대표(전 삼일회계법인 매니저)와 특유의 여성적 감성으로 학생들 눈높이를 살리는 데 탁월한 이주원 교수 덕분에 이해하기 쉬운 교재가 탄생할 수 있었다.

재무회계와 달리 내부 경영자를 지원하기 위한 회계정보의 창출과 활용을 다루는 관리회계는 다양한 접근이 가능하다. 기업이 처한 상황 및 취급하는 제품이나 서비스의 종류가 다양할 뿐만 아니라 전략을 비롯한 업무수행방식 또한 다르기 때문이다. 따라서 한 학기용 관리회계 교재에 어떤 내용을 어떤 순서로 담아내야 하는지를 정하기란 쉽지 않다. 이런 이유 때문에 국내 관리회계 교재들은 구성상 적지 않은 차이를 보인다. 원가회계의 후속과목으로 수강하는 관리회계 교재인 경우에도 마찬가지이다. 왜냐하면 원가회계 교재에서 다루지 않은 토픽들만 모아서 편집해도 되는 것이 아니기 때문이다. 교재 앞부분의 경우 일부 토픽(원가의 개념 소개 및 CVP 분석 등)에 대한 중복을 피할 수는 없다는 한계를 갖는다.

PREFACE

매 학기 관리회계에 앞서 원가회계를 강의할 때는 재무회계와 대조되는 관리회계에 대한 설명을 (시간 제약 때문에) 충분히 하지 못한 채 원가정보 산출 토픽을 다룬다는 아쉬움이, 그리고 관리회계를 강의할 때는 강의 초반에는 어쩔 수 없이 원가회계에서 다룬 내용을 복습 차원에서 중복적으로 다룬다는 아쉬움을 갖게 된다. 아마도 대부분의 교수들이 갖는 공통적인 아쉬움이라고 생각한다.

이런 현실적 제약을 감안하여 다음과 같은 점을 유념하여 집필하였다.

본서의 특징

첫째, 원가회계와의 조화이다. 가급적 원가회계와의 중복을 최소화한 본서는 원가회계에서 쌓은 관리회계의 기초 지식을 한 차원 높여 다양한 조직의사결정에 필요한 정보를 산출 · 활용하도록 초점을 맞추었다. 원가정보의 활용을 다룬 제2부에 앞서 원가회계 핵심 내용의 리뷰 차원으로 마련된 제2장은 학습효과를 높이고자 최대한 표, 그림 및 개조식 서술방식을 활용하였다.

둘째, 새로운 스타일의 편집이다. 학생들의 이해를 돕기 위해 각 장 도입 부분에 Intro라는 제목으로 해당 장의 핵심 내용이 무엇인지를 암시하는 인용문이나 신문기사 혹은 개관을 소개하였다. 또한 해당 주제에 관한 대표적인 실무 사례(혹은 인터뷰나 에피소드)를 storytelling이란 제목으로 시작하여 기업실무 및 일상생활속의 이슈와의 연계를 강조했다.

셋째, 독자에 대한 배려이다. 학생들이 쉽게 이해할 수 있도록 설명을 충분히 하였으며, 문제 위주로 핵심적 내용을 이해시키기보다는 스스로 터득할 수 있도록 하였다. 특히 학생들의 학습패턴을 반영하여 가능한 그림과 도표를 많이 활용하였고, 각 장 끝에는 종합예제를 소개함으로써 학생들 스스로 학습내용을 정리할 수 있도록 하였다. 또한 핵심용어의 페이지를 병기하여 스스로 이해가 미진하다고 판단한 경우 교재를 수시로 확인할 수 있도록 했다. 연습문제 또한 종전과 달리 핵심 개념에 대한 이해 여부를 묻는 빈칸채우기 문제와 객관식 문제를 추가하여 단계적인 학습을 가능하게 하였다. 객관식 문제는 가능하면 CPA 및 세무사 1차 시험에 출제된 최근 기출문제 중 교재와 관련성을 갖는 문제들을 엄선하여 추가하였다.

넷째, Tip 박스의 적극적 활용이다. 기존 교과서보다는 넓은 판형을 택해 좌우 여백을 활용한 Tip 박스를 추가하였다. 핵심용어의 정의, 오해하기 쉬운 부분, 실무의 동향

에 관한 내용 등을 Tip 박스에 담아내어 학생들 눈높이에 맞춘 주석 역할을 하도록 하였다.

다섯째, 전통적인 토픽과 새로운 토픽간의 조화 그리고 전략적 관점을 강조하였다. 국내외 글로벌 기업들의 변신에 관한 실무사례를 소개하여 급변하는 경영환경하에서 필요한 전향적인 마인드를 강조하였다. 또한 전통적인 핵심기법과 최신 이슈를 균형 있게 다루어 향후 기업에서 근무하면서 직면할 새로운 환경변화에서도 기업에 적합한 관리회계 전개를 스스로 주도할 수 있는 능력 배양을 강조했다.

여섯째, 난이도의 조절을 염두에 둔 부록을 최대한 활용하였다. 한 학기 동안의 강의 분량 및 학교 별로 원가회계에서 다룬 내용이 상이할 수 있음을 감안하여 일부 토픽은 각 장의 부록으로 소개하여 담당 교수들이 재량을 갖도록 하였다.

일곱째, 담당 교수 및 학생을 위한 추가 자료의 공유이다. 지면 제약 때문에 교재에 담지 못했지만 담당 교수와 학생들이 활용하는 것이 바람직하다고 생각되는 에피소드(신문 기사 또는 논문 또는 동영상 자료 등) 일부를 Reading material 박스에서 소개하고 이를 포함한 참고자료의 URL 주소를 담은 QR 코드를 장 말미에 제시하여 손쉽게 링크하여 유익한 자료를 추가로 일독할 수 있도록 하였다. 이로써 관리회계가 기업이 당면하는 다양한 경영의사결정에 어떻게 활용되는지에 대한 이해와 경영과의 연계 측면을 강조하였다. 담당 교수를 위한 자료는 별도로 마련하여 수강생 눈높이에 맞는 보충자료를 재량껏 활용할 수 있도록 하였다.

본서의 구성

본서는 크게 4부로 구성되었다. 제1부에서는 관리회계의 기초 개념을 소개하고 원가회계에서 배운 핵심 내용에 대한 리뷰를 하였다. 제2부에서는 원가정보를 비롯한 관리회계 정보가 경영의사결정에 어떻게 활용되는지에 초점을 맞추었다. CVP(3장), 관련원가분석(4장) 및 가격결정(5장) 그리고 종합예산(6장), 불확실성하의 의사결정(7장) 등이 이에 해당한다. 제3부에서는 성과평가를 포함한 성과관리 목적의 관리회계 정보의 활용 측면을 다룬다. 책임회계(8장), 사내대체가격 및 분권화(9장), 전략적 성과관리(10장) 및 장기계획 성격의 자본예산(11장) 등이다. 제4부에서는 전략적 관리회계 토픽으로 원가회계에서 제외된 생산성 분석 및 TOC(제약이론)을 12장에서 그리고 향후에도 여전히 강조될 시간관리 및 커패서티 관리 그리고 지속가능경영과의 관리회계 역할을 제13장에서 다루었다.

『전략적 관점을 강조한 관리회계』를 원가회계와 관리회계로 분리하면서 탄생한 본서의 상당 부분은 위 책에서 가져 왔다. 참고로 하단에는 본서의 매 챕터 내용은 기존 책의 어느 챕터를 주로 활용했는지를 알 수 있도록 대조표를 작성하였다. 불필요한 부분은 과감히 삭제하고 보다 참신한 예제나 문제들로 대체하였지만 여전히 유효하다고 판단된 교재의 내용은 최대한 활용하였다. 본서 또한 예전 책 서문에서 언급했던 많은 책과 논문으로부터 도움을 받았다. 그 외에도 최근 공저자와 출간한 『지금 당장 회계공부 시작하라』(2012), 그리고 저자의 『관리회계의 혁신』(1993)에서 소개했던 내용 중 본서에 적합하다고 판단된 부분을 반영하였다.

본서(2014)	관리회계(2001)
제 1 장	제1, 2장
제 2 장	제3~7장
제 3 장	제 8 장
제 4 장	제 9 장
제 5 장	제10장
제 6 장	제13장
제 7 장	제11장

본서(2014)	관리회계(2001)
제 8 장	제14, 15, 16장
제 9 장	제17, 18장
제10장	제21, 22장
제11장	제19, 20장
제12장	제23, 24장
제13장	제24, 25장

본서가 출간되기까지 여러모로 도움을 주신 분들에게 감사를 드리고자 한다. 특히 일부 챕터의 초안을 작성하고 교정에도 적극적으로 애써준 박사과정의 이상철 선생에게 감사를 표한다. 그리고 본서의 출간이 지연됨에도 묵묵히 기다려 주신 경문사의 한헌주 사장님과 이 책의 출간을 위해 많은 수고를 해주신 김재홍 부장님과 편집부의 한지윤 대리께도 감사드린다. 이들 모두의 도움이 없었더라면 이 책은 출판될 수 없었을 것이다. 저자는 본서가 더욱 좋은 교재로 사랑받을 수 있도록 독자 여러분 및 강의를 담당하실 교수님들의 비판과 질책을 겸허히 받아들이고 이를 성심성의껏 반영하는 개정작업을 게을리하지 않을 것을 공저자 두 분과 함께 다짐하는 바이다.

2014년 1월말 겨울

공저자를 대표하여 신홍철 씀

차례

PART 01 관리회계의 기초

01 관리회계와 전략의 만남

02 원가회계의 세상 다녀오기

CONTENTS

PART 02 단기이익계획 및 원가분석 : 원가정보를 이용한 관리적 의사결정

03 원가 · 조업도 · 이익(CVP)분석

04 관련원가분석(I): 단기적 특별의사결정

05 관련원가분석(Ⅱ): 가격결정과 제품믹스결정

PROFIT
RISK
LOSS

07 불확실성하의 의사결정과 정보활용

PART 03 전략적 성과관리 및 성과평가

08 책임회계제도

CONTENTS

11 자본예산

PART 04 전략적 관리회계

12 전략적 관리회계(Ⅰ): 생산성 분석과 TOC

13 전략적 관리회계(Ⅱ): 커패서티 관리, 시간관리 및 지속가능경영과 관리회계

Management Accounting

PART 01

관리회계의 기초

관리회계를 제대로 이해하기 위해서는 먼저 경영 전반에 대한 지식을 쌓아야 한다. 따라서 본서에서 관리회계의 핵심 이슈 및 제반 기법을 학습하는 과정에서는 먼저 경영이슈를 떠올린 후에 이를 지원하기 위한 회계정보의 역할을 상기할 필요가 있다.

경영과 관련된 지식은 전략, 생산, 마케팅, 인사조직, 재무관리에 이르기까지 실로 다양하다.

제 1 장 관리회계와 전략의 만남

제 2 장 원가회계의 세상 다녀오기

또한 오늘날의 경영환경 변화는 워낙 급격히 이루어지기 때문에 경영방식도 종전과는 판이하게 전개된다. 최근 유행하는 SNS 마케팅 및 공유가치창출(CSV)이라는 용어 등을 떠올리면 쉽게 이해할 수 있다. 이러한 환경변화를 예의 주시하지 않으면 경영에서의 다양한 계획 및 통제활동을 위한 재무적 및 비재무적 정보를 창출·활용하는 학문인 관리회계의 유용성은 퇴색된다.

제1부에서는 본서에서 다룰 내용의 기초가 되는 관리회계 지식을 소개한다. 제1장에서는 관리회계의 본질과 특징을 소개하는데 원가회계 교재 후속서임을 감안하여 전략적 관리회계에 초점을 맞추었다. 제2장에서는 원가회계에서 다룬 내용 중 본서의 기초가 될 원가 개념, 원가분류, 원가계산 등을 복습한다.

01 관리회계와 전략의 만남

학습목표

- 관리회계의 정의 및 특징을 배움
- 3대 경영기능과 관리회계 정보간의 관계를 파악
- 정보시스템으로서의 관리회계의 발전과정을 이해
- 관리회계와 재무회계와의 차이를 터득
- 경영전략에 관한 기초지식을 학습
- 전략경영에서의 회계정보의 역할을 이해

Intro

관리회계정보시스템은 전략 및 장기계획 수립, 제품 및 고객 수익성 분석은 물론 운영예산편성 및 성과평가 등과 같은 각종 **단기계획 및 통제와 관련된 다양한 의사결정에 유용한 정보**를 제공하는 것을 목적으로 한다. 이 밖에도 각종 대안간의 비교분석에 적합한 정보를 창출하고 활용하는 것을 다룬다.

관리회계가 지원하는 경영의사결정은 **전략적** 의사결정과 같은 장기적이고 종합적 성격을 띠는 것에서부터 적정 재고수준의 파악과 최적 운송수단의 선택과 같은 **운영적** 성격에 이르기까지 다양하다. 이는 곧 경영이 갖는 측면이 그만큼 다양함을 시사한다. 따라서 관리회계가 제역할을 수행하기 위해서는 경영의 핵심적 기능은 물론 계획수립, 실행, 평가, 시정조치의 연속과정으로 이루어지는 경영의 프로세스 그리고 경영이 추구하는 **효과성** 및 **효율성** 등에 관한 기초적 지식을 갖출 필요가 있다.

제1장에서는 재무회계와 구분되는 관리회계의 본질 및 특징을 소개한다. 아울러 과거환경과 판이하게 다른 오늘날의 환경하에서도 관리회계가 여전히 유용성을 갖기 위해서 새로운 변화 측면을 예의 주시하는 가운데 적합성을 갖는 의사결정 지원 정보를 제공해야 할 필요를 감안하여 **전략적 관리회계**의 실행을 강조한다.

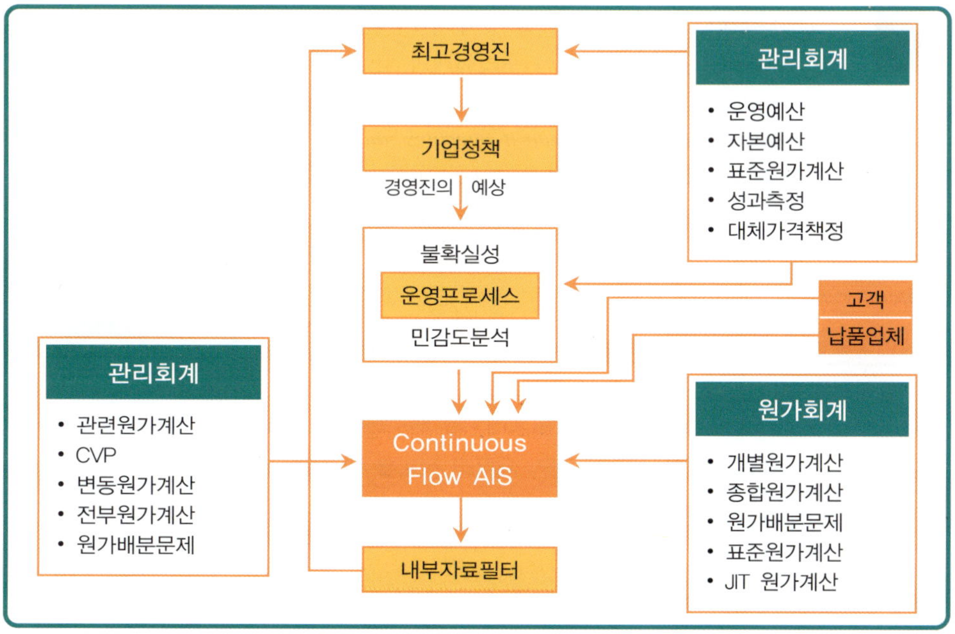

Storytelling

TIP!

펩시코는 미국에 본사를 둔 국제적인 청량 음료, 스낵 제조업체이다. 펩시콜라 브랜드 이외에도 이 회사는 퀘이커 오츠, 게투레이, 프리토-레이, 소비, 트로피카나 등의 브랜드를 가지고 있다. 펩시코는 경쟁사인 코카콜라와는 많이 다른데, 임직원 수가 3배나 되고, 매출 또한 훨씬 더 많다(위키백과사전).

상점에서 청량음료나 과자를 사고 먹을 때 어떤 여학생은 다음과 같은 생각을 할 수도 있다. "이 과자를 다 먹으면, 이 음료를 다 마시면 살찌겠지, 이 음료의 칼로리는 얼마나 될까, 과연 운동을 얼마나 해야 과자와 음료로 채운 열량이 소모될까, 설탕 또한 잔뜩 들어 있으니 영양균형이 또 깨졌을 거야…" "이런 제품을 만드는 회사들은 영양보다는 혀끝을 자극하여 계속 먹을 수밖에 없는 화학 감미료를 개발하는 데 혈안이 되어 있겠지, 청량음료의 현란한 색과 맛에만 신경 쓰고 소비자의 건강은 안중에도 없을 거야…"

그러나 청량음료 제조회사들 중에는 단순히 매출확대와 이익증가만을 추구하기보다는 자신의 존재이유를 주주, 고객, 지역사회로 관점을 바꾸어 지속적인 수익성 개선노력과 재투자를 하는 곳이 있다. 그 중 한 곳을 소개하자면 **펩시코(PepsiCo, Inc.)**이다.

펩시코는 수익성과 지속가능성을 겸비한 기업으로 거듭나기 위해, 주주를 위한 훌륭한 투자, 구성원을 위한 훌륭한 작업환경, 공급자와 더불어 좋은 사회시민이 되기를 추구하고 있다. 이러한 목적을 달성하기 위해 건강한 식음료 제공, 환경에 미치는 영향을 최소화하면서 원가를 절감하는 프로세스 혁신, 각 지역공동체를 존중하고, 지원하여 안전하고 쾌적한 작업환경 구축을 지향한다.

펩시코의 경영관리 노력의 초점은 **제품**(product), **프로세스**(process), **사람**(person)의 3가지로 요약될 수 있다. 기업이 설정한 전략적 목표를 제대로 실행하고, 지속적으로 추진하기 위해서는 제품, 프로세스, 사람에 대한 성과지표가 측정되고 관리되어야 할 것이다. 이러한 측정지표에 대한 정보를 제공하고 해석하는 것이 곧 전략적 관리회계의 역할이다.

"Business does not operate in a vacuum-it operates under a license from society. We recognized early that when we transform our business to deliver for our consumers, protect our environment, and invest in our employees-we achieve sustained value. In fact, these actions fuel our financial returns."

Indra K Nooyi
(펩시코 CEO)

"비즈니스는 무에서 저절로 이루어지는 것이 아니라 사회가 부여하는 면허에 의해 운영되는 것이다. 우리는 이미 오래전에 고객에게 가치를 전달하고 환경을 보존하고 종업원에게 투자하기 위해 비즈니스를 혁신함으로써 지속적인 가치를 달성함을 깨달았다. 사실상 이러한 활동들이 최종적인 재무적 성과를 실현하는 원동력이다." (2013년 펩시코 CEO message 중에서)

제1절 관리회계의 개관

1.1 관리회계 : 경영을 지원하는 회계

> 현대 경영제도의 특징은 한마디로 최고경영진이 사업을 이해하고 지휘하며 통제하는 능력을 극대화하는 개념과 도구들의 집합체라는 것이다.
>
> -Donald A. Curtis[1992], Management Rediscovered-

외부이해관계자의 경제적 의사결정에 유용한 정보의 창출과 활용을 다루는 재무회계와 달리 관리회계는 조직내부의 장·단기 경영계획 및 통제 활동에 유용한 정보의 창출과 활용에 초점을 맞춘다. 관리회계의 영어명칭이 경영과 회계의 합성어인 management accounting임을 보더라도 관리회계는 경영을 지원하기 위한 회계의 역할을 다루는 학문이다.

따라서 관리회계의 본질을 제대로 이해하기 위해서는 경영에 대한 이해가 전제되어야 한다. 전략수립은 물론 연구개발, 제조 및 마케팅에 이르기까지 다양한 경영기능 수행상 당면하는 온갖 의사결정에 회계정보가 어떻게 활용되는가를 중점적으로 분석할 필요가 있다. 이를 감안하여 관리회계의 학문적 소개를 행하기 전에 먼저 조직경영과 의사결정 그리고 의사결정을 위한 정보의 역할에 대한 기초적 설명을 행한 후에 이를 토대로 관리회계의 본질을 다룬다.

1. 경영 : 프로세스관점에서 본 정의

경영(management)은 간략히 '사람을 통해 목적하는 바를 달성하는 것(getting things done through people)'으로 정의할 수 있다. 보다 구체적으로 풀어서 정의하면 '조직이 추구하는 목적달성을 위해 인적·물적 자원을 조직화하고 계획한 바를 달성하기 위해 필요한 행동을 실천에 옮기고 달성한 결과에 대한 평가를 통해 목적달성의 여부 및 개선가능성을 검토하는 일련의 활동'으로 정의할 수 있다.

경영은 계획(Plan)－실행(Do)－검토(Check 또는 See)－시정(Act)이라는 연속과정으로 이루어진다. 경영은 이러한 연속과정의 영어 약자를 따서 흔히 P－D－C－A 사이클로 정의된다([그림 1.1] 참조). 이처럼 조직의 전략을 수립하고 이를 실행하기 위한 의사결정을 내리고 실제 의사결정의 집행과정을 관찰하며 그 결과의 평가를

> **TIP!**
> **모든 조직에 경영은 필수!**
> 기업과 같은 영리단체는 물론 학교, 교회, 지방자치단체 등 비영리조직들도 그들이 보유하고 있는 한정된 자원을 최적으로 활용하는 가운데 추구하는 목적을 달성하기 위해 최선을 다한다는 점에서 공통점을 지닌다. 범죄단체(가령, 마피아조직)도 경영을 필요로 한다. 이는 곧 조직의 형태 및 이윤추구의 여부와 상관없이 조직설립 목적을 달성하는 과정에서 경영이 필수적임을 의미한다.

그림 1.1
경영프로세스의 개관

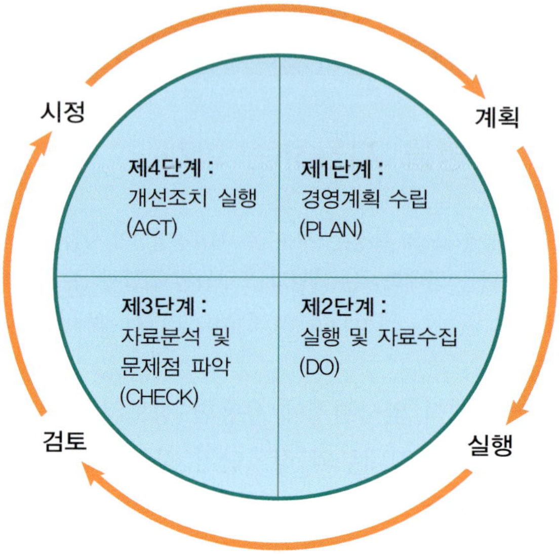

통해 시정조치를 취하는 각각의 경영수행단계에서 모든 조직은 다양한 형태의 회계 정보를 필요로 한다.

2. 경영 : 효과성과 효율성의 동시 고려

TIP!
효과성과 효율성 지표
가령, 휘발유 1ℓ를 이용한 차량운행 거리를 의미하는 연비(燃比 : gas mileage)나 야구에서의 타율 및 종업원 1인당 생산성은 **효율성**에 관한 수치이다. 이에 반해 학교가 배출한 졸업생 수나 관세청의 밀수품 적발건수 등은 **효과성**에 관한 수치이다.

이처럼 인적 · 물적 자원을 유기적으로 통합하여 당초 설정한 목표를 효율적으로 달성하고자 하는 경영활동은 항시 효과성과 효율성 두 가지를 동시에 고려하는 가운데 무수한 선택대안 중에서 최선의 안을 선택하는 의사결정의 반복으로 이루어진다. 여기서 '효과성(effectiveness : 일명, 유효성)'은 목적달성의 정도를 그리고 '효율성(efficiency : 일명, 능률)'은 투입(input)에 대한 산출(output)의 상대적인 비율로 투입을 얼마나 효율적으로 활용하였는가를 나타내는 것이다.

저명한 경영학자인 Drucker는 효과성을 '올바른 것을 수행하는 것(doing the right thing)'으로 그리고 효율성은 '일을 제대로 수행하는 것(doing things right)'으로 정의 내린 바 있다. 조직형태에 상관없이 경영성과에 대한 올바른 평가를 위해서는 이들 두 가지 요소가 종합적으로 고려되어야만 한다.

그러나 일반적으로 효과성에 대한 평가는 쉽지 않은 것이 현실이다. 효과성 측정치가 경영관리상 유용성을 지니려면 조직이 목표로 삼는 산출물이 가치있는 것이어야 할 뿐만 아니라 경영자가 최선을 다할 때에 달성가능한 것이어야 한다. 이런

성과물(outcome)과 산출물(output)의 구분이 중요한 이유

미국이나 영국 등 선진국의 경우 정부부문이 추구하는 목적 및 제공하는 서비스의 다양성을 감안하여 정부부문의 성과측정시 종전의 투입과 산출이라는 2분류 대신에 성과물, 산출물, 효율, 설명적 투입변수의 4분류체계를 따라 조직특성에 적합한 지표를 개발·활용할 것을 강조하고 있다.

산출물(output)이란 폐기물 처리톤수, 졸업생수, 도로포장 면적 등과 같은 생산물 또는 서비스의 양을 말한다. 이러한 산출물은 단순히 정부기관이 수행한 활동의 크기만을 나타낼 뿐 추구하는 목적의 달성 정도는 도외시한다. 반면에 결과 또는 결실을 의미하는 **성과물** 또는 **최종성과**(outcome)는 조직목표와 일치하는 산출물을 말한다. 연말에 남은 예산을 집행한다는 명목으로 얼마 전에 포장한 도로를 다시 포장하는 경우란 비록 산출물에 해당하지만 결코 국가 또는 주민에게 유용한 공공효익(즉, 성과물)이라고는 할 수 없다.

점에서 미국이나 영국 등 외국의 경우 비영리단체의 성과평가에서는 산출물(output) 대신에 성과물(outcome: 또는 결과)라는 용어를 사용하여 고객에 해당하는 시민이 원하는 서비스의 제공을 강조한다.

이에 반해 주어진 자원을 활용하여 생산한 산출물 수준과 투입을 고려하는 효율성(=능률)은 계량화가 용이하다는 점 때문에 조직이 보유한 자원의 최적활용을 책임지는(일명, 수탁책임) 경영자의 성과평가시 반드시 고려되어야 할 핵심 항목으로 오랫동안 자리잡아 왔다. 물론 이러한 효율성 위주의 성과평가에 대한 비난이 높은 수위에 올라 있지만 효율성 측정을 결코 도외시할 수는 없다. 단지 효과성과 동시에 고려되어야 한다.

효과성 및 효율성에 앞서 조직경영에서 가장 중요시되어야 할 기준으로는 정당성(propriety : 일명, 타당성)을 꼽아야 한다. 왜냐하면 조직이 처한 경영환경 및 관련 이해관계자(가령, 소비자나 환경운동가)들의 니즈나 정서 등을 감안할 때 조직이 설정한 목적 또는 목표가 타당한 것인지를("Are these objectives proper?") 우선적으로 평가해야 하기 때문이다.

조직운영의 효과성과 효율성 평가를 위해서는 회계가 필수적이다. 왜냐하면 회계는 '측정'을 본질로 하고 있기 때문이다. 조직성과에 관심을 두기는 외부이해관계자나 내부경영자나 마찬가지이다. 외부이해관계자에 비해 다양한 의사결정에 수시로 직면하고 경영에 직접 책임을 지는 경영자가 보다 다양한 형태의 정보를 필요로 하게 마련이다.

1.2 학문분야로서의 관리회계

1. 관리회계의 정의

(1) 회계학회의 보고서(ASOBAT)의 정의와 관리회계

회계원리에서는 회계를 "정보이용자가 사정을 잘 알고서 올바른 판단과 의사결정을 할 수 있도록 경제적 정보를 식별, 측정하고 전달하는 과정"으로 정의한다(미국회계학회의 보고서(ASOBAT) 참조). 위의 정의는 정보이용자를 외부이용자뿐만 아니라 내부경영자까지를 포함한 것으로 재무회계는 물론 관리회계의 특징을 담아내고 있다. 동 보고서에서는 회계의 일반적인 목적으로 다음 네 가지와 같은 용도를 위한 정보 제공으로 요약한다.

① 한정된 자원의 이용에 관한 의사결정으로 이는 중요한 의사결정의 영역을 파악하고 동 목적(goals) 및 목표(objective)를 결정하는 것을 포함한다.
② 조직의 인적·물적 자원의 효과적인 지휘 및 통제
③ 자원의 보전 및 관리에 관한 보고
④ 사회적 기능과 통제의 촉진

앞의 ASOBAT에서 규정한 회계목적 중 앞 두 개는 특히 관리회계를 염두에 둔 것이다. 이와 관련한 주장은 다음과 같다.

"회계정보의 핵심기능은 관리기능(즉, 경영지휘 및 통제)으로 조직내부의 계획수립 및 실천을 지원하는 정보를 제공하는 것이다. 체계적인 기록의 유지, 특수조사 그리고 자료분석 등을 통해 계획상 필요한 자원의 효율적인 취득 및 활용이 가능할 뿐만 아니라 이를 수행하는 사람들에게 적절한 동기부여를 꾀하며 이들 과업수행에 관한 효율성을 평가하기 위한 주요한 수단을 제공하는 것이다."

(2) 관리회계 전문단체에 의한 정의

관리회계 전문가모임인 IMA(Institute of Management Accountant : 미국 관리회계인협회)가 2008년 새롭게 내린 정의는 다음과 같다.

"경영진이 전략을 수립하고 실행하는 것을 지원하기 위한 목적에서 경영의사결정에 파트너로서 참여하고 경영계획 및 성과관리 시스템을 설계하고 재무보고 및 통제시스템에 전문성을 발휘하는 학문이다." (IMA의 2008년 정의)

위의 IMA의 정의는 종전의 정의가 관리회계에서 이용하는 정보를 재무적 정보에 국한시킨 점에서 한계를 갖는다는 인식하에 전략적 파트너십을 강조한 것이다.

2. 관리회계의 성격: 재무회계 및 원가회계와의 비교

(1) 재무회계와의 차이

기업 외부의 이해관계자를 대상으로 한 기업경영성과 및 재무상태에 관한 외부보고를 다루는 재무회계와 달리 기업내부에서 관리자를 위한 정보제공을 다루는 관리회계는 특수목적 지향적이다. 개별 또는 그룹 의사결정의 구체적 니즈에 맞는 정보를 제공하기 위하여 관리회계는 의사결정자가 통제(즉, 관리)가능한 요소들을 강조한다. 이런 점에서 관리회계는 의사결정지원시스템으로 불리기도 한다. 특히, 하위 조직계층에서는 계획 및 통제관련 의사결정이 빈번히 이루어지는 바 이들 의사결정자의 니즈를 충족시키기 위한 정보제공은 다양한 보고서형태로 월 또는 주(週) 단위로 때로는 하루에도 여러 차례 이루어진다. <표 1.1>은 전형적인 재무회계와의 대비를 통해 관리회계의 성격을 잘 요약하고 있다.

<표 1.1>에 요약된 관리회계의 특징 중 가장 대표적인 것으로는 미래지향적이라는 점을 꼽을 수 있다. 의사결정은 기본적으로 미래에 관한 것이다. 따라서 조직경영상 부닥치는 각종 의사결정에 유용한 정보를 제공하는 관리회계는 주로 미래예측에 관한 정보를 다루는 데 원가를 비롯한 재무적 수치는 물론 품질, 수량 및 시간 또는 고객만족도 등 다양한 유형의 비재무적 측정치를 중요시한다.

TIP!

종전 관리회계 정의

관리회계는 경영자가 조직 내에서 계획, 평가 및 통제활동을 수행하고, 자신이 관할하는 조직자원을 효율적으로 활용하고 이에 관한 책임보고를 위하여 사용하는 재무적 정보를 인식·측정·집계·분석·작성·해석·전달하는 과정이다. (NAA, "Definition of Management Accounting," Statement on Management Accounting 1A, 1981)

TIP!

관리회계 과목 개설의 효시

'**관리회계**' 또는 이와 유사한 과목이 대학교과과정에서 정식으로 소개된 것은 1930년대의 하버드대학교에서 '**예산통제(Budgetary Control)**'란 사례중심의 과목을 통해 경영자가 정보를 어떻게 활용하는가 및 경영통제 기능상 대두되는 다양한 행동론적 이슈를 다룬 것이 효시라고 할 수 있다.

표 1.1

재무회계와의 비교를 통해 본 관리회계의 특징

구 분	재무회계	관리회계
1. 정보이용자	외부이용자(주주, 채권자)	조직 내부구성원 (경영자 및 관리자)
2. 보고서의 구체성 및 형식	일반목적보고서(재무제표) 정형화된 형식 이용	특수목적보고서(경영보고서 등) 임의적이며 천차만별임
3. 시간적 관점	과거지향적	미래지향적
4. 법적 강제성	법에 의해 강요된 외부보고기준(GAAP)에 따라야 함	전혀 강제성이 없음 따라야 할 기준은 없음
5. 외부준거기준	객관적 자료	주관적 자료도 허용됨
6. 강조사항	재무적 자료중심	비재무적 자료도 강조함

(2) 원가회계와의 차이

원가회계 교재에서 관리회계와의 차이를 소개한 바 있다. 일반적으로 두 용어는 혼용하여 쓰인다. 왜냐하면 경영자의 의사결정에 가장 핵심적인 정보가 원가정보이고 원가계산은 관리회계의 핵심분야이기 때문이다. 다만, 원가회계는 주로 수치를 다루는 가운데 원가파악(cost-finding)을 강조하는 반면, 관리회계는 목표일치성 등 조직구성원의 의사결정지원을 강조한다. 즉 관리회계는 재무제표 작성보다는 기업 내에서 이루어지는 장 · 단기 경영계획 및 통제활동에 관한 의사결정을 지원하는 정보창출 및 활용을 집중적으로 다룬다.

3. 관리회계의 목적

전 세계 최대의 전문가단체인 미국관리회계인협회(IMA)는 보고서를 통해 관리회계담당자의 주요 책임을 다음 다섯 가지로 요약한 바 있다. IMA가 보고서에서 열거한 관리회계의 목적은 ASOBAT가 제시한 회계의 목적을 기업내부의 경영을 위한 관리회계에 초점을 두고 세분화한 것이라고 할 수 있다.

① 경영계획수립의 지원
② 선택대안의 평가책임
③ 통제책임
④ 자원에 대한 회계책임(일명, 경영보고책임)
⑤ 외부보고책임 등

> **TIP!**
> **CFO(Chief Financial Officer)**
> CEO를 제외한 최고관리회계전문가는 CFO(재무담당부사장)가 꼽힌다. CFO는 컨트롤러와 현금관리책임자인 트레저러(treasurer)를 거느린다.

위의 다섯 가지 목적 중 외부이용자를 위한 보고서(즉, 재무제표)의 작성은 재무회계의 범주에 속하지만 관리회계의 목적에 포함된 이유는 기업내부의 관리회계 정보제공을 책임지는 컨트롤러(controller)가 재무회계기능을 담당할 뿐만 아니라 관리목적에서도 기업성과 파악이 기본적이기 때문이다. 이는 외부정보이용자를 위한 재무보고(즉, 정시공시)에 필요한 정보와 재무제표를 이용하지 않는 수시공시에 필요한 정보가 다같이 경영자로부터 나오는 것을 감안하면 쉽게 이해가 된다(1.3의 통합적 접근 참조).

4. 관리회계의 개념적 기초

경영학은 심리학, 공학, 물리학 등 인접학문의 장점을 끊임없이 원용하는 소위 다제학문적(일명, 학제적) 접근방식(interdisciplinary approach)을 특징으로 삼고 있다. 따라서 다양한 경영의사결정에 유용한 정보의 창출 및 활용을 다루는 관리회계의 밑바탕에는 의사결정이론, 정보시스템이론, 행동과학이론 등을 깔고 있다. 왜냐하면 정보이용자가 인간일 뿐만 아니라 조직화가 경영의 주요 기능 중의 하나이기 때문이다. 이러한 특징을 감안하여 일부 학자는 관리회계의 개념적 기초는 ① 회계학, ② 조직론, ③ 행동론, ④ 의사결정론의 네 가지로 구성된다고 지적한 바 있다(A. Belkaoui[1980] 참조). 관리회계의 개념적 기초에 관한 자세한 설명은 대학원과정에서 다루는 것이 적합하고 학부에서 강조될 사항은 아니다.

1.3 외부보고와 관리회계 정보시스템의 통합적 접근

> "외부보고는 회계가 존재하는 이유의 일부에 불과하다. 즉, GAAP나 국세청의 요구사항은 요약단계에서 수용해야지 결코 이들 요구사항이 AIS 설계를 주도해서는 안 된다."
> \- Bitner 교수 -

전통적인 회계처리 및 보고방식에서는 정확성에 초점을 두는 가운데 계정명칭과 금액정보만을 담고 있는 총계정원장을 중심으로 외부보고에 적용될 GAAP가 회계정보시스템(일명, AIS Pulsator)을 좌우해 왔다. 그러나 현대적 관리회계 관점에서는 컴퓨터의 능력을 최대한 활용하여 총계정원장 대신 거래상대방에 관한 기본정보를 비롯하여 대금지급방법에서 운송방식 등 광범한 자료를 담는 데이터웨어하우스(data warehouse)가 보편적으로 이용되고 있다. Bitner 교수가 오래전에 예상했듯이 정확한 월차 결산의 중요성보다는 관리자를 위한 다양한 정보를 담은 사업보고서(business report)가 강조되고 있다.

> **TIP!**
> **GAAP(갭)이란?**
> **일반적으로 인정된 회계원칙**(Generally Accepted Accounting Principles: 흔히 갭이라 발음함)을 의미

[그림 1.2]에서 요약한 현대적 관리회계 관점에서의 정보산출방식이 잘 나타내준다. 고객 및 벤더(vendor : 납품업체)의 정보를 비롯한 다양한 정보를 Continuous Flow AIS(Accounting Information System)를 통해 실시간적으로 수집하여 다양한 관리목적으로 활용한다. 그리고 외부보고에 필요한 재무제표는 일정 기간마다 GAAP

그림 1.2

현대적 관리회계 관점에서 본 핵심 토픽과 정보산출과정

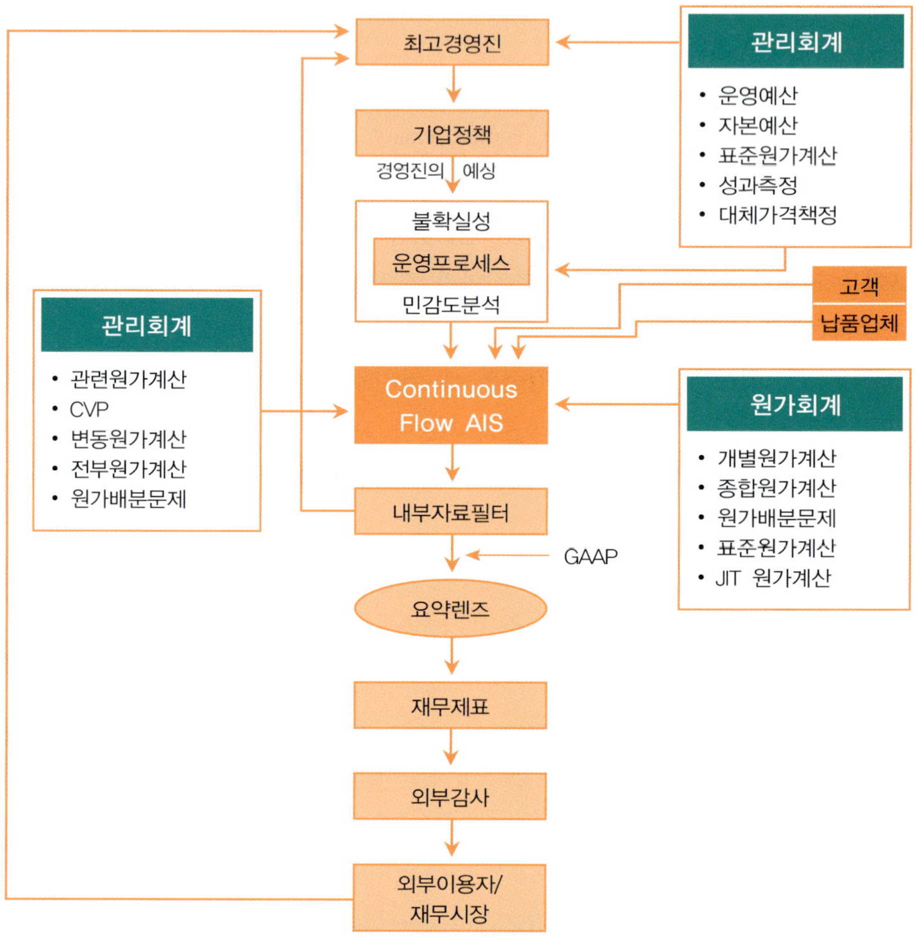

자료 : Bitner, Issues in Accounting Education, Spring 1991.

과의 일치 여부를 체크하는 내부자료 필터를 작동시킨 후에 요약렌즈를 이용하여 작성하게 된다.

1.4 관리회계 발전단계의 고찰

내부경영자의 의사결정을 지원하기 위한 정보제공 관점에서 보면 관리회계는 다음 3단계 과정을 거쳐 진화해 왔다.

1. 역사적 전달방식

역사적 전달방식(historical communication approach)은 자료의 수집 및 처리를 위한 원칙이나 규칙을 어떻게 마련할 것인가에 관심을 두는 방식이다. 분석목적이나 상황에 따라 상이한 처리방식(가령, 전부원가계산 대 변동원가계산을 이용한 가격결정)을 이용하는 것이 바람직하다는 규범적 접근방식하에 일련의 규칙을 제정하는 것을 강조한다.

이런 방식에서의 회계담당자의 직무는 사전에 정해진 방식에 따라 자료를 제공하는 것이고 이후 이용자 자신이 알아서 하라는 식이다. 이는 절대적 진실추구방식으로 재무회계의 특징에 잘 부합하는 방식이다. 전통적 관리회계의 주된 문제점의 하나로 지적된 소위 내부고객의 니즈를 무시하고 자신이 일방적으로 판단한 보고서를 작성 · 제시하는 방식이 바로 이러한 방식에 해당한다.

2. 이용자-의사결정모델 접근방식

'상이한 목적을 위한 상이한 원가의 활용'방식이 이에 해당한다. 이용자-의사결정모델 접근방식(user-decision model approach)에서는 관리자들이 흔히 부닥치는 의사결정상황에 적절한 모델(가령, 적정재고결정을 위한 EOQ모델)을 선정하고 이들 모델에는 어떠한 자료가 적절하고 어떻게 측정되어야 하는가를 강조한다. 일종의 조건부적 진실추구방식으로도 불리는 이들 방식은 외부보고에도 활용될 수 있다. 가령, 과세목적에 활용되는 회계이익산정은 재무회계의 이익산정과 달리하는 것이다.

그러나 이용자-의사결정모델 접근방식은 역사적 전달방식과 마찬가지로 다음과 같은 몇 가지 결정적인 한계를 갖는다.

① 모델에 필요한 진실된 자료(가령, 원가자료)를 추가비용을 들이지 않고서 구할 수 있다는 가정은 비현실적이다. 때로는 모델이 아무리 매력적이라도 자료수집이 불가능하거나 지나치게 비용이 들어 포기해야 할 경우가 있기 때문이다.

② 불확실한 상황하에서 이들 방식을 적용하는 것은 쉽지 않다. 왜냐하면 확실성하의 정보가치란 이들 정보가 의사결정모델(가령, CVP모델)의 주요 변수(가령, 판매량)를 얼마나 잘 반영하는가에 좌우되기 때문이다. 반면에 불확실성하의 의사결정상황에서 정보(가령, 예상판매량)가치는 불확실한 미래의 상황(일명, 여건적 상태)을 얼마나 의미있게 분류하는가에 좌우된다.

③ 이들 두 가지 방식은 단일 이용자에게는 적합하지만 여러 사람이 개입된 의사결정 상황(일명, multi-person setting)에 적용하기에는 무리가 따른다.

이러한 한계점을 극복하기 위해 자연스럽게 등장한 방식이 곧 다음에 소개하는 정보평가적 접근방식이다.

3. 정보평가적 접근방식

정보평가적 접근방식(information evaluation approach)은 정보를 상품(commodity)으로 간주하는 방식이다. 이 방식에서는 최적자원배분 관점에서 과연 어떠한 회계정보가 창출되어야 하며 이를 위해 회계측정은 어떻게 이루어져야 하는가를 강조한다. 따라서 어떤 처방을 내리기보다는 분석에 초점을 둔다. 또한 바람직한 정보 또는 정보시스템의 선택은 개별 의사결정자의 선호도 및 미래에 대한 예상 그리고 이용가능기회(즉, 선택대안)의 함수로 결정된다고 주장한다.

정보평가적 접근방식에서는 관리회계 정보의 유형을 다음 두 가지로 분류한다.

> **TIP!**
> **회계정보의 3대 핵심기능**
> 노벨상 수상자인 사이몬(H. Simon) 교수는 회계의 핵심기능 세 가지를 ① 기록계산기능(score-keeping), ② 주의환기기능(attention-directing), ③ 문제해결기능(problem-solving)으로 요약한 바 있다(원가회계(2013) 1장 참조). 이 중 관리회계에서는 ②, ③ 기능이 강조된다.

① 의사결정지원정보(decision-facilitating information)이다. 의사결정 전에 제공되며 의사결정과 관련된 미래의 불확실성을 줄여주거나 판단을 지원하는 것을 목적으로 한다. 가령, 미래원가 추정에 유용한 실제원가를 제공하거나 입찰에 쓰일 예상원가를 제공하는 것이 그것이다.

② 의사결정유인정보(decision-influencing information)이다. 이들 정보는 의사결정자의 행동선택에 자극을 주기 위해(즉, 동기부여목적으로) 이용된다. 가령 어떠한 방법으로 원가를 측정하여 성과평가에 이용할 것인가를 사전에 밝힌 후 사후에 의사결정의 결과를 성과평가형태로 알리는 것이 이에 속한다. 이러한 정보는 소위 본인-대리인이론(agency theory)이 강조하는 것처럼 대리인(가령, 최고경영자나 수탁자)의 행동을 본인(일명, 의뢰인)의 입장에서 볼 때 바람직한 방향으로 유도하기 위해 필요하다. 전사적 관점에서 가장 최적행동을 구성원으로부터 유도하기 위해 바람직한 성과평가측정치를 개발하는 것이 한 가지 예이다.

제2절 현대 기업경영의 환경과 관리회계

"앞으로 디지털 도구를 활용하는 기업만이 생존할 수 있을 것이다."
- 빌 게이츠 (마이크로소프트사 의장) -

2.1 현대 기업 경영환경의 변화

21세기에 접어든 오늘날의 경제 및 경영환경은 과거와는 판이하게 다를 뿐만 아니라 변화속도 또한 엄청나게 빠르다. 이러한 환경하에서 기업이 계속해서 경쟁력을 갖고 성장·발전하기 위해서는 사업경영방식을 대폭 개선하는 동시에 관리회계 또한 종전보다 한 차원 높은 전략적 관리회계로 탈바꿈할 필요가 있다.

21세기 초 경영의 핵심키워드로는 '선택과 집중의 경영', '주주와 고객, 종업원 중심의 경영', '디지털 경영', '창의와 스피드의 경영' 등이 꼽힌다. 이들 키워드에 최근 몇 년 사이에 추가되기 시작한 키워드들로는 애질리티(agility: 일명, 민첩성) 그리고 4차 산업혁명, 빅데이터, 로봇기술, 인공지능(AI), 블록체인, 사물인터넷(IoT : Internet of Things) 등이다. 인터넷 보급과 더불어 21세기에 글로벌이라는 의미는 20세기의 글로벌과는 차원이 다르다는 것을 이미 실감한 오늘날 경영환경은 그야말로 기술 빅뱅의 시대에 놓여 있다([그림 1.3] 참조). 아마존, GE, 지멘스를 비롯한 글로벌 선도 기업들은 제조영역에서의 디지털화와 무인화 혁신을 통해 엄청난 효과를 보고 있으며 기존 스마트 팩토리 위에 다양한 첨단기술을 손쉽게 장착할 수 있는 디지털 플랫폼 시대가 이미 도래했다.

21세기 초 인터넷과 ERP(Enterprise Resource Planning : 전사적자원관리) 등 표준화된 통합 정보시스템의 발전은 구매와 판매 등 제반 거래활동에 있어 시간과 공간의 갭을 획기적으로 줄여 경영의 스피드를 높이고 고객과 공급사와의 긴밀한 협조관계가 상시적으로 가능케 했었다. 그러나 최근 빅데이터, 로봇, 인공지능(AI), 블록체인, 드론, 사물인터넷 등의 4차 산업혁명의 핵심 기술은 기존의 제조, 물류, 사무 등 경영 전반에 걸쳐 획기적인 변화를 가능하게 했는데, 특히 자동쇼핑 및 무인운송을 표방하는 아마존은 기존의 제조, 물류, 사무 등 경영 전반에 걸쳐 획기적인 변화를 통해 압도적인 경쟁우위를 확보하고 있다. 이러한 환경변화에 중책을 맡아야 할 사람은 관리회계담당자이다. 왜냐하면 의사결정 및 각종 통제활동과 관련된 정보창출 및 보고방식이 종전과 판이하게 달라져야 하기 때문이다.

> **TIP!**
> **제4차 산업혁명**
> 2016년 세계경제포럼(WEF)에서 주창된 제4차 산업혁명은 정보통신기술(ICT)의 융합으로 이루어낸 18세기 초기 산업혁명 이후 네 번째로 중요한 산업 시대를 말한다. 이 혁명의 핵심은 **빅데이터 분석, 인공지능, 로봇공학, 사물인터넷, 무인운송수단**(무인항공기, 무인자동차), 3D 프린팅, 나노기술과 같은 6대 신기술 혁신이다. 제4차 산업혁명은 물리적, 생물학적, 디지털적 세계를 빅데이터에 입각해서 통합시키고 경제 및 산업 등 모든 분야에 영향을 미치는 다양한 신기술로 이해할 수 있다. (위키피디아 참조)

그림 1.3

패러다임의 변화와 최근 경영환경하의 6가지 키워드

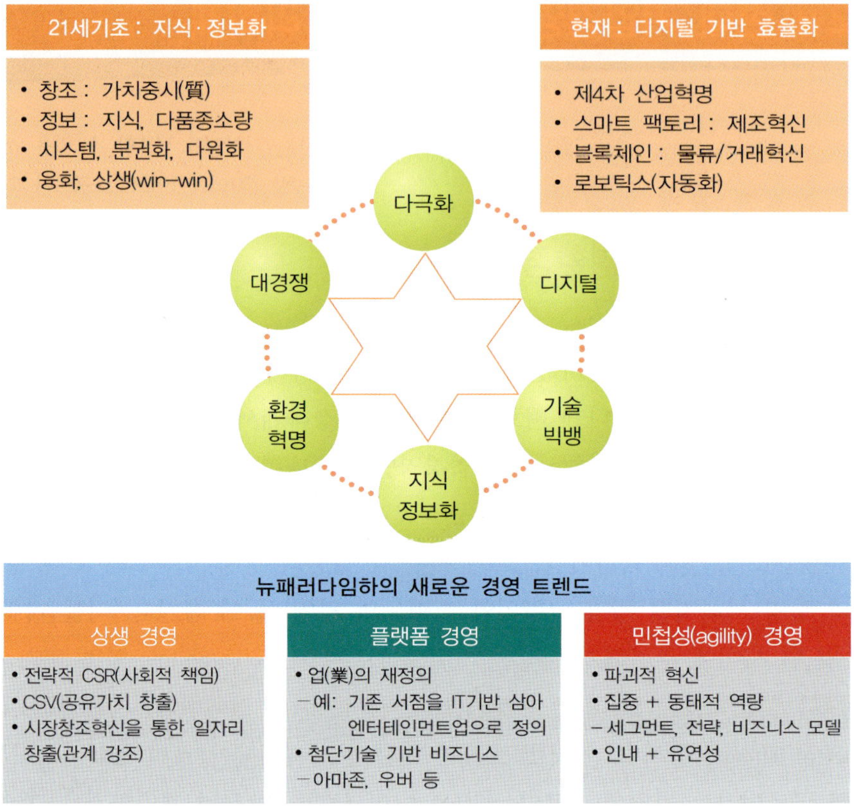

자료 : POSRI(2009) 및 기타 비즈니스 잡지 참조.

관리회계는 경영을 지원하는 스탭기능을 수행한다. 이런 이유로 관리회계담당자들이 속한 부서를 흔히 '경영지원실'이라고 부른다. 또한 기업은 관리회계시스템이 제공하는 정보를 토대로 전략을 수립하고 실행하며 온갖 경영혁신을 수행하기 때문에 관리회계의 질이 곧 기업경영의 질을 좌우한다고 해도 과언이 아니다.

따라서 최근 경영환경에 요구되는 관리회계는 전략적 관리회계이다. 과거보다 어려운 환경하에서 살아남기 위한 생존전략 때문이다. 전략적 관리회계라고 부르는 이유는 기업에서 수행되는 모든 활동이 고객지향적인 동시에 상호 유기적으로 연계되어 진정한 부가가치 창출활동이 되어야 함을 강조하기 위해서이다. 전통적 관리회계에 대조되는 전략적 관리회계에 관한 설명은 제3절에서 자세히 설명한다.

2.2 관리회계 환경변화의 핵심요인

1. 고객관점의 강조

21세기 말의 기업경영의 키워드는 고객만족으로 요약된다. 즉, 기업생존을 위한 핵심은 고객가치의 창출이고 경영은 이를 달성하기 위한 조직의 역량을 집중하는 것임을 경험했기 때문이다. 따라서 '고객가치의 창조'라는 궁극적 목표를 추구하는 초우량기업들은 이러한 기업목표달성을 위한 전략실행의 성과측정 및 상이한 부서간의 조정역할을 강조한다.

고객관점에서는 기업이 수행하는 모든 활동이 과연 고객에게 가치 있는가를 항시 염두에 두고 수행되어야 한다. 관리회계는 이런 판단에 유용한 정보를 제공할 수 있도록 활동원가, 시간, 제품 및 서비스의 질에 관한 정보를 적시에 제공할 수 있어야 한다.

고객관점에서의 고객은 외부고객뿐만 아니라 내부고객을 포함한다. 고객이란 기업경영에서는 제품이나 서비스를 구입하는 외부고객을 의미하지만 관리회계에서는 내부 정보이용자를 지칭한다. 관리회계가 제공하는 각종 보고서가 (정보의 정확성, 정보제공 시기, 보고서에 담긴 내용, 양식 등의 관점에서) 내부 정보이용자인 관리자에게 유용하지 않다면 이는 고객만족에서 실패한 것이어서 아예 작성되지 않는 것이 오히려 낫다. 이런 점에서 [그림 1.4]의 최신경영의 핵심테마의 중앙에 위치한 고객만족은 관리회계에도 그대로 적용될 수 있다. 다만 외부고객 대신에 내부고객을 중심으로 정보 제공을 강조하는 차이만 있을 뿐이다.

그림 1.4
최신경영의 핵심테마

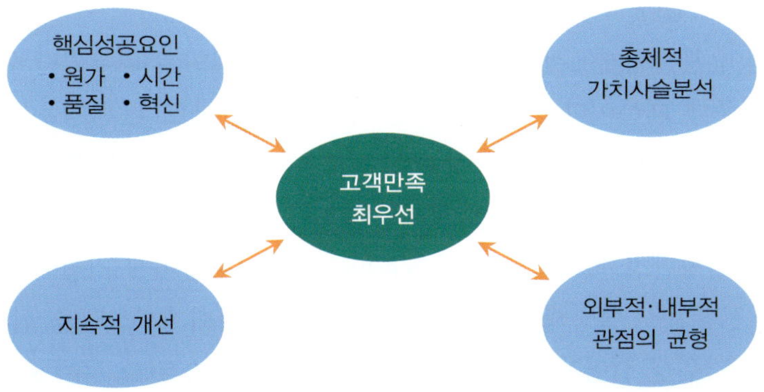

자료 : HFD(1997), 제1장, p. 17.

고객관계관리(CRM)의 중요성

오늘날 e-비즈니스 환경하에서 전개되는 기업들의 경영여건은 종전과는 크게 다른 모습이다. 세계화, 규제완화, 인터넷, 웹사이트, 전자상거래 등의 출현으로 과거의 판매업무 스타일을 그대로 고수하다가는 더 이상 살아남기 힘들다. 고객들도 마찬가지이다. 요즘 고객들은 매장이나 백화점에서 물건을 구입하기보다는 안방에서 인터넷을 이용해 자신들의 니즈에 맞는 제품사양을 면밀하게 검토한 후, 가장 가격이 싸면서도 품질이 좋은 제품만을 선택해 최종구매를 하고 있다.

이런 환경하에서 기업들은 고객의 다양한 기대치를 어떻게 판단하고 고객의 니즈를 어느 정도 수준까지 충족해 줘야 할 것인가에 대해 고민한다. 여기에 대한 해법을 찾는다는 것은 상당히 어렵다. 그리나 기업이 수익성 있는 성장을 하기 위해서는 올바른 고객관계를 형성하는 것이 무엇보다도 중요하다. 최근 강조되고 있는 **고객관계관리**(CRM : Customer Relationship Management)는 이러한 수익성에 중점을 두고 **고객차별화전략**을 수립하는 방법이다.

대부분의 경우, 기업에게 이익을 가져다주는 고객수는 이익이 되지 않는 고객수보다도 훨씬 적다. 그러나 기업 이익의 80% 이상을 그 소수의 우량고객이 가져다주는 사실을 주시한다면 우량고객이 이탈해서 생기는 수익성의 막대한 피해는 충분히 상상할 수 있을 것이다.

<자료 : Poscoweekly, 2000년 9월. 자료 일부 수정>

고객관점은 관리회계시스템의 설계 및 운영상 핵심이다. 이를 반영하기 위한 기업의 노력은 다양하게 전개되고 있다. 전 계층의 조직구성원에게 기업실상을 투명하게 알리는 것을 강조하는 오픈경영(open management), 상이한 가치사슬단계나 계층별로 상이한 품질 정보를 측정·공시하여 피드백하는 것을 강조하는 6시그마운동, 그리고 통합적 정보처리를 특징으로 하는 ERP(전사적자원계획)의 핵심모듈로 부각된 SCM(공급사슬관리), CRM(고객관계관리) 등이 일례이다. CRM에 관해서는 다음에서 소개하는 별도의 박스를 참조하기 바란다. 뒤에서 언급할 가치사슬관점 역시 고객관점을 실천에 옮기기 위한 핵심적 수단임을 이해하면 고객관점의 중요성은 쉽게 이해할 수 있다.

고객관점이 관리회계에서 중요성을 갖게 된 주된 원인은 외부집단 및 이해관계자의 영향력 증대 때문이다. 고객, 납품업체, 합작법인 파트너, 환경운동가 등 종전보다는 훨씬 다양한 이해관계자를 상대로 정보를 제공해야 한다. 뿐만 아니라 이들 이해관계자들의 기업 내부의 관리회계시스템(또는 정보)에 대한 접근요구 또한 상당히 늘어났다. 덤핑판정 목적으로 실사(實査)에 임한 감사관에게 기업이 적용한 원가계산방식의 정당성을 설명해야 하는 경우처럼 왜 특정회계시스템을 선택하였는가에 대한 소위 당위성 설명에 대한 압력에 수시로 직면하게 된다. 주주총회에서 해외투자의 정당성 여부를 추궁하는 소액주주에게 답변을 해야 했던 국내 대표 전자회사의 경우도 유사한 예이다. 앞의 [그림 1.4]의 '외부적/내부적 관점의 균형'은 이를 요약한 것이다.

나머지 경영테마는 고객만족을 위한 실천테마에 해당한다. [그림 1.4]가 관리회계에 중요성을 갖는 이유는 오늘날 경영이 어떻게 이루어지고 무엇이 핵심적 관리대상인지를 제대로 이해하지 못하고서는 관리회계시스템의 설계 및 운영이 제대로 이루어질 수 없음을 잘 요약 · 제시하기 때문이다.

관리회계란 '보다 나은' 경영의사결정을 지원하기 위한 회계정보의 창출 · 활용을 다루는 학문이고 '보다 나은(better)'이란 의미는 특정시점에 특정조직이 처한 구체적 상황에서만 의미를 갖는다. 이 점을 감안할 때 오히려 오늘날 경영에서 강조되는 고객관점(customer focus)을 관리회계가 지향해야 할 최상위기준으로 삼는 것이 바람직하다. 왜냐하면 내부정보이용자가 필요로 하는 정보를 창출하는 것이야말로 관리회계시스템의 유용성, 즉 존재가치를 좌우하는 핵심원칙이기 때문이다. 작성자의 판단상 아무리 훌륭한 보고서라도 이용자가 그렇게 판단하지 않을 경우에는 무용지물이다.

2. 제조환경의 변화

전통적인 관리회계가 새롭게 변신하지 않으면 안 된다는 주장이 제기된 가장 직접적인 계기는 제조환경의 급격한 진보이다. 특히 1980년대 중반 이후 공장자동화와 더불어 JIT 및 FMS(유연생산시스템), CIM(컴퓨터통합시스템) 등과 같은 소위 첨단생산기술(AMT : advanced manufacturing technology)이 기업에 광범위하게 도입됨과 더불어 기업생산현장은 종전과는 판이하게 달라졌다. 특히 최근 빅데이터와 4차 산업혁명에 기초한 디지털 제조 혁신은 파괴적인 원가절감을 가능케 하는 기폭제가 되었다.

이러한 생산환경의 변혁과 더불어 관리회계(특히, 원가관리) 또한 변화의 물결을 피할 수 없었다. 제조환경 변화는 무엇보다도 원가분류 및 원가계산 그리고 재고관리 및 각종 통제활동이 과거와는 다른 형태로 전개되도록 하는 계기가 되었다. 구체적으로 제조환경 변화에 기인한 관리회계의 변화는 원가회계(2013) 교재의 ABC(제7장), 대표적인 전략적 원가관리 기법인 수명주기원가계산(제12장), 타겟코스팅(제12장)에서 일부 소개하였고, 본 교재에서는 자본예산편성(제11장), 운영예산편성(제6장), 생산성 및 TOC(제12장) 등에서 자세히 다루게 된다. 새로운 제조환경하에서의 관리회계담당자 역할의 변신은 제3절에서 다룬다.

TIP!

적시생산방식(JIT)

JIT는 도요타 자동차를 위시한 일부 일본제조업체가 품질수준의 향상 및 불필요한 재고를 없애는 가운데 모든 낭비요인을 제거하기 위해 도입한 새로운 관리방식이다.
흔히 JIT(적시생산방식)는 원하는 시점에 원하는 수준의 품질로 원하는 양만큼 납품하는 방식으로 이해되지만 기본적으로는 '**낭비를 없애기 위한 철학**'으로 이해해야 한다.
JIT는 **JIC**(just-in-case), 즉 만약의 경우(가령, 수요가 급격히 늘 경우)에 대비하여 재고를 보유하는 것 자체가 각종의 낭비(가령, 진부화의 위험, 자금묶임 등)의 원천임을 강조하는 소위 **전사적 원가절감**을 강조하는 개념이다.

TIP!

스마트 팩토리(smart factory)

스마트 팩토리란 종전의 사람에 의해 돌아갔던 공장 대신에 공장 내 설비와 기계에 센서(IoT)가 설치되어 데이터가 실시간으로 수집, 분석되어 스스로 제어되는 공장을 말한다. 제조업 경쟁력을 유지하기 위해 2011년 '**Industry 4.0' 플랜**을 발표하고 스마트 공장 확산에 나선 독일(가령, 지멘스)은 이후 엄청난 생산성 향상을 기록했다.

3. 정보기술의 발달

제조환경 변화의 핵심 동인은 컴퓨터이다. 메인프레임 컴퓨터의 급격한 발전과 저렴한 PC의 보급과 더불어 복잡한 생산작업과 관리업무 대부분이 자동화를 이루게 되었다. 과거에 비해 엄청난 양의 자료가 실시간적으로 집계됨은 물론, 상이한 부문(가령, 마케팅, 생산, 구매 및 회계 등)에 관련된 자료가 통합적으로 활용될 수 있게 되었다.

또한 회계정보시스템과 각종 경영기능을 위한 정보시스템[가령, MRP II 및 SCM(공급사슬관리 등)]이 상호 유기적으로 연계됨으로써 관리회계는 전략적 관리회계수준으로 한 차원 높아지게 되었다. 즉, 과거와는 달리 단순 자료수집 및 집계작업에서 해방된 구성원 및 관리자들은 언제든지 다양한 데이터베이스 및 전사적 정보시스템에 접속하여 구한 자료를 토대로 자신이 필요하다고 판단한 각종 분석 및 전략수립에 집중할 수 있다.

4. 가치사슬관점의 강조

가치사슬(value-chain)은 "주요 원자재의 공급원에서 고객에게 전달되는 최종제품 또는 서비스에 이르기까지 상호 연결되는 일련의 가치창출활동"으로 정의된다. 전략연구가인 포터(M. Porter)에 의해 제시된 가치사슬 개념은 원가관리 초점을 어디에 맞추어야 하는가(즉, 원가관리 사고의 조직화)에 적지 않은 시사를 했다.

가치사슬관점은 종전처럼 기업내부의 부가가치활동을 담당하는 생산부문 중심의 효율성 위주의 관리 대신에 제품개발에서 최종고객에의 운송에 이르기까지 모든 가치창출활동과 연계되는 원가분석 및 관리를 강조한다. 이러한 가치사슬관점은 관심대상을 어디까지 두느냐에 따라 크게 두 가지로 대별된다. 그 하나는 기업 내부의 경영활동(구매에서 사후서비스)에 국한하는 경우이고, 다른 하나는 공급업체나 고객 등 기업 외부의 파트너에까지 확대하는 경우인데 이는 확대된 가치사슬(extended

그림 1.5
가치사슬 : 경영기능 및 단계

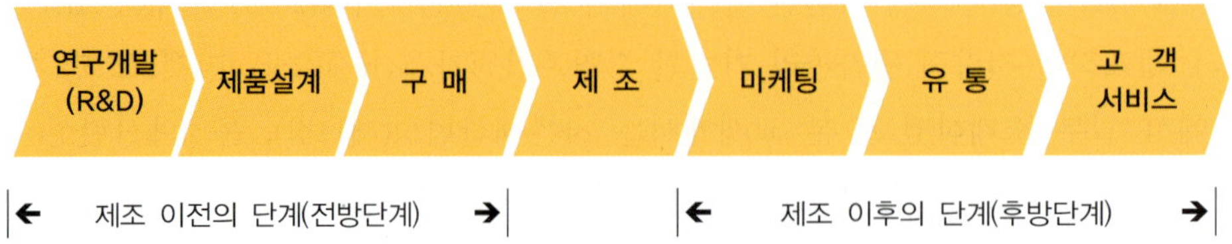

SCM경영 각광 : '리엔지니어링에서 SCM방식으로'

삼성전자가 소니를 누른 비결은 SCM

SCM(Supply Chain Management: **공급사슬관리**)이란 자재의 조달에서부터 제조, 물류 등에 이르기까지 전과정을 컴퓨터를 사용해 종합적으로 관리하는 시스템으로 모든 부문에서 하나의 시스템으로 모아진 정보를 공유하게 하는 것을 특징으로 한다.

2000년대 초반 당시 도저히 넘을 수 없는 벽처럼 느껴졌던 소니를 삼성은 어떻게 이겼을까. 기술력과 품질, 디자인 경쟁력을 높이면서 혁신 SCM 프로세스 기법을 도입한 것이 주효했다는 설명이다. 수요, 구매, 생산, 배송, 재무, 신제품 개발계획 등을 하나로 통합하고 모든 프로세스가 하나의 계획에 동의하도록 한 뒤 계획대로 실행하고 추후 이를 평가하면서 문제점을 고쳐나가는 PDCA(Plan, Do, Check, Act)가 삼성전자 SCM 프로세스의 핵심이다. 최지성 부회장은 "일본 업체들이 삼성에 대해 부러운 것 중 하나가 SCM이라고 얘기한다"며 "전자제품 가격은 1년에 40~50%씩 떨어지는 게 다반사인데 SCM을 통해 재고를 효과적으로 관리할 수 있는 것은 제조기업의 핵심적인 경쟁력"이라고 말했다.

<자료: 디지털 데일리, 2011년 8월 3일 기사>

value-chain : 일명, 확장가치사슬)이라고 부른다. 원가회계(2013) 교재의 제12장에서 소개하는 타겟코스팅에서 자세히 다룬 바 있다. 다음에 별도 박스로 소개하는 SCM(Supply Chain Management : 공급사슬관리)도 가치사슬과 관련을 맺는다.

가치사슬관점에 따라 다양한 전략적 활동을 식별하고 연계함을 목적으로 행하는 원가분석을 하는 것을 가치사슬분석이라고 한다. 모든 가치사슬단계를 검토한다는 점에서 흔히 총체적 가치사슬분석으로 불린다. 가치사슬분석은 어떤 활동을 핵심활동으로 삼아 경쟁우위를 가질 것인가를 분석함에 유용한 개념으로 기업들이 경쟁력 제고 목적으로 활용하는 전략경영의 핵심기법이다. 가치사슬분석은 3단계에 걸쳐 이루어진다. ① 가치사슬활동의 식별, ② 각 가치활동에 관련된 원가동인의 식별, ③ 원가동인의 조사결과를 토대로 가치평가나 원가절감을 가져올 변화를 실시하는 것이 그것이다.

가치사슬분석은 공급업자와의 관계개선(원가회계 교재의 제12장 타겟코스팅 참조), 물류방식의 개선, 비경쟁적 분야의 포기나 아웃소싱 등을 통해 현행 방식에 비해 고객가치 제고나 원가절감에 기여할 가치사슬단계 식별을 목적으로 한다. 매우 파격적인 가치사슬의 재편현상이 오늘날 글로벌 우량제조업체에서 전개되고 있는데 특히, SONY나 GM과 같은 대표적인 가전업체나 자동차업체가 소위 무공장 기업경영을 표방하기 시작한 것이다. 물론 이전에도 기업의 전략에 따라 특정 가치사슬단계를 특화하는 식으로 경영이 이루어져 왔었다. 가령, 대표적인 신발업체인 Reebok은 제조와 판매에 초점을 둔 반면에 Nike는 생산은 100% 외주를 주고 자신들은 설계, 판매 및 판촉에 초점을 두는 전략으로 경쟁해 온 것이 일례이다(국내 의류업체인 이랜드도 처음부터 공장 없이 사업을 전개하는 것으로 유명). 그러나 처음부터 특정 가치사슬단계를 생략한 경우와 달리 중간에, 특히 제조단계를 포기하는 식으로 가치사슬 재편이 이루어지고 있음은 매우 충격적이다. 그만큼 경쟁이 심해지고 있다는 증거이다.

가치사슬관점은 ABC(활동기준원가계산) 또는 ABM(활동기준원가관리)과 필연적으로 관련 맺는다. 왜냐하면 전략경영은 가치사슬 각 단계별로 주요 원가동인 및 수익동인을 식별하는 가운데 비부가가치적인 동인은 배제하고 경쟁업체보다 우위에 있는 각종 동인을 강조하는 식으로 가치사슬을 재편성하는 식으로 전개되기 때문이다.

5. 글로벌화의 심화에 따른 거래의 복잡성

진작부터 글로벌화는 21세기의 주된 회계환경의 변화요인으로 지적되어 왔다. 통신 및 교통수단의 발달과 더불어 과거의 지리적 · 공간적 제약이 허물어짐에 따라 기업은 더 이상 자국 내의 경쟁업체나 산업의 추이만을 관심의 대상으로 삼아서는 살아남지 못하게 되었다. 대기업이나 중소기업 할 것 없이 조금이라도 원가를 낮추고 기술력을 높일 수 있다면 합작은 물론 아웃소싱에 이르기까지 온갖 방법을 강구하는 입장이다. 또한 전 세계에 걸쳐 지점이나 합작법인이 설립되어 조직체계는 종전에 비해 훨씬 복잡성을 띠게 되어 이들에 대한 관리가 중요하게 되었다.

글로벌화와 더불어 제조업체 및 서비스업체의 국제간 거래는 날로 복잡 · 다양해지고 있다. 따라서 국제간 서비스 및 제품공급에 관한 보다 정교한 원가계산을 가능하게 하는 원가계산시스템과 효율적인 관리를 위한 관리회계시스템을 개발 · 유지할 필요가 있다. 특히, 내부대체를 대상으로 한 전통적인 사내대체가격결정은 국제간 이전가격으로 한 차원 높아져야 한다(제9장 참조). 전사적 관점에서의 원가절감, 진정한 제품별 수익성 분석, 기업이념과의 일치 여부를 확인하기 위한 지사를 대상으로 한 경영감사 등에 이르기까지 글로벌화와 더불어 중요성이 대두된 토픽은 다양하다.

제 3 절 전략적 관리회계의 개관

"귀사의 조직이 전략에 초점을 맞추도록 하기 위해서는 경영시스템 및 동 시스템에 관한 정보가 전략을 관리할 수 있도록 해야 한다."

– 데이비드 노튼(David Norton) Palledium사의 공동대표 –

3.1 전략경영과 회계정보의 역할

제1절에서 지적한 것처럼 관리회계는 경영과 밀접한 관계를 맺는다. 또한 경영은 의사결정의 집합으로 정의되며 의사결정은 곧 대안간의 비교를 의미한다. 이러한 대안간의 비교를 위해서는 원가 및 수익 등 다양한 형태의 정보를 필요로 한다.

조직내부의 경영자 또는 구성원이 당면한 의사결정에 유용한 정보의 창출 및 활용을 담당하는 것이 관리회계이다. 관리회계가 조직내에서 부가가치적 서비스기능을 수행하기 위해서는 앞서 소개한 경영을 제대로 이해하고 이를 적절히 지원하는 것이 중요하다. 이를 위해서는 조직의 핵심성공요인(CSF : critical success factor), 경쟁자, 시장에 대한 이해를 토대로 한 전략수립에서 수립된 전략의 실행을 위한 통제에 이르기까지 폭넓은 지식이 필요하다([그림 1.4] 참조).

전략경영은 ① 전략수립, ② 수립된 전략을 구성원에게 전달, ③ 전략실행을 위한 전술의 개발과 실행, ④ 전략목표달성과 각 단계별 실행성과를 감독하기 위한 통제방법의 개발과 실행단계를 거치는 연속적인 순환과정으로 정의된다. 각 단계에서의 회계정보의 역할은 다음과 같다.

- 1단계(전략수립) : 회계정보는 전략적 대안평가과정의 하나인 재무적 분석을 위한 기초가 된다. 문제를 갖는 전략은 적합한 전략이 될 수 없다.
- 2단계(수립된 전략의 조직구성원에게의 전달) : 회계보고서는 수립된 전략을 조직 전체로 전달하는 중요한 방법 중의 하나이다. 조직구성원들이 주의를 기울여야 할 것들, 전략의 성공적 실행상 중요한 요소들에 초점을 두게 한다.
- 3단계(전략수행을 위한 전술의 개발과 실행) : 전략을 지원하기 위해서는 구체적인 전술이 개발·수행되어야 하는데 회계정보에 기초한 재무분석은 가장 효과적인 전략적 프로그램 결정상 중요한 요소이다.
- 4단계(전략실행을 위한 통제방법의 개발과 실행) : 경영자나 사업부서의 성과

평가는 회계정보를 토대로 이루어진다. 표준원가, 지출예산, 연간 이익계획 등은 성과평가상 널리 이용되고 있는 대표적인 기준들이다.

3.2 전략적 관리회계 : 정의 및 특징

1. 전략적 관리회계의 정의

전략과의 관련성을 염두에 두고 관리회계를 수행하는 것을 전략적 관리회계라고 부른다. 관리회계를 "경영을 회계적 측면에서 지원하는 서비스 기능"으로 정의한 것처럼 전략적 관리회계란 "전략경영을 회계적인 측면에서 지원하는 것"으로 이해하면 된다.

공식적으로 전략적 관리회계란 용어를 최초로 사용한 학자는 하버드대학교 경영대학원에서 전략 및 경영통제를 연구하는 시몬즈(Simons) 교수이다. 시몬즈 교수는 전략적 관리회계를 "사업전략의 수립과 모니터링에 이용하기 위한 목적으로 자사 및 경쟁자에 관한 관리회계정보를 수집하고 분석하는 활동"으로 정의한다. 그는 기업이 경쟁적 포지션을 유지하고 향상시키기 위해서는 경쟁자의 원가구조 및 시설능력 활용에 관한 정보를 파악함이 필수적이라고 말한다. 물론 이러한 경쟁적 포지션은 기업이 어떠한 전략을 선택하는가에 달려 있다.

그렇다면 왜 관리회계란 용어 앞에 '전략적'이란 용어를 사용하여 굳이 전략적 관리회계란 용어를 강조하게 된 것일까? 전통적인 관리회계의 정의는 전략과의 연계를 명시적으로 강조하지 않았다. 경쟁이 그다지 심하지 않았던 과거에는 전략이란 수년 만에 한 번씩 상위 경영진들이 별도의 장소에서 모여 수립하는 비즈니스 플랜(business plan ; 일명, 장기사업계획)으로 이해했었다. 그러나 오늘날처럼 경영환경이 수시로 바뀌는 상황하에서는 전략 또한 수시로 수정되어야 한다. 따라서 기업이 전략에 관심을 집중하게 됨에 따라 경영을 지원하는 관리회계 역시 전략변경이 무엇(what)을 의미하는지를 해석하고 이를 어떠한 방법으로(how) 달성해야 하는지를 지속적으로 검토하지 않으면 안 되게 되었기 때문이다.

야구게임 상황을 기업상황으로 바꾸어 설명해 보자. 야구게임에서 상대팀보다 많은 득점을 통해 승리하는 것이 단기목표인 것처럼 기업 경영에서는 "원가, 품질, 서비스 및 (고객이 중요하게 여기는) 가치 등 전략적 경쟁요소를 제대로 관리하고 이들 변수간의 상호 관련성을 올바로 이해하는 가운데 관리회계를 전개하는 것"을 전략적 관리회계라고 정의할 수 있다.

전략적 관리회계의 특징 및 장점에 대한 진정한 이해는 전통적인 관리회계의 특징을 이해한 다음에야 사실상 가능하다. 공헌이익 개념을 중심으로 한 단기분석 위주로 전개되는 전통적 관리회계의 핵심적 기법은 제3장의 CVP분석을 필두로 제2부와 제3부에서 자세히 다룬다.

2. 전략적 관리회계의 특징

(1) 전사적 관점의 강조

전략적 관리회계는 기업 전체의 성과를 최대화하기 위한 목적에서의 생산, 마케팅, 정보기술 등 경영관련 기능의 유기적 연계를 강조한다. 이는 앞서 소개한 가치사슬 관점으로 강조된다. 전사적 관점에서는 부문 개별적인 효율성 대신에 기업이 추구하는 목표달성의 정도를 재는 효과성(effectiveness)이 강조된다. 마치 야구에서 안타수보다는 득점이 더 중요한 것처럼 말이다.

(2) 장기적 관점의 강조

전략적 관리회계는 공헌이익 분석과 같은 단기분석 위주의 전통적 관리회계기법과는 달리 장기적 관점을 강조한다. 공헌이익 분석(제3장)처럼 기업의 주요 변수 대부분을 고정적인 것, 즉 고정비로 간주하게 되면 실무적인 문제해결 능력은 대폭 줄어들게 된다.

(3) 전략적 포지셔닝의 강조

전략적 포지셔닝(일명, 자리매김)은 기업 내에서 관리회계의 역할을 제고하기 위한 개념으로 각 기업이 선택하는 전략에 따라 각기 다른 관리회계정보가 활용되어야 함을 강조한다. 흔히 전략은 원가우위전략, 제품차별화전략, 집중화전략 등으로 세분된다.

표 1.2

관리회계 관점에서 본 주요 경쟁전략의 비교

	원가우위전략	차별화전략	집중화전략
• 경쟁우위의 기초	산업내 최저원가	독특한 제품 또는 서비스	특정 세그먼트에서의 저원가 또는 차별화
• 다양성/복잡성	소품종 대량	다품종 소량	목표 세그먼트에 적합한 다양성
• 투하자본의 규모 및 특징	대규모 투자가 필요	기술적 투자가 중요	경쟁상황에 좌우
• 통제유형	엄격한 원가관리	부문간의 조정 중요	핵심성공요인의 관리
• 적절한 관리기법	예산 및 표준 타겟코스팅 라이프사이클 코스팅 각종 원가계산 및 관리 CVP 분석	인터액티브 통제 관련원가분석 핵심성공요인 관리	경영통제시스템 인센티브 및 보상 BSC
• 가격결정기법	전부원가계산/ 변동원가계산	BET(손익분기시간)	타겟코스팅

자료 : BCL(1999), 제2장.

3. 전략경영과 관리회계의 관계

전략경영에 관한 기초지식이 관리회계 수강생이나 관리회계담당자에게 중요한 이유는 무엇일까? 그것은 전통적인 원가분석이나 관리기법으로는 정보기술이나 운영환경이 과거와는 판이하게 다른 오늘날 까다로운 고객 및 글로벌시장을 상대로 경쟁우위를 지속하기가 어려우며 무엇보다도 기업이 추구하는 전략을 전종업원이 이해해야 하기 때문이다. <표 1.2>는 앞서 소개한 대표적인 세 가지 경쟁전략을 관리회계 관점에서 비교한 것이다.

또한 기업이 당면하는 문제를 해결하기 위해서는 상이한 부문의 전문요원들이 보유한 다양한 스킬을 동시에 하는 범능적 팀(CFT: cross-functional team) 관점에서 접근하는 소위 통합적 사고가 필요하다. 이러한 통합적 사고를 가능하게 하는 것이 곧 고객 및 핵심성공요인에 초점을 맞추는 전략적 정보시스템이다.

3.3 전략적 관리회계담당자의 역할

> 상식(common sense)이란, "*To know something about everything and everything about something!(모든 분야에 대해 어느 정도는 알고서 자신의 전문 분야에 대해서는 빠짐없이 알고 있는 것!)*"

새로운 환경하에서 기대되는 전략적 관리회계담당자의 역할은 과연 어떠한 것일까? 또한 이런 역할을 담당할 수 있는 역량을 키우기 위해 관리회계 교육은 어떤 점을 강조해야 하는가?

관리회계 학자 및 실무 전문가들은 공통적으로 다음 두 가지 역할을 강조한다. 첫째는 훨씬 더 불확실한 미래 환경하에서 변화에의 신속한 대응을 위한 전략수립과 실행을 위한 정보제공 역할이다. 다른 하나는 경영혁신을 위한 다기능팀의 팀워크 주도 및 조정 역할이다. 후자는 곧 원가계산 및 관리분야의 전통적인 스페셜리스트로서의 역할 이외에 제너럴리스트의 역할을 강조하는 것이다. 미래에 관리회계담당자에게 기대되는 역할은 다음과 같이 요약될 수 있다.

1. 전략적 의사결정 지원정보 제공 : 비즈니스 파트너

전략수립과 실행에 적극 가담하게 된다. 즉, 기업의 전략적 의도와 핵심역량을 파악하고 이를 토대로 마련된 전략을 효과적으로 달성하기 위해 구체적인 운영적 측정치를 개발하고 이를 조직구성원에게 전달하는 역할이 강조된다. 이러한 전략적 의사결정의 리더로서의 역할을 감안하여 일부는 관리회계담당자를 비즈니스 파트너라고 부른다.

2. 핵심적 경영정보시스템 설계자 역할

정보기술을 생산, 판매, 유통 등 경영관리분야에 어떻게 활용하여 보다 적은 비용으로 최대의 업무를 수행할 수 있도록 정보변화 추이를 지속적으로 파악하고 정보기술을 적극적으로 수용하여야 한다. 이런 테크놀로지를 변화의 동인 및 실행동인으로 삼도록 해야 한다.

CMA란 무엇인가?

공인관리회계사(CMA)시험은 1972년 IMA(Institute of Management Accountants)에 의해 기업 및 산업계에서 일하는 회계담당자가 필요로 하는 지식과 능력을 적절히 갖추고 있음을 인증하기 위한 목적으로 개발된 CPA에 대응되는 자격시험이다. 시험과목은 ① 재무보고, ② 정보분석과 경영의사결정, ③ 원가분석, ④ 경제학의 네 과목으로 구성되어 있고 CPA는 재무보고 과목을 면제받는다.

3. 조직 내 각종 팀의 주도 및 쌍방적 커뮤니케이션의 강조

TIP!

분석결과를 활용해 개선을 추구하는 것으로 정의되는 **피드백**의 용도는 다음과 같이 6가지로 요약된다.

① 목표의 수정
② 예측방법의 변경
③ 새로운 대안의 모색
④ 운영방식의 변경
⑤ 의사결정방법의 변경
⑥ 성과측정 및 보상 방법의 변경

프로세스 개선을 비롯한 지속적인 경영혁신을 통해 경쟁력을 위해 다양한 부문에서 참가한 팀원들의 역량을 결집해야 한다([그림 1.4]의 핵심 테마 중 CPI(지속적 개선) 참조). 특정 변화가 전체 계획기간 동안에 미칠 영향(가령, 원가 및 투자액)을 계수화하고 이를 이용하여 최적자원배분에 유용한 정보를 제공하는 전문성을 발휘해야 한다. 또한 경영환경 변화에의 신속한 대응을 위해서는 적시에 경영실적을 파악·분석하여 피드백해야 한다. 구체적으로 현장요원 및 관리자를 대상으로 한 전략적 모니터링 그리고 생산 및 판매 등 일선현장의 현실을 상위 경영진에게 전달하여 전략수정 등 필요한 조치를 취하고 관련 부서요원들로 하여금 중요한 것에 노력을 집중하도록 하는 중간역할을 수행하여야 한다.

4. 외부이해관계자와의 정보공유를 위한 정보시스템 설계에 가담

향후 고객, 납품업체, 합작법인 파트너, 환경운동가 등 다양한 외부집단 및 이해관계자들을 위해 외부에서 기업의 재무회계 및 관리회계 정보에 대한 접근(access)이 가능하도록 설계되어야 한다. 공급업체나 하청업체가 발주기업이나 모기업의 원가구조나 작업방식을 이해할 경우 보다 획기적인 원가절감 개선안을 제시할 수 있기 때문이다.

요 약

01. 관리회계는 조직이 추구하는 목적이 효과적 및 효율적으로 수행되어 성공을 거두도록 온갖 경영관련 의사결정을 지원하기 위한 정보를 다루는 과목이다. 이러한 의사결정은 전략수립 및 투자안 분석과 같은 장기계획 측면과 수익성 분석, 운영예산 편성 및 성과평가 등과 같은 단기계획 및 통제의사결정 등을 포함한다. 물론 단기운영과 관련된 대안분석도 포함된다.

02. 경영이 갖는 측면이 그만큼 다양함을 감안할 때 관리회계가 제역할을 수행하기 위해서는 전략, 생산, 마케팅, 인사조직, 재무 등 경영의 핵심적 기능은 물론 계획수립, 수행, 평가, 시정조치의 연속과정으로 이루어지는 경영의 프로세스 그리고 경영이 추구하는 효과성 및 효율성 등에 관한 풍부한 지식을 필요로 한다.

03. 오늘날 기업들은 자신이 추구하는 전략에 대한 이해를 토대로 전통적인 핵심성공요인인 원가와 가치 및 품질은 물론(시간을 포함한) 서비스 그리고 혁신 측면 등에서 끊임없이 성과를 개선해 나가지 않으면 안 된다. 이런 점을 감안하여 오늘날 기업이 수행해야 할 관리회계는 전략적 관리회계라고 부른다.

04. 인터넷을 이용한 e-비즈니스가 새로운 거래형태로 자리잡고 정보기술의 변화가 기업은 물론 개인의 활동에도 엄청난 영향을 미치는 오늘날의 경영환경을 감안할 때 21세기 뉴밀레니엄 시대에서 전개될 전략적 관리회계에 관한 기초적 지식은 매우 유용하다. 특히 기업이 추구하는 원가우위, 차별화 및 집중화와 같은 본원적 전략에 대한 지식은 물론 전략경영에서 강조하는 원가동인, 가치사슬분석 개념은 오늘날의 관리회계에서 매우 중요하다.

05. 전략적 관점을 강조한 제1장에서는 과거 환경과 판이하게 다른 오늘날의 환경하에서도 전통적인 토픽은 여전히 유용성을 갖는지 아니면 적합성을 상실했는지에 대한 판단을 위해서 새로운 변화측면을 예의 주시할 필요가 있음을 강조하였다. e-비즈니스, 디지털경제라는 용어로 정의되는 오늘날 관리회계담당자는 ERP, SCM, CRM, 4차 산업혁명, 블록체인, IoT 등과 같은 새로운 패러다임이 등장하고 정보기술이 급격히 변화하는 환경하에서 종전의 관리회계정보시스템이 어떻게 달라져야 하는지를 남보다 앞서서 고민하고 대응책을 강구해야 한다.

06. 〈부록 1A〉에서는 경영통제시스템에 관한 개괄적인 설명을 했다. 이는 후반의 전략적 통제를 비롯하여 다양한 토픽 및 관리회계기법을 이해하는 데 매우 유용한 기초지식 역할을 할 것이다.

핵심용어

- 효과성
- 의사결정지원정보
- 6시그마 운동
- 가치사슬분석
- 전략적 포지셔닝
- 고객만족
- 경영통제시스템
- 효율성
- 의사결정유인정보
- 핵심성공요인
- 지속적 개선
- 고객관계관리(CRM)
- 공급사슬관리(SCM)
- 피드백 통제
- 정당성
- 오픈경영
- 원가우위전략
- 전략적 관리회계
- 차별화전략
- 전사적자원관리(ERP)

Reading materials

관리회계 전문가 되기
(*新*관리회계
information room)
cafe.naver.com/shinmgta

망한 항공사끼리 극적인 합병… 세계1위로 (키워드: 생존전략, 원가절감, 고객만족)
조선일보, 2012.06.01.

빅데이터 활용… 날씨 경영의 성공좌우 (키워드: 데이터, 정보, 의사결정에의 활용)
YTN, 2013.08.28.

低價 전략은 위대한 기업의 성공 원칙이 될 수 없다 (키워드: 품질, 전략, 기업가치)
조선일보, 2014.01.17.

⋮

부록 1A 경영통제시스템의 개관

A.1 경영기능과 관리회계 정보

일반적으로 경영은 PDCA[즉, Plan(계획) – Do(실행) – Check(검토) – Act(시정)] 4단계 프로세스를 거치는 것으로 정의되지만(제1절의 [그림 1.1] 참조) 경영기능에 초점을 맞추어 간략히 계획 – 조직화 – 통제의 순환과정으로 요약되기도 한다. 경영을 위해 무엇을 할 것인가를 다루는 계획활동(planning) 그리고 누구에게 어떤 업무를 맡길 것이며 어떠한 조직형태가 최적인가를 다루는 조직화(organizing) 그리고 이들 활동이 당초 계획한 대로 제대로 수행되도록 하는 통제(controlling)활동에 관해 고민하고 책임을 진다. 이 중 통제가 관리회계의 핵심이다. 이에 대해 보다 자세히 설명한다.

통제(controlling)란 결과가 당초 계획과 일치하도록 기업이 행하는 조치를 말한다. 통제과정에서는 실제결과를 계획과 비교하는 것이 일반적이다. 만약 실제결과가 계획과 상당한 차이를 보일 경우 경영자(관리자)는 당초 계획이 실현되도록 조치를 취하거나 원래의 계획을 수정하기도 한다. 특히, 조직환경이 변화하여 당초 수정한 계획이 무의미하다고 판단될 경우 당초 계획을 변경하는 것이 일반적이다. 따라서 통제활동의 결과(일명, 시정)는 계획으로 이어져 [그림 1.1]처럼 순환과정을 보인다. 통제활동을 위한 관리회계의 역할은 성과평가를 위한 차이정보 및 피드백 정보 제공으로 요약할 수 있다.

통제는 시간이나 대상 또는 관련기능에 따라 사전통제 대 사후통제, 회사(또는 부문)통제 대 개인통제 그리고 인적통제 대 재무통제 등 다양하게 분류된다. 경영프로세스 관점에서는 통제행위가 어느 시점에 어떤 목적으로 이루어지는가에 따라 구분되는 피드백 통제와 전향적 통제의 구분이 중요하다. 피드백 통제(feedback control : 일명, 사후적 통제)는 과거부터 특정시점까지 실현한 성과와 당초 계획(또는 예산이나 표준 같은 벤치마크)을 비교하여 차이가 발생한 경우 그 원인을 분석하여 적절한 시정조치를 취하는 통제방식을 말한다. 이러한 유형의 통제활동으로부터 얻는 피드백 정보는 미래 계획수립방식의 수정에서 실행방법 또는 예측방식의 변화에 이르기까지 다양한 측면에 활용된다.

한편, 전향적 통제(feedforeward control)는 전통적인 피드백 통제가 갖는 단점을 보완하기 위한 방식이다. 즉, 전향적 통제는 실제성과와 계획 간에 차이가 발생하기

피드백통제 대 전향적 통제 : 학교 수강신청의 예

양 통제방식의 차이는 대학교의 수강신청과정을 예로 들어 설명할 수 있다. 수강신청 완료 후 수강인원이 지나치게 많은 것을 파악한 후에 반을 적정인원수로 나누는 것(분반)은 피드백 통제에 해당한다. 반면에 담당교수의 요구에 따른 적정인원수를 수강신청 전에 컴퓨터 프로그램에 입력하고 이를 초과할 경우 수강신청이 이루어지지 않도록 하는 것은 전향적 통세에 해당한다.

전에 일어날 수 있는 오류를 사전에 탐지하여 미리 필요한 조치를 취하도록 하는 미래지향적인 통제방식을 의미한다. 가령, 비행기 운행시 이용하는 자동항법장치(ANS : Automatic Navigation System)는 사전에 정한 방향과 고도 및 속도를 컴퓨터에 입력하고 비행기가 이에 따라 운행하도록 하는 일종의 전향적 통제시스템이다. 항시 일정량의 재고가 매장에 확보되도록 일일 판매량 및 주문에 소요되는 기간을 감안하여 재고가 일정수준으로 줄어들 경우 자동적으로 주문을 내리는 대형할인점의 재고관리시스템도 전향적 통제시스템의 일종이다.

A.2 경영통제시스템 : 관리회계의 핵심

모든 조직은 리더를 필요로 한다. 이들 리더를 우리는 경영자 또는 경영진이라 부른다. 이들은 조직의 목적을 구성원에게 전달하고 목적달성을 위한 과업을 결정하고 과업수행에 필요한 자원의 배분을 결정한다. 또한 상이한 부문활동간의 조정을 꾀하고 필요한 과업(task)을 개인에게 부여하며 이들을 적절히 동기부여시키고 과업수행 여부를 관찰하고 필요한 경우 시정조치를 취한다. 이러한 경영과정은 계획 – 조직화 – 통제의 순환으로 반복된다. 흔히는 조직화를 생략하고 계획 – 통제라는 2분류를 따른다.

통제(control)란 "특정 목적 또는 목표를 달성하기 위해 일련의 변수를 조정하는 활동"으로 정의된다. 이러한 통제개념은 보일러나 에어컨의 온도조절장치 그리고 항공기의 자동항법장치와 같은 물리적 통제를 포함하는 것으로 일상생활에서도 흔히 목격할 수 있다.

[그림 1A.1]은 통제활동의 핵심요소를 도식화한 것이다. 그러나 이러한 핵심요소의 관계는 물리적 통제뿐만 아니라 기업에서 이루어지는 통제에도 그대로 적용된

그림 1A.1

통제시스템의 핵심적 구성요소

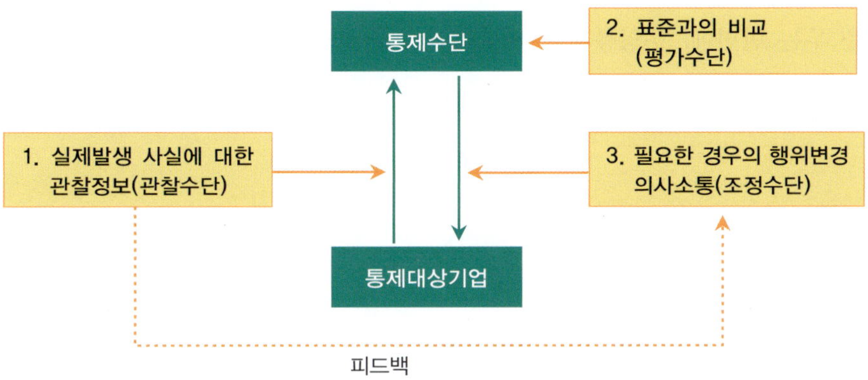

자료 : AG, 1995, p. 4의 도표를 일부 수정.

다. 먼저 물리적 통제의 경우를 자동온도조절장치(thermostat)를 예로 들어 설명해 보자. 이때 통제대상은 보일러 또는 에어컨이며 통제수단은 자동온도조절장치가 된다. 자동온도조절장치 내의 온도계를 통해 현재 온도(가령, 15℃)를 파악하고(관찰수단 : observer 또는 detector) 이와 실내온도(가령, 20℃)를 비교한 후(평가수단 : evaluator) 온도를 높이기 위해 보일러를 가동한다(조정수단 : effector). 만약 반대의 경우에는 에어컨을 가동하게 될 것이다. 이처럼 통제시스템은 관찰 → 평가 → 조정이라는 순차적인 일련의 활동으로 이루어진다.

그러나 통제란 용어가 기업이나 조직에서 사용될 경우에는 경영통제라고 부른다. 따라서 경영통제란 "조직전략의 성공적 실행을 위해 경영자 또는 관리자가 조직구성원에 영향을 미칠 목적으로 사용하는 온갖 절차와 기법"으로 정의된다. 아울러 경영통제가 체계적으로 조직화되어 실행될 경우 이를 경영통제시스템(MCS : management control system)이라고 부른다. 경영통제시스템은 조직구성원인 인간의 행위를 조정해야 하며 이들의 행위변경은 자동온도조절장치처럼 자동적으로 이루어지지 않는다는 점에서 차이를 보인다. 따라서 경영통제에서는 물리적 통제에서 불필요한 점선부분으로 표시한 바와 같은 피드백 정보가 중요성을 갖는다. 이는 커뮤니케이션이라는 명칭으로 네 번째 요소로 추가될 수 있는데 종업원간의 의사소통의 중요성을 강조한다.

기업에서 이루어지는 통제행위 전체를 지칭하는 경영통제는 흔히 통제행위가 이루어지는 조직계층 수준에 따라 경영통제와 운영통제로 구분된다. 경영통제(management control)란 최고경영자가 중간관리자 이상의 상위관리자를 대상으로 한 통제활동을 그리고 운영통제(operational control)란 중간관리자에 의한 일선종업원들을 대상으로 한 통제활동을 지칭한다. 따라서 경영통제가 장기적이고 전략적인 문제에 초점을 두는 반면에, 운영통제는 세부적인 단기성과측정치에 초점을 둔다. 경영통제시스템에 관해서는 제10장에서 전략적 성과평가와 연계하여 자세히 다룬다.

A.3 계층별 정보활용 측면에서 본 경영통제시스템

지금까지의 설명을 종합하면 경영통제시스템은 회사 전반에 걸친 계획 및 통제과정을 지원·조정하며 종업원의 행동지침을 위한 정보를 수집하고 이용하여 조직내의 공동의 결정을 향상시키고자 하는 정보시스템으로 요약할 수 있다.

앞서 통제활동이 수행되는 계층수준에 따라 경영통제와 운영통제로 구분할 수 있다고 지적한 바 있다. 일반적으로 경영통제란 용어는 이들 양자를 포괄하는 것으로 사용된다. 그러나 이들을 구분할 경우에는 상이한 계층수준별로 활용되는 정보는 차이가 나기 마련이다. 따라서 경영통제시스템이 효율적이고 효과적으로 작동하기 위해서는 제공되는 정보가 조직의 각 수준에 따라 상이한 형태로 제공되어야 한다.

예를 들면, 현행 부채비율이나 예상투자지출액과 같은 회계수치나 주가정보는 최고경영자의 전략적 계획수립 등을 위해 회사 전체수준에서는 중요하지만 원재료나 제품의 입출고를 담당하는 일선현장(가령, 창고담당요원)에서는 필요한 정보가 아니다. 오히려 원재료 및 제품의 수령과 저장에 소요되는 시간에 대한 정보가 더 적합하다. 그리고 최고경영자가 정한 재고정책을 감안하여 적정재고수준을 결정하고 실행해야 하는 중간관리자의 입장에서는 재고유지비용이나 주문비용 그리고 재고수준에 관한 정보가 보다 유용성을 갖는다. 전자는 운영통제에 관한 정보유형을 그리고 후자는 경영통제와 관련된 정보유형을 예시한 것이다. 이러한 상이한 유형의 통제활동은 상호 관련을 맺는다. 왜냐하면 개별활동수준에서의 운영통제활동의 결과는 보다 상위수준의 경영통제성과에 영향을 미치게 되며, 이는 회사의 순이익이나 투자수익률과 같은 재무성과에 영향을 미쳐 궁극적으로는 주가에 영향을 미치게 되기 때문이다.

요컨대, 상이한 계층수준의 조직구성원들이 수행하는 다양한 업무를 지원하기 위해서는 각 수준별로 상이한 종류의 정보, 즉 관리지표가 개발되고 활용되어야 한다. 이들 지표가 상이한 수준간에 그리고 동일 계층수준 내에서는 다른 부서간에 균형 있게 연계되어 활용될 때 기업성과는 극대화된다. 이처럼 전략실행을 위해 수

표 1A.1
조직의 각 수준별 요구정보 및 보고수준

	운영수준	중간/상위관리자	최고경영자
필요로 하는 정보	조직의 운영통제 및 개선을 위한 의사결정에 필요한 정보를 우선적으로 필요로 함.	감독, 계획에 대한 정보와 재무적 및 물리적 자원, 제품, 서비스 및 고객에 대한 의사결정에 필요한 정보를 우선적으로 필요로 함.	조직의 장기결과를 좌우하는 전략적 의사결정을 지원해주는 정보를 우선적으로 필요로 함.
세분화 수준	매우 상세함	적당히 요약됨	매우 요약됨
정보유형	• 투입 • 산출 • 서비스 품질 또는 생산 공정 • 가장 최근자료	• 이용된 자원 • 효율성 • 수행된 작업의 질 • 수익성 • 현재 및 미래 자료	• 수익성 • 시장기회 및 위협 • 고객충성도 및 만족 • 기술혁신 • 현재 및 미래 자료
보고빈도	매우 빈번함	빈번함	간헐적

행되는 상이한 계층수준에서의 통제활동간의 연계관계 및 시차를 둔 통제활동과 재무성과간의 연계관계는 제10장의 BSC(균형성과표)에서 자세히 다룬다. 참고로 <표 1A.1>은 전략기획을 포함하여 상이한 통제활동별로 유용한 정보를 조직의 각 수준별로 필요로 하는 정보내용 및 보고관점으로 요약한 것이다.

단답식 개념문제

01. 조직경영에서 가장 중요시되는 두 가지 기준은 조직이 설정한 목적 또는 목표 달성정도를 의미하는 □□□과 투입산출 간의 상대 비율을 의미하는 □□□이다. 후자의 대표적인 측정치로는 자동차 연비를 의미하는 gas □□□□가 꼽힌다.

02. 관리회계정보의 두 가지 핵심측면을 요약하는 다음 빈칸에 들어갈 적절한 단어는? 의사결정 □□측면 + 의사결정에의 □□측면이다.

03. 교재에서 소개한 상식의 정의(*To know something about everything and everything about something!*)에서 *something about everything*은 21세기 재무비전의 실천을 위한 (원가계산 및 관리 분야의 전문가로서의) 관리회계담당자의 역할 중 □□□리스트로서의 역할을 그리고 *everything about something*은 □□□리스트로서의 역할을 강조하는 것이다.

[문 1] 오늘날의 관리회계의 환경변화를 가져온 핵심요인 다섯 가지를 언급하시오.

[문 2] 내부고객만족을 주된 목적으로 삼는 최신 관리회계를 성공적으로 이끌기 위한 핵심테마 네 가지를 열거하시오.

[문 3] 사이몬(Simon) 교수가 지적한 회계의 핵심적 역할 세 가지, 즉 기록계산기능, 주의환기기능, 문제해결기능 중 관리회계에서 강조되는 두 가지 기능은 어떤 것일까?

[문 4] 타당성, 효과성, 효율성의 차이를 설명하시오.

[문 5] 관리회계와 재무회계간의 차이를 ① 보고서의 주이용자, ② 보고서의 빈도, ③ 보고서의 목적 등의 관점에서 설명하시오.

[문 6] 재무회계보다 관리회계에서 목적적합성이 더 중요한 기준이 되는 이유는?

[문 7] 전략적 관리회계의 특징 세 가지를 언급하시오.

[문 8] 이용자관점, 정보의 목적, 통합수준 등을 비롯한 몇 가지 핵심적인 측면에서의 재무회계와 관리회계간의 차이를 설명하시오.

[문 9] 관리회계가 어떻게 원가우위전략과 제품차별화전략을 지원할 수 있는지를 구분

하여 설명하시오.

[문10] 핵심성공요인이란 무엇이며 이것이 전략경영과 원가관리에서 차지하는 역할은 무엇인가?

[문11] 가치사슬분석의 개념을 설명하시오.

[문A1] 경영통제시스템의 기본적 요소를 설명하시오.

[문A2] 경영통제는 온도조절장치에 비유되어 왔다. 이 두 가지의 주요한 차이점은 무엇인가?

연습문제

객관식

[문1] 다음 보기 중 피드백의 역할에 해당되지 않는 것은? (★)

> a. 목표의 수립
> b. 예측방법의 변경
> c. 의사결정방법의 변경
> d. 운영방식의 변경
> e. 성과평가 및 보상 방법의 변경

① a ② b ③ c ④ d ⑤ e

[문2] 다음 중 관리회계의 목적이 아닌 것은? (★)

① 의사결정과 계획을 위한 정보를 제공
② 감독(directing)과 통제(controlling)활동을 지원
③ 원가최소화와 이익극대화
④ 경영자와 그 하부조직의 성과평가
⑤ 조직 목표달성을 위한 경영자에게 동기부여

[문3] 관리회계정보의 두 가지 핵심측면을 잘 요약한 것은? (★)

① 의사결정의 지원 측면, 의사결정에의 영향 측면
② 의사결정의 지원 측면, 재무적 영향 측면
③ 의사결정에의 영향 측면, 원가 최소화 측면
④ 원가 최소화 측면, 이익 극대화 측면
⑤ 의사결정에의 영향 측면, 이익 극대화 측면

[문4] 다음 두 사례는 최신 경영핵심테마 다섯 가지 중 무엇에 관련되는 예들인가? (★★)

〈예 1〉 삼성전자는 일본의 도요타사를 본받아 직전 3개월 평균실적에서 1% 삭감한 수치를 계산한 후 이를 매월 예산 직접노무비로 사용하기로 하였다.

〈예 2〉 HP는 신제품 출시기간의 단축을 독려하기 위해 BET라는 신규측정치를 고안하여 보상과 연결하기로 하였다. (주: 순서를 감안하여 답을 골라야 함)

a. 핵심성공요인	b. 고객만족	c. 총체적 가치사슬
d. 지속적 개선	e. 내부적·외부적 관점의 균형	

① a, b ② c, d ③ d, a ④ e, d ⑤ d, b

[문5] 피드백의 핵심적 용도는 다음과 같은 6가지로 분류할 수 있다. (★★)

(a) 목표의 수정	(b) 예측방법의 변경
(c) 새로운 대안의 모색	(d) 운영방식의 변경
(e) 의사결정방법의 변경	(f) 성과측정과 보상방법의 변경

다음의 보기와 위에서 열거한 6가지 용도와의 연계가 잘못된 것은?

① H대학교는 발간물 인쇄를 이번 학기부터 외부에 하청을 주기로 하였다 → (c)

② S전자는 매출액 증가율 대신에 주가상승률에 기초하여 경영자의 보너스를 지급하기로 하였다. → (f)

③ 두산그룹은 맥주사업을 포기하고 새로이 통신사업을 시작하였다. → (a)

④ H자동차는 자동차 수요를 예측시, 원유가격의 변화도 고려하는 정교한 예측기법을 사용한다. → (e)

⑤ K자동차 품질검사 담당자는 공정의 후반부뿐만 아니라 공정 중간에도 제품을 검사한다. → (d)

주관식

[문1] 품질인증과 가치사슬 (★)

국내 최대 자동차업체인 H자동차는 최근 납품업자(일명, 협력업체)들이 ISO9000 품질인증을 받아야만 납품할 자격을 주는 것을 고려중이다.

〈요구사항〉

1. 이러한 조치가 H자동차의 품질원가에 어떠한 영향을 미칠 것인가?
2. 가치사슬 전반에 걸쳐 관여하는 모든 기업들의 상대적 원가에 어떠한 영향을 미칠 것인가?

[문2] 전략적 자리매김(strategic positioning) (★★)

(주)청림제지는 특수종이상자를 제조·판매한다. 동사가 경쟁하는 방식은 고품질의 종이상자를 저원가로 생산하여 적시에 고객에게 배달함으로써 성장하고자 계획하며 경쟁중이다. (주)청림제지가 제조하는 종이상자와 유사한 제품을 생산하는 업체는 많은 편이다. (주)청림제지는 제조공정을 개선하고 종업원을 만족시키는 것이야말로 2019년도 전략 실행상 매우 중요하다고 믿는다.

〈요구사항〉

1. (주)청림제지의 2019년 전략은 제품차별화전략과 원가우위전략 중 어디에 해당하는가?
2. (주)청림제지가 특별히 관리하기 위해 성과지표를 책정한다면 업무수행 프로세스와 관련하여 대표적인 측정치 두 가지는 무엇이 될까? 특정 측정치를 언급한 이유를 간략히 설명하시오. (이에 관해서는 제10장의 전략적 성과관리에서 자세히 배우겠지만 현 시점에서 그동안 배운 경영학 실력을 토대로 차선의 답을 제시해도 무방함).

〈자료 : HFD, 2000, 제13장 연습문제 13-16 참조〉

[문3] 핵심성공요인(CSF)과 성과평가 : 카푸치노 익스프레스 사례 (★★)

김경구 사장은 이민 1.5세로서 3년 전에 미국 대학을 졸업하였다. 당시의 경제상황이 불황인지라 연봉 20,000달러인 부기직 직원으로 취업할 수 있는 제안을 받았는데, 낮은 연봉과 부기직종의 특성상 장래가 그리 밝지 않다고 그는 생각했다. 그는 야심 있는 젊은이로서 그 제안을 거절하고 창업을 하기로 마음을 굳혔다. 라이프스타일이 변화하는 것을 확신한 그는 자동차전용 커피숍의 장래가 밝다고 확신하고 회사들이 밀접한 곳에서 커피숍을 개업하기로 하고 부모님의 지원을 받아 창업을 했다. 커피숍의 명칭은 속도감을 느끼게 하는 '카푸치노 익스프레스'라고 지었으며 카푸치노와 디카페인 두 종류의 커피만을 판매하기로 하였다. 그가 예상한 대로 카푸치노 익스프레스는 번창하여 3년이 지나지 않아 지점을 내기도 했다. 지점의 일상적인 관리는 지점관리자에게 일임하고 그는 기업 전체를 경영하는 일에 초점을 맞추었다. 또한 그는 기록유지나 허드렛일 같은 일을 담당하는 직원을 고용하였다.

〈요구사항〉

1. 카푸치노 익스프레스의 조직도를 작성해 보시오.
2. 카푸치노 익스프레스의 성공을 이끈 주요 요인들(일명, 핵심성공요인)은 무엇이라고 생각하는가?
3. 김경구 사장이 카푸치노 익스프레스 경영에 있어 주로 맡는 직무는 무엇인가?
4. 카푸치노 익스프레스의 운영에 있어 주된 비용은 무엇인가?
5. 김경구 사장은 각 지점관리자의 성과를 감독하고자 한다. 어떤 성과측정치가 바람직한가?

6. 당신이 제안한 여러 측정치 중 김경구 사장이 한 가지만을 선택한다면 그것은 무엇인가?
7. 지난해 카푸치노 익스프레스 본점의 총수익은 146,000달러, 총비용은 120,000달러로 이익은 26,000달러였다. 김경구 사장은 지난해의 성과에 만족하였다. 올해에는 커피숍의 명성과 인구적 요인으로 총수익이 20% 증가하여 175,000달러가 될 것으로 예상한다. 본점의 이익금액은 얼마인가? 이익추정치의 개발과 관련하여 이 이슈를 논의하시오.

〈자료 : Issues in Accounting Education, 1995〉

02 원가회계의 세상 다녀오기

학습목표

- 원가회계의 핵심개념을 배움
- 다양한 원가의 분류를 배움
- 제조원가흐름을 이해하고 제조원가명세서의 구성요소를 학습
- 경영활동과 원가정보간의 상호관계 파악
- 원가계산의 정의 및 절차를 파악
- 학습효과 개념의 이해 및 이를 이용한 원가추정

Intro

원가정보는 기업경영에서 매우 중요하다. 기업에서 신제품을 출시할 때 이 제품의 원가가 얼마인지 반드시 알아야 하고, 소비자가 상품을 구매할 때도 원가정보가 필요하다. 대학 동아리에서 MT를 가려고 예산을 수립하는 과정에서 필연적으로 구하게 되는 소요비용 역시 일종의 원가정보다. 원가를 모르면 우리는 의사결정 자체를 할 수 없을지도 모른다.

특히 전략적 의사결정의 경우 **원가정보**의 활용은 차원이 달라진다. 왜냐하면 전략이 제대로 실행되고 있는지 파악하려면 원가, 품질, 시간(속도), 창의성, 디자인 등 다양한 핵심성공요인간의 상충관계 및 우선순위 그리고 인과분석에 대한 이해가 중요한데 이들을 종합하는 대표적인 측정 수단이 원가이기 때문이다. 가령, 2002년 월드컵 특수로 인해 LG전자 브라질 마나우스의 공장에 LCD 패널을 급하게 수송해야 했던 범한판토스가 비행기로 수송하기에는 물류원가가 너무 비쌌기 때문에 LA까지는 비행기를 이용하고 LA에서 마이애미까지는 육로를, 그리고 다시 마이애미에서 브라질까지는 배를 이용해 운송함으로써 시간절약과 원가절감의 타협안을 성공적으로 실행했던 사례가 일례이다. ([지금 당장 회계공부 시작하라] 강대준/신홍철 공저, 2012, 339-340쪽 참조)

원가정보 활용을 핵심으로 삼는 **'관리회계'**를 공부하려면 원가와 원가정보 산출의 이해가 선행되어야 한다. 이 장에서는 **'원가회계'**의 기초에 대한 리뷰를 한다. 이로써 원가회계에 대한 이해가 부족한 경우에는 핵심이론 습득의 기회를 그리고 이미 공부한 경우에는 복습 기회를 가질 수 있다.

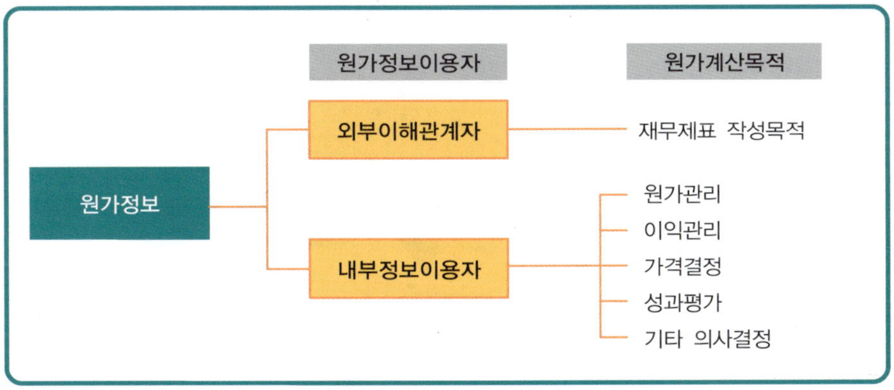

Storytelling

자원을 가지고 어떤 활동을 한다면 필연적으로 비용, 즉 원가가 발생한다. 그러나 원가를 정보로 이용하기 위한 전제조건이 있다. 바로 우리가 그 활동을 원가로 간주할 것인가 혹은 말 것인가의 문제이다. 만약 원가로 간주한다면 얼마로 볼 것이냐를 결정해야 하는데 이 과정을 **측정**이라고 한다.

하늘에서 **활동**(activity)이라는 비가 내려도 현실적으로 그 비를 다 담을 수는 없다. 하지만 기업이나 조직, 개인 모두 의사결정과 성과평가 목적상 다양한 정보를 필요로 한다. 이때 가장 중요한 정보가 **원가정보**이다. 따라서 비록 모든 활동이 추적 또는 측정가능한 것은 아니지만, 원가정보로 활용하기 위해서는 (마치 비를 잘 받아서 해당되는 그릇으로 잘 옮겨 담는 것처럼) 집계대상인 원가대상에의 부과과정(즉, **원가부과**)이 필요하다. 원가추적과 원가배분을 통한 원가부과는 매우 중요하다. 왜냐하면 활동이 수행되어 분명 원가는 발생하였는데 자칫 이를 다른 원가대상에 담는다면 최종 집계된 (제품) 원가정보는 왜곡될 것이기 때문이다.

이러한 측정과정을 **원가계산시스템**에서 다루고 이와 관련된 주제를 통틀어 **원가회계**라고 함은 이전 과목에서 배운 바 있다. **관리회계**는 원가회계를 포함, 조직 내부의 **장단기 경영계획과 통제 관련 의사결정을 지원하기 위한 정보 창출 및 활용**을 다룬다. 원가회계 후속 교재인 이 책에서는 의사결정과 성과평가라는 관리회계 주제를 중심으로 설명한다. 다만 제3장 이후 원활한 학습을 위해서 원가회계에서 다루었던 내용 중 핵심 부분에 대한 리뷰를 제2장에서 한다.

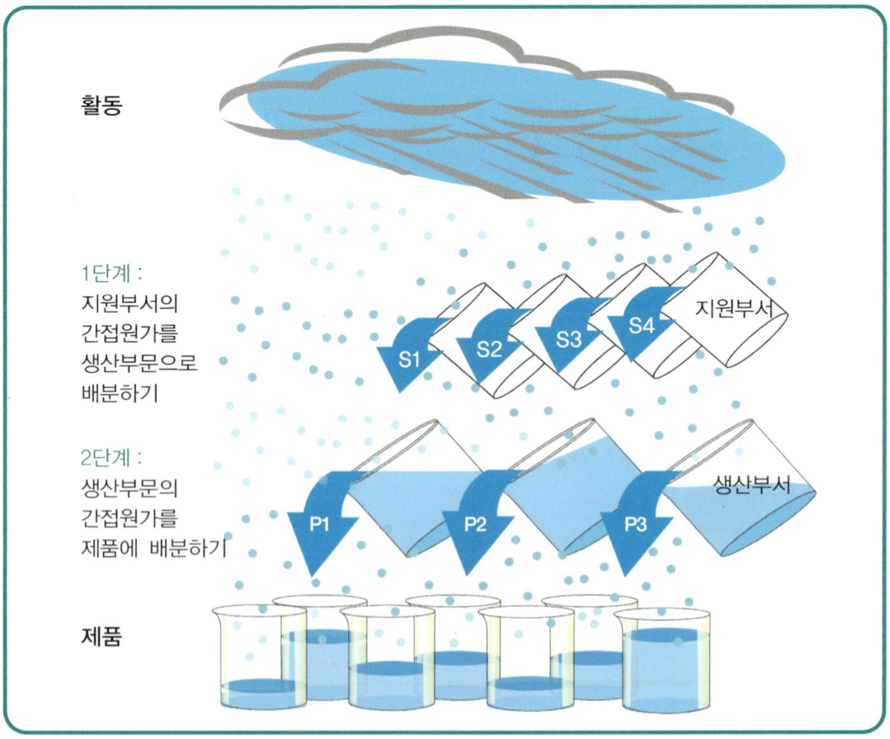

제1절 원가와 원가회계의 기본개념

1. 원가의 의의와 특성

우리는 일상생활에서 필요한 많은 물건들을 구입하고 있다. 이러한 물건들을 구입하기 위해서는 어떤 희생을 치러야 하는데, 이와 같이 특정 제품이나 서비스를 구하기 위해 치른 희생을 화폐단위로 측정한 것을 원가(Cost)라고 한다.

원가(Cost)의 정의

원가의 정의

- "원가란 특정목적을 달성하기 위해 소멸된 경제적 자원의 희생을 화폐가치로 측정한 것으로, 기업이 수익을 획득하기 위해서 특정물품이나 서비스를 구매하거나 제조하는 데에 지출되는 금액 등을 말한다."

미국회계학회(AAA)의 원가 개념

- "특정목적을 달성하기 위하여 발생한 또는 발생할 희생(foregoing)을 화폐단위로 측정한 것이다."
- "유형·무형의 경제적 제 자원을 취득하거나 창조함에 있어서 일정한 목적을 위하여 포기된 또는 포기될 가치측정에 관한 용어이다."

주요 고려사항

본질적으로 원가는 개인 또는 조직이 보유하고 있는 자원의 소비로 인해 발생한다. 원가란 파악하고자 하는 대상, 즉 의사결정상 관심을 갖는 '원가대상(cost object)'과 관련지어 파악해야 한다.

특정 물품이나 서비스를 구매하거나 제조하기 위하여 소비되는 일체의 경제적 가치를 의미하는 원가에는 다음과 같은 특성이 있다.

❑ 원가의 특성 ❑

가. 경제적 가치	나. 물품이나 서비스의 소비액
기업의 제조과정에 자연의 요소(공기, 바람 등)기 사용되더라도 일반적인 자연의 요소는 그 자체가 경제적 가치를 가지고 있지 않으므로 원가가 될 수 없음.	기업의 수익획득 활동에 필요한 물품이나 서비스를 단순히 구입하는 것만으로는 원가가 되지 않으며 이를 소비해야 비로소 원가가 됨.
다. 경제활동에서 발생한 것	**라. 정상적인 소비액**
제품의 제조 및 판매활동과 관계없이 발생되는 물품이나 서비스의 소비는 원가가 되지 않음.	원가는 정상적인 경제활동 과정에서 소비된 가치만을 포함하고 비정상적인 상황에서 발생한 가치의 감소분은 포함하지 않음.

2. 원가회계의 기본개념

(1) 원가흐름으로 본 기본개념

원가회계시스템의 기본흐름을 이해하기 위해서는 '원가대상', '원가집계', '원가부과', '원가추적', '원가배분', '원가집합' 등 기본요소 개념의 이해가 선행되어야 한다.

❑ 원가흐름상의 기본개념 ❑

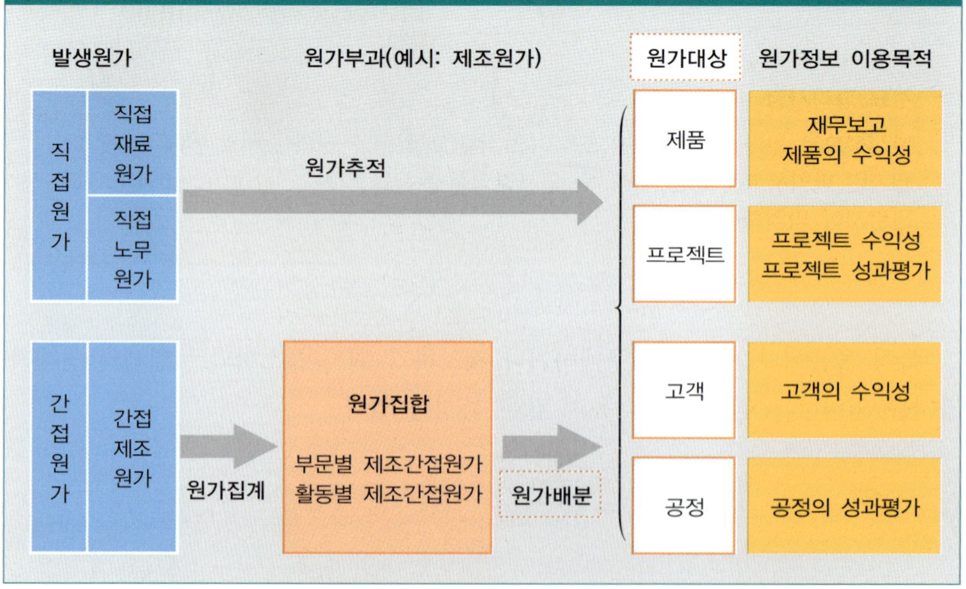

(2) 원가대상

- 경영자는 의사결정을 위하여 '어떠한 것'의 원가를 알기를 원한다. 이 '어떠한 것'을 원가대상(cost object)이라 하며, 원가의 측정이 요구되는 대상을 말한다.
- 원가대상은 매우 다양하고 원가대상의 선정은 각 조직이 처한 상황 및 분석 목적 또는 원가계산절차에 따라 차이를 보인다.

❑ 원가대상의 예 ❑

원가대상	예
• 제 품	스타벅스 커피 2,000cc 승용차(가령, 소나타) 갤럭시 노트4, 아이폰6
• 고 객	컨설팅사에게 사업타당성 분석을 의뢰한 기업 대우조선해양에 잠수함 건조를 의뢰한 대한민국 해군
• 서비스	서울-LA 왕복 항공서비스(이코노미 또는 비즈니스 클래스) 회계법인의 정기 감사서비스
• 프로젝트	KTX 고속전철 건설 용산국제업무단지 건설
• 상 표(brand)	'자이', '푸르지오', 래미안' 등 아파트 브랜드
• 활 동	TV세트의 품질검사 자재주문, 제품배송
• 부 문	삼성물산의 건설부문 대학교에 속한 IT전담 부문
• 프로그램	지방자치단체의 장애인 재활능력 향상을 위한 교육/훈련 기업의 신입사원 연수

자료 : HFD(1997)에서 일부 발췌·수정.

(3) 원가동인

- 총원가의 변화를 '초래하는 요인' 또는 '요소(factor)'를 말한다.
- 가장 대표적인 원가동인은 조업도로, 조업도(volume)라는 표현은 기업이 보유한 시설능력의 활용도를 의미하는 것으로 생산활동수준(즉, 생산량)을 달리 표현한 것이다.

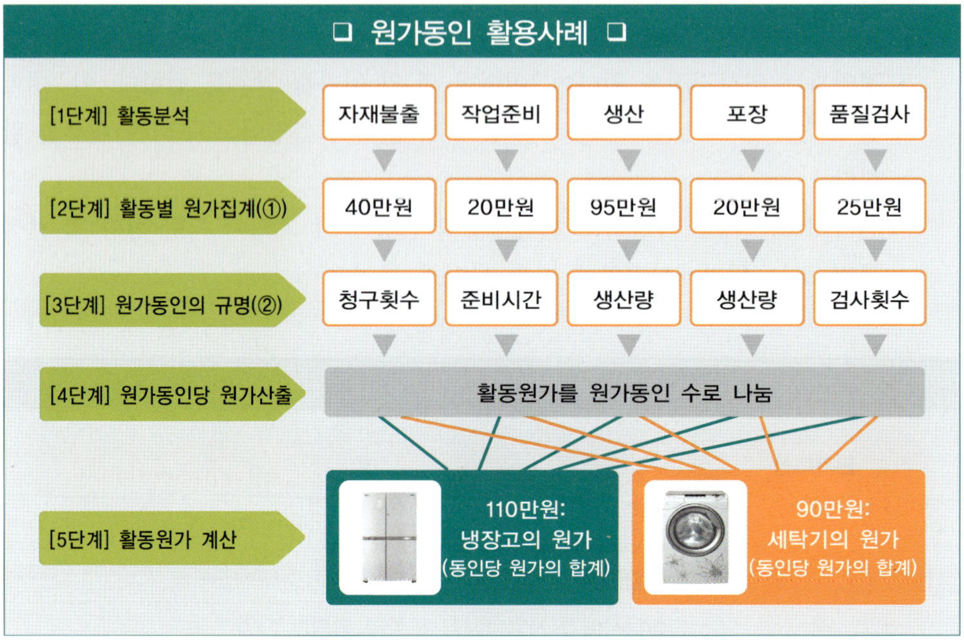

(4) 원가의 부과

- 원가대상에 원가를 집계하여 필요한 원가정보를 산출하는 과정

원가집계와 원가부과

- 경영자가 관심을 갖는 원가대상이 파악되면 이제는 원가대상에 관련 맺는 원가를 원가대상별로 집계하는 것이 필요함. 이것이 곧 원가계산(costing) 또는 원가부과(cost assignment)임.

원가집계(cost accumulation)란?

- 다양한 활동으로 인한 자원의 소비(즉, 원가)를 파악하는 것으로 원가계산을 위한 첫 단계이다.

원가부과(cost assignment)란?

- 원가부과는 집계된 원가를 원가대상에 적절히 할당하는 것이다. 원가부과는 다시 원가추적, 원가배분 두 가지 개념으로 세분된다.
- 원가추적(cost tracing)은 자원의 소비, 즉 원가가 특정 원가대상 때문에 발생했음을 확인하는 것을 말한다.
- 원가배분(cost allocation)은 자원의 소비가 여러 원가대상을 위해 공통으로 이루어져 발생한 원가(원가집합, cost pool)를 관련원가대상에 적절히 나누는 것을 의미하는 것이다.

❑ 원가대상의 원가부과 ❑

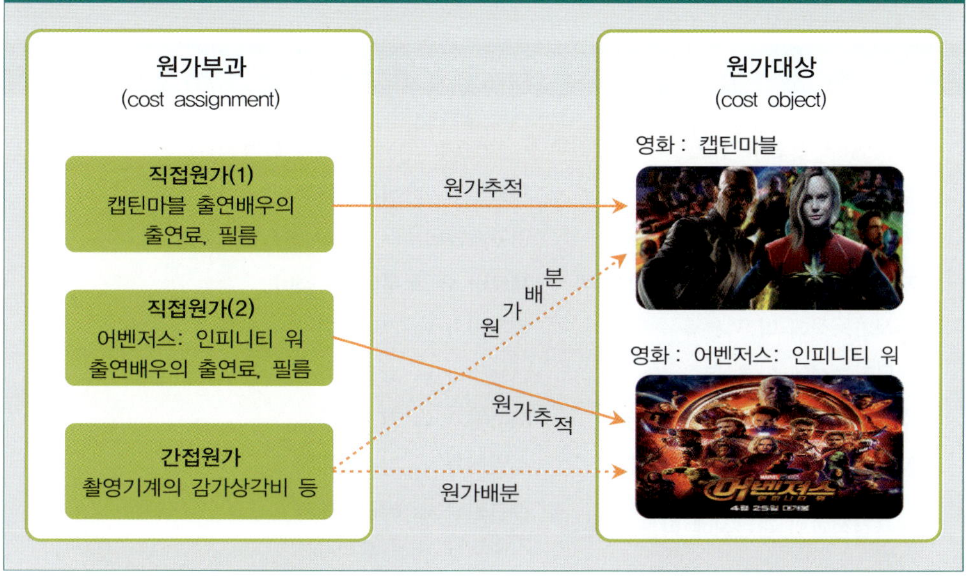

(5) 원가집합(cost pool)

원가대상에 직접적으로 추적할 수 없는 간접원가들을 모아둔 것으로 둘 이상의 원가대상에 배분되어야 할 공통원가의 집합

(6) 원가행태(cost behavior)

조업도 수준의 변동에 따라 일정한 형태로 변화하는 원가발생액의 변동 모습(예, 변동원가, 고정원가)

(7) 조업도(volume)

기업이 보유한 자원의 활용정도를 나타내는 수치로서 산출량인 생산량, 판매량 등으로 표시하거나 투입량인 직접노동시간, 기계가동시간 등으로 표시

(8) 관련범위(relevant range)

원가와 조업도 간의 일정한 관계가 유지되는 조업도의 범위로서 변동원가와 고정원가의 구분이 타당한 조업도의 구간

3. 원가의 분류

❑ 원가의 분류 ❑

분류기준	원가 항목
경영기능별 분류	제조원가 vs 비제조원가
가치사슬 단계별 분류	연구개발비부터 고객서비스원가까지
자원 소비행태별 또는 요소별 분류	재료비 vs 노무비 vs 경비
추적가능성에 따른 분류	직접원가 vs 간접원가
변동가능성에 따른 분류	변동원가 vs 고정원가
수익과의 대응관계에 따른 분류	제품원가 vs 기간비용
자산성의 유지 여부에 따른 분류	소멸원가 vs 미소멸원가
의사결정과의 관련성에 따른 분류	관련원가 vs 비관련원가 기회원가 vs 매몰원가
통제가능성에 따른 분류	통제가능원가 vs 통제불능원가

(1) 경영기능별 분류

제조원가 vs 비제조원가

손익계산서 작성목적으로는 크게
(i) 제조원가(manufacturing cost)와
(ii) 비제조원가(non-manufacturing cost)로 대별됨.

- **제조원가**는 회사의 제품원가를 구성하고 판매가 되었다면 손익계산서상 매출원가로 판매가 되지 않거나 생산 중이라면 재무상태표에 재고자산으로 기록됨.
- **비제조원가**는 다시 ⓐ 판매활동에 따른 원가(판매비)와 ⓑ 일반관리활동에 따른 원가(관리비) 그리고 ⓒ 투자 및 재무활동에 따른 원가(가령, 이자비용)로 세분됨.

(2) 가치사슬 단계별 분류

❑ 가치사슬에 따른 제품원가의 계산범위 ❑

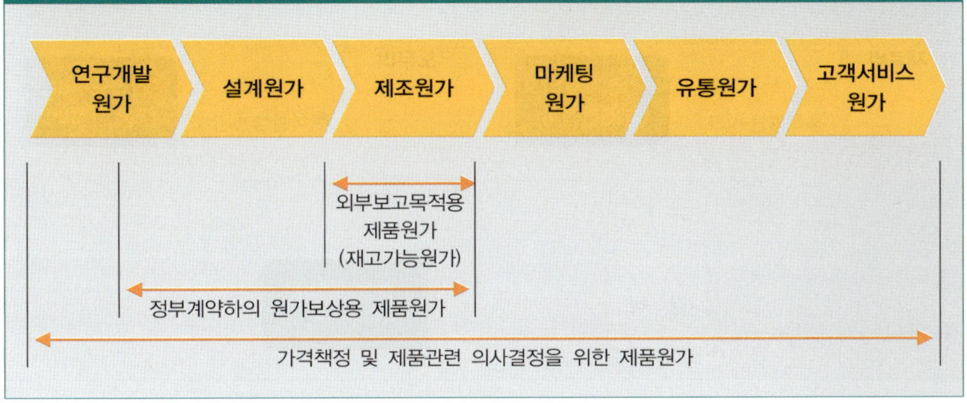

(3) 원가요소별 분류 : 재료비 vs 노무비 vs 경비

재료비 vs 노무비 vs 경비

- **재료비** : 제품의 제조에 소비할 목적으로 보관하고 있는 물품을 의미하는 재료 또는 원료(일명, 원재료)가 생산과정에 투입되어 소비될 때 발생하는 원가
- **노무비** : 생산활동에 종사하는 인력의 소비로 발생하는 원가
- **경　비** : 재료비와 노무비를 제외한 모든 요소의 사용액(감가상각비 등)

(4) 추적가능성에 따른 분류 : 직접원가 vs 간접원가

직접원가 vs 간접원가

- **직접원가** : 특정원가대상에 대해 직접 추적할 수 있는 원가인 직접재료원가와 직접노무원가 등
- **간접원가** : 여러 원가대상과 관련하여 발생하므로 특정원가대상에 개별적으로 추적이 어려운 제조간접비 및 간접 판매비와관리비 등

❑ 제조간접비의 구성 ❑

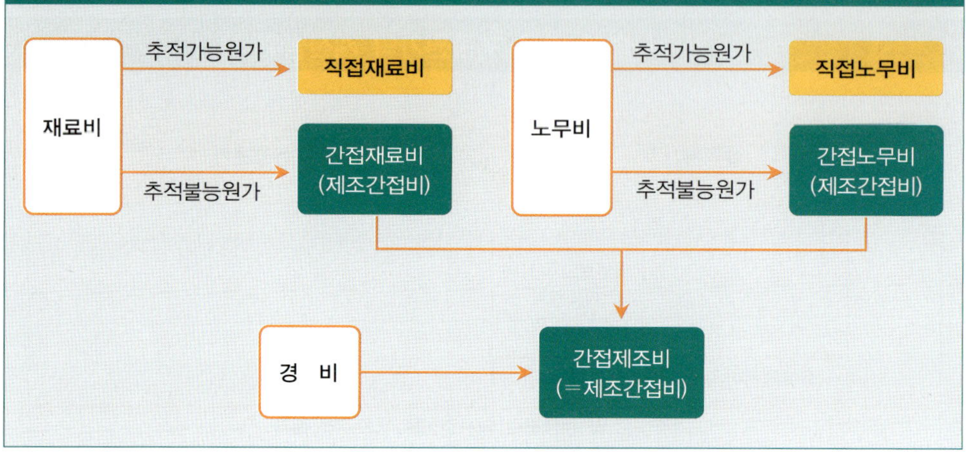

TIP!

원가 vs 비용

직접재료원가와 직접노무비, 변동원가와 변동비처럼 혼용해서 쓰는 용어가 원가회계 및 관리회계 교재의 최대 난제이다. 관리회계교재나 실무에서 '비'와 '원가' 개념을 혼용해서 사용하는 현실을 감안할 때 굳이 어느 한 용어를 고집하는 것보다는 두 가지 용어에 익숙한 편이 좋다. 따라서 본서 또한 두 용어를 혼용해서 기재하였다.

(5) 변동가능성(원가행태)에 따른 분류 : 변동원가 vs 고정원가

변동원가(variable costs)

- **순수변동원가** : 조업도의 변동에 정비례하여 총원가가 변동하는 원가. 따라서 순수변동원가는 조업도의 증감에 따라 원가총액은 증감하나 단위당 원가는 조업도의 변동에 관계없이 일정한 행태를 나타냄.
- **준변동원가**(semi-variable costs) : 조업도의 변화에 관계없이 총원가가 일정한 고정원가와 순수변동원가의 두 부분으로 구성된 원가. 전화요금, 전기요금 등이 대표적인 예로 혼합원가(mixed costs)라고도 함.

고정원가(fixed costs)

- **순수고정원가** : 조업도의 변동에 관계없이 총원가가 일정한 원가. 따라서 순수고정원가는 조업도의 변동과 무관하게 원가총액은 일정하나 단위당 원가는 조업도의 증감에 반비례하는 행태를 나타냄.
- **준고정원가**(semi-fixed costs) : 특정범위의 조업도 내에서는 총원가가 일정하지만 조업도가 특정범위를 벗어나면 일정액만큼 증가 또는 감소하는 원가. 계단원가(step costs)라고도 함.

❑ 원가행태에 따른 분류 ❑

순수변동원가

원가총액이 조업도의 증감에 따라 비례적으로 변화하는 원가 ex)직접재료원가, 일정률 지급되는 판매수수료

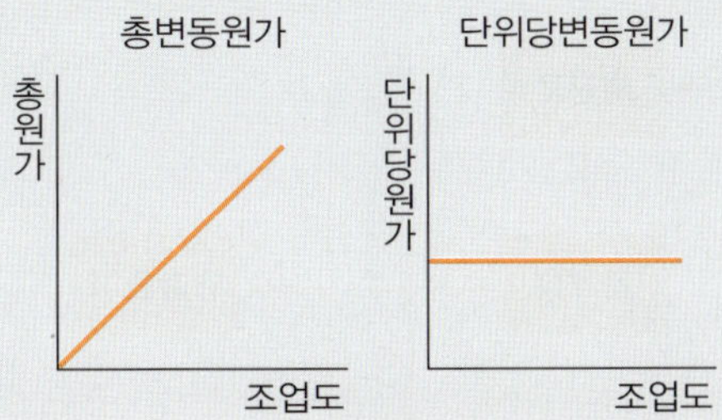

준변동원가

고정원가와 변동원가의 두 요소를 모두 가지고 있는 혼합원가라고도 함

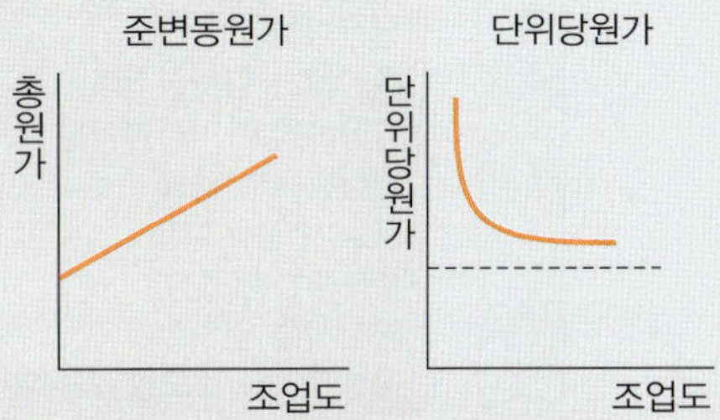

고정원가

조업도의 증감과 관계없이 원가총액이 변하지 않고 일정하게 발생되는 원가 ex)(고정)임차료, 감가상각비

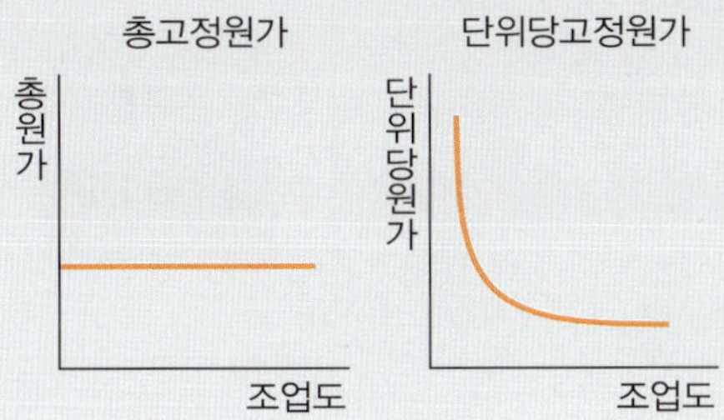

준고정원가(계단원가)

일정한 범위의 조업도 내에서 일정한 금액이 발생하지만, 범위를 벗어나면 원가발생액이 달라지는 원가

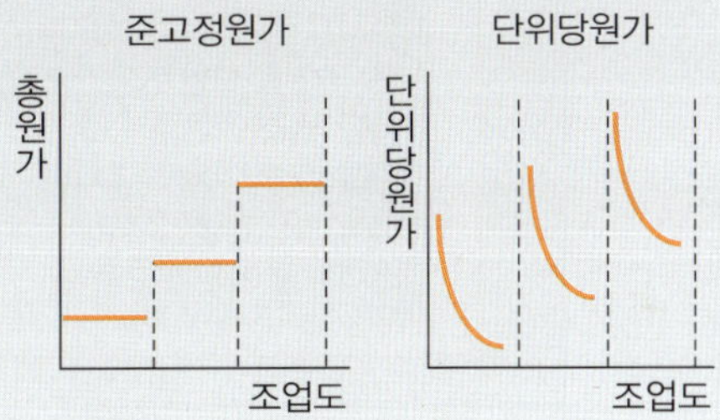

(6) 수익과의 대응관계에 따른 분류 : 제품원가 vs 기간비용

제품원가 vs 기간비용

- **제품원가**(product costs) : 판매목적으로 구입하거나 제조한 제품에 부과할 수 있는 원가. 판매시점까지 비용화가 이연되기 때문에 재고가능원가(inventoriable costs)라고도 함.
- **기간비용**(period costs) : 제품원가 이외의 모든 원가를 기간비용이라고 하며 발생한 기간에 비용으로 처리함.

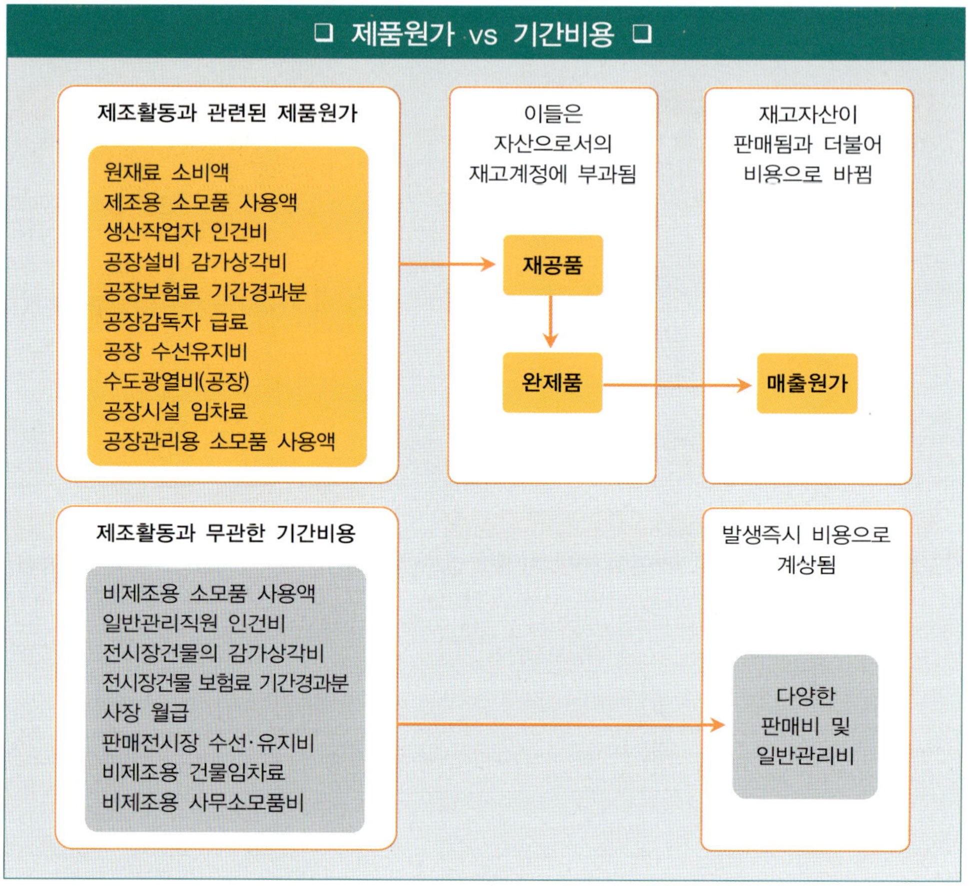

(7) 자산성의 유지 여부에 따른 분류

미소멸원가 vs 소멸원가

- **미소멸원가** : 과거의 거래나 사건의 결과로 획득되어 미래에 경제적 효익을 제공할 수 있는, 즉 용역잠재력이 소멸되지 않은 원가로서 재무상태표에 자산으로 계상
- **소멸원가** : 미래에 더 이상 경제적 효익을 제공할 수 없는, 즉 용역잠재력이 소멸된 원가로서 수익획득에의 공헌 여부에 따라 비용 또는 손실로 계상

❑ 미소멸원가 vs 소멸원가 ❑

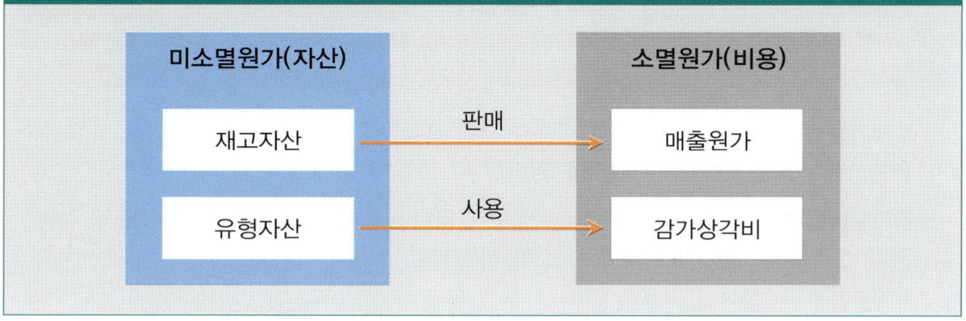

(8) 의사결정과의 관련성에 따른 분류

관련원가 vs 매몰원가

- **관련원가**(relevant costs) : 의사결정 대안 간에 차이가 나는 미래원가로서 의사결정에 필요한 원가
- **매몰원가**(sunk costs) : 과거의 의사결정으로 인하여 이미 발생한 역사적 원가(historical cost)로서 대안 간의 분석시 의미가 없는 원가

회피가능원가 vs 회피불능원가

- **회피가능원가**(avoidable costs) : 특정대안을 선택하지 않음으로써 절약되는 원가. 즉 경영자의 의사결정에 따라 절약할 수 있는 원가
- **회피불능원가**(unavoidable costs) : 특정대안을 선택하지 않아도 계속 발생되는 원가. 즉 경영자의 의사결정에 따라 절약할 수 없는 원가

기회원가 vs 현금지출원가

- **기회원가**(opportunity costs) : 선택된 대안 이외의 다른 대안 중 최선의 대안을 선택했더라면 얻을 수 있었던 효익(즉, 최대이익 또는 최소비용)
- **현금지출원가**(outlay costs) : 특정대안을 선택함으로써 발생하는 실제 현금지출액

(9) 통제가능성에 따른 분류

통제가능원가 vs 통제불능원가

- **통제가능원가**(controllable costs) : 특정기간에 특정한 경영자가 발생에 영향을 미칠 수 있는 원가. 이는 경영자의 성과를 평가할 때 반드시 고려해야 함.
- **통제불능원가**(uncontrollable costs) : 특정한 경영자가 발생을 통제할 수 없는 원가. 경영자의 성과를 평가할 때 배제하는 것이 바람직함.

4. 제조기업의 원가흐름

TIP!
직접재료비와 직접노무비의 합계는 제조원가의 핵심이라는 의미에서 **기초원가** 또는 **주요원가**(prime cost)로, 직접노무비와 제조간접비의 합계는 재료를 가공하여 제품으로 만든다는 의미로 **가공비**(conversion cost)라고 부른다.

(1) 제조기업의 경영활동

① **구매과정** : 제품제조에 필요한 각종 요소를 구입하는 과정으로 기업의 외부 활동

- 원재료와 부재료의 구입 : 직접재료원가 또는 제조간접비에 포함
- 노동력의 구입 : 직접노무원가 또는 제조간접비의 대상
- 제조설비의 사용 등 : 제조간접원가의 대상

② **제조과정** : 구입한 생산요소들을 결합하여 제품을 제조하는 내부활동

③ **판매 및 재고과정** : 판매 및 재고과정은 제조과정에서 산출된 제품을 기업외부에 판매하는 활동과 아직 판매되지 않은 제품을 재고자산으로 관리하는 활동

한걸음더 원가용어의 딜레마 : 간접(indirect)이란 용어의 위치

원가회계나 관리회계 교재에서 목격되는 가장 일반적인 혼란은 '간접'이란 용어의 위치이다. 영어의 'indirect manufacturing cost'는 엄밀히 따지면 '**간접제조원가**'로 번역해야 옳다. 그러나 전통적으로 '**제조간접비**'라는 명칭으로 사용되어 왔기 때문에 굳이 비용 대신 원가를 사용할 경우 '**제조간접원가**'라는 표현을 사용하기도 한다. 실무에서 간접판매원가보다는 판매간접비가 사용되는 이유도 발음 편의 때문이다.

❑ 재고원가 : 재고자산 명칭과 흐름 ❑

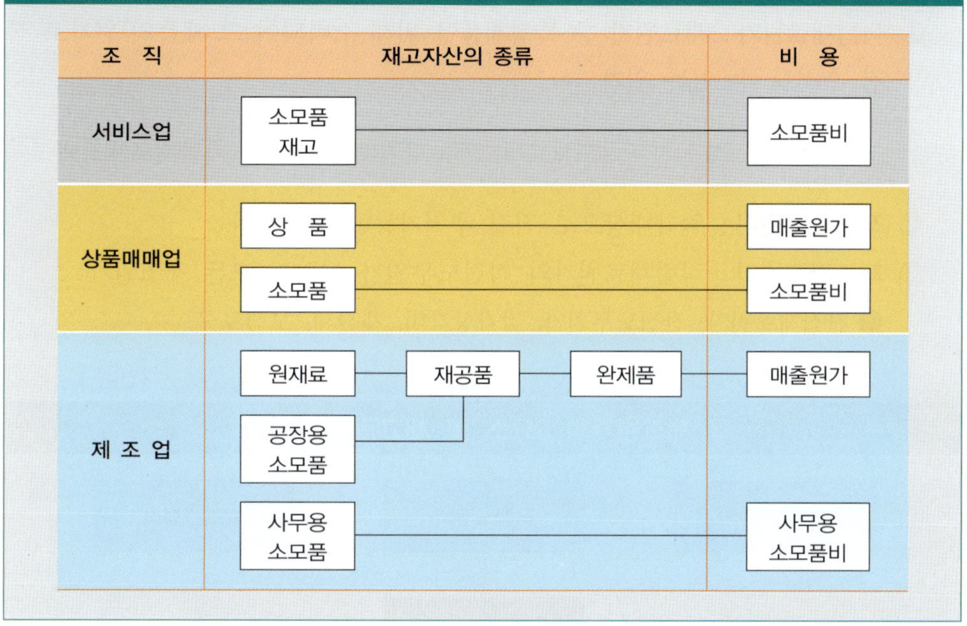

❑ 제조기업의 경영활동과정 ❑

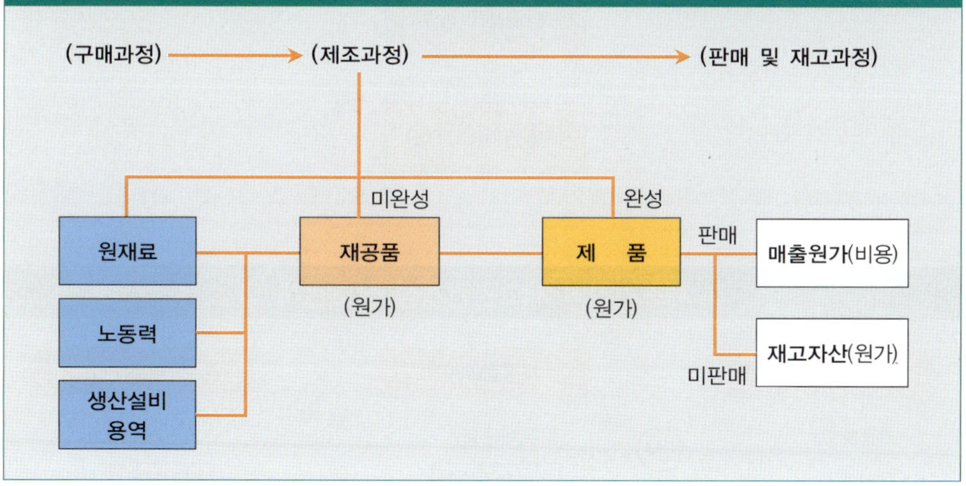

(2) 원가의 3요소

① **직접재료원가** : 재료원가 중 특정제품을 위해 소비되어 그 제품의 원가로 직접 추적할 수 있는 원가

직접재료원가 = 기초재료재고액 + 당기재료매입액 − 기말재료재고액

② **직접노무원가** : 원가대상으로 직접 추적가능한 노무원가

③ **제조간접원가** : 직접재료원가와 직접노무원가 이외의 모든 제조원가

예 간접재료원가, 간접노무원가, 감가상각비, 재산세, 보험료 등

❑ 제조원가의 3요소 및 재고관련계정 ❑

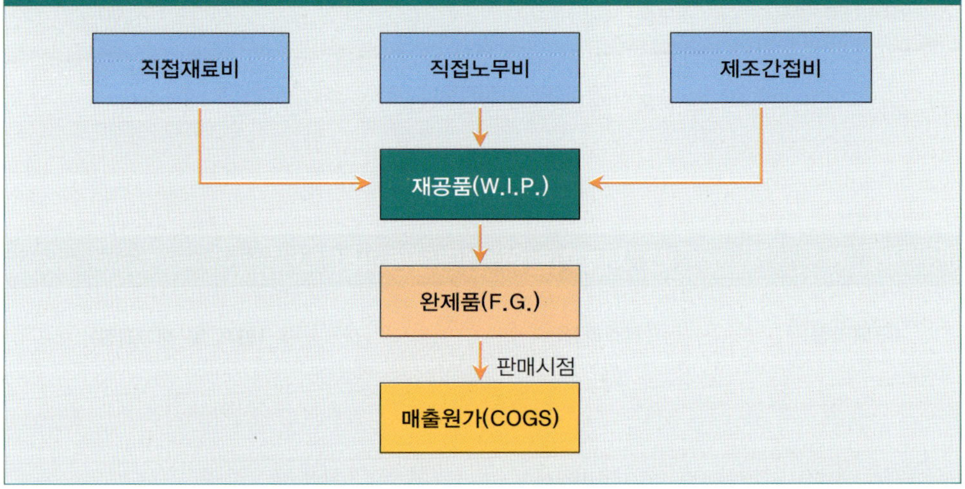

TIP!

약어 이해하기

DM : direct material cost(직접재료원가)

DL : direct labor cost(직접노무원가)

OH : overhead cost(제조간접원가)

❑ 제조기업의 재고관련계정 상호관계 ❑

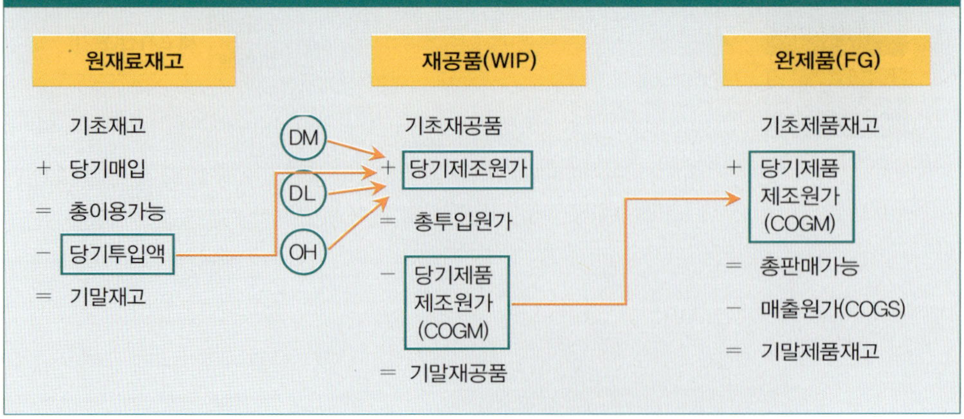

(3) 제조원가명세서

일정기간 동안의 제조활동과 관련된 원재료 및 재공품계정의 변화를 포함하여 당기제품제조원가의 계산내역을 요약한 표를 제조원가명세서(COGM : statement of cost of goods manufactured)라고 칭함.

❑ 당기제품제조원가명세서 및 손익계산서(예시) ❑

제조원가명세서

홍익공업(주) 2019년 1월 1일~12월 31일 (단위: 천원)

당기발생제조원가(A)			
• 직접재료비			
기초원재료(2019년 1월 1일 현재)	₩10,000		
+당기매입액	24,000		
총이용가능액	₩34,000		
−기말원재료(2019년 12월 31일 현재)	−14,000	₩20,000	
• 직접노무비		40,000	
• 제조간접비		30,000	₩90,000
+기초재공품(2019년 1월 1일 현재)(B)			16,000
=총투입원가(=A+B)			₩106,000
−기말재공품(2019년 12월 31일 현재)			−28,000
=당기제품제조원가(COGM)			₩78,000

손익계산서

홍익공업(주) 2019년 1월 1일~12월 31일 (단위: 천원)

I. 매출액		₩180,000
−II. 매출원가(COGS)		
기초완제품재고액(2019년 1월 1일)	₩22,000	
+당기제품제조원가(COGM)	78,000	
=총판매가능액	100,000	
−기말완제품재고액(2019년 12월 31일)	−12,000	88,000
III. 매출총이익		92,000
−IV. 판매비와관리비		−60,000
V. 영업이익		₩32,000

TIP!
당기발생제조원가(current manufacturing costs)
당기에 재공품으로 투입된 즉 제조의 완료 여부와는 무관하게 제조과정에 투입된 모든 제조원가
당기발생제조원가=직접재료원가+직접노무원가+제조간접원가

TIP!
재공품(work-in-process, WIP)
제조공정에 투입되었지만 완성되지 않고 가공 중에 있는 제품에 부과된 직접재료원가, 직접노무원가, 제조간접원가를 기록하는 계정

TIP!
당기제품제조원가(cost of goods manufactured, COGM)
당기에 완성되어 제품으로 대체된 완성품의 제조원가
당기제품제조원가=기초재공품+당기총제조원가−기말재공품

TIP!
매출원가(cost of goods sold, COGS)
당기에 판매된 제품의 제조원가
매출원가=기초제품재고액+당기제품제조원가−기말제품재고액

TIP!
제품(finished goods, FG)
제조공정이 완료되어 판매를 위해 보관하고 있는 제품에 부과된 제조원가의 총액을 기록하는 계정

제2절 원가추정과 학습곡선

1. 원가의 추정

- 원가추정(cost estimation)이란 각 조업활동(x)의 수준에서 원가(y)가 얼마나 발생하는지의 관계를 규명하는 것을 말함.
- y = a + bx라는 원가함수에서 총고정원가(a)와 단위당 변동원가(b)를 추정, 산출하는 것이 원가추정의 핵심.
- 원가의 추정치를 산출하면 미래의 원가를 예측할 수 있고, 표준과 예산을 설정하는 기준이 될 수 있으며, 당기 실적을 평가할 수 있는 기초자료로 활용될 수 있음. 따라서 원가추정이 과거지향적인 반면에 원가예측(cost prediction)은 미래지향적임.
- 1차 함수로 원가를 추정하기 위해서는 원가에 영향을 주는 것은 조업도 수준이 하나뿐이며, 관련범위 내에서는 선형의 관계를 가진다는 가정이 필요함.

TIP!

관련범위 사례

관련범위의 대표적인 사례로 새로운 연봉계약 전 급여를 들 수 있다. 1년을 관련범위로 가정할 경우 관련범위안에서 급여는 조업도에 따라 변동이 되지 않으므로 고정원가로 볼 수 있다. 그러나 1년이 지나 새로운 연봉계약을 체결하여 연봉이 상승했다면 관련범위를 벗어나므로 더 이상 고정원가로 부를 수 없다.

❑ 원가함수 : 경제학적 관점 및 회계학적 관점의 비교 ❑

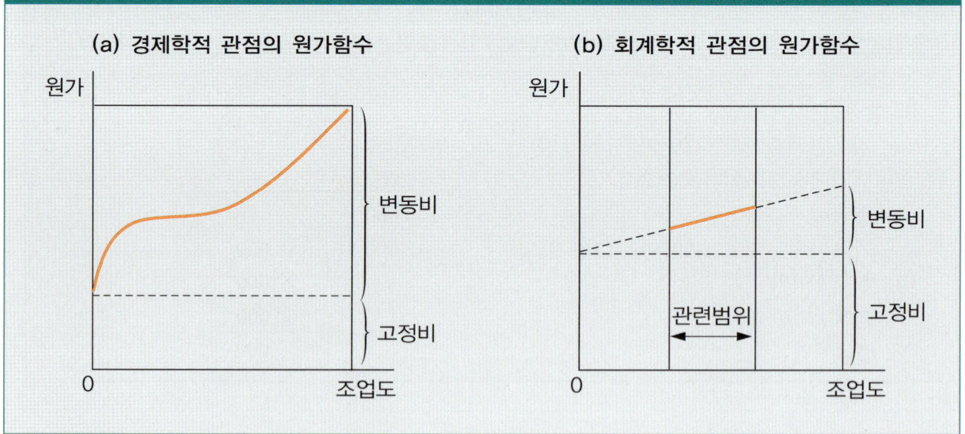

2. 원가추정의 방법

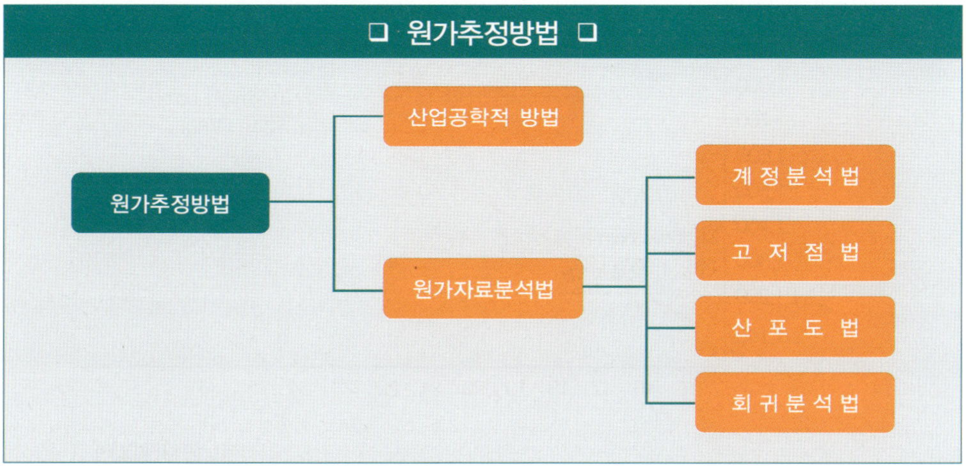

(1) 산업공학적 방법(IE approach method)

시간 및 동작 연구를 이용한 작업측정에 기초한 투입과 산출 관계에 초점을 맞춘 방법

(2) 계정분석법(account classification method)

원가담당자가 원장상의 원가계정들을 전문가적 판단에 따라 변동원가와 준변동비 및 고정비로 구분한 후 다시 준변동비는 고정요소와 변동요소로 구분하여 총고정비는 고정비의 추정치로 그대로 사용하고 총변동비는 조업도로 나누어 단위당 변동비의 추정치로 사용하여 원가함수를 추정하는 방법

(3) 고저점법(high-low point method)

과거의 원가자료 중에서 최고조업도와 최저조업도의 두 가지 값을 이용하여 원가함수를 추정하는 방법이다. 즉, 조업도가 가장 높을 때 발생한 원가자료와 가장 낮을 때 발생한 원가자료를 직선으로 연결하여 기울기를 단위당 변동비로, Y절편을 고정비로 추정하는 방법

❑ 고저점법을 이용한 원가추정 ❑

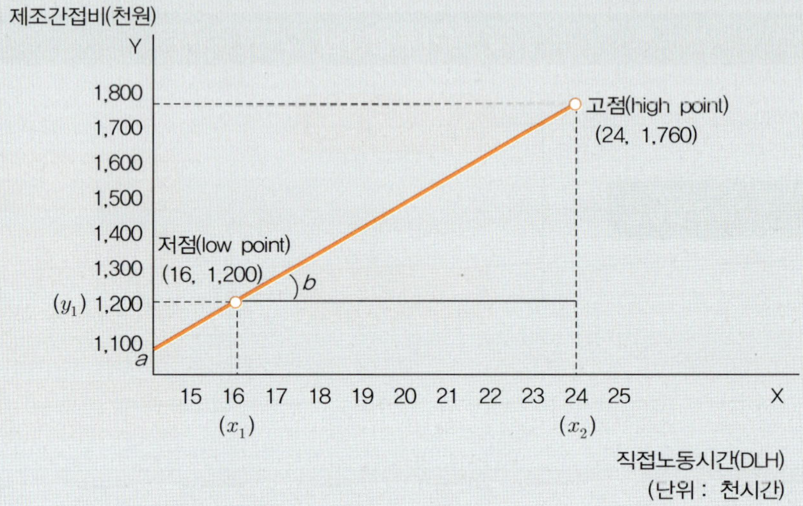

상기 그래프의 원가추정선을 계산하면 다음과 같다.

기울기 b = (1,760 − 1,200) / (24 − 16)

= 560/8 = 70

y절편 a를 구하기 위해 최저점이나 최고점의 수치를 이용한다. 여기서는 최저점의 수치로 계산해 보자.

1,200 = a + 16 × 70

∴ a = 80

따라서 원가추정식은 y = 80 + 70x가 된다.

(4) 회귀분석법(regression analysis method)

하나 또는 둘 이상의 독립변수의 변화에 따라 종속변수의 평균적 변화량을 측정하는 통계적 방법으로서 독립변수의 값에 대응하는 종속변수의 값을 예측하고자 하는 분석방법

3. 학습곡선을 이용한 원가추정

(1) 학습곡선의 정의

현실적으로 관련범위 내에서 단일원가동인에 기초한 총원가는 종종 선형관계 대신에 비선형함수(nonlinear cost function)형태를 띤다. 그 이유는 장기적 학습효과가 원가를 감소시키기 때문이다.

이러한 생산량의 증가와 단위 평균노동시간간의 관계를 수학적 모형으로 정리하였는데 이를 학습곡선모형(learning curve model)이라고 부른다.

(2) 학습효과의 발생원인 및 원가감소 형태

학습효과는 무엇 때문에 그리고 어떤 형태로 이루어질까? 먼저 발생원인을 설명해 보자. 학습효과는 경험의 누적으로 인한 작업효율의 증가 때문에 발생한다. 학습효과는 생산량의 증가에 따른 단위당 고정비의 감소형태로도 발생한다.

(3) 학습모형

총생산수량이 증가함에 따라 단위당 누적평균원가가 일정 비율로 감소하는 학습현상을 수식형태로 포착하는 것으로 대표적인 모델로는 누적평균학습모형과 증분학습모형이 있다.

1) 누적평균시간 학습모형

흔히 2배수법이라고 불리는 누적평균시간 학습모형은 누적생산량의 두 배가 될 때마다 단위당 누적평균작업시간은 바로 전단계 누적평균시간의 일정비율(학습률)로 감소한다고 가정하는 모형이다.

학습률 80%의 누적평균시간 학습모형의 수치를 나타낸 <표 2.1>를 보면, 누적생산량이 1, 2, 4, 8, 16처럼 바로 직전 누적생산량의 2배가 되는 경우 단위당 누적평균시간이 학습률 80%로 줄어드는 것을 알 수 있다.

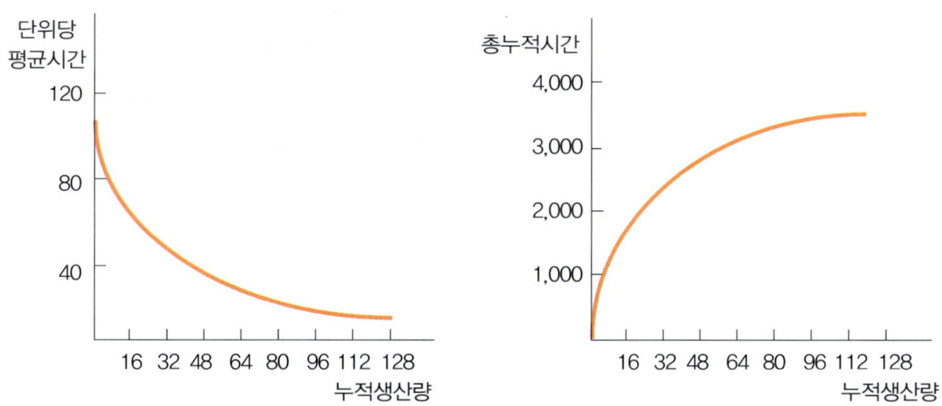

그림 2.1
누적평균시간 학습모형

표 2.1

누적평균시간 학습모형 : 구체적인 수치 예 (80% 학습률)

(1) 누적생산량(X)	(2) 단위당 누적평균시간(Y)	(3)=(1)×(2) 총누적시간	(4) X번째 생산에 소요된 개별단위시간
1	100.00	100.00	100.00
2	80.00(100×0.8)	160.00	60.00
3	70.21	210.63	50.63
4	64.00(80×0.8)	256.00	45.37
5	59.57	297.85	41.85
6	56.17	337.02	39.17
7	53.45	374.15	37.13
8	51.20(64×0.8)	409.60	35.45
⋮	⋮	⋮	⋮
16	40.96(51.2×0.8)	655.36	28.06

2) 증분단위시간 학습모형

증분단위시간 학습모형이란 누적생산량이 2배가 될 때마다 누적생산량 2X의 마지막 한 단위(일명, 증분단위)를 생산함에 필요한 작업시간이 전단계 누적생산량(X)의 마지막 1단위 작업시간의 일정한 비율(학습률)로 감소한다고 가정한다.

학습률 80%를 가정한 증분단위시간 학습모형의 수치를 나타낸 <표 2.2>를 보면 첫 번째, 두 번째, 네 번째, 8번째, 16번째를 생산하는 개별시간이 80%로 점차 감소되는 것을 알 수 있다.

그림 2.2

증분단위시간 학습모형

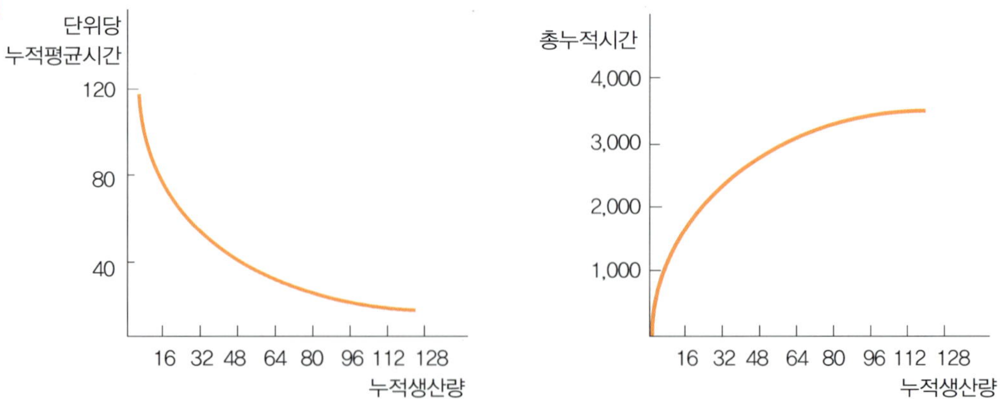

표 2.2
증분단위시간 학습모형 : 80% 학습률의 경우

(1) 누적생산량(X)	(2) X번째 단위에 대한 개별단위시간(m)	(3) 총누적시간	(4) = (3)÷(1) 단위당 누적평균시간
1	100.00	100.00	100.00
2	80.00(100×0.8)	180.00	90.00
3	70.21	250.21	83.40
4	64.00(80×0.8)	314.21	78.55
5	59.57	373.78	74.76
6	56.17	429.95	71.66
7	53.45	483.40	69.06
8	51.20(64×0.8)	534.60	66.82
⋮	⋮	⋮	⋮
16	40.96(51.2×0.8)	892.00	55.75

제3절 원가계산 방법론

1. 원가계산과 원가계산시스템

(1) 원가계산시스템의 기초개념

- 기업의 원가계산시스템 설계 및 운영은 기업이 어느 정도로 상세한 원가정보를 필요로 하는가와 원가정보를 어떠한 목적으로 활용하는가에 따라 차이를 보인다.
- 또한 기본적으로는 기업의 제품이나 서비스 생산과정에 따라 차이를 보이기도 한다.

원가계산시스템의 결합

원가계산시스템 각각은 독립적인 것이 아니고, 서로 결합하여 이용되는 것임.
첫째, 생산형태에 따라 개별, 혼합, 종합원가방식을 선택함.
둘째, 원가계산의 범위를 전부원가나 변동원가로 결정
셋째, 원가측정방법을 실제, 정상, 표준으로 할지를 결정
(예 재무보고 이용 시는 전부, 실제원가를 사용하고, 내부관리목적으로는 변동원가에 표준원가를 주로 사용할 수 있음)

❑ 원가계산시스템 ❑

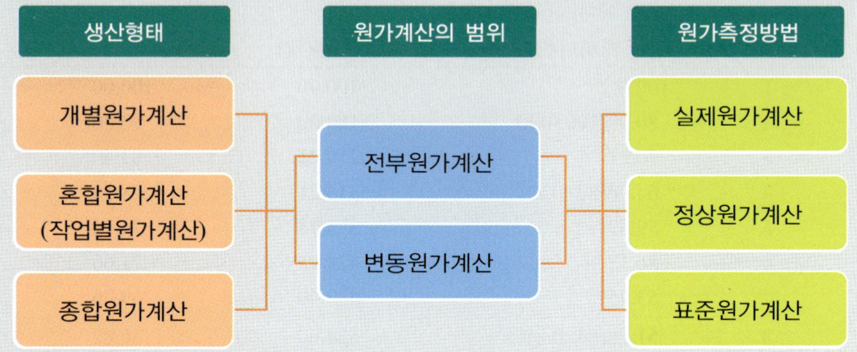

개별원가계산	여러 가지 제품을 주문에 의해 소량으로 생산하거나 제품의 종류 또는 규격이 다양하고 개별적인 생산형태에 적합한 원가계산방법
종합원가계산	동종의 제품을 반복적으로 대량생산하는 업종에서 주로 쓰이는 원가계산방법
실제원가계산	실제 발생한 직접재료원가, 직접노무원가, 제조간접원가를 제품에 배부하는 원가계산방법
정상원가계산	직접재료원가, 직접노무원가는 실제발생액을 제품별로 집계하고, 제조간접원가는 사전에 결정된 예산과 예정배부율을 사용하여 원가를 계산하는 방법
표준원가계산	특정제품을 생산하는 데 예상되는 원가를 가격표준과 수량표준을 사용하여 사전에 표준원가를 결정하고 이를 기초로 원가계산을 하는 제도

(2) 비즈니스 유형에 따른 원가계산시스템

- 원가계산시스템은 기업의 생산공정 특성에 맞게 우선적으로 설계될 필요가 있다.
- 생산공정에 따른 원가계산은 크게 개별(수주)원가계산과 종합(공정별)원가계산으로 구분된다.

❑ 수주(개별)원가계산과 공정별(종합)원가계산 시스템 ❑

수주(개별)원가계산 시스템	↔	공정별(종합)원가계산 시스템
개별단위의 제품이나 서비스		대량의 동종 혹은 유사 제품이나 서비스

많은 기업들은 두 시스템의 요소들을 모두 갖고 있는 원가계산시스템을 사용하고 있음

DOOSAN 두산인프라코어

자주대공포

두산인프라코어의 경우 지게차와 같은 산업차량은 양산체제를 갖추어 종합원가계산을 적용하나 자주대공포(비호)와 같은 방위산업제품은 특별주문을 받아 생산하므로 개별원가계산을 적용함.

지게차

2. 개별원가계산

- 종류를 달리하는 제품 또는 프로젝트를 개별적으로 생산 혹은 제작하는 형태에 적용하는 원가계산방법

- 조선업, 기계제작업, 플랜트건설업 등과 같이 수요자의 주문에 기초하여 수요자의 요구에 따라 개별적으로 제품을 생산하는 업종에서 주로 사용
- 직접원가에 해당하는 직접재료원가와 직접노무원가는 해당 제품이나 공정으로 직접 추적할 수 있기 때문에 발생된 원가를 그대로 집계
- 간접원가에 해당하는 제조간접원가(=제조간접비)는 개별제품이나 공정에 직접적인 대응이 불가능하므로 원가계산 기말에 일정한 기준을 사용하여 배분함

(1) 개별원가계산의 원가집계

- 직접재료원가와 직접노무원가는 작업별로 투입된 정도에 따라 집계되고 예정배부율을 사용하여 각 작업별로 제조간접원가를 배분한다.

(2) 제조간접원가의 집계

- 제조간접원가는 다음과 같은 특징 때문에 개별제품이나 개별작업에 배분하기

위해서 제조간접원가 배분율을 사용해야 한다.

- 제조간접원가는 특정제품이나 작업에 직접 대응시킬 수 없는 간접원가로 여러 가지 원가항목으로 구성되어 있으며 그 항목들의 형태도 변동원가와 고정원가 등으로 다양하다.

$$\text{제조간접원가 배분율} = \frac{\text{총제조간접원가}}{\text{배분기준(조업도)}}$$

* 제조간접원가를 발생시키는 원가동인이 이상적인 배분기준

$$\text{제조간접원가 배분액} = \text{제조간접원가 배분율} \times \text{실제활동량}$$

TIP!

원가동인이란?

원가동인(cost driver)이란 원가를 유발하는 요인으로 주로 활동(Activity)을 의미한다.

TIP!

원가배부? or 원가배분?

원가회계와 관리회계를 공부하거나 실무에서 간접원가에 대한 논의할 때 **배부**(application)와 **배분**(allocation) 두 용어 중 어느 용어를 사용해야 할지 고민할 때가 있다. **원가배분**은 간접원가나 공통비를 원가대상에 나눌 때 사용하는 일반적인 용어이다. 반면에 **원가배부**는 배분을 통해 구한 배분율을 적용(apply)하여 원가대상(가령, 제품)에 간접원가를 부과(assign)할 경우에 사용한다. 따라서 제조간접비 배분율(가령, 직접노동시간당 ₩10)을 적용해 사전에 제품원가를 구하는 '제조간접비 예정배부'의 경우에는 제조간접비 예정배부율이라는 용어가 사용된다. 이처럼 두 용어는 이론적인 차이를 갖고 있지만 실무에서 혼용되고 두 용어의 차이에 큰 의미를 둘 필요는 없다.

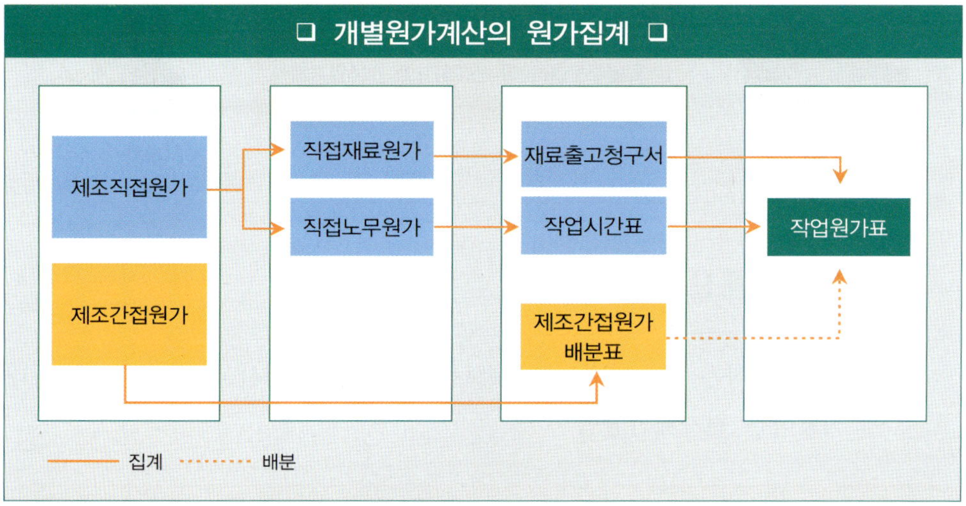

배분기준의 타당성

일반적으로 제조간접원가 배분율을 구하기 위한 배분기준으로 직접노무시간이나 직접노무원가를 사용한다. 왜냐하면 이러한 기준이 제품원가계산을 위한 제조간접원가를 작업별로 측정하기가 쉽기 때문이다. 그러나 경우에 따라 다른 배분기준을 고려하여야 한다. 예를 들면, 기계집약적인 업종에 있어서는 제조간접원가가 직접노무시간보다는 기계작업시간과 높은 상관관계를 가지고 있을 것이기 때문에 배분기준으로 기계작업시간을 채택하는 것이 보다 정확한 원가계산을 위해 타당할 것이기 때문이다.

3. 정상원가계산

- 개별원가계산에서 제조간접원가를 제품별로 배부할 때 일정 기간에 실제로 발생한 제조간접원가 금액을 배부할 경우에는 다음의 문제점이 발생하여 정상원가계산의 필요성이 대두되었다.

실제원가계산의 문제점

- 원가계산기간이 끝나기 전에는 제조간접원가를 배부하지 못해 제품의 원가를 산정하지 못하므로 판매가격 결정에 등 여러 가지 관리목적에 원가자료를 활용할 수 없음.
- 월별로 원가계산을 행하는 경우 매월 조업도가 변동함에 따라 제조간접원가의 배분율이 매월 달라짐.

이러한 문제점을 해결하려면 제조간접원가를 실제 발생한 금액으로 배분하지 않고 연간 예정액으로 배부하면 되는데 이와 같은 원가계산방식을 정상원가계산이라고 함.

정상원가계산의 필요성	내 용
(1) 의사결정을 위한 정보제공	다가오는 회계기간의 제조간접원가를 사전에 인식함으로써 의사결정의 유용성을 높일 수 있다.
(2) 원가의 합리적 관리	경험을 토대로 미래 제조간접원가를 추정하고, 실제로 발생한 제조간접원가와 비교한다면 원가발생의 비합리적인 요인과 절감하여야 할 원가를 파악하고, 향후 예산의 설정에도 피드백효과를 거둘 수 있다.

4. 종합원가계산

(1) 종합원가계산의 의의

- 종합원가계산(Process costing)은 단일 종류의 제품을 연속적으로 대량생산하는 업종에 적합한 원가계산방법이다.
- 원가를 개별작업별로 집계하는 개별원가계산과는 달리 공정이나 부문별로 원가를 집계한 다음, 집계한 원가를 각 공정이나 부문에서 생산한 총 산출물의 수량으로 나누어서 산출물의 단위당 원가를 구하는 평균화 과정에 기초하고 있다.

(2) 종합원가계산의 절차

- 종합원가계산방법에서 완성품원가와 기말재공품원가는 일반적으로 다음 다섯 단계를 거쳐 계산할 수 있다.

❑ 종합원가계산의 절차 ❑

- 1단계 각 공정의 물량흐름의 파악
- 2단계 원가요소별 완성품환산량 계산
- 3단계 원가요소별 원가배부 대상액 파악
- 4단계 원가요소별 완성품환산량 단위당 원가계산
- 5단계 완성품원가와 기말재공품원가 계산

❑ 완성품환산량의 도시적 예시 ❑

핵심개념 : 완성품환산량 관점에서 다음 3가지 산출은 동일시됨.

5. 활동기준원가계산(ABC)

- 공장자동화를 비롯한 새로운 제조기술의 도입과 다품종 소량생산의 보편화와 더불어 간접비가 증가함에 따라 수량 위주의 단일(또는 소수)의 배분기준을 이용한 제조간접비 배분이 초래하는 원가왜곡문제가 심각해졌다.
- 이 과정에서 새롭게 등장한 것이 ABC(Activity-Based Costing: 활동기준원가계산)이다.

(1) 원가왜곡의 원인

- 제조원가 비용 중 제조간접비 비중의 급격한 증가
- 제조간접비는 여러 가지 변수와 원가동인(cost driver)에 의하여 영향을 받음

❑ 원가왜곡의 원인 ❑

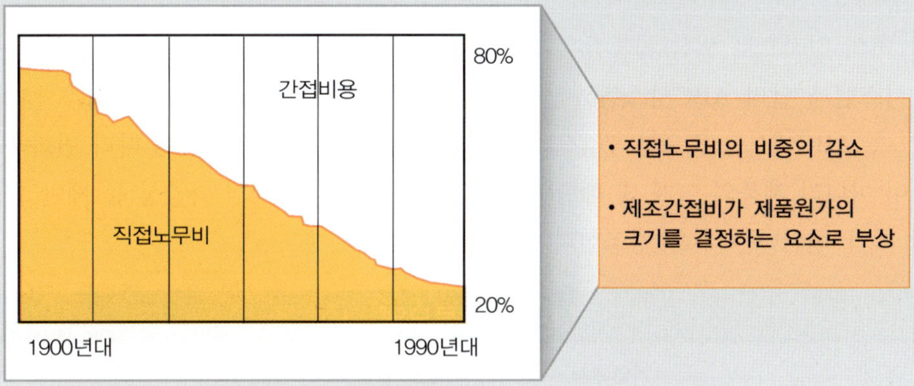

자료 : Gary Cokins, Activity-Based Costing/Management.

(2) 활동에 의한 원가시스템의 정교화

- 기업은 제품을 생산하기 위하여 여러 가지 '활동'(구매, 설계 등)을 수행하고 특정제품의 생산은 여러 가지 '활동'의 조합으로 이루어져 있다.
- 이 과정에서 활동은 '자원'을 소비하고, 제품은 '활동'을 소비하게 된다.

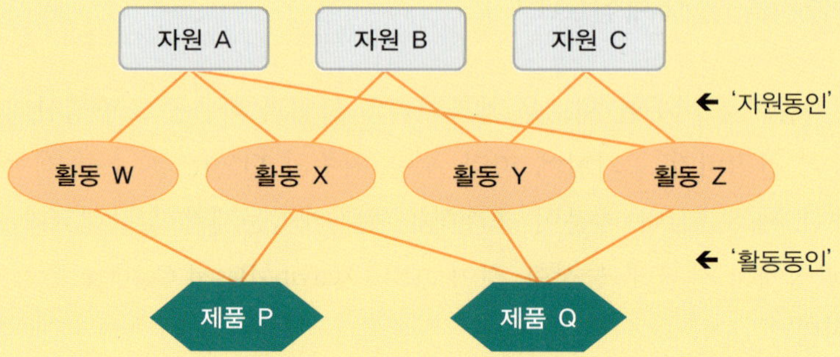

- ABC는 제조에 관련된 각 '활동(Activity)'을 '기본 원가대상(Basic Cost Object)의 단위'로 설정함.
- 활동(Activity) : 특정한 목적을 가진 이벤트, 일의 단위 등
- 활동의 예 : 구매, 제품 설계, 생산을 위한 준비, 기계운전, 조립, 포장 등
- '활동'은 그 활동을 지원하기 위한 비용을 모으는 동질성을 가진 '원가 풀'의 성격임 → 배분의 합리성 제고

거의 전적으로 생산량과 같은 단위기준에 근거하여 원가를 배분하는 전통적 원가시스템과 달리 ABC시스템하에서는 보다 다양한 배분기준이 강조된다.

즉, ABC에서는 중요한 부류의 원가들이 생산량의 단기적 변동에 따라 변화하는 것이 아니라 제품의 설계 및 배합(mix) 그리고 제품 및 고객의 다양성 등 제반 요소에 따라 변한다는 것을 강조한다.

❑ 활동분류모델 ❑

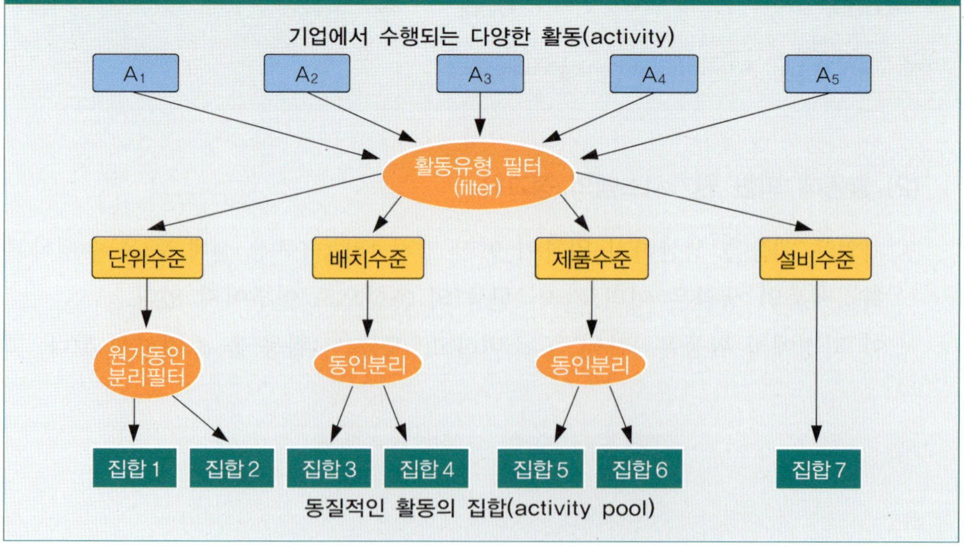

생각해보기 | 원가회계 정보와 관리회계 정보

오른쪽 그림이 이해되시나요? **포드자동차**의 제품 수명주기(Life Cycle)를 볼 때 설계(Design)단계에서 차지하는 원가는 5%밖에 되지 않지만, 이 5%의 설계원가(Design cost)가 수명주기 전체에서 실제 발생하는 원가의 70%에 영향을 준다는 그래프입니다. 관련 논문을 보면 **5% 내외의 설계단계 원가가 95%의 원가에 영향을 미친다**는 통계치도 있습니다. 우리나라 속담에 '첫 단추를 잘 끼워야 한다'는 말과도 일치하지요.

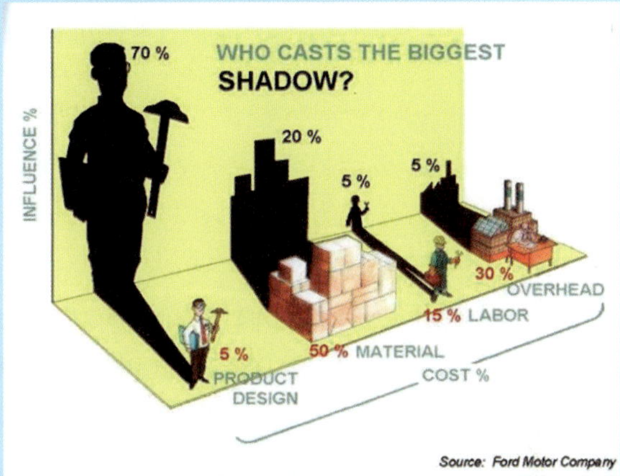

이러한 결과는 포드자동차와 같은 제조업에서만 해당하는 것은 아니죠. 글을 쓰시는 분들은 목차구성과 개요의 중요성을 아실 것이고, 그림을 그리는 분들은 스케치의 중요성을 아시겠죠. 조직을 운영하시는 분들은 정관이나 지분구조 등을 처음에 설계를 잘하지 못해 나중에 수정에 어려움을 호소하시기도 합니다.

직장생활을 하시는 분들은 첫 직장의 중요성을 후배들에게 이야기하게 되죠.

위 그래프를 다시 보면 총원가를 제품설계원가와 재료비, 노무비, 제조간접비로 구분하여 원가를 측정하였고, 다시 총원가에 영향을 미치는 비율을 측정하였습니다. 이때 두 가지 상이한 정보 중 어떤 것이 원가회계에서 강조하는 정보이고 어떤 것이 관리회계에서 강조하는 정보일지를 생각해 봅시다.

종합예제 1 원가의 분류

김홍익 사장은 세차장을 운영한다. 들어오는 자동차들은 자동 컨베이어벨트에 놓여진다. 그리고 컨베이어벨트가 자동차를 출발위치에서 종료위치로 움직이면서 세차가 된다. 자동차가 컨베이어벨트를 벗어나면, 자동차의 물기는 수동으로 건조된다. 그리고 작업자들은 차의 내부를 깨끗이 하고 진공청소를 한다. 김홍익 사장은 2019년도에 80,000대의 자동차를 서비스하였다. 김홍익 사장은 2019년도의 원가를 다음과 같이 보고하였다(세차 담당 직원의 인건비는 세차를 하는 차량수에 비례해서 발생하고, 일반 사무직원의 급여는 매월 일정하게 지급된다).

2019년 원가보고	(단위 : 천원)
계정과목	
세차장 노무비	₩240,000
비누, 걸레, 소모품	32,000
용수	28,000
컨베이어벨트 이동 전기요금	72,000
감가상각비	64,000
급여 (사무직)	46,000

〈요구사항〉

1. 각 계정을 세차한 자동차의 수에 대해 변동원가 또는 고정원가로 분류하라.
2. 김사장은 2020년도에 90,000 대의 자동차를 세차할 것으로 기대한다. 요구사항 1에서 알아본 원가분류를 사용하여 2020년도의 총원가를 추정하라. 감가상각비는 정액법을 사용하여 계산한다.

<HDF(2006) 10장 19번 문제 수정 인용>

TIP!

고정원가 vs 변동원가

변동원가 여부를 파악하려면 상당한 수준의 조업도 변화를 가정하더라도 총원가가 일정한지를 살펴보면 된다. 가령, 화장실의 두루마리 화장지도 지금 당장은 교체가 불필요해 보이지만 많은 사람들이 사용하면 새로운 화장지의 교체가 필요하게 된다. 이러한 경우 변동원가에 해당한다.

풀이

세차 차량의 대수에 비례하여 원가가 변동하면 변동원가, 차의 대수와 상관없이 일정하게 발생하는 원가는 고정원가이다.

1. (1) 변동원가 :

원 가	(단위 : 천원)
계정과목	
세차장 노무비	₩240,000
비누, 걸레, 소모품	32,000
용수	28,000
컨베이어벨트 이동 전기요금	72,000
총변동원가	**₩372,000**

(2) 고정원가 :

원 가	(단위 : 천원)
계정과목	
감가상각비	₩64,000
급여(사무직)	46,000
총고정원가	**₩110,000**

2. 대당 변동원가 = 372,000천원 / 80,000대 = 대당 4,650원

90,000대의 총원가 추정액 = 110,000(천원) + (4,650원 × 90,000대) = 528,500 (천원)

종합 예제 2 제조원가명세서

(주)와우는 금속과 목재 절단제조업체로서, 주택건축시장에 제품을 내다 판다. 2019년의 자료는 다음과 같다.

소모품비 - 사포(일명, 연마지)	₩2,000
재료취급원가	70,000
윤활유 및 냉각수	5,000
간접노무원가	40,000
직접노무원가	300,000
2019.1.1. 직접재료	40,000
2019.12.31. 직접재료	50,000
2019.1.1. 제품	100,000
2019.12.31. 제품	150,000
2019.1.1. 재공품	10,000
2019.12.31. 재공품	14,000
공장임차료	54,000
공장설비 감가상각비	36,000
공장설비 재산세	4,000
공장설비 화재보험료	3,000
직접재료 당기매입액	460,000
매출액	1,360,000
판매촉진비	60,000
판매원급료	100,000
운송비용	70,000
고객서비스원가	100,000

〈요구사항〉

1. 손익계산서와 제조원가명세서를 작성하시오. 모든 제조원가항목에 대하여 변동원가는 "V"로, 고정원가는 "F"로 표시하라(원가대상은 제품이다). 변동원가인지 고정원가인지 구별이 잘 안 될 경우에는 상당한 생산량의 변화에 따른 총원가의 변동 여부로 판단하라.
2. 직접재료원가와 공장임차료는 900,000단위의 생산을 기준으로 계산된 것이다. 직접재료원가와 공장임차료의 단위원가를 계산하라. 공장임차료는 공정원가라고 가정한다.
3. 내년도에 1,000,000단위를 생산한다고 가정하고, 직접재료원가와 공장임차료에 대한 내년도의 단위원가를 계산하라. 단 내년도에도 올해와 동일한 원가행태가 유지된다고 가정한다.

<자료 : HFD(2000), 제2장 문제>

풀 이

(주)와우
손익계산서
2019.1.1. ~ 2019.12.31.

Ⅰ. 매출액		₩1,360,000
Ⅱ. 매출원가(COGS)		
기초제품재고액	₩100,000	
당기제품제조원가(COGM)	960,000	
총매출가능원가	1,060,000	
기말제품재고액	150,000	910,000
Ⅲ. 매출총이익(GM)		450,000
Ⅳ. 영업비(SG&A)		
판매촉진비	60,000	
판매원급료	100,000	
운송비용	70,000	
고객서비스원가	100,000	330,000
Ⅴ. 영업이익(OI)		₩ 120,000

(주)와우
제조원가명세서
2019.1.1. ~ 2019.12.31.

직접재료		
기초재고액		₩ 40,000
당기매입액		460,000
당기투입가능원가		500,000
기말재고액		50,000
직접재료원가(DM)		450,000 V
직접노무원가(DL)		300,000 V
간접제조원가(=제조간접비; OH)		
소모품비	₩ 2,000 V	
재료취급원가	70,000 V	
윤활유 및 냉각수	5,000 V	
간접노무원가	40,000 V	
공장임차료	54,000 F	
공장설비 감가상각비	36,000 F	
공장설비 재산세	4,000 F	
공장설비 화재보험료	3,000 F	214,000
당기투입제조원가		964,000
(+) 기초재공품재고액		10,000
제조원가 총액(=총투입)		974,000
(−) 기말재공품재고액		14,000
당기제품제조원가(COGM)		₩960,000

2. 직접재료원가의 단위원가 = 직접재료원가 ÷ 생산량
   = ₩450,000 ÷ 900,000 = ₩0.50
   공장임차료의 단위원가 = 공장임차료 ÷ 생산량
   = ₩54,000 ÷ 900,000 = ₩0.06

3. 변동비인 직접재료원가의 단위원가는 변함없이 ₩0.50이다.
   고정비인 공장임차료의 단위원가 = ₩54,000 ÷ 1,000,000 = ₩0.054
   고정비의 단위원가는 ₩0.06에서 ₩0.054로 감소한다.

요 약

원가정보만큼 기업경영 및 관리회계에서 중요성을 갖는 것은 없다고 해도 과언이 아니다. 이 장에서는 원가의 정의와 기본적 원가의 분류를 소개하였고 제품 또는 서비스 원가를 파악하기 위한 원가계산방법론과 활동기준원가계산에 대해 공부하였다. 이는 원가회계의 핵심이론으로 관리회계를 공부하기 위한 필수 이론이다. 앞으로 의사결정과 성과평가 등 관리회계 주제를 공부하면서 필요시 원가정보활용과 관련된 원가산출에 대한 논의는 계속 진행될 것이다.

핵심용어

- 원가
- 원가의 분류
- 원가대상
- 원가배분
- 제조원가흐름
- 원가추정
- 학습곡선
- 원가계산시스템
- 개별원가계산
- 종합원가계산
- 원가동인
- ABC
- 원가집합
- 제품원가
- 기간비용
- 소멸원가
- 미소멸원가
- 2배수법
- 원가부과
- 원가추적
- 고저점법
- 변동원가
- 고저원가

Reading materials

과자들의 '뒤통수' (키워드: 직접원가 vs. 간접원가)
한국일보, 2014.01.22.

통신비 원가공개 판결에 '왜 통신자만…' 통신업계 울상 (키워드: 공공요금산정을 위한 원가절감) 조선비즈, 2014.02.07.

"초코파이보다 껌이 효자라니…" (키워드: 원가동인, ABC, 물류원가)
동아일보, 2002.05.29.

⋮

관리회계 전문가 되기
(新관리회계
information room)
cafe.naver.com/shinmgta

단답식 개념문제

01. 원가는 원가요소에 따라 □□□, □□□, □□로 분류된다.
02. 원가는 행태에 따라 □□원가와 □□원가로 분류된다.
03. 원가는 추적가능성에 따라 □□원가와 □□원가로 분류된다.
04. 원가는 의사결정 관련성에 따라 □□원가와 □□□원가로 분류된다.
05. 원가는 통제가능성에 따라 □□□□원가와 □□□□원가로 분류된다.
06. 일정기간 동안의 제조활동과 관련된 원재료 및 재공품계정의 변화를 포함하여 당기제품제조원가의 계산내역을 요약한 표를 □□□□□□□라고 칭한다.
07. 과거의 원가자료 중에서 최고조업도와 최저조업도의 두 가지 값을 이용하여 원가함수를 추정하는 방법을 □□□□이라 한다.

[문 1] 원가동인을 정의하고 몇 가지 예를 들어보시오.

[문 2] 원가대상을 정의하고 몇 가지 예를 들어보시오.

[문 3] 원가행태를 설명하는 데 있어서 관련범위를 정하는 필요성에 대해 설명하시오.

[문 4] 제품원가(재고가능원가)와 기간비용의 차이점에 대해 설명하시오.

[문 5] 제품에 배부되는 제조간접비항목의 예를 세 가지 이상 들어보시오.

[문 6] 대표적인 원가추정방법을 열거하시오.

[문 7] 개별원가계산을 사용하는 기업의 전형적인 특징들은 무엇인가?

[문 8] 종합원가계산을 사용하는 기업의 전형적인 특징들은 무엇인가?

[문 9] 완성품환산량의 개념을 정의하고 그것이 필요한 이유를 설명하시오.

[문10] ABC에 의한 4단계 원가계층구조를 적당한 예와 함께 설명하시오.

연습문제

객관식

[문1] 원가회계 용어에 대한 설명으로 틀린 것은? (재경관리사, 2010) (★★)

① 원가대상이란 직접적인 대응이나 간접적인 원가배분방법에 의한 원가측정을 통하여 원가가 집계되는 활동이나 항목을 의미한다.

② 원가집합에 집계된 간접원가를 일정한 배분기준에 따라 원가대상에 배분하는 과정을 원가배분이라고 한다.

③ 원가동인이란 원가대상의 총원가에 변화를 유발시키는 요인을 말하는 것으로 원가동인은 원가대상에 따라 그 수가 극히 제한되어 있다.

④ 조업도란 기업이 보유한 자원의 활용정도를 나타내는 수치로서 산출량인 생산량, 판매량 등이 조업도가 될 수 있으며, 투입량인 직접노동시간이나 기계가동시간 역시 조업도가 될 수 있다.

[문2] 다음 중 원가의 분류방법이 옳지 않은 것은? (★)

① 원가행태에 따른 분류 : 변동원가와 고정원가

② 원가의 추적가능성에 따른 분류 : 직접원가와 간접원가

③ 의사결정의 관련성에 따른 분류 : 제품원가와 기간원가

④ 통제가능성에 따른 분류 : 통제가능원가와 통제불능원가

[문3] 개별원가계산에 대한 설명으로 틀린 것은? (재경관리사, 2011) (★★)

① 여러 가지 제품을 주문에 의해 생산하거나 동종의 제품을 일정 간격을 두고 비반복적으로 생산하는 업종에 적합한 원가계산제도이다.

② 조선업, 기계제작업 등과 같이 수요자의 주문에 기초하여 제품을 생산하는 업종에서 주로 사용한다.

③ 종합원가계산에 비해 각 제품별로 원가를 집계하기 때문에 직접원가와 간접원가의 구분이 더욱 중요한 의미를 갖는다.

④ 개별원가계산은 제조간접원가의 배부절차가 반드시 필요하므로, 개별원가계산을 사용하면서 변동원가계산제도를 채택하는 것은 불가능하다.

[문4] 활동기준원가계산(ABC)이 등장하게 된 이유와 가장 거리가 먼 것은? (★)

① 직접비 증가에 따른 정확한 원가계산의 필요성이 증가하게 되었다.

② 내부프로세스 개선을 통한 경쟁력 확보의 필요성이 증가하게 되었다.

③ 사후 실적 중심의 원가계산에서 사전적 원가관리 필요성이 증가하게 되었다

④ 제품/상품별, 프로세스별, 조직별 등의 다양한 원가정보의 필요성이 증가하게 되었다.

⑤ 각 활동별로 인과관계를 추적하여 원가를 배분하므로 제품원가가 정확하게 계산되며 이를 토대로 경영자가 제품수익성에 대한 올바른 의사결정을 할 수 있다.

[문5] 다음 항목에 대한 직접재료비의 포함 여부는? (★)

	가공비	제조원가	주요원가
①	yes	yes	no
②	yes	yes	yes
③	no	yes	yes
④	no	no	no
⑤	정답 없음		

[문6] 제조공장의 공장소모품은 일반적으로 어느 원가에 속하는가? (★)

① 주요원가 ② 기간원가

③ 변동원가 ④ 제품원가에서 제외됨

[문7] TV 안테나 제작업체가 소비하는 기계윤활유는 다음과 같이 분류된다. (★)

① 간접재료비 ② 제조간접비

③ ①,② 모두 해당 ④ 보기 중 정답 없음

[문8] 회계기간 중에 재공품계정 기말재고액이 증가하였다면? (★★)

① 매출원가가 당기제품제조원가보다 더 클 것이다.

② 당기제품제조원가가 매출원가보다 더 클 것이다.

③ 당기총제조원가가 당기제품제조원가(COGM)보다 더 클 것이다.

④ 당기총제조원가가 당기제품제조원가보다 더 적을 것이다.

[문9] 다음 보기 중 올바른 문장은? (★★)

① 가공비와 주요원가의 합에서 당기발생제조원가를 차감한 수치가 직접재료비이다.

② 첫 번째 단위 생산에 100시간이 소요되었다. 누적평균학습모형의 학습률이 80%이고 증분학습모형의 학습률이 80%일 경우 2단위 생산에 소요되는 총시간은 동일하다.

③ 혼합원가의 경우 활동 수준 증가에 따라 단위당 원가가 줄어드는데 그 이유는 고정비의 단위당 원가가 낮아지기 때문이다.

④ 고정원가의 비율이 클수록 이익의 안정성이 커진다.

[문10] 다음 보기 중 올바른 문장은? (★★)

① ABC는 직접재료비 이외는 고정원가로 처리하려고 한다.

② ABC에 의한 원가계산도 결코 원가배분으로부터 해방되는 것은 아니다.

③ 학습곡선모형에서 학습률은 높을수록 좋으며 학습지수는 낮을수록 좋다.

④ 동일한 학습률의 경우 누적평균학습률과 증분학습모형의 원가절감률은 동일하다.

⑤ 생산공장의 기계작동자 임금은 주요원가이지만 가공원가는 아니다.

[문11] 종합원가계산에 있어 다음 중 어느 상황하에서 제품제조원가가 선입선출법에 의한 것과 평균법에 의한 것이 같게 되는가? (복수응답) (★★)

① 생산된 제품의 성격이 동질적일 때

② 기초재공품이 없을 때

③ 기말재공품이 없을 때

④ 기초재공품과 기말재공품의 완성도가 다같이 50%일 때

[문12] 다음 중 제조부문과 판매부분에 동시에 발생할 수 있는 계정과목은? (★★)

(가) 외주가공비	(나) 수도광열비	(다) 보험료
(라) 간접노무비	(마) 감가상각비	(바) 공장전기료
(사) 이자비용	(아) 본사종업원 급료	(자) 대손상각비

① (가), (나), (라)　　② (사), (다), (바)

③ (나), (다), (마)　　④ (아), (자), (다)

주관식

[문1] 원가분류 (★)

홍익공업의 생산라인에 있어 2019년 한 해 동안 발생한 원가는 다음과 같다.

직접노무비(변동비)	₩400,000	급여(고정판매관리비)	₩300,000
소모품비(변동판매관리비)	20,000	광고비(고정판매비)	30,000
고정제조간접비	200,000	직접재료비	150,000
판매수수료(변동비)	80,000	제조간접비(변동비)	150,000

〈요구사항〉

위의 자료를 이용하여 다음의 원가를 계산하시오.

① 재고가능원가 ② 주요원가(prime cost; 일명 기본원가 또는 기초원가)

③ 당기총제조원가 ④ 총변동원가 ⑤ 가공비

⑥ 변동제조원가 ⑦ 제품원가

[문2] 제품매출원가의 산출 (★)

다음 자료를 참고하여 제품매출원가를 계산하시오.

원가명세서 자료	재 료 비	• 기초원재료재고액	2,000,000원
		• 당기원재료매입액	6,000,000원
		• 기말원재료재고액	1,000,000원
	노 무 비	• 발생액	3,700,000원
	제조경비	• 발생액	1,800,000원
	재 공 품	• 기초재공품	500,000원
		• 기말재공품	600,000원
손익계산서 자료	• 기초제품	3,000,000원	
	• 기말제품	5,000,000원	

[문3] 원가추정 및 제조간접비 배부 (★★)

홍익공업사는 2017년과 2018년의 제조간접비 및 직접노동시간 그리고 기계시간에 관한 자료를 다음과 같이 구한 바 있다.

	2017	2018
제조간접비	₩23,500	₩32,500
직접노동시간	1,500	2,500
기계시간	3,000	4,500

<추가정보>

① 제조간접비는 직접노동시간을 기준으로 배부한다.

② 경영진은 2019년에 직접노동시간은 2,000시간, 기계시간은 4,000시간으로 예상하고 있다.
③ 2019년의 실제발생된 직접노동시간은 2,200시간, 기계시간은 4,200시간이다.

〈요구사항〉
2019년의 제조간접비 배부액은? 제조간접비 예정배부율을 구하여 계산하시오.

[문4] 학습곡선(누적평균학습모형) (★★)

사업개시 후 2년간인 2018년과 2019년의 손익자료는 다음과 같다.

(단위 : 만원)

	2018년	2019년
매출액	100	300
직접재료원가	40	120
직접노무원가	10	22.4
제조간접원가	20	50
판매관리비	15	15
영업이익	15	92.6

2018년부터 2020년까지의 단위당 판매가격, 시간당 임률, 단위당 변동제조간접원가, 총고정제조간접원가, 총판매관리비는 일정하다. 직접노무시간에는 누적평균시간 학습모형이 적용된다. 매년 기초 및 기말재고는 없다. 2020년의 예상매출액이 400만원이라면 예상영업이익은 얼마인가? 〈KICPA 2012〉

※ [문5]~[문7]은 원가회계를 수강한 학생을 위한 복습문제입니다.

[문5] 개별원가계산 (★★)

(주)홍익상사는 개별원가계산제도를 채택하고 있다. 다음의 자료를 토대로 당기에 발생한 제품의 직접재료비를 계산하시오.

1. 당기제품제조원가 : 4,900,000원
2. 당기총제조원가 : 10,000,000원
3. 제조간접원가는 직접노무원가의 50%가 배부되었다.
4. 제조간접원가는 당기총제조원가의 25%에 해당한다.

[문6] 종합원가계산 (★)

다음은 (주)태백의 종합원가계산 자료이다. 평균법에 의한 기말재공품의 제조원가를 계산하시오.

		재료비	가공비
기초 재공품	2,000단위(40%완성)	8,000원	3,200원
당기 착수량	10,000단위	52,000원	40,000원
기말 재공품	3,000단위(60%완성)		

* 재료비는 공정착수단계에서 전액 투입되며, 가공비는 전공정에서 균등하게 투입된다.

[문7] ABC원가계산 (★★)

(주)홍익은 각 작업에 대한 원가계산을 위하여 다음의 자료를 수집하였다.

활 동	원 가	원가범주	원가동인	최대활동량
생산준비	30,000원	생산묶음	생산준비시간	1,000시간
재료처리	45,000원	생산묶음	재료처리횟수	1,000회
기계사용	1,500,000원	제품단위	기계작업시간	15,000시간
품질관리	100,000원	생산묶음	품질관리횟수	12,500회

활동기준원가계산을 이용하면 (주)홍익의 다음 작업의 총원가는 얼마인가?

• 주요원가 : 332,886원	• 생산수량 : 12,000단위	• 생산준비 : 28시간
• 재료처리 : 42회	• 기계작업 : 2,840시간	• 품질관리 : 48회

Management Accounting

PART

02 단기이익계획 및 원가분석 : 원가정보를 이용한 관리적 의사결정

제1부에서는 원가회계의 초반 주제인 원가정보의 창출과정에 대한 복습차원에서 핵심내용을 축조식으로 소개하였다. 원가회계과목 수강을 통해 터득한 원가 및 원가계산개념에 대한 지식은 재무제표 작성에 필요한 재고자산평가는 물론 내부의 원가관리목적에 유용하게 활용된다.

제2부에서는 이러한 기초지식을 토대로 관리자가 기업경영과정에서 임시 예외적으로 당면하는 다양한 의사결정에 원가정보가 어떻게 활용되는지를 소개한다.

제3장에서는 관리회계의 대표적인 모델인 CVP 분석을 통해 단기이익계획의 틀과 분석기법을 소개한다. 제4장에서는 관리회계의 핵심적 기법인 관련원가분석을 그리고 제5장에서는 가격결정이라는 특수한 상황에서 원가정보가 어떻게 활용되는지를 다룬다. 제6장에서는 단기이익계획의 핵심인 예산을 다루고, 제7장에서는 확률개념을 이용한 기대가치 기준의 의사결정을 소개한다.

03 원가 · 조업도 · 이익(CVP)분석

학습목표

- CVP분석의 핵심개념을 이해
- 공헌이익개념의 정의와 특징을 이해
- 손익분기점공식 및 목표이익을 달성하기 위한 판매량공식을 터득
- 안전한계개념을 배움
- CVP분석의 가정과 한계점에 대한 이해
- 다제품을 가정한 CVP분석을 다룸
- 현금손익분기점을 배움
- 불확실성하의 CVP분석을 학습
- CVP분석과 ABC와의 관련성을 이해

Intro

영화 〈스파이〉 뒷심 발휘 '손익분기점 넘겼다'
관객 320만 돌파, 추석 연휴기간 100만 몰려…경쟁작 부재도 호재(머니투데이 2013.10.04. 기사) 제목

'한국영화 손익분기점 1000만 시대' 과연 열릴까?
무려 300억원이 넘는 액수가 투입된 블록버스터 영화 〈마이 웨이〉가 개봉을 열흘 앞둔 시점에서의 기사 제목. 참고로 그 후 개봉된 약 430억이 투입된 설국열차 손익분기점은 (해외선판매로 제작비 절반을 회수한 상태인 바) 약 600-700만명인데 이미 9백만명을 돌파했음.

영화 〈숨바꼭질〉 최단기간 손익분기점 넘어
역대 최단기간 100만 돌파 TOP 3뿐만 아니라 〈은밀하게 위대하게〉와 함께 최단기간 손익분기점 돌파라는 위업까지 달성했다는 기사(엠파스 머니뉴스 2013-08-18)의 제목

Q **모든 영화가 '관객들이 좋아할 것'이란 전제하에 만드는 건데 왜 흥행하는 영화는 적은가요?**

A "관객이란 잠재 소비자들의 수요를 읽는 일이 그렇게 쉽지 않아요. 한국 영화 10편 중 2편만 손익분기점을 넘는 이유도 거기에 있죠."

Q **〈건축학개론〉으로 명필름이 얻는 수익은 얼마쯤 됩니까?**

A "어림잡아 20억원쯤 됩니다. 400만이란 숫자에 비해서는 굉장히 적은 편이죠. 저희 회사 1년 경상비가 10억원쯤 되니까 매년 〈건축학개론〉이 한 편씩은 나와야 빚지지 않고 영화를 만들 수 있는 거죠."

Q **손익분기점이 목표라는 건 본전을 바라보고 사업을 한다는 뜻인가요?**

A "영화는 다른 사업과 달라서 참여한 사람이 손해를 보지 않는 게 무척 중요합니다. 한 번 손해를 내면 다음 영화를 만들기가 워낙 힘들기 때문이죠. 처참하게 실패한 감독에겐 연출을 맡기지 않고, 손해를 낸 제작사엔 투자사가 붙지 않습니다. 그렇기 때문에 제작자가 얼마를 남기겠다는 생각보다 손해를 내지 않겠다는 생각으로 리스크 관리하는 게 매우 중요해요."(이상 조선일보 Why [한현우의 커튼 콜] **쪽박날 거란 영화들로 대박 행진**…이라는 제목의 〈건축학 개론〉 등을 제작한 '명필름' 심재명 대표와의 2012.06.02. 인터뷰 기사 일부)

위에서 인용한 신문제목 및 제작자와의 인터뷰 기사 등을 통해서도 잘 알 수 있듯이 영화이야기 속에 빠지지 않고 등장하는 단골메뉴가 **손익분기점**(BEP)이다. 그만큼 손익분기점 개념은 모든 사람의 상식이 된 것이다. 영화 비즈니스 원가 구조가 워낙 고정비 성격이 대부분이라 실제 관객동원수에 따라 '**대박**(설마 뜰 줄이야)'과 '**쪽박**(설마 망할 줄이야)' 운명이 갈라진다. 고정비 vs 변동비 구분을 전제로 한 **CVP 모델**이 실무에서 차지하는 비중은 엄청나다. 관리회계 최초로 소개하는 의사결정모델은 영화뿐만 아니라 다음에 소개하는 공연비즈니스에도 중요하다.

Storytelling

미국 노스캐롤라이나 주 랄레이(Raleigh)에 위치한 **알렐 파빌리온**(Alltel Pavilion) 야외 원형극장(이하, AP)은 대략 20,000여 좌석을 보유한 대표적인 지역 공연장이다. 4월부터 10월까지 7개월 정도 유명 연예인의 콘서트를 통해 거의 500,000명에 달하는 관중을 동원하는 AP는 대표적인 엔터테인먼트 업체인 STX가 운영을 맡고 있다.

AP 책임자인 팸 버그(Pam Berg)는 다음 주 금요일 이사회 앞에서 발표할 (지금 막 작성이 끝난) 금년도 **경영성과보고서**를 검토중이다. 비록 적자는 면했지만 예산목표 달성에 실패한 점에 실망을 감추지 못하고 있다. AP 책임자로 부임한 지 2년째인 올해는 첫해의 초라한 실적을 보란 듯이 만회하고자 목표이익을 초과 달성하기로 결심했었기 때문이다. 비록 모든 행사가 당초 예상한 대로 전개되지는 않았지만 크게 예상을 벗어나는 것도 없었다.

그럼에도 불구하고 운영 성과는 목표에 못 미쳤나. 또한 출연아티스트들과의 계약 협상이나 티켓 판매가격 결정 그리고 특정 콘서트의 경우 예상치 못한 지나치게 저조한 티켓판매에 대처하는 명백한 가이드라인이 존재하지 않는 현실에 낙담하고 있다. (ISSUES IN ACCOUNTING EDUCATION Vol. 19에 실린 "The ALLTEL Pavillion Case: Strategy and CVP Analysis" 제목의 Blocher and Chen(2004) 논문 555-557쪽 참조)

대표적인 대중 콘서트 장으로 연평균 거의 40여개에 달하는 콘서트를 주관하는 AP의 주된 경영이슈는 판매, 마케팅 및 운영 부서가 예산을 중심으로 회계부문과 상호 협조하여 프로젝트의 전반적인 재무관리를 수행한다. 한편, 실제 콘서트를 위한 핵심 비즈니스 이슈는 한정된 마케팅 예산을 효율적으로 집행하기 위해 다양한 미디어(주로 라디오, TV 등)를 이용한 광고를 하여 티켓 판매를 늘리는 것이다. 이를 위해 광고 미디어별 및 지역별로 **광고성과 및 수익성 측정치**를 개발하여 분석하고 있다. 대표적인 원가항목인 공연 아티스트에 지급되는 대가는 **고정비 계약**(fixed-fee bassis) 또는 동원 관중수에 비례하는 **변동비 구조**(per-capital contract)로 구분된다. 관중동원에 관심있는 아티스트들은 관중수에 따라 보상받기를 희망한다. 고정비 구조로 계약할 때 마케팅 및 광고 역할이 커진다. 이 경우 **'comp' 티켓**(일종의 무료입장권)을 지역에 배포해 공연에 대한 관심을 불러일으키는 목적으로 사용한다.

위에서 소개한 운영 주체인 STX의 경우 대표적으로 활용하는 의사결정 도구가 **CVP모델**이다. 앞서 소개한 영화처럼 공연계 역시 과연 어떠한 **아티스트들을 초대할 것인가**에서 **이들과의 계약방식은 어떻게 할 것인가** 그리고 유료 관중과 무료 관중으로부터 버는 3가지 수입원(즉, 티켓 판매, 기념품판매, 주차료) 등 CVP분석에서 다룰 **수익**, **원가**(고정비와 변동비 구조로 가능한 출연료), **조업도**(예상 티켓판매량) 및 **판매가격** 등이 다 담겨 있는 대표적인 사례이다. 이러한 서비스 산업에서 당면하는 전략적 의사결정을 위한 대표적인 CVP모델은 제조업에도 그대로 적용된다. 본 장에서는 관리회계 최초의 의사결정 모델인 CVP모델을 소개한다.

제1절 CVP분석의 의의

"통계란 숫자라는 도구를 사용하여 거짓말을 하는 예술이다."
- 빌헬름 스테겔(Willhelm Stekhel), 『교차로에서의 결혼』 -

1.1 CVP분석의 개요

원가 개념을 소개한 제2장에서는 가장 중요한 2가지 원가분류로 (i) 직접비 vs 간접비 그리고 (ii) 고정비 vs 변동비의 분류를 꼽은 바 있다. 이 장에서는 이러한 고정비와 변동비의 분류를 근간으로 하는 대표적인 관리회계모델을 소개한다. 단기 이익계획에 매우 유용한 원가·조업도·이익분석이라고 불리는 CVP분석이 그것이다. CVP란 Cost(원가), Volume(조업도) 그리고 Profit(이익)의 두음자(頭音子)를 합친 것으로 일반적으로 원가·조업도·이익으로 번역되어 사용된다.

기업이익을 분석하거나 예측하기 위해서는 반드시 기업의 원가(즉, 비용)구조와 수익구조를 알아야 한다. 왜냐하면 이익은 총수익에서 총비용을 차감하여 구해지기 때문이다. 이와 관련하여 원가회계(제7장)에서 배운 수익동인(revenue driver)과 원가동인(cost driver)에 대한 이해는 아무리 강조해도 지나침이 없다. 수익은 판매가격과 판매수량(즉, 조업도)에 의해 그리고 원가는 조업도와 품질 및 복잡성 또는 작업능률 등 다양한 요소에 의해 좌우됨은 제2장에서 설명한 바 있다. 이 중 핵심적인 변수는 원가와 수익 양자에 관련되는 조업도이다. 따라서 현실을 단순화시킨 일반적 CVP 모델에서는 단지 조업도만이 변화하고 나머지는 불변으로 가정한다.

조업도로 불리는 판매수량이 CVP모델에서 핵심역할을 하는 이유를 설명해 보자. 판매량에 판매가격을 곱하면 매출액이 계산된다. 아울러 판매량에 단위당 변동비를 곱하여 총변동비를 구한 후 이에 고정비를 합치면 총비용(이하, 총원가)이 계산되어 앞서 구한 매출액과 대조하여 손익을 계산할 수 있는 것이다.

[그림 3.1]에 예시된 CVP그래프는 이를 잘 나타낸다. 이 그림은 총수익과 총원가가 조업도 변화에 따라 (선형으로) 변화함을 보여준다. 즉, 총수익은 원점에서 출발하여 단위당 판매가격을 기울기(∠fod 참조)로 하는 직선형태로 표시된다.

한편, 총원가는 조업도와 무관한 $\overline{cd}$에 해당하는 고정비와 조업도에 따라 변화하는 변동비의 합으로 이루어짐을 총원가선(TC)을 통해 알 수 있다. 만약, 총수익이

TIP!

상식늘리기 : 모델이란

경영학에서 **모델(model)**은 현실세계를 단순화시킨 것(simplified version of real world)으로 정의한다. CVP모델은 기업의 원가구조와 수익구조를 단순화시켜 통합한 것을 특징으로 한다.

TIP!

CVP는 잘못된 명칭?

앞서 지적한 바와 같이 이익을 계산하거나 언급할 경우에는 원가 대신 비용으로 불러야 하지만 관리회계에서는 관습상 주로 **원가**라는 용어를 사용한다. CVP분석에서도 마찬가지이다. 엄밀히 따지면 원가(cost) 대신 비용(expense)이라는 명칭이 옳지만 편의상 원가라는 용어를 사용하는 것이다. 이런 의미에서 CVP는 **잘못된 용어사용**(misnomer)의 또 다른 예에 해당한다.

그림 3.1

CVP그래프(일명 원가·조업도·이익도표)

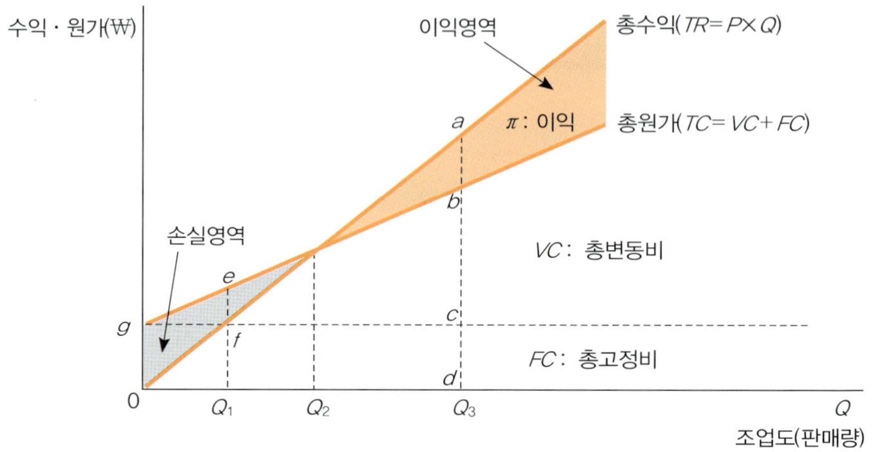

총원가보다 클 경우에는 그 차액만큼 이익이 실현된다. Q_3의 조업도 수준에서 $\overline{ab}$만큼의 이익이 실현되는 것은 총수익 $\overline{ad}$가 총원가 $\overline{bd}$(=고정비 $\overline{cd}$+변동비 $\overline{bc}$)를 초과하기 때문이다.

그렇지만 낮은 조업도인 Q_1에서는 총원가가 총수익보다 커서 $\overline{ef}$만큼의 손실을 기록한다. 반면에 Q_2는 총수익과 총원가가 동일하여 이익이나 손실이 기록되지 않는 특수한 조업도에 해당한다.

CVP모델에서는 이를 손익분기점(損益分岐點 : Break-Even Point 또는 BEP)이라고 부른다. 손익분기점이라고 부르는 이유는 동조업도 수준을 분기점으로 삼아 우측의 (높은) 조업도에서는 이익을, 그리고 좌측의 (낮은) 조업도에서는 손실을 기록하게 되기 때문이다.

> **TIP!**
> **유의할 점 : BEP vs CVP**
> 일부 교과서에서는 CVP모델이라는 명칭 대신 **BEP모델**이라는 용어를 사용하지만 BEP란 CVP모델이 나타내는 전반적 조업도 수준 중 특수한 경우에 불과하다는 점과 대부분의 기업이 BEP 우측의 이익실현가능 조업도에 관심을 둔다는 사실을 감안할 때 CVP란 용어가 바람직하다.

이상을 요약하면 CVP모델은 모델명칭에서 생략된 판매가격(P)을 감안하는 가운데 조업도와 원가를 토대로 이익계산을 행하는 단기이익계획수립을 위한 계산모델이다. 즉, 이익에 영향을 미치는 주요 요인들을 통합한 모델이다. 따라서 조업도와 총원가와의 관계(제2장에서 다룬 원가행태 참조) 및 조업도와 총수익간의 관계파악이 핵심이다. 이를 감안하여 관리회계 책에서는 CVP소개를 할 때 CVP analysis (CVP분석) 또는 CVP relationship(CVP관계)라는 제목을 다는 것이 일반적이다.

1.2 CVP분석의 핵심개념

1. 조업도

CVP모델의 핵심변수인 조업도란 판매수량(sales volume)을 의미한다. 원래 조업도(操業度: volume)란 의미는 시설능력의 이용정도를 의미하는 것으로 기계설비 등을 이용하여 제품을 생산하는 제조업체에 적합한 용어이다. 그러나 판매수량이란 용어가 부적합한 호텔이나 병원 등과 같은 서비스조직은 물론 제조업 전반에 적용될 보편적인 용어로 흔히 조업도가 사용된다.

조업도란 용어를 사용할 경우 객실판매수 및 기타 부대서비스 매출액을 의미하는 호텔업의 조업도란 곧 호텔이 보유한 각종 시설의 이용도를 의미한다. 마찬가지로 항공사의 경우 비행시설의 활용정도를 의미하는 조업도란 결국 유료승객의 좌석점유율이나 승객×운행마일 합계로 나타낼 수 있다.

이처럼 다양한 의미를 갖는 조업도는 업종은 물론 측정목적이나 기업의 경영방식에 따라 달라질 수 있음은 <표 3.1>에 예시된 사례가 잘 말해준다.

판매물량으로 쉽게 표현될 수 있는 제조업의 경우에도 물량단위는 매우 다양할 뿐만 아니라 동일한 업종내에서도 취급하는 품목 또는 서비스의 종류에 따라 그리

표 3.1 업종별 대표적 조업도 측정치

Ⅰ. 제조업의 물량 단위 및 특징
• 석유화학 : bbl(배럴) 1배럴(barrel) = 158.984 ℓ
• 시멘트 : ton(톤)
• 반도체 : M-DRAM(메가 D-RAM) 환산량
• 자동차 : unit(대)
• 에너지 : BTU환산량(BTU equivalent)
Ⅱ. 서비스업종 및 기타
• 병　원 : 환자 × 일수(patient days)
• 비행사 : 좌석점유율 또는 승객마일수(passenger miles)
• 학　교 : 학생수 × 취득학점(student hours)
• 호　텔 : 객실점유율
• 프로스포츠 : 경기장 좌석점유율
• 식　당 : 판매그릇수
• 화물운송업 : 유료운행거리(revenue mile)

TIP!
BTU(British Thermal Unit: 영국열량단위)

고 손익분석이나 이익계획목적에 따라 달라짐을 유념해야 한다. 이를 감안하여, 흔히 CVP모델에서는 조업도를 매출액으로 표시한다. 이로써 다제품의 경우 등 상이한 단위를 이용함으로써 생기는 문제를 회피할 수 있게 된다.

2. 공헌이익

CVP모델은 조업도의 증감에 따른 원가의 변동 여부를 의미하는 고정비와 변동비 분류를 기반으로 이루어진 것이다. 앞서 소개한 [그림 3.1]의 CVP그래프는 이러한 가정하에 작성된 것이다. 전통적인 손익계산서는 제조 및 판매와 일반관리비 등 기능을 중심으로 원가를 집계하는 반면, CVP분석에서는 기능과 상관없이 원가행태를 중심으로 변동비와 고정비별로 집계한다. 이 중 변동비는 재료원가나 판매수수료처럼 단기적으로 업무활동에 관련되는 현금지출적 성격을 갖는다. 이에 반해 공장시설 감가상각비나 물류시설의 감가상각비와 같은 형태를 띠는 고정비는 장기적으로 영업활동에 필요한 시설능력을 확보하는 것과 관련된다.

이와 같은 고정비/변동비 2분류를 강조하는 CVP모델의 핵심개념은 단위당 판매가격에서 단위당 변동비를 차감해서 계산되는 단위당 공헌이익(unit contribution margin)이다. 일종의 마진개념인 단위당 공헌이익은 판매수량에 곱해져 총공헌이익이 계산된다. 총공헌이익은 고정비를 회수하고 (남는 경우에는) 이익창출에 기여한다. 공헌(contribution : 일명, 기여)이라는 용어가 사용되는 이유도 이 때문이다. 경제학이나 일부 실무에서는 한계이익이라는 용어를 사용하지만 관리회계에서 사용하는 공헌이익이라는 용어가 훨씬 의미전달을 잘한다고 할 수 있다.

> **TIP!**
> **매출총이익 vs 공헌이익**
> 전통적인 손익계산서에서 사용되는 매출총이익(gross margin)과 공헌이익은 비록 영어표현은 유사할지언정 전혀 다른 개념이다. 매출액에서 매출원가를 차감한 수치로 계산되는 **매출총이익**에는 고정제조원가가 공제되는 반면, 변동판매비와 일반관리비는 공제되지 않았다는 점이 제조와 판매 및 일반관리에 상관없이 모든 변동비를 차감하여 계산되는 **공헌이익**과 차이를 보인다.

공헌이익의 핵심은 간단하다. 즉, 판매가격과 단위당 변동비의 차이가 클수록(판매량이 일정할 경우) 이익은 커진다는 것이다. 따라서 가급적 가격은 높게 그리고 원가는 낮게 끌고 가도록 경영을 할 필요가 있다.

3. 손익분기점

비록 기업이 궁극적으로 도달하고자 하는 목표는 아닐지언정 CVP분석의 꽃이라고 할 수 있는 대표적 조업도로는 손익분기점을 꼽을 수 있다. 손익분기점(BEP: break-even point)이란 총수익과 총원가가 동일하여 이익도 손실도 기록되지 않는 조업도 수준을 의미하는데, 조업도 표현방식에 따라 판매수량 또는 매출액으로 표시된다.

손익분기점이 갖는 의미는 동 조업도를 축으로 하여 우측의 (높은) 조업도에서는 이익이 그리고 좌측의 (낮은) 조업도에서는 손실이 기록됨을 알려준다는 것이다. 손익분기점은 제2절에서 소개하는 목표이익 달성을 위한 조업도와 함께 이익계획수립이나 분석에서 자주 참고수치로 이용된다.

4. 이익 – 조업도 도표

앞서 예시한 [그림 3.1]과 같은 CVP도표는 총원가 및 수익곡선이 함께 표시되어 있어 다소 복잡해 보일 수 있다. 특히, 경영활동(즉, 조업도) 수준에 따라 이익이 어떻게 달라지는가에만 관심을 가질 최고경영진 등에게 보다 단순화된 그래프가 필요하다. 이러한 특수목적을 감안하여 CVP도표 중 이익과 조업도의 관계만을 간결하게 표시한 것이 이익-조업도 도표(profit-volume chart) 또는 이익-조업도 그래프(graph)이다. 이를 줄여서 PV chart 또는 PV graph라고도 한다. [그림 3.2]는 [그림 3.1]을 이익-조업도 도표로 나타낸 것이다.

이익-조업도 도표의 작성원리는 간단하다. 먼저 조업도 수준이 영(zero)일 경우에는 고정비만큼의 손실이 발생할 것이기 때문에 동 금액을 손실로 기록한 후 한 단위 추가판매에 따른 단위당 공헌이익을 기울기로 하는 직선(즉, 이익선 : profit line)을 우상향 방향으로 그리면 된다. 만약 우측의 조업도를 판매량 대신 매출액으로 표시한다면 이익선의 기울기는 곧 공헌이익률을 나타낸다. 조업도를 어떻게 표시하든지 이익선의 기울기가 높다는 것은 바람직하다. 왜냐하면 손익분기점이 낮아질 뿐만 아니라 추가판매가 이익증가에 기여하는 바가 크기 때문이다.

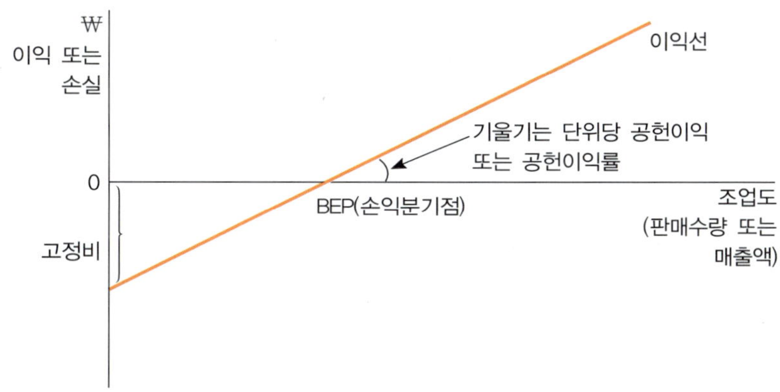

그림 3.2
이익-조업도 도표(PV graph)

이익-조업도 도표의 장점은 매우 간결하여 이해가 쉽다는 것이다. 특히, 전통적인 CVP도표에서 이익의 크기를 파악하기 위해서는 총수익에서 총원가를 차감하는 과정을 거쳐야 하는 반면, 이익-조업도 도표에서는 직접 파악할 수 있기 때문이다. CVP도표는 조업도가 원가 및 수익구조에 미치는 결과로 이익에 미치는 효과를 보여준다면 이익-조업도 도표는 원가 및 수익구조는 생략한 채 조업도변동이 이익에 미치는 효과에만 초점을 맞춘다.

1.3 CVP분석의 유용성

조업도의 변화가 매출수익 및 원가에 미치는 효과에 초점을 맞추는 CVP분석은 다양한 조업도 수준에서의 이익을 일목요연하게 보여줌으로써 제반 의사결정에 유용한 도구로 활용된다. 그 중 대표적인 활용 예를 소개한다.

1. 예산편성의 기초

기업의 운영활동계획을 계수적으로 표현하는 것으로 정의되는 예산(budget)을 마련하기 위해서는 상이한 조업도 수준에서 발생할 원가를 파악하는 것이 필수적이다. 특히, 목표이익 달성을 염두에 둔 예산편성상 CVP분석은 핵심적 도구이다. 제2절에서 이를 자세히 다룬다.

2. 단기적 경영의사결정 지원

다음 제4장에서 다루는 관련원가분석 상황은 주로 증분원가분석으로 이루어진다. 이때의 증분원가(incremental cost)란 주로 조업도 수준의 변동으로 인한 추가변동비로 파악되기 때문에 CVP분석과 밀접한 관련을 맺는다.

3. 성과평가

제8장에서 다루는 책임회계와 세그먼트 리포팅 모두 고정비와 변동비라는 원가행태를 위주로 한 원가분류 및 활동수준(즉, 조업도)을 감안한 변동예산을 강조한다. 따라서 올바른 성과평가를 위해서는 바뀐 환경(즉, 상이한 조업도)하에서의 허용예산

을 새로이 편성할 수 있는 도구를 필요로 하는데 이런 점에서 CVP모델은 유용성을 갖는다.

1.4 CVP모델의 기본가정 및 한계

기본적 CVP모델을 확대하는 분석(제3절 참조)에서는 보다 현실에 맞는 가정을 하게 되지만 원래 단기이익계획도구로 제시된 단순한 형태의 전통적 CVP모델은 제반 가정하에서 마련된 것이다. 이하에서는 주요 가정 및 이의 한계점을 동시에 요약·소개한다.

1. 고정비와 변동비 : 모든 원가는 고정비와 변동비로 구분된다

CVP모델에서는 모든 원가는 고정비와 변동비로 구분될 수 있다고 가정한다. 이런 점에서 CVP모델은 원가행태를 중심으로 한 원가분류를 근간으로 삼은 모델이라고 여러 차례 강조한 바 있다. 과연 현실적으로 특정원가가 고정비에 해당하는지 또는 변동비 성격을 갖는지를 판단하기가 애매한 경우가 많다. 특히, 원가발생형태는 기업의 정책에 따라 바뀔 수 있을 뿐만 아니라 시간범위에 따라서도 바뀜을 유념해야 한다. CVP모델을 실제로 적용하기 위해서는 분석에 이용되는 관련원가항목의 원가범주(즉, 성격)에 관한 데이터베이스가 이루어져야 한다. 제4장의 특별원가조사 토픽과 원가회계 제10장의 변동원가계산은 이와 직접 관련된다.

TIP!

원가분류는 조건부적임!

장기적으로 보면 모든 원가는 변동비이다. 왜냐하면 누구나 언젠가는 죽듯이 모든 자산은 언젠가는 소멸되어 비용이 된다. 따라서 고정비 vs 변동비 구분은 의사결정 대상기간에 따라 좌우된다. 참고로 자동차가 수명을 다하기 전까지 감가상각비는 고정비이지만 수명을 초과하는 장기적인 분석에서는 추가구입이 필요한 만큼 변동비 혹은 준고정비로 처리해야 한다.

2. 선형성 : 총수익곡선과 총원가곡선은 관련범위내에서 선형이다

[그림 3.1]은 이런 가정하에서 작성된 것이다. 총수익곡선이 선형이라는 가정은 기업의 공급물량과 상관없이 단위당 가격은 일정하다는 완전경쟁시장을 가정하는 것을 말한다. 또한 선형의 총원가곡선은 투입요소(자재 및 인력 등)의 구매가격이나 생산성이 일정하여 단위당 변동비가 일정함을 의미한다.

이러한 선형성의 가정을 보다 구체적으로 세분화하면 다음과 같다.

① 판매가격은 일정하다.

② 생산성과 능률은 일정하다.

③ 조업도만이 원가에 영향을 미치는 변수이다.
④ 생산요소의 가격은 일정하다.

현실적으로 대부분의 기업이 상대하는 시장은 완전경쟁시장에서 벗어나 있고 투입요소가격이나 작업능률 등 생산성 또한 불변이기보다는 시기에 따라 변하기 십상이다. 다만, 관련범위 내에서는 단순화된 가정이 유효할 수 있다.

3. 일정한 재고수준의 유지 : 생산량과 판매량은 일치한다

CVP모델에서 말하는 조업도란 판매수량을 의미한다. 따라서 생산량은 분석에서 제외되는데 이는 판매수량을 생산을 통해 충당할 수 있다고 가정하는 것이다. 문제는 판매량을 초과하여 생산이 이루어지는 경우 미판매분의 재고를 어떻게 다루느냐이다. 보유재고의 처리상황에 따라 기간별 손익계산이 달라질 수 있음을 감안하여 기본적 CVP모델에서는 재고가 없거나 생산량과 판매량이 일치하여 재고수준의 변동이 없다고 가정한다.

4. 일정한 매출구성 : 복수제품의 매출구성비율은 일정하다

기본적 CVP모델은 단일제품을 대상으로 마련된 것이다. 한편, 기본적 모델을 복수제품에 적용할 경우 이들 제품들간의 상대적 매출구성(sales mix : 또는 판매믹스)이 일정하다고 가정한다. 그러나 현실적으로 제품라인의 추가나 폐지 그리고 중점지원제품의 선정 등 제품믹스 및 매출구성은 경영정책 및 시장상황에 따라 수시로 바뀔 수 있음을 감안할 때 이러한 가정은 다소 무리이다. 결국, 일정한 매출구성을 가정한 복수제품의 CVP분석은 특수한 경우의 단일제품 CVP분석에 해당한다. 왜냐하면 이러한 가정은 단 한 가지 손익분기점 조업도를 산출해내기 때문이다.

5. 기 타

이 밖에도 CVP모델의 핵심 파라메터를 확실히 알 수 있다고 가정하는 확실성 가정이나 처음부터 화폐의 시간가치를 배제하는 단기모델이라는 가정 그리고 화폐가치가 변할 수 있는 인플레이션을 무시한다는 제반 한계점을 갖는다. 이에 관해서는 제3절에서 소개한다.

제2절 단기이익계획과 CVP분석

2.1 손익분기점 계산방식

[그림 3.1]은 손익분기점을 알 수 있게 한다. 이처럼 총수익과 총원가를 그래프 상에서 대비함으로써 손익분기점을 구하는 방식을 그래프법 또는 도해법(graphic method)이라고 부른다. 이 방법은 이해가 쉽지만 원하는 수치를 손쉽게 구하기 어려워 현실적으로 적용하기에는 부적합하다. 따라서 이를 대신할 수 있는 공식법을 소개한다.

1. 공식법

총수익에서 총원가를 차감하면 이익이 계산된다는 기본적인 이익관계식을 근간으로 하는 공식법(equation method)에 대한 설명을 위해 다음과 같은 약어를 사용하자.

〈CVP공식 소개를 위한 약어〉	
π : 이익(profit)	Q : 판매수량(sales quantity)
TR : 총수익(total revenue)	P : 단위당 판매가격(unit selling price)
TC : 총원가(total cost)	V : 단위당 변동비(unit variable cost)
F : 총고정비(total fixed cost)	VC : 총변동비(total variable cost)
CM : 단위당 공헌이익(unit contribution margin)	

위에서 정의한 약어를 이용하여 조업도(Q)가 수익 및 원가에 미치는 영향을 요약한 CVP관계식은 다음과 같은 과정을 통해 도출된다.

먼저, 제품단위당 판매가격이 일정하다는 가정하에 총수익은 다음과 같다.

$$\text{총수익} = P \times Q \quad \cdots\cdots (3 \cdot 1)$$

(단, P : 단위당 판매가격, Q : 판매수량)

한편, 생산된 제품은 모두 판매된다고 가정하고, 아울러 제품단위당 변동비가 일정하다면 총원가는 다음과 같다.

$$\text{총원가} = \text{변동비} + \text{고정비}$$
$$= V \times Q + F \quad \cdots\cdots (3 \cdot 2)$$
(단, V : 단위당 변동비, F : 총고정비)

위의 식 (3·1)과 (3·2)로부터 이익을 구하면 다음과 같다.

$$\text{이익} = \text{총수익} - \text{총원가}$$
$$= P \times Q - (V \times Q + \mathrm{F})$$

따라서

$$\pi = (P - V) \times Q - F \quad \cdots\cdots (3 \cdot 3)$$

CVP관계식으로 불리는 식 (3·3)에서 제품단위당 판매가격에서 제품단위당 변동비를 차감한 금액($P - V$)을 단위당 공헌이익(unit contribution margin)이라 한다. 단위당 공헌이익에 판매량을 곱한 총공헌이익을 단순히 공헌이익(contribution margin)이라 하는데, 이는 총수익에서 총변동비를 차감한 금액과 같다.

공헌이익이라는 표현은 고정비를 회수하고 고정비가 모두 회수된 이후에는 이익창출에 공헌한다는 의미에서 붙여진 이름이다. 만약 공헌이익이 고정비를 회수하지 못하면 순손실이 나타나고, 고정비를 모두 회수하면 순이익이 나타난다. 고정비가 모두 회수된 이후에는 공헌이익의 증가액은 모두 순이익의 증가액이 된다.

CVP관계식(3·3)을 이용하면 손익분기점 판매수량(Q^*)은 다음과 같이 구할 수 있다. 즉, 이익을 0(zero)으로 놓고 정리하면

$$0 = (P - V) \times Q - F \Rightarrow (P - V) \times Q = F$$

따라서

$$Q^* = \frac{F}{P - V} \quad \cdots\cdots (3 \cdot 4)$$

식 (3·4)는 곧 손익분기점 판매수량으로 고정비총액을 단위당 공헌이익으로 나누어 계산된다. 만약, 손익분기점을 매출액으로 표시하고자 하면 식 (3·4)는 식 (3·5)가 된다.

$$BEP_{₩} = \frac{F}{CM\%} \quad \cdots\cdots (3 \cdot 5)$$

식 (3·5)에서 CM%란 단위당 공헌이익을 판매가격으로 나눈 공헌이익률을 의미한다.

참고로 식 (3·4)가 식 (3·5)로 바뀌는 과정을 설명해 보자. 일단 손익분기점 매출액은 손익분기점 수량에 판매가격(*P*)을 곱하면 된다. *P*를 분자에 곱한다는 것은 곧 *P*를 분모에 나누는 것과 동일하므로 다음과 같다.

$$BEP_Q \times P = \frac{F}{P-V} \times P = \frac{F}{\frac{P-V}{P}}$$

$$= \frac{F(\text{고정비})}{CM\%(\text{공헌이익률})} \quad \cdots\cdots (3\cdot6)$$

참고로 식 (3·6)으로부터 손익분기점을 낮추기 위한 실행방안을 강구하여 보자. 손익분기점을 낮추기 위해서는 ① 고정비를 감소시키거나, ② 단위당 공헌이익(또는 공헌이익률)을 증가시켜야 한다. 이러한 원리에 따라 [그림 3.3]과 같은 실행방안을 강구할 수 있으며, 이러한 생선뼈 모양의 도표를 Fishbone chart(일명, 이시카와 차트)라 한다.

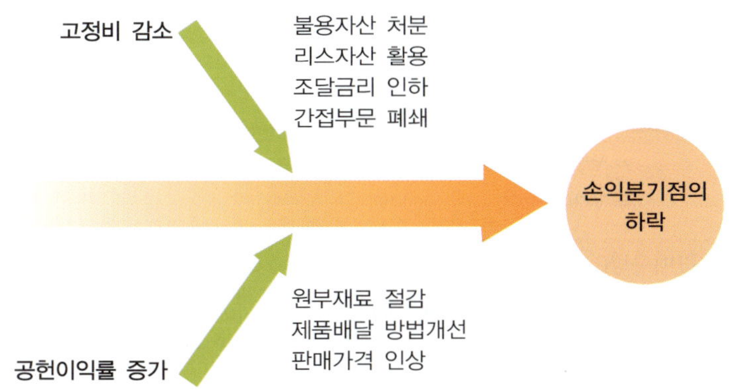

그림 3.3
손익분기점 하락을 위한 실행방안

예제 3-1 CVP분석 : 손익분기점

동양상사는 3월에 제품 400개를 생산·판매하였으며, 3월의 공헌이익계산서는 다음과 같다.

공헌이익계산서	
Ⅰ. 매 출 액	₩300,000
-Ⅱ. 변 동 비	180,000
Ⅲ. 공헌이익	₩120,000
-Ⅳ. 고 정 비	105,000
Ⅴ. 영업이익	₩15,000

위의 자료에 의해 다음을 분석하시오.

〈물음〉

1. 제품단위당 공헌이익을 구하시오.
2. 손익분기점 판매량은 몇 개인가?
3. 손익분기점 매출액은 얼마인가?

풀 이

제품판매수량(Q)이 400개임을 이용하여 문제의 공헌이익계산서를 단위당으로 바꾸면 다음과 같다.

공헌이익계산서(3월)			
		단위당 수치	매출액기준비율
Ⅰ. 매 출 액	₩300,000	₩750	1
Ⅱ. 변 동 비	180,000	450	0.6
Ⅲ. 공헌이익	₩120,000	₩300	0.4
Ⅳ. 고 정 비	105,000	262.5*	
Ⅴ. 영업이익	₩15,000	₩37.5	

※ 조업도와 상관없이 총액이 일정한 고정비는 총액으로만 의미를 갖는다. 단위당 수치는 단기 비교목적으로 구한 것이다.

1. 단위당 공헌이익 = 판매가격 - 단위당 변동비
= ₩750 - ₩450
= ₩300

2. 손익분기점 판매수량(Q*) = $\frac{F}{P-V}$
= ₩105,000÷₩300
= 350개

3. 손익분기점 매출액 $= \dfrac{\text{고정비}}{\text{공헌이익률}} = \dfrac{₩105{,}000}{0.4^{*1}}$

$= ₩262{,}500^{*2}$

*1 공헌이익률 = ₩300(CM) ÷ ₩750(P) = 0.4

*2 이 수치는 Q^*(=350개)에 판매가격(=750)을 곱해서도 구할 수 있다.

2.2 목표이익 달성을 위한 조업도

사실상 경영자는 손익분기점을 추구하기보다는 일정한 목표이익(TI : target income)을 달성하기 위해 실현해야 할 판매량 또는 매출액에 대해 관심을 갖는다. 목표이익은 총수익에서 총원가를 차감한 금액이므로 다음 식이 성립한다.

$$TI = (P - V) \times Q - F \quad \cdots\cdots (3 \cdot 7)$$

위의 식으로부터 목표이익 달성을 위한 판매량(TI_Q)은 다음과 같다.

$$TI_Q = \frac{F + TI}{P - V} \quad \cdots\cdots (3 \cdot 8)$$

손익분기점의 경우와 마찬가지로 목표이익 달성을 위한 매출액($TI_{₩}$)을 구하기 위해서는 단위당 공헌이익 대신 공헌이익률로 나누면 된다.

$$TI_{₩} = \frac{F + TI}{CM\%} \quad \cdots\cdots (3 \cdot 9)$$

이처럼 기업이 목표로 삼는 이익달성에 관한 계획수립을 이익계획(profit planning) 또는 활동계획(activity planning)이라고 부른다. 활동계획은 궁극적으로 이익실현이란 수익창출을 위한 각종 판매활동과 이를 위한 제반 생산 및 관리활동에 의해 이루어짐을 함축한 것이다. 흔히 목표이익은 일정한 금액으로 표시되기보다는 투하자본에 대한 일정비율(일명 투자수익률 또는 ROI)로 표시되거나 매출액의 일정 비율(일명 매출이익률)로 표시된다. 전자의 경우, 목표이익을 수치로 계산한 후 공식(식 3·8 또는 식 3·9)에 대입하여 해를 구할 수 있지만 후자처럼 매출이익률 형태로 제시된 경우에는 반드시 CVP관계식을 도출할 때 이용한 이익관계식을 활용해야 한다. 결코 CVP관련 공식을 이용해서는 구할 수 없는데 이는 목표이익 자체가 궁극적으로 구하고자 하는 미지수인 매출액의 함수(즉, 일정비율)로 나타나기 때문이다. 다음 예제에서 이를 다루도록 한다.

예제 3-2 **CVP분석(II) : 목표이익 달성**

[예제 3-1]의 수치를 이용하여 다음 문제를 풀어라. 단, 세금은 없다.

〈물음〉

1. 동양상사가 투하하는 자본(₩1,000,000)의 30%를 목표이익으로 삼을 경우 이를 달성하기 위한 판매수량은 몇 개인가?
2. 동양상사가 매출액의 20%를 목표이익으로 삼을 경우 이를 달성하기 위한 총매출액 및 판매수량은 몇 개인가?

풀이

1. 주어진 자료에 의하면 목표이익(TI) = ₩1,000,000 × 0.3
   = ₩300,000

   따라서 목표이익 달성을 위한 판매량 $TI_Q = \dfrac{105,000 + 300,000}{750 - 450} = 1,350$개

2. <요지> 총수익 − 총비용 = 이익이라는 이익관계식을 이용해야 한다.
   실현해야 할 매출액을 x라고 하면 변동비율이 0.6임을 감안하여

   $x - (105,000 + 0.6x) = 0.2x$

   따라서 $0.2x = 105,000$

   $\therefore x =$ ₩525,000

   또한 $TI_Q =$ ₩525,000 ÷ ₩750 = 700개

2.3 안전한계와 민감도분석

1. 안전한계

지금까지 소개한 CVP분석의 핵심은 손익분기점이나 목표이익 달성을 위한 판매수준 등과 같은 다양한 조업도 수준(즉, 매출액규모)의 예측이라고 할 수 있다. 미래의 판매예측이 불확실한 것과 관련하여 기업의 이익계획에 유용한 개념으로는 안전한계(安全限界 : margin of safety)를 꼽을 수 있다. 예상 또는 실제매출액이 손익분

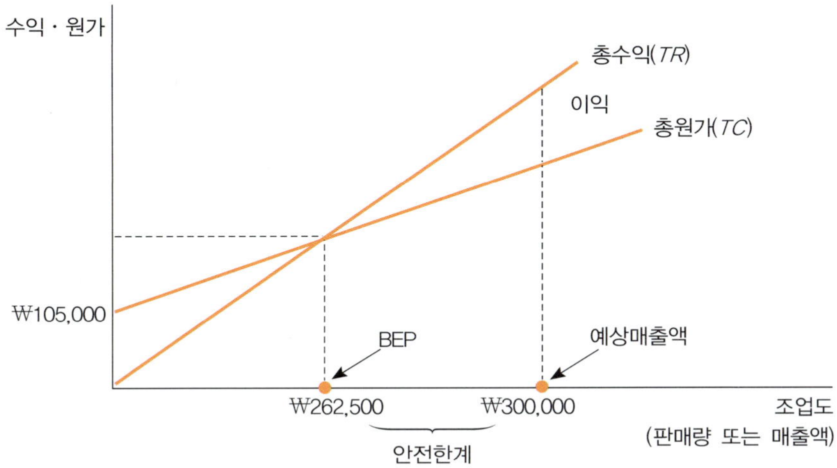

그림 3.4

동양상사의 CVP도표 : 안전한계의 표시

기점을 어느 정도 벗어나 있는가를 측정하는 안전한계란 기업의 이익구조 또는 안정성을 요약하는 지표이다. 달성가능 매출규모가 손익분기점으로부터 우측으로 벗어날수록 자칫 여건이 불리해지더라도(가령, 판매가격 인하나 판매량감소 또는 원가인상 등) 손실을 기록하지 않을 가능성이 어느 정도인가를 암시해 주는 일종의 쿠션(cushion ; 일명, 충격완화) 개념이다. 즉, 안전한계는 이익달성의 위험정도를 나타내는 일종의 민감도분석(sensitivity analysis) 형태의 지표이다.

안전한계는 조업도처럼 금액 또는 수량으로 나타낼 수 있으나 주로 다음과 같이 계산되는 안전한계율(margin of safety ratio)로 이용된다.

$$\text{안전한계율} = \frac{\text{예산 또는 실제 조업도} - \text{손익분기점 조업도}}{\text{예산 또는 실제 조업도}} \quad \cdots\cdots\cdots (3 \cdot 10)$$

[그림 3.4]에 예시된 동양상사의 안전한계는 ₩37,500(또는 50개)이며 안전한계율은 $12.5\% = \left(\frac{₩37,500}{₩300,000}\right)$이다. 따라서 안전한계가 상대적으로 작은(즉, 안전한계율이 낮은) 편이다. 따라서 예상판매량에 차질이 빚어질 경우(가령, 20%에 달하는 80개의 판매량 감소가 이루어질 경우) 손익분기점에 달하지 못함은 물론 손실을 기록하게 되는 상당히 취약한 이익구조를 갖고 있음을 알 수 있다. 이러한 한계점을 극복하기 위해 기업은 앞서 Fishbone chart에서 제안된 바와 같은 조치를 통해 가급적 고정비 및 단위당 변동비를 낮추고 판매가격을 높이는 식으로 손익분기점을 낮추며 예상판매량을 늘림으로써 안전한계율을 높여야 한다.

2. 민감도분석

지금까지 소개한 CVP모델은 단일 최선의 예측치(best estimate)에 기초하여 손익분기점이나 목표이익 달성을 위한 조업도 수준 등을 파악하였다. 그러나 이들 투입에 활용된 수치는 결코 확정적인 것은 아니다. 따라서 투입수치가 바뀌게 되면(엄격히 말하면, 수익 또는 원가구조가 바뀌게 되면) 손익분기점 및 이익 등의 수치 또한 바뀐다. 현실적으로 이들 투입변수의 실제수치가 당초 예상수치에서 벗어날 수 있다는 가능성을 고려할 때 단일 최선의 예측치에 기초한 CVP분석은 보완될 필요가 있다.

의사결정에서 이러한 불확실성(uncertainty)을 다루기 위해 널리 활용되는 방법이 민감도분석(sensitivity analysis)이다. 일명 what-if분석이라고도 불리는 민감도분석은 CVP모델에서는 당초 예상수치(가격, 단위당 변동비, 총고정비 또는 조업도 수준 등)가 예상대로 실현되지 않을 경우 최종 이익수치는 어떻게 달라지는가를 분석·검토하는 것을 말한다. 위에서 소개한 안전한계도 민감도분석의 일종이라고 할 수 있다. 왜냐하면 예상조업도 수준이 바뀔 경우의 이익실현가능성에 초점을 맞추기 때문이다.

민감도분석은 경영자에게 유용한 정보를 제공한다. 특히, 특정 대안을 섣불리 선택하지 않게 하며 원가발생이 확정되기 전에 각 대안이 가져다 줄 효과를 이익관점에서 면밀히 분석함으로써 최적선택이 가능하게 한다. 적지 않은 계산부담을 우려해 민감도분석의 활용을 주저했던 기업들도 요즈음은 엑셀 등과 같은 스프레드시트 소프트웨어를 이용하여 컴퓨터(특히, PC)에서 민감도분석을 실시하고 있다. 이 밖에도 불확실성을 다루기 위한 방안으로는 단일 확정치 대신에 확률분포를 고려한 기대수치(expected value)를 이용하는 방법이 가능한데 이에 관해서는 제3절에서 설명한다.

민감도분석의 핵심은 여러 요소의 동시 변화를 다룸으로써 이익계획 도구로서의 CVP분석을 한층 더 현실적이게 한다는 것이다. 다음에 소개하는 [예제 3-3]은 (단위당 변동제조원가의 상승을 수반하는) 고급재료 사용으로 인한 품질향상이 가격인상과 판매수량의 증가를 동시에 가져올 경우 과연 고급재료 사용이 바람직한지를 기존안과 품질향상안의 비교형태로 분석한 것이다. 분석의 핵심은 공헌이익계산서 형식을 이용한 대안간의 비교이다.

예제 3-3 CVP분석을 이용한 신정책 타당성 검토 : 민감도분석

와우(주)는 시장조사 결과, 만약 ₩10 더 비싼 고급재료를 사용하여 제품을 생산할 경우 제품가격을 20% 인상할 수 있음을 알게 되었다. 다만 가격인상에 따른 (수요의 가격탄력성으로 인해) 10%의 판매량 감소가 예상된다. 이런 상황에서 과연 와우(주)는 새로운 변화를 꾀하는 것이 바람직한가? 현행자료는 아래와 같다.

TIP!
민감도분석 : 수요의 가격탄력성
가격인상에 따른 판매량 감소의 유사한 민감도분석 사례는 신홍철, 이주원, 강대준 공저, 『원가회계』(2019) 제8장의 예제를 참고할 수 있음.

	단위당	수 량		금 액
Ⅰ. 매 출 액	₩100	1,000개		₩100,000
−Ⅱ. 변 동 비	60			
• 변동제조비	40			
• 변동판매비	20			60,000
Ⅳ. 공헌이익	₩40			₩40,000
−Ⅳ. 고 정 비				30,000
• 제조간접비			20,000	
• 판매관리비			10,000	
Ⅴ. 영업이익				₩10,000

풀이

- 고급재료를 사용하는 변경안의 영업이익은 ₩15,000으로 기존안보다 ₩5,000 많다. 따라서 고급재료 사용안이 바람직하다.

	변경 전(기존안)				변경 후(고급재료 사용)			
	단위당	수 량		금 액	단위당	수 량		금 액
Ⅰ. 매 출 액	₩100	1,000개		₩100,000	₩120	900개		₩108,000
−Ⅱ. 변 동 비	60			60,000	70			63,000
• 변동제조비	40				50			
• 변동판매비	20				20			
Ⅲ. 공헌이익	₩40			₩40,000	₩50			₩45,000
−Ⅳ 고 정 비				30,000				30,000
• 제조간접비			20,000				20,000	
• 판매관리비			10,000				10,000	
Ⅴ. 영업이익				₩10,000				₩15,000

- 고급재료 사용은 변동제조원가의 변화를 가져올 뿐이다. 따라서 변경안의 경우 단위당 공헌이익은 ₩40에서 ₩50(=₩120−₩70)으로 ₩10 커진다.

(별해) 동 문제는 Cost/benefit 분석을 통해 풀 수도 있다.

- 장점 : 고급재료 사용에 기인한 가격인상의 긍정적 효과

₩9,000 = {(₩20 − ₩10) × 900} ← 단위당 추가 공헌이익의 증가

- 단점 : 판매수량 감소의 기회비용

₩4,000 = (₩40 × 100개) ← 판매량 감소로 인한 기존 공헌이익의 상실

결론 : 긍정적 효과가 ₩5,000. 따라서 가격인상을 행한다.

2.4 세금의 영향

이익을 추구하는 기업(영리조직)은 실현한 이익에 대해 세금을 내야 한다. 관리회계에서는 문제의 분석을 단순화하기 위해 단일세율 구조를 감안하여 세전이익(엄밀하게는 세전영업이익)에 일정한 세율(r)을 적용하여 세후이익을 구한다. 세금변수가 CVP모델에 추가될 경우, 손익분기점에서는 세전이익이 영(zero)인 바 세후이익도 영으로 세금이 미치는 효과는 없다. 그러나 목표이익이 세후목표이익으로 제시될 경우 앞서 소개한 목표이익을 달성하기 위한 조업도 산출공식을 적용하기 위해서는 식 (3·12)를 이용하여 세후목표이익을 세전목표이익으로 바꾸어야 한다.

$$\begin{aligned} \text{세후이익} &= \text{세전이익} - \text{세금} \\ &= \text{세전이익} - \text{세전이익} \times \text{세율} \\ &= \text{세전이익}(1 - \text{세율}) \cdots\cdots (3\cdot 11) \\ NI\,(AT) &= NI\,(BT)\,(1 - r) \end{aligned}$$

또는 식 (3·11)을 이용하면

$$\text{세전이익} = \frac{\text{세후이익}}{1 - r} \cdots\cdots (3\cdot 12)$$

따라서 식 (3·8)에서 소개했던 세전목표이익을 달성하기 위한 판매량 대신 세후목표이익을 달성하기 위한 판매량($TI\,(AT)_{Q*}$)은 식 (3·12)를 이용하여 세전목표이익을 계산한 후 이를 식 (3·8)에 대입함으로써 구한다. 이렇게 하여 구해진 공식에 의하면

$$\text{세후목표이익 달성을 위한 판매량} = \frac{\text{고정비} + \dfrac{\text{세후이익}}{1 - \text{세율}}}{\text{단위당 공헌이익}}$$

또는

$$(TI\,(AT)_{Q*}) = \frac{F + \dfrac{NI\,(AT)}{1 - r}}{CM} \cdots\cdots (3\cdot 13)$$

예제 3-4 세금을 고려한 CVP분석

[예제 3-1]과 [예제 3-2]와 관련된 문제이다. 세율은 40%로 가정한다. [예제 3-2]의 물음 1과 2의 목표이익을 세금공제 후 이익(NI(AT))으로 가정하고 문제를 푸시오.

풀이

1. 세후목표이익 ₩300,000을 세전목표이익으로 바꾸면 다음과 같다.

$$NI\,(BT) = \frac{300{,}000}{1-0.4} = \frac{300{,}000}{0.6} = 500{,}000$$

$$\therefore \text{목표이익 달성을 위한 판매량 } TI_Q = \frac{105{,}000+500{,}000}{750-450} = 2{,}017\text{개(정확히는 2016.7개)}$$

2. 총수익 − 총비용 = 이익이라는 이익관계식에서 총비용에 세금을 고려하거나 이익을 세후이익 수치로 대체하면 된다.

$$[x-(105{,}000+0.6x)]\times(1-0.4) = 0.2x$$
$$0.04x = ₩63{,}000$$
$$x = ₩1{,}575{,}000$$

따라서 목표이익 달성을 위한 판매량은 다음과 같다.

$$TI_Q = ₩1{,}575{,}000 \div ₩750 = 2{,}100\text{개}$$

<요지> 물음 1이나 물음 2의 해답은 어느 경우나 [예제 3-2]의 해답보다는 크다. 이는 세금부담을 감안할 경우 당연한 결과이다.

제3절 기본적 CVP모델의 확장

3.1 다제품(또는 복수제품)의 CVP분석

지금까지의 CVP분석은 단일제품을 가정하였다. 그러나 현실적으로 대부분의 기업들은 두 가지 이상의 복수제품을 제조·판매하는 것이 일반적이다. 실제로 다제품을 취급하는 기업의 경우 최종적인 복수제품의 판매믹스에 따라 이익이 달라진다. 왜냐하면 동일한 판매수량이라도 공헌이익률이 높은 제품의 판매비율이 높을 경우가 그렇지 않은 경우에 비해 이익이 높기 때문이다. 따라서 이러한 제품믹스의 변화를 가정할 경우 손익분기점의 수 또한 제품믹스의 경우 수만큼 존재한다. 이를 감안하여 다제품의 경우를 CVP모델에 반영할 경우에는 일정한 판매믹스(sales mix ; 일명, 매출구성 또는 제품믹스)를 가정함으로써 복잡성을 줄인다. 즉, 무수한 손익분기점 집합 중 특정 제품믹스에 기초한 단일손익분기점 판매량을 구하는 것을 가정하는 것이다.

복수제품의 CVP분석에서는 다음 두 가지 방식을 적용할 수 있다. 하나는 가중평균법이고, 다른 하나는 꾸러미법이다. 이하에서는 이 두 가지 방법을 소개한다.

1. 가중평균법(일명, 가중평균공헌이익법)

가중평균법은 사전에 정해진 제품믹스를 토대로 가중평균 단위당 공헌이익을 구한 후 이 수치를 이용하여 마치 단일제품인 경우처럼 앞서 설명한 식을 이용하여 손익분기점이나 목표이익 달성 조업도를 구한다. 이렇게 구한 조업도에 제품별 믹스비율을 곱하면 최종적으로 원하는 각 제품별 판매수량이 구해진다. 이때 단위당 가중평균 공헌이익은 각 제품별 공헌이익에 믹스비율을 곱하여 계산하거나 가중평균 판매가격에서 가중평균 변동비를 차감하여 계산해도 결과는 동일하다. 한 가지 방법(가령, 가중평균법)을 이용하고 다른 방법은 검산목적으로 활용함이 일반적이다 (예제 3-5 참조).

2. 꾸러미법

꾸러미법은 가중평균법에서 구한 수치가 현실적인 의미를 갖지 못한다는 인식에서 비롯된 것이다. 즉, 단위당 가중평균 공헌이익은 결코 독자적으로는 의미를 갖지 못한다. 왜냐하면 A, B 두 제품을 가정할 경우 실제판매에서 실현되는 공헌이익은 A제품 단위당 공헌이익이거나 B제품 단위당 공헌이익 중의 하나일 뿐이지 결코

그림 3.5

2 : 1 믹스비율을 감안한 최소단위의 꾸러미

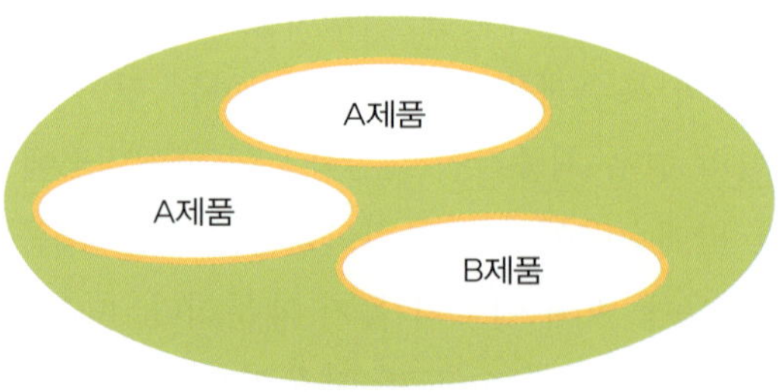

단위당 가중평균 공헌이익이 아니기 때문이다. 따라서 현실적인 의미를 갖는 최소한의 제품집합은 믹스비율(가령 A : B가 2 : 1)을 감안할 때 [그림 3.5]와 같은 꾸러미(basket) 형태를 상정할 수 있다.

위의 꾸러미를 분석단위로 삼을 경우 분석은 다음과 같이 이루어진다. 먼저 꾸러미 단위당 공헌이익을 계산한 후 총고정비를 이 수치로 나누어 손익분기점을 위한 꾸러미 판매수량을 계산한다. 이후 꾸러미에 포함된 제품별 수량(즉, A는 2, B는 1)을 곱하여 제품별 손익분기점 판매량을 구한다.

한 가지 유의할 점은 위에서 설명한 두 방법은 항시 동일한 결과를 제시한다는 것이다. 그러나 자칫 마지막단계에서 믹스비율을 곱하는 대신 꾸러미에 포함된 제품별 수량을 곱하는(또는 반대의) 우(愚)를 범하지 않도록 유의해야 한다. 다음에 소개하는 [예제 3-5]는 두 가지 방법에 따른 해법을 비교하고 있다.

예제 3-5 다제품의 CVP분석 : 가중평균법 대 꾸러미법

판매수량으로 볼 때 1 : 4의 비율로 두 가지 제품을 판매하고 있는 아남문구의 자료를 이용하여 다음 물음에 답하시오. 단, 법인세율은 40%이다.

		포스터		카 드
단위당 판매가격		₩5,000/장		₩8,000/박스
단위당 변 동 비				
제 조	1,500		2,000	
판 매	1,000	2,500	1,000	3,000
단위당 공헌이익		₩2,500		₩5,000
개별제품고정비		₩9,000,000		₩4,500,000
제품공통고정비			₩27,000,000	

〈물음〉

1. 손익분기점에 도달하기 위한 제품별 판매수량은 얼마인가?
2. 회사가 목표로 삼는 ₩16,200,000의 세후이익을 달성하기 위한 제품별 판매수량은 얼마인가?

풀 이

1. **(1) 가중평균법**

위의 자료를 토대로(1 : 4의 믹스기준) 가중평균 공헌이익을 구하면 ₩4,500이다.

	포스터	카　드	가중치
단위당 판매가격(P)	5,000(1/5)	8,000(4/5)	7,400
단위당 변 동 비(V)	2,500(1/5)	3,000(4/5)	2,900
단위당 공헌이익(CM)	2,500(1/5)	5,000(4/5)	4,500

이를 토대로 손익분기점을 구하면 9,000개이다.

$$\text{손익분기점 판매량(BEP)} = \frac{9{,}000{,}000 + 4{,}500{,}000 + 27{,}000{,}000}{4{,}500} = 9{,}000\text{개}$$

따라서 제품별 손익분기점 판매량은 다음과 같다.

포스터 : 1,800장(＝9,000×1/5)
카　드 : 7,200박스(＝9,000×4/5)

현실적으로 기업이 다제품을 취급할 경우에는 공통고정비 이외에도 각 제품에 직접 부과할 수 있는 개별고정비가 발생하기 마련이다. 기업이미지 광고나 영업판매사무소 임차비용 등의 마케팅코스트 등은 대표적인 공통고정비의 일례이다. 그러나 특정제품만을 위한 제조설비나 배송을 위한 물류시설 고정비 등은 개별고정비에 해당한다.

다제품의 CVP분석에서는 개별고정비나 공통고정비 모두가 회수되어야만 손익분기점이나 목표이익을 달성할 수 있기 때문에 공통고정비의 배분은 그다지 문제되지 않는다. 그러나 제품별 손익분기점을 별도로 계산할 경우에는 제품에 추적가능한 개별고정비만을 고려하여 손익분기점을 구하면 비록 제품별로는 손실이 발생하지 않는 경우에도 회사전체적으로는 공통고정비가 회수되지 못하여 그만큼 손실이 발생한다. 이를 해소하기 위해 공통고정비를 제품별로 적절히 배분할 경우 배분방법에 따라 제품별 손익분기점은 달라진다. 이런 이유 때문에 다제품의 상황에서는 개별제품의 손익분기점을 별도로 구하는 것이 그다지 의미를 갖지 못한다.

(2) 꾸러미법

현실적으로 의미를 갖는 최소 꾸러미는 1개의 포스터와 4박스의 카드로 이루어진다. 따라서 꾸러미당 공헌이익은 ₩22,500이다. 이를 이용하여 손익분기점 꾸러미수(x)를 구하면

$$x = \frac{40{,}500{,}000}{22{,}500} = 1{,}800\text{꾸러미이다.}$$

따라서 제품별 손익분기점 판매량은 다음과 같다.

포스터 : 1,800장(＝1,800×1)
카　드 : 7,200박스(＝1,800×4)

2. ₩16,200,000의 세후목표이익을 세전이익으로 환산하면

₩16,200,000÷(1－0.4) ＝ ₩27,000,000이다.

따라서 손익분기점 판매량은 꾸러미법에 의할 경우

$$\frac{₩40{,}500{,}000 + ₩27{,}000{,}000}{₩22{,}500} = 3{,}000\text{꾸러미이다.}$$

따라서 목표이익을 달성하기 위한 제품별 판매수량은 다음과 같다.

포스터 : 3,000장(=3,000×1)
카　드 : 12,000박스(=3,000×4)

3.2 현금흐름 가정에 의한 CVP분석 : 일명, 현금 BEP

전통적인 CVP분석에서는 현금유입이나 유출의 시점에 상관없이 수익이나 비용을 비교하는 가운데 손익분기점이나 이익을 계산하였다. 대부분의 경우 수익발생과 현금유입시점 그리고 비용발생과 현금유출시점이 각각 일치하는 것으로 가정하는 것이 그다지 문제되지 않는다. 그러나 이러한 가정이 적합하지 않은 기업이나 결손누적 등으로 자금압박을 받는 기업들은 조업도의 변화가 이익에 미치는 효과보다는 현금에 미치는 효과에 보다 큰 관심을 갖는다. IMF시대하에 성장보다는 도산방지 및 생존을 염려했던 기업의 경우를 떠올리면 쉽게 이해할 수 있다.

현금기준에 의한 CVP분석에서는 손익분기점에만 초점을 두는 것이 일반적이다. 왜냐하면 도산방지 등 최소한의 현금유입가능성을 타진하는 경우에만 전통적 모델을 수정할 필요가 있기 때문이다. 이처럼 현금유입액과 현금유출액이 일치되는 조업도 수준, 즉 판매량 또는 매출액을 현금분기점(cash break-even point) 또는 현금흐름분기점이라고 부른다.

현금분기점은 법인세를 고려하는 경우와 이를 고려하지 않는 경우로 나누어 다음과 같이 공식화할 수 있다.

TIP!
감가상각비 : 대표적인 비현금지출
수익 또는 원가 발생시점과 현금흐름이 불일치되는 경우 중 대표적인 것으로는 고정설비자산의 감가상각비를 들 수 있다. 감가상각비는 비록 원가로 잡힐지언정 현금지출을 수반하지 않기 때문에 현금분기점 계산시 고려되는 고정비에서 제외된다.

① 법인세를 고려하지 않는 경우

$$\text{현금 } BEP = \frac{\text{고정비} - \text{비현금지출원가}}{\text{단위당 공헌이익}} \cdots\cdots (3\cdot14)$$

식 (3·14)를 전통적인 BEP공식과 비교하면 현금지출이 없는 고정비가 존재할 경우의 BEP는 상대적으로 낮다는 것을 알 수 있다.

② 법인세를 고려할 경우

$$\text{현금 } BEP = \frac{\text{고정비} - \dfrac{\text{비현금지출원가}}{1-\text{세율}}}{\text{단위당 공헌이익}} \cdots\cdots (3\cdot15)$$

식 (3·15)에 대해서는 한 가지 유의할 점이 있다. 즉, 분자의 경우 비현금지출원가에만 (1 − 세율)로 나누어준다는 점이다. 따라서 식 (3·14)와 비교할 경우 법인세를 고려한 현금 BEP는 상대적으로 낮다. 왜냐하면 비현금지출비용은 세금부담을 줄여 현금유출을 감소시키기 때문이다.[1)]

예제 3-6 CVP분석 : 현금분기점

모나미(주)는 한 제품만을 생산·판매하고 있다. 제품의 단위당 판매가격은 ₩20이고 단위당 변동비는 ₩12이다. 연간 총고정비는 ₩160,000인데 이 중에는 감가상각비(공장설비 및 물류시설 등)가 ₩48,000 포함되어 있다. 감가상각비를 제외하고는 현금지출과 원가발생의 시점이 동일하다고 가정한다.

〈물음〉

1. 전통적인 손익분기점 판매량은 얼마인가?
2. 현금흐름에 기준한 손익분기점(즉, 현금분기점) 판매량은 얼마인가? 단, 세금이 없다고 가정한다.
3. 세율 40%를 감안할 경우 물음 2의 답은 얼마인가?

풀 이

1. 손익분기점 판매량 $= \dfrac{160{,}000}{20-12} = 20{,}000$개

2. 현금분기점(세금부재) $= \dfrac{160{,}000-48{,}000}{20-12} = 14{,}000$개

3. 현금분기점(세금존재) $= \dfrac{160{,}000-\dfrac{48{,}000}{1-0.4}}{20-12} = 10{,}000$개

---

1) 식 (3·15)는 다음과 같은 현금유입액과 현금유출액을 일치시킴으로써 구해진다. 제2절에서 정의한 약자를 이용하여 나타낸다. 단, 매출액과 변동비는 현금유입, 유출과 일치하는 것으로 그리고 FC는 비현금지출을 포함하는 총고정비로 가정한다.

$$\text{현금유입액} = PQ-(PQ-VQ-FC)\times r \cdots\cdots (A1)$$
$$\text{현금유출액} = VQ+FC-\text{비현금지출원가} \cdots\cdots (A2)$$

A1과 A2를 일치시킨 후 Q에 관해 정리하면 식 (3·15)가 구해진다.

3.3 불확실성하의 CVP분석

앞서 CVP모델의 한계 중 하나로 단일의 확정적인 수치를 활용한다는 것을 지적한 바 있다. 현대사회의 대표적인 특징으로는 불확실성이 꼽힌다. 기술진보는 물론 시장에서의 고객니즈 또한 수시로 변한다. 뿐만 아니라 기업간의 경쟁 또한 치열하여 원가절감을 위한 지속적인 관리혁신이 일상생활화되고 있다. 특히, 상당부분의 원자재나 핵심설비를 외국에 의존하고 있는 우리나라의 경우 환율변동에 따른 추가 원가부담의 위험은 매우 크다.

이처럼 현실에서는 판매수량(Q)은 물론 가격(P), 변동비(V)와 고정비(F) 어느 하나도 확정적이라고 단정할 만한 것은 없다. 이러한 불확실성을 감안하여 전통적인 CVP모델은 민감도분석과 병행하여 사용되는 것이 보편적이다. 그러나 통계학에서 다루는 확률분포를 이용하면 불확실성에 대한 고려를 공식적으로 모델에 통합하는 것이 가능하다. 가령, 균등분포(uniform distribution)나 정규분포(normal distribution) 등 연속함수를 가정하는 경우가 그것이다. 이에 관해서는 제7장에서 설명하도록 한다.

정규분포 등과 같은 다소 복잡해 보이는 연속확률함수를 도입하지 않더라도 흔히 기업실무에서는 단순한 형태의 이산형 확률을 이용한다. 미래에 일어날 경우를 다음 세 가지, 즉 가장 발생가능성이 높은 경우(most-likely case), 가장 희망적인 경우(most-optimistic case), 가장 비관적인 경우(most-pessimistic case)의 3단계로 구분짓고 이들 각각에 확률을 부여하는 소위 3점 추정(3-point estimate) 방식이 그것이다. 이에 관해서는 자세한 설명은 생략하더라도 간단한 확률개념을 이용한 CVP분석예를 소개하고자 한다. 다음에 소개하는 [예제 3-7]은 원가회계 교재에서 소개한 무차별점 분석을 손익분기점에 적용한 사례이다.

> **TIP!**
> **무차별점(indifference point)**
> 단일 대안분석과 달리 상이한 대안간의 비교분석의 경우 손익분기점 대신에 두 대안간의 이익이 동일해지는 조업도 수준을 파악하고 예상조업도와 이를 비교하여 선호를 결정한다. 이러한 조업도 수준을 무차별점이라고 부른다.

예제 3-7 확률을 이용한 CVP분석 : 아이스크림가게의 쿠폰발행

홍익 아이스크림가게는 3,000원에 20개의 쿠폰이 들어 있는 쿠폰묶음을 판매하고 있다. 이들 쿠폰은 12세 미만의 어린이들이 제시할 때는 아이스크림 한 개를 매 어린이가 한 번 다녀갈 때마다 한 개를 공짜로 받을 수 있는 것이다. 이러한 쿠폰판매는 연간 500묶음이 팔릴 것으로 예상된다. 이러한 쿠폰묶음을 인쇄하는 데 소요되는 비용은 전부 ₩60,000이다. 아이스크림 한 개의 정상판매가격은 ₩600이다. 한편, 아이스크림 한

개(single-scoop cone)당 변동비는 ₩400이다. 이 밖에 동 프로그램으로 인한 추가고정비 및 변동비는 없다고 가정한다.

〈물음〉

1. 만약 발행된 쿠폰 모두가 다른 판매에 영향을 미침이 없이 행사된다고 가정할 경우 동 쿠폰 판매에 따른 순이익은 얼마인가?
2. 일반적으로 모든 쿠폰이 행사되지는 않을 것이다. 기존의 정규적인 판매가 동 쿠폰 발행에 의해 전혀 영향을 받지 않는다고 가정하고 이러한 특별 쿠폰 판매프로그램 자체로부터 홍익아이스크림가게가 손익분기점에 달하기 위한 기대쿠폰행사율을 계산하시오.
3. 정규판매가 전혀 영향을 받지 않는다고 가정하고 매번 쿠폰이 행사될 때마다 방문객이 추가로 아이스크림 하나를 정상가격으로 구매한다고 가정하자. 이 경우 특별판매로부터 손익분기점에 달할 쿠폰행사율은 얼마인가?
4. 다음과 같은 특별판매안이 아이스크림가게의 손익에 미치는 효과는 얼마인가? 단, 쿠폰행사율은 60%이다.
   (1) 행사된 쿠폰의 1/4은 전혀 판매에 영향을 미치지 않는다.
   (2) 행사된 쿠폰의 1/4은 추가로 정규가격으로 2개의 아이스크림을 구입한다고 가정한다.
   (3) 행사된 쿠폰의 1/4은 추가로 3개의 아이스크림을 구매한다.
   (4) 행사된 쿠폰의 1/4은 정규판매를 대신하여 이루어진 것이다.

풀 이

편의상 M = ₩1,000을 의미한다고 하자.

<참고자료>

- 쿠폰묶음 판매가격(P) : ₩3,000(20매)
- 인쇄비용(F) : 60,000
- 예상판매량(Q) : 500묶음
- 아이스크림 콘(cone) 공헌이익(CM)

  P : 600

  VC : 400

  CM : 200

1. $\pi = TR - TC$

   $= 500 \times 3{,}000 - (500 \times 20\text{매} \times 400 + 60{,}000) = 1{,}500M - 4{,}060M$

   $= -2{,}560M(= -2{,}560{,}000)$

2. 행사율(redemption rate)을 r로 가정하자.

   $$0 = 500 \times 3{,}000 - (500 \times 20 \times r \times 400 + 60{,}000)$$

   $$\therefore 1{,}440M = 4{,}000Mr \qquad \therefore r = \frac{1{,}440}{4{,}000} = 0.36$$

3. 추가판매에 따른 공헌이익 : 200/단위당

$TR = 500 \times 3M + 200 \times 500 \times 20\text{매} \times r$ ························· ①

$TC = 500 \times 20 \times r \times 400 + 60,000$ ························· ②

손익분기점에서 $TR = TC$

$\therefore$ ①=② $\Rightarrow$ $1,500M + 2,000Mr = 4,000Mr + 60,000$

$\therefore 2,000Mr = 1,440M$

$$\therefore r = \frac{1,440}{2,000} = 0.72$$

4. (i) $r = 0.6$ $\Rightarrow$ $500 \times 20 \times 0.6 = 6,000$개의 쿠폰이 행사될 것임.
   (ii) 그 중 ⓐ 1/4인 1,500개는 기존 판매에 영향을 미치지 않음.
   ⓑ 1/4인 1,500개는 2개의 아이스크림 판매증가를 가져옴.
   ⓒ 1/4인 1,500개는 3개의 아이스크림 판매증가를 가져옴.
   ⓓ 1/4인 1,500개는 기존 판매를 감소시킴.

$M = 1,000$

Ⅰ. 쿠폰판매에 따른 증분수익				₩1,500M
Ⅱ. 쿠폰판매에 따른 증분비용				1,260M
① 인쇄비용			₩60M	
② 쿠폰행사에 따른 비용			**1,200M**	
ⓐ 증분변동비	: 1,500×400		600M	
ⓑ 증분변동비	: 1,500×400	=600M		
추가공헌이익	: 1,500×2×200	=(600M)	0	
ⓒ 증분변동비	: 1,500×400	=600M		
추가공헌이익	: 1,500×3×200	=(900M)	(300M)	
ⓓ 증분변동비	: 1,500×400	=600M		
기회비용	: 1,500×200	=300M	900M	
Ⅲ. 순이익				₩240M

3.4 영업레버리지

앞서 소개한 CVP분석을 이용한 단기이익계획 관련사례들이 다룬 내용을 요약하면, 기업이 어떠한 원가구조(즉, 고정비와 변동비의 결합형태)를 갖고 있으며 이를 전제로 조업도 수준의 변동이 이익수준에 어떠한 영향을 미치는가이다.

어떠한 사업을 어떻게 수행하는가에 따라 기업의 원가구조는 달라지며 결과적으로 시장환경의 변화에 따른 조업도 수준의 변동에 노출되는 위험 또한 달라진다. 예를 들면, Asiana와 KAL 같은 항공산업은 자본집약적인 성격상 고정비가 높고 상대적으로 변동비가 낮은 원가구조를 갖는다.[2] 이에 반해 롯데리아나 버거킹 같은 패스트푸드 체인점 등은 고정비가 낮은 반면 변동비가 높은 편이다. 따라서 이들

체인점은 항공사에 비해 BEP가 낮을 뿐만 아니라 판매량의 변동이 이익에 미치는 효과가 상대적으로 덜한 편이다.

이처럼 원가구조의 차이에 따라 조업도의 변동이 이익변화폭에 미치는 효과가 차이나는 것을 설명하는 개념이 곧 영업레버리지(operating leverage)이다. 영업레버리지는 현재 기업의 영업활동에 사용되고 있는 고정비의 상대적인 크기를 감안하여 고정비의 존재로 인한 조업도(가령, 매출)의 변동이 이익 또는 손실의 확대를 가져오는 현상을 설명하기 위한 개념이다.

영업레버리지 개념의 등장은 의사결정자의 정보욕구나 앞에서 소개한 민감도분석을 감안할 때 매우 자연스러운 것이다. 왜냐하면 사람들은 예상하는 미래 매출이 일정비율만큼 증가 또는 감소할 경우 과연 이익은 얼마나 변동할 것인가에 관심을 갖게 마련이다. 영업레버리지는 이에 관한 정보를 요약하여 전달하는 개념이다. 레버리지(leverage)란 용어는 본래 지렛대를 의미하는데 이는 비록 조그마한 충격(가령, 매출액의 증가나 추가지출로 인한 고정비의 증가 등)일지언정 이것이 이익에 미치는 효과는 상당하여 결과적으로 크게 확대된 결과를 가져오는 현상을 담아내기 위해 채택된 용어이다.

이러한 매출액의 변화로 인한 손익확대효과를 측정하기 위해 사용하는 척도가 곧 영업레버리지도(DOL : degree of operating leverage)이다. 총공헌이익을 세전이익으로 나누어 구하는 영업레버리지도는 기업이 매출액의 증감에 어느 정도로 민감한가를 측정하는 지표이다. 즉, 현행 영업활동 수준에서 매출액의 일정비율 증감이 초래하는 이익의 변화를 계산함으로써 파악한다(표 3. 2 참조).

TIP!

재무레버리지

재무관리에서 다루는 재무레버리지(financial leverage)에 쓰이는 레버리지 용어 또한 이러한 확대효과를 담고 있다. 다만, 고정비와 변동비의 결합에 의한 원가구조의 차이 대신 자기자본과 타인자본의 상대적 결합에 관심을 두는 것이 차이날 뿐이다.

$$\text{영업레버리지도}(DOL) = \frac{\text{공헌이익}}{\text{세전영업이익}} \quad \cdots\cdots (3\cdot16)$$

영업레버리지 계산상 언급할 사항은 두 가지가 있다. 첫째는 매출액의 증감에 상관없이 고정비가 일정하다는 가정이고, 둘째는 세전영업이익이 0이거나 마이너스일 경우에는 계산이 불가능하다는 것이다.

이해를 돕기 위해 구체적인 수치 예를 들면 <표 3.2>와 같다. 이 표가 시사하는 바를 요약하면 다음과 같다.

2) 스포츠팀 또한 고정비가 높은 원가구조를 갖는다. 비록 장치산업처럼 감가상각 대상이 되는 물리적 설비는 갖고 있지 않더라도(독자적으로 경기장을 보유하고 있지 않을 경우) 고액연봉을 받는 선수들 구성특성상 고정인건비가 매우 높은 편이다.

표 3.2
영업레버리지(DOL) 계산 예

	BEP수준	현행수준	매출액 증감률 20% 증가	매출액 증감률 20% 감소
판매수량	50개	100개	120개	80개
Ⅰ. 매 출 액	₩4,000	₩8,000	₩9,600	₩6,400
Ⅱ. 변 동 비	2,400	4,800	5,760	3,840
Ⅲ. 공헌이익	1,600	3,200	3,840	2,560
Ⅳ. 고 정 비	1,600	1,600	1,600	1,600
Ⅴ. 영업이익	₩0	₩1,600	₩2,240	₩960
• 영업레버리지(DOL)	계산불가능(∞)	2.0	1.71	2.67
• 이익증감률(현행수준기준)			40%↑ $\left(\frac{2,240-1,600}{1,600}\right)$	40%↓ $\left(\frac{960-1,600}{1,600}\right)$

① 영업레버리지도는 손익분기점에서 벗어날수록 줄어든다는 것이다. 제2절에서 설명한 안전한계 개념을 이용하면 안전한계가 줄어들수록 영업레버리지도가 늘어남을 의미한다.

② 영업레버리지도를 알면 매출액증가율을 곱하여 이익증가율을 쉽게 구할 수 있다. 식 (3·17)은 이를 잘 요약한다.

$$\text{이익증가율} = \text{매출액증가율} \times \text{영업레버리지도} \quad \cdots\cdots\cdots\cdots (3\cdot17)$$

참고로 식 (3·17)의 증명은 다음과 같다. Δ를 증가로 그리고 S와 N.I를 Sales와 Net Income의 약자로 정의하면 다음과 같다.

$$\frac{\Delta N.I}{N.I} = \frac{\Delta S \times \text{공헌이익률}}{N.I} = \frac{\Delta S \times \frac{\text{공헌이익}}{sales}}{N.I}$$

$$= \frac{\Delta S}{sales} \times \frac{\text{공헌이익}}{N.I} = \text{매출액증가율} \times \text{영업레버리지도}$$

<표 3.2>의 예는 특정 기업의 매출액의 변화와 이익에 미치는 효과를 영업레버리지도 수치를 이용하여 나타낸 것이다. 그러나 영업레버리지의 개념은 상이한 원가구조를 갖는 대립적인 기업의 경우 동일한 비율의 매출액 변화에도 상이한 비율로 이익이 변화함을 확인함으로써 보다 분명해진다. [예제 3-8]은 이를 위해 마련한 것이다.

예제 3-8 영업레버리지 : 상이한 원가구조의 기업간 비교

상이한 원가구조를 갖는 고려항공사와 매일버거는 다음 자료에서 보는 바와 같이 현재 동일한 수준의 이익을 실현하고 있다.

	고려항공		매일버거	
	금 액	비율(%)	금 액	비율(%)
매 출 액	₩100,000	100	₩100,000	100
-변 동 비	20,000	20	60,000	60
공헌이익	₩80,000	80	₩40,000	40
-고 정 비	60,000		20,000	
이 익	₩20,000		₩20,000	

〈물음〉 위의 자료를 이용하여 다음 각각을 구하시오.

1. 손익분기점 매출액
2. 매출이 현재보다 30% 증가할 경우의 요약손익계산서
3. 매출이 현재보다 30% 감소할 경우의 새로운 손익계산서

풀 이

1. 고려항공 BEP : 60,000 ÷ 0.8 = 75,000
   매일버거 BEP : 20,000 ÷ 0.4 = 50,000

2.

	30% 매출증가시의 성과	
	고려항공	매일버거
매 출 액	₩130,000	₩130,000
- 변 동 비	26,000	78,000
공헌이익	₩104,000	₩52,000
- 고 정 비	60,000	20,000
이 익	₩44,000	₩32,000

<요지> 상대적으로 고정비 비중이 큰 고려항공사의 이익이 더 증가한다.

3.

	30% 매출감소시의 성과	
	고려항공	매일버거
매 출 액	₩70,000	₩70,000
- 변 동 비	14,000	42,000
공헌이익	₩56,000	₩28,000
- 고 정 비	60,000	20,000
이 익	₩(4,000)	₩8,000

<요지> 물음 2와는 달리 공헌이익률이 높고 고정비 비중이 큰 고려항공사가 더 불리해졌다.

영업레버리지 개념이 경영진에 시사하는 바를 요약하면 다음과 같다. 즉, 경영진은 반드시 자사의 원가구조의 특성을 잘 이해하여 조업도의 증감으로 인한 이익감소의 위험(일명 하방위험) 및 잠재적인 이익증가의 가능성을 파악하고 있어야 할 뿐 아니라 필요할 경우 이러한 손익변동폭(즉, DOL)을 낮출 조치를 취해야 한다. 가령, 아웃소싱을 통해 고정비를 낮추거나 규모를 줄이는 것 등이 일례이다. 지난 1997년 후반부터 도래한 IMF시대에서, 특히 고정비가 높은 비중을 차지하는 기업들이 제일 먼저 타격을 받았음을 상기할 필요가 있다.[3)]

자동화를 통한 인력대체는 종전의 원가구조를 보다 고정비 비율이 높은 쪽으로 바뀌게 한다. 이는 곧 조업도 수준의 변동으로 인한 손익확대폭이 커지는 쪽으로의 원가구조 변경이 이루어짐을 의미한다. 그러나 자동화는 노무비 절감을 가져올 뿐만 아니라 품질을 높이고 사이클타임을 단축시키는 등 다양한 효과를 갖는다. 따라서 자동화 도입결정은 관련된 측면을 종합적으로 고려하는 가운데 이루어져야 한다.

요컨대, 기업에 가장 바람직한 소위 최적 원가구조는 일률적으로 정의내릴 수 없다. 소속산업의 특성, 장기적 매출추세 및 경쟁업체의 원가구조 및 전략 등 다양한 요소를 감안하여 기업이 처한 환경 및 시기에 따라 달라져야 한다. 그러나 IMF시대에서의 경험이 말해 주듯이 캐터필러(Caterpillar)사의 회장인 Donald Fites 씨의 다음과 같은 주장은 시사하는 바가 크다.

> "진정 바람직한 원가구조라면 그것이 비록 호황기에 구축되었더라도 불경기에서도 살아남을 수 있어야 한다."

3.5 CVP분석 : 원가와 품질

지금까지 설명한 기본적 CVP모델에서는 기업이익을 좌우하는 핵심적 변수로 원가(C), 판매가격(P), 그리고 조업도(V)를 꼽았다. 이들 변수 중 대표격인 조업도는 원가에도 영향을 미치고 수익에도 영향을 미치는 소위 원가동인과 수익동인으로서의 양면성을 갖는 것은 CVP관계식 도출과정에서 자세히 설명한 바 있다.

CVP분석이 보다 현실적이기 위해서 반드시 고려해야 할 또 다른 변수로는 품질

3) 정부와 IMF가 재벌에게 요구한 구조조정에서도 공급과잉에 시달리는 대규모 장치산업인 석유화학 및 중공업 등이 우선적으로 처분대상후보로 거론되었음도 이를 잘 뒷받침한다.

(quality)을 꼽을 수 있다. 수익규모를 좌우하는 품질은 사실상 원가와 판매가격은 물론 조업도에도 영향을 미친다. 가령, 고품질의 제품이나 서비스는 고객에 대한 좋은 인식(또는 이미지)을 바탕으로 높은 가격을 향유할 수 있을 뿐만 아니라 판매수량 또한 높게 마련이다. 특히, 해외시장을 대상으로 하는 수출의 경우 품질이 미치는 효과는 지대하다.

품질이 원가에 미치는 효과는 어떠할까? 자칫 고품질을 유지하는 전략이 높은 원가를 수반할 것으로 생각되지만 반드시 그런 것만은 아니다. 우선 고품질의 제품을 판매하는 경우 상대적으로 열악한 품질의 제품을 판매하는 경우에 비해 마케팅 비용이 낮아질 것은 쉽게 예상할 수 있다.

제조원가는 어떠할까? 고품질의 제품을 제조하는 경우 그렇지 않은 경우에 비해 고정비는 물론 변동비에서도 단기적으로는 추가부담이 생기는 것이 사실이다. 가령, 고품질 전략실행을 위한 '공급자인증프로그램'이나 컴퓨터통합제조방식(CIM)의 도입 등은 전자(즉, 고정비 증가)와 관련을 맺으며, 고급 원재료나 부품의 구입, 그리고 종업원훈련이나 예방적 수선에 따른 추가지출은 후자(즉, 변동비 증가)와 관련을 맺는다.

그러나 고품질전략이 오히려 제조원가를 낮추기도 한다. 왜냐하면 품질불량 해소를 위한 목적에서의 공정개선이나 부품표준화 등이 품질개선과 동시에 작업시간 단축 등을 통해 원가절감을 가져오기 때문이다.

그렇다면 CVP분석과 관련하여 품질변수는 어떻게 다루어야 할까? 이에 대한 답은 두 가지로 요약될 수 있다.

① 기본적 CVP모델에서는 품질변수를 제외하고 다루지만 CVP분석의 핵심인 미래 예상판매가격(P), 조업도(V) 및 관련원가(제조원가 및 마케팅 코스트 등)는 예상하는 제품의 품질수준을 감안하여 추정된다. 그 대신 품질이 CVP핵심변수들에 미치는 효과(일명, 상충효과)는 민감도분석 형태로 다루어지는 것이 일반적이다. 품질이란 때로는 업종에 따라 특이한 형태로 이익계획에 영향을 미치는데 반도체 산업의 경우 수율(收率)이 그것이다. 일종의 공정품질 또는 생산성을 의미하는 수율을 얼마나 단기간에 목표수준으로 높이느냐가(아울러 경쟁사에 비해 얼마나 빨리 출시하느냐에 따라) 반도체시장(가령 16Mega DRAM)에서의 판매가격을 좌우하고 이것이 곧 수익성을 좌우한다.

② 품질이 미치는 효과는 비교적 장기간에 걸친다는 것이다. 따라서 품질향상을 위해 단기적으로 지출하는 추가고정비나 변동비의 증가가 반드시 단기적으

로 판매가격의 상승이나 판매량의 증가를 가져오지 않을 수 있다. 또한 추가 투자로 인해 비록 손익분기점 수량이 높아진다 하더라도 품질인지도의 상승으로 인해 늘어난 BEP나 목표이익 달성 판매량을 실현할 가능성은 오히려 높아질 수 있다. 요컨대, 경영진은 품질이 원가, 조업도, 판매가격에 미치는 효과를 파악하기 위해서는 결코 단기간이 아니라 장기간에 걸친 분석을 실시해야 한다.

TIP!

손익분기점이 높아지면?

한 가지 명심할 점은 손익분기점이 높아진다고 해서 반드시 나쁘다는 것은 아니라는 것이다. 오히려 특정 조업도 수준(가령, BEP)의 달성가능성 정도가 관건이다. 때로는 대규모 공연장에서 화려한 무대준비를 갖추는 가운데 대형가수의 공연을 주선하는 경우 오히려 (비록 소규모 공연에 비해 BEP는 높지만) 손익분기점을 넘어서는 티켓판매가 훨씬 수월할 수 있다.

3.6 비선형 원가함수를 가정한 CVP분석 : 준고정비의 경우

제1절에서 소개한 CVP모델 가정의 하나로 단순선형을 가정한 원가함수를 꼽은 바 있다. 변동비의 경우 관련범위 내에서는 곡선을 가정하는 경제학적 모형과는 달리 선형을 가정함이 그다지 무리가 아니라고 할 수 있는 경우가 많다. 그러나 고정비의 경우 일정기간 동안에 발생하는 고정비가 조업도 수준의 증가에 상관없이 일정하다고 가정함은 다소 무리가 있다. 왜냐하면 상당부분의 고정비는 계단식 형태를 띠어 조업도가 일정수준을 넘어서면 추가원가가 발생하는 계단식 형태를 띠는 경우가 많기 때문이다. 가령, 추가감독자가 필요한 경우나 추가시설 임차료 등이 그것이다. [그림 3.6]은 이러한 고정비형태를 그리고 [그림 3.7]은 이를 CVP도표에 반영한 것이다.

[그림 3.7]에서처럼 계단식 고정비를 가정할 경우의 손익분기점은 분석기간 동안의 관련조업도범위에 따라 복수일 수 있다. 가령, 관련조업도가 3,000~6,000개 사이라면 B와 C 두 상이한 조업도 수준에서 총수익과 총원가가 일치하게 된다. [그림 3.7]에서 한 가지 지적할 점은 총원가선(TC)의 경우 두 조업도 수준(2,000과 4,000)에서 각각 ₩8,000과 ₩6,000의 고정비 증가가 이루어져 연속선형태를 벗어난 비연속선형태(*de*, *fg*, *hc*로 구성됨)를 띠었다. 그러나 단위당 변동비는 불변으로 가정함에 따라 이들 세 가지 직선의 기울기는 동일하다.

이처럼 복수의 손익분기점이 존재할 수 있는 상황하에서는 기업은 정책적 의사결정을 내려야 한다. 즉, 관련범위(2,000~6,000개) 내에서라면 어떤 수준의 손익분기점 또는 이익수준을 추구할 것인가이다. 왜냐하면 ₩6,000의 추가고정비 지출을 통해 *c*(손익분기점 5,500개) 및 이를 초과하는 6,000개까지의 판매량을 목표로 할 것인가 아니면 단지 ₩8,000만큼의 고정비를 발생시키는 *b*(손익분기점 3,800개) 우측의

그림 3.6

준고정비

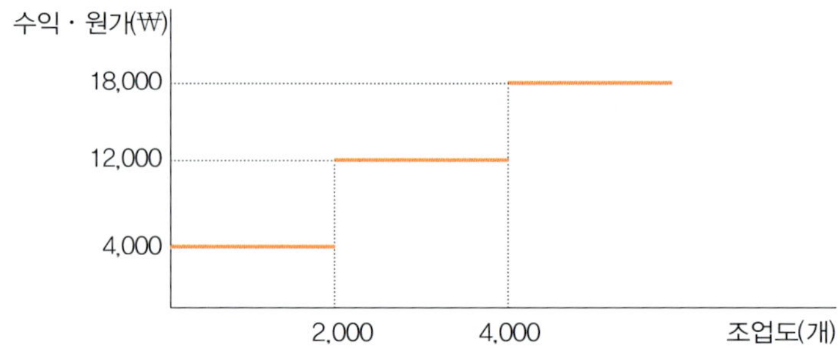

그림 3.7

준고정비를 가정한 CVP도표

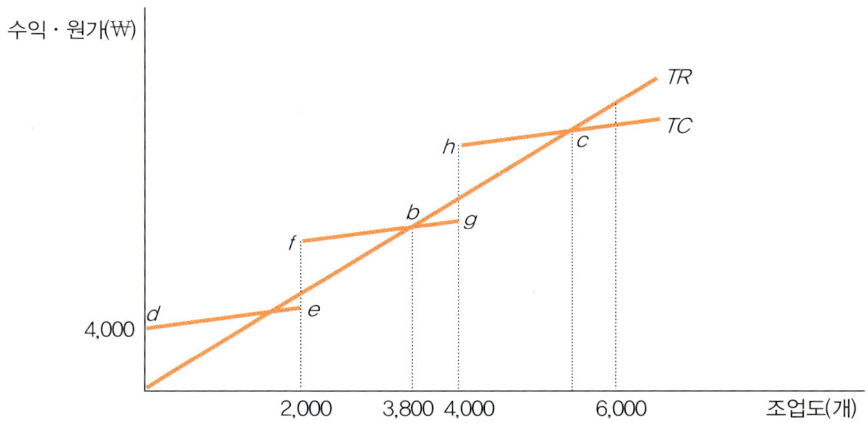

g조업도까지를 목표로 삼을 것인가를 결정하여야 한다.

다음에 소개하는 [예제 3-9]는 단 한 번의 추가적 고정비 지출의 상황을 가정한 것이다.

예제 3-9 준고정비를 가정한 CVP분석 : 복수의 BEP

내화특수벽돌 단일제품을 생산 · 판매하는 와코루(주)는 현재의 시설을 활용할 경우 연간 총 8,000개까지 생산할 수 있다(생산품은 전량 판매가능하다). 다만, 현행 시설임차계약(리스계약)에 따라 시간당 제품생산량은 2개이며 연간 사용시간이 3,000시간(6,000개 생산가능)을 초과할 경우 추가로 ₩450,000을 지불해야 한다. 이 밖에 다음과 같은 관련자료를 토대로 다음 물음에 답하시오.

• 단위당 판매가격 :	₩500
• 단위당 변 동 비 :	200
• 총고정비	
− 시설임차료 : 1,200,000*	
− 기타고정비 : 300,000	1,500,000

* 정규시설임차료는 연간 최대 3,000 사용시간을 전제로 한 것이며 이를 초과하여 사용할 경우에는 초과사용시간에 상관없이 ₩450,000을 추가로 지출해야 한다.

〈물음〉

1. 앞의 자료를 이용하여 손익분기점을 구하시오.
2. 이익을 최대화하는 것을 목표로 삼았다면 와코루(주)는 추가시설 사용임차계약을 맺어야 하는가?

풀 이

1. 추가지불조건을 감안하면 와코루(주)의 계단식 고정비 및 총원가는 다음과 같이 요약될 수 있다.

연간 기계사용시간	연간생산량*1	총고정비	총 원 가*2
0 ~ 3,000	0 ~ 6,000	₩1,500,000	₩1,500,000 ~ 2,700,000
3,001 ~ 4,000*3	6,001 ~ 8,000	1,950,000	3,150,000 ~ 3,550,000

*1 시간당 2개의 벽돌생산이 가능하다는 가정에 따른 것임.
*2 총원가는 고정비에 변동비를 합한 것임.
*3 추가임차를 행하더라도 최대사용시간은 정규보수 및 정지(휴식)시간을 감안하여 연간 4,000시간으로 한정함.

따라서 상이한 고정비 수준하의 손익분기점은 다음과 같다.

1) 연간생산량이 0 ~ 6,000개(= 고정비가 ₩1,500,000)일 경우

$$\text{BEP} = \frac{1,500,000}{500-200} = 5,000\text{개}$$

2) 연간생산량이 6,001 ~ 8,000개(= 고정비가 ₩1,950,000)일 경우

$$\text{BEP} = \frac{1,950,000}{500-200} = 6,500\text{개}$$

2. 다음 표에서 보는 바와 같이 이익을 최대화하는 점은 두 개의 조업도 수준 중의 하나이다. 하나는 전방 BEP(5,000) 우측에 위치하고 추가고정비 지출이 이루어지기 직전의 조업도(6,000개 : A)이고, 다른 하나는 후방 BEP(6,000) 우측에 위치하고 최대 생산가능한 조업도(8,000개 : B)이다. 이 두 조업도 수준의 이익을 비교하면 다음과 같다.

조업도 후보간 이익비교표 (단위 : 천원)

판 매 량	6,000개	8,000개	차 이
매 출 액	₩3,000	₩4,000	₩1,000
변 동 비	(1,200)	(1,600)	(400)
공헌이익	₩1,800	₩2,400	₩600
고 정 비	(1,500)	(1,950)	(450)
이 익	₩300	₩450*	₩150

* 8,000개를 생산 · 판매하는 경우가 더 많은 이익을 실현하므로 추가시설사용 임차계약을 맺어 ₩450,000의 고정비를 부담하는 것이 낫다.

<주> 본 문제에서는 단위당 판매가격과 단위당 변동원가가 동일하며, 따라서 단위당 공헌이익이 동일하기 때문에 다음과 같이 간단하게 계산할 수 있다. 즉, 6,000개 조업도는 전방 BEP를 단지 1,000개 초과하는 반면, 8,000개 조업도는 후방 BEP를 1,500개 초과하기 때문에 결국 500개에 해당하는 공헌이익 ₩150,000(=₩300×500개)만큼 이익의 증가를 실현할 수 있다.

종합예제 **영화배우의 최적 러닝 개런티 계산하기**

원가회계 교재에서 소개한 <조선명탐정> 못지않게 최근 인기를 얻은 영화 <도둑들>은 2012년 9월 현재 관객수 1,000만을 돌파하여 한국영화 누적관객수 1위의 <괴물>을 넘보고 있다. 이 영화는 김윤석, 김혜수, 전지현, 김수현 등 화려한 출연진 때문에 개봉 전부터 관심을 끌었다.

그런데 특이한 점은 그동안 공개석상에 모습을 잘 드러내지 않던 여배우들이 자진해서 영화홍보를 위해 TV나 무대에 나섰다는 것이다. 그 이유는 다름 아니라 영화의 흥행실적이 좋아질수록 출연료가 높아지는 러닝 개런티 방식의 계약을 했기 때문이다. 영화와 운명을 같이 할 수밖에 없는 것이다. 실제로 전지현 씨는 언론에서 "우리 영화가 성공해야 돼요. 그래야 성과급을 받거든요. 부디 많이 봐주세요."라고 웃으며 말한 바 있다.

배우들은 한 명 한 명이 곧 기업과 같고, 이들이 출연하는 영화 한 편은 기업이 수행하는 대규모 프로젝트와 같다. 이들의 사례를 이용해 비용과 이익, 손익분기점을 어떻게 산출할 수 있는지 연습해 보자. 참고로, 여기에 등장하는 계약내용과 금액은 모두 가상의 수치임을 미리 밝힌다. <출처 : 『지금 당장 회계공부 시작하라』(강대준 · 신홍철 공저), 2012, 제3장>

첫 번째 과제

김혜수와 전지현이 서로 다른 러닝 개런티 옵션으로 계약했다고 하자. 옵션은 아래와 같다. 영화의 최종 누적관객수가 1,200만 명이라고 할 때 누가 더 많은 출연료를 벌었을까?

> 실무회계 최종 누적관객수 : 1,200만 명
> 고정원가(제작비, 마케팅비 등) : 150억 원
> 변동원가(극장료, 기타 비용 등) : 5,000원
> 관객 일인당 매출액(입장료) : 8,000원
>
> 김혜수의 옵션계약 : 고정출연료 2억 원
> 손익분기점 초과시 추가관객 1인당 150원
> 전지현의 옵션계약 : 고정출연료 1억 원
> 손익분기점 초과시 추가관객 1인당 200원

Q1 이 영화의 관객 1인당 공헌이익은 얼마인가? _________원

Q2 이 영화의 손익분기점은 관객 몇 명인가? _________명

Q3 이 영화의 최종 누적관객수는 손익분기점을 몇 명이나 초과하는가? ______ 명

Q4 김혜수가 최종적으로 받을 출연료는 얼마인가? ________ 원

Q5 전지현이 최종적으로 받을 출연료는 얼마인가? ________ 원

Q6 김혜수와 전지현 중 누가 얼마나 더 많은 출연료를 받게 될까? ______가 _____ 원

풀이

[정답] Q1: 3,000원 Q2: 500만 명 Q3: 700만 명 Q4: 12억5,000만 원
Q5: 15억 원 Q6: 전지현, 2억 5,000만 원

[해설]

- 먼저 공헌이익은 매출액에서 변동원가를 차감한 금액임을 기억하자. 이 영화의 1인당 매출액은 8,000원이고 1인당 변동원가는 5,000원이므로, 1인당 공헌이익은 3,000원이다. (Q1의 정답)
- 손익분기점은 고정원가를 단위당 공헌이익으로 나눈 것이다. 따라서 이 영화의 손익분기점은 고정원가인 150억 원을 1인당 공헌이익 3,000원으로 나누면 되므로 500만 명이 된다. (Q2의 정답)
- 최종 누적관객수는 1,200만 명으로 손익분기점인 500만 명보다 700만 명을 초과했다. (Q3의 정답)
- 김혜수는 500만 명을 넘어서는 관객 수인 700만 명에 대해 1인당 150원을 받기로 했다. 따라서 700만 명에 대한 러닝 개런티만 10억5,000만 원을 받고, 여기에 고정출연료 2억 원을 더하면 총 12억5,000만원을 받게 된다. (Q4의 정답)
- 전지현은 500만 명을 넘어서는 관객수인 700만 명에 대해 1인당 200원을 받기로 했다. 따라서 700만 명에 대한 러닝 개런티만 14억 원을 받고, 여기에 고정출연료 1억 원을 더해서 총 15억 원을 받게 된다(Q5의 정답)
- 따라서 전지현이 김혜수보다 2억5,000만 원을 더 받게 된다. (Q6의 정답)

두 번째 과제

모든 조건이 위와 동일하다고 했을 때, 실제 관객수가 얼마일 때 김혜수와 전지현이 똑같은 출연료를 가져가게 될까?

Q1 관객수 500만 명일 때 두 배우는 각각 얼마의 출연료를 받게 될까?

Q2 두 배우의 출연료가 같아지는 시점은 관객 몇 명일 때일까?

풀이

[정답] Q1: 김혜수 2억 원, 전지현 1억 원 Q2: 700만 명

[해설]

- 앞서 계산한 바에 따라 손익분기점은 500만 명이다. 따라서 500만 명까지는 두 배우 모두 고정출연료를 받게 되므로 김혜수는 2억 원, 전지현은 1억 원이 된다. (Q1의 정답)
- 그러나 500만 명을 넘어서는 순간부터 김혜수의 출연료 상승폭보다 전지현의 출연료 상승폭이 더 커지게 된다. 전지현이 관객 1인당 50원의 출연료를 더 받기 때문이다. 이때 두 사람의 고정출연료 격차가 1억 원이므로, 이 1억 원의 격차를 메우려면 1인당 출연료 차이인 50원으로 나눠야 한다. 1억 원 나누기 50원은 200만 명이므로, 손익분기점에서 200만 명의 관객이 더 드는 700만 명에 이르면 두 사람의 출연료는 같아진다. (Q2의 정답)
- 실제로 관객이 700만 명일 때 두 사람은 모두 5억 원이라는 같은 금액을 받게 된다. 만약 관객이 700만 명 이하라면 김혜수의 승리, 700만 명 이상이라면 전지현의 승리가 된다. 결국 핵심은 최종 관객수가 얼마나 될 것인가를 예측하는 능력에 따라 승자가 달라진다는 점이다. 그런데 이는 제작사에게도 마찬가지다. 처음부터 관객이 이렇게 많을 줄 알았다면 제작사 역시 5억 원 정도를 더 주고 고정출연료로 계약해서 총 7억 원만 주는 것으로 계약했을지 모른다. 그랬다면 출연료를 더 많이 아낄 수 있었을 테니 말이다. 그러나 러닝 개런티 덕분에 영화와 운명을 함께 한다는 생각으로 배우들이 최선을 다해주었으므로, 제작자나 배우가 동시에 윈윈(Win-Win)하는 방식으로서의 러닝 개런티는 미래에도 애용될 것 같다.

요 약

01. 이 장에서는 관리회계의 대표적 모델이자 이 책에서 최초로 소개하는 모델인 CVP모델을 소개하였다. 대표적인 단기 이익계획모델인 CVP모델은 기업의 원가구조와 수익구조에 대한 분해와 종합을 토대로 기업의 수익성, 즉 이익체질을 파악하게 한다. 기본적으로 고정비와 변동비라는 원가분류체계를 기반으로 하는 CVP분석은 특별주문의 수락 여부 및 가격결정 등 다양한 의사결정에 활용된다.

02. 기본적 CVP모델에 대한 이해를 토대로 좀더 복잡한 모델을 이해하는 것이 중요하다. 즉, 단일모델에서 다제품으로 그리고 세금효과를 배제한 모델에서 세금효과를 고려한 경우로 확대하는 것이 그것이다. CVP분석에서는 판매가격에서 변동비를 차감한 공헌이익이라는 개념이 중요한 위치를 차지한다.

03. 손익분기점은 판매수량으로도 표시되지만 매출액으로도 표시된다. 후자의 경우 판매수량으로 표시된 손익분기점에 판매가격을 곱하여 구할 수 있지만, 고정비를 공헌이익률로 나누어 구하는 것이 보다 쉽다. 이처럼 공헌이익률은 (복수제품의 분석 등) 다양한 용도로 사용된다.

04. 영업레버리지 개념은 재무레버리지와 함께 경영학의 핵심이슈이다. 영업레버리지도는 조업도의 변화가 이익에 미칠 영향을 간결하게 알려준다. 즉, 영업레버리지도가 높을수록 조업도의 변동에 따른 손익의 변화는 커진다.

핵심용어

- 모델
- 안전한계
- 민감도분석
- 손익분기점(BEP)
- 원가·조업도·이익(CVP)분석
- 무차별점
- 러닝 개런티
- 공식법
- 꾸러미법
- 가중평균법
- 영업레버리지도
- 수익동인
- 불확실성하의 CVP분석
- 공헌이익
- 레버리지
- 현금분기점
- 이익-조업도 도표
- 원가동인
- 안전한계율

부록 3A CVP분석과 ABC

전통적인 CVP분석에서는 모든 원가를 두 가지로 분류한다. 판매량에 따라 변하는 변동비와 그렇지 않은 원가, 즉 고정비가 그것이다. 심지어 흔히 원가를 판매량의 일차함수로 표시할 수 있다고 가정한다.

그러나 이와 같은 2분류체계가 너무 단순하여 비현실적이라는 점은 대부분의 기업들이 동의하는 점이다. 예를 들어, 비행기에 실린 약 ₩6,000,000에 구입한 구명보트는 고정비와 변동비 중 어디에 해당될까? 항공사의 조업도로 표시되는 관점에서 본다면 보트의 원가는 고정비이다. 그러나 비행기 대수 관점에서는 변동비 성격을 띤다. 또한 기름소비량은 비행거리뿐만 아니라 무게에 의해서도 달라진다. 약 130～180kg에 달하는 보트추가무게에 기인한 단위 비행기당 추가적으로 발생하는 항공유비용은 내략 $19,000이다. 이를 감안하여 미국의 대형 항공사들은 구명보트를 장착한 비행기의 수를 줄이는 조치를 취한 바 있다.

ABC시스템에서는 원가가 단위기준원가와 비단위기준원가로 구분된다. ABC에서도 생산량에 비례하여 발생하는 원가와 그렇지 않은 원가를 인정한다. ABC에서는 비단위기준원가가 생산량변화와는 무관하게 고정되어 있다는 것을 인정하는 반면에 다른 활동동인에 따라 변동한다는 사실을 인정한다.

ABC는 결코 CVP분석을 무용지물로 만드는 것은 아니다. 오히려 ABC는 원가행태에 대한 보다 정확한 시각을 제공함으로써 CVP기법이 의사결정에 더욱 유용하게 한다. 그러나 ABC를 이용한 CVP분석이 가능하기 위해서는 종전의 조업도라는 단일변수 대신 세 가지 변수형태로 원가를 설명할 수 있다고 가정한다. 즉, 단위기준 활동동인으로서의 수량, 배치기준 활동동인으로서의 셋업의 수, 그리고 제품기준 활동동인에 해당하는 엔지니어링시간의 세 가지이다.

이들 세 가지 변수를 이용한 ABC 원가방정식은 다음과 같다.

$$\text{총비용} = \text{고정비} + (\text{단위당 변동비} \times \text{수량}) + (\text{셋업비용} \times \text{셋업수}) + (\text{엔지니어링원가} \times \text{엔지니어링시간})$$

종전처럼 영업이익은 총수익에서 총비용을 차감하여 계산한다.

$$\text{영업이익} = \text{총수익} - [\text{고정비} + (\text{단위당 변동비} \times \text{수량}) + (\text{셋업비용} \times \text{셋업수}) + (\text{엔지니어링원가} \times \text{엔지니어링시간})]$$

단위당 손익분기점을 계산하기 위해 공헌이익접근법을 이용하자. 손익분기점에서의 영업이익은 제로(0)인바 손익분기점 수량은 다음과 같이 계산할 수 있다.

$$\text{손익분기점} = \frac{\text{고정비} + (\text{셋업비용} \times \text{셋업수}) + (\text{엔지니어링원가} \times \text{엔지니어링시간})}{\text{판매가격} - \text{단위당 변동비}}$$

ABC 손익분기점은 전통적 손익분기점에 비해 다음 두 가지 점에서 차이를 보인다.

① 고정비로 간주되는 원가가 줄어든다. 즉, 기존의 비단위원가동인으로서 고정비로 간주되던 몇몇 원가(가령, 셋업과 엔지니어링 관련)비용은 변동비로 간주된다.

② ABC 손익분기점방정식의 분자에는 두 개의 비단위수준변동비가 별도로 포함되어 있다. 즉, 배치관련활동과 지속적인 제품활동에 관련된 원가가 그것이다.

(1) 전통적 손익분기점 분석과 ABC 분석 비교 예

구체적인 수치 예를 이용하여 ABC를 이용한 CVP분석과 전통적인 CVP분석을 비교해 보자.

사례기업인 홍익백화점이 다음과 같은 관련자료를 토대로 ₩4,000,000을 실현할 수 있는 판매수량을 알고 싶다고 하자.

활동동인	활동동인 단위당 변동비		활동동인의 수
Ⅰ. CVP 변수자료			
단위당 구입가격(변동비)	₩200		-
셋업횟수	20,000		20
엔지니어링시간	600		1,000
Ⅱ. 기타자료			
총고정비(전통적 접근법)		₩2,000,000	
총고정비(ABC 접근법)		1,000,000	
단위당 판매가격(P)		400	

세전이익 ₩4,000,000을 얻기 위한 판매수량을 전통적 CVP분석을 이용하여 계산하면 다음과 같다.

$$
\begin{aligned}
\text{전통적 } BEP(\text{수량}) &= \frac{\text{목표이익} + \text{고정비}}{\text{판매가격} - \text{단위당 변동비}} \\
&= \frac{₩4{,}000{,}000 + ₩2{,}000{,}000}{₩400 - ₩200} \\
&= \frac{₩6{,}000{,}000}{₩200} \\
&= 30{,}000\text{단위}
\end{aligned}
$$

한편, ABC 접근법에 따라 ₩4,000,000의 영업이익을 실현하기 위한 판매수량은 다음과 같이 구하게 된다.

$$
\begin{aligned}
\text{ABC하의 TI(수량)} &= \frac{₩4{,}000{,}000 + ₩1{,}000{,}000 + (₩20{,}000 \times 20) + (₩600 \times 1{,}000)}{₩400 - ₩200} \\
&= 30{,}000\text{단위}
\end{aligned}
$$

목표이익을 달성하기 위한 판매수량은 두 가지 접근법에서 동일하다. 그 이유는 간단하다. 전통적 접근법에서의 총고정비는 비단위기준 변동비와 활동동인과 관련 없는 고정비로 구성된다. ABC에서는 비단위기준 변동비를 별도로 파악한 후 각 활동동인의 수량이 얼마일 것인지에 초점을 맞춘다. 사례기업의 경우 배치기준 활동동인수는 20셋업이고 제품기준동인수는 1,000엔지니어링시간이다. 비단위기준 원가동인의 수에 단위당 변동비를 곱한 금액의 합계가 비단위기준 변동비와 동일할 경우 두 접근법은 일치하게 된다. 그러나 이러한 수준은 변하며 이로 인해 두 접근법에 의해 제공되는 정보가 크게 차이가 나는 것이다. ABC하의 CVP분석을 위한 등식이 원가행태를 보다 잘 반영할 뿐만 아니라 전략적 식견을 넓혀준다. 이해를 돕기 위해 같은 자료를 달리 적용해 보자.

(2) 전략적 암시 : 전통적 CVP분석과 ABC분석

전통적 CVP분석 상황을 가정하자. 마케팅부서에서는 12,000단위를 판매한다는 것은 불가능하고 단지 10,000단위만이 판매가능하다고 주장한다. 사장은 제품설계담당자에게 제품제조원가를 낮출 것을 지시한다. 제품설계담당자는 총고정비는 ₩2,000,000에 달하고 단위당 변동비 ₩200은 직접노무비(₩80), 직접재료비(₩100), 그리고 변동제조간접비(₩20)로 세분됨을 알고 있다. 손익분기점을 낮추기 위한 의도로 설계담당자는 노무비를 낮출 수 있는 설계변경을 꾀했다. 현재로는 단위당

₩40까지 직접노무비를 낮출 수 있으며 동 조치가 재료비나 변동제조간접비에는 영향을 미치지 않는다고 가정한다. 설계변경의 결과, 변동비는 단위당 ₩160으로 줄어들었으며 수정된 손익분기점은 다음과 같다.

$$\text{BEP(수량)} = \frac{\text{고정비}}{\text{판매가격} - \text{단위당 변동비}}$$

$$= \frac{₩2,000,000}{₩400 - ₩160}$$

$$= 8,333\text{단위}$$

따라서 10,000단위가 판매될 경우의 예상이익은 다음과 같다.

매출액(₩400×10,000)	₩4,000,000
차감 : 변동비(₩160×10,000)	(1,600,000)
공헌이익	₩2,400,000
차감 : 고정비	(2,000,000)
영업이익	₩400,000

위의 결과를 보고받은 사장은 새로운 설계에 만족했다. 그러나 1년 후의 결과는 당초 기대했던 이익이 실현되기는커녕 오히려 손실을 기록했다. 이러한 실망스러운 결과가 왜 생겼는지를 ABC접근법에 의한 CVP분석을 통해 설명해 보자.

앞서 소개한 예제에서 가정한 ABC원가관계는 다음과 같다.

$$\text{총비용} = ₩1,000,000 + (₩160 \times \text{판매수량}) + (₩20,000 \times \text{셋업횟수}) + (₩600 \times \text{엔지니어링시간})$$

신규설계로 인한 셋업단위당 원가가 종전의 ₩20,000에서 ₩32,000으로 증가하며 복잡한 셋업 및 기술적인 내용의 복잡성 증가로 인해 신규설계에 따른 엔지니어링부담이 종전에 비하여 40%가 증가한다고 가정하자(즉, 1,000시간에서 1,400시간으로). 이를 종합할 때 단위기준 변동비에서의 감소를 포함한 새로운 원가등식은 다음과 같다.

$$\text{총비용} = ₩1,000,000 + (₩160 \times \text{판매수량}) + (₩32,000 \times \text{셋업횟수}) + (₩600 \times \text{엔지니어링시간})$$

위의 수치에 근거한 ABC등식을 이용한 BEP는 다음과 같이 계산될 수 있다(20셋업으로 가정).

$$\text{BEP(수량)} = \frac{₩1{,}000{,}000 + (₩32{,}000 \times 20) + (₩600 \times 1{,}400)}{₩400 - ₩160}$$

$$= \frac{₩2{,}480{,}000}{₩240}$$

$$= 10{,}333\text{단위}$$

그리고 10,000단위 판매시의 이익은 다음과 같다(최고 10,000단위가 판매가능하다는 것을 상기할 것).

판매액	(₩400×10,000)		₩4,000,000
차감 : 단위기준 변동비	(₩160×10,000)		(1,600,000)
공헌이익			₩2,400,000
차감 : 비단위기준 변동비			
셋업	(₩32,000×20)	₩640,000	
엔지니어링	(₩600×1,400)	840,000	(1,480,000)
추적가능이익			₩920,000
차감 : 고정비			(1,000,000)
이익(손실)			₩(80,000)

당초 예상과 실제결과가 크게 차이를 보인 까닭은 무엇일까? 담당자들은 새로운 설계가 셋업원가와 엔지니어링부담을 증가시킬 것이라는 사실을 몰랐을까? 아니면 알았을까? 아마도 실무자들은 이들 두 변수의 수치가 증가할 것은 알았을 것이다. 그러나 전통적인 원가등식이 설계변화가 원가에 미칠 영향을 제대로 반영하지 못했을 것이다. 전통적 원가계산방식에서는 노동활동 단계에서의 변화가 고정비에 영향을 주지 않으므로 노무비의 감소가 곧 전체원가의 감소를 가져올 것이라고 생각한다. 왜냐하면 재료비와 변동제조비에는 영향이 없다고 가정했기 때문이다. 그러나 ABC등식은 셋업활동이나 엔지니어링에 부정적인 영향을 미치는 노동시간의 감소가 오히려 바람직하지 않다는 걸 명확히 보여줌으로써 보다 나은 설계결정을 유도할 수 있다. 만약 설계담당자가 신규설계시 ABC원가정보를 이용할 수 있었더라면 보다 나은 결과를 얻었을 것이다.

<자료 : *Journal of Cost Management*, Spring 1994 참조>

단답식 개념문제

01. 예상매출액이 손익분기점을 초과하는 정도를 측정하는 것을 □□□□라고 부르며 만약 예상매출액 대비 비율로 계산하면 □□□□율이라고 부른다.

02. □□□□□□는 현재 기업의 영업활동에 사용되고 있는 고정비의 상대적인 크기를 감안하여 고정비의 존재로 인한 조업도(가령, 매출)의 변동이 이익 또는 손실의 확대를 가져오는 현상을 측정한다.

03. 현금유입액과 현금유출액이 일치되면 조업도 수준, 즉 판매량 또는 매출액을 □□□□□이라고 한다.

04. 매출총이익은 원가의 □□별 분류를 강조하고 공헌이익은 □□별 분류를 강조한다.

[문 1] "공헌이익접근법을 주장하는 사람들은 고정비가 중요하지 않다고 생각한다." 이에 동의하는가?

[문 2] "공헌이익률은 높을수록 좋다." 이 주장에 동의하는가?

[문 3] "영업레버리지도가 가장 높은 경우는 현행 조업도가 손익분기점 근처에 있을 때이다." 이 주장에 대해 동의하는가?

[문 4] 일반적인 CVP도표에 비해 이익-조업도 도표는 조업도와 이익 간의 관계에 초점을 맞추어 윗사람에게 보고시 매우 유용하다는 주장에 대한 당신의 의견은?

[문 5] 법인세의 존재 여부가 손익분기점에 영향을 미치는가?

[문 6] 매출원가가 변동비만으로 구성되는 소매업에서도 매출총이익은 공헌이익과 일치하지는 않는다는 주장이 옳은지를 설명하시오.

[문 7] "매출총이익(GM)과 공헌이익(CM)은 다른 개념이다." 이 주장에 동의하는가? 이 두 수치가 우연히 일치하는 경우는 어떤 경우인가?

[문 8] 회계적 관점의 CVP도표와 경제학적 관점의 CVP도표의 주된 차이점은 무엇인가?

[문 9] "손익분기점(BEP) 분석은 매우 훌륭한 것이다. 당신은 변동비에 대해서만 주의를 집중하면 된다. 고정비는 문제되지 않는다." 이 말에 동의하는가?

[문10] 민감도분석은 CVP분석의 어떤 한계점을 보완하기 위한 것인가?

[문11] 복수제품의 CVP분석 방법 두 가지를 설명하고 답을 구할 때 유의해야 할 점은 무엇인가?

[문12] 복수제품의 CVP분석시 단일제품의 CVP분석에 비해 추가되는 핵심가정은 무엇인가?

[문13] CVP분석에서 배분된 고정비는 어떻게 취급되는가?

[문14] ABC하의 CVP분석과 전통적인 CVP분석의 차이를 설명하시오.

[문15] 이익-조업도 도표(PV graph)에서 X축을 매출액과 판매수량으로 표시할 때의 기울기는 각각 무엇을 의미하는가?

연습문제

객관식

[문1] 손익분기점은 다음 중 어느 경우 늘어나게(높아지게) 되는가? (★)

① 변동비율의 증가　　　② 총고정비의 증가

③ 상기 ①, ② 모두에 의해서(either of the above)

④ 상기 ①, ② 어느 것도 해당 안됨(neither of the above)

[문2] 다음 문장 중 옳은(T: TRUE) 문장의 번호 모두를 답하시오. (★★)

① PV chart에서 x축이 매출액일 경우 PV선의 기울기는 공헌이익률을 의미한다.

② DOL의 값은 판매 증가시에는 낮을수록, 판매 감소시에는 높을수록 좋다.

③ CVP 모델의 기본 가정의 한계를 보완해 주는 것이 민감도 분석이다.

④ 현금분기점의 경우 세금이 존재하는 경우가 그렇지 않은 경우보다 크다.

⑤ 복수제품의 경우 각 제품의 공헌이익률을 판매믹스 비율로 가중평균하여 구한 가중평균공헌이익률은 개별 제품의 공헌이익 수치에 판매믹스 비율을 적용하여 구한 가중평균공헌이익률 수치와 일치한다.

[문3] 영업레버리지도(Degree of Operating Leverage)에 대한 다음의 설명 중 옳지 않은 것은? 단, 모든 경우에 영업이익은 0보다 크다고 가정한다. (KICPA, 2013) (★★)

① 단위당 변동원가가 증가하면 영업레버리지도는 높아진다.

② 고정원가가 감소하면 영업레버리지도는 낮아진다.

③ 안전한계율(margin of safety ratio)이 높아지면 영업레버리지도는 낮아진다.

④ 단위당 판매가격이 증가하면 영업레버리지도는 낮아진다.

⑤ 판매량이 증가하면 영업레버리지도는 높아진다.

[문4] (주)세무의 20X1년 연간 실제 매출액은 ₩100,000이고 연간 실제 고정원가는 ₩30,000이며, 변동원가율은 60%, 법인세율은 20%이다. 다음 설명 중 옳은 것은? (세무사, 2013) (★★)

① 영업레버리지도는 4이다.
② 당기순이익은 ₩10,000이다.
③ 판매량이 5% 증가하면 영업이익은 ₩1,600 증가한다.
④ 안전한계율(M/S 비율)은 33.3%이다.
⑤ 손익분기매출액은 ₩70,000이다.

[문5] W회사는 100,000단위의 제품 T를 단위당 ₩12에 판매할 계획이다. 고정비는 ₩280,000이다. ₩200,000의 이익을 실현하려면 변동비는 얼마가 되어야 하는가? (★)

① ₩480,000 ② ₩720,000 ③ ₩900,000 ④ ₩920,000 ⑤ 정답 없음

[문6] I회사는 D와 W 두 가지 제품을 판매한다. I회사는 W제품 3개에 대해 D제품 2개의 비율로 생산한다. D제품은 개당 ₩4, W제품은 개당 ₩2의 공헌이익이 있다. 고정비가 ₩420,000일 때 손익분기점에서의 총판매수량은 얼마인가? (★)

① 140,000 ② 150,000 ③ 168,000 ④ 180,000 ⑤ 정납 없음

[문7] S주식회사는 B제품 200,000단위를 판매할 계획이다. 고정비는 ₩400,000이고, 변동비는 판매가격의 60%이다. ₩100,000의 이익을 실현하기 위해서는 단위당 판매가격을 얼마로 하여야 하는가? (★)

① ₩3.75 ② ₩4.17 ③ ₩5 ④ ₩6.25 ⑤ 정답 없음

[문8] 다음의 자료에 의하여 문제에 답하시오. (★★)

고 정 비	₩1,000,000
제품가격	₩100
제품단위당 변동비	₩60

매출액이 ₩5,000,000인 때의 M/S(Margin of Safety: 안전한계) 비율은?

① 40% ② 50% ③ 60% ④ 65% ⑤ 정답 없음

[문9] 신촌회사는 야구공을 제조하여 개당 ₩6,000에 판매하고 있다. 야구공 제조에 사용되는 변동비는 개당 ₩4,000이고 고정비는 한 달에 ₩1,000,000이다. 회사가 5월에 ₩1,175,000의 세후순이익을 얻기 위해서는 몇 개의 야구공을 생산·판매하여야 하는가? 단, 법인세율은 세전이익 ₩1,000,000까지는 20%, ₩1,000,000 초과분에 대해서는 25%로 가정한다. 〈자료: 1995년 CTA 기출문제수정〉 (★★)

① 1,500개 ② 1,300개 ③ 1,250개 ④ 1,800개 ⑤ 정답 없음

[문10] 3월에 (주)세무의 매출액은 ₩700,000이고 공헌이익률은 54%이며 영업레버리지도는 3이다. 4월에 고정원가인 광고비를 3월보다 ₩30,000 증가시키면 매출이 3월보다 10% 증가하며 공헌이익률의 변화는 없다. (주)세무가 광고비를 ₩30,000 증가시킬 때, 4월의 영업이익은? (세무사 2017) (★★)

① ₩98,000 ② ₩102,100 ③ ₩115,800 ④ ₩128,500 ⑤ ₩133,800

주관식

[문1] 손익분기점 분석 (★)

홍익상사의 10월 보고서는 다음과 같다.

매출액	₩210,000
총비용	180,000
이 익	₩30,000

홍익상사의 공헌이익률은 현행판매단가 ₩30(단위당)을 감안할 때 40%이다.

1. 손익분기점(BEP) 매출액은 얼마인가?
2. 만약 한 개당 ₩20씩에 10,000단위를 판매할 경우의 손익은?

[문2] 복수제품과 목표이익 달성 매출액 (★★)

홍익정유(주)는 두 가지 제품을 판매하고 있는데 이에 대한 정보는 다음과 같다.

	단 위 당	
	판매가격(P)	변동비(V)
제품 X	₩120	₩70
제품 Y	500	200

연간 고정비는 ₩350,000이다. 예상되는 매출배합은 제품 X 60%, 제품 Y 40%이다.

홍익정유(주)가 세후목표이익 ₩60,000을 달성하려면 각 제품의 판매수량 및 매출액은 얼마가 되어야 하는가? 단, 세율은 40%로 가정하시오.

[문3] 매출액이익률로 설정된 목표이익 (★★)

미래(주)는 2019년에 매출액의 20%에 달하는 목표이익을 실현함을 원칙으로 삼았다. 미래(주)의 2019년의 변동비는 제품판매가격의 60%이고 고정비는 ₩1,000,000이었다. 2020년에는 원가상승으로 고정비가 ₩200,000 증가할 것으로 예상되며 변동비도 제품판매가격의 70%로 증가할 것으로 예상된다. 이 결과 2020년의 목표이익도 매출액의

15%로 낮출 수밖에 없다. 이 회사가 새로 수정된 목표이익을 달성하기 위해서는 매출액은 2020년 중에 얼마나 늘어나야 하는가?

〈자료 : 1999년 CPA 기출문제 수정〉

[문4] 목표이익 달성 판매량 (★★)

와우(주)는 제품단위당 판매가격이 ₩20이고 단위당 변동원가가 ₩10인 제품을 생산·판매하고 있다. 연간 고정비는 ₩40,000이다. 법인세율은 법인세 차감전 순이익이 ₩20,000 이하인 경우에는 30%이고 ₩20,000을 초과하는 금액에 대해서는 40%이다. ₩19,500의 법인세 차감후 순이익을 얻기 위한 판매량을 구하시오.

[문5] 민감도분석 (★★)

제품 R의 예상판매량은 200단위이며, 기타 관련된 예산자료는 다음과 같다.

단위당 변동비	₩350
공헌이익률	30%
BEP매출액	₩100,000

판매원의 고정월급을 인상하면 제품 R의 판매량을 50단위만큼 증가시킬 수 있다. 50단위의 제품 R을 추가생산·판매하여 250단위 전체로부터 얻는 순이익이 50단위 매출액의 10%가 되게 하려면 고정월급을 최대한 얼마만큼 인상할 수 있는가?

[문6] 복수제품의 CVP분석(1) (★★)

다음은 두 기업 와우와 신촌의 관련 자료이다.

	와우	신촌
단위당 판매가격	₩100	₩200
단위당 변동비	50	120
연간 총고정비	?	₩40,000
법인세율	40%	40%

상기 자료를 토대로 다음 물음에 답하시오.

1. 만약 800개 판매량에서 두 기업의 이익이 동일했다면 와우기업의 고정비는 얼마인가?
2. 상기 판매 수준에서 신촌기업의 DOL은 얼마인가?
3. 상기 판매 수준에서 와우의 안전한계율은 얼마인가?
4. 만약 두 기업이 800개 판매 수준에서 실현한 세후 이익을 2배로 늘리기를 원할 경우 보다 적은 판매수량으로 이를 실현할 수 있는 기업은 ______ 이고 ________개를 추가로 팔면 된다. PV Chart를 이용하여 답하시오.

[문7] 복수제품의 CVP분석(2) (★★)

H사는 다음의 두 가지 제품을 생산·판매하고 있다.

	제품 A	제품 B
단위당 판매가격	₩1,000	₩800
변동비율	80%	70%

H사 전체의 연간 고정원가는 ₩12,800이며 제품 A가 총매출액에서 차지하는 비율은 75%이다. 한편 법인세율은 20%이다. 매출액순이익률 10%를 달성하기 위한 기업 전체의 매출액은 얼마인가?

[문8] 안전한계율 (★★)

H사의 2019년도 예상매출액과 고정비 총액은 각각 ₩7,000,000과 ₩1,500,000이고 공헌이익률은 30%이다. 이 기업의 안전한계율과 영업레버리지(DOL)은 각각 얼마인가? 또한 현 수준에서 매출이 20% 증가할 경우 영업이익증가율은 얼마인가?

[문9] CVP도표와 안전한계율 (★★)

다음은 (주)국세의 조업도 변화에 따른 총수익, 총변동비 및 총고정비를 그래프로 나타낸 것이다.

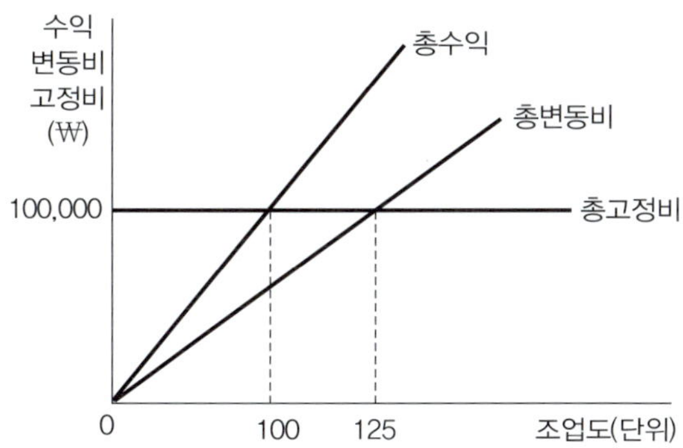

위 그래프를 이용할 경우, (주)국세가 안전한계율 37.5%를 달성하는데 필요한 목표 판매수량은 몇 단위인가? (세무사, 2012, 주관식으로 수정)

[문10] 복수제품의 CVP분석(3) (★★)

(주)대한은 20x1년도 예산을 다음과 같이 편성하였다.

구분	제품 A	제품 B	회사전체
매출액	₩125,000	₩375,000	₩500,000
변동원가	75,000	150,000	225,000
공헌이익			275,000
고정원가			220,000
세전이익			55,000
법인세비용			11,000
세후이익			44,000

경영자는 예산을 검토하는 과정에서 20x1년에 제품 C의 판매를 추가하기로 하였다. 20x1년도 제품 C의 예상매출액은 ₩125,000이고 변동원가율은 30%이다. (주)대한의 고정원가는 회사전체 매출액 구간별로 다음과 같은 행태를 갖는다.

회사전체 매출액	고정원가
₩0 ~ ₩500,000	₩220,000
₩500,001 ~ ₩1,000,000	₩300,000

상기 예산손익계산서에 제품C를 추가함으로써 나타나는 변화에 대한 구체적인 답을 하시오. 단, (주)대한에 적용되는 법인세율을 20%이다.

〈요구사항〉

1. 회사전체 평균 공헌이익률은 어떻게 바뀌는가?
2. 제품 C의 매출액이 차지하는 비중은 몇 %인가?
3. 손익분기점에 도달하기 위한 회사전체 매출액은 얼마나 증가하는가?
4. 회사전체의 영업레버리지도는 종전의 수치에 비해 어떻게 바뀌는가?
5. 회사전체 세후이익의 변화는?

[문11] 매출배합의 변화, 소득세 (★★)

홍익전자는 녹음기와 전자계산기를 제조하여, 이것들을 전국적으로 도·소매상에게 판매하는 회사이다. 홍익전자사의 경영층은 당사의 금년도 성과에 만족하고 있다. 2019년 12월 31일까지 계획된 금년도 판매량은 녹음기 70,000대, 전자계산기 140,000대이었다. 아래에 나타난 예상수익보고서는 홍익전자가 세금차감후 9%인 목표매출총이익률을 초과할 것을 보여준다.

녹음기산업은 지난 수년간 비교적 안정적이었고 회사는 녹음기의 가격을 변화시킬 의도는 없다. 그러나 전자계산기산업의 경쟁은 점차 치열해지고 있다. 홍익전자의 전자계산기는 소비자들에게 매우 잘 알려져 있다. 전자계산기판매에서 이러한 이익을 유지하고 경쟁사의 가격인하에 대응하기 위하여, 경영층은 2020년 1월 1일부터 전자계산기의 도매가격을 단위당 ₩22.5에서 ₩20으로 인하하기로 결정했다. 또한 2020년도 광고비로 ₩57,000을 투입하기로 하였다(주 : 계산을 감안하여 단위당 금액은 비현실적으로 보일 수 있는 낮은 수치를 이용하였음. 총액과 합계의 수치는 천원을 생략했음).

2019년 12월 31일로 끝나는 사업연도의 예상 수익보고서 (단위 : 천원)

	녹음기		전자계산기		
	총 액	단위당 가격	총 액	단위당 가격	합 계
Ⅰ. 매 출	₩1,050	₩15.00	₩3,150	₩22.50	₩4,200
−Ⅱ. 제조원가					
• 직접재료비	280	4.00	630	4.50	910
• 직접노무비	140	2.00	420	3.00	560
• 변동제조간접비	140	2.00	280	2.00	420
• 고정제조간접비	70	1.00	210	1.50	280
총제조원가	₩630	₩9.00	₩1,540	₩11.00	₩2,170
Ⅲ. 매출총이익	₩420	₩6.00	₩1,640	₩11.50	₩2,030
−Ⅳ. 고정판매관리비					1,040
Ⅴ. 세금차감전순이익					₩990
−Ⅵ. 소득세(55%)					544.5
Ⅶ. 순이익					₩445.5

이러한 경영활동의 결과로 경영층은 2019년의 75%와 비교하여 총수익의 80%가 전자계산기의 판매에서 얻어질 것으로 추측한다. 지금까지 모든 조업도 수준에서 매출배합은 일정한 것으로 간주한다(즉, 2020년의 매출배합이 2019년의 그것과 같을 필요는 없지만 2020년의 매출배합은 어떤 조업도 수준에서도 같아야 한다).

총고정제조원가는 2020년에는 변경되지 않았고 직접노무비를 기준으로 배부하는 변동간접비율도 불변이다. 그러나 직접재료비와 직접노무비는 변할 것으로 예측된다. 고체전자부품의 원가가 2020년에는 더욱 싸질 것이다. 홍익전자는 재료비가 2020년에 녹음기는 10%, 전자계산기는 20% 인하될 것으로 추측한다. 그러나 두 제품의 직접노무비는 10% 정도 인상될 것으로 본다. 변동제조간접비율은 단위당 ₩2으로 변하지 않을 것이다. (CMA 응용)

〈요구사항〉

1. 2019년에 홍익전자가 녹음기와 전자계산기 몇 대를 팔아야 손익분기점에 도달하겠는가?
2. 2020년의 홍익전자의 손익분기매출량은 얼마인가?
3. 2020년에 홍익전자의 세금차감후 순이익이 매출액의 9%가 되려면 판매수량은 얼마여야 하는가?

[문12] 인플레이션과 CVP분석 (★★★)

홍익구두회사는 구두가게를 임차하여 대리점을 경영하고 있는데, 비교적 값싼 남성용 구두 열 가지를 팔고 있다. 구두의 구입원가와 판매가격은 각 대리점마다 동일하다. 홍익구두회사는 점포를 하나 더 개설할 것인가의 여부를 결정하고자 한다. 검토하고 있는 점포의 개설에 관한 자료는 다음과 같다.

	구두 한 켤레당
변동자료 :	
판매가격	₩30,000
구두원가	₩19,500
판매원의 수수료	1,500
총변동비	₩21,000
연간 고정비 :	
임차료	₩60,000,000
급 여	200,000,000
광고비	80,000,000
기타 고정비	20,000,000
	₩360,000,000

당신은 홍익구두회사의 사장으로서 인플레이션 때문에 이익이 감소하는 것을 걱정하고 있다. 판매가격은 ₩30,000으로 묶여 있고 원가가 상승한다고 해서, 제품의 질을 하락시키는 것은 현명하지 못한 마케팅전략임을 잘 알고 있다. 당신은 구두의 원가가 내년에는 10% 인상될 것으로 예측하고 있다. 따라서 당신은 가격인상을 피하고자 대규모 공급자에게 50,000켤레의 구두를 켤레당 ₩19,500에 주문하되, 계약취소는 불가능한 것으로 하고자 한다. 이들 구두들은 연중 평균적으로 구입되며 인도받을 때 대금을 지급한다. 그러나 모든 구두들이 연말까지는 점포에 인도되어야만 한다.

당신이 취급하는 제품은 특히 유행의 첨단을 걷는 상품이기 때문에 진부화되기 쉬운 위험이 있는 제품이다. 만일 판매량이 50,000켤레보다 적으면 팔리지 않고 남은 구두들에 대하여 가격을 평균 ₩18,000 정도로 인하하여야 팔 수 있을 것으로 예상된다. 판매수수료는 판매액에 대한 5%로 지급될 것이라고 하자.

〈요구사항〉

1. 당신은 50,000켤레를 구입하기로 계약했으나, 실제 수요량은 48,000켤레였다고 가정하자. 점포의 순이익은 얼마인가?
2. 만일 당신이 시장수요에 관해 완전한 정보를 알았더라면 50,000켤레가 아닌 48,000켤레를 계약했을 것이다. 48,000켤레를 주문했다면 순이익은 얼마이겠는가?

3. 실제 판매량이 48,000켤레였다고 할 때, 당신이 50,000켤레를 구입하기로 계약함으로써 얻을 순이익과 그와 같은 계약을 하지 않았을 경우에 얻을 순이익이 동일하게 되려면 구두 한 켤레당 평균구입원가를 얼마까지 올릴 수 있겠는가?

Reading materials

쪽박날 거란 영화들로 대박 행진… '명필름' 심재명 대표 인터뷰 (키워드: 손익분기점)
조선일보, 2012.06.02.

아시아나, 고유가 장벽 없이 고성장 '이륙' (키워드: 영업레버리지)
머니투데이, 2008.02.11.

전주 막걸리 골목 (키워드: 원가, 가격, 조업도)
⋮

관리회계 전문가 되기
(新 관리회계
information room)
cafe.naver.com/shinmgta

04 관련원가분석(Ⅰ) : 단기적 특별의사결정

학습목표

- 관련원가 개념의 이해
- 특별의사결정과 관련된 정보를 체계적으로 조직화할 수 있는 능력 배양
- 차액분석의 방법 및 활용에 익숙해짐
- 특정 의사결정상황에 적절한 원가정보를 활용하는 응용능력 배양(예 : 이익계획, 특별주문, 자가제작 또는 외부구입 등)
- 제약조건하의 최적의사결정 학습

Intro

경영자는 선택할 수 있는 여러 가지 대안 중에 가장 바람직하다고 판단되는 것을 고르는 나름의 방법을 갖고 있다. 이를 흔히 **의사결정모델**이라고 부르는데, 대개 아래와 같은 5단계의 과정을 거친다.

의사결정은 단기의사결정과 장기의사결정으로 나눌 수 있다. 단기의사결정은 관련되는 기간이 주로 1년 이내로 짧은 반면, 장기의사결정(자본예산)은 긴 기간에 영향을 미치는 것으로 시설능력 변경처럼 고정원가까지 바꿀 정도의 큰 의사결정이다. 또한 단기의사결정은 제품의 생산일정을 계획하는 것처럼 일상적인 의사결정과 긴급주문에 대한 의사결정같이 비일상적으로 발생하는 특수의사결정으로 나뉠 수 있다.

의사결정의 5단계

여러 가지 대안의 정보수집

▼

여러 가지 대안에 대한 예측

▼

의사결정모형을 통한 최적대안 선택

▼

최적대안의 실행

▼

성과 평가

의사결정의 유형

- 의사결정(경영관리계획)
  - 단기의사결정
    - 일상적인 의사결정
    - 특수의사결정
  - 장기의사결정(자본예산)

Storytelling

왕대부 사장은 이탈리아 식당 '갓파더'를 운영한다. 이 식당은 파스타 도시락이라는 하나의 메뉴만 파는데 가격은 7,000원이고, 식당에서 하루에 요리해서 판매할 수 있는 도시락의 최대수량은 700개이다.

어느 여름날 유난히 날씨가 더웠던 탓에 파스타 도시락의 주문이 감소해서 이날은 영업마감 시간이 거의 끝나갈 때까지 주문을 500개밖에 받지 못했다. 이때 원가를 집계해 보면 아래와 같다.

"이 요구를 받아들이는 게 유리합니다."
특수 의사결정에는 유휴생산능력을 가졌느냐가 중요한 변수가 된다.

항 목	금 액	
재료비*	500개×2000원	100만원
노무비	조리사 5명×일당 20만원	100만원
경비 및 관리비	전기료, 조리기구의 감가상각비 등	50만원
총원가		250만원
도시락 생산량		500개
도시락 1개당 원가		5,000원

*재료비에는 음식재료 외에 포장용기 비용이 개당 500원씩 포함되어 있다.

그런데 갑자기 어떤 단체에서 도시락 100개의 주문이 들어왔다. 그쪽 담당자는 대량주문이니 가격을 정가인 7,000원이 아니라 4,000원에 해달라고 요구했다. 왕대부 사장이 다음에 또 주문할 계획이 있느냐고 묻자 담당자는 아마 그렇지는 않을 것 같다고 했다.

분노한 왕대부 사장은 당장 주문을 거절하려 했다. 그쪽에서 요구한 개당 4,000원은 도시락 1개당 원가인 5,000원에도 못 미치는 가격이었기 때문이다. 그러자 식당의 2인자인 요리사 알파치노가 왕대부 사장의 귀에 속삭였다.

"사장님, 이 주문을 받아들이십시오. 개당 2,000원씩 남는 장사입니다."

과연 알파치노의 말은 맞는 것일까?

〈자료 : 『지금 당장 회계공부 시작하라』, 강대준·신홍철(2012)〉

제1절 특별의사결정의 의의와 핵심 정보

위의 왕대부 사장에게 주문 수락을 권고한 알파치노의 계산법을 따라가 보자. 제3장에서 다루었던 CVP분석의 핵심 개념인 고정원가와 변동원가를 알고 있으면 쉽게 이해된다.

현재 파스타 도시락 1개를 만들 때 들어가는 변동원가는 재료비인 2,000원이다. 여기에 노무비와 경비 및 관리비는 최대생산가능량인 700개까지는 변동하지 않는 고정원가다. 그런데 아직 도시락을 500개밖에 생산하지 않아 추가로 100개의 단체 주문 도시락을 생산하는 것이 가능하므로, 고정원가는 추가로 들어가지 않는 것이다. 따라서 도시락 한 개 가격이 4,000원이라 해도 들어가는 원가는 재료비인 2,000원 뿐이므로 공헌이익은 2,000원이 남는 것이다. 이 말을 들은 왕대부 사장은 미소를 지으며 당장 주문을 수락하라고 지시했다.

이처럼 기존의 거래처가 아닌 고객이 주문을 하거나, 기존의 거래처가 정상주문 외에 대량구매를 조건으로 가격할인을 요구하는 것은 모두 특별주문이다. 경영자는 이런 특별주문의 수락 여부를 고려할 때 기업에 유휴생산능력이 존재하는지를 고려해서 결정해야 한다. 특별주문을 받았을 때 회사가 처할 수 있는 상황을 정리하면 다음과 같다.

(1) 유휴생산능력이 존재하는 경우

특별주문이 들어와도 기존 설비능력만으로 생산이 가능하다. 따라서 이 경우에는 특별주문 제품을 생산할 때 발생하는 증분수익과 증분변동원가만 고려하면 된다.

(2) 유휴생산능력이 없거나 부족한 경우

특별주문이 들어왔을 때 기존 설비능력이 부족하면 특별주문에 맞추기 위해 설비능력을 확충하거나 기존 생산량을 줄여야 한다. 따라서 이 경우에는 특별주문으로 인한 증분수익, 증분변동원가와 함께 추가적인 설비원가 또는 기존제품 판매량 감소에 따른 수익과 변동원가의 감소액을 모두 고려해야 한다.

이러한 분석에 따르면 특별주문을 수락할지에 대한 의사결정은 [그림 4.1]과 같다. 특별주문에 대한 의사결정 이외에도 자가생산 및 외부구입에 대한 결정, 제품라

그림 4.1

특별주문에 대한 의사결정 메커니즘

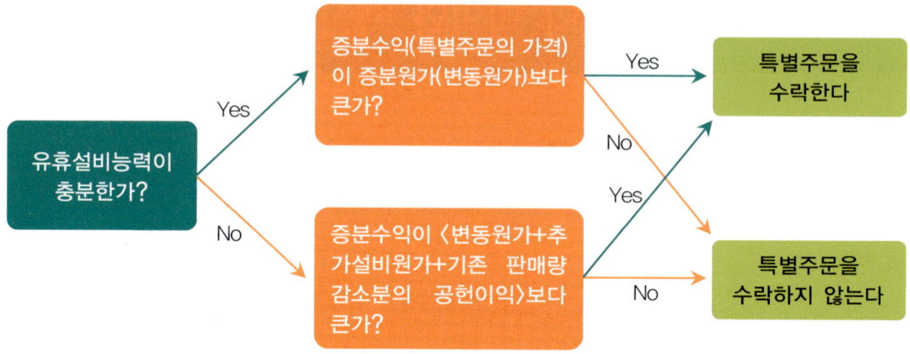

자료 : 강대준·신홍철(2012).

인의 추가 또는 폐지 결정, 기존설비의 대체 결정도 비슷한 원리로 접근할 수 있다.

제2절 특별원가조사의 의의와 목적

"아는 것은 힘이다. 만약 그것이 올바른 사람에 관한 것이라면"
-에셀 와츠 멈포드(Ethel Watts Mumford)-

2.1 의사결정과정과 정보의 역할

제1장에서 의사결정이란 "목표를 달성하기 위한 대안들을 일정한 방법에 따라 비교 · 평가하는 가운데 가장 유리한 대안을 선택하는 행동"으로 정의한 바 있다. 아울러 조직경영자가 최선의 선택을 할 수 있도록 지원하기 위해서는 온갖 다양한 형태의 정보가 필요하며 그 중에서도 회계정보가 핵심적인 역할을 수행함을 설명하였다. 특히, 의사결정자가 조직경영에 관여하는 관리회계담당자(가령, 컨트롤러)일 경우에는 회계정보 중에서 다양한 형태의 원가정보(cost information)가 중요시된다.

기업을 대표적인 조직으로 가정할 때 기업의 의사결정은 특정 대안의 선택형태를 띠는 의사결정의 효과가 일 년 또는 정상영업주기 이내에 나타나는 단기적 의사결정(short-term decision making)과 장기적 의사결정(long-term decision making)으로 대별된다. 이 장에서 우리가 관심을 갖는 의사결정상황은 단기적 상황이다. 또한 일상적으로 반복되는 경상적인 의사결정상황 대신에 기업경영에서 경영자가 임시 예외적으로 당면하는 특별한 의사결정상황에 초점을 맞춘다. 이러한 상황하에서 과연 경영자나 관리자들은 원가를 비롯한 제반 정보를 어떻게 활용하는 가운데 올바른 의사결정을 내려야 하는가를 설명한다.

의사결정의 질은 정보의 질에 의해 좌우된다고 할 수 있다. 한편 정보의 질은 수집되는 정보의 종류와 양은 물론, 이들 수집된 정보의 활용방식에 의해 좌우된다. 따라서 수집된 정보를 체계적으로 활용하는 정보분석은 관리회계에서 아무리 강조해도 지나치지 않는다.

2.2 특별원가조사(일명, 특수원가계산)의 의의

특별원가조사(special cost study)는 경영수행과정에서 기업의 특수한 사정에 따라 비경상적으로 발생하는 경영의사결정 문제와 관련되는 원가, 즉 관련원가(relevant cost)를 수집 · 분류 · 정리하는 과정을 말한다. 동 과정에서 파악되는 원가자료는 경영자가 해당 기업에 가장 유리한 방법(또는 대안)을 변별 · 선택할 수 있도록 지원역할을 수행한다. 이처럼 대안간의 비교형태로 원가조사가 이루어지는 점을 감안하여 특별원가조사는 비교원가조사라고도 불린다.

흔히 '경영의사결정을 위한 관련원가의 분석(relevant cost analysis for management purposes)'이라는 제목으로 소개되는 특별원가조사는 특별한 경영의사결정에 활용되는 원가정보를 식별하고 분석함에 있어서 이용되는 제반 원가 개념(cost concept)을 활용하는 것이 핵심이다. 따라서 경영자의 의사결정을 올바로 이끌 관련정보를 제공할 책임을 지는 관리회계담당자는 '원가분석'의 기술적 전문가가 되어야 한다.

특별원가조사가 경영의사결정목적에 어떻게 활용되는가를 제대로 이해하기 위해서는 외부보고목적의 재무제표 작성상 필요한 전통적 제품원가계산의 테두리를 벗어나 관리적 의사결정에의 원가정보활용에 초점을 두어야 한다. 제3장에서 소개한 CVP분석은 '단기이익계획 및 분석'이라는 관리적 의사결정목적을 위해 고정비와 변동비라는 원가분류 및 공헌이익 개념을 활용하였다. 따라서 CVP분석에 이용되는 다양한 항목의 변동비 및 고정비는 대부분이 관련원가에 해당한다. CVP분석이 이 장에서 소개되는 특별원가조사와 차이를 보이는 것은 임시예외적인 특별원가조사와 달리 CVP분석은 일상적으로 반복되는 경상적 성격을 띤다는 점이다. 제3장에서 다룬 CVP분석의 기본모델 및 공헌이익 개념은 이 장에서 다양하게 활용된다.

2.3 의사결정모델

대개 경영자는 선택대상의 여러 대안(alternatives) 중에 기업에 가장 바람직하다고 판단되는 특정안을 선택하는 방법을 나름대로 갖고 있는데 이를 흔히 의사결정모델(decision model)이라 불린다.

의사결정모델이란 '계량적 분석을 종종 수반하는 선택행위를 위한 공식적 모델'이라고 정의내릴 수 있다. 이러한 의사결정모델상 회계정보가 어떤 역할을 수행하는가는 특정 의사결정을 지원하기 위한 관련원가 정보활용과 의사결정과정 관계를 강조하는 <표 4.1>을 통해 알 수 있다.

의사결정은 앞서 언급한 바와 같이 반복 여부와 관련하여 경상적 의사결정(가령, 제품생산 일정계획)과 비정상적인 의사결정으로 나뉜다. 또한 의사결정에 관련되는 기간에 따라 장기의사결정과 단기의사결정으로 나뉜다. 장기의사결정은 시설능력의 변경을 수반하는 거래의 발생을 포함할 만큼 긴 기간과 관련되어 있어서 화폐의 시간적 흐름에 분석의 초점이 모아진다. 제11장의 자본예산편성에서 소개될 현가(present value)계산이 핵심 역할을 수행한다.

한편, 단기의사결정은 설비능력의 변화가 일어나지 않을 정도의 짧은 기간과 관련 맺으며 주로 현금흐름의 크기에 초점을 맞춘다. 장기의사결정과 달리 현가계산이 불필요하며 이 장에서 소개할 특별원가조사의 대부분은 단기의사결정에 해당한다.

표 4.1

회계정보와 의사결정과정

제1단계	관련자료를 비롯한 의사결정에 유용한 정보수집(information)
제2단계	예측방법(prediction method)을 결정하고 동예측에 필요한 구체적 예측치 파악(specific predictions)
제3단계	의사결정모델(decision model)을 적용하여 최적안 선택
제4단계	선택된 대안을 실행(implementation)
제5단계	실행결과에 대한 성과평가(performance evaluation)

의사결정을 위한 관련정보란 추정원가 또는 소요투자액처럼 계량적(quantitative) 성격을 띠는 것이 일반적이다. 그러나 이러한 계량정보에 못지않게 때로는 종업원의 사기 또는 기업이미지에 미치는 영향들과 같은 질적 정보(qualitative information)가 특정 대안의 선택상 결정적인 역할을 수행하기도 한다. 특히, 전략적 의사결정에서는 재무적 정보는 물론 비재무적이고 비계량적인 정보가 중요하게 활용된다.

이 장에서는 단기의 운영의사결정을 중심으로 한 관련원가분석에 초점을 맞춘다. 따라서 자연히 계량적인 원가정보의 활용이 중점적으로 다루어질 것이다.

제 3 절 관련원가와 차액분석

"빨리 가는 것보다 올바른 길을 가는 것이 더 중요하다."

3.1 관련원가의 의의와 역할

관련원가(relevant cost)는 '대안간에 차이를 보일 것으로 기대되는 미래원가(expected **future** costs that will **differ** among alternatives)'라고 정의된다. 관련원가의 정의상 핵심은 차이(differ)와 미래(future)이다.

관련원가는 상이한 행동의 결과로 야기되는 재무적 결과를 예측함에 유용하다. 즉, 의사결정 결과로 변화하는 제반 관련항목(예 : 관련수익, 관련투자) 중 관련원가에 초점을 두어 의사결정상 필요한 분석과정을 단순화시키고 문제의 핵심을 올바로 파악하게 한다.

1923년 클락 교수(J. N. Clark)는 "**상이한 목적을 위해서는 상이한 원가를**(different costs for different purposes)"이라는 일종의 캐치프레이즈를 통해 관리회계 정보의 역할을 요약한 바 있다. 이 당시 기업은 재무보고를 위한 전통적 원가계산(즉, 제조간접비 배분을 포함한 사후원가계산)이 특별의사결정 등과 같은 관리회계목적에는 한계를 갖는 것을 깨닫고 있었다. 자연히 기업은 의사결정목적을 분명히 파악한 후에 특정 대안의 선택 여부에 따라 변화하는 원가에 분석의 초점을 두게 되었고 이후 관련원가분석은 관리회계의 핵심 토픽으로 자리잡게 되었다.

<표 4.2>는 관련원가의 개념을 쉽게 이해하게 한다. 이 표가 강조하는 점은

표 4.2

관련원가와 비관련원가의 비교

<table>
<tr><th colspan="2">관련원가(relevant costs)</th><th colspan="2">비관련원가(irrelevant costs)</th></tr>
<tr><td colspan="2">대안간에 차이를 보일 미래원가
(future costs that differ among competing alternatives)</td><td colspan="2">대안간에 차이를 보이지 않는 원가
(costs that do not differ among competing alternatives)</td></tr>
<tr><td>기회비용
(opportunity cost)</td><td colspan="2">지출원가
(outlay cost)</td><td>매몰원가
(sunk cost)</td></tr>
<tr><td>차선의 대안에서 기대되는 순현금흐름</td><td>대안간에 차이를 갖는 미래지출을 필요로 하는 원가</td><td>대안간에 차이를 보이지 않는 미래 지출을 요하는 원가</td><td>과거의 의사결정 결과로 야기된 역사적 원가</td></tr>
</table>

자료 : 『전략적 관점을 강조한 관리회계』, 신홍철(2001), 9장 참조.

두 가지로 요약할 수 있다.

① 미래의 지출원가(outlay cost)는 대안간에 차이를 보이는가의 여부에 따라 관련원가일 수도 있고 비관련원가일 수도 있다는 점이다. 예를 들어 설명해 보자. 서울에서 부산까지 차를 렌트하여 운전하고 갈 것인가(대안 #1) 또는 자신의 차를 몰고 갈 것인가(대안 #2)를 비교함에 있어서 렌트에 소요되는 추가지출(즉, 렌트료)은 두 대안간에 차이를 보이는 미래원가로 대표적인 관련원가이다. 그러나 서울에서 부산까지의 고속도로 톨게이트비용 또는 연료비 등은 자신이 소유한 차나 렌트할 차가 차종 및 연도 등에 있어서 유사할 경우 미래의 지출원가에 해당되지만 두 대안간에 차이를 보이지 않기 때문에 비관련원가이다. 또 다른 관련원가로는 자차운행시 엔진오일 교환, 세차비 등이 해당된다.

② 매몰원가(일명, 기발생원가)는 비관련원가이며, 대안간의 차이로부터 발생하는 기회원가는 항시 관련원가에 속한다는 점이다. 매몰원가는 미래지향적이라는 요건을 충족하지 못한다는 점에서 비관련원가에 해당한다.

3.2 차액분석 대 총액분석

관련원가의 올바른 활용은 차액분석을 적절히 활용함에 달려 있다고 해도 과언이 아니다. 차액분석(differential analysis)은 용어가 시사하는 바와 같이 ① 대안간에 차이를 보이는 항목만을 식별하여, ② 이들 항목을 체계적으로 표시한 후 대안간에 어떠한 차이를 갖는가를 분석하여 의사결정을 내리는 것을 말한다.

반면에 총액분석(complete analysis)은 모든 항목을 빠짐없이 나열한 후 대안간의 비교를 행하는 분석방법이다. 때로는 영어표현을 직역하여 완전분석이라고도 불린다. 차액분석은 총액분석에 비해 보다 합리적이다. 왜냐하면 차액분석은 다음과 같은 장점을 갖기 때문이다.

① 의사결정이 초래할 주된 영향을 보다 분명히 파악할 수 있다.
② 분석표 작성이 용이하다.
③ 총액분석의 경우처럼 대안간에 공통적인(따라서 의사결정에 비관련적인) 항목에 관한 자료를 일일이 구해야 하는 번거로움을 피할 수 있다.

다음 절에서는 관련원가에 속하는 대표적인 원가 개념을 정의, 의미, 특징, 활용예 등을 중심으로 설명한다. 특수원가에 속하는 비관련원가도 함께 소개한다.

제4절 대표적인 관련원가

> "후회는 하지 말자. 결코 뒤돌아보지는 말자. 과거는 이미 지나간 일, 곰곰이 되씹어 봐야 어쩔 도리가 없지 않은가. 중요한 것은 우리가 알아야 할 그 무엇인가가 추가되었다는 사실이다.
>
> -『만인의 목표』의 저자인 레베카 비어드(Rebecca Beard)-

4.1 차액원가

차액원가(differential cost)란 기존 경영상태에 어떤 변화(가령, 조업도, 설비의 증감, 생산방식 등)가 있을 때 그 변화에 따른 원가변동분을 말한다. 동 원가는 변화의 방향에 따라 증분원가와 감분원가로 구분되기도 한다. 증분원가(incremental cost)는 비교대상의 대안에 비해 원가가 증가하는 경우의 원가증가액을, 그리고 감분원가(decremental cost)는 비교대상의 대안에 비해 원가가 감소하는 경우의 원가절감액을 말한다.

경제학적 개념의 한계원가(marginal cost)는 조업도의 한계적 변화(즉, 미분적 개념의 추가단위변화)에 따른 차액원가를 의미한다. 그러나 실무에서는 일정크기의 조업도 변화를 분석대상으로 삼는다. 마지막 한 단위 추가에 따른 원가부담을 의미하는 한계원가라는 경제학적 용어는 실무에서 잘 사용되지 않는다.

4.2 매몰원가 = 회수불능원가(irrecoverable cost)

> **TIP!**
> **실무사례 : 매몰원가**
> 동아건설의 리비아 1차대수로 공사에 투입된 내용연수가 남은 중장비는 2차대수로 공사(낙찰에 성공하여)에 투입되지 못하면 매몰원가에 해당한다(원가회계 교재 제1장 박스기사 참조).

> **TIP!**
> **전부원가의 오류**
> 재무회계에서 계산되는 제품원가는 고정제조간접비의 배분을 포함한 전부원가를 의미한다. 그러나 단기의사결정과 무관하게 총금액이 일정한 고정비는 비관련원가로서 의사결정에 활용되지 말아야 한다. 그럼에도 불구하고 전부원가는 재무제표에서 쉽게 구할 수 있다는 이유로 자칫 의사결정에 잘못 이용되기도 하는데 이를 전부원가의 오류라고 일컫는다.

매몰원가(sunk cost)는 일반적으로 용도가 극히 제한된 설비의 취득에 소요된 원가의 전부 또는 일부가 특정한 상황의 발생 때문에 회수할 수 없게 된 경우를 말한다. 가령, 시체육관에 납품하기로 계약을 체결하고 조립생산한 설비가 체육관 건립계획의 취소로 납품을 할 수 없게 되고 다른 용도로 대체 사용될 수 없는 경우 설비 생산원가는 매몰원가에 해당한다. 또 다른 예로는 금주법의 통과로 무용지물이 된 양조장설비 그리고 휴대폰의 보편화로 사라진 시티폰을 들 수 있다.

오늘날처럼 환경변화가 급속히 이루어짐과 더불어 경제적 진부화(obsolescence)로 말미암아 기존에 보유하고 있던 시설의 미상각잔액도 매몰원가에 해당한다. 매몰원가 개념은 '더 이상 변경시킬 수 없는 회피불능한 과거원가'라는 개념의 비관련원가라는 측면에서 이해할 필요가 있다.

매몰원가는 대표적인 비관련원가이다. 그러나 사람들은 흔히 단기의사결정에서 매몰원가를 관련원가로 간주하는 오류를 저지른다. 이를 전부원가의 오류(full-cost fallacy)라고 부른다.

때로는 매몰원가에 대한 자세한 분석이 필요할 경우가 있다. 비록 매몰원가가 단기의사결정에는 비관련적이지만 기업이 부담할 세금을 계산하거나 미래의 원가를 예측하는 목적으로는 유용하기 때문이다. 가령, 기업이 보유하고 있던 자산을 처분할 경우 미상각잔액은 매몰원가이지만 처분가액과 대조되어 고정자산 처분에 따른 이득이나 손실 계산에 이용된다.

4.3 현금지출원가

현금지출원가(out-of-pocket cost)는 경영자의 의사결정결과로 자금지출이 수반되는 원가를 의미한다. 가령, 구설비를 신설비로 대체할 경우, 실제 자금지출의 부담분을 의미하는 현금지출원가는 신규설비의 취득원가에서 구설비의 매각대금을 공제한 금액이 된다. 물론 추가세금 부담분이 발생할 경우에는 이를 제외한 수치가 될 것이다.

현금지출원가는 단기의사결정에 유용한 개념이다. 이런 장점 때문에 종종 전통적인 손익분기점 분석과 결부되어 현금흐름 손익분기점이 계산되기도 한다. 가령, 일시적인 공장폐쇄가 기업 자금흐름에 미치는 효과를 분석하는 경우를 가정해 보자. 만약 (사전 신고 및 절차를 통해) 일정기간 공장폐쇄시 보험료나 지방세 일부가 면제되고 일부 감독자가 해고될 수 있다면 고정비로 간주되었던 이들 비용은 회피가능한 비용이다. 결과적으로 현금흐름 손익분기점은 전통적인 손익분기점보다는 작게 마련이다.

4.4 기회원가

"기회원가(opportunity cost)란 재료, 노동 또는 설비 등의 자원에 대해서 대체적인 용도 중 어느 하나를 택하고 다른 것을 포기한 결과 상실되는 효익을 화폐가치로 평가한 것"으로 정의된다(미국원가계산기준위원회[CASB] 참조).

기회원가의 대표적인 특징은 지출원가와 대립되는 개념으로 재무회계상 기록대상이 되지 않는다는 점이다. 기회원가는 의사결정과정에서 고려되는 대안의 수를 줄이는 데 기여한다. 아울러 올바른 의사결정을 위해서는 반드시 고려되어야 하는 중요한 변수이다. 그러나 기회원가는 경영자가 고려하는 대안에 따라 달라지는 일종의 상대적 개념이다. 여러 영화사로부터 출연제의를 받는 인기 영화배우의 경우(기회원가가 큼)와 반대로 별다른 제안을 받지 못해 시간을 죽이는 배우의 경우(기회원가가 낮음)를 비교하면 쉽게 이해할 수 있다.

비록 공식적으로 장부상에 기록되지는 않지만 기회원가 개념은 의사결정에 다양하게 고려된다. 또한 계량화하기 힘든 질적 기회원가도 종종 고려된다. 가령, 기존고객과의 마찰을 우려하여 비록 수치상으로는 기업에 도움이 될 특별주문(가격할인을 전제로 한 대량구매)을 포기하는 경우가 이에 해당한다. 기회원가 측정을 개략적으로 할 것인가 또는 정확히 할 것인가 하는 것은 의사결정상황을 고려한 원가-효익분석(cost-benefit analysis)에 따라 달라질 것이다.

TIP!

그림자가격(shadow price)

제약조건하의 최적의사결정을 위한 대표적인 계량모델인 선형계획법(Linear Programming)의 최적해와 관련해서는 **그림자가격** 용어가 등장한다. 이때 그림자가격이란 '***특정 상황에서 희소자원을 추가로 한 단위 갖지 못함으로써 상실하는 공헌이익***'으로 정의된다. 달리 말하면 (희소 자원에 대한) 외부로부터의 공급이 가능해져(즉, 특정 제약조건 한 단위가 해소됨으로써) 실현가능한 이익의 증가, 즉 **제약자원의 단위당 가치**를 말한다. 가령, 제약조건인 완성부의 노동시간이 한 시간 늘어남으로써 증가하는 공헌이익을 말한다. 일종의 **기회원가**이다.

〈주〉 제약자원을 구입하기 위해 최대한 지불할 수 있는 가격은 아니다. **그림자가격**은 최대구입 가격 자체를 의미하는 것이 아니라 구입가격에 덧붙여 지불해도 손해가 나지 않는 일종의 **프리미엄**을 말한다.

4.5 부가원가 또는 암묵적 원가(imputed or implicit cost)

부가원가는 현금지출을 수반하지도 않고 재무기록상에도 나타나지 않는 원가로 이익산정 등에 있어서 지출원가에 부가되는 원가를 말한다. 개인기업의 소유자가 다른 직장에 종사할 경우에 벌 수 있는 기업가임금, 사업에 투자한 자본을 다른 곳에 투자했을 경우에 벌 수 있는 투하자본의 계산이자 등이 이에 해당한다. 이런 점에서 부가원가는 기회원가의 일종이다.

부가원가라는 용어는 진정한 관련원가를 파악함에 있어서 이들 원가가 반드시 추가적으로 고려되어야 함을 강조한다. 즉, 부가원가의 기능은 회계가 경제적 현실을 보다 잘 반영 · 묘사하도록 하는 데 있다. 1990년대 후반에 강조되기 시작한 경제적부가가치(EVA : economic value-added) 개념도 사실상 따지고 보면 손익계산서상의 이익산정시 부가원가를 명시적으로 반영하는 것이다. EVA에 관한 자세한 설명은 제9장에서 다룬다.

4.6 대체원가

대체원가(= 재취득원가 : replacement cost)란 역사적 원가를 현재의 화폐구매력으로 환산한 평가액을 말한다. 가령, 5년 전에 구입한 자동차와 동일 자동차를 지금 다시 구입할 경우 지금 지불해야 할 금액(대체원가)은 5년 전 구입시 지불한 금액(역사적 원가)보다 큰 것이 일반적이다. 물론 물가상승 정도에 따라 금액 상승폭은 다를 것이다.

대체원가는 주로 화폐가치 변동시 기업으로 하여금 실질적인 이익을 실현할 수 있게 하는 데 이용된다. 가령, 원가보상방식으로 판매가격이 결정되는 경우, 역사적 원가보다는 대체원가를 이용하여야만 현실적인 판매가격결정이 가능하고 화폐변동시에도 재생산능력이 유지될 수 있다.

4.7 회피가능원가

회피가능원가(avoidable cost 또는 escapable cost)는 특정 대안을 택하지 않음으로써 회피가능한 원가를 말한다. 특정 대안을 택하지 않은 경우 "과연 기업은 어떠한 원가를 절약할 수 있는가?"와 같은 경영질문에 관련되는 원가 개념이다.

회피가능원가는 앞서 소개한 증분원가의 일종으로 차액분석시 특정 대안을 포기할 때 예상되는 원가이다. 예산편성과정에서 기업의 현금상태 등 여건을 감안하여 그 집행여부가 결정되는 교육훈련비, 광고비 등과 같은 임의재량원가(discretionary cost)는 회피가능원가의 후보로 자주 거론된다.

4.8 연기가능원가

연기가능원가(postponable cost)는 현영업활동의 효율성에 거의(또는 전혀) 영향을 미치지 않으면서 미래로 이연될 수 있는 원가를 말한다. 교육훈련비, 광고비, 주요 기계시설 등의 분해수리비 등이 이에 속한다.

지금까지는 '관련원가의 의사결정에의 활용'이라는 토픽에서 주로 검토되고 활용되는 특수원가 개념을 소개하였다. 이하에서는 절을 달리하여 자가생산 또는 외부구입(make-or-buy) 등 구체적인 의사결정예에서 이들 관련원가가 어떻게 활용되는지를 설명하도록 한다.

제 5 절 관련원가의 활용

"목적을 알지 못하고 단순히 수단만을 안다는 것은 동물에 대한 훈련이다."

5.1 자가생산 또는 외부구입(make-or-buy: 일명, 아웃소싱)

1. 의사결정상황 및 고려대상 대안

기업은 수시로 필요로 하는 부품 또는 서비스를 자체적으로 생산하여 충족시킬 것인가 아니면 외부로부터 조달할 것인가의 상황에 직면하게 된다. 이때 스스로 해

TIP!

실무에서의 외주가공비

제조업체의 제조원가명세서에는 **외주가공비**라는 원가항목이 등장한다. 외주가공비는 기업이 필요로 하는 시설을 직접 보유하는 대신에 이를 보유한 기업에게 가공작업을 의뢰하고 그 대가로 지급한 금액을 말한다. 따라서 기업이 자체적으로 시설을 구입하여 가공작업을 수행할 경우에는 외주가공비 대신에 기계시설의 감가상각비나 수선유지비 등과 같은 경비가 발생할 것이다. 자금이 부족한 중소기업의 경우에 **외주가공비**라는 비목이 차지하는 비중이 적지 않은 이유는 이런 연유에서이다. 때로는 직접 인력을 관리하기가 싫어서 외부에 하청을 주는 경우도 있다. 이 경우의 외주가공비는 경비보다는 노무비 성격을 갖는다. 따라서 기업간 비교시에는 이런 섬을 감안하여야 한다.

결하는 자가생산(make) 대안과 외부에서 구입(buy)하는 대안간에 선택을 해야 한다. 가령, 자동차업체가 협력업체로부터 공급받아 오던 특정 자재나 부품을 자회사의 설비를 통해 직접 생산하는 경우와 출판사가 자체적으로 인쇄시설을 구입하여 인쇄하기로 결정하는 것 등이다. 이러한 예는 기업의 장기정책(가령, 수직적 통합의 정도)과 밀접한 관련을 맺는다.

이러한 의사결정 상황을 make-or-buy 혹은 줄여서 아웃소싱이라고 부른다. make-or-buy 상황은 제조업체는 물론 서비스업체 그리고 일상생활에서도 빈번히 접하는 의사결정상황이다. 가령, KBS나 MBC 등 방송국에서 방영하는 드라마 제작을 자체제작할 것인가 혹은 외주를 줄 것인가 그리고 집에서 식사할 것인가 아니면 외식할 것인가와 같은 의사결정상황도 사실상 make-or-buy 상황에 해당한다.

2. 의사결정 룰과 분석상의 핵심

make-or-buy 의사결정의 핵심 룰은 자가제작(make)시의 총관련원가와 외부구입(buy)시의 총원가를 비교하여 보다 낮은 관련원가의 대안을 택하는 것이다. 외부구입원가는 쉽게 파악될 수 있다. 그러나 자가제작의 관련원가에는 유휴시설(idle capacity)의 존재여부와 대체적 용도를 감안하여 계산된 기회원가가 포함되어야 한다.

make-or-buy 의사결정시 다음과 같은 점을 유의해야 한다.

① 대부분의 경우 변동제조원가는 관련원가이다. 그러나 예외도 존재한다. 가령, 이미 구입되고 다른 용도로는 사용될 수 없는 원재료가 그것이다. 이러한 재료원가는 생산량이 증가함에 따라 함께 늘어나는 변동비이지만 동 재료를 사용하기 위해 추가지출을 요하거나 기회원가가 존재하지 않기 때문에 비관련원가이다.

② 자체 생산을 중단할 경우 고정제조간접비 중 일부(가령, 해고가능한 감독자급료)는 회피가능하다. 이러한 회피가능고정원가는 관련원가이다.

③ make-or-buy 의사결정에서 최적안은 조업도 수준(즉, 예상구매수량)에 따라 달라진다. 왜냐하면 자가생산 대안의 관련원가 중 일부 고정비는 배분대상인데 수량에 따라 외부구입단가와 비교될 단위당 자가생산원가가 달라지기 때문이다.

④ 자가생산시 이용되는 설비와 관련된 감가상각비는 비관련원가이다. 이미 발생한 과거원가로 매몰원가에 해당하기 때문이다.

⑤ 때로는 단순히 특정 조업도 수준에서 어느 대안이 유리한지를 판단하는 대신에 두 대안이 무차별해지는 조업도 수준, 즉 무차별점(indifference point)에 관심을 두기도 한다. 무차별점을 구하게 되면 이를 경계로 우측의 조업도에서는 자가제작이 그리고 반대의 경우에는 외부구입이 유리함은 자명하기 때문이다.

위에서 설명한 분석상 유의해야 할 점을 구체적인 수치 예제를 통해 점검하도록 한다.

예제 4-1 make-or-buy(1) : 유휴시설의 존재 여부와의 결합

홍익공업이 부품 #300을 자가생산할 경우의 원가자료와 기본가정은 다음과 같다. 최근 부품 #300과 동일한 물건을 단위당 ₩16에 공급하겠다는 외부의 제안이 있었다. 과연 홍익공업은 이 제안을 수락해야 할지를 관련원가분석을 통해 답하시오.

<자료> 부품 #300의 자가제조시의 원가

	10,000단위 생산시의 총원가	단위원가
직접재료비	₩10,000	₩1
직접노무비	80,000	8
변동제조간접비	40,000	4
고정제조간접비	50,000	5
합 계	₩180,000	₩18

<가정>

① 고정제조간접비 중 ₩30,000은 의사결정 여하에 관계없이 (즉, 외부에서 구입하더라도) 계속 발생할 것이다. 감가상각비나 재산세 등이 이에 해당한다.

② 고정제조간접비 중 ₩20,000은 만약 자가생산하지 않고 외부에서 구입할 경우에는 절감될 수 있다. 즉, 회피가능하다. 해고가능한 공장감독자 급여 등이 이에 해당한다.

③ 부품생산에 사용되던 시설을 다른 제품생산에 활용하면 총 ₩19,000의 공헌이익을 실현할 수 있다. 반면에 외부에 임대할 경우에는 ₩5,000을 받을 수 있다.

풀 이

분석의 핵심은 4가지 대안간의 관련원가를 비교하는 것이다. 핵심적인 관련원가인 기회원가를 처리하는 방법은 다음 두 가지가 가능하다. 그 하나는 기회원가를 다른 대안의 관련원가에서 공제하는 것이고, 또 다른 방법은 기회원가를 부가적으로 고려하는 것이다. 이 두 가지 방법 모두 동일한 결론을 이끈다.

<분석방법 1> **기회원가를 관련원가에서 공제하는 방법: 순관련원가법**

	대안 1	대안 2	대안 3	대안 4
	자가생산	외부구입 + 시설방치	외부구입 + 타제품생산활용	외부구입 + 시설임대
총수익	–	–	–	**5,000**
타제품생산에 따른 공헌이익	–	–	**19,000**	–
부품조달원가	(150,000)	(160,000)	(160,000)	(160,000)
순관련원가	(150,000)	(160,000)	(141,000)	(155,000)

차이 = 9,000

* (모든 대안에 공통적으로 해당되는) 회피불능고정원가(₩30,000)는 비관련항목으로 제외하였음.

TIP!

비관련원가는 분석상 제외!

[예제 4-1]의 회피불능원가(₩30,000)는 모든 대안에 공통으로 적용되는 비관련원가 항목이기 때문에 제외하는 것이 바람직함. 즉, 별다른 요구가 없을 경우 총액분석보다는 차액분석이 지름길임!

<분석방법 2> **기회원가를 명시적인 부가원가로 처리하는 방법: 총관련원가법**

	대안 1	대안 2	대안 3	대안 4
	자가생산	외부구입 + 시설방치	외부구입 + 타제품생산활용	외부구입 + 시설임대
총수익	–	–	–	–
타제품생산에 따른 공헌이익	–	–	–	–
부품조달원가	150,000	160,000	160,000	160,000
+기회원가	**19,000**	**19,000**		**14,000**
순관련원가	169,000	179,000	160,000	174,000

차이 = 9,000

예제 4-2 make-or-buy(2) : 유휴시설이 존재하는 경우

다른 조명기구와 함께 유아용 스탠드(브랜드명 : 바니램프)를 생산하고 있는 홍익조명(주)의 단위당 바니램프 제조원가는 1,000개 생산을 가정할 경우 다음과 같다.

제조원가(단위당)	
직접재료비	₩4,000
직접노무비	8,000
변동제조간접비	6,000
고정제조간접비	6,000
총제조원가	₩24,000

앞의 원가자료 중 고정제조간접비는 공장전체의 제조간접비 총액 ₩12,000,000 중 일

부를 배분받은 금액이다. 이때 바니램프를 단위당 ₩22,000에 주문자 상표부착(OEM) 방식으로 생산·공급하겠다는 외부제안을 과연 채택해야 하는지를 다음 두 가지 경우로 나누어 답하시오.

<사례 1> 바니램프를 외부로부터 조달할 경우 고정제조간접비 중 ₩2,000,000이 줄어든다. 그러나 바니램프 생산에 사용되던 시설은 그대로 놀리게 된다.

<사례 2> 바니램프를 외부로부터 조달할 경우 고정제조간접비 중 ₩2,000,000이 줄어든다. 한편, 바니램프 생산에 사용되던 시설은 컴퓨터 책상에 부착될 사무용 스탠드 1,000개 생산에 활용할 수 있다. 이렇게 생산된 컴퓨터용 스탠드는 전량(1,000개)을 사무용가구 전문업체인 퍼시스(주)가 총 ₩37,000,000에 구입하기로 합의했다. 단, 컴퓨터용 스탠드를 생산하게 될 경우에는 시설을 그대로 놀리는 경우에 비해 고정제조간접비 금액은 ₩1,000,000 늘어난 ₩3,000,000이 된다. 참고로 고정제조간접비를 제외한 컴퓨터용 스탠드 제조원가 자료는 다음과 같다.

컴퓨터용 스탠드 제조원가(단위당):	
직접재료비	₩5,000
직접노무비	10,000
변동제조간접비	8,000
제조원가(고정비 제외)	₩23,000

풀이

<사례 1>과 <사례 2>의 핵심적 차이는 기회원가의 존재여부 및 크기이다. 이를 적절히 고려하여 부가적 방식으로 답을 구하면 다음과 같다.

1. **<사례 1> 결론**: 외부 제안을 거절하고 자가생산하여야 한다. 왜냐하면 자가생산의 총관련원가가 외부생산의 경우보다 적기 때문이다.

	자가생산(make)		외부생산(buy)
증분원가	₩20,000,000*		₩22,000,000
			(=₩22,000×1,000)
기회원가	**0**		**0**
관련원가	₩20,000,000		₩22,000,000
차 이		₩2,000,000(−)	

* 단위당 변동비는 ₩18,000이고 관련(즉, 회피가능) 고정제조간접비는 ₩2,000,000이다. 따라서 총관련원가는 ₩18,000×1,000개+₩2,000,000=₩20,000,000이다.

2. **<사례 2> 결론**: 외부 제안을 채택하여야 한다. 왜냐하면 외부생산의 경우 자가생산에 비해 ₩9,000,000을 절감할 수 있기 때문이다.

	자가생산(make)		외부생산(buy)
증분원가	₩20,000,000		₩22,000,000 (=₩22,000×1,000)
기회원가	**11,000,000***		**0**
관련원가	₩31,000,000		₩22,000,000
차　이		₩9,000,000(+)	

* 바니램프 생산시설을 컴퓨터용 스탠드로 돌릴 경우 기대되는 이익은 다음과 같다.

Ⅰ. 증분수익	₩37,000,000	
Ⅱ. 증분변동비	-23,000,000	
직접재료비	5,000,000	(=₩5,000×1,000)
직접노무비	10,000,000	(=₩10,000×1,000)
변동제조간접비	8,000,000	(=₩8,000×1,000)
Ⅲ. **증분공헌이익**	**₩14,000,000**	
Ⅳ. 증분고정비	-3,000,000	
Ⅴ. **증분이익**	**₩11,000,000**	

5.2 특별주문의 수락 또는 거부(special order)

1. 의사결정상황 및 고려대상 대안

기업은 종종 기존고객이나 전혀 거래가 없던 고객으로부터 대량구매를 조건으로 정상판매가격을 할인한 가격으로 공급해 줄 것을 제안받는다. 이 상황에서 경영자는 과연 이러한 비경상적인 주문을 수락해야 하는지(accept), 아니면 거절해야 하는지(reject)를 고민하게 된다. 특별주문 의사결정은 이러한 임시예외적인 단기 가격결정상황을 말한다.

2. 의사결정 룰과 분석상의 핵심

앞서 다룬 make-or-buy 상황처럼 분석의 핵심은 여유시설의 존재 여부에 따른 기회원가를 다루는 것이다. 먼저 특별주문의 수락 여부에 상관없이 고정비가 일정한가를 체크하고 수락하는 경우와 거절하는 경우의 차액수익과 차액원가를 대비하는 차액분석형태로 이루어진다.

특별주문의 수락 또는 거부 의사결정을 올바로 내리기 위해서는 다음과 같은 점을 유의해야 한다.

① 전부원가의 오류에서 벗어나야 한다. 제2장의 원가행태에서 설명한 바와 같이 고정비는 조업도에 상관없이 일정하게 발생하며 단위당 고정비는 조업도가 증가함에 따라 비선형형태로 감소하게 된다. 따라서 올바른 관련원가분석은 단위당 원가 대신에 총원가를 이용하여 이루어져야 한다.

그러나 사람들은 특정 조업도를 가정하여 계산된 단위당 고정비를 다른 변동비와 합친 단위당 제조원가(일명, 전부원가)를 사용하는 가운데 잘못된 의사결정을 내리기도 한다. 이처럼 마치 고정비를 조업도에 따라 변하는 변동비처럼 오해하는 가운데 전부원가를 이용하여 관련원가분석을 행하는 잘못(fallacy)을 범하는 것을 전부원가의 오류(full cost fallacy)라고 부른다.

전부원가의 오류가 시사하는 바는 한마디로 고정비가 관련된 의사결정에서는 반드시 단위당 원가 대신에 총원가로 접근해야만 올바른 의사결정을 내릴 수 있다는 것이다.

② 공헌이익접근법이 매우 중요하다. 특별주문 의사결정상황에서는 과연 고객이 제안한 단위당 구매가격과 주문품 생산에 소요되는 단위당 변동비의 차액인 단위당 공헌이익에 판매수량을 곱해 계산되는 총공헌이익이 증분고정비를 회수하기에 충분한지가 분석의 핵심이다. 이 점에서 특별주문 의사결정은 제3장에서 다룬 CVP분석과 일맥상통한다. 즉, 가격변화가 이익에 미치는 효과를 민감도분석형태로 행한 것이 곧 특별주문 의사결정인 셈이다.

③ 여유시설의 존재 여부를 고려하여야 한다. make-or-buy 상황처럼 특별주문의 거절이나 채택시 발생할 기회원가를 올바로 반영하는 것이 핵심이다.

④ 최종의사결정은 관련원가의 비교 이외에도 기존 고객과의 마찰가능성 및 특별할인 허용이 장기에 미칠 효과 등 제반 비재무적인 요소를 고려하는 가운데 이루어져야 한다. 이는 일종의 기회원가에 대한 고려를 의미한다. 해외수출의 경우에는 자칫 반덤핑(anti-dumping) 시비에 휘말릴 수도 있다.

TIP!

반덤핑이란?

국내 산업의 보호를 목적으로 덤핑업체나 덤핑국가의 수출품에 고율의 관세를 부과하여 수입을 규제하는 조치

예제 4-3 special order: 여유시설의 존재 여부와의 결합

반도체 장비에 들어가는 부품을 생산하는 와우전자(주)는 내년에 정규 판매가격(₩80/개)으로 15,000개의 제품을 판매할 것으로 예상하고 있다. 동판매량과 관련하여 예상되는 고정비는 ₩300,000 그리고 총변동비는 ₩810,000이다. 참고로 15,000개 생산을 가정하여 계산된 원가자료는 다음과 같다.

	단위당 제조원가	총원가
직접재료비	₩23	₩345,000
직접노무비	16	240,000
변동제조간접비	10	150,000
고정제조간접비(배부액)	**12**	**180,000**
변동판매비 및 관리비	5	75,000
고정판매비 및 관리비	8	120,000
합　계	₩74	₩1,110,000

이때 외국 수입상으로부터 단위당 ₩56에 4,000개를 구입하겠다는 특별주문을 접수하였다고 가정하자. 이 수출주문을 수락할 경우 국내판매의 경우와는 달리 단위당 변동판매비 및 관리비는 발생하지 않는다. 그러나 통관절차 등으로 인해 고정판매비 및 관리비는 ₩8,000만큼 증가한다.

〈물음〉

와우전자(주)의 연간 최대생산능력이 (1) 19,000개일 경우 그리고 (2) 18,000개일 경우 2가지로 구분하여 특별주문의 수락 여부를 결정하시오.

<김성기, 1988, 제9장>

풀 이

(1) **최대생산능력=19,000개일 때 주문을 수락한다.** 왜냐하면 ₩20,000의 이익증가를 가져오기 때문이다. 여유시설이 4,000개이므로 기회원가가 발생하지 않는다. 따라서 단위당 차액원가인 ₩51(=23+16+10+2)과 차액수익인 ₩56을 비교하는 것이 핵심이다. 수락시 ₩20,000[=(₩56−₩51)×4,000]의 이익이 증가한다.

(2) **최대생산능력=18,000개일 때 주문을 거절해야 한다.** 왜냐하면 국내판매 감소분(1,000개)에 따른 기회비용을 감안할 경우 ₩6,000만큼의 손실이 기록되기 때문이다.

특별주문수락시의 총공헌이익(₩5×4,000단위)	₩20,000
정규매출감소로 인한 공헌이익상실액(₩80−₩54)×1,000단위	(26,000)
순유리액(불리액)	₩(6,000)

(주) 해외수출 주문은 4,000개를 일괄 납품해야 하기 때문에 여유시설 3,000개를 초과하는 1,000개는 국내 판매를 줄여서 채워야 한다.

5.3 제품라인의 추가 또는 폐지

1. 의사결정상황 및 고려대상 대안

복수제품라인을 운영하는 기업의 경영자는 종종 제품라인별 수익성에 관한 보고서를 접한 후 손실을 기록하거나 수익성이 저하된 제품라인을 폐지(drop)하고 새로운 제품라인을 추가하는 것이 과연 바람직한지를 결정하는 상황에 처한다. 가령, 경차, 소형, 중형, 대형 자동차에서 레크리에이션용 자동차(RV)에 이르기까지 전차종을 생산 · 판매하는 풀라인업(full line-up)전략을 추구해 오던 자동차업체가 경쟁우위 상실로 인해 적자를 기록하기 시작한 경차부문을 폐기할 필요성에 직면하는 것이 일례이다.

사실상 특정 라인을 폐지하는 것과 새로운 라인을 추가(add)하는 것은 별개의 의사결정이다. 왜냐하면 새로운 라인의 추가는 대부분 장기 전략적 차원에서 다루어질 성격이기 때문이다. 그러나 단기적 의사결정의 상황을 가정할 경우 이들 두 가지 의사결정은 상호 관련을 맺는 경우가 많으며 분석기법 또한 동일하게 적용될 수 있다.

2. 의사결정 룰과 분석상의 핵심

특정 제품라인을 그대로 유지할 경우에 기대되는 총공헌이익과 특정 라인을 폐지할 경우에 기대되는 총공헌이익을 비교하는 것이 핵심이다. 특정 라인이 벌어들이는 수익이 라인을 폐지함으로써 회피가능한 원가를 초과하는 한, 라인은 유지되어야 한다. 배분받은 고정비를 반영한 이익수치를 이용해서는 안 된다.

제품라인의 추가 또는 폐지 의사결정을 올바로 내리기 위해 유념해야 할 점을 요약하면 다음과 같다.

① 특정 제품라인의 폐지에 관한 의사결정은 공헌이익을 기준으로 해야 한다. 결코 공통고정비의 임의적 배분결과로 계산되는 손익계산서상의 이익수치를 기준으로 판단하여서는 안 된다. 손익계산서 수치를 이용할 경우 앞서 설명한 전부원가의 오류와 유사한 오류를 범하게 된다.

② 특정 제품라인의 공헌이익이 직접고정비를 초과하는 한 동 라인을 유지하는 것이 기업 입장에서는 바람직하다. 왜냐하면 그 차이부분은 기업의 공통고정

비 회수에 기여하기 때문이다.

③ 특정 제품라인과 다른 제품라인과의 상호 관계에 대한 파악이 매우 중요하다. 왜냐하면 특정 제품라인이 비록 자체적으로는 손실을 기록하더라도 다른 제품의 판매를 증가시키는 데 기여하는 미끼상품(loss leader)일 수도 있기 때문이다. 때로는 동 제품 라인이 폐지될 경우 다른 제품라인의 매출이 줄어들 수 있다. 이런 경우에는 특정 제품라인의 폐지 전과 폐지 후의 전사적 이익을 비교하여야 올바른 판단을 내릴 수 있다. 면도기 제조업체(가령, 질렛트)가 단지 손실을 본다는 이유로 면도용 크림(일명, shaving cream) 생산을 중단한 후에 면도기 판매가 대폭 줄어드는 경우가 일례이다.

예제 4-4 제품라인의 추가 또는 폐지

네 가지 유형의 모형자동차를 생산 · 판매하고 있는 신촌공직기계(주)는 네 가지 제품을 각각 별개의 라인에서 생산하고 있다. 신촌공작기계(주)가 작성한 내년도 모형자동차별 예산손익계산서 및 자료는 다음과 같다.

	제품라인				
	승용차	트럭	지프	포크레인	합계
Ⅰ. 매출액	₩40,000	₩75,000	₩25,000	₩45,000	₩185,000
- Ⅱ. 매출원가	(15,000)	(40,000)	(26,000)	(35,000)	(116,000)
Ⅲ. **매출총이익**	**25,000**	**35,000**	**(1,000)**	**10,000**	**69,000**
- Ⅳ. 판매관리비	(10,000)	(15,000)	(9,000)	(11,000)	(45,000)
Ⅴ. **순이익**	**15,000**	**20,000**	**(10,000)**	**(1,000)**	**24,000**
예상판매량(대)	200	300	250	300	
단위당 판매가격(P)	₩200	₩250	₩100	₩150	
단위당 변동제조비	₩50	₩50	₩80	₩70	
단위당 변동판매비	₩20	₩40	₩30	₩10	

〈물음〉

1. 지프(Jeep)모형차의 판매중지가 손익에 미치는 효과를 계산하시오.
2. 지프모형차 폐지시 이와 보완관계에 있는 트럭모형차의 판매량이 50대만큼 줄어들 경우 지프모형차의 폐지가 손익에 미치는 영향은?
3. 새로운 모형자동차(sports-car)를 개발하여 지프생산을 중단하고 그 설비를 이용하여 스포츠카모형을 생산하는 방안을 검토하고자 한다. 지프의 생산에 사용하던 설비들은 아무런 수정 없이 스포츠카모형 생산에 그대로 사용할 수 있다. 스포츠카모형 생산판매에 예상되는 원가(변동제조비 및 판매비)는 단위당 ₩180으로 예상되며, 당사는 이를 ₩230에 240대

판매를 예상한다. 동 방안이 손익에 미치는 영향은 얼마인가?

풀 이

1.

단위당 공헌이익(손실)(₩100 − ₩110)	₩(10)
×예상수요량	× 250개
총공헌이익(손실)	₩(2,500)

지프의 생산 · 판매로 인하여 ₩2,500의 손실이 발생하고 있으므로 지프의 생산을 중단한다면 신촌공작기계(주)의 이익은 ₩2,500만큼 증가할 것이다.

2.

트럭의 단위당 공헌이익(₩250 − ₩90)	₩160
×상실되는 판매량	× (50)개
=트럭의 판매량감소로 인한 손실	=₩(8,000)
+지프의 폐지로 인한 이익의 증가	+ 2,500
이익의 순감소	₩(5,500)

3.

단위당 공헌이익	₩50
×예상판매량	× 240대
=**총공헌이익**	=₩12,000
+지프의 폐지로 인한 이익의 증가	+ 2,500
이익의 증가	₩14,500

5.4 제약자원의 최적활용(optimization under limited resources)

1. 의사결정상황 및 고려대상 대안

기업은 종종 보유하고 있는 자원의 제약으로 인해 생산 또는 판매를 중단해야 하는 경우에 직면한다. 가령, 원재료의 부족 또는 기계시설의 제약으로 인해 생산을 못하는 경우 또는 비록 생산은 가능하지만 운반차량이 부족하여 판매를 못하는 경우 등 제약자원의 유형은 다양하다. 길일에 몰리는 이삿짐 수요를 운반차량이나 인력 부족으로 어쩔 수 없이 거절해야 하는 이삿짐센터의 경우나 한때 밀가루 파동으로 빵이나 과자 생산을 중단할 수밖에 없었던 제과점의 경우도 이에 해당한다.

2. 의사결정 룰과 분석상의 핵심

제약자원의 단위당 공헌이익을 최대화하는 제품에 우선적으로 제약자원을 배정하는 것이 핵심이다. 만약, 단위제품생산에 소요되는 자원소비량이 상이할 경우 단위당 공헌이익이 가장 큰 제품에 제약자원을 우선 배정하는 것은 기업전체의 이익 최대화를 가져오지 못한다(제12장 제약이론 부분 참조).

예제 4-5 제약자원의 최적활용

단일기계를 이용하여 A, B, C 세 가지 제품을 생산하고 있는 미래(주)의 제품별 자료는 다음과 같다. 각 제품별 시장수요에는 한계가 없고 총이용가능한 기계시간은 100시간이라고 가정한다.

	제품 A	제품 B	제품 C
단위당 가격(P)	₩100	₩80	₩50
단위당 변동비(V)	(90)	(50)	(25)
단위당 공헌이익(CM)	**10**	**30**	**25**
소요기계시간/단위당	2시간	2시간	1시간

〈물음〉

위의 자료를 이용하여 어느 제품을 생산해야 할지를 결정하고 그 때 실현가능한 공헌이익을 계산하시오.

풀이

제약조건 단위당 공헌이익이 가장 큰 C제품 생산에 기계를 100% 배정하여 2,500원의 공헌이익을 실현하게 된다. 참고로 자칫 잘못된 판단기준을 적용할 경우 예상되는 총공헌이익을 대조하면 다음과 같다.

선택가능 대안별 비교

	(기준 #1)	(기준 #2)	(기준 #3)
	최대판매가격	단위당 최대공헌이익	제약조건당 최대공헌이익
	제품 A	제품 B	제품 C
이용가능한 기계시간	100시간	100시간	100시간
제품생산수량	50	50	100
총공헌이익	**₩500**	**₩1,500**	**₩2,500**

5.5 결합제품의 판매 또는 추가가공(sell or process further)

1. 의사결정상황

SK에너지나 GS칼텍스와 같은 정유업의 경우 원유(crude oil)를 정유공정에 투입하면 일정 단계에서 휘발유, 등유, 납사(naptha), 벙커C와 같은 다양한 석유제품이 동시에 분리 · 생산된다. 이처럼 동일공정을 거쳐 분리점에서 동시에 생산되는 제품을 연산품 또는 결합제품(joint product)이라고 한다. 이에 관해서는 원가회계 교재(제6장 결합원가계산)에서 다룬바 있다.

결합제품 생산상황에서는 과연 분리점에서 생산된 형태(가령, 반제품의 형태) 그대로 판매하는 것이 유리한지 혹은 추가공정을 거친 후 다른 형태로 판매하는 것이 유리한지에 대한 비교검토가 수시로 필요하게 된다.

가령, 정유업의 경우 정유공정에서 생산되는 납사(naptha)라는 중간생산물을 석유화학공정(즉, 납사분해공정 : naptha cracking unit)에 원료형태로 투입하여 가공하면 또 다른 형태의 산출물(가령, BTX, 크실렌 등)을 생산할 수 있다. 정유업체로서는 과연 이러한 수직적 계열화를 통해 자체적으로 추가가공을 한 후에 판매하는 것이 바람직한지 아니면 중간제품을 (추가가공 없이 그대로) 외부에 판매하는 것이 바람직한지의 의사결정에 직면하게 된다. 이러한 수직적 계열화의 타당성 결정은 정부방침이나 시장상황 등 온갖 변수를 고려해야 하는 장기 전략적 의사결정에 속한다.

그러나 이와 같은 추가가공의사결정은 단기 운영상황에서도 존재한다. 가령, 항공유를 예로 들어 설명해 보자. 항공유는 휘발유와 등유에 몇 가지 첨가물을 이용하여 생산된다. 따라서 폭발적인 항공유(jet-fuel) 수요를 충족시키기 위해 예전 생산량 이상으로 생산량을 늘리려면 휘발유와 등유 판매를 줄이고 대신에 혼합공정(mixing)을 가동시켜야 한다. 이런 경우 과연 추가혼합공정을 거쳐 항공유를 생산하는 것이 바람직할 것인가가 관건이다.

2. 의사결정 룰과 분석상의 핵심

추가가공 여부에 관한 의사결정을 올바로 내리기 위해서는 다음과 같은 점을 유의해야 한다.

① 분리점까지 발생한 결합원가(joint cost)는 미래의사결정, 즉 추가가공 여부

(process further or not)와 무관하다. 즉, 어떤 배분방식을 통해 배분하든지 간에 배분된 원가는 미래의사결정에 하등 영향을 미치지 못한다.

② 의사결정 관련요소는 (ⅰ) 분리점에서의 판매가격, (ⅱ) 추가가공비, (ⅲ) 추가가공 후의 판매가격의 세 가지이다. 이들 관련요소를 종합적으로 검토하여 전사적 입장에서 볼 때 가장 커다란 미래 순현금유입액을 가져오는 대안을 선택하는 것이 곧 올바른 의사결정이다.

추가가공 여부에 관한 의사결정시 유의해야 할 점은 추가가공에 관한 타당성 검토는 추가가공 대안을 포함한 결합제품 전체를 총괄한 평가에서 결합제품의 생산이 처음부터 경제적 타당성을 지녀야 한다는 것이다. 결합제품 생산 자체가 적자일 경우에는 추가가공 자체가 유리한 것으로 판명되더라도 이는 실행에 옮길 수 없기 때문이다. 가령, 정유업의 경우 등유를 그대로 판매할 것인가 아니면 휘발유와 기타 화공약품을 추가하여 항공유를 생산하여 팔 것인가의 분석 이전에 원유를 정제하는 것이 적자일 경우에는 아예 처음부터 생산하지 않는 것이 오히려 더 바람직하다. 다만 이미 시설을 확보한 상태에서의 추가가공 타당성 분석은 단기의사결정 상황에 해당하고 이미 원유 정제의 타당성은 검증된 것으로 가정하면 된다.

예제 4-6 상대적 판매가치법에 의한 결합원가배분

와우회사는 A, B, C의 세 가지 결합제품을 생산하고 있으며, 결합원가는 분리점에서의 상대적 판매가치에 의해 배분된다. 관련 자료는 다음과 같다.

	A	B	C	합 계
결합원가	?	₩10,000	?	₩ 50,000
분리점에서의 판매가치	₩80,000	?	?	₩200,000
추가가공비	₩ 3,000	₩ 2,000	₩ 5,000	
추가가공 후 판매가치	₩85,000	₩42,000	₩90,000	

만약 A, B, C 중 하나만을 추가가공한다면 어느 제품을 추가가공하는 것이 가장 유리하며, 이 때 추가가공으로 인한 이익은 얼마인가?

풀 이

순실현가치법이 아닌 분리점에서의 상대적 판매가치에 의해서 결합원가를 배분한다는 점을 토대로 계산하면 다음과 같다.

$$\text{B의 결합원가배분액} = ₩50{,}000(\text{결합원가}) \times \frac{\text{B의 분리점에서의 판매가치}}{₩200{,}000} = ₩10{,}000$$

따라서 B의 분리점에서의 판매가치 = ₩40,000
한편, C의 분리점에서의 판매가치 = ₩200,000 − ₩80,000 − ₩40,000 = ₩80,000

추가 가공하는 경우의 증분이익 계산은 다음과 같다.

	A	B	C
증분수익: 추가가공후 판매가치	₩85,000	₩42,000	₩90,000
(−) 분리점에서의 판매가치	80,000	40,000	80,000
	5,000	2,000	10,000
증분비용: **추가가공비**	3,000	2,000	5,000
증분이익	₩ 2,000	₩ 0	₩ 5,000

결론: 가공우선순위는 C → A → B 순서이다.

5.6 기존 설비의 대체

1. 의사결정상황

기술혁신 등으로 인해 경제적 진부화가 일어날 때 물리적 수명이 남아 있는 구설비를 보다 나은 신규설비로 대체함이 바람직한가를 검토하는 경우가 이에 해당한다.

2. 의사결정 룰 및 분석상의 요지

전반적 분석기조는 신기계 사용으로 인한 유리함(benefit)과 신기계 취득에 소요되는 부담(cost)간의 비교이다. 실무에서의 실제 의사결정은 보다 장기간에 걸쳐 발생할 비용 및 편익 그리고 조직내의 제반 변수를 고려하여 이루어지는 경우가 대부분이다. 그러나 단기상황을 가정한 일반적인 의사결정은 구설비를 계속 사용하는 경우의 원가, 즉 재산세, 보험료, 수선유지비 등을 포함한 운영비용의 합계와 신규설비로 대체할 경우에 소요되는 원가를 비교하는 형태로 이루어진다.

설비대체 의사결정분석상 유의할 사항은 다음과 같다.

① 기존 설비의 감가상각비는 의사결정에 전혀 목적적합하지 않은 비관련항목이다. 이는 매몰원가에서 설명한 바 있다. 달리 말하면 구설비의 장부가액은 비관련원가이기 때문에 이에 집착할 필요가 없다.

② 기존 설비대체분석은 앞서 설명한 바 있는 차액분석의 장점이 활용될 수 있는 대표적인 분야이다. 즉, 구설비를 이용하는 경우나 신규설비를 이용할 때 공통적으로 발생하는 원가항목(가령, 공장임차료)은 굳이 고려할 필요가 없다. 다만, 두 대안간에 차이를 보이는 항목(가령, 전기료나 수선유지비)에만 초점을 맞추면 된다.

③ 동 분석이 장기분석(가령, 시설능력의 증설 여부 등)으로 확대되어 현금흐름에 초점을 맞출 경우에는 제11장에서 다룰 자본예산편성(capital budgeting)의 분석기법과 일치한다.

④ 구체적인 분석결과 신기계로의 대체가 유리한 것으로 판명되는 경우에도 실무자들은 대안을 채택하는 대신에 기존 설비를 그대로 유지하는 대안을 고집할 수 있을 수 있음을 유의해야 한다. 왜냐하면 과거에 자신이 내렸던 의사결정(가령, 특정 기계의 구입)이 사후적인 분석결과에 의하면 당초 예상치 못했던 여건의 변화 등으로 인해 잘못된 의사결정이었음을 시인한다는 것이 피평가자의 입장에 있는 관리자로서는 결코 쉬운 일이 아니기 때문이다.

지금까지 설명한 분석상의 요지를 보다 쉽게 이해할 수 있기 위한 구체적인 수치에는 다음 페이지의 (주)와우의 원가절감방안 검토사례를 참고할 수 있다. 보다 자세한 내용은 제11장에서 다룬다.

(주)와우의 원가절감방안 검토

(주)와우의 경우 기존 기계보다 성능이 월등한 새로운 기계(취득원가: ₩24,000,000)의 출현과 더불어 현재 다음과 같은 세 가지 대안을 검토하고 있다.

- 대 안 1: 구기계의 계속 사용
- 대 안 2: 신기계로의 대체
- 대 안 3: 영업자체를 중단함

이 중 대안 3은 기각되고 대안 1과 대안 2간의 비교가 당면과제라고 가정하고 두 대안간의 비교를 차액분석으로 행하면 다음 표와 같다.

〈차액분석: 4년간의 관련원가 비교〉 (단위: 천원)

	대안 1 (구기계 사용)	대안 2 (신기계로의 대체)	차 이
변동비	₩320,000	₩224,000	₩96,000
구기계처분가액		(4,000)	4,000
신기계 감가상각비		60,000	(60,000)
총관련원가	₩320,000	₩280,000	₩40,000

차액분석에서는 편의상 기계의 내용연수를 4년으로 가정하고 이 기간을 검토대상으로 삼았다. 차액분석시 양 대안에 공통적인 항목은 생략하였으며 어느 기계를 이용하든 제품판매로 인한 수익은 동일한 것으로 가정하였다. 또한 편의상 세금효과는 무시하였고 신기계의 감가상각은 정액법(잔존가치 영으로 가정)에 따라 계산하였다.

위의 표에는 **구기계의 미상각 장부가액**(book value)은 전혀 포함되어 있지 않다. 그 이유는 매몰원가(sunk cost)의 대표적인 예로 비관련원가에 해당되기 때문이다. 설비대체 의사결정분석에서 올바른 판단을 내리기 위해서는 다음에 열거한 요점을 명심해야 한다.

① 구기계의 장부가액은 항상 비관련원가이다.
② 구기계의 처분가액(disposal value)은 대표적인 관련원가이다.
③ 구기계의 처분으로 인한 이득(gain: 처분가액 > 장부가액의 경우) 및 손실(loss)은 관련원가인 처분가액과 비관련원가인 장부가액이 혼합된 경우이기 때문에 이들을 분리하여 별도로 다루는 것이 바람직하다. 즉, 처분가액만을 관련항목으로 간주하면 된다. 세금이 존재할 경우의 구기계처분 이득/손실에 대한 처리는 제11장에서 다룬다.
④ 신기계의 감가상각은 곧 취득에 소요되는 미래지출을 의미하는 바 관련원가에 해당된다.

컴퓨터서비스 계약방식의 선택을 통한 원가절감

몇 년 전까지만 해도 대부분의 컴퓨터 구입자들은 구입가격의 10%에 해당하는 연간비용을 부담하는 한편, 고장발생시 무상으로 수리를 받을 수 있는 서비스 구입계약을 맺었다. 소비자는 서비스 구입계약을 체결하거나 필요시 제공받는 서비스에 대해 지불하는 방법 중 선택을 할 수 있다. 컴퓨터의 신뢰성이 약할 경우 저원가 대안은 선택할 수 있는 명확한 것이었다. 그러나 시대가 변화했다. Tandy사는 자사의 컴퓨터가 3만 시간 동안 이상 없이 작동한다고 주장한다. 이는 하루에 10시간씩, 연중 300일, 10년에 해당한다. 높아진 신뢰성으로 컴퓨터를 구입하고자 하는 사람은 서비스 구입계약을 꺼려한다. 보스톤은행의 한 이사는 이렇게 말한다. "컴퓨터의 값이 저렴하므로 컴퓨터를 수리하는 것보다 버리는 것이 더 나은 시점이 되고 있다."

<자료 : *Business Week*, 1990>

요 약

01. 이 장에서는 자가생산 및 외부구입, 특별주문의 수락 또는 거절 등 다양한 단기의사결정상황에서 대안간의 비교분석을 위한 관련원가의 활용을 다루었다. 대안간에 차이를 보일 미래원가로 정의되는 관련원가를 올바로 파악하고 대안간의 비교분석에 적절히 활용하는 것은 아무리 강조해도 지나침이 없다.

02. 기회비용은 항시 관련원가인 반면에 매몰원가는 항시 비관련원가이며 미래원가이더라도 대안간에 차이를 보이지 않으면 비관련원가임을 예제를 통해 강조하였다. 종종 고정제조원가를 포함하는 전부원가와 구매원가를 비교하여 잘못된 의사결정을 내리는 소위 '전부원가의 오류'를 범하지 않도록 유의하여야 한다. 분석기간을 장기로 확대할 경우 이 장에서 가정한 단기분석상황하에서 비관련원가로 간주되었던 고정제조원가는 관련원가로 바뀔 수 있다. 이는 제5장에서 소개하는 장기가격결정과 제11장의 자본예산편성에서 언급될 것이다.

핵심용어

- 의사결정
- 관련원가
- 차액분석
- 종액분석
- 차액원가
- 기회원가
- 부가원가
- 대체원가
- 매몰원가
- 회피가능원가
- 연기가능원가
- 특별원가조사
- 의사결정모델
- 현금지출원가
- make-or-buy
- 전부원가의 오류
- 경제적부가가치(EVA)
- 결합제품의 추가가공

단답식 개념문제

01. □□□□란 두 대안간에 차이를 보일 미래 원가로 정의된다.

02. make-or-buy나 특별주문의 수락여부와 같은 관련원가분석에서 자칫 비관련원가인 고정제조간접비까지 포함한 전부원가를 기준치로 활용함으로써 그릇된 판단을 내리는 잘못을 □□□□의 □□(영: □□□□ cost fallacy)라고 부른다.

03. 관련원가분석을 강조하는 Clark 교수가 1920년대 주창한 대표적인 관리회계의 캐치프레이즈를 요약하면? "상이한 □□을 위한 상이한 □□의 활용!"이다.

04. 유휴설비능력이 없거나 부족하여 기존 정상판매를 줄여야 하는 경우의 관련원가는 변동원가에 기존 정상판매의 공헌이익 상실액인 □□□□를 합친 금액이다.

[문1] 의사결정과정 5단계의 순서를 설명하시오.

[문2] "모든 미래원가는 관련원가이다." 이 말에 동의하는가? 그 이유는?

[문3] "변동원가는 항상 관련원가이고, 고정원가는 항상 비관련원가이다." 이 말에 동의하는가? 그 이유는?

[문4] 단위원가 정보가 의사결정자로 하여금 오류를 초래할 수 있는 두 가지 경우를 예로 드시오.

[문5] 관련원가의 핵심조건 두 가지란 무엇인가?

[문6] 기회비용을 정의하고 이것이 관련원가분석에서 활용되는 두 가지 방법을 설명하시오.

[문7] 매몰원가가 비관련원가임에도 불구하고 사람들의 관심을 끌거나 의사결정시 고려되는 이유는 무엇일까?

[문8] 차액분석이 총액분석에 비해 갖는 장점을 설명하시오.

[문9] 전부원가의 오류가 실제로 일어나는 의사결정의 상황과 그로 인한 잘못된 결과를 설명하시오.

[문10] "자가생산 또는 외부구입 의사결정에서 모든 고정비는 비관련원가이다"라는 주장에 동의하는가? 그렇지 않다면 그 이유를 설명하시오.

[문11] 감가상각비는 항시 비관련원가인 이유는 무엇인가?

[문12] 고정비와 변동비 간에는 상호 상충관계에 있을 수 있다. 이런 주장을 뒷받침하는 예를 몇 가지 들어보시오.

[문13] 최근 유행하는 아웃소싱(outsourcing)이라는 용어와 전통적으로 사용되어 온 자가제작 또는 외부구입이라는 용어는 어떠한 관계인지를 설명하시오.

[문14] 특별주문의 수락 여부 등과 같은 의사결정상황과 결부하여 관련원가분석의 한계점 몇 가지를 언급하시오.

[문15] 전략적 관점을 고려할 때 전통적인 단기 관련원가분석은 어떻게 수정되어야 하는가? 적절한 실패사례를 예로 들어 답하시오.

연습문제

객관식

[문1] 관련원가분석에 관한 설명 중 옳은 것은? (★)

> a. 미래원가는 항시 관련원가이다.
> b. 매몰원가는 비록 과거에 발생한 원가이지만 의사결정에 유용하여 관련원가이다.
> c. 의사결정의 핵심은 기회원가의 식별과 측정이라고 해도 과언이 아니다.
> d. 유휴시설이 존재하지 않을 경우의 관련원가는 유휴시설이 존재할 경우보다 크다.
> e. 제약조건하에서의 최적의사결정은 항시 가격이 제일 높은 제품을 최우선적으로 생산해야 한다.

① a, b ② c, d ③ d, e ④ b, c ⑤ a, e

[문2] 기회원가에 관한 설명 중 옳은 것은? (★)

> a. 의사결정에 사용되지 않는다.
> b. 변동원가와 같다.
> c. 역사적 원가와 같다.
> d. 고정원가이다.
> e. 항시 관련원가이다.
> f. 장부에 기록되지 않는다.

① a, b ② c, d ③ d, e ④ b, c ⑤ e, f

[문3] 단기적 의사결정에서는 그 대안의 선택으로 인한 증분효익과 증분비용을 비교하여 증분효익이 더 큰 경우 해당 대안을 선택한다. 부품을 자가제조하고 있는 어떤 기업이 외부에서 부품을 구입하는 대안을 고려하고 있다고 가정할 경우 다음 보기 중 부적절한 의사결정은? 단, 고정비는 당해 부품생산설비의 감가상각비만 존재한다고 가정한다. (★)

① 금액적인 증분효익과 증분비용 이외에도 외부공급처의 지속적 확보 여부, 품질의 동질성 등 질적 요인을 고려할 수 있는 경우에는 이들 또한 증분효익의 계산에 포함시켜야 한다.

② 유휴설비를 1년간 임대해 주고 임대료를 받을 수 있는 경우에는 변동제조간

접비절감액과 임대료수입액의 합계에서 외부부품구입대금을 차감한 금액이 0보다 큰 경우 외부구입 대안을 선택한다.

③ 유휴설비의 다른 용도가 없는 경우에는 변동제조간접비절감액에서 외부부품구입대금을 차감한 금액이 0보다 큰 경우 외부구입대안을 선택한다.

④ 유휴설비를 처분할 수 있는 경우에는 변동제조간접비절감액과 유휴설비처분액의 합계액에서 외부부품구입대금을 차감한 금액이 0보다 큰 경우 외부구입대안을 선택한다.

⑤ 유휴설비를 다른 제품의 생산에 이용할 수 있는 경우에는 변동제조간접비 절감액과 다른 제품의 생산으로부터 기대되는 공헌이익의 합계액에서 외부부품구입대금을 차감한 금액이 0보다 큰 경우 외부구입대안을 선택한다.

[문4] (주)강산은 화재로 인하여 제품 10단위가 파손되었는데 이에 대한 제조원가는 1,200,000원이었다. 이 제품은 파손된 상태에서 200,000원에 판매할 수 있으나 300,000원이 소요되는 재작업을 한 후 판매하면 800,000원을 받을 수 있다. 만약 재작업 후에 판매한다면 기회비용은 얼마인가? (★)

① 200,000원 ② 300,000원 ③ 500,000원 ④ 800,000원

[문5] 어떤 부품을 자가제조하느냐 아니면 외부구입하느냐 하는 의사결정시에 고려할 사항이 아닌 것은? (★)

① 직접재료비 ② 직접노무비

③ 회피할 수 있는 제조간접비 ④ 고정제조간접비

⑤ 위에 정답이 없다

[문6] (주)세무는 흠집이 있는 제품 C를 5개 보유하고 있다. 흠집이 없는 정상적 제품 C의 판매가격은 ₩300이다. 제품 C의 생산에는 단위당 변동제조원가 ₩80과 단위당 고정제조원가 ₩20이 투입되었다. 흠집이 있는 제품 C를 외부에 단위당 ₩150에 처분하려면 단위당 판매관리비가 ₩12이 소요될 것으로 추정된다. 이 의사결정에 고려될 관련 항목은? (세무사 2017) (★★)

① 단위당 판매관리비 ₩12 ② 단위당 변동제조원가 ₩80

③ 단위당 고정제조원가 ₩20 ④ 단위당 제조원가 ₩100

⑤ 정상 판매가격 ₩300

[문7] 한강전자(주)는 계산기를 제조하여 개당 ₩2,000에 판매하고 있다. 한강전자(주)의 생산능력은 매기 12,000개이며, 이때 개당 생산원가는 직접재료비 ₩750, 직접노무비 ₩550, 제조간접비(변동비 75%, 회피불능고정비 25%) ₩480이다. 해외바이어가 방문하여 2,500개의 계산기를 특별주문하였다. 이 특별주문에 따른 유일한 판매비용은 운송료로 개당 ₩100이 소요된다. 현재 한강전자(주)는 7,200개를 생산·판매하여 정상적인 판매경로를 통하여 판매하고 있다. 한강전자(주)가 이 특별주문과 관련하여 받아야 하는 최소금액은? (★★)

① ₩1,760 ② ₩2,000 ③ ₩1,660 ④ ₩1,780 ⑤ ₩1,820

[문8] 청마기업의 2019년 6월 예산손익계산서는 다음과 같다.

손익계산서	
판매량	10,000개
매출액	₩2,000,000
매출원가	1,400,000
매출총이익	₩600,000
판매비와 관리비	300,000
순이익	₩300,000

위의 매출원가 가운데 ₩500,000은 고정제조간접비이며, 판매비와 관리비는 전액 고정원가이다. 청마기업에서는 예산손익계산서를 작성한 직후, 단위당 ₩130에 제품 1,000개를 구입하겠다는 특별주문을 받았다. 특별주문으로 인해 기존시장이 교란되지 않는다. 청마기업의 최대생산능력이 10,000개이며, 특별주문을 수락할 경우 정규판매량이 그만큼 감소한다고 가정할 때, 특별주문 수락시 기업 전체의 이익에 미치는 영향은 얼마인가? (★★)

① ₩10,000 감소 ② ₩60,000 감소 ③ ₩70,000 감소
④ ₩110,000 감소 ⑤ ₩40,000 증가

[문9] (주)세무의 정상판매량에 기초한 2019년 예산손익계산서는 다음과 같다.

매출액(5,000단위 ₩60)	₩300,000
변동매출원가	150,000
변동판매비	60,000
공헌이익	₩ 90,000
고정제조간접원가	50,000
고정판매비	20,000
영업이익	₩ 20,000

(주)세무의 연간 최대생산능력은 6,000단위이다. 새로운 고객이 2019년 초 1,500단위를 단위당 ₩50에 구입하겠다고 제의하였으며, 이 제의는 부분 수락할 수 없다. 이 제의를 수락하고, 정상가격에 의한 기존의 거래를 감소시켜 영업이익을 극대화한다면, 2019년 증가되는 영업이익은? (세무사, 2013) (★★)

① ₩1,000 ② ₩3,000 ③ ₩9,000 ④ ₩14,000 ⑤ ₩17,000

[문10] 평원회사는 지금까지 세 가지 제품을 생산 · 판매하고 있다. 지난 3개월간 제품별 영업활동결과는 다음과 같다. (★★)

손 익 계 산 서

	합 계	일반자전거	레저용자전거	어린이자전거
매 출 액	₩3,000,000	₩1,500,000	₩600,000	₩900,000
매 출 원 가				
직접재료비	800,000	450,000	150,000	200,000
직접노무비	500,000	250,000	150,000	100,000
제조간접비	600,000	200,000	200,000	200,000
매출총이익	₩1,100,000	₩600,000	₩100,000	₩400,000
판매비와 관리비	500,000	250,000	150,000	100,000
영 업 손 익	₩600,000	₩350,000	₩(50,000)	₩300,000

〈추가 정보〉

가. 변동제조간접비는 직접노무비의 50%이다.

나. 변동판매비와 관리비는 매출액의 10%이다.

다. 레저용자전거의 생산을 중단할 경우 고정판매비와 관리비 중 ₩50,000은 발생하지 않으며, 생산설비를 임대하여 임대수익 ₩150,000을 올릴 수 있다.

레저용자전거의 생산라인을 폐지할 경우 기업 전체의 이익에 미치는 영향은 얼마인가?

① ₩50,000 감소 ② ₩35,000 증가 ③ ₩50,000 증가
④ ₩135,000 증가 ⑤ ₩250,000 증가

주관식

[문1] 자가생산 vs 외부구입(1) (★)

홍익사는 드릴제조공정에 이용되는 부품을 현재 제조하고 있다. 부품 한 개당 변동비가 ₩20,000이고, 현재 연간 10,000개를 사용하고 있다. 이 부품의 생산에 관련된 연간 고정비는 ₩20,000,000이고, 이 부품의 생산이 중단될 경우에 회피가능한 원가이다. 상

수사에서 그 부품을 단위당 ₩22,000에 공급하겠다고 제안하였다.

〈요구사항〉

1. 부품을 자가생산 또는 외부구입하는 경우의 차액원가를 계산하시오.
2. 홍익사는 상수사의 제안을 받아들여야 하는가?
3. 홍익사가 의사결정을 하는 데에 있어 고려해야 할 질적 요소는 무엇인가?

[문2] 자가생산 vs 외부구입(2) (★)

서교사는 완제품의 생산에 필요한 부품 J를 자가제조하고 있다. 부품 J의 연간 필요량 1,000단위를 제조하는 데 소요되는 단위당 원가는 다음과 같다.

직 접 재 료 비	₩260
직 접 노 무 비	100
변동제조간접비	120
고정제조간접비	160
합 계	₩640

〈요구사항〉

서교사는 외부공급업자로부터 단위당 ₩600에 1,000단위의 부품 J를 공급하겠다는 제의를 받았다. 서교사가 이 제의를 받아들이면 설비 중 일부를 부품 W의 생산에 전환할 수 있어 연간 ₩90,000의 원가를 절약할 수 있다. 또한 고정제조간접비 중 ₩100,000은 부품 J의 생산에만 관련된 것이어서 부품 J를 외부에서 구입하면 이의 발생도 회피할 수 있다. 서교사는 외부공급자의 제의를 수락해야 하는지 거부해야 하는지 답하시오. (서교사가 외부공급업자의 제의를 수락할 경우의 순관련원가는 얼마인가로 질문하기도 한다.)

〈자료: AICPA 기출문제, 공인회계사 1983〉

[문3] 제약자원의 최적활용(1) (★★)

동일기계를 사용하여 갑, 을, 병 세 가지 제품을 제조·판매하고 있는 혜원(주)는 각 제품과 관련된 자료를 다음과 같이 예상하고 있다.

예 산 자 료

제품	판매가격	단위당 변동비	연내 판매수량	단위당 기계사용시간	총매출액 (단위: 원)
갑	₩150	₩90	200	10시간	₩ 30,000
을	100	70	500	3	50,000
병	200	160	450	2	90,000
					₩170,000

혜원(주)의 최대기계사용가능시간은 연내 총 4,400시간으로 현재 예산판매량은 100% 조업도

를 의미하는 것이다. 혜원(주)가 추가 마케팅 비용 없이 한 제품만 판매를 20% 증가시킬 수 있는 경우, 최대기계사용가능시간이 변하지 않는다는 조건하에선 과연 어느 제품의 생산을 증가시켜야 하는가? 그 결과 전체이익은 어떻게 달라지는가?

(Ans) __제품의 생산을 늘려야 하며 이익은 ₩________증가( )/감소( )한다.

[문4] 특별주문의 수락 여부(1) (★)

ABC사는 한 종류의 제품을 제조 · 판매하고 있으며 2019년도의 자료는 다음과 같다.

매출액(1,000단위)		₩1,000,000
매출원가		
직접재료비	₩100,000	
직접노무비(vc)	200,000	
변동제조간접비	100,000	
고정제조간접비	280,000	680,000
매출총이익		**320,000**
판매비와 관리비		
변동비	100,000	
고정비	190,000	290,000
영업이익		**30,000**

〈요구사항〉

어떤 수출업자로부터 판매가격을 단위당 ₩650으로 해주면 200단위를 구입하겠다는 특별주문이 있었다. 이에 대해 판매부장은 이 회사의 조업도가 현재 60% 정도밖에 되지 않으며, 또한 기존시장(국내시장)에는 아무런 영향을 미치지 않으므로 이 주문의 수락을 주장하고 있다. 그러나 공장장은 단위당 제조원가가 ₩680이므로 이 주문은 받아들일 수 없다고 한다. 당신의 의견은 어떠한가?

〈자료 : KICPA, 1981, 2차〉

[문5] 특별주문의 수락여부+고저점법 (★★)

(주)세무는 단일 제품A를 생산 · 판매하며, 관련범위 내 연간 최대생산능력은 10,000단위이다. (주)세무는 현재 제품A 7,500단위를 생산하여 단위당 판매가격 ₩400으로 정규시장에 모두 판매한다. 최근 (주)세무는 (주)한국으로부터 단위당 가격 ₩350에 제품A 3,000단위를 구입하겠다는 특별주문을 받았다. (주)한국의 특별주문은 전량 수락하든지 기각하여야 하며, 특별주문 수락시 정규시장 판매를 일부 포기하여야 한다. 제품A의 단위당 직접재료원가는 ₩80, 단위당 직접노무원가는 ₩120, 단위당 변동판매관리비는 ₩0이며, 조업도 수준에 따른 총제조간접원가는 다음과 같다.

조업도 수준	총제조간접원가
최대생산능력의 55%	₩1,755,000
최대생산능력의 65%	1,865,000
최대생산능력의 75%	1,975,000
최대생산능력의 80%	2,030,000

(주)세무가 (주)한국의 특별주문을 수락한다면, 영업이익은 어떻게 변하는가? (단, 변동제조간접원가의 추정은 고저점법을 이용한다.) (세무사 2016 1차 수정)

[문6] 제약자원의 최적활용(2) (★★)

(주)한국은 단일 기계설비를 이용하여 두 종류의 제품, 즉 고급품(이하, H제품)과 저급품(이하, L제품)을 생산 · 판매해 오고 있다. (주)한국의 월간생산능력은 H제품만 생산할 경우 400개이다. 설비능력 및 시장수요를 감안한 (주)한국의 3월 계획은 H제품 300개와 L제품 200개를 생산 · 판매하는 것이다. 최근 (주)한국은 L제품 100개를 정규가격 이하인 단위당 ₩50에 3월 중에 납품해 달라는 특별주문을 받았다. 단위당 원가 및 가격자료는 다음과 같다. H제품 1개 생산에 소요되는 시간은 L제품의 2배이다.

	H제품	L제품
정규 판매가격	₩100	₩60
직접재료원가	40	20
직접노무원가(변동원가)	20	15
변동제조간접원가	10	5
고정제조간접원가	20	10
합　계	₩ 90	₩50

특별주문을 받아들일 경우 (주)한국의 이익은 당초 계획에 비해 어떻게 달라질까?

(Ans) 이익은 ₩________증가(　)/감소(　)한다.

[문7] 결합제품의 추가가공 (★)

상수공업은 동일한 공정에서 갑, 을, 병, 정, 무 다섯 가지 제품을 생산하고 있다. 각 제품은 분리점에서 판매될 수도 있고, 추가가공을 거쳐 판매될 수도 있다. 추가가공을 위한 원가는 모두 변동원가이며, 또한 해당 제품에 추적가능하다. 2019년도 각 제품에 대한 정보는 다음과 같다. 한편, 결합원가는 ₩120,000이며, 각 제품의 생산량에 비례하여 결합원가를 배분한다.

제품	분리점에서의		추가가공비	최종판매가격
	생산량	판매가치		
갑	3,000	₩28,000	₩10,000	₩40,000
을	4,000	30,000	8,000	35,000
병	2,000	24,000	6,000	30,000
정	2,000	20,000	9,000	30,000
무	1,000	100,000	10,000	105,000

기업의 이익을 극대화하기 위하여 하나의 제품을 선택한다면 어떤 제품을 추가가공하여야 하는가?

[문8] 제품라인의 추가 또는 폐지결정(1) (★★)

(주)서교는 현재 A, B, C 세 가지 제품을 생산 · 판매한다. 이들 제품과 관련된 금년도 예상매출 수치는 아래와 같다.

(단위 : 만원)

	A	B	C	합 계
• 매 출 액	4,000	2,000	3,000	9,000
• 매출원가				
직접재료비	1,000	400	400	1,800
직접노무비	1,200	300	200	1,700
제조간접비	2,000	900	2,000	4,900
• 매출총이익	(200)	400	400	600

제조간접비는 세 가지 제품에 매출액 기준으로 배부된 고정제조간접비 3,600만원을 포함한 수치이다. 공통 고정제조간접비 3,600만원은 한 가지 제품만 생산한다 하더라도 여전히 발생하는 고정비이다. 나머지는 모두 변동제조간접비이다. (주)서교는 A제품의 매출총이익이 −(음)이라는 이유로 이 제품의 생산을 중단하려 한다. A제품 생산을 중단할 때, A제품 관련 시설과 공간의 대체적 이용가치는 없다. A제품 생산을 중단하면 기업전체 매출총이익은 어떻게 바뀌는가? 얼마만큼 증가 또는 감소한다고 답하시오.

〈자료 : 1996년 CPA 기출문제 수정〉

[문9] 복수제품과 관련원가분석(1) (★★)

(주)홍익은 사무용 가방을 생산하고 있다. 사무용 가방의 수요량은 연간 6,000개이다. 회사는 제한된 자원인 직접노동시간을 100% 활용하여 사무용 가방을 생산할 경우 연간 4,000개를 생산할 수 있다. 사무용 가방의 단위당 판매가격 및 원가자료는 다음과 같다.

판매가격(P)	₩90
직접재료비	15.25
직접노무비(vc 가정)	18.75(시간당 @₩15)
제조간접비	9
변동판매비	10
총고정판매비	16,000

한편, 회사는 사무용 가방을 외부에서 개당 ₩68에 구입할 수 있는 기회가 생겼다. 이때 외부에서 주문한 사무용 가방의 단위당 변동판매비는 ₩5이다. 사무용 가방 대신에 아동용 가방을 생산하는 경우에는 아동용 가방의 외부 판매시장은 8,750개이며 다음과 같은 원가구조를 갖는다고 한다.

판매가격(P)	54
직접재료비	10
직접노무비(vc 가정)	7.5(시간당 @₩15)
제조간접비	3.6
변동판매비	5
총고정판매비	35,000

고정제조간접비예산은 ₩20,000이며, 최대 직접노동시간을 기준조업도로 사용하여 제조간접비를 배분한다.

〈요구사항〉

1. 사무용 가방만을 생산한다면 얻을 수 있는 총공헌이익은 얼마인가?
2. 사무용 가방 대신에 아동용 가방을 생산할 경우 최적생산계획과 구매계획은? 이때 사무용 가방만을 생산하는 것보다 얼마만큼의 공헌이익이 증가하는가?
3. 외국에서 한 무역상이 아동용 가방 200개를 개당 ₩50에 구입할 것을 주문하였다. 이 주문을 수락하기로 결정한 경우 다음 물음에 답하시오.
   (1) 제품별 최적생산계획이 어떻게 달라지는가?
   (2) 이때 기회비용은 얼마인가?
   (3) 주문량에 대한 최소판매가격은 얼마인가?
4. 사무용 가방(자가제조), 사무용 가방(외부구입), 아동용 가방(자가제조)의 단위당 공헌이익이 각각 ₩25, ₩15, ₩20이라고 하자. 아동용 가방을 최대수요량까지 외부에서 구입가능하고 단위당 공헌이익이 ₩18일 때 최적생산 및 제품구매계획은 어떻게 달라지는가?

〈자료: CPA, 1998, 2차 기출문제〉

[문10] 관련원가분석(2) (★★)

다음은 어떤 품목을 월 20,000단위 생산하고 판매하는 데 소요되는 상수회사의 단위원가이다.

제조원가 :	
직접재료비	₩100
직접노무비	120
변동제조간접비	80
고정제조간접비	50
판매비와 관리비 :	
변동비	150
고정비	90

〈요구사항〉

다음 각 문제를 독립적인 문제로 간주하고 푸시오. 별다른 말이 없을 경우 정상적인 판매가격은 단위당 ₩600으로 가정하시오.

1. 회사는 외국시장에 진출하려고 한다. 그곳에서의 가격경쟁은 치열하다. 이 제품에 내한 10,000단위의 주문이 최소단위가격으로 응해지고 있다. 이 주문이행에 소요되는 변동운반비는 단위당 ₩75이 추가로 발생하였지만 동 계약을 이행하기 위한 수출절차에 ₩400,000의 고정비가 소요된다. 이로 인해 국내의 영업은 영향을 받지 않을 것이다. 외국시장진출로 인해 손해를 보지 않기 위한 최소가격은 얼마인가?
2. 회사는 작년에 생산한 구모델 이월재고를 1,000단위 가지고 있다. 이것을 국내에서 처분하기 위해서는 정상가격보다 낮은 값으로 정상적인 판로를 통해 판매되어야 한다. 이러한 방법으로 판매되지 않을 경우 이월재고는 별다른 용도가 없다. 최소판매가격을 결정하는 데 관련맺는 단위원가는 얼마인가?
3. 최근 외부공급자는 상수회사의 매출담당사원으로부터 주문이 접수되면 자신들이 주문품목을 제조하여 직접 상수회사의 고객에게 납품하겠다는 제안을 하였다. 외부공급자가 직접 납품하더라도 상수회사의 고정판매비는 예전 수준대로 발생할 것이지만, 변동판매비는 20% 정도 삭감될 것이다. 반면에 상수회사의 공장은 유휴설비가 생기지만 고정제조간접비는 현수준의 40% 정도로 계속 발생될 것이다. 공급자가 제시한 가격이 과연 타당성을 갖는지를 판단하기 위해서 상수회사는 어떠한 단위원가를 관련원가로 보아 비교해야 하는가?

〈자료 : KICPA, 1989, 2차 기출문제〉

[문11] ABC + 제품라인의 추가 또는 폐지(2) (★★)

(주)갑은 제품 A와 제품 B를 생산, 판매하고 있으며, 2019년 제품별 손익계산서는 다음과 같다.

	제품 A	제품 B	합계
매출액	₩100,000	₩50,000	₩150,000
매출원가			
직접재료원가	25,000	15,000	40,000
직접노무원가(변동비)	20,000	13,000	33,000
제조간접원가	11,000	10,000	21,000
합계	56,000	38,000	94,000
매출총이익	₩44,000	₩12,000	₩56,000
판매비와 관리비	30,000	15,000	45,000
영업이익	₩14,000	(₩3,000)	₩11,000

(주)갑의 2019년 제조간접원가 ₩21,000 중 ₩9,000은 작업준비원가이며, 나머지 ₩12,000은 공장설비의 감가상각비이다. 작업준비원가는 배치생산횟수에 비례하여 발생하며, 공장설비의 감가상각비는 회피불가능한 원가로서 매출액을 기준으로 각 제품에 배부된다. 각 제품의 판매관리비 중 40%는 변동원가이고 나머지는 회피불가능한 고정원가이다. 만약 제품 B의 생산라인을 폐지하면, 제품 A의 판매량은 30% 증가하게 되며 제품 A의 배치생산횟수는 20% 증가할 것으로 기대된다. 2020년에도 제품별 수익 및 비용 구조는 전년도와 동일하게 유지될 것으로 예상된다.

(주)갑이 2020년초에 제품 B의 생산라인을 폐지할 경우 연간 증분이익은 얼마인가?

〈KICPA, 2012〉

Reading materials

- 미도파는 왜 롯데에 넘어갔나… 경영자 판단력 흐리는 복병들 (키워드: 매몰원가, 손익분기분석) 조선일보, 2011.11.20.
- 14년간 휴대폰 시장 평정했던 노키아 몰락의 비밀 (키워드: 아웃소싱, 전략적 실수) 조선일보, 2012.05.19.
- 메인 라인 vs. 킴 베싱어: 관련원가와 증분비용 분석 (키워드: 차액분석) Issues in Accounting Education, 1996 (네이버 블로그에 한글요약 참조)

⋮

관리회계 전문가 되기
(新관리회계
information room)
cafe.naver.com/shinmgta

05 관련원가분석(Ⅱ) : 가격결정과 제품믹스결정

학습목표

- 가격결정의 핵심요소에 대한 이해
- 단기적 가격결정과 장기적 가격결정의 차이점에 대한 이해
- 전부원가가격결정과 원가가산가격결정을 학습
- 제약조건하의 제품믹스결정에 대한 학습
- 특수한 가격결정상황을 학습

Intro

"흔히 올바른 제품원가는 합리적인 제품가격을 이끈다고 주장된다. 그러나 경제학자들은 수요가 가격을 결정하고 고객이 기꺼이 지불하고자 하는 가격에 따라 제품생산에 참여하고자 하는 기업의 수가 달라진다고 믿는다. 가격결정은 복잡한 이슈로서 결코 제품원가가 제품가격을 결정하는 것이 아니라는 것은 다양한 형태의 비행기 할인요금이나 호텔요금 등을 통해서도 쉽게 목격할 수 있다. 트랙터 생산으로 유명한 John Deere사 역시 ABC 프로젝트 초기에 시장에서 파악한 자사가 취급하는 부품에 대한 경쟁사의 공급가격이 천차만별한 것을 통해 이론적인 균형가격이란 존재하지 않음을 깨달은 바 있다. ABC와 같은 보다 복잡한 절차를 통해 파악된 정교한 제품원가가 종전에 비해 훨씬 현명한 판단을 지원하지만 그것이 곧 보다 나은 가격결정을 이끈다고 오해해서는 안 된다. 무엇보다도 시장을 잘 분석할 필요가 있다." 〈자료: Germain Boer, *Management Accounting*, 1994 January 일부 수정〉

가격결정은 경영자가 당면하는 가장 핵심적이며 어려운 의사결정이다. 왜냐하면 가격결정을 위해서는 다양한 요소를 고려해야 하며 조직에 미치는 영향이 매우 크기 때문이다. 이 장에서는 제조업 및 서비스업은 물론 비영리단체의 원가정보를 활용한 가격결정 이슈를 소개한다.

가격을 결정하는 세 가지 핵심요소

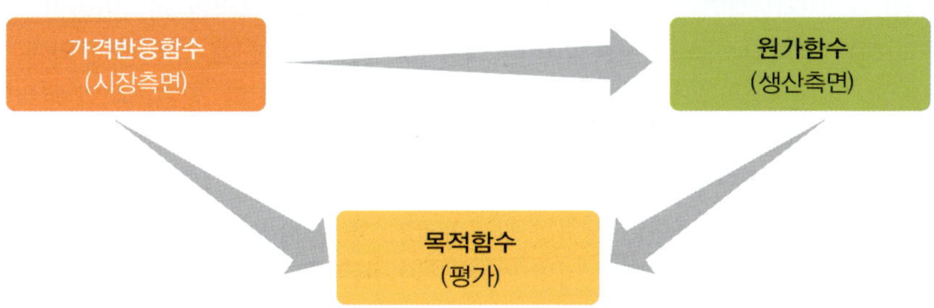

자료 : 유필화(1991), 『가격정책론』, p. 14.

Storytelling

CGV나 **롯데시네마**에서 보고 싶은 영화표를 구입하고 영화관에 입장하기 전에 팝콘과 콜라 콤보 세트를 구매하기 위해서 줄을 서면서 이런 생각을 한 적이 있을 것이다.

"왜 이리 팝콘 가격이 비싼 거야? 거의 1인당 영화 가격 수준이군."

많은 사람들은 이 질문에 어떤 답변을 할까?
어떤 사람은 영화관에서 폭리를 취하고 있다고 흥분하며 싸게 팔아야 한다고 할 것이고, 그래도 경제 마인드가 있는 사람은 영화관에는 팝콘을 파는 경쟁 매장이 없고 영화관에서 운영하는 판매처만 있으니 관객은 포로가 되어서 비싼 팝콘 가격을 지불한다고 독점논리에서 설명할 것이다. 또 어떤 사람은 집에서보다 맛있는 팝콘과 시원한 음료를 영화를 보면서 먹을 수 있어서 그 정도 가격은 기꺼이 지불할 수 있고, 오히려 팝콘을 먹는 재미에 영화관에 온다고 이야기하기도 한다. 팝콘을 먹는 것은 확실히 영화관을 가게 됨으로써 얻는 체험이므로 그것이 가격에 포함되어 있다는 답변이다.

위에서 말한 답변들은 나름대로 합당해 보인다. 그래도 공통된 관점은 **"영화표 가격과 비교해 봤을 때 팝콘 가격은 비싸다!"**라는 것이다. 하지만 **관점을 바꿔서 영화관의 경영자 입장이 되어 보자**. 경영자 입장에서는 영화관을 경영하면서 얻는 이익은 영화표를 팔아서 얻는 것과 팝콘 등 스낵을 팔아서 얻는 것 모두 동일한 이익으로 느낄 것이다. 만약에 경영자들이 그들의 이익을 최대화시키고 싶다고 가정해 보면, 영화표 가격을 올릴 수도 있고 팝콘 가격을 올릴 수도 있는 일이다.

경제학자 스티븐 랜즈버그는 이렇게 이야기했다. "저는 경영자가 '영화관에 오는 사람들 중 일부는 다른 사람들보다 팝콘을 좋아한다.'라는 사실을 알고 있다고 생각합니다. 그렇다면 이 사람들을 위해 가격이 싼 팝콘으로 팝콘러버(팝콘 선호 고객)들을 유혹해서 영화관에 많이 오도록 한 후 그들에게 높은 영화표 가격을 내게끔 유도할 수도 있습니다. 하지만 이 경영 전략은 만약 팝콘 등 스낵을 먹지 않는 고객들이 많다면, 당연히 역효과일 것입니다."

이제 **팝콘 가격이 왜 비싼가에 대한 다른 관점**의 이야기를 해보자. 비싼 팝콘의 목적은 팝콘을 좋아하는 소비자들에게 많은 돈을 얻어내는 것이 아니다. 그러한 목적이라면 그들에게 싼 팝콘과 비싼 영화티켓을 파는 방법이 더 나을 것이다. 그 대신에, 비싼 팝콘의 목적은 다른 고객들에게 다른 액수(영화표값+팝콘값)를 추출해 내는 것이다. 팝콘러버와 영화만을 즐기는 사람은 각자 다른 즐거움을 위해서 돈을 지불할 것이다. 몇몇의 영화관객들은 다른 사람들보다 더 팝콘을 좋아하지만 극장 경영자는 그들이 영화티켓을 위해 줄서 있을 때 그 몇몇을 구분해 내는 것이다. 영화만을 위한 관객과 팝콘 등 스낵을 즐기는 관객을 구분해 내려고 하면 방법이 필요했고 그 방법은 비싼 팝콘가격이라는 것이다. 왜냐하면 경영자들이 **고객을 유형별로 segmenting 하는 것은 고객이 가치를 받아들이는 것**에 따라 가격을 변경할 수 있기 때문이다.

극장 경영자들은 그 고객들을 돌려보내고 싶어하지 않는다. 이런 이유로 스낵을 먹는 사람들에게 높은 가격을 지불하게 하고 박스 오피스 티켓 가격을 내린다. 왜냐하면 팝콘 등 스낵이 목적인 사람이지만 영화 가격까지 높다면 그들의 의사결정은 바뀔 것이기 때문이다. 즉, 스낵을 좋

아하는 고객은 그들이 기꺼이 지불할 용의가 있는 스낵 가격을 지불하는 대신에 상대적으로 싸게 영화를 즐기는 것이고 어차피 비싼 스낵가격을 지불할 용의가 없는 고객은 스낵은 즐기지 못하지만 역시 정당한 가격에 영화를 즐긴다는 것이다.

'영화를 즐길 수 있는 찬스 아니면 영화를 팝콘과 즐길 수 있는 찬스' 경제학자들은 이것을 'a two-part tariff'라고 부른다. 고객들이 물건을 구입할 때에 정당한 가격으로 인식하는 것은 물론이다. 이러한 가격전략의 예를 들면 다음과 같다. 컨트리 클럽들은 멤버십 요금과 별도로 매월 관리비 명목으로 요금을 청구하고, 질레트는 면도기를 팔면서 면도날도 판다. 놀이동산은 입장료와 별도로 하나하나의 놀이기구 값도 판매한다.

몇몇 사람들은 '가격차별'이라면 부정적인 견해를 갖는다. 상이한 고객별로 다른 고객들에게 다르게 가격을 매기는 것은 불공평하고 불법이 아닌가 이야기하는 것이다. 하지만 이러한 것들을 불법화하면 어떤 일이 일어날 것인가? 극장주들, 항공사들, 레스토랑주들, 그리고 비즈니스 관계자들은 높은 가격을 부담할 수 없는 아이들, 학생들, 대가족들에게까지도 가격을 올려야만 할 것이다.

비슷한 예로 고속도로 휴게소의 라면을 들 수 있다. 얼마 전에 신문에서 휴게소 편의점은 컵라면과 삼각김밥을 팔지 않는다며 비판을 하는 기사가 실렸다. 휴게소 편의점에서 이러한 상품을 판매한다면 많은 운전자들이 간편하고 저렴한 컵라면과 삼각김밥을 애용할 것이다. 그 결과 고속도로 휴게소의 전체 매출과 이익은 줄어들 것이고 이러한 저조한 성과가 지속되어 극단적인 경우 적자운영을 우려한 휴게소가 적자해소를 위해 화장실을 유료화 한다면 휴게소를 주로 화장실 이용과 휴식공간으로만 이용하는 고객입장에서는 큰 피해가 아닐 수 없다.

이처럼 고객 세그먼트 분석 관점에서 가격차별을 긍정적으로 생각해야 하는 이유를 위 휴게소 사례에서도 찾아볼 수 있다. **고객 세그먼트 분석을 토대로 각자에게 적절한 (지불 용의)가격으로 각 서비스나 상품 등을 소비하게 함으로써 서로에게 도움이 되는 상황을 만드는 것이 핵심이다.**

〈출처: Baker, Ronald J., *Pricing on Purpose*, 2007, "Why Movie Theatre Popcorn Is So Expensive?" 파트 수정 인용〉

제1절 가격 및 제품믹스결정과 제품원가정보

"다른 일에서와 마찬가지로 인간의 경우에도 가격을 결정하는 것은 판매자가 아니라 구매자이다. (대부분의 사람들이 그렇듯이) 스스로의 가치를 높이 평가한다 하더라도, 그 사람의 가치는 다른 사람들이 평가하는 것 이상일 수는 없다."

-토마스 홉스(Thomas Hobbes), 『리바이어던』-

1.1 제품원가정보의 중요성

기업경영상 대두하는 가장 중요한 의사결정 중의 하나는 언제 어떤 제품을 개발하여 누구를 대상으로 얼마의 가격으로 판매할 것인가 하는 소위 제품믹스 및 가격결정이라고 할 수 있다.

취급하는 품목이 하나일 경우에는 믹스결정은 존재하지 않겠지만 현실적으로 이런 특수한 경우는 거의 드물다. 또한 제품시장이 완전경쟁하에 있을 경우 시장가격은 수요와 공급에 의해 결정되기 때문에 기업이 별도로 가격결정 고민을 할 필요는 없다. 그러나 보유한 시설을 최적활용하기 위한 제품믹스결정은 여전히 중요하다. 뿐만 아니라 기업의 이익을 가장 크게 하는 최적마케팅자원배분 의사결정(가령, 상이한 제품별 판매수수료 지원 및 광고 등) 또한 중요성을 갖는다.

위에서 언급한 두 가지 의사결정과 관련하여 제품원가정보는 매우 중요한 기능을 수행한다. 특히, 현실적으로 대부분의 시장이 불완전경쟁하에 놓여 있어 기업 스스로가 가격을 결정해야 하는 경우가 빈번함을 감안할 때 기업이 취급하는 각종 제품의 정확한 원가를 파악하는 것은 아무리 강조해도 지나침이 없다.

이러한 의사결정에 필요한 제품원가정보를 제공하는 것은 제1장에서 소개한 관리회계담당자의 주된 역할 중의 하나이다. 따라서 대부분의 기업내 회계부서는 정기적으로 마케팅부서를 비롯한 제품가격 및 믹스결정에 관여하는 담당자를 대상으로 제품원가보고서(product cost report)를 제공한다. 이 밖에도 특별주문이나 입찰(또는 시장침투를 위한 신제품의 초기 저가정책)의 타당성 검토와 같은 특수분석 및 보고를 위한 지원작업을 수행한다. 조직내부의 고객만족 차원에서 이용자들에게 유용한 제품원가보고서를 제공하기 위해서는 위에서 예를 든 가격결정 및 제품믹스결정상 제품원가정보가 어떻게 활용되는지를 올바로 이해할 필요가 있다.

1.2 가격결정 및 제품믹스결정의 기초

1. 가격결정의 정의 및 유사개념

가격결정(pricing)은 미시경제학 및 경영학(특히, 마케팅)의 주요 테마이다. 경영학에서 이야기하는 가격결정은 특정 제품이나 서비스에 대해 구체적으로 가격을 결정하는 것을 의미한다. "가격이란 소비자가 특정 제품 또는 서비스 한 단위를 구입하기 위해서 지불해야 하는 화폐의 양을 말한다." 흔히 제조업체가 생산하는 제품의 가격뿐만 아니라 서비스업체가 제공하는 다양한 서비스의 요금책정도 가격결정에 해당한다. 지하철, 버스요금과 같은 공공요금은 물론, 은행이 제공하는 온라인송금서비스나 병원이 제공하는 진료서비스 요금결정 또한 가격결정영역에 속한다. 서민생활과 직결된 각종 공공요금 인상시마다 원가인상요인을 들먹거리는 것을 보더라도 원가정보가 가격결정시 중요한 역할을 수행함은 쉽게 이해할 수 있다.

제3장에서 다룬 CVP분석에서 가격은 수익을 좌우하는 중요한 요인(수익동인)으로 설명한 바 있다. 기업이 목표이익을 달성하려면 판매를 통해 벌어들이는 수익이 총비용을 회수하기에 충분해야 한다. 이때 가격은 수익규모에 결정적인 역할을 한다. 대부분의 경우(완전경쟁상황과 달리) 판매가격이 판매수량에 영향을 미치고 마케팅정책이나 제품품질에 의해 판매수량은 물론 판매가격도 달라질 수 있다. 이를 감안하면 가격결정은 단순히 어느 특정 경영기능분야의 의사결정이라기보다는 경영전반에 걸친 종합적 의사결정이라고 할 수 있다.

마케팅분야(마케팅전략)에서는 가격정책(pricing policies)이라는 용어를 종종 사용하는데 이는 가격결정에 관한 경영자의 전반적 지침을 의미한다. 구체적으로 가격정책은 시장점유율증대나 이익극대화 등 기업목표달성을 위한 전략실행을 지원하는 방식으로 가격결정이 이루어지도록 한다. 따라서 가격정책이란 가격결정시 반드시 고려해야 할 요소(가령, 생산원가, 고객, 경쟁업체)나 이들 요소들간의 상대적 가중치 등에 관한 가이드라인을 총칭하여 일컫는 용어이다. 참고로 [그림 5.1]은 가격결정시 고려되어야 할 세 가지 핵심요소를 요약하고 있다.

2. 가격결정 및 제품믹스의사결정의 유형

가격결정은 시장상황을 고려하여 ① 완전경쟁하의 가격결정과 ② 불완전경쟁하

그림 5.1

가격을 결정하는 세 가지 핵심요소

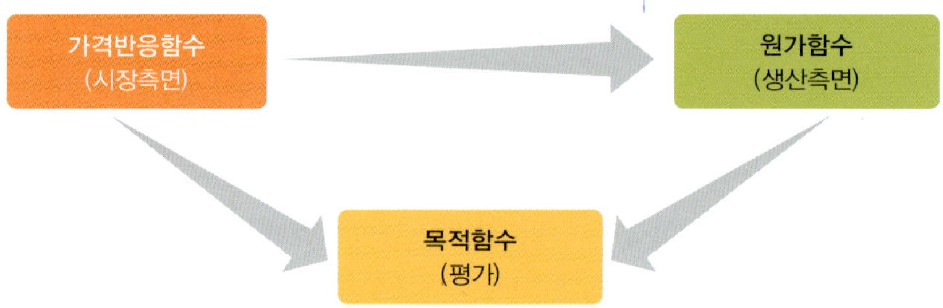

자료 : 유필화(1991), 『가격정책론』, p. 14.

의 가격결정으로 구분될 수 있다. 완전경쟁하의 가격은 기업과 무관하게 수요와 공급에 의해 좌우되어, 기업이 당면하는 의사결정은 (단일제품의 경우) 과연 주어진 시장가격하에서 기업의 생산원가 등 관련정보를 감안할 때 판매량을 얼마로 할 것이며 다제품의 경우에는 제품믹스를 어떻게 결정할 것인가로 요약될 수 있다. 반면에 불완전경쟁하의 가격결정의 경우(특히, 과점시장하에서는) 경쟁업체의 전략에 관한 정보(가령, 원가구조 및 마케팅전략 등) 입수가 무척 중요하다. 왜냐하면 고객이 수용할 가격은 경쟁업체와의 게임상황으로 결정되기 때문이다. 전자의 상황에 속한 기업을 가격순응자(price taker)로 부르며, 후자의 상황에 처한 기업은 가격설정자(price setter)로 부른다(<표 5.1> 참조).

또한 가격결정은 의사결정시 고려해야 할 시간범위(일명, time horizon)에 따라 ① 단기적 가격결정과 ② 장기적 가격결정으로 대별될 수 있다. 단기적 가격결정 상황하에서는 생산능력을 쉽게 변경할 수 없다고 가정한다. 따라서 대부분의 고정비는 가격결정시 고려되는 관련원가에서 제외된다. 반면에 장기적 가격결정 상황에서는 제품추가 및 생산에 소요되는 시설투자를 고려해야 하기 때문에 자연히 관련원가 범위가 넓어진다. 본서에서는 단기적 가격결정과 장기적 가격결정을 별도의 절로 나누어 설명한다.

표 5.1

가격결정 및 제품믹스결정 : 시장상황 및 시간 고려

의사결정 / 시간범위	시장에서의 기업 입장	
	가격순응자(price-taker)	가격설정자(price-setter)
단기적 의사결정	①	②
장기적 의사결정	④	③

Unbundling을 이용한 가격결정

예전에는 컴퓨터 본체와 같은 기본제품의 가격을 높이 매긴 후에 다른 부품이나 서비스는 무료로 제공하는 일종의 묶음식 가격(bundling)정책을 펼쳐왔다. 그러나 1990년대 후반부터 일부 컴퓨터회사들(가령, IBM)은 이런 묶음전략에서 탈피하여 기본제품을 비롯한 모든 부품 및 서비스의 값을 따로따로 매기는 소위 개별가격책정(unbundling) 방식을 택하고 있다. 이러한 unbundling 방식에서는 기본제품의 값은 예전보다 훨씬 낮지만 부품과 서비스의 값을 포함한 전체시스템의 값은 전보다 비싸지게 된다. 결코 적지 않은 금액의 에어컨 설치비용이 에어컨 값과 별도로 책정되는 것도 unbundling의 일종이다. 프린터의 경우 토너 값이 기기 값보다 큰 경우가 이에 해당하는데 배보다 배꼽이 크다는 표현이 이를 뒷받침한다.

이 밖에도 가격결정유형은 경제학적 모델에 따라 ① 원가 및 수요함수가 연속함수 형태를 띠는 것으로 가정하는가, 혹은 ② 불연속형태를 가정하는가로 나눌 수도 있다. 전자는 순수경제적 모델로, 그리고 후자는 현실수정형 모델로 지칭될 수 있을 것이다. 경제학적 관점하의 가격결정에 관한 소개는 본서에서 제외한다.

제2절 단기가격결정

앞서 단기란 기업이 생산능력을 변경시킬 수 없는 짧은 기간을 지칭한다고 정의한 바 있다. 기업은 종종 가격설정자로서 단기적 가격결정을 내려야 할 때가 있다(<표 5.1>의 ② 참조). 시장에서 형성된 가격이 제시되는 대신 잠재고객으로부터 특별부품에 대한 경쟁입찰가격을 제시하도록 요구받는 경우 등이 그것이다. 이 경우 흔히 기존고객과의 관계에는 변동이 없다는 가정하에 분석을 행한다.

가격설정자로서 단기적 가격결정을 내릴 경우의 의사결정은 여유생산능력의 존재 여부에 따라 달라진다. 이하에서는 두 가지 경우를 나누어 설명한다.

2.1 여유시설이 존재하는 경우

제4장 관련원가분석(Ⅰ)에서 설명한 바와 같이 여유생산능력이 존재하는 경우의 관련원가는 특별주문(또는 입찰)을 수락하여 이행함에 소요되는 증분원가를 말한다. 따라서 기업이 최종적으로 설정하는 가격은 증분원가를 참고수치로 하여 희망목표이익과 경쟁업체 및 시장상황(그리고 때로는 기업이 처한 재무적 상황)을 고려하는 가운데 정해진다.

TIP!

마크업(mark-up)이란?

마크업이란 가격결정시 기본이 되는 원가에 일정비율로 곱해지는 마진폭을 의미한다. 백화점 같은 소매업의 경우 흔히 구매원가의 일정비율(가령, 200%)을 추가하여 최종 판매가격을 책성한다. 가령, 한 벌에 200,000원의 숙녀복을 구입한 후 400%의 마크업을 적용하면 판매가격은 1,000,000원이 된다.

<예시 5-1>은 제4장에서 소개한 와우공구(주)가 기존고객으로부터 주문받은 공구를 제작함에 소요된 제조원가와 동 원가에 40%의 마크업을 덧붙여 책정한 최종입찰가격을 보여준다.

〈예시 5-1〉 와우공구(주)의 개별주문 원가견적서(단위 : 천원)

직접재료비		
• 강판		₩4,200
직접노무비		
• 선반	₩1,300	
• 연마	1,600	
• 가공	2,000	4,900
제조간접비		
• 감독원가	₩1,700	
• 배치관련원가	1,800	
• 공장지원	1,500	5,000
• **총원가**		**₩14,100**
• 마크업(40%)		5,640
• **입찰가격**		**₩19,740**

<예시 5-1>의 수치는 다음과 같은 가정하에 마련된 것이다. 시간당 임률로 지급되는 인건비는 전액 변동비이고 제조간접비 중 ₩1,800,000의 배치관련원가는 고객주문을 위해 별도의 공구준비작업에 소요되는 일회성 고정비이다. 이에 반해 감독 및 공장지원 관련 간접비는 현재 여유시설이 존재하기 때문에 고객주문을 수락하더라도 변하지 않는다.

위의 가정하에 와우공구(주)가 손해를 보지 않는 가운데 설정할 수 있는 최저가격은 관련원가(=직접재료비+직접노무비+증분제조간접비)의 합계인 ₩10,900,000 (=₩4,200,000+4,900,000+1,800,000)이다. 그러나 현실적으로는 경쟁 및 시장상황을 감안하여 이렇게 구한 손익분기점(또는 무차별점)인 최저가격보다 다소 높은 가격이

제시되는 것이 일반적이다. 가령, <예시 5-1>처럼 총원가의 40%의 마진을 감안할 경우의 입찰가격은 ₩19,740,000으로 책정될 것이다.

2.2 여유시설이 존재하지 않는 경우

여유시설이 존재하지 않거나 혹은 주문을 받아들이기에 충분하지 않은 경우 주문을 받아들이기로 한 기업이 취할 수 있는 조치로는 초과근무(overtime)작업을 수행하거나(즉, 초과가동) 일부 시설을 외부로부터 임차하거나 일부 작업을 아웃소싱하는 것을 생각할 수 있다. 어떤 대안을 택하든지 추가적인 원가가 발생하는데 이러한 추가원가를 적절히 관련원가 속에 포함시키는 것이 분석의 핵심이다. 즉, 초과가동의 경우 초과근무수당(overtime premium)을 비롯한 각종 원가가 그리고 임차시에는 리스료가 계약방식에 따라 고정비 또는 변동비 형태로 발생한다. 만약 외부에 임가공을 의뢰할 경우에는 외주가공비라는 제조간접비가 추가로 발생한다.

앞서 예를 든 와우공구(주)가 초과가동을 통해 특별주문을 수락하기로 했다고 가정하자. 이로 인해 추가로 발생하는 원가는 다음과 같다.

(단위 : 천원)

• 초과근무시간용 노무비 및 감독자수당	₩2,000
• 증분광열비(전력, 용수)	500
• 증분공장지원원가*	400
• 증분기계설비임차료**	1,000
합 계	₩3,900

* 과거의 경험에 의하면 초과가동시에 기계고장이 빈번히 발생함에 따라 수선 및 엔지니어링작업이 소요된다.

** 현재의 기계설비 리스계약에 따라 초과가동시에는 추가로 기계사용에 따른 임차료를 부담해야 한다.

위의 수치와 <예시 5-1>의 수치를 토대로 할 때 여유생산능력이 존재하지 않는 경우 와우공구(주)가 손실을 기록하지 않는 가운데 특별주문을 수락하기 위한 최소가격은 ₩14,800,000(=₩10,900,000+3,900,000)이다. 따라서 와우공구(주)가 고객에게 제시할 최종가격은 이 금액에 마크업을 덧붙인 금액이 될 것이다. 요컨대, 여유시설능력이 존재하지 않는 경우의 단기가격결정은 생산능력부족분 해소에 따른 특별추가원가를 포함한 증분원가총액을 관련원가로 삼아 이루어져야 한다.

제3절 장기적 가격결정: 전부원가 및 원가가산결정방식

3.1 전부원가에 기초한 가격결정

장기(長期)란 생산능력을 조절할 수 있을 정도의 기간으로 정의된다. 장기적 관점하에서 가격을 결정할 경우에는 단기적으로 변화하지 않는 고정비를 포함하는 전부원가(full cost 또는 absorption cost)가 중요하다. 흔히 마케팅부서가 가격결정을 위해 회계부서로부터 제공받는 참고자료로서의 원가는 대개가 전부원가(엄밀히 말하면 전부제조원가)이다. 마케팅부서는 이 원가수치에 적절한 마크업을 가산하여 최종 목표가격 또는 판매요원이 참고할 벤치마크에 해당하는 기준가격을 정하는 것이다.

장기적 가격결정시 전부원가가 갖는 타당성은 다음 세 가지 경우로 나누어 설명할 수 있다.

① 특정 고객을 위해 제품을 개발하거나 생산할 경우 또는 정부기관과 공급계약을 체결할 경우의 가격은 흔히 전부원가에 마크업을 가산한 방식으로 이루어진다.

② 고객과 장기계약을 체결하여 제품을 공급하기로 하는 경우 기업에서 발생하는 고정비는 계약된 제품공급에 필요한 생산능력확보 및 활동수행에 따라 발생하는 것이다. 따라서 이러한 고정비의 발생정도 및 시점에 대해 비록 기업이 재량을 갖더라도 이들 고정비를 포함한 전부원가는 장기적 가격결정상 관련원가가 된다.

③ 산업에 무관하게 대부분의 기업들은 전부원가에 기초하여 정한 당초의 가격을 계속해서 엄격히 적용하기보다는 시장상황에 따라 임기응변적으로 가격을 변경한다. 가령, 수요가 줄어들어 단기적으로 공급과잉이 발생하면 기업은 제품가격을 하향조정하여 추가판매를 시도한다. 또한 반대의 경우 공급이 달릴 정도로 수요가 늘 경우 생산능력의 최대한 활용에 따라 발생하는 증분원가를 감안하여 가격을 인상한다.

현실적으로 수요상황은 시간경과와 함께 변동하기 마련이다. 따라서 가격 또한 수요상황에 따라 변화한다. 이는 일상생활에서 쉽게 접할 수 있다. 가령, 주말에 비해 주중 객실점유율이 낮음을 감안하여 특별주중할인 요율을 제시하는 호텔의 경우나 비성수기의 비행기 티켓요금을 대폭 할인하는 항공사 등의 차별적인 가격정책이 그것이다. 이 밖에도 시간대에 따라 할인율이 다른 장거리 전화회사나 콘도미니엄 또는 조조할인의 영화관 등 그 예는 다양하다.

위의 예에서처럼 단기적으로는 수요변동을 감안하여 증분원가에 적절한 마크업을 가산한 가격이 채택되기도 하지만 이들 가격의 평균수치는 장기적으로 장기공급계약시 설정되는 전부원가기준가격에 일치한다. 실무에서 기업들이 전부원가에 일정한 마크업을 가산한 가격을 기준가격(일명, 목표가격 : target cost)으로 가격결정 요원들에게 제시한 후 시장수요상황을 감안하여 적절히 가감 · 조정할 수 있는 권한을 주는 것도 이와 일맥상통한다. 이러한 단기 수요변동에 따른 가격조정에서는 무엇보다도 수요의 가격탄력성(elasticity of demand)에 관한 정보가 중요성을 갖는다.

3.2 원가가산가격결정법

궁극적으로 이익을 실현해야 할 기업이 가격결정시 유념하는 사항은 제품 또는 서비스 공급으로부터 벌어들이는 총수익이 이와 관련맺는 총원가를 회수하기에 충분한 가격이 책정되어야 한다는 것이다. 이런 원가 속에는 특정 제품이나 서비스에 직접 추적가능한 원가(가령, 변동제조비 및 고정제조비 등)에서부터 본사로부터 배분받는 본사공통비 등에 이르기까지 다양한 원가항목들이 포함된다.

위의 관점을 반영하듯이 실무에서 보편적으로 채택되는 가격결정방식은 원가가산가격결정(cost plus pricing)이다. 원가가산가격결정방식은 사용하기에 간편하다는 장점뿐만 아니라 앞서 설명한 전부원가에도 쉽게 적용할 수 있다는 장점을 갖는다.

원가가산가격결정법은 무엇을 기준원가로 삼는가에 따라 전부원가기준법과 공헌이익(또는 변동원가)기준법으로 대별된다. 원가가산방식의 핵심은 기준원가(base cost)와 마크업(markup ; 일명 이익가산폭)이다. 이하에서는 이 두 개념을 이용하여 원가가산방식의 계산공식을 설명한다. 이해를 돕기 위해 다음과 같은 요약표를 활용한다.

<table>
<tr><td colspan="4">총원가(편의상 단위원가로 표시됨)</td><td rowspan="3">목표이익
(ROI 등을 토대로 파악된 총액을 단위당 금액으로 표시)
(e)</td></tr>
<tr><td colspan="2">제조원가(전부원가)</td><td colspan="2">판매비와 관리비</td></tr>
<tr><td>고정비
(a)</td><td>변동비
(b)</td><td>변동비
(c)</td><td>고정비
(d)</td></tr>
<tr><td colspan="5">목표가격(p^*) : 단위당 금액으로 표시됨</td></tr>
</table>

또한 참고로 사례기업인 홍익(주)의 2019년의 관련자료가 다음과 같다고 하자. 원가는 판매단위당 수치이다.

• 변동제조비	₩200
• 고정제조비 배부액[*1]	100
• 변동판매비와관리비	30
• 고정판매비와관리비 배부액[*2]	50
• 목표 ROI	20%
• 투하자본	₩100,000
• 예상판매량[*3]	500개

*1, *2의 배부기준으로는 500개가 기준조업도로 활용되었음.
*3 판매량과 생산량은 동일하다고 가정함.

이 자료를 이용하여 위의 표처럼 작성하면 다음과 같다.

<table>
<tr><td colspan="4">총 원 가
₩380</td><td rowspan="3">목표이익
₩20,000
(=100,000×0.2)
또는 단위당
₩40
(=20,000÷500)</td></tr>
<tr><td colspan="2">제조원가
₩300</td><td colspan="2">판매비와 관리비
₩80</td></tr>
<tr><td>고정비
₩100</td><td>변동비
₩200</td><td>변동비
₩30</td><td>고정비
₩50</td></tr>
<tr><td colspan="5">목표가격(p^*)=₩420</td></tr>
</table>

1. 전부원가접근법

원가가산방식에서는 흔히 전부원가가 기준원가로 선정된다. 이 경우 기준원가에 가산될 **마크업**은 총원가 중 기준원가에서 제외된 판매비와관리비 및 달성해야 할 목표이익을 포함하도록 책정되어야 하는데 이는 다음과 같이 요약될 수 있다.

$$\begin{aligned} \text{목표이익가격}(p^*) &= \text{전부원가} + \text{전부원가} \times \text{마크업\%} \\ &= \text{전부원가}(1 + \text{마크업\%}) \quad \cdots\cdots (5\cdot1) \end{aligned}$$

식 (5·1)에 따르면 전부원가에 마크업 %를 곱해 구한 수치는 단위당 판매비와관리비(₩80)와 판매단위당 목표이익부담액(₩20,000÷500=₩40)을 합친 ₩120이 되어야 한다. 이를 위한 마크업률은 40%(120÷300=0.4)이다. 따라서 최종가격은 ₩300×1.4=₩420으로 정해진다.

이를 식으로 표시하면 다음과 같다. (단위기준접근법)

$$\text{전부원가기준 마크업률(\%)} = \frac{\text{단위당 판매비와관리비} + \text{단위당 목표이익}}{\text{단위당 전부원가}} \quad \cdots\cdots\cdots\cdots(5\cdot2)$$

종종 판매비와관리비 및 목표이익이 동시에 총액으로 제시될 경우에는 식 (5·2)는 다음과 같이 총수량을 분모에 포함하는 식으로 바뀐다. (총액기준접근법)

$$\text{전부원가기준 마크업률(\%)} = \frac{\text{판매비와관리비 총액} + \text{목표이익}}{\text{총판매수량} \times \text{단위당 전부원가}} \quad \cdots\cdots\cdots(5\cdot3)$$

요컨대, CVP분석에서 소개한 목표이익달성을 위한 목표판매량을 구하는 공식과 유사한 두 공식이 시사하는 바는 총액을 이용하든지 단위당 금액을 이용하든지 결과는 동일하다는 것이다.

2. 공헌이익접근법 : 일명, 변동원가가산법

위에서 소개한 전부원가방식이 원가의 기능별 분류를 강조하는 반면에 지금 소개하는 공헌이익접근법은 원가행태별 분류를 강조한다. CVP분석에서처럼 제조는 물론 판매 및 일반관리활동에서 발생하는 변동비를 파악하여 이를 기준으로 삼는다. 그 후 이에 포함되지 않는 고정비를 회수하고 목표이익을 실현하기 위해서는 기준원가에 어느 정도의 마크업이 가산되어야 하는가를 파악하는 식으로 가격을 결정하는 것을 공헌이익접근법 또는 변동원가가산법이라고 부른다.

홍익(주)의 자료를 이용하여 변동원가를 기준으로 하여 마크업률을 계산하면 다음 식에서처럼 82.6%가 된다.

$$\text{변동원가기준 마크업률(\%)} = \frac{\text{단위당 고정비(제조+판매비와관리비)} + \text{목표이익(단위당 부담액)}}{\text{단위당 변동원가}}$$

$$= \frac{150+40}{230} = \frac{190}{230} = 0.826(82.6\%)$$

따라서

$$\text{최종판매가격}(P^*) = ₩230 \times (1+0.826) = ₩420$$

으로 앞과 동일하다. 만약 변동원가 중 제조원가(₩200)만을 기준원가로 삼을 경우는 총변동원가(₩230)를 기준으로 삼을 경우에 비해 마크업률은 커지게 된다. 즉, 다음의 식 (5·4)에서 구한 110%로 앞서 구한 82.6%에 비해 높다.

$$420 = 200 + 200 \times 110\% \quad \cdots\cdots (5\cdot4)$$

또한 총원가를 기준원가로 삼게 되면 목표이익만 추가로 고려하면 된다. 따라서 가장 작은 마크업률(=10.53%)을 기록하게 된다.

$$420 = 380 + 380 \times 10.53\% \quad \cdots\cdots (5\cdot5)$$

3. 원가가산가격결정방식의 특징

지금까지 설명한 원가가산가격결정방법은 계산이 간편하고 목표판매가격 설정과정에 대한 이해가 쉽다는 장점을 갖는다. 그러나 이를 지나치게 강조하거나 엄격하게 적용하는 것은 문제가 있다. 왜냐하면 가격결정과정에서 원가는 일종의 하한선으로서의 벤치마크 역할을 수행할 뿐 최종가격은 시장상황 및 경쟁업체나 고객의 기대 등을 감안하여 적절히 수정될 수 있어야 하기 때문이다. 원가가산방식을 가장 많이 활용하는 백화점에서도 제품그룹 또는 라인별로 상이한 마크업을 적용하거나 동일 라인내에서도 시기별로(세일 등을 통해) 마크업을 조정하는 것이 이를 뒷받침한다.

또한 일정한 판매수량을 감안하여 목표이익달성에 필요한 판매가격을 계산하는 가정은 현실적으로 동일한 목표이익달성을 가능하게 하는 대안(가령, 가격할인을 통해 판매량을 늘리는 경우)이 여러 가지 있을 수 있음을 당초부터 배제한다는 한계를 갖는다. 이 밖에도 기준원가에서 제외된 원가수치가 얼마나 정확한가에 따라 최종적으로 계산되는 마크업률의 타당성은 달라진다. 이는 곧 원가가산방식에서 정보의 신뢰성이 중요성을 가짐을 의미한다. 이런 한계점 때문에 마케팅분야에서는 원가가산결정방식을 대표적인 비체계적인 정태적 가격관리방식으로 정의한다.

원가가산방식에 의한 가격결정은 이상과 같은 단점 및 유의사항을 감안하는 가운데 기업이 속한 산업특성 등에 따라 탄력적으로 적용될 필요가 있다.[1]

---

1) 장기기대조업도를 이용하여 산정된 단위당 원가를 토대로 전부원가기준방식을 통해 책정된 가격은 장기적 관점에서 기업이 추구해야 할 벤치마크를 제시한다는 점은 부인할 수 없다.

예제 5-1 원가가산가격결정

새로와주방기구사의 김경구 씨는 새로이 살림을 시작하는 고객을 대상으로 가장 인기 있는 품목 8개로 구성된 소위 'New Starter Set'의 가격책정을 담당하고 있다. 다음은 관련자료이다.

1. 내년도 예상생산 및 판매수량 : 10,000세트
2. 세트당 예상원가(단위 : 천원)

• 직접재료비 :	₩60
• 직접노무비(2시간×₩10)	20
• 변동판매비 :	5
합 계	₩85
변동제조간접비 배부율	₩8/직접노동시간
고정제조간접비 배부율	₩12/직접노동시간

3. 추가자료
   • 총 ₩20,000,000에 달하는 일반관리비(고정비)가 동 제품라인에 배분될 예정이다.

〈물음〉

1. 위의 자료를 토대로 원가가산가격결정모델에서 사용하는 대표적인 기준원가 네 가지를 구체적인 수치로 보이시오.
2. 세전목표이익 ₩317,500,000을 달성하기 위한 가격책정시 총원가를 기준으로 한 마크업률 및 가격은 얼마인가?

풀 이

(단위 : 천원)

1.	1)		변동제조원가 :	₩96	1	(₩80 + ₩8 × 2)
		+	고정제조원가	24		(₩12 × 2)
	2)	=	전부원가	120	2	
		+	변동판매비	5		
		+	고정일반관리비	2		(₩20,000÷10,000)
	3)	=	**총 원 가**	**127**	3	
	4)		변동제조원가	96		
		+	변동판매비	5		
		=	변동원가	101	4	

2. 마크업률 $= \dfrac{\text{기준에서 제외된 원가} + \text{목표이익}}{\text{판매수량} \times \text{단위당 기준원가}}$

$$= \frac{0 + 317{,}500}{10{,}000 \times ₩127}$$

$$= 0.25(25\%)$$

$$\therefore \text{ 가격 } = ₩127{,}000 + (127{,}000 \times 0.25) \text{ 혹은 } ₩127{,}000 \times 1.25$$

$$= ₩158{,}750$$

제 4 절 제품믹스결정

본절에서는 가격순응자(<표 5.1> 참조) 입장에 놓인 기업의 장・단기 제품믹스결정상 고려해야 할 이슈를 소개한다. 제품믹스결정 이슈는 제4장에서 소개한 관련원가와도 관련 맺지만 이 장에서 가격결정 이슈와 함께 소개하는 것은 복수제품을 취급하는 기업이 보유한 한정된 자원의 최적배분은 제품간의 상대적 가격(궁극적으로 제품별 공헌이익) 등을 감안하여 이루어져야 함을 강조하기 위해서이다. 이하에서는 단기적 상황과 장기적 상황으로 나누어 설명한다.

4.1 단기적 제품믹스결정

가격순응자란 산업전반의 수요와 공급수준에 거의 영향을 미치지 못하기 때문에 제품가격에도 영향을 미치지 못하는 기업을 말한다. 가령, 자동차부품이나 화공약품(또는 제약품) 및 표준형 복사기 등을 취급하는 품목이 표준화되어 있고 기업 제품들간의 차별화가 그다지 크지 않은 산업에 속한 기업들이 이에 해당한다. 이러한 산업에서의 가격은 어느 개별기업의 가격이나 공급물량에 의해서가 아니라 산업에 속한 모든 기업의 총체적 생산결정에 의해 정해진다. 물론 일부 기업의 공급물량이 상당할 경우 이들의 의사결정이 가격에 영향을 미칠 것은 사실이다.

가격순응자로서 기능할 기업(중소기업 또는 시장점유율이 낮은 대기업)이 내릴 의사결정은 ***주어진 가격을 전제로 과연 어떤 제품을 얼마나 생산하느냐***이다.[2] 이들

2) 물론 가격인하를 통해 판매수량 증가를 도모하거나 차별적 사양이나 서비스를 통해 보다 높은

기업은 주어진 시장가격하에서 이익이 높은 제품순으로 생산능력이 허용하는 범위 내에서 많이 생산하여 판매하고자 할 것이다.

이런 의사결정시 기업이 고려해야 할 중요한 점을 요약하면 다음과 같다.

① 단기적인 최적제품믹스결정시 고려해야 하는 관련원가를 제대로 파악하는 것이다. 제4장에서 다룬 관련원가분석이 이와 관련 맺는다.

② 단기적으로 생산능력의 탄력적 변경이 곤란함을 감안하여 생산요소의 제약조건이 어떤 형태로 존재하며 이를 해소할 수 있는 대안 및 관련원가가 무엇인가를 파악하는 것이다.

본절에서 두 가지 고려사항 중 두 번째 이슈를 중점적으로 구체적인 수치 예를 이용하여 자세히 설명한다. 제4장에서 간략히 소개한 제약조건하의 최적제품믹스결정의 핵심은 제약조건단위당 공헌이익이 큰 제품을 우선적으로 생산 · 판매하는 것이었음을 상기하기 바란다. 제12장에서 다룰 TOC도 이와 관련 맺는다.

예제 5-2 제약조건하의 최적제품믹스 : 단기적 제품믹스

홍익전자(주)의 핵심사업부인 전자사업부는 동종의 전자부품인 A와 B모델을 생산하고 있으며 각 제품의 관련정보는 다음과 같다.

	A	B
직접재료비	₩120	₩160
직접노무비(₩20/시간)	50	80
변동제조간접비(₩5/기계시간)	20	40
고정제조간접비	20	20
단위당 원가	210	300
판매단가(P)	260	400

최근 두 전자부품의 시장수요는 급격히 증가하고 있으며, 기존의 생산능력으로는 더 이상 늘어가는 수요를 충족시킬 수가 없다. 기존의 생산능력은 60,000기계시간(MH)이며, A와 B부품의 수요량은 각각 8,000단위와 5,000단위이다.

<자료 : 이동욱, 1996, p. 448 수정>

가격을 요구하는 등의 순수한 산업가격순응자에서 이탈된 행동을 보일 수도 있지만 경쟁업체의 반응을 고려하지 않고서는 곤란하다.

〈물음〉

위의 자료를 토대로 다음 물음에 대한 답을 구하시오.

1. 두 가지 전자부품의 단위당 공헌이익을 구하시오.
2. 이익을 극대화시킬 수 있는 최적의 제품배합을 구하시오.
3. 당사는 최근에 유럽의 수입업자로부터 A모델의 전자부품 2,000단위를 단위당 ₩255에 공급해 달라는 특별주문을 접수받았다. 동주문과 관련한 기회원가는 얼마인가?
4. 홍익전자는 동 주문을 수락해야 하는가?

풀이

1. 단위당 공헌이익

	A	B
• 단위당 판매가격(P)	₩260	₩400
• 단위당 변동비(V)	190	280
• 단위당 공헌이익(CM)	₩70	₩120

2. (1) 제약자원 단위당 공헌이익

	A	B
• 단위당 공헌이익(CM)	₩70	₩120
• 단위당 기계시간(MH)	4MH/단위*	8MH/단위**
• 기계시간당 공헌이익	₩17.5/MH	₩15/MH
• 우선순위	1	2

* (₩20÷5) = 4　　　** (₩40÷5) = 8

(2) 최적 제품배합: A를 우선 생산하고 남은 시간에 B 생산

(A, B) = (8,000, 3,500*)

* [(60,000MH − 8,000 × 4)÷8]

3. (1) 특별주문에 소요되는 기계시간(MH): 2,000 × 4MH/단위 = 8,000MH

(2) B부품 판매감소량: 8,000MH÷8MH/단위 = 1,000단위

(3) 기회원가: 1,000단위×₩120 = ₩120,000***

4. 특별주문 수락 여부 의사결정:

특별주문 수락시의 증분분석		
Ⅰ. 증분수익(2,000 × ₩255)		₩510,000
Ⅱ. 증분비용		
• 추가변동원가(2,000 × ₩190)	₩380,000	
• 기회원가	120,000***	500,000
Ⅲ. 증분이익		₩10,000

∴추가이익 > 0이므로 특별주문을 수락해야 한다.

4.2 장기적 제품믹스결정

신규제품의 추가 또는 기존 제품라인의 폐지 등과 같은 제품포트폴리오 구성 의사결정은 장기적 제품믹스결정에 해당한다. 이들 의사결정은 기업 원가구조에 장기적인 영향을 미친다. 따라서 제품설계 및 엔지니어링, 부품유지와 같은 제품지원원가는 물론 전속 제품판매요원 등이 모두 관련원가에 해당한다.

특정 제품믹스라 하더라도 이들이 어떻게 생산되느냐에 따라(가령, 대규모 배치로 생산되는 제품수의 비중이 커지는가에 따라) 원가에 미치는 효과 또한 다르다. 제품포트폴리오에 따라 작업준비(setup), 자재이동 및 검사비용 등과 같은 배치관련원가는 달라진다. 그러나 이들 제품유지 및 배치관련원가 항목들 중 상당부분이 단기적으로는 쉽사리 변화될 수 없음을 유념해야 한다.

이러한 신규제품의 도입이나 기존제품의 폐기 등은 장기간에 걸친 신중한 실행계획 없이 갑작스럽게 이루어질 수 없다. 이를 감안하여 이들 제품원가는 제품에 소요되는 각종 활동자원의 소비 정도를 고려하는 정상원가형태로 파악된다. 물론 장기적으로 기업은 제품수요에 맞추기 위한 생산능력을 탄력적으로 조절할 수 있다고 가정한다. 가령, 추가로 작업준비요원이나 품질검사요원이 필요할 경우 이들을 추가로 확보하는 것이 이에 해당한다.

각종 제품생산에 소요된 자원소비(특히, 활동을 위해 소비된 자원)를 토대로 구한 제품별 원가를 시장가격과 비교하면 장기적으로 어떤 제품이 손실품인지를 알 수 있다. 만약, 이렇게 구한 전부원가보다 낮은 판매가격을 갖는 제품들에 대해서는 몇 가지 옵션이 가능하다. 일견 이들 제품을 폐기하는 것이 최선으로 보일지 모른다. 그러나 때로는 고객이 한 번에 필요한 것을 구입할 수 있도록(일명, 원스톱쇼핑을 위한 구색 맞추기) 적자품목을 포함한 전체 제품라인을 유지하는 것이 바람직할 수도 있다. 그럼에도 불구하고 기업은 손실품목의 시장가격과 전부원가와의 차이를 비교함으로써 풀라인유지전략에 따른 원가부담이 어느 정도인가를 알 필요가 있다.

또 다른 대안으로는 제품디자인의 대폭적인 변경이나 리엔지니어링을 통한 비부가가치적 또는 원가부담이 큰 활동을 제거하는 방식으로 원가를 절감하여 가격경쟁력을 높이는 것이다. 가령, 작업준비시간을 단축하고 자재 및 제품흐름을 개선시키는 것이다. 이 밖에도 시장판매조건을 면밀히 검토하는 가운데 제품차별화를 통해 가격인상 가능성을 타진할 수도 있다. 수량할인 등의 인센티브제도를 통해 고객으로 하여금 가급적 대량으로 구입하도록 유도함으로써 운반 등 배치관련원가를 줄이는 방안을 강구할 수도 있다. 만약 이러한 조치에도 불구하고 여전히 적자를 메울 수 없을 경우에는 단계적으로 제품을 폐기하는 계획을 세워 추진하되 가능한 범위 내에서는 고객이 기업을 떠나는 대신 다른 제품을 구입하도록 유도할 필요가 있다.

요컨대, 제4장의 관련원가분석(Ⅰ)에서 소개한 '전부원가의 오류(full cost fallacy)'에서 시사하는 바와 같이 적자제품을 폐기한다고 해서 곧 적자금액만큼의 이익이 증가하는 것은 아니다. 이들 폐기된 제품에 투입된 활동자원이 더 이상 필요치 않게 되거나 계속 남아 있는 흑자제품을 위해 재활용될 때에만 비로소 이익증가가 이루어진다는 점을 명심해야 한다. 판매가 부진한 자동차모델을 더 이상 생산하지 않는다고 해서 동 모델 생산설비의 감가상각비 등이 회피가능한 것은 아닌 것처럼 말이다.

제5절 기타 특수한 경우의 가격결정

5.1 작업시간 및 재료비기준 가격결정 : 서비스기업

제3절에서 소개한 원가가산방법의 변형형태로 서비스기업이 주로 채택할 수 있는 방법으로는 작업시간 및 재료비기준 가격결정(time and material pricing)이 있다. 이는 자동차 정비소나 인쇄소, 가전제품 수선점 등 블루칼라적 업체는 물론, 엔지니어링, 법률사무소나 회계법인 등과 같은 전문회사 등에서 폭넓게 채택되는 방법이다.

작업시간 및 재료비기준 가격결정방식에서는 특정작업(가령, 자동차 수리나 법률자문 등)에 소요된 인건비(즉, 직접노무비) 또는 직접재료비(가령, 인쇄물 또는 건축물)를 일단 파악한 후 이들 원가에서 제외된 나머지 부분(직접재료비 또는 직접노무비 그리고 판매비와 관리비 및 목표이익 등)을 회수하기 위해 필요한 원가가산율을 산정하여 최종가격을 결정한다. 이때 기준원가로 이용되는 인건비는 주로 해당작업에 투입된 종업원인건비에 각종 간접비를 회수하기 위한 배부액의 합계를 의미한다. 반면에 재료비(material charge)는 특정작업에 소비된 직접재료비에 자재취급 및 보관에 따른 원가를 합친 것이다.

구체적인 예를 들어 이해를 돕기로 하자. 주문형 소형요트를 제작 또는 수선하는 마리나(주)가 최근 고객으로부터 자신이 보유하고 있는 요트를 신식으로 개조해 달라는 부탁을 받고 이를 위한 작업에 소요되는 자료를 다음과 같이 산출하였다. 기본적으로 필요한 작업은 엔진 분해·정비와 선실내장의 대폭적인 교체 및 외부 페인트작업 등이다.

A. 수선부 운영자료
- 작업자 인건비(복리후생비 포함) ······ ₩18,000/시간당
- 연간 작업시간 ······ 10,000시간
- 연간 총제조간접비
  - 자재취급 및 보관 ······ ₩40,000(천)
  - 기타간접비(감독, 광열비, 보험 및 감가상각비 등) ······ ₩200,000(천)
- 수선부서에서 소비하는 연간 총재료비 ······ ₩1,000,000(천)

B. 고객주문이행에 관한 자료
- 재료비 ······ ₩8,000(천)
- 작업시간 ······ 200시간

앞의 자료를 토대로 계산한 마리나(주) 수선부의 작업시간기준 및 재료비기준요금은 다음과 같다.

(1) 작업시간기준요금(time charge)

작업시간당 요금 = 임률(시간당) + 시간당 간접비 배부율* + 마크업률**

= ₩18,000 + ₩20,000 + ₩7,000

= ₩45,000/시간

* 시간당 간접비배부율은 연간 총제조간접비 중 자재취급 및 보관간접비를 차감한 금액을 연간 작업시간으로 나눈 것임.

₩200,000,000 ÷ 10,000시간 = ₩20,000

** 마크업률은 마리나(주)가 희망하는 이익실현을 위해 작업시간당 추가하는 가산율로 시간당 ₩7,000으로 가정하였다.

(2) 재료비기준요금(material charge)

$$\text{재료비기준요금} = \begin{matrix}\text{작업에 소요된}\\ \text{재료비}\end{matrix} + \left(\begin{matrix}\text{작업에 소요된}\\ \text{재료비}\end{matrix} \times \frac{\text{자재취급 및 보관원가}}{\text{수선부의 연간총재료비}}\right)$$

$$= ₩8,000,000 + \left(₩8,000,000 \times \frac{40,000}{1,000,000}\right)$$

$$= ₩8,320,000$$

표 5.2

작업시간 및 재료비기준 가격결정 : 마리나(주) 사례

가격견적서

마리나 요트/선박제작(주)

요트사업부 : 수선부

작업 : 45-foot요트의 보수 및 개량

• 작업시간요금 :	작업시간	200시간
	×임 률	×45,000/시간
	합 계	₩9,000,000
• 재료비기준요금 :	작업에 투입된 재료비	₩8,000,000
	+부대원가요금(자재취급 및 보관)	320,000*
	합 계	₩8,320,000
• 청구가격	시간요금	₩9,000,000
	자재요금	8,320,000
	합 계	₩17,320,000

* 자재취급 및 보관원가용 가산액 = ₩8,000,000×0.04(=재료비당 부과율)
= ₩320,000

이처럼 재료비에 해당하는 요금은 작업에 쓰인 재료의 구입가격(송장가격)에 일부 부대원가(자재주문, 검수, 보관활동 원가를 의미)를 합친 것이다.

앞의 자료를 토대로 마리나(주)가 고객으로부터 의뢰받은 요트 보수작업에 대한 견적서는 <표 5.2>와 같다. 총 200시간의 작업시간과 ₩8,000,000의 재료비가 소요될 수선작업에 청구될 최종가격은 ₩17,320,000으로 이 가격(일종의 요금)에는 마리나(주)가 희망하는 정상이익도 포함되어 있다. 참고로 마리나(주)는 희망이익을 인건비부분에서만 징구(徵求)하는 식으로 가산율을 적용하였다. 그러나 일부 기업의 경우 작업에 투입된 재료비에도 희망이익을 위한 가산율을 적용하기도 한다. 이는 기업의 방침에 따라 신축적으로 적용된다.

5.2 특수한 상황하의 가격결정

신제품의 전략적 가격설정상황 이외에도 기업은 정상적인 가격에서 벗어난 특수한 가격을 설정해야 하는 경우가 종종 있다. 할인가격을 전제로 한 임시 예외적인 대량구입요청(가령, 일회성 특별수출주문)을 받아들이는 경우, 경쟁입찰에 응찰하는 경우 또는 수출을 위해 덤핑판정을 받을 정도의 낮은 가격을 설정하는 경우 등이 이에 해당한다. 이 중 첫 번째 경우는 관련원가분석에서 소개한 특별주문의 수락/거절 상황에 해당하기 때문에 자세한 설명은 생략한다. 대신 나머지 두 가지 상황하에서의 가격결정이슈를 설명한다. 이들 역시 관련원가분석의 틀이 그대로 적용되는 것은 사실이다. 다만 추가로 고려해야 할 비계량적 이슈를 중점적으로 설명한다.

1. 경쟁입찰과 가격결정

경쟁입찰(competitive bidding) 상황이란 둘 이상의 기업들로 하여금 입찰대상인 제품서비스 또는 프로젝트공급을 위한 가격을 봉인된 상태로 제시하도록 하는 가운데 고객이 제시한 가격과 시방서 등을 토대로 응찰기업 중 한 곳을 택하여 계약을 체결하는 상황을 의미한다. 경쟁입찰상황하에서의 의사결정은 복잡미묘하다. 특히, 기업간에 거의 차이를 보이지 않는 동질적인 제품이나 서비스를 대상으로 입찰이 이루어질 경우 응찰가격이 유일한 선정기준이 되어 가격경쟁은 치열해지고 그 결과 낙찰업체는 소위 말하는 '승자의 저주(winner's curse)'를 받기 십상이다.

> **TIP!**
> **승자의 저주**
> 승자의 저주란 최종 입찰가격이 너무 낮아 계약을 체결한 업체가 계약이행 시 오히려 손실을 기록할 가능성이 높음을 말한다. 원가최소화를 추구하는 발주업체는 이러한 경쟁입찰의 특징을 활용하고자 대부분의 사업을 경쟁입찰 형태로 추진한다.

경쟁입찰하에서의 가격결정시 유의할 사항은 크게 두 가지로 요약된다.

첫째, 응찰가격 책정시 전부원가에 일정한 마진을 가산한 가격을 고집하는 우(愚)를 범하지 말라는 것이다. 즉, 전부원가를 초과하는 가격을 보장받지 못하는 입찰에는 참여하지 않겠다는 회사방침을 정하는 것은 종종 잘못된 의사결정이다. 왜냐하면 단위당 전부원가는 조업도(즉, 판매량)에 따라 달라질 뿐 아니라 판매량 또한 판매가격에 따라 달라지는 등[3] 양자는 상호 얽혀 있기 때문이다. 제3장에서 소개한 CVP분석을 상기하기 바란다.

기업은 목표이익률 달성을 위해 매출액이익률뿐만 아니라 자산회전율을 동시에 관리해야 한다. 따라서 상당수의 기업은 자산회전율을 감안하여(즉, 비록 이익률은 낮더라도 회전율을 높이고자) 전부원가를 밑도는 가격으로 입찰에 참여한다. 특히, 이미 투자를 통해 대규모 고정시설을 마련한 기업(일명, 장치산업)이나 단기적으로 해고가 곤란한 대규모 인력을 보유한 기업(가령, 건설업체) 등이 전부원가에는 밑돌지만 증분변동원가를 초과하는 가격으로 종종 입찰에 참여한다. 즉, 변동원가를 초과하는 증분공헌이익으로부터 고정비의 일부라도 회수하고자 하는 목적에서이다.

둘째, 경쟁입찰상황하에서의 가격결정은 기업 자신의 원가구조 및 전략뿐만 아니라 경쟁기업의 원가구조 및 이들의 전략을 감안하는 가운데 장기적으로 입찰에의

---

3) 응찰가격에 따라 경쟁입찰에서의 승리 여부가 좌우되며 이는 결국 판매량을 좌우한다.

TIP!
동아건설의 리비아대수로공사 입찰가격
제1차 대수로공사 프로젝트를 수행 중 제2차 프로젝트 응찰을 위해 가격책정시 이미 투입된 중장비 미상각장부가액은 매몰원가로 간주해 제외시켜 경쟁자를 따돌린 바 있다.

참여 및 낙찰이 기업에 미칠 계량적·비계량적 효과를 종합하는 가운데 이루어져야 한다. 차선의 응찰가격보다 훨씬 낮은 가격으로 낙찰되어 이익증가의 기회를 놓치거나 원가추정을 잘못함으로써 '승자의 저주'를 사후적으로 확인하는 경우가 발생하지 않도록 해야 한다. 원가회계에서 소개한 동아건설의 리비아 수로공사입찰 사례는 원가를 비롯한 정보와 전략이 얼마나 중요한 것인가를 잘 시사한다.

2. 가격차별과 반덤핑

제9장에서 소개하는 사내대체가격 용어가 국제간의 거래로 바뀔시에는 국제이전가격이라는 용어로 바뀐다. 이처럼 물품공급이 수출형태로 국가간의 거래로 바뀔 경우 기업은 가격결정시 추가로 고려해야 할 변수가 있다. 반덤핑(anti-dumping) 판정이 그것이다. 덤핑이란 국가간의 거래에서 원가 이하의 현저히 낮은 가격으로 판매가격을 설정함으로써 판매량증가를 꾀하는 특수한 상황으로 정의된다.

1932년으로 소급될 수 있는 반덤핑법은 국제시장에서 원가(원칙적으로 배분고정비를 포함하는 전부원가) 이하로 제품을 판매(즉, 수출)하는 것을 금하는 것을 목적으로 한다. 이는 국내시장을 상대로 해외공급자와 직접 경쟁해야 하는 자국의 제조업체를 보호하기 위한 목적에서 제정된 것이다. 따라서 국제적 판매를 위한 가격책정시 과연 예정가격이 반덤핑판정을 위한 가격차별에 관한 법규상의 요건을 충족시키는지의 여부를 사전에 체크함으로써 예상치 못한 페널티(penalty)를 물지 않도록 해야 한다.

과연 특정 수출품의 가격이 덤핑판정을 받을 정도로 과소책정되었는지를 결정하기 위한 덤핑조사는 수출가격, 정상가격, 구성가격, 제3국 수출가격 등의 수치를 비교하는 식으로 이루어진다. 이 중 다소 생소하게 느껴질 구성가격(constructed value)이란 공급기업의 원가구조를 토대로 유추해낸 최소원가로 생각하면 된다. 정상가격은 상황에 따라 다양하게 정해질 수 있는데 흔히 내수판매가격을 참고한다. 덤핑판정 주체는 일단 수출가격은 생산원가를 초과하는 수준으로 정해질 내수가격보다 높아야 한다는 믿음하에 조사를 하는 것이다.

요 약

01. 이 장에서는 제조업 및 서비스업은 물론 비영리단체의 가격결정과 관련된 원가정보의 활용을 다루었다. 가격결정은 경영자가 당면하는 가장 핵심적이며 어려운 의사결정이다. 왜냐하면 가격결정을 위해서는 다양한 요소를 고려해야 하며 조직에 미치는 영향이 매우 크기 때문이다. 이 중 가장 주된 영향을 미치는 것들로는 시장수요, 경쟁업체의 행동 및 제품 또는 서비스의 원가가 꼽힌다. 이 밖에도 정치적, 법적 및 기타 이미지 관련이슈들이 영향을 미친다.

02. 가격결정의 최적방식은 기업이 처한 상황에 따라 다르다. 단기적 가격결정과 장기적인 가격결정이 다르고 또한 경쟁상황에 따라 다르다. 그러나 대부분의 기업은 비록 100%는 아니더라도 원가에 기초한 가격결정을 내리고 있다. 그 중 변동원가나 전부원가를 기초로 삼는 원가가산방식이 가장 일반적으로 이용된다. 마크업은 기준원가에서 제외된 원가뿐만 아니라 기업이 목표로 삼은 투하자본이익률을 실현하기에 충분하게 설정된다. 이러한 방식은 목표 ROI 마크업 가격결정이라고 부른다.

03. 건축업이나 자동차 정비소, 인쇄소 등 전문서비스업체에서는 흔히 작업시간과 소요 재료비를 기준으로 가격을 결정한다. 소위 작업시간 및 재료비기준 가격결정방식에서는 작업시간과 소요 재료비에 일정한 마크업률을 가산하여 가격이 결정되는데 어떤 경우든지 마크업률은 나머지 원가를 회수하고 기업이 추구하는 이익을 실현할 정도로 충분하게 결정된다.

04. 가격결정이슈는 관련원가분석과 밀접히 관련 맺는다. 가격할인을 포함한 특별주문의 수락 여부나 특수한 상황에서의 입찰가격결정 등이 그것이다. 특히 제약조건하의 제품믹스결정은 제약자원 단위당 공헌이익이 가장 큰 제품을 우선적으로 선택하는 룰은 제4장에서 배운 바 있다. 장기적 가격결정상황에서는 전략이나 경쟁업체의 대응 등 고려해야 할 변수가 많고 추가투자나 기존 제품라인의 철수 등으로 인해 고정비가 관련항목에 포함되는 것이 특징이다.

핵심용어

- 마크업
- 경쟁입찰
- 변동원가가산법
- 전부원가의 오류
- 정상가격
- 구성가격
- 승자의 저주
- 전부원가접근법
- 작업시간 및 재료비기준 가격결정
- 가격결정
- 공헌이익접근법
- 원가가산가격결정법

단답식 개념문제

01. 제품이나 서비스 가격결정시 시장측면과 기업의 추구목적보다 앞서 고려해야 할 측면은 기업의 □□함수, 즉 재화나 서비스 공급□□의 파악이다. (□□에 동일 단어)

02. 제약조건하에서의 최적의사결정 기준은 제약조건 단위당 □□□□이 가장 큰 제품 순위로 제약자원을 배분하면 된다.

03. 원가가산가격결정방식은 기준이 되는 원가에서 제외된 원가와 □□□□을 합친 수치를 회수하기 위해 필요한 마크업을 기준원가에 추가하여 계산한다.

[문1] 제품이나 서비스 가격결정시 시장측면(즉, 수요의 가격탄력성)과 기업이 추구하는 목적(즉, 최종 성공여부를 무엇으로 평가할 것인가)보다 앞서 고려되어야 할 측면은 무엇인가?

[문2] 단기적 가격결정의 예를 2가지만 드시오.

[문3] 실제판매량 수준이 변하게 되면 마크업률은 어떻게 변하게 되는가?

[문4] 목표 ROI 가격결정은 원가가산가격결정을 어떻게 변형시킨 것인가?

[문5] 작업시간 및 재료비 가격결정방식을 간략히 설명하시오.

[문6] 원가가산방식(mark-up pricing)으로 제품의 가격을 결정하려고 할 때 마크업에 의해 커버되어야 할 항목들은 무엇인가?

[문7] 원가가산방식으로 제품의 가격을 결정할 때 이용되는 대표적인 원가기준은 무엇인가? 두 가지 이상 예를 드시오.

[문8] 재료비기준 가격결정(material pricing)은 서비스업체에서 주로 사용된다. 이 방식이 제조업체에서도 적용되고 있는지를 구체적으로 그 이유와 함께 설명하시오.

[문9] 목표 ROI 가격결정은 원가가산가격결정을 어떻게 변형시킨 것인가?

[문10] "가격결정 관련 의사결정에 유용한 관련원가란 제품과 관련된 전부원가이다"라는 주장에 대한 의견을 제시하시오.

[문11] 가격결정에 ABC(활동기준원가계산)가 어떠한 기여를 하는지를 답하시오.

연습문제

객관식

[문1] "홍익기업의 단위당 변동제조원가와 변동판매비는 각각 ₩50, ₩20이며 고정제조원가와 고정판매비 및 관리비는 각각 ₩50,000, ₩20,000이다. 만약 홍익기업이 100개의 생산량의 판매가격결정시 전부원가를 기준으로 삼아 마크업률을 계산할 경우 변동원가를 기준으로 삼을 경우에 비해 마크업률은 높아진다." 이 문장의 진(true)/위(false) 여부는? (★)

① 진(true)이다. ② 위(false)이다.

※ 다음은 문제 [2~3]에 관련된 자료이다.

상수기업이 생산·판매하고 있는 두 제품 A, B의 자료는 다음과 같다.

	A	B
단위당 판매가격	₩160	₩80
단위당 변동비	100	40

연간 고정비는 ₩5,000, 회사가 이용가능한 연간 기계시간은 500시간, 제품 한 단위를 생산하는 데 소요되는 기계시간은 A가 2시간, B가 1시간이다.

[문2] 생산된 제품이 전량 판매가능할 경우 상수기업이 달성가능한 최대 영업이익은 얼마인가? (★)

① ₩9,000 ② ₩10,000 ③ ₩13,000 ④ ₩15,000 ⑤ ₩20,000

[문3] 제품의 수요량이 A 400개, B 300개를 초과할 수 없다고 할 경우, 최적매출배합에 의한 영업이익은 얼마인가? (★)

① ₩9,000 ② ₩10,000 ③ ₩13,000 ④ ₩15,000 ⑤ ₩20,000

[문4] (주)경남은 위성라디오를 제조하는 회사이다. 울산에 있는 공장의 연간 생산능력은 50,000단위이다. 최근에 (주)경남은 판매가격 ₩21,000에 40,000단위를 판매하고 있다. 이 제품의 원가구조는 다음과 같다.

단위당 변동제조원가	₩9,000
고정제조원가	₩160,000,000
단위당 변동판매비	₩2,000
고정판매비	₩120,000,000

제조부서에서는 새로운 사양을 추가하기 위해서 제조공정을 변화시킬 것을 제안했다. 제조공정의 변화는 고정제조원가를 ₩20,000,000 증가시키고 단위당 변동제조원가를 ₩400 감소시키게 된다. 현재 판매량인 40,000단위를 기준으로 할 때, (주)경남이 제조공정의 변화 후에도 최소한 기존의 영업이익을 유지하기 위해서는 단위당 판매가격을 얼마로 해야 하는가? (★)

① ₩10,950 ② ₩18,900 ③ ₩19,900 ④ ₩21,500 ⑤ ₩21,100

TIP!
TOC : 제약조건의 고려
12장 객관식 [문6], [문7]이 TOC 문제이자 제약조건하의 최적의사결정 문제와 유사함.

[문5] (주)와우는 세 가지 제품 X, Y, Z를 생산 · 판매하고 있다. 매월 이용가능한 기계시간은 총 20,000시간으로 제한되어 있다. (주)와우의 2019년 3월 중 예상되는 각 제품의 단위당 판매가격, 단위당 변동원가, 단위당 소요되는 기계시간 및 최대시장수요량은 다음과 같다. (★★)

	X	Y	Z
단위당 판매가격	₩20	₩30	₩40
단위당 변동원가	₩14	₩18	₩32
단위당 기계시간	3시간	4시간	2시간
최대시장수요량	7,000단위	5,400단위	4,000단위

(주)와우가 2019년 3월에 예상할 수 있는 최대 공헌이익은 얼마인가?

① ₩60,000 ② ₩64,600 ③ ₩67,000 ④ ₩68,000 ⑤ ₩69,500

[문6] 신명회사에서는 두 개의 제품을 생산하고 있다. 각 제품에 대한 정보는 다음과 같다. (★★)

	제품 X	제품 Y
단위당 판매가격	₩2,000	₩1,250
단위당 직접재료비	691	430
단위당 직접노무비	560	320
예상 최대수요	80,000개	105,000개

추가정보는 다음과 같다.

가. 직접노무비 임률은 시간당 ₩400이다.

나. 변동제조간접비는 직접노무비의 20%이며, 고정제조간접비는 ₩58,000,000 이다.

다. 이용가능한 총직접작업시간은 140,000시간이다.

라. 기타 고정원가는 없다.

기업의 이익을 극대화하기 위한 최적생산량은 각각 몇 개인가?

① (80,000개, 0개) ② (80,000개, 35,000개)

③ (40,000개, 105,000개) ④ (0개, 105,000개)

⑤ (50,000개, 50,000개)

[문7] (주)국세는 야구공을 생산 · 판매하고 있으며, 월간 최대생산능력은 30,000단위이다. (주)국세가 생산하는 야구공의 단위당 원가자료는 다음과 같다. (★★)

직접재료원가	₩200
직접노무원가	100
변동제조간접원가	50
고정제조간접원가	100
변동판매비와 관리비	25
고정판매비와 관리비	30

(주)국세는 현재 정상주문에 대해 단위당 ₩500의 가격으로 판매를 하고 있는데, 최근 해외사업자로부터 할인된 가격으로 3,000단위를 구입하겠다는 특별주문을 받았다. (주)국세가 이 주문을 수락할 경우에는 생산능력의 제한으로 인하여 기존 정상주문 중 1,200단위의 판매를 포기해야 한다. 그러나 특별주문 수량에 대한 단위당 변동판매비와관리비는 ₩5만큼 감소할 것으로 예상하고 있다. (주)국세가 해외사업자의 특별주문에 대하여 제시할 수 있는 단위당 최저 판매가격은 얼마인가? (세무사, 2012)

① ₩370 ② ₩375 ③ ₩420 ④ ₩425 ⑤ ₩500

[문8] (주)대한은 한복 A와 한복 B를 생산하여 판매하고 있다. 한복 A와 한복 B의 제작에 사용되는 재료인 명주와 염료는 1년에 각각 100kg과 150리터만 확보가 가능하다. 한복 A에 대한 시장수요는 무한하나, 한복 B에 대한 시장수요는 연간 70단위이다. 단위당 공헌이익 및 생산관련 재료사용량이 다음과 같을 때 최적제품배합에 의한 총공헌이익은 얼마인가? (KICPA, 2013) (★★)

	한복 A	한복 B
단위당 공헌이익	₩3,000	₩1,000
단위당 명주 사용량	1kg	1kg
단위당 염료 사용량	2리터	1리터

① ₩225,000　② ₩200,000　③ ₩160,000
④ ₩150,000　⑤ ₩100,000

주관식

[문1] 원가가산가격책정 (★)

홍익(주)의 관련자료는 다음과 같다.

변동제조간접비	₩200
고정제조간접비 배부액	70
변동판매관리비	30
고정판매관리비 배부액	50

위의 자료를 이용하여 다음에 제시된 원가기준을 토대로 원가가산가격결정공식에 의한 ₩400의 가격이 책정된 과정을 보이시오.

1. 변동제조간접비　2. 전부제조원가
3. 총원가　4. 총변동원가

[문2] 원가가산 가격공식 (★★)

다음의 자료는 잔디 깎는 기계(lawn mower ; 일명, 제초기)를 생산·판매하고 있는 홍익공업(주)의 고급제초기에 관련된 자료이다.

변동제조간접비	₩250
고정제조간접비 배부액	50
변동판매비와 관리비	60
고정판매비와 관리비 배부액	?

고급제초기에 책정한 ₩450의 목표가격을 달성하기 위해 적용한 마크업률은 총단위원가의 12.5%이다.

〈요구사항〉

1. 홍익공업(주)의 고급제초기 각 단위당 배분되어야 하는 고정판매비와 관리비는 얼마인가?
2. 다음 각각의 원가기준을 이용하여 제초기 단위당 ₩450의 목표가격을 달성하는 원가가산

공식을 개발하시오.

① 변동제조간접비 ② 전부제조원가 ③ 총변동비

[문3] 제약조건하의 의사결정 (★★)

(주)서울 공장에서 생산판매하는 4개 제품의 단위당 제조원가 및 판매 자료는 다음과 같다.

	A	B	C	D
직접재료비	₩19.9	₩15.2	₩20.8	₩23.2
직접노무비	12.2	8.7	10.5	7.4
변동제조간접비	1.6	2.1	2.0	2.1
고정제조간접비	10.8	11.9	8.8	10.7
단위당 제조원가	₩44.5	₩37.9	₩42.1	₩43.4

각 제품과 관련된 판매 및 수요에 대한 자료는 다음과 같다.

월간 수요량	4,000개	2,000개	4,000개	2,000개
판매가격(단위당)	₩59.3	₩56.7	₩59.5	₩55.6
변동판매비(단위당)	3.6	1.5	2.2	3.6
연삭시간(단위당)	1.0시간	0.7시간	0.6시간	0.6시간

제품 생산에 사용되는 연삭기계 월 사용가능시간은 8,000시간이고 직접노무비는 변동비이다.

〈요구사항〉

1. 최적생산시 기대 총공헌이익은 얼마인가?
2. 추가 비용을 들이면 연삭기계의 사용가능시간을 100시간 늘일 수 있다고 가정할 때 회사가 최대한 지불할 수 있는 금액은 얼마인가?

[문4] 마크업 가격결정 (★★)

홍익(주)의 2019년 세전 목표이익은 ₩250,000이고 예상판매량은 100,000단위이며 관련 예상 원가자료는 다음과 같다.

	단위당	총 액
변동원가	₩20	₩2,000,000
제조	15	
판관비	5	
고정원가	5	500,000
제조		300,000
판관비		200,000
합 계	₩25	₩2,500,000

〈요구사항〉

홍익(주)는 원가에 목표이익을 가산하여 제품 판매가격을 결정하고 있다. 다음 각 원가를 기준으로 가격을 결정한다면 각 경우의 마크업률과 판매가격은 얼마인가?

(i) 전부원가기준, (ii) 변동원가기준

[문5] 특별주문과 가격결정 (★)

홍익산업(주)는 단위당 ₩21의 가격으로 커피메이커를 판매한다. 홍익산업(주)의 단위당 원가는 200,000단위의 완전조업도를 기준으로 아래와 같다.

직접재료비	₩4
직접노무비(변동비)	5
제조간접비(이 중 2/3는 고정비)	6
	₩15

한 유통업자로부터 20,000단위를 구매하겠다는 특별주문을 접수받았다. 이 주문으로 인하여 추가적으로 단위당 ₩3의 판매비만 발생한다. 홍익산업(주)는 특별주문을 처리할 충분한 커패서티(시설용량)를 가지고 있다.

〈요구사항〉

1. 특별주문에 대한 가격협상시 홍익산업이 수용할 수 있는 최소한의 단위당 판매가격은?
2. ₩40,000의 영업이익을 늘리는 것을 목표로 한다면 홍익산업은 판매가격을 얼마로 책정해야 하는가?

[문6] 유휴시설존재와 가격결정 (★★)

동교전자(주)는 계산기를 제조하여 개당 ₩2,000에 판매하고 있다. 동교전자(주)의 생산능력은 매기 12,000개이며, 이때 개당 생산원가는 직접재료비 ₩750, 직접노무비 ₩550, 제조간접비(변동비 75%, 회피불능고정비 25%) ₩480이다. 최근에 해외바이어가 방문하여 2,500개의 계산기를 특별주문하였다. 이 특별주문에 따른 유일한 판매비용은 운송료로 개당 ₩100이 소요된다. 현재 동교전자(주)는 7,200개를 생산 · 판매하여 정상적인 판매경로를 통하여 판매하고 있다. 동교전자(주)가 기존이익을 그대로 유지하기 위하여 이 특별주문으로부터 받아야 하는 최소금액은 얼마인가?

〈자료 : 2000년 CTA 기출문제 수정〉

[문7] 관련원가분석 : CVP + 가격결정 (★★)

다음은 K제품을 연 2,400단위 생산하여 단위당 ₩600에 판매하는 데 소요되는 (주)와우의 단위당 원가이다. 생산능력은 충분하다.

제조원가 :	직접재료비	₩100
	직접노무비(vc)	120
	변동제조간접비	80
	고정제조간접비	50
판매비와 관리비 :	변동비	150
	고정비	90

〈요구사항〉

다음은 별도의 언급이 없는 한 서로 독립적이라고 가정하고 문제를 푸시오.

1. (주)와우가 판매가격을 ₩500으로 인하할 때 판매수량은 50% 증가한다고 할 경우 판매가격을 인하하는 것이 바람직한가?
2. 회사는 작년에 생산된 모델 중에서 팔리지 않는 10단위의 K제품 재고를 가지고 있으며, 이를 판매하지 못할 경우 폐기처분하여야 하는데, 폐기처분비용으로 단위당 ₩100이 소요된다. 정상적인 판매경로를 통해 판매할 경우 회사가 허용할 수 있는 최저판매가격은 얼마인가?
3. 어떤 외부공급업자가 회사의 제품을 전량 대신 생산하여 고객에게 직접 배달해 주겠다고 제의해 왔다. 이 제안을 수락하면 회사의 고정판매비와 관리비는 변하지 않을 것이지만, 변동판매비와 관리비는 20% 감소될 것으로 예상된다. 외부구입시에도 고정제조간접비는 현재의 50%가 계속 발생할 것이다. 회사가 외부공급업자에게 지급할 수 있는 단위당 최대가격은 얼마인가?
4. 요구사항 3에서의 외부공급업자의 제안을 받아들이면 현재 설비를 다음과 같은 새로운 제품을 제조·판매하는 데 사용할 수 있다고 가정한다.

단위당판매가격(P)	₩900
변동제조원가	500
고정제조원가	100
변동판매비	200
고정판매비(추가분)	50

   구제품에 대한 변동판매비 감소는 요구사항 3처럼 될 것이나, 총고정제조간접비는 당초금액 그대로 발생할 것이며, 고정판매비는 위의 금액만큼 증가할 것이다. 두 제품으로부터 달성해야 할 최소요구 연간 영업이익은 ₩50,000이다. 회사가 외부공급업자로부터 구제품을 구입시 지불할 수 있는 단위당 최대가격은 얼마인가?
5. (주)와우는 A제품을 정부에 2,000단위를 납품하기로 하였다. 정부는 전부제조원가의 10%의 이익을 가산한 가격을 지불한다고 한다. (주)와우는 이 주문을 수락하겠는가? 단, 정부납품으로 기존 판매량에는 영향이 없고 추가 판매비와 관리비도 없다.

〈자료 : KICPA, 1989, 1999 2차 기출문제 수정〉

[문8] 원가가산 가격결정(1) (★★)

다음 자료를 토대로 요구사항에 답하시오.

홍익텔레콤(주)은 여러 가지 유형의 이동통신장비를 생산하고 있다. 2019년 1월에 새로운 CDMA방식 휴대폰을 출시할 계획을 수립중이다. 현재 1,000단위의 휴대폰을 생산하는 데 소요된 추정원가자료는 다음과 같다.

변동비	
제조원가	₩450,000
판매관리비	100,000
총변동비	₩550,000
고정비	
제조원가	₩300,000
판매관리비	180,000
총고정비	480,000
총원가	₩1,030,000

CDMA방식 휴대폰 생산라인의 평균자본투자액은 ₩900,000이다. 홍익텔레콤은 CDMA방식 휴대폰 생산라인에 대한 목표 투자이익률(ROI)을 18%로 설정하였다.

〈요구사항〉

1. 총원가에 근거하여 원가가산가격결정방식으로 가격을 설정한다고 하자. 휴대폰의 판매가격을 구하시오.
2. 전부원가에 근거하여 원가가산가격결정방식으로 가격을 설정한다고 하자. 마크업률을 구하시오.
3. 총변동원가에 근거하여 원가가산가격결정방식으로 가격을 설정한다고 하자. 휴대폰의 판매가격을 구하시오.
4. 변동제조원가에 근거하여 손익분기를 달성하고 원가가산가격결정방식으로 가격을 설정한다고 할 경우의 마크업률을 구하시오.

[문9] 제품원가왜곡과 원가가산 가격결정(2) (★★)

상수 스테레오회사는 두 가지 모델의 스테레오 앰프를 생산한다. 2019년 동안 두 가지 모델에 대한 원가추정은 다음과 같다.

	모델 A	모델 B
직접재료비 ………………	₩160	₩260
직접노무비 ………………	140	140
제조간접비* ………………	100	100
총원가 ………………	₩400	₩500

* 제조간접비 예정배부율은 직접노동시간당 ₩10이다.

각각의 스테레오 앰프는 10시간의 직접노동시간이 필요하다. 모델 A는 부문Ⅰ에서는 2시간 그리고 부문Ⅱ에서는 8시간이 필요하다. 모델 B는 부문Ⅰ에서는 8시간 그리고 부문Ⅱ에서는 2시간이 필요하다. 2019년에 부문Ⅰ과 부문Ⅱ에서 발생할 것으로 예상되는 제조간접비는 다음과 같다.

	부문Ⅰ	부문Ⅱ
변동제조간접비	직접노동시간당 ₩8	직접노동시간당 ₩4
고정제조간접비	₩150,000	₩150,000

2019년 각 부문의 예상운영활동수준은 둘 다 37,500직접노동시간(DLH)이다.

〈요구사항〉

1. 상수 스테레오사가 계산한 간접비배부율은 어떻게 계산되었는지를 설명하시오.
2. 전부제조원가에 15%를 가산하는 식으로 제품가격이 결정될 경우 각 모델의 가격은 얼마인가?
3. 상수 스테레오사는 부문별 간접비배부율을 사용한다. 2019년의 부문Ⅰ과 Ⅱ의 간접비배부율을 계산하시오.
4. 3번에서 구한 간접비배부율을 사용하여 각 모델의 전부원가를 계산하시오.
5. 전부제조원가에 15%를 가산하는 식으로 가격이 결정하는 것이 지속된다고 가정하시오. 4번에서 구한 원가를 이용하여 모델 A과 B에 대한 새로운 가격을 계산하시오.
6. 상수 스테레오는 공장 단일 간접비배부율을 사용해야 하는가 아니면 부문별 간접비배부율을 사용하여야 하는가? 당신의 의견을 말하시오.

[문10] 가격결정, 제한된 자원하의 최적시설활용 (★★★)

자동차수리 전문업체인 홍익자동차서비스(주)는 ① 엔진수선반, ② 타이어수선반, ③ 변속기수선반의 세 개 수선팀으로 구성되어 있다. 각 반의 운영수익 및 비용과 관련된 자료는 다음과 같다. 참고로 현행 원가계산제도는 표준개별원가계산(standard job-order costing)을 채택하고 있다.

작업단위당 수익, 표준원가 및 추정이익 (단위 : 천원)

	엔진수선반	타이어수선반	변속기수선반
Ⅰ. 작업단위당 수익(예정)	₩65	₩27	₩235
Ⅱ. 표준원가			
- 부품원가	19	3	115
- 직접노무비(₩12/시간)	12	3	36
- 변동제조간접비(₩4/시간)	4	1	12
- 고정제조간접비[*1]	10	2.5	30

합　계	₩45	₩9.5	₩193
Ⅲ. 추정이익(Ⅰ-Ⅱ)	₩20	₩17.5	₩42
Ⅳ. 연간서비스 수요시간	1,600	1,700	2,100

*1 : 시간당 ₩10의 배부율 사용/부과

3명의 수리공은 주 40시간, 년 45주 근무로 연간 1,800시간을 근무하며 임금은 고정급으로 지급되고 있다.

<의사결정상황> 자동차소음기를 개당 ₩32에 공급받는 조건으로 프랜차이즈(franchise)에 가입할 것을 신중히 검토중에 있다. 가입결정시 고객의 요구를 우선적으로 받아들여야 하며 이를 어길 경우에는 계약은 자동 파기된다. 소음기 교체에는 30분이 소요된다.

〈요구사항〉

1. 자동차소음기 설치가격이 모든 자동차소음기에 대하여 동일할 필요가 없다고 가정하고 연간 소음기의 수요가 다음의 각 경우일 때 홍익서비스(주)가 현재의 이익을 감소시키지 않으면서 소음기 설치서비스에 대해 청구할 수 있는 최저가격은?

   ① 500개　② 1,500개　③ 5,500개　④ 7,500개　⑤ 11,500개

2. 소음기 설치가격이 모든 자동차소음기에 동일하다고 가정하고 위의 문제에 답하시오.

Reading materials

관리회계 전문가 되기
(*新*관리회계
information room)
cafe.naver.com/shinmgta

- "자장면이 1천원" 착한가격 마케팅으로 불황 극복 (키워드: 가격과 판매수량의 상충관계)
  매일경제, 2014.02.08.
- 신라면 블랙과 꼬꼬면, 성패를 가른 마케팅 전략 (키워드: 가격결정, 초고가전략)
  조선일보, 2011.08.30.
- 가격은 이익창출의 핵심 중 핵심 (키워드: 가격결정, 목표가격, 제품의 효용)
  주간동아, 2009.07.08.

⋮

Management Accounting

06 종합예산

학습목표

- 재무계획의 기본적 토대와 운영예산의 기본개념 및 장점을 이해함
- 예산제안서를 평가하는 다양한 접근방법을 이해함
- 예산편성과정을 이해하고 운영예산 편성시 당면하는 문제점들을 파악
- 예산편성의 최종산물인 추정재무제표를 작성하는 능력을 배양

Intro

종합예산은 기업경영상 매우 유용한 관리수단이다. 특히, **예산**은 구체적인 원가와 같은 재무적 수치 및 물리적 수치를 이용하는 가운데 기업 전반에 걸친 운영활동을 지휘·통제하는 대표적인 **계수적 관리수단**이다.

예산편성의 과정을 이해하는 것은 경영활동 전반에 대해 이해하는 것을 의미한다. 따라서 경영학 전공학생으로서는 반드시 터득해야 할 토픽이다. 예산편성은 관리회계와 재무회계와의 관련성을 터득하기 좋은 토픽일 뿐만 아니라 미래활동을 사전에 예측하는 계획활동을 학습하는데 유용한 토픽이다.

예산편성의 핵심인 **추정재무제표**를 작성하기 위한 구체적인 세부예산의 작성과정도 중요하지만 예산편성과 관련된 행동적 측면을 예의 주시해야 한다.

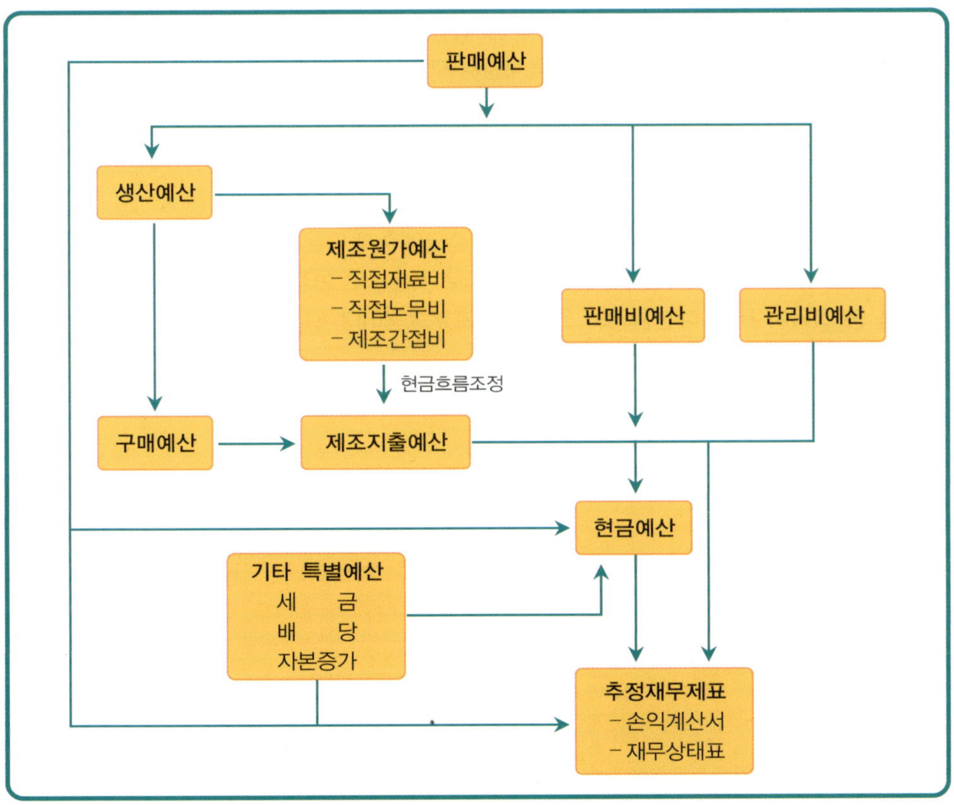

Storytelling

국내 한 건설사가 해외 플랜트 건설 프로젝트를 수주했다. 총 5년이 걸리는 공사로, 수주금액이 7억달러에 달하는 대형 프로젝트였다. 이처럼 해외공사를 수주하는 경우 국내에서 공사를 진행할 때에 비해 몇 배로 고려해야 할 사항이 많아진다. 따라서 이를 예측하고 통제할 **예산의 설정**은 필수다.

먼저 수주금액이 큰 해외공사인 만큼 환율의 미세한 변동에도 기업은 엄청난 환차손을 입을 수 있으므로 환율변동에 대한 시나리오를 수립해 각각의 경우에 대비해야 한다.

현지의 관련 법규나 규정 등도 변수가 될 수 있다. 예를 들어 국가에 따라 반드시 공사인원 중 일정 비율 이상을 현지인으로 채용해야 한다든지, 현지업체와 합작해야 한다는 조건이 붙을 수 있다. 이런 경우 커뮤니케이션이 매우 중요한 변수가 될 수 있다.

베트남의 경우 오토바이나 자전거가 많아서 건설자재를 적시에 운반하지 못해 손해를 입었다는 건설업체도 있었다. 이처럼 해외건설의 경우 공사환경을 구성하는 모든 요인이 중대한 변수로 작용할 수 있다. 이러한 변수들이 어떻게 움직일지 모르고, 또 긴 공사기간 동안 그러한 움직임을 명확하게 파악하기도 쉽지 않으므로 반드시 **예산을 통한 시나리오 플래닝**을 통해 여러 상황을 가정해 미래상황이 어떻게 흘러가도 대응할 수 있는 방안을 마련해 놓아야 하는 것이다.

예산을 통한 미래상황에 대한 또 다른 대응사례는 우리 주변의 식당에서도 볼 수 있다. 실제로, 학교와 기업 등의 급식을 담당하는 영양사들에게 수요예측에 따른 예산관리는 '곧 잔반 줄이기'라는 실질적인 성과로 연결이 된다. 따라서 영양사로 처음으로 현장에 배치되기 전에 받는 교육 프로그램 중 하나가 바로 예산관리와 원가관리 프로그램이다.

제1절 예산의 개관

"미리 생각함은 축복이요, 언어는 친구이며 행동은 이를 뒷받침하는 과실이다."
-랄프 왈도 에머슨(Ralph Waldo Emerson)-

1.1 예산의 정의

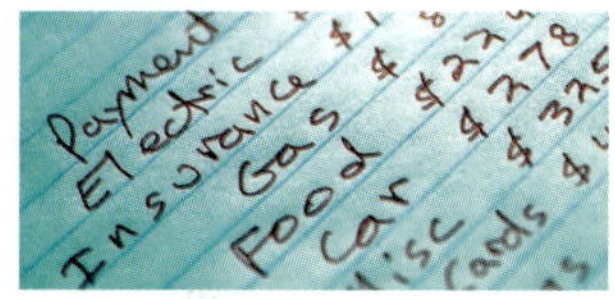

인적 · 물적 자원은 물론 눈에 보이지 않는 시간은 개인이나 조직 모두에게 희소자원에 해당한다. 이들 자원을 효율적으로 사용하기 위해서는 사전에 조직이 달성하고자 하는 목표달성을 위해 수행할 업무활동에 대한 계획을 수립해야 한다. 그러나 단지 실행가능한 계획수립만으로는 충분하지 않다. 계획이 실제로 실행될 수 있도록 보장하기 위해서는 적시에 적절한 통제가 이루어질 필요가 있다.

이처럼 조직이 보유한 희소한 자원을 어떻게 사용할 것인가를 계획하고 통제할 때 흔히 사용되는 대표적인 경영도구가 예산(budget)이다.

예산은 간략히 "기업목표 및 동목표 달성수단을 공식적으로 표명한 것"이라고 정의된다. 기업목표의 공식적 표명이 주로 화폐나 물량수치로 이루어지는 점을 감안하여 예산을 계수적 · 종합적 경영관리도구라고 부른다. 예산은 기업목표로 표명되는 최고경영자의 구체적 의지를 담고 있을 뿐만 아니라 장기계획과 단기계획의 교량역할을 수행하는 이익계획의 구체적인 실천수단이다. 따라서 예산의 유용성은 기업목표가 전략과 조화를 이루는 가운데 운영계획에 얼마나 잘 반영되는가에 달려 있다.

TIP!
예산편성(budgeting)
예산을 마련하는 행위를 예산편성(budgeting)이라고 한다. 이는 적절한 절차를 통해 이루어진다.

1.2 예산의 기능

기업의 목표수립과 목표달성을 위한 계획적인 측면은 물론 자원획득과 사용에 관한 통제측면을 동시에 갖고 있는 예산의 기능은 크게 세 가지로 구분된다.

① 계획기능이다. 예산은 최고경영자의 미래 성과예측을 지원할 뿐만 아니라 기업의 모든 관리자들로 하여금 미리 생각하고 결과를 예상하여 나쁜 결과가

관리도구로서의 예산의 기능

예산은 **승인기능**(authorizing)을 수행하기도 한다. 출장이나 일정 한도 이상의 접대비 지출승인 등을 상위 관리자가 하위부서를 규제하기 위한 목적으로 이용하는 경우이다.

요컨대, 공식적인 예산편성과정은 관리자들로 하여금 사전에 충분히 생각하여 미래에 당면할 수 있을 시행착오를 줄이게 한다. 또한 조직 전반에 걸쳐 경영계획의 현실적인 타당성에 대한 검토가 이루어져 자연스럽게 기업의 미래비전에 관한 종업원의 관심이 높아지게 된다.

나오지 않도록 사전조치를 취하도록 하는 계획을 강요한다.

② 동기부여 및 성과평가기능이다. 예산은 조직구성원들로 하여금 설정된 목표를 효율적으로 달성할 수 있도록 동기를 부여한다. 예산을 실제결과와 비교하게 되면 의미 있는 피드백정보를 구할 수 있다. 따라서 예산은 사후평가의 기준이 된다.

③ 조정기능이다. 예산은 부서간 의사소통 및 조정을 원활하게 한다. 예산을 잘 활용하면 각 부서의 경영자들은 기업목표는 물론, 다른 부서의 계획을 이해하고자 노력하게 되어 부서간의 활동이 보다 협동적으로 이루어진다. 또한 종업원들은 원가의식을 갖게 되어 자원절약을 위해 한층 노력하게 된다.

1.3 예산의 분류

예산은 관점에 따라 몇 가지로 분류될 수 있다. 그 중 대표적인 몇 가지를 소개한다.

1. 예산범위에 따른 분류

> **TIP!**
> **총괄예산(comprehensive budget)** 종합예산의 또 다른 명칭으로 같은 의미로 쓰이고 있다.

예산은 예산에 포함되는 범위에 따라 크게 종합예산과 부문예산으로 구분된다. 종합예산(master budget)은 용어 자체가 의미하는 바와 같이 판매·생산·구매·재무 등 기업경영의 전반적인 측면을 종합한 예산을 말한다. 흔히 우리가 예산이라고 말

빅데이터 시대의 예산편성

빅데이터(big data)란 엄청난 규모, 다양한 형태, 순간순간 빠른 속도로 축적되는 데이터를 말한다. 과거에는 처리할 수 없었던 것이 디지털 인프라의 보급, 빅데이터 처리 및 분석기술의 발전, 사회적 인식의 확산이 함께 어우러져, 이것으로부터 새로운 가치를 창출할 수 있는 시대가 된 것이다. 이 빅데이터가 올해 들어 경제 및 사회적 문제의 해결과 기업경영 혁신의 실마리로 주목을 받고 있다.

치열해진 경쟁환경에서 경쟁자보다 고객을 더 잘, 더 빨리, 더 가깝게 이해함으로써 차별화된 고객 지향적 제품개발과 서비스 제공을 경쟁 우위의 핵심으로 삼고 있다. 예를 들어, 미국 한 통신회사는 자사 보유 고객데이터로부터 3,000만 가입자의 통화 및 송수신 내역을 분석하여 타 통신사로 옮겨가는 고객이 사전에 보였던 특유한 이용 패턴을 발견하였고, 이들이 이탈할 때 지인을 동반한다는 것도 알아냈다. 이 패턴을 실시간으로 포착하고 이들에게 고객 맞춤형 특별혜택을 부여해 잡아두는 전략을 구사하여 이탈자 수를 절반으로 줄일 수 있었다. **이베이**는 개인 프로파일과 과거 구매 이력을 분석하여 명절이나 기념일에 적합한 선물을 추천한다. **아마존**은 고객의 과거 책 구매 이력과 유사한 구매자의 구매이력을 이용하여 책을 추천한다. **한국석유공사**의 오피넷 서비스는 국내 주유소에서 수집된 휘발유 가격정보와 국제유가를 기준으로 유가예보를 제공한다.

뉴욕시는 화재 발생 사건에 대한 데이터를 분석하여 인명과 재산의 손실을 막고 있다. 집주인의 재정상태, 건물에 대한 주민의 불만 신청건수, 건축연도, 주민의 인구 구성 등으로부터 화재 발생의 위험도를 예측한다. 건강보험 지급데이터로부터 의사와 약사 사이에 의심스러운 거래를 식별하여 부정수급을 적발한다. 보험사기 사건에 대해서도 데이터를 이용하여 악의적 혐의자를 예방 또는 적발한다. 쓰레기 수거차량의 노선결정에서 탈세에 대한 대응에 이르기까지 시 서비스의 효율성 제고의 길을 찾아낸다. **미국 찰스턴시**의 경찰국은 예측분석시스템을 사용하여 과거 범죄통계와 유형을 시민에게 제공하여 대비하게 하며, 경찰은 분석 결과에 따라 범죄발생 가능성이 높은 지역을 집중적으로 순찰한다. <출처 : 국제신문 2012년 8월, 빅데이터에 길을 묻다, 권선주 기사 수정 인용>

이처럼 다양하게 활용되고 있는 빅데이터분석은 **예산 수립**에도 활용될 수 있다. 과거에는 경험과 직관에 기초해 예산편성이 이루어졌지만, 앞으로는 빅데이터를 활용해 예산을 결정하는 프로세스 혁신이 이어질 것이고 그 결과 종전에 비해 한층 효과적이고 효율적인 예산집행이 기대된다.

할 때의 예산은 종합예산을 의미한다. 이러한 종합예산의 최종산물은 예산재무제표이다.

반면에 부문예산(departmental budget)은 조직 구분단위인 각 부문별(가령, 생산부문 · 판매부문 등)로 편성되는 예산으로 주요 기능별로 작성되는 일종의 상세예산(detailed budget)에 해당한다.

자금예산이란?

때로는 운영예산과 자본예산에 자금예산이 추가되기도 한다. 자금예산(fund budget)은 자금의 원천과 운용에 초점을 두는데 주로 운영활동과정에서 창출되고 유출되는 현금을 대상으로 편성되어 현금예산으로 불리기도 한다(그림 6.1 참조). 자금예산이 자본예산의 자금조달측면과 결부되어 프로젝트에 소요되는 자금조달계획에까지 확대될 경우에는 **재무예산**(financial budget)이 되며 그 결과는 예산재무상태표에 집약된다.

2. 예산 성격에 따른 분류

예산은 그 성격에 따라 기업경영에 관련된 부문의 활동을 종합하는 단기계획 및 통제기능에 초점을 둔 운영예산 그리고 장기투자계획과 관련하여 필요한 고정시설의 구입 및 활용에 초점을 두는 자본예산으로 구분된다.

운영예산(operating budget)은 기업이 목표로 삼는 이익실현에 필요한 업무활동의 계획을 담고 있어 업무예산 또는 손익예산이라고도 불린다. 그 결과는 예산손익계산서에 집약된다. 운영예산이 성과평가에 활용될 경우 이를 책임예산이라고 부른다. 책임예산(responsibility budget)은 개별 부문이나 부문관리자의 성과를 판단하기 위해서 예산이 고안되었음을 강조하는 용어이다. 자본예산(capital budget)은 설비취득이

그림 6.1
운영활동과정
(operating cycle : 일명, 영업순환주기)

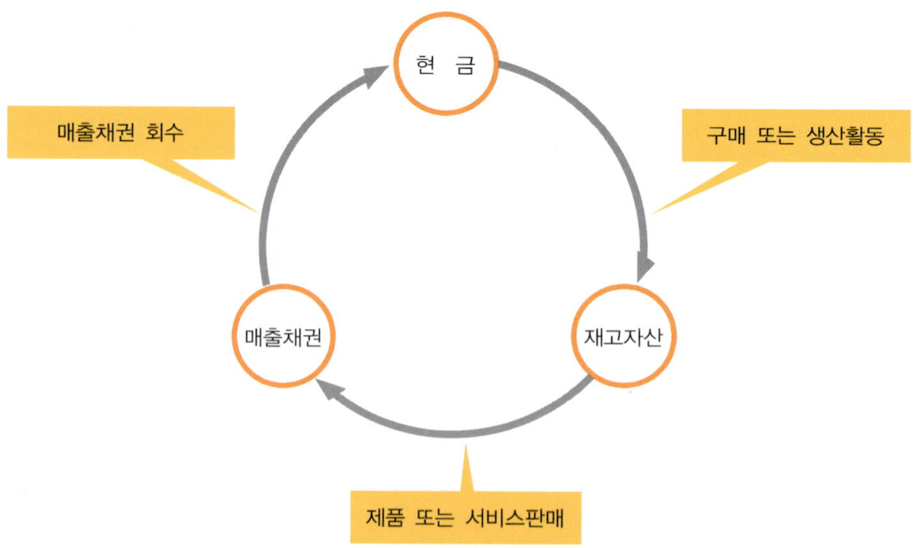

나 공장이전과 같은 장기투자계획을 평가하기 위한 것이다. 흔히 공장자동화나 설비확장 등과 같이 개별 프로젝트의 타당성 검토를 다루는 자본예산은 예산기간이 1년 이상의 장기일 뿐만 아니라 고려해야 할 변수가 다양하고 불확실성이 높다는 특징을 갖는다. 이에 관해서는 제11장의 자본예산편성에서 별도로 다룬다. 대신 이 장에서는 운영예산과 재무예산으로 구성된 종합예산을 중점적으로 검토한다.

3. 예산의 관할기간에 따른 분류

예산은 예산기간이 1년 이상인가의 여부에 따라 장기예산과 단기예산으로도 구분된다. 자본예산은 장기예산에 해당하며 운영예산과 자금예산은 단기예산에 속한다. 운영예산은 흔히 회계연도와 일치하는 1년단위로 작성되는 가운데 통제기능을 강조하기 위하여 예산기간을 분기 또는 월별로 세분한다. 이 경우 연간예산을 기본예산이라 하며, 분기별 또는 월별예산을 실행예산이라고 부른다.

한편, 같은 1년단위를 예산기간으로 삼더라도 굳이 회계연도와 일치시키는 대신 최근 실적을 반영하여 예산의 현실성을 높이고자 하는 예산으로는 연속예산(continuous budget 또는 rolling budget)이 있다. 연속예산은 일단 종합예산이 연간 단위로 편성된 후에 기간의 경과와 더불어 실적이 (월차결산 등을 통해) 파악되면 동기간의 예산을 실적으로 대체하고 해당기간의 미래예산을 새로이 편성 · 추가함으로써 항상 일정기간의 예산이 유지되도록 하는 예산을 의미한다. 가령, 2019년의 종합예산 편성 후 1/4분기 실적이 집계된 4월에는 2020년 1/4분기 예산이 추가로 편성되어 2019년 4월부터 2020년 3월까지의 1년간의 신규 종합예산이 유지된다. 따라서 2019년 3월말 연속예산상 2019년 연간예산의 예산수치는 3개월 실적치와 9개월 예산수치가 혼합된 독특한 형태를 띠게 된다.

연속예산이 유용성을 갖는 이유는 최근의 환경을 반영한 예산이 보다 높은 예측능력을 갖기 때문이다. 그러나 연속예산이 실제로 기업실무에서 채택되기 위해서는 향후 (최소한 1년간) 예상되는 변화를 파악하는 계획업무가 일상화되고 정형화되어 예산변경 및 추가작업이 손쉽게 이루어질 수 있어야 한다.

때로는 1년이라는 인위적 기간 대신 프로젝트기간을 대상으로 예산을 편성하기도 한다. 가령, 아파트나 오피스텔 건축과 같은 대규모 건설공사나 컴퓨터 소프트웨어 개발프로젝트의 경우에는 프로젝트기간을 예산기간으로 삼을 경우 계획이나 통제 등 관리가 용이해진다. 이처럼 프로젝트주기를 예산기간으로 삼아 작성하는 예산을 프로젝트주기 예산 또는 사이클 예산(cycle budget)이라고 부른다. 사이클 예산에서는 프로젝트기간을 감안하여 보다 단기의 계획기간으로 구분하기도 한다. 가령, 건설프로젝트의 경우 건설단계별로 구분하는 것이 그것이다.

E건설회사의 프로젝트 예산 (일명, 사이클예산)

E건설회사의 건설프로젝트 예산 내역(일부)을 보면 2017년 9월부터 2018년 1월까지 프로젝트 진행기간으로 예산을 수립한 것을 볼 수 있다.

단위: 1,000원

CLASSIFICATION		2017						2018			TOTAL
		7	8	9	10	11	12	1	2	3	
3. SUB-CONTRACTOR											
배 관	썬기술개발			3,613	128	159	159	191			4,250
	에스이노텍			3,700	130	163	163	195			4,350
	대영배관			2,750	4,005	5,007	5,007	6,008			22,777
Sub-Total(MH)				10,063	4,263	5,329	5,329	6,394			31,377
Sub-Total(Cost)				201,250	85,258	106,573	106,573	127,887			627,540
전 기	은지엔지니어링			4,290	1,022	1,278	1,278	1,533			9,400
Sub-Total(MH)				4,290	1,022	1,278	1,278	1,533			9,400
Sub-Total(Cost)				85,800	20,440	25,550	25,550	30,660			188,000
토 목	동일토목			7,755	2,949	3,686	3,666	4,424			22,500
Sub-Total(MH)				7,755	2,949	3,686	3,666	4,424			22,500
Sub-Total(Cost)				155,100	58,980	73,725	73,725	88,470			450,000
건 축	대형건축사무소			2,300	690	863	863	1,035			5,750
Sub-Total(MH)				2,300	690	863	863	1,035			5,750
Sub-Total(Cost)				46,000	13,800	17,250	17,250	20,700			115,000
공 조	건강설비			735	1,323	1,654	1,654	1,985			7,350
Sub-Total(MH)				735	1,323	1,654	1,654	1,985			7,350
Sub-Total(Cost)				14,700	26,460	33,075	33,075	39,690			147,000
3. SUB-TOTAL	MH			25,143	10,247	12,809	12,809	15,370			76,377
	Unit Price(천원)			20	20	20	20	20			20
	Cost(천원)			502,850	204,938	256,173	256,173	307,407			1,527,540
4. SUB-CONTRACTOR-1기계 3D Modeling											
4. SUB-TOTAL	MH				750	750					1,500
	Unit Price(천원)			20	20	20	20	20			20
	Cost(천원)				15,000	15,000					30,000
GRAND TOTAL	MH	56	3,044	30,243	16,561	19,387	18,109	21,198			45,020
	Cost(천원)	1,904	103,496	676,250	409,114	469,325	646,672				

4. 예산의 설정방법에 따른 분류

예산은 동수치가 예산기간 중 계획된 단일 수준의 활동수준(즉, 조업도)을 전제로 작성되는가 혹은 상이한 활동수준별로 작성되는가에 따라 고정예산과 변동예산으로 대별된다. 고정예산이란 예산편성시 가정했던 조업도 수준이 바뀌었어도 예산을 수정하지 않고 당초 마련한 예산을 그대로 활용하는 것을 말한다. 이런 점을 감안하여 고정예산은 단일예산 또는 정태적 예산(static budget)이라고 불린다. 반면에 변동예산은 실제조업도가 예산조업도와 상이할 경우 바뀐 조업도를 감안하여 예산

허용액을 별도로 작성하기 때문에 복수예산, 동태적 예산(dynamic budget) 또는 신축예산(flexible budget)이라고 불린다.

1.4 예산편성의 원칙 : 성공요인 및 한계점

1. 예산도입시의 유의사항

계획만 세운다고 일이 다 되는 것은 아니듯이 예산 역시 뛰어난 경영을 대체할 수 있는 것은 아니다. 단지 경영통제를 위한 핵심 기법 중의 하나일 뿐이다. 따라서 예산시스템의 선택도 원가-효익분석하에 이루어져야 한다. 예산시스템을 도입하기로 할 때 기업이 염두에 두어야 할 유의점 몇 가지를 소개하면 다음과 같다.

첫째, 예산편성에는 엄청난 인력과 시간이 소요된다. 이자율 · 환율 등 일반 경제변수에 관한 가정을 비롯한 다양한 자료를 관련부문으로부터 수집해야 한다. 또한 상이한 부문간의 책임과 갈등을 적절히 조정할 필요가 있다.

기업은 미래가 불확실하다는 이유로 예산을 생략하기도 한다. 그러나 미래가 불확실하다는 말은 예산편성 실패에 대한 이유 없는 변명에 불과하다. 사실 상황이 불안정하면 할수록 예산편성과정은 더 어렵겠지만 그럴수록 예산은 더욱 필요하며 바람직한 것이다.

경영상황이 안정적이라는 것은 예산편성시 과거의 경험에 크게 의존할 수 있다는 것을 의미함에 불과하다. 그러나 과거의 실적치를 참고로 예산을 편성하더라도 반드시 기업의 현행여건 및 미래의 계획을 고려하여야만 한다. 가령 ① 계획기간 동안의 일반경제 및 산업의 경쟁상황, ② 생산라인의 추가 · 폐쇄 · 변경 또는 기존 마케팅정책의 대폭적인 수정 등 운영활동에 관련된 계획, ③ 향후 예상되는 정부규제의 효과 등이 최소한 고려되어야 할 사항들이다. 만약 예산기간 동안에 이들 가정이 변경된다면 변경의 효과가 적절히 분석되어야 할 뿐만 아니라 성과평가에도 고려되어야 한다.

예산에 표현된 올해의 예상활동은 현재의 조건을 기준으로 한 것이다. 따라서 예산상의 기대결과는 실제결과를 판단하기 위한 기초로서 과거 실적치보다는 훨씬 더 유용한 벤치마크(benchmark : 비교기준의 측정치)인 셈이다. 미래에 대한 계량적 계획인 예산은 과거의 경험에 입각한 미래의 예상을 반영한 것이다. 따라서 과거와

> **TIP!**
> **참여예산(participative budget)**
> 실제성과에 책임을 지는 모든 종업원들이 미래의 실행목표를 설정하는 데 능동적으로 참여하여 마련된 예산을 의미. 이처럼 일선종업원이 주도하는 예산편성을 **상향식 예산편성**(bottom-up budgeting)이라고 한다.

관련된 회계자료는 예산편성에 중요한 역할을 한다. 이는 곧 과거의 자료를 제공하는 회계시스템과 예산은 밀접한 관련을 갖고 있음을 의미한다.

둘째, 예산슬랙으로 인해 기업자원의 배분이 왜곡될 수 있다는 점이다. 예산이 계획기능뿐만 아니라 성과평가목적으로 사용될 경우 성과평가를 담당하는 관리자들은 의도적으로 지원대상으로 삼은 부서활동을 지원함에 필요한 자금을 초과하여 요청하거나 목표수익 등을 낮추어 사후적인 성과평가시 유리한 차이를 지속시키고자 하는 동기를 갖는다. 이처럼 가장 정보를 잘 아는 부서가 최선을 다할 경우 달성가능한 목표수치 대신 자신에게 유리한 방향으로 조정된 수치를 예산으로 제시할 경우 전사적 관점에서 최적인 수치로부터 벗어난 정도를 예산슬랙(budgetary slack)이라고 하며 이러한 슬랙을 예산에 포함시키는 행위를 슬랙담기(padding)라고 한다.

셋째, 기본적으로 사람들은 간섭받기를 싫어한다. 따라서 목표달성에 필요한 다양한 활동을 수행하는 종업원들로 구성된 조직내에서 예산에 대한 부정적인 태도는 자연스러운 현상이다. 그러나 예산에 대한 이해의 부족, 현상황에 대한 관심의 부족, 예산실행을 위한 압력증가의 예상 등과 같은 여러 가지 이유 때문에 예산에 대한 저항이 적정수준을 초과하여 경영상 장애요인으로 작용하지 않도록 유의해야 한다.

2. 예산편성의 일반원칙 : 행위적 측면의 고려

예산이 당초 의도하는 유용성을 갖기 위해서는 최고경영자에서 말단종업원에 이르기까지 전 직원의 활동이 조화를 이루어야 한다. 왜냐하면 예산이란 기업이 보유한 한정된 자원을 최적배분하기 위해 상이한 조직부문의 노력을 조화하는 것이기 때문이다.

예산은 조직이 추구하는 목적을 달성하기 위한 경영도구로서 존재하는 것이지 결코 법적으로 강제화된 것은 아니다. 경영은 인적 · 물적 자원의 유기적인 조화를 필요로 하고 예산은 이를 지원하기 위한 것이다. 따라서 예산편성에서는 필연적으로 재무계획과 비재무계획의 조화를 요구한다. 비록 효과적인 예산편성 및 활용방법에 대해 명확하고 뚜렷한 기준은 없지만 다음과 같은 점을 충분히 고려하여야 한다. 이를 일명 예산편성의 일반원칙이라고 한다.

표 6.1 예산편성의 일반원칙

구 분	내 용
(1) 최고경영자 및 전 구성원의 이해와 지원	상위 경영진을 비롯한 모든 종업원들은 예산이 기업에 미치는 중요성에 대해 알고 있어야 한다. 전구성원이 예산을 중요시 여기도록 하기 위해서는 무엇보다 계획이 명확하게 규정될 필요가 있다. 예산을 편성하고 실행하는 데 있어서 기계적인 절차를 지나치게 강조해서는 안 된다. 전사적인 목표가 설정되어야 하고 조직 전체에 의사전달이 되어야 한다.
(2) 목표설정에의 참여	조직구성원은 자신들이 목표설정에 참여할 수 있을 경우 **조직목표를 설정**하는 데 보다 적극적으로 참여하는 것으로 알려져 있다. 구성원들은 예산과정에 도움이 될 수 있는 중요한 정보를 가지고 있을 가능성이 많다. 또한 구성원들은 예산항목간의 상호관계에 대해서 누구보다도 잘 알고 있기 때문에 이들이 적극적으로 예산편성에 참여할 수 있도록 해야 한다.
(3) 책임회계와의 접목	구성원 각자로 하여금 경영자가 무엇을 기대하는지 올바로 이해함을 강조해야 한다. 이를 위해서는 책임회계가 효과적이다. 제8장에서 다룰 **책임회계**는 기업의 조직을 몇 개의 의미 있는 조직단위로 구분하고 이들 각 조직단위(이하, 책임중심점)의 책임자로 하여금 책임중심점이 수행하는 활동의 결과에 대해 책임지게 하는 시스템이다. 예산이 책임회계 시스템과 어떻게 관련맺는지는 제3절에서 다룬다.
(4) 결과의 전달 및 탄력성	예산이 진행되는 과정과 결과는 신속하고 명확하게 구성원들에게 전달되어야 한다. 예산편성시 적용된 기본 가정이 변화한 경우 결과는 새로이 편성된 예산(즉, 실제활동수준에서의 변동예산)과 실제성과를 비교하는 식으로 수정된 형태로 전달되어야 한다. 예산은 높은 성과 및 생산성 향상을 위한 매우 효과적인 **동기부여수단**이 되지만 잘못 활용될 경우 자칫 경영진이나 예산편성 그 자체에 대한 적대감을 불러일으키게 된다. 따라서 예산편성 및 성과평가 그리고 기타 관련기법 등이 종업원의 태도에 미칠 효과를 올바로 인식하는 것이 중요하다.

제 2 절 종합예산

"사람들은 흔히 자신이 예상하는 바를 얻는다. 그러나 그 이상 얻는 것은 드물다."
-해롤드 제닌(Harold Geneen)-

2.1 종합예산의 의의 및 편성과정

예산의 하이라이트는 종합예산의 편성이다. 왜냐하면 종합예산(master budget)이란 조직의 목표를 달성하기 위한 실행방법을 반영하는 각 부문예산을 통합한 예산으로 이러한 예산편성과정을 통해 각 부문간의 갈등이나 중복된 활동 등이 조정되어 기업 전체의 목표와 부문의 목표가 일치되기 때문이다. 종합예산의 최종산물은 예산손익계산서와 예산재무상태표 그리고 예산현금흐름표이다. 기업의 입장에서 재무계획과 통제가 중요시되는 한 종합예산은 강조될 수밖에 없다.

종합예산편성과정은 판매예측을 출발점으로 최종적으로 산출되는 예상재무제표의 작성에 이르기까지 일련의 절차를 밟아 이루어진다. 예산편성의 주요 지침은 하향식으로 상부에서 하부로 전달되지만 최종예산은 각 부문에서 작성한 모든 예산을 통합함으로써 마무리된다. 이러한 편성절차를 개괄적으로 설명한 후 구체적인 작성절차를 종합예산의 핵심인 운영예산의 편성을 중심으로 설명한다.

종합예산편성과정은 경영자의 다음 해 계획과 목표에서 출발한다. 그 계획은 판매가격, 유통경로, 광고비지출규모 등 판매예측에 관련된 환경적 변수에 대응한 기업의 여러 가지 정책결정 및 배당, 재고, 신용, 투자 등 재무계획과 관련된 정책결정을 포함한다. 일단 판매예측이 이루어지면 판매가격에 판매량을 곱함으로써 판매예산이 작성된다. 판매예산에 반영된 예상판매량과 재고정책에 기초하여 생산예산이 작성된다. 예상매출원가를 포함하는 제조예산은 예상생산량을 토대로 인력 및 시설활용과 관련된 투입요소를 감안하여 작성된다. 생산과 재고정책은 구매예산의 작성에 영향을 주게 된다.

기타 세부적인 부문예산은 각 예산항목별로 단위당 금액과 총액의 두 가지 기준으로 작성된다. 이러한 판매 및 생산활동과 관련된 세부예산을 종합한 운영예산은 예산손익계산서에 종합된다. 반면에 예산재무상태표는 운영예산에 포함된 정보와 재무계획에 반영된 수치를 종합하여 작성된다.

> **TIP!**
>
> **예산(Budget)의 용어 탄생**
>
> '예산'은 영어로 budget라 부르는데 그 어원은 **돈주머니**라는 뜻인 고대 프랑스 말의 bougette(가죽여행가방)에서 유래된 것이라고 한다. 영국에서는 과거부터 재무장관이 의회에서 재정에 관한 설명을 할 때에 서류를 넣어 가지고 가는 가방을 **budget**라 하였다. 그리고 재무관련 서류를 넣은 '가방을 열다'는 말인 opening the budget는 재정연설을 뜻하였다. 이러한 말이 변천하여 **budget**는 가방 속에 들어 있는 서류(書類), 즉 오늘날의 예산을 뜻하는 말이 되었다.
>
> 〈출처 : 행정학 사전, 이종수〉

2.2 운영예산 : 종합예산을 위한 개별예산의 편성

예산편성의 최종결과물은 예산재무상태표와 현금예산이다. 그러나 이들은 예산손익계산서의 많은 항목에 의존하기 때문에 종합예산편성의 핵심은 예산손익계산서 또는 이의 작성 토대인 운영예산이다. 운영예산을 작성하기 위해서는 판매예산, 생산예산 그리고 구매예산 등 몇 가지 상세한 보조예산들이 먼저 작성되어야 하는데 그 출발점은 판매예산이다. 이하에서는 종합예산편성과정을 ABC사의 사례를 중심으로 구체적으로 설명한다.

2.3 종합예산의 작성 : ABC사 사례

1. 사례의 개관

ABC사는 구리선을 가공하여 케이블사에 납품하는 제조업체이다. 단일제품을 취급하는 ABC사의 가공공정은 피복을 입히는 정도로 단순하지만 납품업체끼리의 경쟁은 다소 심한 편이어서 타사가 운영하는 판매대리점에 지급하는 판매수수료 부담이 큰 편이다.

ABC사의 2020년 운영예산편성에 관한 특징은 다음과 같다. ABC사의 예산은 분기별 수치와 연간 합계수치로 구분되어 있으며 2019년 12월말의 재무상태표(표 6.2 참조)에 포함된 자료는 다양한 예산편성의 출발점이 된다. 변동제조원가 및 판매원가는 투입-산출방식에 따라 편성되었으며 기타 원가는 증분방식 또는 최저수준방식에 따라 작성되었다. 그 밖에도 판매가격 등 예산편성시 적용한 제반 가정은 별도로 제시하였다.

2. ABC사의 예산편성의 기본가정

1) ABC사가 취급하는 제품은 단일품목으로 단위당 판매가격은 ₩12이다.
2) 2020년의 분기별 예상판매량은 다음과 같다.

연도 \ 분기	1/4분기	2/4분기	3/4분기	4/4분기	연간 합계
2020년	5,000	6,000	8,500	5,500	25,000
2021년	6,000*	NA**	NA	NA	30,000

* 2020년의 재고정책과 관련하여 최소한 차년도인 2021년 1/4분기의 판매량에 대한 예측이 필요함.
** NA는 이용불가능 또는 불필요함을 의미하는 not available의 약자임.

3) 재고정책
   ① 제품 : 매 분기말의 재고는 다음 분기 판매량의 20%
   ② 원재료 : 다음 분기 소요량의 10%를 기말재고로 보유
4) 판매대금 회수정책 : 현금유입
   - 판매분기에 75%가 회수되고 24%는 다음 분기에 회수됨. 판매액의 1%는 회수불능(즉, 대손)

그림 6.2

예산편성과정의 개요 : 제조업

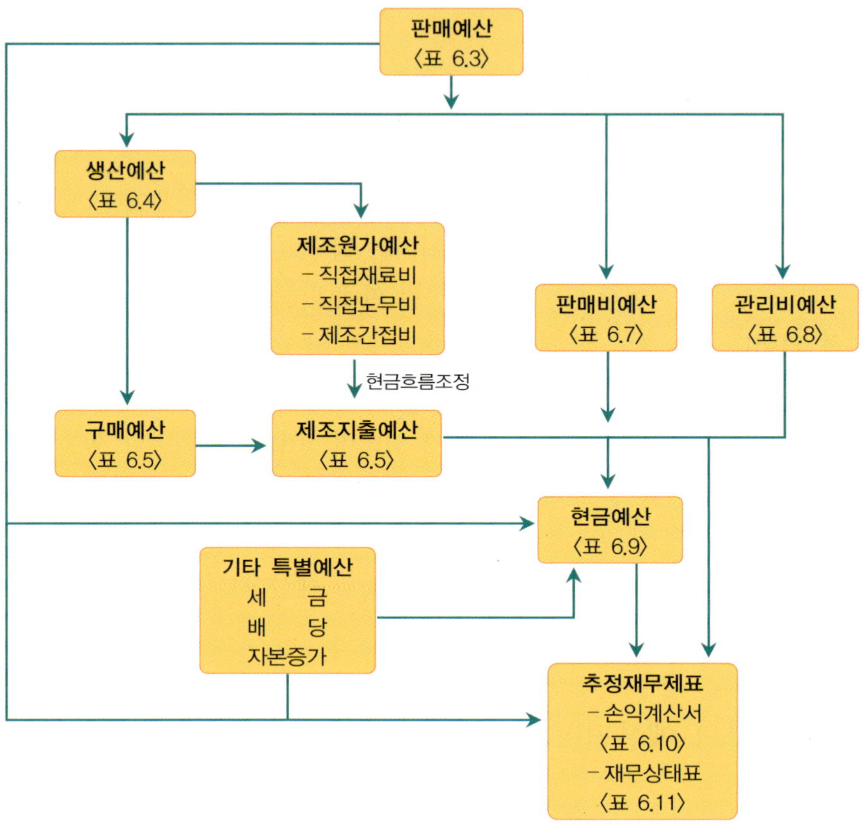

5) 구매대금 지불정책 : 현금유출

－판매분기에 50%를 지불하고 나머지 50%는 다음 분기에 지불함.

6) 원가자료 및 기타

① 제조원가(단위당)

- 직접재료비 : ₩2(2kg @1)
- 직접노무비 : ₩3(1시간 @3)
- 변동제조간접비 : ₩1(1시간 @1)
- 고정제조간접비(분기당 총액) : ₩6,300
  - －현금지출분 4,000
  - －비현금지출분(감가상각) 2,300

② 판매비와관리비

- 변동비(판매단위당) : ₩1.56(＝매출액의 13%)

• 고정비(분기당 총액) : ₩18,500
  − 현금지출분 17,500
  − 감가상각비 1,000

③ 기타

• 배당 : 매년말 ₩20,000의 배당을 선언하고 1/4분기초에 지급한다.
• 세금 : 세율은 40%로 매 분기 ₩1,500씩 납부하는 것으로 가정한다.
• 현금 : 매 분기말에 최소한 ₩15,000의 현금잔액이 유지되도록 한다.

표 6.2

ABC사의 재무상태표

ABC사		2019. 12. 31. 현재			(단위 : 원)
Ⅰ. 자 산			Ⅰ. 부 채		
1. 유동자산		35,560	매입채무	7,200	
현 금		15,000	미지급배당금	20,000	27,200
매출채권	12,000				
(대손충당금)	(480)	11,520			
재 고 자 산			Ⅱ. 자 본		
완 제 품[1)]	8,000		자본금	150,000	
재 공 품	0		이익잉여금	53,560	203,560
원 재 료[2)]	1,040	9,040			
2. 비유동자산		195,200			
토 지		60,000			
건물 및 비품	260,000				
(감가상각누계액)	(124,800)	135,200			
자산총계		230,760	부채 및 자본총계		230,760

1) 총 1,000단위로 구성된 지난해 생산된 완제품의 단위당 평균원가는 ₩8이다.
2) 원재료는 단위당 원가가 ₩1인 구리선 1,040kg을 의미한다.

3. 판매예산

판매예산(sales budget)이란 다음 기에 판매될 예상판매량과 예상매출액에 대한 수치를 담은 예산으로 식 (6·1)처럼 예산판매량에 판매가격을 곱하여 계산된다.

판매예산 = 예산판매량 × 단위당 예산판매가격 ··················· (6·1)

판매예산은 판매대금의 회수계획을 포함하기도 한다. 판매예산을 준비하는 것은

표 6.3

판매예산(sales budget) : ABC사 2020년

	1/4분기	2/4분기	3/4분기	4/4분기	연간총계
판매량(단위)	5,000	6,000	8,500	5,500	25,000
매출액(₩12/단위)	₩60,000	₩72,000	₩102,000	₩66,000	₩300,000
판매대금회수					
당분기 회수분(75%)	₩45,000	₩54,000	₩76,500	₩49,500	₩225,000
전분기 회수분(24%)[1)]	11,520	14,400	17,280	24,480	67,680
합 계	₩56,520	₩68,400	₩93,780	₩73,980	₩292,680
예산대손상각비(1%)[2)]	₩600	₩720	₩1,020	₩660	₩3,000

1) 2019년 12월 31일의 매출채권잔액(표 6.2의 재무상태표 참조)

2) 당분기 매출액의 1%로 가정

주 : 2020년 12월말의 매출채권 잔액은 ₩15,840(=66,000−49,500−660) 또는 66,000×0.24이다. 이는 추후 예산재무상태표 작성시 이용된다.

예산편성과정에서 가장 중요한 단계에 해당한다. 왜냐하면 대부분의 다른 예산(가령, 구매예산, 생산예산, 제조예산 등)은 판매예산을 토대로 작성되기 때문이다. 판매예산이 작성되어야 이를 토대로 생산계획수립이 가능하다는 점을 생각하면 이해가 된다.

판매예산은 판매예측으로부터 시작된다. 판매예측의 중요성을 잘 알고 있는 경영자는 예측에 유용한 각종 기법과 다양한 정보를 활용한다. 일반적으로 판매예측은 과거의 경험과 미래의 예측을 종합하여 이루어진다. 미래의 예측은 기업내부활동에 대한 예측은 물론 경제여건과 산업에 대한 전망을 포함한다. 전자의 예로는 자사의 신제품 개발계획 및 판촉활동 그리고 예산판매가격결정 등이 포함된다. 후자와 관련된 주요 전망으로는 인구성장, 1인당 소득 및 소득증가율, 인구의 이동 등이 포함될 수 있다. 산업에서의 기업의 상대적인 지위 또한 앞으로의 변화를 고려하여 검토되어야 한다.

일반적으로 판매책임자가 판매수량은 물론 금액으로 표시된 판매예산의 작성을 담당한다. 일단 예산매출액이 결정되면 신용정책 및 대금회수 정책을 과거의 경험에 비추어 판매대금회수예산(sales collection budget)을 작성할 수 있다. 일부 기업은 이를 판매예산에서 제외하고 대신 현금예산에 포함하기도 한다.

4. 생산예산

회사가 각 기간에 생산할 목표수량을 나타내는 생산예산(production budget)은 판매예산을 토대로 기업의 재고정책(즉, 기초재고 및 희망기말재고) 및 생산능력을 고려

표 6.4
생산예산(production budget): ABC사 2020년

	1/4분기	2/4분기	3/4분기	4/4분기	연간총계
예산판매량(단위)	5,000	6,000	8,500	5,500	25,000
+ 희망기말재고[1]	+ 1,200	1,700	1,100	1,200[2]	1,200[3]
= 제품소요량	6,200	7,700	9,600	6,700	26,200
− 기초재고	− 1,000	1,200	1,700	1,100	1,000[4]
= 예산생산량	5,200	6,500	7,900	5,600	25,200

1) 다음 분기 판매량의 20%
2) 2021년 1/4분기 판매량은 6,000개로 가정한 바 있다.
3),4) 재고수준은 저량(stock) 개념이다. 따라서 연간총계란에서는 1월 1일의 기초수준과 12월 31일의 기말 재고수준만이 의미를 갖는다.

하여 작성된다. 따라서 생산예산은 기본적으로 매기 판매를 충당하고 희망재고를 보유하기 위한 목표생산수량(즉, 할당량 : quota)에 해당한다.

$$\text{차기 목표생산량} = \text{차기 예산판매량} + \text{차기말 목표재고수준} - \text{당기말 기말재고량} \quad \cdots\cdots (6 \cdot 2)$$

생산예산의 기본목적은 제품의 생산과 판매를 조화시키는 것이다. 생산예산은 주로 판매예산에 맞추어 작성되지만 최종예산은 기업의 생산능력을 감안하여 결정된다. 가령, 예산판매량이 전기에 비해 대폭 증가했더라도 단기적으로 생산시설을 확충하는 것이 바람직하지 않을 경우 생산량 일부를 외부에 아웃소싱(outsourcing) 주거나 성수기용 판매량을 비수기에 미리 생산해 재고로 비축하는 등의 정책을 택할 수 있다. 최악의 경우 판매예산상의 목표판매량을 하향조정하기도 한다. 이러한 조정을 위해 판매부서 및 생산부서(물론 구매부서를 포함)가 예산편성기간 중에 수없이 회의를 한다.

사례회사인 ABC사의 경우 희망기말제품 재고수준은 다음 분기 판매량의 20%이다. 따라서 위의 관계식을 이용하여 생산예산을 작성하면 <표 6.4>와 같다.

5. 구매예산 : 일명, 직접재료 구매예산

구매예산(purchase budget)은 당기생산 및 차기생산을 위한 재고 몫으로 구입해야 할 원재료를 금액으로 나타낸 것이다. 원재료만이 구매대상일 경우 구매예산은 곧 원재료 구매예산이 된다. 그러나 구매대상에는 원재료 이외에도 공장소모품 및 사무용 소모품이 포함된다. 편의상 이 장에서 다루는 구매예산은 원재료 구매만을 포

표 6.5

구매예산(purchase budget) : ABC사 2020년

	1/4분기	2/4분기	3/4분기	4/4분기	연간총계
예산생산량(단위)	5,200	6,500	7,900	5,600	25,200
직접재료(구리선 : kg)					
제조소요량(kg)[1]	10,400	13,000	15,800	11,200	50,400
+ 목표기말재고[2]	1,300	1,580	1,120	1,200[3]	1,200
= 총소요량	11,700	14,580	16,920	12,400	51,600
− 기초재고량	− 1,040	1,300	1,580	1,120	1,040
= 구매소요량	10,660kg	13,280	15,340	11,280	50,560
원가(₩1/kg)×1					
구매금액(@1)	₩10,660	₩13,280	₩15,340	₩11,280	₩50,560
구매비용지출					
원재료구매액지급					
당분기 구매분(50%)	5,330	6,640	7,670	5,640	25,280
전분기 구매분(50%)	7,200[4]	5,330	6,640	7,670	26,840
합 계	12,530	11,970	14,310	13,310	52,120

1) 단위 제품생산에는 2kg의 구리선이 필요함.
2) 목표기말재고는 다음 기 소요량의 10%임.
3) 내년도 1/4분기 예산판매량이 6,000개라는 가정에서 계산된 것임.
4) 재무상태표(2019년 12월 31일 현재)상의 매입채무잔액

함하는 것으로 가정한다.

구매예산은 종합예산에서 중요성을 갖는다. 그 이유는 가장 대규모 현금지출을 수반하기 때문이다. 구매예산을 토대로 매입채무의 상환정책 및 시기를 감안하여 현금지출예산이 편성된다. 일반적으로 기업은 할인기간 범위 내에서 가능한 한 현금지불시점을 늦추고자 한다.

> 직접재료 구매예산 = 직접재료 목표구매량* × 단위당 구매원가
>
> * 목표구매량 = 완제품생산에 필요한 직접재료수량 + 차기말 목표 직접재료 재고수량 − 당기말 보유 직접재료 재고수량

당분기에 구매액의 50%를 갚고 나머지 50%를 다음 분기에 상환하는 ABC사의 구매예산은 <표 6.5>와 같다. 제조 및 일반관리 용도의 소모품 금액이 크지 않을 경우 편의상 이들은 변동제조간접비 및 일반관리비에 포함시켜 처리한다.

ABC사의 경우 완제품 한 단위 생산에 kg당 ₩1의 구리선이 2kg 소요되는 것으로 가정하여 구매예산이 편성되었다.

예제 6-1 구매예산

홍익공업사는 주요 원재료 A를 사용하여 제품 K를 생산, 판매하고 있다. 제품 K 한 단위를 생산하는 데는 원재료 A가 2kg이 소요되며 kg당 구입가격은 20원이다. 2020년도 이 회사의 분기별 예상 판매량과 2019년 12월 31일 현재 재고자산 종류별 재고량은 다음과 같다.

2020년 분기별 예상 판매량

분 기	판매량
1/4	4,000단위
2/4	5,000단위
3/4	3,000단위
4/4	4,000단위

2019년 12월 31일 현재 재고량

재고자산	재고량
원재료 A	2,000kg
재공품	없음
완제품 K	1,200단위

이 회사의 재고정책에 의하면 각 분기 말 완제품재고량은 다음 분기 예상판매량의 30%를 유지하도록 한다. 또한 각 분기말 원재료재고량은 일정하게 2,000kg씩 유지하며, 재공품 재고는 없도록 하는 것을 원칙으로 하고 있다.

〈물음〉 회사가 2020년 2/4분기에 구입하여야 할 원재료 A의 구입금액은 얼마인가?

풀 이

원재료 구입액을 알려면 제품계정에서 당기생산량을 파악한 후 이를 위해 투입될 원재료를 구해야 한다. 그리고 나서 원재료계정에서 당기구입량을 구한다.

제품 (2/4분기－수량)

기초 5,000×0.3＝	1,500단위	매출	5,000단위
생산 (?)	4,400	기말 3,000×0.3＝	900
	5,900단위		5,900단위

재료 (2/4분기－수량)

기초	2,000kg	투입 4,400단위×2kg	8,800kg
구입 (?)	8,800	기말	2,000
	10,800kg		10,800kg

(?)는 차, 대변 합계에서 역산함.

따라서 원재료 구입액은 8,800kg×@20＝**176,000**원

6. 제조원가예산

제품별 생산량이 결정되면 제조원가예산(manufacturing cost budget : 일명, 제조예산)이 편성된다. 앞서 소개한 생산예산은 수량으로 작성된 것으로 일종의 물량예산이며 단위당 제품원가는 생산량이 확정되기 전까지는 파악되지 않는다. 따라서 완제품 단위당 제조원가를 파악하기 위해서는 제조예산을 편성해야 한다.

완제품 단위당 제조원가는 ① 직접재료비, ② 직접노무비, ③ 제조간접비를 합계하여 구한다. 이 중 직접재료비예산은 구매예산에서 파악된다. 따라서 제조예산은 제품생산에 필요한 직접노무비 및 제조간접비 예산을 파악하는 것이 핵심이다.

특히, 현금흐름 파악목적으로 작성되는 현금예산 중 현금지출부분은 앞서 구매예산을 통해 파악한 직접재료비 이외에 예산생산량 제조에 필요한 가공비(직접노무비와 제조간접비)에 따른 현금지출분을 파악하여 구한다. 이러한 목적으로 작성되는 예산은 제조지출예산(manufacturing disbursement budget)이라고 부른다.

여섯 번째 가정에 제시된 ABC사의 자료를 이용하여 제조지출예산을 작성하면 <표 6.6>과 같다. 단, 편의상 감가상각비를 제외한 직접노무비와 제조간접비는 동 자원이 이용되는 시점에 현금으로 구입한다고 가정한다.

<표 6.6> 상단에 제시된 노동시간은 예산생산량에 단위 제품당 소요 노동시간을 곱하여 계산된 것이다. 반면에 제조원가예산은 <표 6.6>의 제조지출예산에 직접재료비와 현금지출을 수반하지 않는 제조간접비(가령, 감가상각비) 등을 포함하여 작성되는데 이 장에서는 생략한다. 왜냐하면 제품원가예산은 생산예산의 부속적 예산에 해당하고 완제품 단위당 원가는 결국 고정제조간접비를 분담할 생산량 규모에

표 6.6
제조지출예산 (manufacturing disbursement budget) : ABC사 2020년

	1/4분기	2/4분기	3/4분기	4/4분기	연간총계
예산생산량(표 6.4)	5,200개	6,500	7,900	5,600	25,200
직접노동시간(단위당 1시간)	5,200시간	6,500	7,900	5,600	25,200
• 제조원가지출액(가공작업)					
· 직접노무비(₩3/시간)	₩15,600	₩19,500	₩23,700	₩16,800	₩75,600
· 변동제조간접비 (₩1/직접노동시간)	5,200	6,500	7,900	5,600	25,200
· 고정제조간접비*	4,000	4,000	4,000	4,000	16,000
합 계	₩24,800	₩30,000	₩35,600	₩26,400	₩116,800

* 여기에는 비현금지출액인 감가상각비(분기당 ₩2,300)가 제외되어 있음.

표 6.7
판매비예산 : ABC사
2020년

	1/4분기	2/4분기	3/4분기	4/4분기	연간총계
예산매출액(표 6.3)	₩60,000	₩72,000	₩102,000	₩66,000	₩300,000
현금지출 판매비					
· 변동판매비 :					
판매수수료(6%)	₩3,600	₩4,320	₩6,120	₩3,960	₩18,000
운반비(5%)	3,000	3,600	5,100	3,300	15,000
기 타(2%)	1,200	1,440	2,040	1,320	6,000
합 계	₩7,800	₩9,360	₩13,260	₩8,580	₩39,000
· 고정판매비* :					
광고비	₩1,000	₩1,000	₩1,000	₩1,000	₩4,000
사무비	500	500	500	500	2,000
기 타	500	500	500	500	2,000
합 계	₩2,000	₩2,000	₩2,000	₩2,000	₩8,000
현금지출 판매비	₩9,800	₩11,360	₩15,260	₩10,580	₩47,000

* 여기에는 비현금지출 판매비(분기당 ₩1,000)가 제외되어 있음.

좌우되기 때문이다. 제조원가예산은 개략적이나마 <표 6.10>의 당기제품제조원가명세서에서 파악할 수 있다.

7. 판매비와 일반관리비예산

판매비예산(selling expense budget)은 판매 및 물류활동과 관련하여 발생할 원가 및 현금지출액에 대한 계획을 의미한다. 따라서 이 예산은 판매예산과 밀접한 관련을 맺는다. 판매활동수준과 정비례하는 변동판매비와 활동수준과 무관하게 발생하는 고정판매비의 구분 그리고 표준판매비의 파악이 관건이다.

위 <표 6.7>은 여섯 번째 가정을 토대로 작성한 판매비예산이다. 변동판매비가 단위당 ₩1.56임은 곧 변동판매비가 매출액의 13%에 달함을 의미한다. 구체적으로 판매수수료(6%)와 운반비(5%), 기타(2%)로 구성되어 있다. 흔히, 판매비예산은 매출액의 일정비율(%)로 표시되며, 예산고정판매비는 판매책임자가 제공한 자료를 토대로 작성된다.

8. 일반관리비예산

일반관리비예산(general and administrative expense budget)은 예산기간 동안 조직

표 6.8

일반관리비예산 : ABC사 2020년

	1/4분기	2/4분기	3/4분기	4/4분기	연간총계
일반관리비 및 지출액					
· 인건비	₩10,000	₩10,000	₩10,000	₩10,000	₩40,000
· 연구개발비	2,500	2,500	2,500	2,500	10,000
· 보험료	1,000	1,000	1,000	1,000	4,000
· 재산세	1,500	1,500	1,500	1,500	6,000
· 기타	500	500	500	500	2,000
총예산일반관리비	₩15,500	₩15,500	₩15,500	₩15,500	₩62,000

전반에 걸친 관리활동과 관련하여 발생하리라고 예상되는 비용 및 현금지출액에 대한 명세서를 의미한다. 일반관리비는 대부분 고정비성격을 띠며 최고경영자의 정책적 의사결정에 의해 그 지출규모가 좌우된다. 다음 <표 6.8>은 ABC사의 사례를 예시한 것이다.

9. 현금예산

기업의 현금 창출능력을 파악하는 데 유용한 현금예산(cash budget)은 예산기간 동안 발생할 모든 현금유입액과 현금유출액을 요약한 것이다. 기업에서 일어나는 활동은 거의 대부분 발생 즉시 또는 장래의 현금에 영향을 미친다. 따라서 기업의 경영활동 전반을 종합하는 현금예산은 예산기말 시점에 발생할 현금부족 또는 초과분을 파악할 수 있게 한다.

<표 6.9>에서 보는 바와 같이 현금예산은 크게 현금유입 부분과 현금지출 부분으로 대별된다. 이들은 기업의 신용정책, 매출할인 정책 및 대손, 매입채무 지불정책, 기업의 구매할인 또는 수량할인의 활용도 등에 좌우된다. 이 밖에도 세금 및 배당 등은 현금지출 규모를 결정짓는 중요한 변수이다.

현금수입을 좌우하는 변수들로는 현금판매분(<표 6.3>의 판매예산 참조), 매출채권 등 매출채권의 회수, 이자 및 배당금 수입 등과 같이 늘 발생하는 경상적인 항목들과 더불어 유형자산의 처분과 같은 비경상적인 것도 있다.

한편, 현금지출의 원천으로는 원재료 구매대금의 지불(<표 6.5>의 구매예산 중 현금구입분 참조), 제조원가 중 현금지출 가공비, 판매비 및 일반관리비의 지급, 매입채무 등 지불채권의 상환, 이자 및 세금지불 등을 꼽을 수 있다.

위에서 제시한 제반 변수에 대한 고려를 토대로 예산기간 동안의 현금수입과 현

표 6.9

현금예산 : ABC사 2020년
(단위 : 원)

	1/4분기	2/4분기	3/4분기	4/4분기	연간총계
기초현금잔액(Ⅰ)	₩15,000	₩15,390	₩15,460	₩15,430	₩15,000
+판매대금회수분(표 6.3)	56,520	68,400	93,780	73,980	292,680
=영업활동 현금잔액(Ⅱ)	71,520	83,790	109,240	89,410	307,680
• 현금유출					
· 원재료구매(표 6.5)	12,530	11,970	14,310	13,310	52,120
· 제조원가(표 6.6)	24,800	30,000	35,600	26,400	116,800
· 판매비(표 6.7)	9,800	11,360	15,260	10,580	47,000
· 일반관리비(표 6.8)	15,500	15,500	15,500	15,500	62,000
· 기타					
−세금	1,500	1,500	1,500	1,500	6,000
−배당금	20,000	−	−	−	20,000
합 계(Ⅲ)	84,130	70,330	82,170	67,290	303,920
현금과부족(Ⅳ=Ⅱ−Ⅲ)	(12,610)	13,460	27,070	22,120	(3,760)
• 단기차입[1]					
· 신규차입	28,000	2,000	−	−	30,000
· 차입금상환	−	−	(9,000)	(6,000)	(15,000)
· 이자지급[2]	−	−	(2,640)	(630)	(3,270)
차입에 의한 순현금증가분(Ⅴ)	28,000	2,000	(11,640)	(6,630)	11,730
기말현금잔액(Ⅵ=Ⅴ−Ⅳ)	₩15,390	₩15,460	₩15,430	₩15,490	₩15,490

1) 단기차입은 매분기초에 ₩1,000단위로 기말 현금보유 하한선인 ₩15,000을 유지하기 위해 이루어진다.
2) 이자는 원금상환이 이루어질 때 지급하는 것으로 가정한다. 단, 이때 지불되는 이자액은 상환시점까지 발생한 이자 전액을 의미한다. 3/4분기와 4/4분기 이자지불액은 각각 ₩2,640{(=₩28,000 $\times 0.12 \times \frac{9}{12}$)+(₩2,000 $\times 0.12 \times \frac{6}{12}$)}과 ₩630(=₩21,000×0.12×3/12)이다.

금지출에 대한 추정이 가능해지면 식 (6·3)에 따라 기말현금잔액이 계산된다.

$$\text{기말현금잔액} = \text{기초현금잔액} + \text{현금수입총액} - \text{현금지출총액} \quad \cdots\cdots\cdots (6 \cdot 3)$$

일반적으로 기업은 매주 또는 월별로 최소한의 현금잔액을 유지하고자 한다. 왜냐하면 비록 연도말 또는 분기말 잔액이 적정수준에 달하더라도 월별로 극심한 현금과부족이 생길 수 있기 때문이다. 현금부족이 예상되는 경우에는 당좌차월 등 단기차입으로 부족분을 메우게 되고 불요불급한 여유현금은 단기투자 또는 차입금의 조기상환 등에 활용한다. 이로써 이자수입(또는 지급이자의 감소)이나 배당금수입 등의 형태로 추가적인 현금이 생긴다.

ABC사 사례문제에서는 편의상 매 분기말에 최소한 ₩15,000의 현금잔액을 유지함을 원칙으로 한다. 부족분은 거래은행으로부터 연간 12%(월 1%)의 이자율로 매분기초에 ₩1,000단위로 차입되며 여유가 생길 경우에는 분기말에 기발생이자와 원금일부를 동시에 갚는 것으로 가정한다. <표 6.9>의 현금예산에 의하면 ABC사는 1/4분기에 ₩28,000을 차입할 필요가 있으며 2/4분기에 추가로 ₩2,000을 차입해야 하며 3/4분기에 이르러서야 비로소 원금일부(=₩9,000)를 이자와 함께 갚을 수 있는 것으로 판명된다. 4/4분기에도 원금 일부(=₩6,000)를 이자와 함께 상환할 수 있다.

예제 6-2 현금예산

단일상품을 구입하여 판매하고 있는 (주)백석은 2019년 초에 당해 연도 2분기 예산을 편성 중에 있다. 2019년 4월의 외상매출액은 ₩3,000,000, 5월의 외상매출액은 ₩3,200,000 그리고 6월의 외상매출액은 ₩3,600,000으로 예상된다. (주)백석의 매출은 60%가 현금매출이며, 40%가 외상매출이다. 외상매출액은 판매일로부터 1달 뒤에 모두 현금으로 회수된다. (주)백석은 상품을 모두 외상으로 매입하며, 외상매입액은 매입일로부터 1달 뒤에 모두 현금으로 지급한다. (주)백석은 다음 달 총판매량의 20%를 월말재고로 보유하며, 매출총이익률은 20%이다. (주)백석이 2019년 5월 중 상품 매입대금으로 지급할 현금은 얼마인가? (단, 월별 판매 및 구입단가는 변동이 없다고 가정한다.) (세무사, 2011 수정)

풀이

2019년 4월달의 5월 매입대금 현금지급액이므로, 주어진 외상매출액을 전체 매출액으로 전환 후 기초, 기말 재고자산(원가)과 매출원가 내역을 산출하여 4월 매입 현금지급액을 도출하면 된다.

- 4월 기초재고 : (₩3,000,000/0.4) × 0.8 × 0.2 = ₩1,200,000
- 4월 매출원가 : (₩3,000,000/0.4) × 0.8 = ₩6,000,000
- 4월 기말재고 : (₩3,200,000/0.4) × 0.8 × 0.2 = ₩1,280,000

따라서, 4월 매입액 : ₩6,000,000 + ₩1,280,000 − ₩1,200,000 = **₩6,080,000**

10. 추정재무제표

지금까지 설명한 종합예산편성의 종착역은 추정재무제표(pro-forma financial statements)이다. 추정재무제표는 예산기간 동안의 기업활동이 기업에 미치는 효과를 반영한 재무제표이다. 즉, 추정재무제표는 예산에서 가정한 모든 일들이 일어날 경우에 예상되는 결과를 반영한다. 이는 추정손익계산서와 예산기간말의 재무상태에 관한 정보를 담은 추정재무상태표로 세분된다. 또한 예산기간 동안의 현금흐름을 나타내는 추정현금흐름표가 작성되기도 한다.

종전의 수작업에 의한 추정재무제표의 작성은 매우 번거롭거나 시간이 소요되는 작업이었으나 오늘날은 컴퓨터프로그램을 이용하여 손쉽게 작성된다. 즉, 예산편성상의 가정이 변화할 경우 이것이 미치는 효과에 대한 민감도분석이 매우 손쉽게 이루어짐에 따라 예산편성이 과거처럼 어려운 작업은 아니다.

<표 6.10>은 전통적인 기능별 손익계산서양식으로 작성한 ABC사의 2020년 추정손익계산서이다. <표 6.10>에서 ABC사의 2020년 예산당기순이익은 ₩2,838이다. 이 수치는 예산편성시 세웠던 가정이 그대로 실현될 경우에 예상되는 경영성과를 말하는데 이를 파악하기 위해서는 각 일선부서가 작성하는 다양한 예산명세서를 이용해야 한다.

예산조정자 역할을 수행하는 회계부서는 예외적으로 세금 및 감가상각비 수치를 제공한다. 감가상각비는 감가상각대상 자산의 역사적 원가를 토대로 내용연수 및 잔존가액을 고려하여 계산되며 법인세는 세법에 따라 과세소득에 세율을 곱하여 산출된다.

<표 6.11>은 2020년 12월말에 종료되는 ABC사의 추정재무상태표로서 이는 초기 재무상태표(표 6.2 참조)에 예산기간 동안의 변화를 조정하여 작성된다.

표 6.10

추정손익계산서 : ABC사

2020년(단위 : 원)

Ⅰ. 매출액(표 6.3)		₩300,000
Ⅱ. 매출원가		
완제품기초재고(표 6.2)	₩8,000	
+당기제품제조원가[1]	+176,400	
−기말완제품재고[2]	−8,400	176,000
Ⅲ. 매출총이익		₩124,000
Ⅳ. 판매비와 관리비		
판매비(표 6.7)	47,000	
일반관리비(표 6.8)	62,000	
대손상각비(표 6.3)	3,000	
감가상각비(분기당 ₩1,000×4=4,000)	4,000	₩116,000
Ⅴ. 영업이익		₩8,000
Ⅵ. 영업외비용		
이자비용(표 6.9)		3,270
Ⅶ. 법인세차감전순이익		₩4,730
Ⅷ. 법인세(40%)		1,892[3]
Ⅸ. 당기순이익		₩2,838

1) 당기제품제조원가명세서

· 직접재료비			
기초원재료재고액	₩1,040		
+당기매입액	50,560		
=총이용가능액	51,600		
−기말원재료재고액	−1,200	₩50,400	
· 직접노무비(표 6.6)		75,600	
· 변동제조간접비		25,200	
· 고정제조간접비		25,200	(16,000+2,300×4)
합 계		₩176,400	

2) 완제품기말재고액을 파악하기 위해서는 재고흐름에 대한 가정(가령, 선입선출법 또는 평균법)이 필요하다. 선입선출법을 가정한 본 사례에서는 기말재고는 당기생산분 중 일부에 해당한다. 즉, 2020년말 완제품기말재고액은

=1,200개 × (₩176,400 ÷ 25,200(표 6.5 예산생산량))

=1,200개 × ₩7

=₩8,400

3) 세무보고와 재무회계의 차이조정과 관련하여 편의상 본 예제에서는 현금흐름표 작성시에는 매분기 ₩1,500씩이 지급되는 것으로 가정하였고 손익계산서의 세후이익은 40%의 세율을 적용하여 계산하였다.

표 6.11

추정재무상태표 : ABC사
2020년(단위 : 원)

Ⅰ. 자 산			Ⅰ. 부 채		
1. 유동자산		45,038	매입채무[7]	5,640	
현 금[1]		15,490	미지급배당금	20,000	
매출채권[2]	16,500		단기차입금	15,000	40,640
대손충당금	(660)	15,840			
재고자산			Ⅱ. 자 본		
원 재 료[3]		1,200	자 본 금[8]	150,000	
완 제 품[4]		8,400	이익잉여금[9]	36,398	186,398
선급법인세		4,108			
2. 비유동자산		182,000			
토 지[5]		60,000			
건물 및 비품[5]	260,000				
감가상각누계액[6]	(138,000)	122,000			
자산총계		227,038	**부채 및 자본총계**		227,038

주 : 추정재무상태표상의 수치원천

1) 현금잔액은 현금예산(표 6.9)의 4/4분기말 잔액임.
2) 매출채권은 2021년 1/4분기 동안의 회수예정액으로 2020년 4/4분기 신용판매액의 24%에 해당함(표 6.3 참조).
3) 원재료 기말재고는 <표 6.5>의 원재료 기말재고수량(kg)에 단위당 원가 ₩1/kg을 곱하여 구해짐.
4) 완제품재고는 완제품 기말재고수량에 단위당 제조원가 ₩7을 곱하여 구해짐.
5) 토지와 건물 및 비품의 취득원가 수치는 초기 재무상태표 수치와 동일함.
6) 건물 및 비품의 감가상각누계액은 당기 손익계산서상의 감가상각비만큼 증가한 것임(표 6.10의 ₩4,000 + 제조간접비 ₩9,200 = ₩13,200). 따라서 124,800 + 13,200 = 138,000
7) 매입채무 잔액은 4/4분기 원재료 구매액의 50%로서 2021년 1/4분기에 지급될 것임(표 6.5의 ₩11,280 × 0.5 = ₩5,640).
8) 자본금은 증자나 감자가 없는 것으로 가정하였기 때문에 초기수치와 동일함.
9) 이익잉여금은 기초이익잉여금(표 6.2의 ₩53,560)에 추정손익계산서상의 당기순이익을 합친 후 현금배당액을 차감하여 구함.

제3절 경영통제와 예산

"우리는 신중한 계획과 강력한 추진력을 통해 우리의 미래를 창조한다고 믿는다. 경영자는 개선된 결과를 계획하고 그것을 얻기 위해 실행한다."

-찰스 나이트(Charles F. Knight) Emerson Electric사의 CEO-

3.1 책임회계와 예산편성

제2절에서는 종합예산편성의 절차를 설명하였다. 아울러 동 절차의 최종산출물인 추정재무제표가 어떻게 작성되는지를 소개하였다. 이는 예산의 계획기능에 초점을 맞춘 것이다.

예상되는 기업의 재무상태 및 경영성과 등 미래예측에 유용한 정보를 예산을 통해 제공받는 것도 중요하다. 그러나 이는 예산이 갖는 특징의 반쪽에 불과한 것이다. 예산은 계획기능은 물론 통제기능도 수행한다. 통제란 사전에 계획된 대로 일이 이루어지도록 하는 일련의 조치를 의미한다. 따라서 실제성과와 비교될 수 있는 벤치마크(benchmark : 일명, 비교기준치) 중의 하나인 예산은 통제기능상 중요한 역할을 담당한다.

전통적으로 성과평가 목적상 과거자료나 동종 산업내 경쟁업체의 실적 등과 같은 산업자료(industry data)가 주된 벤치마크로서 활용되어 왔다. 비록 이들 벤치마크가 의미 있는 참고자료 역할을 수행하기도 하지만 예산에 비해서는 그 유용성이 뒤진다. 왜냐하면 예산은 현행 및 미래 환경을 반영할 뿐만 아니라 과거의 비효율을 그대로 방치하지 않기 때문이다.

예산의 통제기능과 관련된 핵심개념으로는 책임회계와 예산통제 그리고 차이분석을 들 수 있다. 이 중 예산통제(budgetary control)란 예산을 이용하여 기업이 목표달성을 위해 수행하는 관리활동을 지칭한다. 반면에 책임회계는 조직내에 책임중심점을 설정하고 책임중심점별로 계획과 실적에 관련된 회계수치를 집계하고 비교·분석함으로써 책임중심점 관리자에 대한 업적평가를 행하는 회계제도이다.

책임회계 개념이 예산통제상 중요성을 갖는 이유를 설명해 보자. 책임회계는 기업활동 결과를 어떻게 해서 그러한 결과가 발생했는지를 가장 잘 아는 부서 또는 책임자에게로 추적한다. 기업에서 수행되는 온갖 관리활동의 주체는 기업이 경영목적상 구분한 각 부문조직의 책임자들이다. 이들은 자신이 관할하는 부문에서 수행되는 업무활동에 대한 책임을 지기 때문에 필요한 범위내에서 계획 및 통제활동을 수행하게 된다. 따라서 예산편성시 전사적 목표달성과의 연계관계에서 자신이 속한 부문의 예산(일명, 실행예산)을 제공해야 할 뿐 아니라 당초 계획한 대로 일이 진행되도록 지휘·감독할 책임을 진다. 이처럼 조직부문책임자가 관할하는 예산범위를 책임예산이라고 부르며, 이러한 책임예산에 초점을 맞추어 수행하는 지휘, 감독활동을 예산통제라고 한다.

앞에서는 책임회계의 개념이 예산에 중요한 이유를 간략히 설명하였다. 책임회계는 제8장에서 자세히 다룬다. 이하에서는 예산통제의 핵심인 변동예산과 차이분석을 설명한다.

3.2 통제기능을 위한 예산 : 변동예산과 차이분석

통제목적으로 예산이 제대로 활용되기 위해서는 활동의 구심점이 될 예산 자체가 적정하게 마련되어야 할 뿐만 아니라 적시에 실적과 예산을 비교하여 구한 차이의 원인을 분석하고 시정조치를 취하는 것이 필요하다. 이처럼 실적과 예산과의 차이를 계산하고 그 원인을 분석하는 것을 예산차이분석(analysis of budget variance)이라고 한다. 이는 주로 관리회계담당자가 수행한다.

예산차이분석은 미래의 성과를 개선하는 것을 목적으로 삼는다. 즉, 경영자로 하여금 중요한 차이를 보이는 예산항목에 관심을 기울여 개선방안을 강구함과 동시에 미래에 설정되는 예산이 보다 현실적이도록 한다. 또한 차이분석은 관리수준별로 상이하게 이루어져야 한다. 왜냐하면 상위 경영진으로 옮겨갈수록 개괄적인 반면, 하위로 갈수록 보다 상세해야 하기 때문이다.

차이분석이 의미 있게 이루어지려면 당초 편성한 예산(일명, 원시예산 : original budget) 대신 변동예산(flexible budget)을 활용해야 한다. 왜냐하면 실제성과는 원시예산에서 감안했던 가정이나 활동수준이 변화한 상태에서 실현된 것이기 때문에 이를 원시예산 수치와 비교하는 것은 마치 오렌지와 사과를 비교하는 것처럼 문제가 있기 때문이다. 이처럼 예산편성시 가정한 조업도수준 대신에 실제조업도 수준에서 허용되는 새로운 예산을 변동예산이라고 한다. 변동예산은 수시로 바뀌는 환경을 감안한다는 점에서 동태적 예산이라고도 불림은 제1절에서 설명한 바 있다.

물론 원시예산과의 비교가 전혀 의미 없는 것은 아니다. 왜냐하면 원시예산은 당초 설정한 목표에 대한 수치를 의미하기 때문에 목표달성도를 파악하는 소위 효과성(effectiveness) 평가에 유용하기 때문이다. 다만 예산을 통해 최고경영자가 강조하고자 하는 바는 목표달성은 물론 자원의 효율적 활용이기 때문에 효율성(efficiency) 평가를 위해서는 변동예산의 활용이 불가피하다. 가령, 당초 설정한 활동수준에 훨씬 못 미치는 활동을 비효율적으로 수행하였는데도 단지 실적이 예산에 밑돌았다는 이유로(즉, 원시예산과 실적의 차이가 유리하게 발생하였다고) 이를 긍정적으로 평가함은 문제가 있다.

변동예산이 용이하게 이용될 수 이유는 당초 예산편성이 고정비와 변동비 구분을 전제로 상이한 조업도 수준별로 허용예산을 파악하는 식으로 이루어졌기 때문이다. 이러한 변동예산의 활용 및 이에 기초한 차이분석은 제8장에서 보다 자세히 다룬다.

제 4 절 예산편성과 관련된 새로운 이슈

4.1 제조업 이외에서의 예산편성

1. 상기업의 예산편성

> **TIP!**
> Man month(인/월)
> 작업량을 나타내는 단위의 하나로 한 사람이 한 달 동안 할 수 있는 작업의 양을 나타냄. 약어로 MM이라고 씀.

지금까지 소개한 예산편성은 가장 복잡한 제조업을 예로 들었다. 상기업의 예산편성은 생산예산 및 이를 위한 직접재료 구매예산을 필요로 하지 않는다는 점을 제외하고는 제조업의 경우와 다를 바 없다. 대신에 상품구매예산이 필요하다. 상기업의 경우 시장에서 팔릴 물건을 적시에 확보하는 것이 중요성을 갖기 때문에 판매담당자와 구매담당자 간의 협조가 긴밀하게 이루어져야 한다.

2. 서비스업의 예산편성

서비스업은 제품 또는 원재료 등과 같은 재고를 갖지 않는다는 점에서 제조업과는 본질적으로 다르다. 따라서 서비스업의 경우 제조업에서 필요한 생산예산은 물론 상기업에서 필요한 상품구매예산이 불필요하다. 단지 판매 및 일반관리활동에 필요한 소모품의 구입예산이 필요하다. 서비스업에서 가장 중요한 것은 인력예산이다. 인력예산은 서비스 제공에 필요한 인력을 확보하고 이의 활용을 다루는 인력배치 등의 활동을 포함한다.

3. 비영리조직의 예산편성

정부기관이나 자선단체 등 비영리조직에서의 예산은 자금지출을 정당화하기 위한 통제기능을 수행한다. 비영리조직의 예산은 크게 수익예산(revenue budget)과 지출예산(appropriation budget)으로 구성되는데 예산편성과정을 통해 예산수익의 규모 및 원천 그리고 각 항목별 지출예산이 확정된다.

그러나 비영리조직의 경우 독자적으로 수익과 지출규모가 일치하는 경우란 매우 드물다. 일부 기관의 경우(가령, 영리사업을 영위하는 지방자치단체) 독자적으로 수익을 창출하기도 하지만 다른 기관(가령, 교도소)은 전혀 수익을 창출하지 못하고 전적으로 상위기관의 보조에 의존하여 지출예산을 편성한다.

이러한 비영리조직의 특징으로 인해 비영리조직의 예산수익은 지출예산 규모를 결정짓는 결정변수역할을 수행하는 것이 일반적이다. 이 경우 예산은 본질적으로 비영리조직단위의 지출을 제한하는 문서에 해당한다. 예산을 통해 비영리조직의 하위단위를 통제할 때의 예산은 크게 총괄예산(lump-sum budget)과 항목별 예산(line-item budget)으로 대별된다. 전자는 총지출한도만 제약하는 반면에 후자의 경우 예산항목 간의 전용은 상위기관의 재가를 받기 전에는 원칙적으로 불가능하다.

4.2 ABC와 예산편성

ABC가 전통적인 원가계산 방식에 비해 갖는 장점은 원가동인을 이용하여 보다 인과관계에 충실한 원가계산을 한다는 점이다. 즉, ABC로부터 구한 정보는 예산의 편성에 대해 질이 높은 정보를 제공할 수 있음과 동시에 논리적인 예산편성을 가능하게 한다. ABC를 도입하지 않으면 예산편성은 전년도의 예산액에 인플레이션분과 신규사업분을 가산하는 소위 전년도 실적에 몇 퍼센트를 더하는 안이한 예산편성이 되어버릴 가능성이 높다.

그림 6.3

ABC 대 ABB모델 : 인과적 관계의 역이용

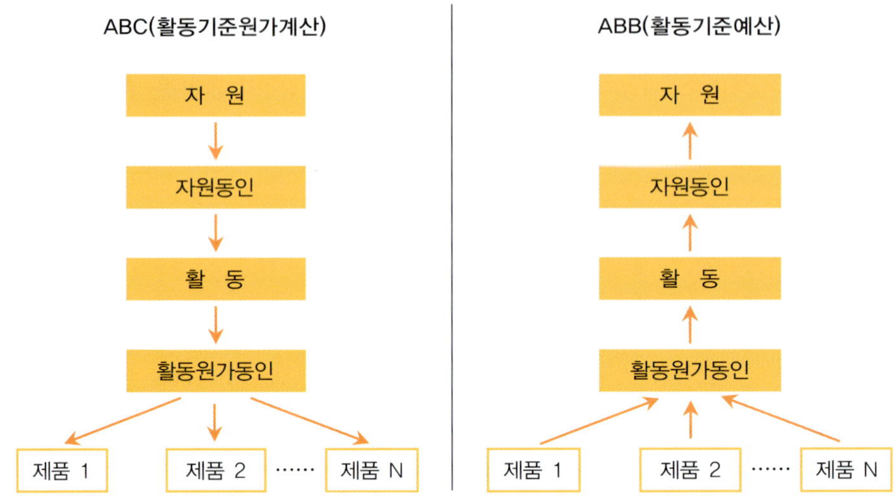

자료 : Kaplan & Cooper, 1998의 Cost & Effect의 [도표 15-2]와 [도표 15-3]을 참조.

ABC정보에 기초하여 예산을 편성하면 예산편성 담당자는 조직이 투입자원의 대가로 획득하는 것, 예를 들면 서비스의 양과 질 등을 인식할 수 있게 된다. 이와 같은 산출을 시계열적으로 검토해 가는 과정에서 예산편성 담당자는 활동이 떠맡는 투입과 산출 간의 관계를 대부분 파악할 수 있다.

구체적으로 ABC를 이용한 예산편성이 갖는 장점을 설명해 보자. 다양한 원가동인을 통해 자원을 소비 또는 유발하는 주체나 원인을 알게 하는 장점을 갖는 ABC를 예산에 적용할 경우 이를 활동기준예산편성(ABB : Activity-Based Budgeting)이라고 한다. ABB는 전통적인 예산편성과 달리 간접비의 예산편성에 유용하다. 왜냐하면 ABC 자체가 간접비를 보다 인과관계에 기초하여 간접비를 발생시킨 제품이나 서비스 또는 부문과 같은 원가대상에 배분한다는 장점을 갖기 때문이다.

[그림 6.3]에서 보는 바와 같이 ABC의 역순으로 이루어지는 ABB에서 기본적으로 예산은 크게 두 단계(세부적으로는 4단계)에 걸쳐 작성된다. 이하에서는 이를 설명한다.

① 생산 또는 판매목표를 토대로 각 제품이나 부서가 소요할 개별 활동(가령, 셋업활동)의 수요를 파악한다. 이때 활동수요를 파악하기 위해서 이용하는 것이 활동원가동인이다. 가령, 제품이나 생산부서와 같은 특정 원가대상이 소요할 셋업활동을 파악함에 있어서 셋업시간이 셋업활동의 원가동인일 경우 각 원가대상 때문에 수행될 셋업시간을 파악하는 것이 필요하다(세부단계 #1). 이

는 생산량과 배치규모를 이용하여 계산된다. 생산량이 500개이며 배치규모가 25이며 배치당 셋업소요시간이 2시간일 경우 20번의 셋업에 소요되는 40시간이 곧 활동원가동인수이다. 이러한 관계를 이용하면 활동수요를 파악할 수 있다(세부단계 #2).

② 활동수요(즉, 40시간)가 파악되면 각 활동이 소비하는 자원(가령, 전력, 인력 또는 소모품 등)을 계산한다. 이 경우에도 직접 특정 비목(가령, 재료비나 노무비 또는 전력비 등)의 발생금액을 파악하는 것이 어려울 경우에는 각 활동과 자원과를 연결시켜 주는 자원동인의 수를 각 활동별로 파악한다(세부단계 #3). 가령, 셋업활동의 자원동인을 직접노동시간으로 정했을 경우 각 제품이나 특정 부서에서 수행된 직접노동시간을 파악하고 이를 토대로 각 재료비나 노무비 또는 전력비 등을 파악할 수 있다(세부단계 #4).

> **TIP!**
> **전통적인 예산편성의 원가동인**
> 전통적인 예산편성에서는 먼저 이러한 활동의 수요를 파악하는 대신에 특정 수준의 제품이나 서비스를 생산하는 데 소요되는 각 자원(즉, 각종 원가)을 직접적으로 추정한다. 즉, **산출물**만을 **원가동인**으로 이용하는 것이다.

ABB는 전통적인 예산편성에 비해 보다 많은 정보를 필요로 한다. 그러나 보다 상세한 정보를 이용함으로써 보다 인과관계에 충실한 원가추정을 통한 합리적인 예산이 마련되고 미래의 원가관리의 질이 높아질 수 있다. 마치 단순회귀분석에 비해 다중회귀분석이 보다 정보력을 갖는 것과 마찬가지이다.

4.3 카이젠 예산편성

카이젠(kaizen)이란 개선(改善, improvement)이란 의미의 한자어를 일본식 발음으로 영어표기한 것이다. 일본식 경영혁신의 대표적인 기법으로 잘 알려진 카이젠은 고객이 원하는 고품질의 제품을 낮은 가격으로 공급할 수 있기 위해서는 생산공정이나 업무프로세스를 지속적으로 개선하지 않으면 안 된다는 인식하에 전종업원이 합심하여 현행방식의 지속적인 개선을 꾀하는 대표적인 원가관리기법을 말한다. 영어의 CPI(continuous process improvement : 지속적 프로세스 개선)가 이에 해당한다.

이러한 카이젠 개념을 예산에 적용한 카이젠 예산편성(kaizen budgeting)은 현행 업무수행방식에 기초하여 예산을 편성하는 대신 미래에 추진될 개선을 염두에 두어 소요원가를 추정하는 전향적 예산편성접근방식이다. 카이젠 예산편성에서는 목표로 삼은 미래의 개선이 초래할 변화(가령, 작업준비시간의 단축, 공정개선, 업무수행방식의 변경 등)가 소요원가 및 현금흐름에 미칠 영향을 사전에 분석한 후 이를 종합예산에 반영한다. 따라서 목표로 세운 개선이 실현되지 않고서는 결코 예산이 달성될 수 없다.

카이젠 예산편성기법은 오늘날의 경쟁환경하에서 지속적인 경영혁신이 불가피함을 전종업원에게 주지시키기에 적절한 기업의 생존전략이다. 참여예산기법을 종업원의 개선 아이디어 제안과 연결지어 동기부여를 강조하는 카이젠 예산편성은 종업원을 가장 중요한 전략적 자산으로 강조한다. 왜냐하면 기업성과를 개선시키는 아이디어 대부분이 이들 종업원으로부터 나오기 때문이다.

생각해보기 | 이나모리 가즈오의 회계경영

일본의 존경받는 '3대 경영자' 중 한 명인 이나모리 가즈오 회장의 '예산제도'에 대한 생각을 아래의 글을 통해서 파악하고 **'예산제도'**가 제대로 운영되기 위한 전제조건을 생각해보자.

보통 당해 연도의 사업계획을 세울 경우 "매출은 전기 매출의 몇 퍼센트를 늘리자. 그러기 위해서는 당연히 사람의 힘이 필요하니까 인원은 이만큼 늘리자. 이 정도의 매출을 올리기 위해 새로운 지점을 만들자. 그러자면 영업경비도 필요할 테니까…" 하면서, 필요한 경비 항목을 전부 열거해서 **예산**을 만든다. 그러나 나는 지금까지 이와 같은 예산제도를 실시하지 않았다. 왜냐하면 인원 증가와 지점 증설과 같은 경비는 계획대로 척척 진행되지만, 무엇보다 중요한 매출은 계획대로 늘어나지 않는 일이 허다하기 때문이다. "매출은 왜 늘어나지 않는가?" 하고 물어봤자 "열심히 하고 있는데 지금은 불황으로 좀처럼 성과가 나타나지 않습니다."라는 대답만 듣게 된다. 오히려 "현재 상황을 타개하기 위해서는 과감하게 인원을 늘려야 할 필요성이 있습니다." 하고 경비만 더욱 늘어나는 경우가 많다. 원래 계획한 매출을 달성하기 위해서 경비를 사용하고 있으니까 매출도 경비와 함께 늘어나야 정상인데 실제로는 그렇게 되지 않고 비용만 늘어나는 것이다. 결국 사용하는 예산만 엄수되고 매출은 기대한 만큼 늘어나지 않는다. 그 때문에 나는 "***예산제도는 필요 없다. 필요한 돈은 그때마다 결재를 올려라. 그러면 그때 결재하도록 하겠다.***"는 방법을 사용해 왔다.

〈이나모리 가즈오의 회계경영, 2010 中에서〉

종합 예제

운영예산과 추정재무제표 작성

홍익백화점은 분기별로 예산을 작성한다. 다음 자료는 2019년 2/4분기 예산을 작성하는 데 사용될 자료이다.

홍익백화점 재무상태표

2019년 3월 31일

자 산		지 분	
현 금	₩3,000	매입채무	₩26,000
매출채권	25,000	미지급배당금	17,000
재고자산	30,000	미지급임차료	2,000
선급보험료	2,000	주주지분	40,000
비유동자산	25,000		
총자산	₩85,000	총지분(=부채+자본)	₩85,000

실제 및 예상 월별 매출액은 다음과 같다.

월	매출액	월	매출액
1	₩60,000	5	₩60,000
2	50,000	6	70,000
3	40,000	7	90,000
4	50,000	8	80,000

월별 영업비용은 다음과 같다.

급 여	₩25,000
감가상각비	100
수도광열비	1,000
임차료	2,000

₩17,000의 현금배당은 각 분기의 첫째 달에 지급되며, 다음 분기의 셋째 달에 선언된다. 영업비용은 발생 즉시 지급된다. 단, 보험료, 임차료, 감가상각비는 예외로 한다. 임차료는 다음 달에 지급되며 선급보험료는 5개월치를 미리 지급한 금액이다. 매출원가는 매출액의 1/2에 해당한다.

재고금액은 다음 달 **매출원가**의 120%이며, 외상매입대금은 다음 달에 전부 지급한다. 매출채권의 회수와 관련해서는 50%는 매출한 달에, 40%는 다음 달에, 나머지 10%는 그 이후의 달에 회수된다. 차입금은 연간 12%의 이자율로 ₩1,000단위로 차입하고 갚는다. 홍익백화점은 매월초 최저현금보유액을 ₩3,000으로 유지하려고 한다. 원금일부에 대한 이자는 원금을 갚는 시점에 지급한다. 차입시기는 매월초이며 차입금 지급시기는 월말이다. 원금은 차입한 달의 말에는 갚지 않는다.

TIP!

재고는 항상 원가로!

흔히 문제에서 기말재고는 다음 달 매출의 120%로 유지한다고 할 때 매출수익의 120%가 아니라 **매출원가**의 120%로 계산해야 함을 잊지 말아야 한다.

〈요구사항〉

1. 2019년 6월 30일로 끝나는 분기에 속한 각 달의 구매예산을 작성하시오.
2. 2019년 6월 30일로 끝나는 분기에 속한 각 달의 현금수입명세서를 작성하시오.
3. 2019년 6월 30일로 끝나는 분기에 속한 각 달의 현금지출명세서를 작성하시오. 단, 차입금의 상환은 제외하시오.
4. 2019년 6월 30일로 끝나는 분기에 속한 각 달의 현금예산을 작성하시오.
5. 2019년 6월 30일로 끝나는 분기에 속한 각 달의 손익계산서를 작성하시오.
6. 2019년 6월 30일의 추정재무상태표를 작성하시오.

풀 이

운영예산과 추정재무제표 작성

(1) 구매예산

홍익백화점 월별 구매예산(2019년 2/4분기)

	4월	5월	6월	계
매출원가	₩25,000	₩30,000	₩35,000	₩90,000
+ 적정기말재고	36,000	42,000	54,000	54,000*
총재고요구량	61,000	72,000	89,000	144,000
- 기초재고	- 30,000	- 36,000	- 42,000	- 30,000
구매예산	₩31,000	₩36,000	₩47,000	₩114,000

* 다음 달 매출원가의 120%(₩90,000 × 0.50 × 1.20)

(2) 현금수입명세서

홍익백화점 월별 현금수입명세서(2019년 2/4분기)

	4월	5월	6월	계
당월 매출액의 50%	₩25,000	₩30,000	₩35,000	₩90,000
전월 매출액의 40%	16,000	20,000	24,000	60,000
2개월 이전 매출액의 10%	5,000	4,000	5,000	14,000
총수입액	₩46,000	₩54,000	₩64,000	₩164,000

(3) 현금지출명세서

홍익백화점 월별 현금지출명세서(2019년 2/4분기)

	4월	5월	6월	계
전월의 구매	₩26,000	₩31,000	₩36,000	₩93,000
당월 영업비용*	28,000	28,000	28,000	84,000
배 당	17,000			17,000
총지출액	₩71,000	₩59,000	₩64,000	₩194,000

* ₩25,000 + 1,000 + 2,000

(4) 현금예산

홍익백화점 월별 현금예산(2019년 2/4분기)

	4월	5월	6월	계
기초잔액	₩3,000	₩3,000	₩3,000	₩3,000
유 입 액	₩46,000	₩54,000	₩64,000	₩164,000
지 출 액	− 71,000	− 59,000	− 64,000	− 194,000
지출액 대비 초과유입액	(25,000)	(5,000)	0	(30,000)
차입/반환 이전의 시재액	₩(22,000)	₩(2,000)	₩3,000	₩(27,000)
차 입 액	25,000	5,000	0	30,000
상 환 액	0	0	0	0
기말잔액	₩3,000	₩3,000	₩3,000	₩3,000

(5) 추정손익계산서

2019년 2/4분기

	4월	5월	6월	계
Ⅰ. 매출액	₩50,000	₩60,000	₩70,000	₩180,000
Ⅱ. 매출원가	− 25,000	− 30,000	− 35,000	− 90,000
Ⅲ. 매출총이익	₩25,000	₩30,000	₩35,000	₩90,000
Ⅳ. 영업비용				
− 급 여	₩25,000	₩25,000	₩25,000	₩75,000
− 감가상각비	100	100	100	300
− 수도광열비	1,000	1,000	1,000	3,000
− 임차료	2,000	2,000	2,000	6,000
− 보험료	400	400	400	1,200
− 이자비용	250	300	300	850
소 계	− 28,750	− 28,800	− 28,800	− 86,350
Ⅴ. 순이익(손실)	₩(3,750)	₩1,200	₩6,200	₩3,650

* 월별 이자비용의 계산 :
4월 : ₩25,000 × 0.01 = ₩250 5월 : ₩30,000 × 0.01 = ₩300 6월 : ₩30,000 × 0.01 = ₩300

(6) 추정재무상태표

홍익백화점 추정재무상태표(2019년 6월 30일)

자 산		지 분(= 부채 + 자본)	
현 금	₩3,000	외상매입금	₩47,000
외상매출금	41,000	미지급배당금	17,000
재고자산*	54,000	미지급임차료	2,000
선급보험료	800	차입금	30,000
비유동자산	24,700	미지급이자	850
		주주지분	26,650
총자산	₩123,500	총지분	₩123,500

* 120% × ₩90,000 × 0.5

계획 A – 외상매출금		계획 B – 주주지분	
6월 매출액의 50%	₩35,000	기초지분	₩40,000
5월 매출액의 10%	6,000	+이 익	3,650
	₩41,000	–배 당	–17,000
			₩26,650

요 약

01. 종합예산은 기업경영상 매우 유용한 관리수단이다. 특히, 예산은 구체적인 원가와 같은 재무적 수치 및 물리적 수치를 이용하는 가운데 기업 전반에 걸친 운영활동을 지휘 통제하는 대표적인 계수적 관리수단이다.

02. 예산은 조직이 보유한 희소한 자원을 어떻게 사용할 것인가를 계획하고 통제할 때 흔히 사용되는 대표적인 경영도구이다. 예산은 계획/통제기능뿐만 아니라 동기부여 및 성과평가기능과 조정기능 또한 담당한다.

03. 예산편성의 출발은 판매예측이다. 판매예측으로부터 판매예산을 작성하고 이어서 생산예산, 제조예산, 구매예산, 판매비 및 일반관리비 예산 및 현금예산 등 다양한 세부예산을 마련하고 최종적으로 예산편성의 핵심인 추정재무제표를 작성한다. 재무제표를 작성하기 위한 구체적인 세부예산의 작성과정도 중요하지만 예산편성과 관련된 행동적 측면을 예의 주시해야 한다. 왜냐하면 예산은 단기계획기능뿐만 아니라 커뮤니케이션 및 부문간의 상호 조정을 비롯한 통제 및 동기부여수단으로서의 유용성이 크기 때문이다.

핵심용어

- 예산
- 예산편성
- 종합예산
- 부문예산
- 운영예산
- 책임예산
- 자본예산
- 자금예산
- 연속예산
- 고정예산
- 참여예산
- 예산통제
- 책임회계
- 변동예산
- 예산슬랙
- 현금예산
- 추정재무제표
- 예산차이분석
- 상향식 예산편성
- 카이젠 예산편성
- 지속적 프로세스 개선(CPI)

단답식 개념문제

01. 예산의 기능을 크게 세 가지로 구분하면 □□기능과 동기부여 및 성과평가기능, □□기능으로 구분할 수 있다.

02. 고정예산과 달리 실제조업도가 예산조업도와 상이할 경우 바뀐 조업도를 감안하여 예산허용액을 별도로 작성하는 예산을 □□예산이라고 한다.

03. 생산공정이나 업무프로세스를 지속적으로 개선하지 않으면 안 된다는 인식하에 전 종업원이 합심하여 현행방식의 지속적인 개선을 꾀하는 일본의 경영혁신의 대표적 기법을 적용한 예산편성을 □□□예산편성이라고 한다.

[문 1] "판매예측은 예산편성의 초석이 된다"고 한다. 그 이유는 무엇인가?

[문 2] 예산책임자의 네 가지 핵심적 의무는 무엇인가?

[문 3] 판매예측과 판매예산을 구분하여 설명하시오.

[문 4] 예산프로그램의 중요한 두 가지 특징을 회계기법과 인간적 요소로 구분할 경우 어떤 특징이 더 중요한가? 그 이유는 무엇인가?

[문 5] 예산순환과정의 요소는 무엇인가?

[문 6] 종합예산의 네 가지 목적을 설명하시오.

[문 7] 연속예산과 추정재무제표를 정의하시오.

[문 8] "예산을 계획수립의 도구로서만 사용한다면, 이는 예산을 절반밖에 이용하지 못하고 있는 것이다." 이 주장의 의미를 설명하시오.

[문 9] "예산은 의사소통을 위한 훌륭한 수단이다." 이 말을 논평하시오.

[문10] "예산은 역시 원가-효익 분석하에 채택되어야 한다. 그러므로 예산은 경영자로 하여금 상이하게 행동하도록 강요한다." 이 말에 동의하는가?

[문11] 예산슬랙(budgetary slack)이란 무엇인가?

[문12] 성과평가가 예산편성과정에서 중요한 이유는 무엇인가?

[문13] 제조업 이외의 기업에서의 종합예산편성과정이 제조업보다 쉽다고 말할 수 있

는데 그 이유는 무엇인가?

[문14] 예산을 수락하기 이전에 예산의 타당성을 평가하는 데 적용될 수 있는 일반적인 기준은 무엇인가?

[문15] 프로젝트주기예산(또는 사이클 예산)을 정의하시오.

[문16] 운영예산과 자본예산의 차이점을 설명하시오.

연습문제

객관식

[문1] 다음 중 고정예산과 변동예산의 차이를 올바르게 설명한 것은? (★)

① 고정예산은 계획단계에서만 사용하고, 변동예산은 성과평가시에만 적용한다.

② 고정예산은 단위당 개념인 반면에 변동예산은 총액 개념으로 볼 수 있다.

③ 고정예산의 범위는 회사 전체인 반면, 변동예산의 범위는 특정 부서에 한정된다.

④ 고정예산은 특정조업도를 기준으로 사전에 수립한 예산이며, 변동예산은 사후적으로 실제조업도를 기준으로 작성한 예산이다.

[문2] 변동예산(flexible budget)에 대한 다음의 설명 중 옳은 것은? (★)

① 예산 편성시 기준이 되는 조업도뿐만 아니라 여러 조업도에서의 예산이다.

② 변동제조원가에 대한 예산이다.

③ 변동제조원가뿐만 아니라 변동판매관리비를 포함하는 변동원가에 대한 예산이다.

④ 장기적으로 볼 때 모든 원가는 변동원가이므로, 모든 원가에 대한 장기적 예산이다.

⑤ 정태예산이라고도 한다.

[문3] 예산에 관한 다음 설명 중 옳지 않은 것은? (KICPA 2016, 1차) (★★)

① 고정예산(정태예산)은 단 하나의 조업도수준에 근거하여 작성되므로 성과평가목적으로 적합한 것이 아니다.

② 변동예산은 일정범위의 조업도수준에 관한 예산이며 성과평가목적을 위해 실제원가를 실제조업도수준에 있어서의 예산원가와 비교한다.

③ 원점기준예산(zero-based budgeting)이란 과거의 예산에 일정비율만큼 증가 또는 감소한 예산을 수립하는 것이 아니라 예산을 원점에서 새로이 수립하는 방법이다.

④ 예산과 관련된 종업원들이 예산편성과정에 참여하는 참여예산의 문제점 중

하나는 예산슬랙(budgetary slack)이 발생할 가능성이 높다는 것이다.

⑤ 종합예산은 조직의 각 부문활동에 대한 예산이 종합된 조직전체의 예산이며 변동예산의 일종이다.

[문4] (주)국세의 월별 상품 매출액 예산은 다음과 같다. (세무사 2015) (★★)

월	매출액 예산
1월	₩5,000
2월	10,000
3월	20,000
4월	40,000

매출액에 대한 매출원가의 비율은 80%이고, 월말재고는 다음 달 예상매출원가의 20%이다 3월에 예상되는 상품 매입액은?

① ₩12,000 ② ₩16,000 ③ ₩18,400 ④ ₩19,200 ⑤ ₩20,800

[문5] (주)홍익의 제품제조를 위해서는 원재료가 제품 1단위당 4단위가 투입된다. 당기말 원재료재고는 40,000단위이고 차기말의 예상원재료재고는 35,000단위이다. 차기의 예상제품제조수량이 100,000단위이면 차기의 구매예산을 수립할 경우 예산원재료 구매수량은 얼마인가? (★)

① 320,000 ② 395,000 ③ 420,000 ④ 455,000

[문6] (주)홍익은 20×4년 12월 동안 제품A가 50,000단위 판매될 것으로 예산을 설정하였다. 제품A를 1단위 생산하는 데 원재료가 1kg이 필요하다. (주)홍익은 20×4년 12월 동안 제품A의 재고는 5,000단위를 증가시킬 계획을 가지고 있다면 (주)홍익은 20×4년 12월 동안 얼마의 원재료를 구입하여야 하는가? (단, 제품A의 원재료와 재공품 재고계정은 없다고 가정한다.) (★★)

① ₩45,000 ② ₩50,000 ③ ₩55,000 ④ ₩5,000

[문7] (주)홍익은 상품 인형의 매입을 위해 아래의 예산자료를 기초로 하여 20×4년 현금예산을 작성하려고 하고 있다. (★★)

예산매출원가	₩400,000
기초재고자산	60,000
기말예산재고자산	50,000

20×4년 상품 인형을 위한 예산현금의 유출은 얼마인가?

① ₩390,000 ② ₩397,500 ③ ₩400,000 ④ ₩410,000

[문8] (주)은마의 20×1년 1월 매출액은 ₩500,000이고, 2월과 3월 매출은 직전월에 비하여 각각 10%와 20%씩 증가할 것으로 예상된다. 매출은 현금매출 70%와 외상매출 30%로 구성되며, 외상매출은 판매된 달에 60%, 그 다음 달에 40%가 회수된다. 이에 따라 (주)은마의 현금예산표상 20×1년 3월의 현금유입액을 계산하면 얼마인가? (KICPA 2005) (★★)

① ₩440,000 ② ₩484,000 ③ ₩544,000 ④ ₩580,800 ⑤ ₩646,800

주관식

[문1] 구매예산 : 상기업(I) (★)

재규(주)는 상품매매업으로 다음해 4개월간의 예산을 다음과 같이 설정하고 있다. 동사는 셔츠를 판매하고 있다.

월	매출액
1	₩100,000
2	110,000
3	105,000
4	120,000

셔츠 1벌당 매출원가는 ₩6이며 평균판매가격은 ₩10이다. 재고는 다음 달 추정판매의 50%를 보유하는 것을 정책으로 삼고 있다. 1월 1일 현재 기초재고는 ₩30,000이다. 위의 자료를 이용하여 1월, 2월, 3월의 구매예산을 계산하시오.

[문2] 운영예산(구매예산 등) (★★)

홍익상점은 소매업체로서 60%를 외상으로 판매한다. 판매대금은 매월 청구되는데 과거경험에 의하면 외상매출의 75%는 다음 달에 회수되며 20%는 그 다음 달에 그리고 5%는 대손처리된다.

3월 매출액(실제)	₩800,000
4월 추정액	700,000
5월 추정액	400,000
6월 추정액	200,000
7월 추정액	300,000

홍익상점은 매출에 대해 20%의 마진을 실현하고 있다. 동사는 상품구매를 다음과 같이 하고 있다. 당월 판매분의 40%는 전월에 구매하고 나머지는 동월(즉, 매출월)에 구입한다. 3월말 재고는 ₩224,000이다. 재고구입시 홍익상점은 60%는 당월에 지급하고 나머지는 다음 달에 지급한다.

〈요구사항〉

1. 4월의 예산 매출원가는?
2. 4월의 구매예산은?
3. 5월의 예산 현금유입액은?
4. 6월말 현재 예산매입채무잔액은?

[문3] 구매예산 : 상기업(II) (★★)

다음 자료를 토대로 ABC사의 2019년 구매예산에 관한 물음에 답하시오. 구매와 관련된 현금지출예산에는 적절한 단어나 수치로 빈칸을 채우시오.

〈자료〉

1. 2019년 판매예산 : ₩16,000,000
2. 매출원가율 : 65%
3. 재고
   - 기초재고(2019년 1월 1일) : ₩750,000
   - 기말재고(매월말 희망 보유재고) : ₩900,000
4. 구입상품은 전액 외상으로 구입하며 다음 달에 지급된다.
5. 매입채무
   - 기초잔액 : ₩750,000
   - 기말잔액 : 월평균 구매액

〈요구사항〉

위의 자료를 토대로 다음 수치를 계산하시오.

1. ABC사의 2019년 예산매출원가
2. ABC사의 2019년 예산구매액
3. ABC사의 2019년말 매입채무 잔액
4. ABC사의 2019년 예산현금지출액

[문4] 구매예산 : 제조업(I) (★★)

(주)한국은 단일의 제품 A를 생산 · 판매하고 있다. 이 회사가 20×1년 3월에 대한 예산을 수립할 목적으로 수집한 자료의 일부는 다음과 같다.

(1) 20×1년 3월, 4월 및 5월에 대한 제품 A의 월별 판매예측은 다음과 같다.

구 분	예상판매량
3월	100단위
4월	120단위
5월	140단위

(2) 제품을 한 단위 생산하는데 소요되는 직접재료원가는 ₩20이며, 이는 계속 유지될 것으로 예상된다.
(3) 이 회사는 20×1년 2월말 현재 재고자산으로 제품 100단위를 생산할 수 있는 직접재료와 40단위의 제품을 보유하고 있다.
(4) 20×1년 3월부터 이 회사는 제품의 경우 다음 달 예상판매량의 50%에 해당하는 제품을 월말에 재고로 보유하며, 직접재료의 경우 다음 달 생산에 필요한 직접재료의 80%를 월말에 재고로 보유하는 재고정책을 취하고 있다.
(5) 직접재료의 매입은 즉시 현금으로 지급된다.
(6) 월초재공품과 월말재공품은 없다.

(주)한국의 20×1년 3월 직접재료 매입예산 금액은 얼마인가? (KICPA 2014 1차)

[문5] 생산예산 및 구매예산(물량 및 금액) : 제조업(II) (★★)

다음 자료를 이용하여 눈사람(주)의 2019년 1/4분기 생산예산(1, 2, 3월)과 구매예산(1, 2월)을 월별로 작성하시오.

〈자료〉

1. 예산판매량 : 1월 45,000단위
   2월 60,000
   3월 90,000
   4월 93,000
2. 완제품 재고
   - 기초재고(1월 1일) : 10,000단위
   - 희망 기말재고 : 다음 달 판매량의 1/3
3. 완제품 단위당 소요 원재료 : 400파운드(₩10/파운드)
4. 원재료 재고
   - 기초재고(1월 1일) 5,500,000파운드(=lbs)
   - 희망 기말재고 : 다음 달 소요량의 1/4

[문6] 현금예산 : 상기업 (★★)

(주)세무의 외상매출대금은 판매 당월(첫째 달)에 60%, 둘째 달에 35%, 셋째 달에 5% 회수된다. 20×1년 12월 31일 재무상태표의 매출채권 잔액은 ₩70,000이며, 이 중 ₩60,000은 20×1년 12월 판매분이고, ₩10,000은 20×1년 11월 판매분이다. 20×2년 1월에 현금매출 ₩80,000과 외상매출 ₩350,000이 예상될 때, 매출과 관련된 20×2년 1월의 현금유입액과 1월말 매출채권 잔액은? (세무사 2017)

[문7] 현금예산 : 매출채권잔액 추정 (★★)

올해부터 영업을 개시할 대동정밀(주)는 1월 1일 현재 향후 6개월 동안의 현금수입예산을 세우고 있다. 동시에 매출채권의 잔액(매월말 수준)을 추정하고 있다. 현금판매는 월 매출액의 10%에 해당되며 나머지 판매에 대한 대금은 다음과 같이 회수된다.

50%는 판매 당월에
40%는 판매 익월에
10%는 판매 두 달 후에

향후 6개월 동안의 예산판매자료는 다음과 같다.

월	매출액	월	매출액
1	₩200,000	4	₩150,000
2	190,000	5	180,000
3	170,000	6	200,000

〈요구사항〉

동 자료를 토대로 2/4분기 매월말 매출채권의 추정잔액을 계산하시오.

[문8] 현금예산 (★★★)

세진사는 신용판매만 하고 있는데 2019년 12월에 대한 현금예산을 편성중이다. 세진사의 과거경험에 의하면 매출채권에 대한 회수비율은 다음과 같다.

당월회수(실제 현금할인(2/10) 혜택 본 10% 포함)*	40%*
다음달 회수	50
2개월째 회수	8
대손상각(3개월 경과)	2
	100%

* 전체판매에 따른 매출채권의 40%는 당월에 회수된다. 이들 채권 중 현금할인(2/10) 혜택기회를 받은 채권은 50%인데, 그 중 절반이 실제로 조기에 대금을 갚아 현금할인 혜택을 받는다고 가정한다.

TIP!

현금할인

현금할인(2/10)은 만약 10일 이내에 외상매입금을 갚으면 대금의 2%를 할인해주는 것을 말한다.

2019년 12월 1일의 매출채권은 ₩145,000(11월 매출분 ₩120,000, 10월 매출분 ₩20,000, 9월 매출분 ₩5,000)이며, 12월중 신용판매로 생길 매출채권은 ₩250,000이라고 추정된다.

〈요구사항〉

1. 2019년 12월중에 회수될 현금액은 얼마인가?(현금할인은 모두 월초 판매분으로 가정한다.)
2. 2019년 중 대변에 기록(貸記)되는 매출채권 추정액은 얼마인가?

(CPA 기출문제)

[문9] 제조원가예산 : 직접노무비 (★★)

(주)한국제조의 판매부서는 분기별 예산판매량을 다음과 같이 보고하였다.

분기	분기별 예산판매량
20×1년 1분기	8,000단위
20×1년 2분기	6,500단위
20×1년 3분기	7,000단위
20×1년 4분기	7,500단위
20×2년 1분기	8,000단위

(주)한국제조의 20×1년 1분기초 제품의 재고량은 1,600단위이며, 제품의 각 분기말 재고량은 다음 분기 예산판매량의 20% 수준을 유지하고 있다. (주)한국제조는 제품 한 단위를 생산하는데 0.35 직접노무시간이 소요될 것으로 예상하고 있으며, 직접노무인력에게 시간당 ₩10의 정규 임금을 지급할 계획이다. (주)한국제조는 직접노무인력을 정규직원으로 고용하고 있어 매분기마다 최소한 2,600 직접노무시간에 해당하는 임금을 보장하여야 한다. 즉, 이 회사는 직접노무인력을 신축성있게 조정할 수 없기 때문에 매분기마다 필요한 직접노무시간이 2,600시간 미만이 되더라도 2,600시간에 해당하는 임금을 지급해야 한다. 그러나 분기에 필요한 직접노무시간이 2,600시간을 초과하면 초과시간에 대해서는 정규 임금의 1.5배를 지급하여야 한다. (주)한국제조의 20×1 회계연도 직접노무원가 예산금액은 얼마인가?

(KICPA 2015, 1차)

Reading materials

관리회계 전문가 되기
(新관리회계
information room)
cafe.naver.com/shinmgta

- 재계는 예산 삭감 중?…비상경영 돌입 (키워드: 예산삭감, 타겟코스팅, 제로베이스 예산) 아시아투데이, 2014.01.22.
- 바빠진 '예산맨'…세출 구조조정 '올인' (키워드: 예산편성, 권한과 책임) 한경 Business, 2013.05.06.
- 골프 잘 치는 李부장, 일 잘하는 金부장…누가 예산 많이 따낼까 (키워드: 자본예산, NPV, IRR, 정보비대칭성, 사적관계) 조선일보, 2014.02.08.

⋮

Management Accounting

07 불확실성하의 의사결정과 정보활용

학습목표

- 불확실성을 이용한 CVP분석을 배움
- 기대가치를 이용한 불확실성하의 의사결정에 관한 기초지식을 쌓음
- 완전정보의 기대가치(EVPI)를 이해
- 예측오차의 원가계산방법을 배움
- 베이지안 정리를 이용한 샘플정보의 가치(EVSI)를 이해
- 표준원가계산과 관련맺는 원가차이조사 이슈를 이해

Intro

기업실무에서는 종종 **정보**(information)를 상품과 마찬가지로 일정한 대가를 지불하고 취득하는 것이 바람직한가를 결정해야 할 상황이 발생한다. 물론 이러한 의사결정은 원가-효익분석에 기초하여 이루어진다. 즉, 정보의 취득원가보다 기대가치가 높은 경우에만 정보는 취득대상이 되는 것이다.

이 장에서는 지금까지 배운 확실성하의 의사결정분석이 어떻게 바뀌는지에 초점을 맞추어 불확실성을 고려한 의사결정 분석기법을 설명한다. 핵심은 **확률**을 이용하여 불확실성을 다루고 기대가치를 기준으로 의사결정을 내리는 것이다. 확률의 활용은 이산확률을 이용한 단순분석에서 **정규분포**와 같은 연속확률함수를 이용한 정규 통계적 분석에 이르기까지 다양하다.

차이조사결정을 위한 성과표

공정상태 (사전확률)	정상상태(θ_1) $P(\theta_1)$	비정상상태(θ_2) $P(\theta_2)$
A_1 : 조사함	I	I+C
A_2 : 조사 안 함	0	L

주 : I : 조사비용(investigation cost)
C : 조사결과공정에 문제가 있다고 판명될 경우 이를 시정하는 데 소요되는 비용
L : 공정에 문제가 있음에도 불구하고 이를 시정하지 않고 방치함으로써 정상상태에 비해 추가로 발생하는 미래현금지출액의 현재가치

$$P(\theta_2) = \frac{I}{L-C}$$

"불확실한 미래를 극복하는 최선의 방법은 최선이 아닌 최악의 시나리오에 초점을 맞추는 것이다."

– 미국 심리학자 알버트 알리스 –

사례 #1 : 용인전철 "하루 16만명 탄다더니…실제는 9,000명 이용"

위 제목은 잘못된 토목사업이 어떻게 지방 재정을 파탄 내는지 잘 보여주는 1조 127억원짜리 애물단지인 용인전철이 완공 이후 3년 만인 올해 2013년 4월 26일 개통한 이후 100일간 운행 기록에 관한 신문기사 제목이다. 하루 평균 탑승객 9,000명은 당초 예상 인원인 16만명의 5.6%에 불과하다. 그마저도 6월에는 25만 8,000명, 7월에는 25만 1,000명으로 매달 탑승객이 줄고 있는 형편이다. **용인시**는 8월 이후 탑승객 수를 이예 공개하지 않고 있다(시사IN Live 2013.11.15 기사 참조).

사례 #2 : 예상 이하의 저조한 관람객으로 실패로 끝난 런던 밀레니엄 돔 프로젝트

런던아이, 밀레니엄 브릿지와 함께 런던의 포스트 카드를 바꾼 세 개의 밀레니엄 프로젝트로 추진된 런던 밀레니엄 돔 프로젝트는 다른 두 프로젝트와 달리 대표적인 실패 사례로 꼽힌다. 대표적인 성공사례인 런던 아이 개장 후 며칠이 지난 2000년 1월에 개장한 **밀레니엄 돔**은 100m 높이의 12개의 타워(열두 달을 상징)로 지지되고 돔의 직경은 365m(365일을 상징)에 달하는 세계 최대 규모의 단일지붕 구조체다. 당초 밀레니엄 돔은 2만 3,000명을 수용할 수 있는 전시 및 공연장으로 계획되었고, 밀레니엄 프로젝트 중 가장 많은 비용이 투자되었다.

불행하게도 밀레니엄 돔에서 진행된 전시들은 평균 이상의 지속적인 호응을 얻지 못해 결과적으로 초기 예상은 빗나갔으며, 1년이 지난 시점에서 문을 닫기에 이르렀다. 단순한 건물 유지비용만도 한 달에 수억 원에 달했기에 에너지를 소비하는 괴물로까지 비유되었다. 이후 재사용을 위한 다양한 방안들이 모색되었지만 현실적으로 실현 가능한 방법을 찾는 것은 쉽지 않았다. 이러한 상황에서 영국의 모바일폰 회사인 **The O2**에서 돔을 인수하여 스포츠 및 문화시설로의 전환을 모색했다(한국문화관광연구원, 너울, 2007년 6월호 vol 192 기사 참조).

사례 #3 : 웅진그룹의 해체원인은 건설경기 불황 및 글로벌 경기침체에 대한 예측 실패

작년까지만 해도 매출액 6조원대로 재계 순위 32위였던 **웅진그룹**의 윤석금 회장 신화가 깨지게 된 원인은 무리하게 **극동건설**을 인수(약 6,600억)해 자금난에 봉착한 것 그리고 신성장동력의 일환으로 과감하게 투자한 태양광 사업이 실패했기 때문으로 분석된다. 2007년 인수한 **극동건설**은 건설경기 불황으로 적자의 늪에서 빠져나오지 못했고 태양광 사업 역시 글로벌 경기침체로 기대한 만큼의 수익이 창출되지 못했다.

〈시사점〉

위 3가지 사례가 공통적으로 시사하는 바는 곧 미래는 불확실하기 때문에 항시 이를 감안하여 판단하고 의사결정을 내려야 한다는 것이다. 특히 지나치게 낙관적인 전망만을 근거로 무리하게 사업을 추진해서는 안 된다. 실제로 **영국 런던시**가 밀레니엄 돔 건설을 추진할 당시 연간 최대 1,200만 명의 방문객을 유치할 수 있다는 낙관적 예상만을 근거로 의사결정을 내렸다. 그러나 이 예상은 흥미 있는 콘텐츠, 합당한 입장료 등 다른 주요 요건들이 모두 충족되었을 때 가능한 최대 수치임을 간과했고 실제 돔을 찾은 관람객은 650만 명에 불과했다("조직의 실패를 예방하는 부정의 힘(Negativity)" 제목의 SERI 경영노트(제182호) 참조).

불확실성이 높은 오늘날 미래 수요 예측은 아무리 강조해도 지나침이 없다. 불확실성을 해소하기 위한 정보 획득 및 활용이 중요한 시대이다. 본 장에서는 불확실성하에서의 의사결정에 대한 기본 지식을 쌓도록 한다.

제1절 의사결정모델과 불확실성

"불확실성을 해결하는 것이 바로 정보이다. 정보를 다스릴 수 있는 자가 권력을 갖는다." -버크민스터 풀러(R. Buckminster Fuller)-

1.1 정보활용 관점에서 본 의사결정의 유형

제4장의 관련원가분석에서 의사결정(decision making)이란 "한 개인이나 집단이 주어진 목적을 달성하기 위하여 선택가능한 여러 가지의 행동대안들 중에서 최적의 행동대안을 선택하는 과정"으로 정의한 바 있다. 이러한 의사결정은 의사결정과 관련된 상황의 확실성 정도에 따라 ① 확실성하의 의사결정, ② 불확실성하의 의사결정 그리고 ③ 위험하의 의사결정으로 구분된다.

의사결정자가 의사결정을 내리는데 관련된 모든 요소들을 확실하게 알 수 있는 경우의 의사결정은 확실성하의 의사결정(decision-making under certainty)이라 한다. 가령, 제3장에서 소개한 CVP모델의 핵심변수인 개별제품의 판매가격(P), 판매량(Q) 및 관련원가(V, F)를 모두 확실하게 알고 있다고 가정한 CVP분석하의 의사결정이 이에 해당한다.

반면에 불확실성하의 의사결정(decision-making under uncertainty)이란 의사결정과 관련된 미래의 상황에 관한 정보를 거의 갖지 못한 경우의 의사결정을 말한다. 불확실성하의 의사결정에 관한 대표적인 예는 과거와는 전혀 다른 신제품개발처럼 예상판매량에 대한 예측정보를 전혀 갖지 못하는 경우를 들 수 있다. 한편, 위험하의 의사결정(decision-making under risk)이란 미래의 상황에 관해 최소한 확률분포형태로 표시할 수 있을 정도로 정보를 갖고 있는 상황을 말한다. 이런 상황에서는 미래상황에 대한 불확실성을 확률로 표시하고 기대가치(expected value) 개념을 이용하여 최적행동대안을 선택하는 것이 핵심이다. 그러나 실무에서는 위험과 불확실성을 구분하여 사용하기보다는 혼용하는 것이 일반적이다. 본서에서도 두 경우를 통칭하여 불확실성하의 의사결정이라고 부른다.

1.2 의사결정모델의 핵심요소와 바람직한 속성

불확실성하의 의사결정은 확실성하의 의사결정과는 달리 추가적으로 고려해야 할 불확실성이라는 측면을 확률개념을 이용하여 다룬다. 따라서 의사결정단계는 다소 복잡한 여러 단계를 거치게 된다. 이에 대한 기초적 이해를 돕기 위해 예제를 이용하여 의사결정모델의 역할을 설명한 후에 불확실성하의 의사결정절차를 소개한다. 비교적 간단한 [예제 7-1]의 핫도그 판매는 제2절 이후에 소개하는 내용을 이해하는 데 도움이 될 것이다.

예제 7-1 캠퍼스 축제기간 동안의 핫도그 판매

제일대학의 관리회계 동아리 회장인 김경구와 친구인 이우정은 5월 캠퍼스 축제기간 중 어느 하루 동안 핫도그 판매사업을 같이 하기로 하였다. 핫도그 판매에 필요한 스탠드 및 보온박스는 렌탈회사로부터 하루 ₩10,000에 빌리기로 하고 핫도그는 판매 전날 주문한 수량을 당일 아침에 맛나제과가 학교까지 배달해 주기로 하였다. 팔다 남은 핫도그는 절대 반품이 불가능하다. 따라서 두 사람은 팔다 남은 핫도그는 인근 고아원에 기증하기로 하였다. 또한 예상외로 판매가 늘어도 추가주문은 할 수 없다고 가정한다. 왜냐하면 맛나제과는 하루 전 주문을 요구하기 때문이다.

핫도그 한 개당 구매원가는 ₩200이고 이를 한 개당 ₩500에 팔 것이다. 핫도그 판매와 관련하여 더 이상 변동비나 고정비가 발생하지 않는다고 가정한다.[1)] 문제는 판매량의 불확실성이다. 과연 몇 개를 팔 수 있을지를 사전에 알 수 없다는 것이다. 특히, 날씨가 나쁠 경우 축제참가인원이 적어 판매는 저조할 것이다. 편의상 판매량은 다음에 제시된 것처럼 200개, 300개, 400개 또는 500개 중의 하나라고 가정한다. 과거 축제에 참가했던 경험 및 사전조사를 통해 파악한 예상판매량과 각 판매수량이 실현될 확률은 다음과 같다.

예상판매량	확 률
200개	0.2
300	0.3
400	0.4
500	0.1

1) 물론 케첩이나 봉투 등의 변동비나 선전용 플래카드 또는 광고전단인쇄에 따른 고정비 등이 발생할 수 있으나 편의상 이는 무시하기로 한다.

표 7.1

핫도그사업의 성과표 (단위 : 원)

주문량 대안	여건적 상황 판매량 수준(사전확률) 200 (0.2)	300 (0.3)	400 (0.4)	500 (0.1)	기대이익 (expected π)
200	₩50,000[*1]	₩50,000	₩50,000	₩50,000	₩50,000
300	30,000[*2]	80,000	80,000	80,000	70,000
400	10,000	60,000	110,000	110,000	75,000
500	(10,000)	40,000	90,000	140,000	60,000

*1 ₩300(공헌이익)×200 − 10,000(고정비)

*2 ₩300×200 − 10,000 − ₩200×100개

〈물음〉

위의 자료를 이용하여 기대이익최대화기준을 적용할 경우의 최적의사결정은 몇 개를 주문하는 것인가?

TIP!

성과표(pay-off table)

성과표란 경영자가 선택가능한 대안 및 각 대안으로부터 기대되는 현금유입액을 요약·제시하기 위한 표이다. 성과표에 제시되는 화폐적 성과는 결합결과이다. 즉, 각 상황에서의 성과와 동상황이 발생할 확률과의 결합결과를 합한 총기대성과를 대안별로 작성한 것이 성과표이다.

풀 이

400개이다. 4가지 주문크기별 이익을 요약한 <표 7.1>의 성과표(pay-off table)에 의하면 400개를 주문할 때의 기대이익이 ₩75,000으로 가장 큰 값이다. 성과표상의 이익은 총수익에서 총비용을 차감한 수치인데 판매수량에 단위당 공헌이익인 ₩300을 곱한 수치에서 미판매분 재고의 구매원가와 고정비를 차감하여 구한 것과 일치한다. 참고로 성과표에서는 판매량과 주문량이 일치하는 대각선이 가장 큰 이익을 실현하고 있으며 대각선 우측의 수치는 대각선 수치와 일치한다. 왜냐하면 주문량을 초과하여 판매할 수 없기 때문이다.

앞서 소개한 [예제 7-1]은 대표적인 불확실성하의 의사결정사례이다. 불확실성(uncertainty)은 간략히 투자소요액이나 판매량 등 실제결과가 '당초 예상 또는 기대로부터 벗어날 가능성'으로 정의할 수 있다. 가령, ₩400,000의 마케팅비용을 예상했는데 실제로는 ₩430,000이 발생하거나 10,000개를 예상했던 신제품이 단지 5,000개 판매에 머무는 경우 등이 그것이다. [예제 7-1]의 핫도그사업의 경우에서는 300개 팔 것을 예상하고 주문했는데 단지 100개만이 팔려 200개의 재고가 남거나 수요가 주문량을 초과하더라도 더 팔지 못하는 아쉬움이 생기는 것이 모두 수요크기의 불확실성에 기인한 것이다.

의사결정모델을 활용할 경우 불확실한 상황하에서의 의사결정이 보다 체계적이고 합리적으로 이루어질 수 있다. 왜냐하면 의사결정모델은 관리자로 하여금 다음에 소개하는 불확실성하의 의사결정에서 고려되어야 하는 다섯 가지 요소를 분명히

인식하는 가운데 최적선택을 하도록 지원하기 때문이다. 이하에서는 이들 다섯 가지 요소를 설명하도록 한다.

(1) 의사결정기준(일명, 선택기준)

최적대안을 선택하기 위한 판단기준을 의미하는 의사결정기준은 흔히 이익의 최대화 또는 비용의 최소화와 같은 계량적 목표로 표현된다. 지금까지는 공헌이익의 최대화 또는 총관련원가의 최소화 등이 의사결정기준으로 이용되었는데 핫도그 예제([예제 7-1])에서는 기대이익의 최대화였다.

(2) 선택대안

의사결정시점에서 선택후보로 고려될 수 있는 각 선택대안(alternatives : 이하, 대안)은 일명, 행동대안으로 불리는 영어의 action choice를 본따 흔히 a_1, a_2, …, a_m로 표시된다. 가령 자동화의 도입(a_1) 또는 기존 수작업방식의 고수(a_2), 상이한 수준의 조업도 등이 선택대안의 보기이다. 핫도그 예제에서는 상이한 주문량이 선택대안에 해당하여 총고려대상 대안은 4개였다.

(3) 여건적 상황

여건적 상황(state of nature)이란 의사결정상황에서 일어날 수 있는 관련사건(상황)들의 집합을 말하는데 흔히 s_1, s_2 등으로 표시된다. 때로는 사건(events)이라고도 불린다. 가령, 맑기, 흐리기, 비오기, 눈내리기 등으로 표현되는 일기예보의 경우나 핫도그 예제처럼 200개에서 500개 사이의 100단위로 일어날 4가지 상이한 시장수요의 크기가 이에 해당한다.

(4) 확 률

확률(probability)은 각 여건적 상황이 발생할 가능성을 나타내는데 흔히 Pi로 표시된다. 이들 가능성의 합계는 원칙적으로 1이 된다. 핫도그 예제에서도 4가지의 경우 확률의 합계는 1임이 확인된 바 있다.

(5) 성 과

성과(payoffs : 일명, 결과)란 선택된 대안과 여건적 상태의 결합으로 실현하는 의사결정의 결과를 말한다. 가령, 핫도그 예제의 경우 주문량과 실제수요 두 가지가 결합하여 실현한 이익을 말한다. 성과는 의사결징기준을 감안하여 측정된다. 흔히 성과는 원가, 이익(당기순이익이나 영업이익) 또는 현금흐름으로 표시된다. 핫도그 예제에서는 고정비를 감안한 이익을 성과수치로 이용했다. 그러나 고정비가 모든 대안에 공통적인 비관련원가임을 감안할 때 공헌이익을 이용하는 것이 최적대안 선택만을 목표로 삼을 경우에는 보다 현명하다고 할 수 있다. 즉, <표 7.1>의 성과표 작성시 일괄적으로 ₩10,000의 고정비를 무시하더라도 최적대안은 동일하다.

위에서 소개한 5가지 구성요소 중 선택대안(a)과 여건적 상황(s)을 구별하는 것은 관리회계(특히, 성과평가)에서 매우 중요하다. 왜냐하면 대안은 경영자에 의해 통제가능한 반면에 여건적 상황은 경영자가 통제할 수 없는 환경적 요인을 지칭하기 때문이다.

여건적 상황의 불확실성 정도를 확률개념을 이용하여 파악하는 것은 의사결정 모델접근법의 핵심이다. 동전을 던졌을 때 앞면이 나올 확률 또는 임의추첨에 의한 낙찰자를 선정하는 경우처럼 사전에 객관적인 확률을 쉽게 구할 수 있는 경우도 있지만 대부분은 주관적인 확률수치를 이용하게 마련이다. 물론 주관적인 확률을 이용하는 경우에도 필요한 확률정보 획득의 용이성은 상황에 따라 크게 차이를 보인다. 과거 생산경험을 토대로 불량률의 발생확률을 추정하는 경우와 신제품 출시 후 첫 해 매출액을 추정하는 경우의 확률수치에 대한 신뢰도는 크게 차이날 것은 쉽게 예상할 수 있다.

1.3 불확실성하의 의사결정절차

앞에서 설명한 기본요소를 이용하여 불확실성하의 의사결정의 단계를 설명하면 다음과 같다. [예제 7-1]의 풀이과정을 상기하면 수긍이 갈 것이다.

단계 1	〈의사결정기준의 결정〉 의사결정목적을 고려하여 기대공헌이익극대화 또는 기대비용최소화와 같은 의사결정기준을 결정한다.
단계 2	〈선택가능한 대안의 열거〉 선택가능한 대안은 의사결정자가 실제로 실행에 옮길 수 있는 것이어야 하기 때문에 구체적으로 정의되어야 한다.
단계 3	〈미래의 발생가능한 여건적 상황의 파악〉 분석상 완벽을 기하기 위해서는 여건적 상태에 대한 기술은 상호 배타적인 동시에 망라적이어야 한다.

단계 4	〈각 여건적 상황의 확률 부여〉 의사결정과 관련하여 일어날 수 있는 각 상황의 발생가능성을 확률로 표현한다. 확률법칙상 각 상황의 발생확률을 합한 것은 반드시 1이 되어야 한다.
단계 5	〈선택대안과 상황의 결합으로 실현될 예상결과를 계산〉 각 대안별로 미래의 상황을 고려하여 기대이익 또는 기대원가를 계산한다.
단계 6	〈최적대안을 선택〉 단계 5의 결과를 이용하여 의사결정기준에 가장 적합한 최적대안을 선택한다.

1.4 불확실성하의 의사결정기준

1. 기대가치 의사결정기준

불확실성하의 의사결정에서 결정적인 역할을 하는 것은 의사결정의 목적, 즉 선택기준을 무엇으로 하느냐이다. 동일한 상황이라 하더라도 선택기준에 따라 최적대안은 달라질 수 있다. 가장 일반적인 의사결정으로는 기대가치기준과 기대효용기준을 꼽을 수 있다.

기대가치기준은 가장 일반적으로 이용된다. 이 장에서 소개하는 다양한 의사결정사례도 기대가치기준을 적용하고 있다. 앞서 소개한 핫도그 예제와 관련한 <표 7.1>도 기대이익 극대화라는 기준을 가정하고 성과표를 작성한 것이다. 기대가치기준에 대한 이해를 돕는 또 다른 예제를 먼저 소개한 후에 기대효용 의사결정기준의 특징은 별도의 항으로 소개한다. 이들 두 가지 의사결정기준이 최적대안 선택에 어떤 영향을 미치는가에 대해서는 제2절의 정보경제학의 예제에서 설명하도록 한다.

> **TIP!**
> **기대값과 기대화폐가치의 차이**
> 기대값은 효용, 이익, 원가, 시간 등 다양한 형태로 표현될 수 있는 각 결과의 확률을 가중치로 사용한 그 결과들의 가중 평균값이다. 기대화폐가치는 분석기간 동안의 결과를 화폐로 측정한 것으로 기대값의 특별한 경우이다.

예제 7-2 불확실성하의 최적운송방법의 선택 : 기대비용의 최소화

와우(주)는 구매자인 비룡화학(주)의 제조공정에 투입될 원재료를 비룡화학(주)에 공급하기로 계약했다. 재료보관상의 특성 때문에 구매자가 요구하는 날에 공급하지 못하면 벌금으로 와우(주)는 지연된 날짜에 상관없이 구매자 측에게 ₩1,000,000을 지불하기로 약속하였다. 대신에 비룡화학(주)는 그들이 필요로 하는 날로부터 최소한 15일 전에 구매수량을 와우(주)에 통지하도록 되어 있다.

재료생산에는 최대 5일이 소요된다. 와우(주)의 경우는 다른 고객의 주문적체 등 회사측 사정 때문에 비룡화학(주)로부터 진작 구매요청을 받고서도 공급약속일 하루 또는 이틀 전에야 비로소 생산이 완료되는 경우가 종종 발생한다.

와우(주)는 이용가능한 각 운송방법별 소요일수(발송 후 구매처인 비룡화학(주)에 도착할 때까지의 경과일수)의 불확실성과 일회 운송당 소요비용을 분석한 후 다음과 같은 <표 7.2>를 작성하였다.

표 7.2
운송방법별 소요일수 및 정시도착확률

운송방법	운송비용	운반소요일수 및 정시도착확률					
		1일	2일	3일	4일	5일	6일
트　럭	₩100,000	–	–	0.10	0.20	0.40	0.30
일반항공	200,000	–	0.30	0.60	0.10	–	–
항공속달	400,000	0.80	0.20	–	–	–	–

〈물음〉

와우(주) 운송담당부장이 운송방법 선택에 관한 의사결정에 이용할 **성과표**(일명, 의사결정표)를 작성하시오. 성과표는 운송대안과 납기일(공급약속일)까지 남은 일수(1일부터 6일)를 구체적으로 언급하는 형식으로 마련되어야 한다. 즉, 납기일까지의 여유일수에 따라 최선의 운송방식이 선택될 수 있는 형태로 작성되어야 한다. 기대화폐가치금액을 의사결정표 작성기준으로 삼는다.

[힌트] 비룡화학(주)에 공급해야 할 **납기일까지의 여유일수**를 여건적 상황으로 간주하고 계산하여 최적운송방식을 결정함에 참고가 되는 성과표를 먼저 작성한다.

풀 이

문제의 핵심은 **상충관계**(trade-off)이다. 즉, 신속한 운송방법은 비용이 비싼 반면에 벌금을 낼 가능성이 적고 반대로 더딘 운송방법은 비용이 낮은 반면에 벌금을 낼 가능성이 높다는 소위 상충관계를 파악하는 것이다. 운송비용은 확정적인 반면, 벌금은 확률적으로 발생하게 되어 있어 기대치계산이 필수적이다. 즉, 운송비용과 기대벌금의 합계를 최소화하는 최적운송방법을 각 여건적 상황(즉, 납기까지의 여유일수)별로 선택하고 이를 요약한 표를 **의사결정지원표** 형태로 요약·작성하는 것이 핵심이다(<표 7.3>). 한 가지 특징은 다른 문제와 달리 성과표를 토대로 최적의사결정을 내린 후에 별도로 운송부문을 위한 의사결정지원표를 작성한다는 것이다.

표 7.3
최적운송방법 결정을 위한 성과표 및 의사결정지원표 (단위 : 천원)

성 과 표						
납기일까지의 여유일수 / 운송방법	기대원가(=운송비용+벌금×확률)					
	1일	2일	3일	4일	5일	6일
트 럭	100+1,000 =1,100	100+1,000 =1,100	100+1,000 ×0.9=1,000	100+1,000 ×0.7=800	100+1,000 ×0.3=400	100+1,000 ×0=100*
일반항공	200+1,000 =1,200	200+1,000 ×0.7=900	200+1,000 ×0.1=300*	200+1,000 ×0=200*	200+1,000 ×0=200*	200+1,000 ×0=200
항공속달	400+1,000 ×0.2=600*	400+1,000 ×0=400*	400+1,000 ×0=400	400+1,000 ×0=400	400+1,000 ×0=400	400+1,000 ×0=400

운송방법	납기일까지의 여유일수에 따른 최적운송방법					
	1일	2일	3일	4일	5일	6일
트 럭						*
일반항공			*	*	*	
항공속달	*	*				

<**결론**> 납기까지의 여유일수에 따라 소요되는 기대원가는 최소금액이어야 한다. 따라서 여유일수가 1일에서 2일 사이일 경우에는 항공속달방법이 가장 유리하며 여유일수가 3일에서 5일의 경우에는 일반항공을, 6일 이상일 경우에는 트럭을 이용하는 것이 가장 유리하다. 참고로 <표 7.3>의 성과표상의 납기일까지의 여유일수가 4일인 경우 트럭을 이용할 경우의 ₩800,000의 기대비용은 ₩100,000의 운송비용과 납기를 못 지킬 확률 0.7(=1에서 최소한 4일까지는 도착할 확률 0.3(=0.1+0.2)을 차감하여 구함)에 벌금 ₩1,000,000을 곱하여 계산된 것이다.

2. 기대효용기준하의 최적의사결정

불확실성하에서 의사결정을 내리는 경우에는 각 행동대안의 기대가치 이외에 위험요소를 함께 고려하여야만 최적의사결정에 도달할 수 있다. 그런데 동일한 크기의 위험에 대하여 각 의사결정자들이 느끼는 위험도는 제각기 다르다. 이처럼 의사결정자별로 위험에 대한 태도가 다른 경우 각 선택대안의 우열을 판단하기 위해서는 확실성하에서의 의사결정과는 다른 선택기준이 필요하다.

이러한 목적을 위해 경제학으로부터 원용한 개념이 바로 효용 및 효용함수이다. 효용(utility)이란 의사결정자가 *특정 대상으로부터 얻는 주관적인 만족의 정도*를 의미하는 개념이고, 효용함수(utility function)는 이러한 *효용을 그 대상과의 관련하에*

*함수로 나타낸 것*이다. 효용함수를 이용하면 각 선택대안의 기대가치, 위험요소, 위험에 대한 의사결정자의 태도를 종합적으로 고려한 기대효용을 구하고, 이를 토대로 의사결정을 내릴 수 있다.

기대효용계산은 기대가치계산과 동일한 절차를 따른다. 즉, 결과에 해당하는 효용을 동결과가 발생할 확률에 곱하여 구하는 것이다.

이를 구체적으로 설명해 보자. 어떤 게임에 참가할 경우 발생할 수 있는 결과가 x, y 두 가지뿐이며 이 두 가지 결과로부터 얻는 효용은 각각 $U(x)$와 $U(y)$라고 하자. 한편, x가 일어날 확률을 α라고 하면 y가 일어날 확률은 확률법칙에 의해 $1-\alpha$이다. 따라서 이 게임에 참가함으로써 가능한 기대효용은 다음 식 (7·1)과 같이 계산된다.

$$\text{게임의 기대효용} = \alpha \cdot U(x) + (1-\alpha)\,U(y) \quad \cdots\cdots\cdots\cdots\cdots\cdots\cdots (7\cdot 1)$$

대부분의 의사결정자는 의사결정시 자신의 효용을 극대화하고자 한다. 즉, 의사결정자는 자신의 효용을 극대화시키는 대안을 선택한다. 그러나 의사결정자의 효용함수는 각기 다르기 때문에 동일한 의사결정문제도 의사결정자에 따라 최적선택은 달라질 수 있다. 따라서 모든 의사결정자에게 공통적으로 적용되는 의사결정기준은 효용(또는 기대효용)의 극대화라고 할 수 있다. 다만 일반적으로 활용하는 기대가치기준은 위험중립적(risk-neutral)인 의사결정자를 가정한 것으로 기대효용의 특수한 경우에 해당한다.

제2절 정보경제학적 관점하의 정보가치

"어설피 아는 것은 위험하다. 그러나 아주 무지한 것도 위험하기는 마찬가지다."

-로버트 에드워드(Robert Edward)-

2.1 불확실성하의 정보가치 : 정보경제학의 개관

기업실무에서는 종종 정보(information)를 상품과 마찬가지로 일정한 대가를 지불하고 취득하는 것이 바람직한가를 결정해야 할 상황이 발생한다. 물론 이러한 의사결정은 원가-효익분석에 기초하여 이루어진다. 어떤 정보는 그 정보가 기존에 이용가능한 정보집합에 추가되더라도 의사결정에 전혀 영향을 미치지 않는다. 이 경우의 정보가치는 제로인 셈이다. 한편, 어떤 경우는 비록 정보가 (대안선택의 변화를 이끌 정도로) 가치를 갖지만 정보취득에 소요되는 원가가 가치보다 커서 의미를 갖지 못하기도 한다. 요컨대 정보의 취득원가보다 기대가치가 높은 경우에만 정보는 취득대상이 되는 것이다.

이처럼 정보는 의사결정에 영향을 미칠 뿐만 아니라 대가를 필요로 한다는 점을 감안하여 정보이용자 입장에서 정보가 어떠한 역할을 수행하는지를 분석하는 접근법을 정보경제학(information economics)이라고 한다. 정보경제학적 관점에서는 정보제공자와 정보이용자를 구분하는 것뿐만 아니라 제1절에서 소개한 위험에의 태도를 분석에 포함할 것을 강조한다. 본서에서는 단일의 위험중립적인 의사결정자를 가정한 Williamson(1982)의 간단한 사례를 통해 정보경제학적 관점에서 정보가치가 어떻게 계산되는지를 소개한다.

2.2 불확실성하의 정보가치 : 건물임대차 계약사례

1. 사례의 상황

최근 홍대 앞 건물의 소유주인 K씨는 우편주문판매를 구상중인 부동산업자(정모씨 : 이하, 정사장)로부터 건물에 대한 임대차계약을 다음 두 가지 대안 중의 한 형태로 체결하자는 제안을 받았다. 양 대안의 계약기간은 모두 1년으로 가정한다. 건물과 관련한 설비비, 재산세 및 보험료 등 건물사용에 따른 비용(일명, 점유비용)은 부동산업자인 정사장이 부담하기로 한다.

첫 번째 대안(A_1)은 연간 건물임차료로 ₩30,000을 지급하고 우편주문판매량에 단위당 ₩50씩을 지급하는 것이다. 두 번째 대안(A_2)은 별도의 임차료를 지급하지 않는 대신에 우편주문판매량에 단위당 ₩70을 수수료 형태로 지급하는 것이다. 양 대안 모두 임차료는 연말에 지급된다고 가정한다. 따라서 현가계산은 불필요하다.

현재로서는 건물임대차계약을 희망한 또 다른 부동산업자는 없는 상황이라 건물소유자인 K씨로서는 두 대안만을 검토하면 된다. 또한 두 가지 임대차계약 중 어느 계약을 선택하든 1년 이후에 새로이 체결하게 될 임대차계약에는 아무런 영향을 미치지 않으며, 부동산업자가 특정 연도에 판매하는 제품수량은 다른 해에 판매하는 제품수량에 영향을 미치지 않아 차후에 입주할 사람에게 전혀 영향을 미치지 않는다고 가정한다. 이러한 조건하에서 최적임대방식의 선택은 기대 총임대료를 극대화하는 것으로 요약할 수 있다.

2. 초기분석

최적대안 선택을 위한 한 가지 방법은 성과표를 이용하여 대안별 총임대료의 기대가치를 계산하는 것이다. 이 경우 건물소유주인 K씨는 우편판매사업을 벌일 정사장의 내년도 판매량을 추정할 수 있어야 한다. K씨는 정사장의 내년도 판매량이 1,200단위가 될 확률은 40%, 2,000단위가 될 확률은 60%라 생각하고 있다. 이 확률을 감인한 성과표는 <표 7.4>에 나타나 있다. 기대가치 극대화기준에 따라 K씨는 기대임대료가 최대인 대안 A_2를 선택할 것이다.

3. 예측오차의 원가(일명, 조건부 손실)

앞의 부동산 예제에서는 기대치 비교를 통해 A_2가 최적대안으로 선택되었다. <표 7.4>의 기대치계산을 살펴보면 상대적으로 높은 확률을 갖는 2,000개 수요에서의 이익이 최적안 선택에 크게 영향을 미쳤음을 알 수 있다. 그러나 이 결정은 실제 판매량이 정해지기 전에, 즉 사전에 이루어진 것이다. 실제로 2,000단위가 판매될 경우는 대안 A_2가 유리하여 의사결정은 제대로 내린 셈이다. 그러나 만약 판매량이 1,200개로 판명될 경우에는 오히려 대안 A_1을 택했어야 한다. 이는 곧 실제 실현되는 판매량에 따라 사후적으로 본 최적대안은 사전에 선택된 최적대안과 다를 수 있음을 의미한다.

표 7.4
성과표 및 기대가치 (현행 사전확률정보하)

	여건적 상황		
판매량	$D_1 = 1,200$	$D_2 = 2,000$	기대가치
사전확률	(0.4)	(0.6)	$(EV(A))$
행동안 : A_1	$Y =$ ₩90,000	$Y =$ ₩130,000	$EV =$ ₩114,000
A_2	$Y =$ ₩84,000	$Y =$ ₩140,000	$EV =$ ₩117,600*

Y = 연간총임대료, D = 판매량, EV = 기대가치
* 최적안(= ₩84,000 × 0.4 + ₩140,000 × 0.6)

어느 누구도 사전에 정확히 불확실한 변수의 미래의 실현수준(가령, 판매량)을 알 수는 없다. 불확실한 변수에 대한 예측은 항시 빗나갈 수 있는 것이다. 즉, 미래 지향적인 특성을 지닌 의사결정에는 필연적으로 오차가 발생하기 마련이다.

의사결정은 확률변수에 대한 현재시점의 예측치에 근거하여 내릴 수밖에 없다. 따라서 이들 예측치가 정확하지 못한 경우에는 필연적으로 잘못된 의사결정을 내리게 된다. 앞서 소개한 부동산 예제에서는 판매량이 확률변수에 해당한다. 이런 상황에서 의사결정자는 흔히 *"내가 A_2를 택한 후에 실제 판매량이 1,200개에 불과하면 얼마나 아쉬울까?"*와 같은 질문을 제기하게 된다. 이 질문에 한 가지 가능한 답변은 예측오차의 원가를 감안하는 것이다.

예측오차의 원가(cost of prediction error)란 또 다른 명칭인 조건부 손실(conditional loss : 일명, 기회손실)이 시사하는 바와 같이 특정 여건적 상황이 발생할 경우 사전에 선택한 대안(사전적 최적의사결정)으로부터 기대되는 결과와 동 상황에서의 최선의 대안(사후적 최적의사결정)으로부터 실현할 수 있었던 결과와의 차이를 의미한다. 실제로 양자는 일치하기도 하지만 불일치하기도 한다. 즉, 미래상황이 예측했던 것과 동일하게 실현되는 경우에는 예측오차의 원가는 발생하지 않는다.

앞의 임대사례를 이용하여 예측오차의 원가를 계산하면 다음과 같다. 건물소유주인 K씨는 보다 높은 확률(0.6)을 갖는 2,000개 판매량에서 기대되는 이익수치를 (주로) 감안하여 A_2 대안을 최적안으로 택했다. 그러나 만약 실제 판매량이 1,200개로 판명될 경우 보다 큰 임대수익을 가져다 주는 A_1 대안을 선택하지 않은 아쉬움이 생기는데 이를 금액으로 계산하면 다음과 같다.

판매량이 1,200개로 판명된 경우 최선의 대안으로부터 가능한 총임대수익	₩90,000
− A_2대안을 선택한 후 판매량이 1,200개로 판명된 경우의 실현총임대수익	− 84,000
예측오차의 원가(=조건부손실)	₩6,000

위의 계산과정에서 시사받는 것처럼 예측오차의 원가란 불확실한 변수에 대한 예측을 잘못함으로써 최적대안의 선택을 놓칠 경우 이것이 기업에 미치는 경제적 효과를 수치로 나타낸 것이다. 그만큼 정보의 가치를 간접적으로 표현하는 것이다. 이러한 예측오차의 원가는 제로(영)이거나 양의 수치이지 결코 음수가 아니다. 이는 곧 미래 수요예측을 위해 기꺼이 지불하고자 하는 금액의 상한선을 의미한다.

예측오차의 원가가 갖는 한 가지 특징은 특정 여건적 상황이 발생할 확률을 고려하지 않고서도 금액이 계산될 수 있다는 점이다. 의사결정이 이미 내려진 상태에서 발생 가능한 모든 사건의 예측오차원가는 비음수(non-negative)의 값을 가진다. 앞

표 7.5
예측오차의 원가
(=조건부손실표)

	여건적 상황	
	$D=1{,}200(S_1)$	$D=2{,}000(S_2)$
행동안 : A_1	$C=$ ₩0	$C=$ ₩10,000
A_2	$C=$ ₩6,000	$C=$ ₩0

D = 판매량, C = 예측오차의 원가

서 소개한 예제수치를 이용하면 예측오차의 원가는 <표 7.5>와 같다.

참고로 예측오차원가의 4단계 계산절차를 요약하면 다음과 같다.

단계 1	현행정보를 이용하여 불확실한 변수의 실제값을 파악하기 전에 최적의사결정(일명, 사전적 최적의사결정)을 내린다(즉, A_2 결정).
단계 2	실제로 특정 상황이 발생하는 경우, 이러한 특정 상황(가령, S_1)의 발생을 사전에 알고 있었더라면 내렸을 최적의사결정(일명, 사후적 최적의사결정, 즉, A_1)을 파악한 후 이 의사결정의 실행으로 기대되는 결과치(₩90,000)를 계산한다.
단계 3	단계 1에서 내린 사전적 최적의사결정으로부터 실현한 결과치(₩84,000)를 계산한다. 이때 명심할 점은 주요 변수에 대한 예측치가 바뀐 경우에는 바뀐 값이 적용되어 실제결과가 계산된다는 점이다.
단계 4	단계 2에서 구한 수치(₩90,000)와 단계 3에서 구한 수치(₩84,000)의 차이(₩6,000)를 계산한다.

예측오차의 원가는 한마디로 불확실성하에서 추가정보의 유용성을 수치로 요약한 것이다. 추가정보획득이 갖는 의미는 예측치와 실제실현치 사이의 오차가 의사결정에 얼마나 중대한 영향을 미치느냐에 따라 달라질 수 있다. 예측치와 실제실현치 사이의 오차가 의사결정에 중대한 영향을 미칠 수 있다고 판단되면 다소 많은 정보획득비용을 지불하고서라도 가능한 한 많은 정보를 획득하여 보다 신뢰성 높은 예측치를 얻도록 노력해야 할 것이고, 예측오차가 의사결정에 중대한 영향을 미치지 못할 것이라고 판단되면 굳이 정보획득비용을 지출하면서까지 추가정보를 획득할 필요가 없을 것이다. 예측오차의 원가 개념은 다양한 계량적 의사결정모델(가령, 원가-조업도-이익분석, 재고관리)에 민감도분석의 일환으로 많이 활용된다.

예측오차의 원가는 반드시 영보다 크거나 같다는 앞에서의 지적은 두 번째 단계에서 구한 사후적 최적의사결정 결과치가 세 번째 단계에서 구한 사전적 최적의사결정의 실현치보다 클 것이라는 점을 상기하면 쉽게 이해할 수 있다.

4. 완전정보의 기대가치

예측오차의 원가는 추가적인 정보에 대한 지불금액의 상한선을 의미하므로 그 자체는 거의 모든 경우에 있어서 정보의 기대가치를 과대평가하는 셈이다. 그 이유는 예측오차의 원가는 특정 상황별 오차의 원가를 의미할 뿐 일어날 수 있는 상황의 발생가능성(확률)을 고려하지 않기 때문이다. 이런 가능성을 고려하는 개념이 곧 완전정보의 기대가치이다. 완전정보의 기대가치(EVPI : expected value of perfect information)는 완전정보하의 기대성과와 현행정보하의 기대성과간의 차이를 의미한다.

EVPI는 어떤 상황이 발생할 것인가를 미리 알 수 있는 소위 완전정보하에서의 기대총임대수익(<표 7.4>의 우하방 대각선 수치를 확률로 곱하여 계산함)과 현행정보하의 최적결정으로부터 기대되는 총임대수익간의 차이로서 다음 <표 7.6>처럼 계산된다.

표 7.6
완전정보의 기대가치(EVPI) 계산

완전정보하의 기대총임대수익(₩90,000×0.4+₩140,000×0.6)	₩120,000
- 현행정보하의 기대총임대수익	- 117,600
완전정보의 기대가치(EVPI)	₩2,400

명심할 점은 이 표에서 계산된 수치는 완전정보의 가치가 아니라 기대가치라는 것이다. 이 점이 EVPI와 앞에서 설명한 예측오차의 원가가 다른 점이다. 완전정보의 기대가치는 완전정보를 이용함으로써 얻게 되는 기대가치의 증가분으로 해석할 수도 있다.

EVPI는 또한 앞서 소개한 <표 7.5>의 예측오차의 원가를 이용하여 계산할 수 있다. 가령, 대안 A_2가 선택된 경우 첫 번째 여건적 상황(D = 1,200)에서의 예측오차의 원가는 ₩6,000이며 두 번째 여건적 상황(D = 2,000)에서의 예측오차의 원가는 ₩0이 된다. 또한 여건적 상황이 1,200일 확률은 0.4이며 2,000일 확률은 0.6이다. 이를 종합하면,

$$EVPI = 0.4 \times ₩6,000 + 0.6 \times ₩0 = ₩2,400$$

이다. 다시 말하면, EVPI는 발생가능한 사건들의 확률을 가중치로 이용한 경우의 가중평균 예측오차의 원가와 일치한다. 이처럼 EVPI는 사전에 부여된 확률(일명, 사전확률)에 상당히 영향을 받는 사실에 주목할 필요가 있다.

TIP!
완전정보하의 기대가치와 완전정보의 기대가치는 다른 개념임!
완전정보하의 기대가치(expected value *under* perfect information)는 실제로 특정 상황이 발생하는 경우(가령, 핫도그에서 수요가 200개), 이러한 특정 상황(수요 200개)의 발생을 사전에 알고 있었더라면 내렸을 최적 의사결정(일명, 사후적 최적의사결정, 즉 200개 주문)을 파악한 후 이 의사결정의 실행 성과(가령, ₩30,000 이익)를 계산한 후 각각의 상황별 확률을 곱하여 구한 기대이익을 의미한다. 이에 반해 **완전정보의 기대가치**(expected value *of* perfect information)는 완전정보하의 기대성과와 현행정보하의 기대성과간의 차이를 의미한다. 당연히 후자가 전자보다는 적다.

요컨대 완전정보의 기대가치를 계산하는 방법은 비교적 간단하다. 앞의 <표 7.4>의 성과표상 각 여건적 상황하의 최적치를 확률과 결합하여 구한 완전정보하의 기대가치(<표 7.7> 참조)를 현행정보하의 최적선택안의 기대가치를 차감하여 구하는 것이다. EVPI 계산절차를 요약하면 다음과 같다.

- 단계 1 : 미래에 실현가능한 각 여건적 상황에서의 최적대안을 결정하고 그 때의 성과를 계산한다. 즉, j개의 여건적 상황의 존재하는 경우 j개의 개별 상황마다 그에 따른 최적대안을 결정하고 그 때의 성과를 계산한다.
- 단계 2 : 각 여건적 상황의 발생가능성을 평가하고 이를 (사전적)확률로 나타낸다.

표 7.7

완전정보의 기대가치(EVPI) 계산 : 단계 1 및 단계 2

	여건적 상황	
	$D=1{,}200(S_1)$	$D=2{,}000(S_2)$
사전확률	0.4	0.6
행동안 : A_1	$Y=$ ₩90,000	–
A_2	–	$Y=$ ₩140,000

- 단계 3 : 완전정보하의 기대가치를 계산한다. 즉, 단계 1에서 계산한 각 상황별 최적행동에 따른 결과치에 단계 2에서 부여한 각 상황별 발생확률을 곱한 다음, 이들을 모두 합한 결과가 완전정보하의 기대가치이다.
- 단계 4 : 현행정보상태하에서의 최적대안에 따른 기대가치를 계산한다. 이것은 정보가 존재하지 않는 상황하에서 계산되는 기대가치이다.
- 단계 5 : 단계 3에서 계산한 완전정보하의 기대가치로부터 단계 4에서 계산한 현행정보하에서의 기대가치를 차감하면 완전정보의 기대가치(EVPI)가 계산된다.

예제 7-3 핫도그사업과 완전정보의 기대가치계산

[예제 7-1]의 수치를 이용하여 다음 물음에 답하시오. 앞의 <표 7.1>의 핫도그사업의 성과표를 재인용하면 다음과 같다.

핫도그사업의 성과표 (단위 : 원)

주문량 대안	여건적 상황 판매량 수준(사전확률) 200 (0.2)	300 (0.3)	400 (0.4)	500 (0.1)	기대이익 (expected π)
200	₩50,000	₩50,000	₩50,000	₩50,000	₩50,000
300	30,000	80,000	80,000	80,000	70,000
400	10,000	60,000	110,000	110,000	75,000
500	(10,000)	40,000	90,000	140,000	60,000

〈물음〉

1. 기대가치기준을 적용할 경우의 최적의사결정은 몇 개를 주문하는 것인가?
2. 완전정보의 기대가치(EVPI)는?

풀 이

1. 400개이다. 400개를 주문할 때의 기대이익은 ₩75,000으로 가장 크다.
2. ₩17,000(=₩92,000−₩75,000). 즉, 완전정보하의 기대성과인 ₩92,000에서 최적의사결정의 기대성과인 ₩75,000을 차감하여 구한다.
   여기서, ₩92,000 = 50,000 × 0.2 + 80,000 × 0.3 + 110,000 × 0.4 + 140,000 × 0.1
   참고로, 이 수치는 앞의 표에서 대각선(우하방향)상에 위치한 판매량과 주문량이 일치하는 경우의 기대성과를 계산한 것이다.

5. 불완전정보의 기대가치

앞에서 설명한 완전정보의 기대가치(EVPI)는 어떤 여건적 상태하에서 경영이 이루어질지를 사전에 알 수 있다는 가정(즉, 여건적 상태에 관한 완전정보를 구할 수 있다는 가정)을 전제로 개별 여건적 상황하에서의 최적의사결정의 기대성과를 계산한 것이다. 그러나 실제로 완전정보를 얻기란 쉽지가 않다. 오히려 완벽하지 않은(즉, 신뢰도가 100%가 아닌) 형태의 추가정보만이 획득가능한 경우가 일반적이다. 마치 100% 정확성을 갖지 못하는 거짓말 탐지기를 통해 얻은 결과처럼 말이다.

앞에서 소개한 사례를 이용하여 이러한 불완전한 정보의 가치를 평가하는 방법을 설명해 보자. 즉, 건물소유주인 K씨는 의사결정에 도움을 받기 위해 예측정확성이 80%인 컨설턴트(김경구 박사)를 고용하여 예상판매량에 대한 조사를 의뢰하였다고 가정하자. 이 경우 K씨가 예상판매량이 얼마일 것인가를 보고할 컨설턴트에게 최대로 지불할 수 있는 금액(일명, 불완전정보의 기대가치)은 얼마인가? 단, 컨설턴트는 두 가지 가능한 상황(1,200 또는 2,000) 중 한 가지만을 보고한다고 가정한다.

컨설턴트가 제시할 두 가지 가능한 보고서는 다음과 같다고 가정하자.

R_1 = 비관적 보고서, 즉 $D = 1{,}200(S_1)$

R_2 = 낙관적 보고서, 즉 $D = 2{,}000(S_2)$

컨설턴트의 예측정확성이 80%라는 것은 실제판매량이 $1{,}200(S_1)$일 경우 컨설턴트가 비관적인 보고서(R_1)를 제시할 확률은 80%이고 잘못된 낙관적 보고서(R_2)를 제시할 확률은 20%라는 것을 의미한다. 마찬가지로 실제판매량이 $2{,}000(S_2)$일 경우에 낙관적인 보고서(R_2)를 제시할 확률은 80%이고 잘못된 비관적인 보고서를 제시할 확률은 20%이다. 이런 조건부확률은 아래와 같이 요약할 수 있다.

$P(R_2/S_2) = 0.8$ $\qquad P(R_1/S_1) = 0.8$

$P(R_1/S_2) = 0.2$ $\qquad P(R_2/S_1) = 0.2$

당초 가정한 $P(S_1) = 0.4$, $P(S_2) = 0.6$이라는 확률정보와 특정 보고서가 제시될 조건부 확률 공식 $P(R_j) = \sum_{i=1}^{2} P(R_j/S_i) \cdot P(S_i)$을 이용하면 $P(R_1) = 0.4 \times 0.8 + 0.6 \times 0.2 = \mathbf{0.44}$, $P(R_2) = 0.6 \times 0.8 + 0.4 \times 0.2 = \mathbf{0.56}$임을 계산할 수 있다. 즉, 컨설턴트의 예측정확성이 80%이고 $D = 1{,}200$일 확률이 40%라면 비관적 보고서(R_1)가 제시될 확률은 **44**%가 되는 것이다.

이러한 보고서가 제시되면 이제는 다음에 소개하는 베이지안 정리를 이용하여 여건적 상태에 관한 사전확률을 사후확률로 바꿀 차례이다.

베이지안 정리(Bayesian Theorem) : $P(S_i/R_j) = \dfrac{P(R_j/S_i) \cdot P(S_i)}{P(R_j)}$ ············ (7·2)

베이지안 정리 식 (7·2)와 기타 관련확률을 이용하면 다음과 같은 사후확률을 계산할 수 있다.

$P(S_1/R_1) = 0.727$ $\qquad P(S_1/R_2) = 0.143$

$P(S_2/R_1) = 0.273$ $\qquad P(S_2/R_2) = 0.857$

참고로 $P(S_1/R_1)=0.727$이 계산된 과정을 설명하면 다음과 같다.

$$\begin{aligned} P(S_1/R_1) &= \frac{P(R_1/S_1)\cdot P(S_1)}{P(R_1/S_1)\cdot P(S_1)+P(R_1/S_2)\cdot P(S_2)} \\ &= \frac{0.8\times 0.4}{0.8\times 0.4+0.2\times 0.6} = \frac{0.32}{0.32+0.12} \\ &= 0.727 \end{aligned}$$

위의 결과에 따르면 컨설턴트로부터 비관적인 보고(R_1)를 전해 받은 경우 예상판매량이 1,200개일 확률은 0.727이며 반대로 낙관적인 보고(R_2)를 전해 받은 경우 예상판매량이 2,000일 확률은 0.857로 당초 예상한 0.8보다 높아진다. 이러한 계산결과를 해석할 때 한 가지 유의할 점은 컨설턴트의 예측정확성이 80%라는 사실은 결코 $P(S_1/R_1)=0.8$, 즉 비관적 보고서를 받은 경우 미래의 판매량이 1,200이 될 확률이 0.8임을 의미하는 것이 아니라는 점이다.

베이지안 정리를 이용하여 사후확률을 계산할 때 분모를 구성하는 결합확률 중의 한 가지가 분자로 이용된다는 점을 유의하면 사후확률은 쉽게 구할 수 있다. 사후확률은 특정 보고서를 접수하게 하는 여러 경우의 조건부확률들 중 우리가 관심을 갖는 여건적 상태하에서 동 보고가 일어날 확률이 차지하는 상대적 비율로 계산되기 때문이다.

위에서 컨설턴트의 예측가능성은 80%라고 가정했다. 이는 곧 양쪽 방향으로 잘못된 보고를 할 가능성이 동일함(즉, 대칭적임 : symmetric)을 의미한다. 즉, 판매량이 클 때 작을 것이라고 그리고 판매량이 작은데 클 것이라고 잘못 보고할 가능성이 동일하다는 것이다. 그러나 현실적으로 이러한 가정은 무리이다. 왜냐하면 어느 한 쪽의 오류를 범할 가능성이 다른 방향의 오류를 범할 가능성에 비해 차이를 보이는 것이 일반적이기 때문이다. 가령, 거짓말탐지기 경우를 예를 들면 거짓말하는 사람을 진실을 말하는 것으로 잘못 판단하는 가능성이 진실을 말하는 사람을 거짓말하는 것으로 잘못 판정하는 확률에 비해 높기 마련이다. 이처럼 비대칭적 오류가능성은 이 장 종합예제에서 다루도록 한다. 여담으로 거짓말 탐지기가 증거능력을 갖지 못하는 이유는 오류가능성이 제로가 아니기 때문이다.

이렇게 구한 사후확률을 이용하여 또 다른 기대성과표를 작성할 수 있다. 이는 여건적 상황에 대한 사전확률이 사후확률로 변화한 점만을 제외하면 앞의 <표 7.4>와 동일하다. 이렇게 작성될 수 있는 기대성과표와 사후확률 수치를 토대로 <표 7.8>처럼 불완전정보 또는 표본정보의 기대가치(EVSI)가 계산된다.

표 7.8

표본정보하의 기대가치

(1) 비관적 보고서(R_1)를 접수한 경우

$EV(A_1) = ₩90,000 \times 0.727 + ₩130,000 \times 0.273 = \mathbf{₩100,920}^*$ 최적대안 = A_1

$EV(A_2) = ₩84,000 \times 0.727 + ₩140,000 \times 0.273 = ₩99,288$

(2) 낙관적 보고서(R_2)를 접수한 경우

$EV(A_1) = ₩90,000 \times 0.143 + ₩130,000 \times 0.857 = ₩124,280$ 최적대안 = A_2

$EV(A_2) = ₩84,000 \times 0.143 + ₩140,000 \times 0.857 = \mathbf{₩131,992}^*$

불완전정보의 기대가치(expected value of imperfect information)란 불완전한 정보를 추가적으로 획득하여 의사결정을 수행하는 경우의 기대결과치와 기존의 정보만을 가지고 의사결정을 수행하는 경우의 기대결과치와의 차이이다. 그런데 현실에서 추가적인 정보의 획득방법으로 널리 사용되는 것은 표본조사이다. 이러한 의미에서 불완전정보란 흔히 표본정보(sample information)를 말하며, 불완전정보의 기대가치를 표본정보의 기대가치(EVSI : expected value of sample information)라고도 한다.

EVSI는 주어진 샘플정보하의 기대성과와 현재정보하의 기대성과간의 차이로 정의된다. 예제에서는 앞서 구한 사후확률인 $P(R_1) = 0.44$, $P(R_2) = 0.56$을 이용하여 다음과 같이 계산된다.

표본정보하의 기대총임대료(₩100,920 × 0.44 + ₩131,992 × 0.56)	₩118,320
현행 정보하의 기대총임대료	117,600
표본정보의 기대가치(EVSI)	₩720

위에서 계산한 ₩720의 표본정보의 기대가치(EVSI)는 80%의 예측정확성을 갖는 정보에 최대한 지불할 수 있는 금액이다. EVSI도 EVPI처럼 0(제로) 또는 양(+)의 값을 갖는다. 왜냐하면 사전확률에 기초한 최적안으로부터 기대가능한 성과보다 비록 완전하지는 않지만 추가정보를 이용한 최적안의 기대성과가 크기 때문이다. 그러나 당초 예상대로 표본정보하의 기대가치(EVSI)는 완전정보의 기대가치(EVPI)보다는 작은 값을 갖는다.

컨설턴트를 고용하여 보고서를 작성하도록 할 때 소요되는 비용이 ₩400이라고 하자. 이 비용은 ₩720의 EVSI 값보다 작기 때문에 표본정보는 비록 완전하지는 않더라도 구입할 가치가 있다. 그렇다면 컨설턴트로부터 비관적인 보고(R_1)를 받았을 때 의사결정자는 어떤 대안을 택해야 하나? 물론 해답은 보다 큰 기대값을 갖는 대안이다. 다만 사전확률 대신에 수정된 확률(즉, 사후확률)을 이용하는 것이 차이를 보일 뿐이다(<표 7.8>의 상단 참조).

비관적 보고를 받았을 때 최적대안(A_1)으로부터 기대되는 소위 표본정보하의 기대가치(₩100,920)가 <표 7.4>에서 계산된 최적안의 기대수치(₩114,000)보다 낮음에 주목할 필요가 있다. 그렇다고 해서 컨설턴트를 고용하는 것이 잘못되었다는 것을 의미하지는 않는다. 단지 추가정보가 사전확률은 물론 기대가치도 변하게 했음을 의미한다. 표본(샘플)정보에 기초한 기대치계산에서는 A_1이 최적안으로 판명되었다. 요컨대 추가정보로 인해 여건적 상황(즉, 판매량)의 확률이 바뀌었고 그 결과 최적의사결정 역시 바뀐 것이다.

제3절 불확실성하의 CVP분석

3.1 확실성하의 CVP분석의 한계

제3장에서는 고정비/변동비 원가분류 및 공헌이익(CM) 개념에 기초한 CVP분석을 소개한 바 있다. 그때 소개한 CVP분석은 모든 변수를 확실히 알 수 있다고 가정하고 모델 특성상 필연적인 현실세계의 단순화와 관련된 몇 가지 가정하에 이루어진 소위 확실성하의 CVP분석이었다.

참고로 제3장에서 소개한 전통적인 확실성하의 CVP분석의 핵심적 가정 몇 가지를 다시 소개하면 다음과 같다.

① 생산되는 모든 제품은 전량 판매되어 이월되는 재고가 없다.
② 수익 및 원가곡선이 선형성을 취한다.
③ 단위당 변동원가는 일정하고 경영자가 이를 확실히 안다.

이러한 가정을 허물었을 때의 접근방식을 3.2절에서 소개한다.

3.2 불확실성하의 CVP분석

1. 불확실성하의 CVP분석(I) : 변동제조원가가 불확실한 경우

전통적 CVP분석의 첫 번째 한계점은 모든 원가를 고정비나 변동비로 확실하게 구분할 수 있다고 가정한 것이다. 그러나 대부분의 원가는 명확히 구별하기가 어려운 편이다. 즉, 경영자는 활동수준의 변화에 따라 원가가 어떻게 변화하는지를 100% 확신할 수 없다.

실제로 제3장에서 소개한 확실성하의 CVP분석이나 제4, 5장의 관련원가를 이용한 단기의사결정에서는 생산량 또는 판매량이 증가할 경우 발생할 증분원가를 확실하게 파악할 수 있는 것으로 가정하였다. 그리고 의사결정 결과로서의 성과(payoffs)는 가능한 판매량과 관련원가의 결합으로 기대되는 증분이익 형태로 나타내었다.

이러한 상황에 불확실성을 도입하더라도 분석은 가능하다. 가령, 증분원가의 규모가 불확실하다고 가정하자. 이 경우 상이한 발생가능 증분원가를 여건적 상황으로 정의하고 각 상황별로 확률을 부여할 수 있다면 각 대안(즉, 판매량 수준)의 기대이익을 계산할 수 있다. 또한 경영자가 위험중립적일 경우 최적판매량을 결정할 수 있다. 경영자가 가격과 수량을 동시에 선택하는 상황을 가정하여 불확실성하의 CVP분석이 어떻게 이루어지는가를 설명해 보자(Magee, 1987, 제8장 참조).

[그림 7.1]의 (a)와 같은 수요함수를 갖는 제품을 생산하는 기업이 있다고 하자. 분석대상 기간 동안에 판매되는 수량은 가격이 상승함에 따라 감소한다. 총수익은 가격과 수량을 단순히 곱하는 방식의 가격 · 수량 조합의 결과(b)이다.

분석기간 동안의 고정제조원가(회피불가능원가)는 ₩450으로 확정적이지만 단위

그림 7.1
가격과 수량을 동시에 선택하는 상황하의 CVP분석

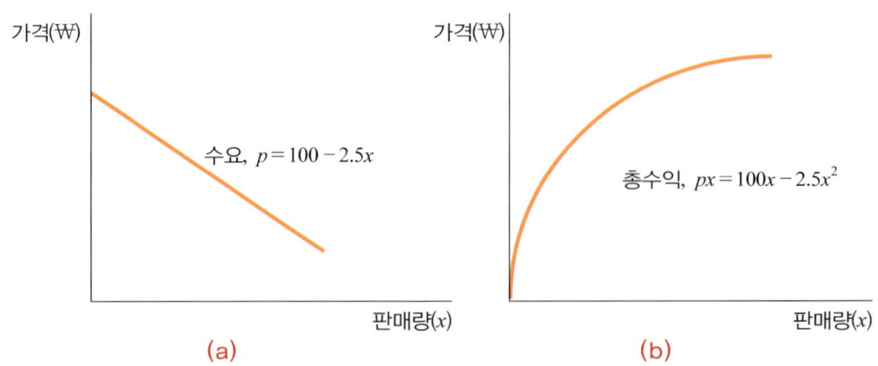

표 7.9
상이한 가격·판매량조합에서의 이익성과표

가격 ; 수량(p ; x)	변동비(v)			
	₩25	₩30	₩35	
확 률	1/4	1/2	1/4	기대이익($E\pi$)**
₩70.0 ; 12단위	₩90.0	₩30.0	(₩30.0)*	$30.0
₩67.5 ; 13단위	102.5	37.5	(27.5)	37.5
₩65.0 ; 14단위	110.0	40.0	(30.0)	**40.0***
₩62.5 ; 15단위	112.5	37.5	(37.5)	37.5
₩60.0 ; 16단위	110.0	30.0	(50.0)	30.0

* ( )는 손실을 의미함.
** 이익 = 수익 − 비용 = $px - vx - 450 = (100 - 2.5x)x - vx - 450 = 100x - 2.5x^2 - vx - 450$
*** 최적안

당 변동제조원가는 확실히 알지 못한다. 다만 ₩25, ₩30 또는 ₩35의 세 가지 중 한 가지임은 틀림없다. 경영자는 비관적 상황(₩35)이나 낙관적인 상황(₩25)의 발생 가능성은 각각 25%인 반면에 단위당 원가가 ₩30일 가능성은 50%로 추측한다. 이처럼 변동제조원가가 불확실성을 갖는 이유는 구매단가가 바뀔 수 있고, 예기치 않은 생산상의 문제에 봉착할 수 있기 때문이다. 미지의 학습효과 또한 또 다른 이유가 될 수 있다. 특히, 전부원가계산방식으로 구한 수치를 이용하여 변동원가(이하, 변동비)의 추정치를 결정할 경우 불확실성은 더욱 높아지게 된다.

경영자가 내려야 할 의사결정은 과연 얼마를 생산할 것인가, 즉 생산량 x(또는 가격 p)의 수준결정이다. 5가지의 상이한 생산량이 선택가능한 대안들이라고 가정하고 이들 대안을 상이한 여건적 상황(변동비)과 조합하면 <표 7.9>의 성과표를 얻을 수 있다.

최적의사결정, 즉 최선의 가격·수량 조합은 변동비에 따라 달라지는데 변동비가 불확실하다는 것이 문제의 핵심이다. 따라서 의사결정기준은 기대이익이 된다. 본예제에서는 p = ₩65, $x = 14$의 조합이 최선의 조합으로 판명되었다.

다음 수치를 이용하여 제2절에서 소개한 EVPI를 계산하여 변동비 불확실성을 해소하기 위한 정보의 가치를 계산해 볼 수 있다. 가령, 변동비가 ₩25이라면 15단위를 생산하여 ₩112.50의 이익을 달성할 수 있다. 변동비가 ₩30과 ₩35일 경우에는 14단위와 13단위를 생산하여 각각 ₩40의 이익과 ₩27.5의 손실을 기록하게 된다(<표 7.9>의 수치 참조).

따라서 완전정보하의 기대성과 및 완전정보의 기대가치는 다음과 같이 계산된다.

완전정보하의 기대성과 = 1/4(112.5) + 1/2(40.0) + 1/4(−27.5)
= ₩41.25

완전정보의 기대가치(EVPI) = ₩41.25 − ₩40
= ₩1.25

요컨대, 변동비의 불확실성을 해소하기 위한 정보가치는 단지 ₩1.25에 불과하다. 즉, 비록 의사결정은 개선되었으나 증분적 성과는 매우 작은 편이다. 이를 달리 표현하면 변동비에 관한 추가적 정보가치는 위의 예제에서 가정한 상황에서는 크지 않다. 이런 결과를 예상하여 경영자는 종종 굳이 추가정보를 얻기 위해 비용을 발생시키는 대신에 기존방법을 그대로 유지하는 무변화전략을 선택하기도 한다. 이러한 결정은 흔히 발생한다. 왜냐하면 최선의 관리회계시스템은 기업이 처한 상황을 감안하는 가운데 원가-효익 관점에서 이루어지기 때문이다.

2. 불확실성하의 CVP분석(Ⅱ) : 의사결정나무를 이용한 이산적 확률의 이용

CVP 변수들이 확률변수 성격을 갖더라도 한정된 몇 가지의 여건적 상황만을 가정하고 각 상황별로 이산형 확률(discrete probability)을 부여하는 상황에서는 의사결정나무를 이용하면 모든 경우의 조합을 나열하고 각 경우가 발생할 확률(결합확률)을 이용하여 기대치 계산을 쉽게 할 수 있다.

의사결정나무(decision tree)란 연속적으로 일련의 의사결정이 이루어지는 상황을 일목요연하게 나타내는 일종의 다이어그램을 말한다. 의사결정나무를 이용하면 독립변수와 종속변수의 모든 가능한 값을 관련확률과 연계하여 표시할 수 있어 기대치 계산이 가능하고 최적대안 선택이 가능하다. 다음에 소개하는 [예제 7-4]가 이를 잘 설명해 준다.

예제 7-4 의사결정나무를 이용한 불확실성하의 의사결정

[예제 7-1]에서 소개한 핫도그 판매에서 단위당 200원으로 가정한 핫도그 구매원가가 더 이상 확정적이지 않고 공급처인 맛나제과가 수입할 소시지 원가에 따라 200원일 확률이 0.8 그리고 300원일 확률이 0.2라고 가정하자. 그리고 나머지 가격(P) 및 고정비(F)는 당초와 같이 각각 ₩500 및 ₩10,000이라고 가정한다.
기존자료와 추가자료를 요약하면 다음과 같다.

시장수요의 크기		단위당 변동비	
예상판매량	확 률	단위당 변동비	확 률
200개	0.2	₩200	0.8
300	0.3	300	0.2
400	0.4		
500	0.1		

〈물음〉
기대이익극대화기준을 가정하고 최적주문량을 결정하시오.

풀 이

앞서 작성한 <표 7.1>의 성과표 대신에 <표 7.10>과 같은 의사결정나무를 이용하면 기대가치를 쉽게 계산할 수 있다. 편의상 **의사결정나무** 전체를 그림으로 표시하는 대신에 <표 7.10> 하단에서는 200개 구매대안(a_1)과 관련되는 일부만을 보여주었으며 그 대신 표를 이용하여 기대이익을 계산하였다. 최적안은 ₩63,000의 기대이익을 갖는 a_2(300개 구입)안이다.

표 7.10

의사결정나무를 이용한 기대가치분석 : 핫도그사업

의사결정 대안	여건적 상황 및 확률		결합확률	이 익	기대이익	소 계
	$D=d_i$ 판매수요(확률1)	$V=v_i$ 변동비(확률2)				
$a_1=200$	200 (0.2)	200 (0.8)	0.16	₩50,000	₩8,000	
200	200 (0.2)	300 (0.2)	0.04	30,000	1,200	
200	300 (0.3)	200 (0.8)	0.24	50,000	12,000	
200	300 (0.3)	300 (0.2)	0.06	30,000	1,800	
200	400 (0.4)	200 (0.8)	0.32	50,000	16,000	
200	400 (0.4)	300 (0.2)	0.08	30,000	2,400	
200	500 (0.1)	200 (0.8)	0.08	50,000	4,000	
200	500 (0.1)	300 (0.2)	0.02	30,000	600	**₩46,000**
$a_2=300$	200 (0.2)	200 (0.8)	0.16	30,000	4,800	
300	200 (0.2)	300 (0.2)	0.04	0	0	
300	300 (0.3)	200 (0.8)	0.24	80,000	19,200	
300	300 (0.3)	300 (0.2)	0.06	50,000	3,000	
300	400 (0.4)	200 (0.8)	0.32	80,000	25,600	
300	400 (0.4)	300 (0.2)	0.08	50,000	4,000	
300	500 (0.1)	200 (0.8)	0.08	80,000	6,400	
300	500 (0.1)	300 (0.2)	0.02	50,000	1,000	**63,000***
$a_3=400$	200 (0.2)	200 (0.8)	0.16	10,000	1,600	
400	200 (0.2)	300 (0.2)	0.04	(30,000)	(1,200)	
400	300 (0.3)	200 (0.8)	0.24	60,000	4,400	
400	300 (0.3)	300 (0.2)	0.06	20,000	1,200	
400	400 (0.4)	200 (0.8)	0.32	110,000	35,200	
400	400 (0.4)	300 (0.2)	0.08	70,000	5,600	
400	500 (0.1)	200 (0.8)	0.08	110,000	8,800	
400	500 (0.1)	300 (0.2)	0.02	70,000	1,400	**56,000**
$a_4=500$	200 (0.2)	200 (0.8)	0.16	(10,000)	(1,600)	
500	200 (0.2)	300 (0.2)	0.04	(60,000)	(2,400)	
500	300 (0.3)	200 (0.8)	0.24	40,000	9,600	
500	300 (0.3)	300 (0.2)	0.06	(10,000)	(600)	
500	400 (0.4)	200 (0.8)	0.32	30,000	28,800	
500	400 (0.4)	300 (0.2)	0.08	40,000	3,200	
500	500 (0.1)	200 (0.8)	0.08	140,000	11,200	
500	500 (0.1)	300 (0.2)	0.02	90,000	1,800	**50,000**
		$v_1=200(0.8)$	0.16	₩50,000	₩8,000	
	$d_1=200(0.2)$	$v_2=300(0.2)$	0.04	30,000	1,200	
$a_1=200$	$d_2=300(0.3)$					
$a_2=300$	$d_3=400(0.4)$					
$a_3=400$	$d_4=500(0.1)$					
$a_4=500$						

3. 불확실성하의 CVP분석(Ⅲ) : 정규분포를 가정한 연속확률의 이용

제3장에서는 전통적인 CVP 관계식을 다음 식 (7·3)처럼 소개한 바 있다.

$$\pi = (P - V) \times Q - F \quad \cdots\cdots (7 \cdot 3)$$

식 (7·3)의 CVP 관련변수들 중 확률변수로 정의될 수 있는 변수는 판매량(Q)을 비롯한 4개의 독립변수와 1개의 종속변수(이익)인 모두 5개이다. 그러나 현실적으로 이들 모두를 확률변수로(즉, 불확실한 것으로) 가정하는 경우란 거의 드물다. 일반적으로는 판매량 등 한두 개의 변수만이 불확실한 것으로 가정한다.

독립변수를 확률변수로 가정할 때 가장 간단한 방법은 바로 앞서 소개한 바와 같이 이산형 확률분포를 가정하는 것이다. 그러나 만약 정규분포(normal distribution)와 같은 연속확률분포를 이용할 수 있다면 분석은 한 차원 높아진다. 왜냐하면 통계지식을 잘 활용할 경우 각종 유용한 분석정보를 얻을 수 있기 때문이다. 이 장에서는 판매량만이 정규분포형태를 갖는 확률변수라고 가정할 때의 불확실성하의 CVP 분석을 소개한다. 구체적인 계산절차는 [예제 7-5]를 이용하여 설명한다.

> **TIP!**
> **정규분포의 이해**
> 정규분포란 평균 μ와 표준편차 σ 두 파라메터(일명, 모수)에 의해 그 성격과 모양이 결정되는 확률분포를 말한다. 한편, 표준정규분포란 평균이 0이고 표준편차가 1인 정규분포를 말하며 이 경우 확률변수는 Z로 표시된다.

CVP 관계식에서 판매량이 평균이 μ이고 표준편차가 σ인 정규분포를 갖는 확률변수이고 나머지 변수는 확실할 경우 종속변수 이익은 $(P - V)\mu$의 평균과 $(P - V)\sigma$ 표준편차를 갖는 정규분포를 띠게 된다.[2)] 이런 통계지식을 이용하면 식 (7·3)은 식 (7·4)로 바뀐다.

$$E(\pi) = (P - V) \times \mu - F \quad \cdots\cdots (7 \cdot 4)$$

단, 이익(π)의 표준편차 $= (P - V)\sigma$이다.

2) 물론 이것이 통계학적으로 100% 옳지는 않다. 특정한 제약조건하에서만 옳은 표현이다. 그러나 학부 교재임을 감안하여 이를 토대로 예제를 설명해도 무방하다고 본다.

예제 7-5 불확실성하의 CVP분석 : 정규분포를 가정한 경우

홍익회사는 신제품에 대한 수익성을 평가하고 있는데, 신제품의 원가와 판매가격을 다음과 같이 예상한다.

단위당 판매가격(P)	₩3,000
단위당 변동비(V)	1,750
고정비(F)	5,800,000

그러나 이 회사는 판매량에 대해서는 확신을 가질 수 없어 판매부장이 별도의 시장조사를 실시한 결과 다음과 같은 정보를 구할 수 있었다.

예상판매량의 평균치(기대값 : μ)	5,000단위
예상판매량의 표준편차(σ)	400단위

〈물음〉 위의 자료를 이용하여 다음 물음에 답하시오.

1. 손익분기점의 매출수량을 구하시오.
2. 안전한계율이 0 이상이 될 확률을 구하시오. (힌트 : 안전한계율이 0 이상임은 곧 손익분기점 이상의 매출을 실현하는 것을 말한다.)
3. 예상이익의 표준편차를 구하시오.
4. 이익의 확률분포를 이용하여 다음의 확률을 구하시오.
   (1) 이익이 ₩200,000 이상이 될 확률
   (2) 손실이 ₩300,000 이상이 될 확률

풀 이

> **TIP!**
> **Z분포란?**
> 표준화정규분포로 불리는 Z분포란 상이한 평균과 분산을 갖는 정규분포들 간의 비교를 위해 평균을 0으로 바꾼 정규분포를 말한다.

1. $BEP_Q = F/(P-V) = 5{,}800{,}000/1{,}250 = 4{,}640$ $\quad\therefore$ 4,640개
2. Prob(안전한계율$\geq$0) = Prob($Q\geq$4,640)

   *1 표준화를 이용한 Z분포를 구함.

   $= \text{Prob}[Q-E(Q)/\sigma(Q) \geq (4{,}640-5{,}000)/400]$

   $= \text{Prob}(Z\geq -0.9) = 1-\text{Prob}(Z\leq -0.9) = 1-(0.5-0.3159) = 0.8159$ $\quad\therefore$81.59%
3. 예상이익의 표준편차

   $E(\pi) = (P-V)Q-F$

   $= 1{,}250(5{,}000)-5{,}800{,}000 = 450{,}000$

   $\sigma(\pi) = \sigma(Q)(P-V) = 400\times 1{,}250 = 500{,}000$
4. (1) $\text{Prob}(\pi \geq 200{,}000) = \text{Prob}[Z\geq(200{,}000-450{,}000)/500{,}000]$

   $= \text{Prob}(Z\geq -0.5) = 1-(0.5-0.1915) = 0.6915$

   (2) $\text{Prob}(\pi \leq -300{,}000) = \text{Prob}[Z\leq(-300{,}000-450{,}000)/500{,}000]$

   $= \text{Prob}(Z\leq -1.5) = 0.0668$

종합 예제 베이지안 정리를 이용한 불확실성하의 의사결정

(주)홍익탐사는 동남아지역에 진출한 기업으로서 인도네시아에서 광권(鑛權)을 얻어냈는데 소유지역의 일부에 석유가 매장되어 있을 가능성이 있다고 믿는다. (주)홍익탐사는 이 지역에서 석유시추를 단행할 것인가를 결정하려고 한다. (주)홍익탐사의 경험이나 지질학자의 조언을 토대로 할 때 유전이 있을 확률이 0.35로 추정되고 있는데 이 정보는 주관적이어서 최종결정을 위해서는 객관적 정보가 필요하다고 판단하고 전문가를 고용하여 지질탐사를 실시하였다.

이 탐사보고는 이 지역이 석유가 발견될 가능지역이라고 평가하고 있다. '가능'지역이란 석유 매장확률이 높다는 뜻으로서 과거경험에 따르면 석유가 매장되어 있을 때 이 지역이 가능지역이란 판정을 받는 확률이 약 80% 정도라고 전문가는 설명하고 있다. 그리고 석유가 사실상 없는 것을 가능지역이라고 잘못 평가할 확률은 약 15% 정도이다.

〈물음〉

1. 위의 두 조건부확률[P(결과/상황)]을 이용하여 석유가 있는데 불가능지역으로 판단할 확률과 석유가 없는데 불가능지역으로 판단될 확률을 구하시오.
2. (주)홍익탐사는 석유가 없는 지역을 시추할 경우 10억원을 손해보며, 만일 석유가 나오면 15억원의 이익을 실현하며 시추를 하지 않을 경우 손실이나 이익을 기록하지 않는다. 이 경우 (주)홍익탐사가 기대할 수 있는 조건부성과표를 작성하시오.
3. (주)홍익탐사는 두 가지 단계로 나누어 의사결정을 내리려고 한다. 우선 사전확률에 의하여 EMV(기대화폐가치), EOL(기대기회손실표)을 구하고 이에 의하여 EPC(완전정보하에서의 기대성과) 및 EVPI(완전정보의 기대가치)를 구하시오.
4. 사후확률에 의한 EMV, EOL을 구하고 이에 의하여 EPC 및 EVSI(불완전정보의 기대가치)를 구하시오.
5. EVSI(표본정보의 기대가치)를 구하시오. 편의상 M은 ₩1,000을 그리고 MM은 ₩1,000,000을 약칭하는 것으로 가정한다.

풀이

- 의사결정상황 : 유전시추 여부 결정
- 기초자료 yes : 매장(S_1) no : 매장되어 있지 않음(S_2)
  - Prob(yes) = 0.35
  - 탐사보고서의 신뢰도

    $\text{Prob}(P \mid yes) = 0.8 \Rightarrow \text{Prob}(N \mid yes) = 0.2$

    $\text{Prob}(P \mid no) = 0.15 \Rightarrow \text{Prob}(N \mid no) = 0.85$

    P : positive(긍정) N : negative(부정)

1. Prob(P | yes) = 0.8 ∴ Prob(N | yes) = 0.2

   Prob(P | no) = 0.15 ∴ Prob(N | no) = 0.85

2. 조건부 성과표

A \ S	S_1(=yes) 매장(0.35)	S_2(=no) Not 매장(0.65)	기대화폐가치 $EV(=EMV)$
시추(A_1)	15억	(10억)	(125MM)
Not 시추(A_2)	0	0	**0***

결론 : 시추하지 않는 것이 최적이다.

[참고] 기대기회손실표

A \ S	S_1(0.35) 매장	S_2(0.65) Not 매장	EOL (기대기회손실=기회비용)
A_1	0	10억	650MM
A_2	15억	0	525MM*

3. 기대가치에 의한 최적대안의 선택 : 사전확률에 의한 분석
   - 시추 않음이 최적 : EMV(기대화폐성과) 최대 = EOL(기대손실) 최소
   - EPC = 15억×0.35+0×0.65 = 525MM

     ∴ $EVPI = EPC - EMV$ = 525MM − 0 = 525MM (=min EOL)!!

4. 사후확률에 의한 분석(*) : Bayesian 공식을 이용한다.

$$\text{Prob}(yes \mid P) = \frac{\text{Pr}(P \mid \text{yes}) \cdot \text{Pr(yes)}}{\text{Prob}(P)}$$

$$= \frac{\text{Pr(yes)} \cdot \text{Pr}(P \mid \text{yes})\}}{\text{Pr(yes)} \cdot \text{Pr}(P \mid \text{yes}) + \text{Pr(no)} \times \text{Pr}(P \mid \text{no})}$$

States \ Signal	보고서(report)	
	Positive (P)	Negative (N)
Yes(s_1)	0.7417	0.1124
No(s_2)	0.2583	0.8876

A) 긍정적 보고 접수시 : Prob(P) = 0.3775(=0.35×0.8+0.65×0.15)

	Yes(0.7417)	No(0.2583)	EMV	
시추	15억	(10억)	**854.25MM***	EPC = 1,112.55MM EVPI = 258.3MM
Not 시추	0	0	0	

B) 부정적 보고 접수시 : Prob(N) = 0.6225

	Yes(0.1124)	No(0.8876)	EMV	
시추	15억	(10억)	(719.0MM)	EPC = 168.6MM EVPI = 168.6MM
Not 시추	0	0	**0***	

5. EVSI = E[(*EMV* | 사후확률) − (*EMV* | 사전확률)]
   - 사후확률에 기초한 EMV의 기대값
     = 0.3775 × 854.25MM + 0.6225 × 0 = 322.5MM
   - 사전확률에 의한 EMV의 기대값 = 0
   ∴ EVSI = 322.5MM − 0 = 322.5MM
   ㈜ 앞서 구한 EVPI 값(525MM)보다 낮은 값을 갖는 것을 확인할 수 있다.

요 약

01. 기업경영에서는 불확실성하에서 의사결정을 내려야 하는 경우가 비일비재하다. 왜냐하면 의사결정은 의사결정시점에서 이용가능한 정보에 근거하여 이루어져야 하는데 미래 관련 정보가 한정된 경우가 일반적이기 때문이다. 이러한 불확실성을 해소하기 위해서 기업은 원가–효익분석을 토대로 일정한 대가를 지불하고 추가정보를 취득한다. 단, 정보의 취득원가보다 기대가치가 높은 경우에만 정보는 취득된다.

02. 불확실성에 입각한 의사결정모델을 이용하려면 확률에 관한 지식이 필요하다. 왜냐하면 기대가치를 기준으로 의사결정을 내리는 경우 확률개념이 반드시 이용되어야 하기 때문이다. 이산형 확률 또는 정규분포와 같은 연속확률분포 등 다양한 형태의 확률정보가 이용된다.

03. 사전의사결정은 반드시 사후적으로 분석한 최적의사결정과 일치하지는 않는다. 그렇다고 의사결정을 잘못 내렸다고 질책할 대상도 아니다. 단지 미래의 여건적 상태에 대한 예측을 보다 잘 했으면 하는 아쉬움이 남을 뿐이다. 이런 점에서 완전정보의 기대가치(EVPI)와 예측오차의 원가 개념이 활용되는 것이다. 예측오차의 원가란 특정 여건적 상황이 발생할 경우 사전에 선택된 (최선의) 대안에서 실현되는 결과와 특정 상황하에서의 최선의 대안에서 기대되는 결과와의 차이를 말한다. 한편, 완전정보의 기대가치(EVPI)는 완전정보하의 기대성과와 현행정보하의 (최적 선택안의) 기대성과간의 차이를 말한다.

핵심용어

- 불확실성
- 조건부 손실
- 기대가치기준
- 베이지안 정리
- 비대칭적 오류가능성 301
- 예측오차의 원가 295
- 효용함수
- 여건적 상황
- 위험하의 의사결정
- 완전정보의 기대가치(EVPI)
- 불완전정보의 기대가치
- 표본정보의 기대가치
- 정보경제학
- 선택대안
- 확실성하의 의사결정
- 성과표
- 의사결정나무
- 불확실성하의 의사결정

Reading materials

관리회계 전문가 되기
(新관리회계
information room)
cafe.naver.com/shinmgta

- 하루 16만명 탄다더니…실제 탑승객은 9천명 (키워드: 수요예측)
  시사IN, 2013.11.15.
- 시정연 '우면산터널 교통량 예측' 04년-11년 2배 차이 (키워드: 추정, 최소운영수입보장, 통행량 부풀리기) 한겨레신문, 2012.04.22.
- 불확실성의 시대 '반짝이는 기지'가 승패 가른다. (키워드: 불확실성, 혁신창조)
  한국경제, 2012.08.16.

⋮

부록 7A 차이조사결정

1. 차이조사결정의 개관

원가회계에서는 원가차이, 가격차이, 수량차이 등 다양한 차이를 계산하고 이를 토대로 유용한 피드백으로 활용하는 방법을 다룬 바 있다. 그러나 한 가지 명심해야 할 점은 차이(variance)의 계산은 의사결정과정의 첫 단계일 뿐이라는 점이다.

차이정보(variance information)는 각종 사업계획수립이나 통제에 활용된다. 그러나 차이수치만으로 올바른 의사결정을 내릴 수 있는 것은 아니다. 가령, 원가회계에서 다룬 표준원가계산시스템을 예를 들어 설명해 보자. 표준원가계산시스템에서 구한 각종 원가차이는 현행 공정상의 문제점을 파악하기 위해 이용된다. 그러나 정상적인 공정에서도 원가차이는 종종 발생한다. 가령, 일시적 변동(random variation)으로 인해 재료비, 노무비 혹은 경비에서 차이가 발생하는 것이 그것이다. 따라서 차이가 발생한 것으로 보고되더라도 관리자로서는 과연 이 차이가 공정상의 문제에 기인한 것인지 혹은 일시적 변동이 원인인지를 확신할 수 없는 경우도 있다. 물론 한 가지 확실한 사실은 금액상 작은 차이보다는 커다란 차이가 공정의 문제점과 관련될 가능성이 높다는 점이다.

정상적인 공정하에서 실제원가와 표준원가간의 어느 정도의 차이는 어쩔 수 없이 발생하게 마련이며 또한 사전에 예상할 수 있다. 이러한 일시적 차이는 시간의 경과와 더불어 서로 상쇄되게 마련이다. 즉, 정상적인 상태하에서는 일시적인 불리한 차이와 일시적인 유리한 차이가 발생할 가능성은 거의 비슷하여 장기간을 분석해 보면 일시적 차이의 누적합계는 거의 영에 가깝고 실제원가와 표준원가는 거의 일치하게 된다. 이런 점에서 만약 차이가 장기간에도 서로 상쇄되지 않으면 이는 차이가 일시적인 요인보다는 다른 요인에 의해 발생되었을 가능성이 크다고 판단할 수 있다. 요컨대, 장기간에 걸쳐 발생한 차이를 누적적으로 파악함으로써 감독자는 차이의 원인에 대해 보다 확신을 갖게 된다.

경영자가 차이의 발생원인이 일시적 변동이 아니라 공정상의 문제 때문임을 알고 있더라도 차이를 단순히 지켜보는 것만으로는 문제의 본질을 파악할 수 없다. 이런 경우 차이를 전부 관찰함으로써 보다 많은 정보를 얻을 수 있다. 특히, 상이한 유형의 차이가 동시에 발생할 경우 프로세스상 어떠한 문제가 발생했는지를 알 수 있게 해준다. 예를 들어, 유리한 재료가격차이와 불리한 재료수량차이 및 불리한 노무비능률차이는 값이 저렴한 반면에 품질이 낮은 재료를 구매하였기 때문이다.

그러나 모든 차이들을 분석한다 하더라도 차이가 무엇 때문에 발생했는지에 대한 원인을 전부 파악할 수 있는 것은 아니다. 차이의 원인을 규명하기 위해서는 반드시 차이의 원천을 조사해야 한다. 이러한 조사에서는 현장의 책임 있는 당사자들에게 질문을 하는 것은 물론, 불량률과 원재료의 질적 측정치와 같은 다양한 비원가 자료를 살펴보는 것이 필요하다.

조사를 하겠다는 결정은 그 자체가 하나의 의사결정이다. 조사를 할 경우 조사비용뿐만 아니라 인력이 투입되고 때론 공정을 중단해야 하기도 한다. 이런 이유에서 차이가 발생한 모든 항목을 조사대상으로 삼지 못하는 것이다. 경영자는 차이의 규모를 기준으로 삼아 조사대상 차이항목들을 결정한다. 일종의 재무회계상의 중요성의 원칙이 적용된다. 커다란 차이를 보이는 항목은 일시적인 변동에 기인할 가능성이 적어 보다 자세한 조사를 하는 것이 타당성을 갖는다. 문제는 조사결정에 있어서 조사할 차이금액의 규모(즉, 과연 얼마의 차이항목은 조사대상으로 삼는가)를 어떻게 결정하는가이다.

차이조사결정에 영향을 미치는 요인으로는 ① 일시적 변동의 규모, ② 조사시의 기회비용, ③ 비조사시의 기회비용 및 ④ 공정상 문제가 있을 경우 그 수정작업의 용이성 등이 꼽힌다. 일시적 변동이 빈번히 일어나는 경우 그리고 단 일회라도 커다란 차이가 발생할 경우 이는 공정상의 문제로 인한 차이로 판단할 수 있다.

차이조사의 기회비용이 크다면 경영자는 작은 차이를 보이는 항목은 조사하지 않을 가능성이 높다. 반면에 비조사의 기회비용(즉, 잘못된 공정을 그대로 방치함으로써 입은 손실)이 높을 경우에는 작은 차이를 보이는 항목도 조사하고자 할 것이다. 예를 들어, 재료수량차이가 절도(theft)에 의한 것이라고 알고도 조사를 착수하지 않을 경우 미래에 더 심각한 절도사태를 초래하여 기업에게 커다란 부담(일종의 기회비용)을 안겨줄 수 있다. 따라서 이런 경우에는 작은 차이라도 조사해야 한다고 판단할 것이다.

또한 문제가 존재할 경우 문제를 얼마나 쉽게 시정할 수 있는가 하는 소위 시정작업의 용이성도 조사결정에 영향을 미치게 된다. 왜냐하면 설령 문제점이 발견되었다 할지라도 시정에 소요되는 비용이 크다고 판단할 경우[3] 기업은 원가-효익 관점에서 문제의 공정을 그대로 방치하기로 결정할 수 있기 때문이다. 이 경우 기업은 차이조사 대신에 표준을 변경하는 방법을 택할 수 있다. 이때 새로운 표준은 문제의

---

3) 즉, 차이조사를 실시하는 것이 의미를 갖지 못하게 된다.

존재를 감안하여 종전보다 높게 설정되어 관리자가 공정으로부터 발생하는 높은 원가에 대해 책임을 지지 않도록 해야 한다.

지금까지는 차이의 조사가 정당성을 갖게 되는 이유와 차이조사결정에 영향을 미치는 요인에 대한 개략적인 설명을 했다. 이하에서는 후자에 초점을 맞추어 차이조사 결정모델을 설명한다.

2. 차이조사결정모델: 관련원가 및 분석절차

차이조사 의사결정모델을 본문에서 소개한 성과표 형태로 정리하면 다음과 같다.

표 7A.1 차이조사결정을 위한 성과표

공정상태 (사전확률)	정상상태(θ_1) $P(\theta_1)$	비정상상태(θ_2) $P(\theta_2)$
A_1 : 조사함	I	I+C
A_2 : 조사 안 함	0	L

(주) I: 조사비용(investigation cost)
C: 조사결과공정에 문제가 있다고 판명될 경우 이를 시정하는 데 소요되는 비용
L: 공정에 문제가 있음에도 불구하고 이를 시정하지 않고 방치함으로써 정상상태에 비해 추가로 발생하는 미래현금지출액의 현재가치

차이조사 의사결정에서는 조사비용 및 기회비용 등을 포함한 관련원가를 가장 최소화하는 소위 기대비용 최소화 기준이 의사결정기준이 된다. 물론 차이조사 의사결정의 가능한 선택대안은 조사를 실시하는 경우(A_1)와 조사를 실시하지 않는 경우(A_2)의 두 가지로 단순한 편이다.

위에서 사용한 약자(notation)를 이용하여 설명하면 각 대안의 기대비용은 다음과 같이 나타낼 수 있다.

$$E(A_1) = P(\theta_1) \cdot I + P(\theta_2) \cdot (I+C)$$
$$E(A_2) = P(\theta_1) \cdot 0 + P(\theta_2) \cdot L$$

따라서 두 대안의 기대비용을 비교하여 더 낮은 기대비용을 갖는 대안을 택하는 것이 최적의사결정이다. 그러나 이런 비교를 위해서는 사전에 관리자가 판단한 특정 상태에 있을 확률 가령, 정상상태에 있을 확률 $P(\theta_1)$ 또는 비정상상태에 있을 확률 $P(\theta_2)$이 필요하다. 만약, 이런 정보를 사전에 제시하기 곤란한 경우에는 양 대

안이 무차별해지는 확률(가령, $P(\theta_2)$)을 구한 후 이를 자신이 주관적으로 갖는 확률과 비교하여 최종대안을 택할 수 있다. 이러한 무차별확률을 비정상상태의 확률인 $P(\theta_2)$로 나타내는 관계식을 도출하는 과정을 소개하면 다음과 같다.

두 대안의 기대비용이 동일하다는 것은 곧 식 (7A·1)이 성립함을 의미한다.

$$P(\theta_1) \cdot I + P(\theta_2) \cdot (I + C) = P(\theta_1) \cdot 0 + P(\theta_2) \cdot L \quad \cdots\cdots\cdots\cdots (7A \cdot 1)$$

$P(\theta_1) = 1 - P(\theta_2)$이므로 이를 식 (7A·1)에 대입하면 다음과 같다.

$$(1 - P(\theta_2) \cdot I + P(\theta_2) \cdot (I + C) = (1 - P(\theta_2) \cdot 0 + P(\theta_2) \cdot L \;\rightarrow$$
$$I + P(\theta_2) \cdot C = P(\theta_2) \cdot L$$

따라서

$$P(\theta_2) = \frac{I}{L - C} \quad \cdots\cdots\cdots\cdots\cdots\cdots\cdots\cdots\cdots\cdots\cdots\cdots (7A \cdot 2)$$

위의 식 (7A·2)의 결과를 해석하면 다음과 같다. 즉, 양 대안이 무차별해지는 비정상상태의 확률은 조사비용(I)이 높을수록 커지고 비정상상태를 방치함에 따른 기회비용(L)과 조사비용(C)의 차이가 커질수록 낮아진다. 이는 현실적으로 타당성을 갖는다. 왜냐하면 조사에 따른 비용부담은 비정상상태에 놓여 있는 확률이 높을 경우에나 조사를 착수하게 하고 조사에 따른 순효과(L－C)가 클수록 조사를 덜 꺼리게 되기 때문이다.

지금까지는 차이조사 의사결정과 관련된 파라메터(즉, L, C, I)를 쉽게 구할 수 있는 것처럼 이야기했다. 그러나 계량모델에서 소개한 EOQ모델의 유지비용과 주문비용의 경우처럼 이들 파라메터값을 추정하기 위해서는 다양한 항목을 고려해야 한다. 이들 파라메터와 관련된 주요 항목들을 열거하면 다음과 같다.

먼저 조사비용(I)에는 차이원인을 밝히기 위해 관여하는 인력의 기회원가(외부조사전문가의 용역비 포함)를 비롯하여 조사대상설비 및 검사설비의 운행중단에 따른 원가 및 조사 후 다시 정상상태에 올릴 때까지 작업재개시에 따른 기회비용이 주를 이룬다. 한편, 비정상상태에 있는 공정을 계속 가동함으로써 발생하는 원가(L)에는 비능률적 작업으로 인해 발생하는 재료비 및 노무비 등과 불량제품이 야기할 소비자의 클레임 등을 포함한다.

예제 7A 원가차이조사

(주)와우는 원가차이에 대한 조사 여부를 결정하는 데 관련된 다음과 같은 정보를 갖고 있다.

• 원가차이를 조사하는 데 소요되는 추정원가	?
• 생산공정에 이상이 있을 때 이를 수정하는 비용	₩1,500,000
• 생산공정에 이상이 있음에도 불구하고 이를 수정하지 않아 미래에 발생할 기회원가의 현재가치	₩6,000,000
• 생산공정이 정상상태에 있을 확률	70%

〈요구사항〉

(주)와우가 원가차이조사를 실시한다고 할 때, 조사비용으로 최대한 지출할 수 있는 금액은 얼마인가?

<자료 : 1991년 CTA 기출문제 수정>

풀 이

조사비용을 I라 하면

	정상상태(70%)	비정상상태(30%)
A_1 : 조사함	I	I+₩1,500,000
A_2 : 조사 안 함	0	₩6,000,000

조사할 때의 기대비용이 조사하지 않을 때의 기대비용보다 적어야만 조사를 하게 된다.

$$E(A_1) = I \times 0.7 + (I + ₩1,500,000) \times 0.3$$

$$E(A_2) = 0 \times 0.7 + ₩6,000,000 \times 0.3$$

최적의사결정 조건상 $E(A_1) < E(A_2)$ 이어야 하므로

$$I \times 0.7 + (I + ₩1,500,000) \times 0.3 < ₩6,000,000 \times 0.3$$

따라서 I<₩1,350,000 즉, 조사비용은 ₩1,350,000보다 적어야 한다.

부록 7B 최적주문량 크기 결정과 예측오차의 원가

재고란 원재료 또는 부품, 재공품, 완제품 및 상품 등 기업이 제품생산 및 판매목적상 어쩔 수 없이 일정시점에 보유하는 자산을 지칭한다. 기업전체의 자산에서 재고자산이 차지하는 비중이 적지 않기 때문에 재고자산의 효율적 관리는 매우 중요하다. 재고관리 관련 핵심 의사결정은 재고를 얼마나 보유할 것인가이다.

재고와 관련하여 발생하는 총비용(일명, 재고관련원가)은 재고유지원가, 주문원가 및 재고부족원가 등이 있다(<표 7B.1> 참조).

표 7B.1
재고관련원가 : 상품매매업의 경우

단위당 구매원가	주문원가
단위가격	주문처리원가
운송비용	주문품의 접수 및 검사원가
	주문대금의 처리
재고유지원가	**재고부족원가**
보험료	판매기회상실로 인한 상실이익
재산세	고객로열티 상실
창고보관비용	특별주문원가
변질 및 진부화	미납품주문 처리원가
재고투자금액의 기회비용	

재고유지원가(carrying costs)란 구입상품재고나 생산된 제품재고를 유지하고 보관하는 데 소요되는 원가를 말한다. 주문원가(ordering 또는 placement costs)는 필요한 재고를 주문하여 창고에 입고시킬 때까지 발생하는 모든 원가를 말한다. 이 두 원가는 상호 반대방향으로 움직인다. 즉, 주문크기를 크게 하면 그만큼 주문횟수가 줄어들어 주문비용은 줄지만 평균재고는 늘어나 재고유지비용은 늘어난다. 이런 이유로 상기업의 경우 최적주문량(EOQ) 결정 모델이 중요성을 갖는다.

경제적 주문량을 결정하기 위한 관련 총원가는 다음 식 (7B·1)과 같이 계산된다.

$$\text{연간 총주문원가 및 유지원가} = \left(\text{주문원가}\times\frac{\text{연간 수요량}}{\text{주문량}}\right) + \left(\text{연간 단위당 유지원가}\times\frac{\text{주문량}}{2}\right) \quad \cdots\cdots(7B\cdot 1)$$

EOQ모델의 핵심은 재고자산과 관련된 원가를 최소화시키는 1회주문량(경제적 주문량)을 결정하는 것이다. 이러한 경제적 주문량을 결정하는 모델을 구체적으로 살펴보기 위해 이에 필요한 기호들을 다음과 같이 정의한다.

A = 재고관리 대상기간(가령, 1년) 동안의 총수요량(annual demand)
P = 1회주문시의 주문원가(placement cost)
C = 재고관리대상기간 동안의 재고자산 1단위당 재고유지원가(carrying cost)
Q = 1회 최적주문량

위에서 소개한 기호 및 앞서 설명한 식 (7B·1)과 (7B·2)를 토대로 최적주문량(EOQ)의 공식이 어떻게 산정되는지를 설명한다.

$$\text{총재고유지원가} = \text{평균재고량} \times \text{단위당 재고유지원가} = \frac{Q}{2} \times C \quad \cdots\cdots (7B\cdot 2)$$

한편,

$$\text{연간 총주문원가} = \text{연간 총주문횟수} \times 1\text{회주문원가} = \frac{A}{Q} \times P \quad \cdots\cdots (7B\cdot 3)$$

따라서 식 (7B·2)와 식 (7B·3)을 이용하면 재고관리와 관련하여 발생하는 총원가는 식 (7B·4)와 같다.

$$\text{연간 총주문원가 및 유지원가} = \text{총재고유지원가} + \text{총주문원가} = \frac{Q}{2} \times C + \frac{A}{Q} \times P \quad \cdots\cdots (7B\cdot 4)$$

여기서 구하고자 하는 것은 총원가를 극소화시키는 1회의 최적주문량(Q^*)이므로 위의 총원가함수를 Q에 대해서 1차 미분한 다음 이를 0으로 놓고 이 등식을 만족시키는 Q값을 구하면 된다.

따라서 1회의 최적주문량(Q^*)은 다음과 같다.

$$Q^* = \sqrt{\frac{2AP}{C}} \quad \cdots\cdots (7B\cdot 5)$$

예제 7B EOQ와 예측오차의 원가

돌바우는 트럭수리업을 하고 있다. 트럭수리에 소요되는 부품에 대하여 경제적 주문량을 적용하여 소요량을 파악한다. 돌바우의 예측에 의하면 강력타이어의 연간 수요는 20,000개이다. 각 타이어 매입가격은 ₩50, 단위(매입)주문처리에 소요되는 (증분)비용은 ₩36, 단위 타이어당 (증분)유지비용은 단위당 ₩4에 공급업자로부터의 매입가격의 10%를 합한 것이다.

〈요구사항〉

1. 동 자료를 이용하여 EOQ를 계산하고 동시에 연간 총주문비용 및 총유지비용을 각각 계산하시오.
2. 돌바우는 매입가격에 대한 예측을 제외하고는 정확한 예측력을 지녔다고 가정하시오. 그가 실수한 바는 수입강력타이어에 대한 관세가 철폐되도록 한 세법이 통과된 것을 간과했다. 만약 그가 이 사실을 알았더라면 (즉, 정확한 예측의 경우) 연초 매입가격은 ₩17.6로 하락하고 연간 변화가 없을 것으로 제대로 예측할 수 있었을 것이다. 이 경우에 **예측오차의 원가**(cost of prediction error)는 얼마인가? 즉, 예측을 잘못함에 따라 재고관리에 미친 손실은 얼마인가?

풀 이

1. $Q=\sqrt{\dfrac{2AP}{C}}=\sqrt{\dfrac{2\times 20,000\times 36}{9}}=400$

   TC = 주문비용 + 유지비용

   $=\dfrac{20,000}{400}\times 36+\dfrac{1}{2}400\times 9=3,600$

   EOQ는 400개, 연간주문비용 ₩1,800, 연간 유지비용 ₩1,800

2. 정확한 파라메타 $C=4+17.6\times 0.1=5.76$

   $\therefore EOQ$(새로운 파라메타) $=\sqrt{\dfrac{2\times 20,000\times 36}{5.76}}=500$

   $TC=\dfrac{20,000}{500}\times 36+\dfrac{1}{2}500\times 5.76=$ **₩2,880**

   - 기존예측하의 $Q(400)$에서 실제 발생한 비용

   $=\dfrac{20,000}{400}\times 36+\dfrac{1}{2}400\times 5.76=1,800+1,152=$ **₩2,952**

   ∴ 예측오차의 원가 = 2,952 − 2,880 = **₩72**

단답식 개념문제

01. □□□□의 □□란 특정 여건적 상황이 발생할 경우 사전에 선택한 대안으로부터 기대되는 바와 동 상황에서의 최선의 대안으로부터 실현할 수 있었던 결과와의 차이를 의미한다.

02. □□정보의 □□□□(EVPI)는 기업이 가장 이상적인 상황하에서 이용할 수 있는 일종의 정보로서의 상한선을 의미한다.

03. 조건부 □□□(opportunity loss table)는 특정 여건적 상황하에서 최적대안 대신에 다른 대안을 택함으로써 상실하는 이익(기회원가)을 구하여 작성한다.

04. 사전적 확률을 사후적 확률로 변경할 때 적용하는 통계공식을 □□□□ 정리라고 부른다.

[문1] 기대값과 기대화폐가치 간의 차이를 설명하시오.

[문2] 완전정보를 갖는다는 것이 거의 불가능함에도 불구하고 완전정보의 기대값을 계산하는 이유는 무엇인가?

[문3] 완전정보의 기대가치(EVPI)를 계산하기 위해 거치는 다섯 가지 단계는 무엇인가?

[문4] 이론적으로 위험하의 의사결정과 불확실성하의 의사결정은 어떻게 구분되는지를 간략히 설명하시오.

[문5] 불확실성하의 의사결정시 고려되는 대표적인 다섯 가지 요소는 무엇인지를 열거하고 간략히 정의하시오.

[문6] 예측오차의 원가란 무엇인가? 이는 어떻게 계산되는가?

[문7] 조건부 손실과 예측오차의 원가 간의 관계는 무엇인가?

[문8] 표본(샘플)정보의 기대가치(EVSI)는 무엇을 의미하는가?

[문9] EVSI 값과 EVPI 값은 어느 것이 더 큰가? 그 이유는 무엇인가?

[문10] EVSI 값을 좌우하는 두 가지 요소를 설명하시오. 다음 힌트에서 제시된 항목을 이용하되 방향에 따라 값이 어떻게 달라질 것인지를 감안하여 답하시오. (힌트: 정보제공업체의 신뢰도와 샘플정보 이용 전의 기대값으로 본 각 대안간의 우열의 차이)

[문11] 불확실성하의 CVP분석에서 판매량에 대한 불확실성을 정규분포로 가정하여 다루는 이유는 무엇인가? 또한 정규분포 가정이 갖는 현실적인 한계점은 무엇인가?

[문12] 원가차이조사결정 상황에서 가장 구하기 어려운 자료는 무엇인가?

연습문제

객관식

[문1] 다음 문장 중 옳은(T: TRUE) 문장의 번호를 모은 것은? (★)

> a. 기대기회손실(EOL: expected opportunity loss)의 최소치는 EVPI와 동일하다.
> b. 기대기회손실(EOL)을 최소화하는 대안은 기대이익을 최대화하는 대안과 동일하다.
> c. EVSI는 신뢰도 수준에 따라 EVPI 값보다 클 수 있다.
> d. 최적안의 기대기회손실(expected opportunity loss)은 EVPI 값과 동일하다.

① a, b ② a, b, d ③ b, c, d ④ a, d ⑤ a, b, c, d

[문2] 다음은 정보의 가치에 대한 설명이다. 틀린 것은? (★)

① 완전정보의 기대가치는 완전정보에 대해 지급하고자 하는 최대금액과 같다.
② 정보는 미래의 불확실성을 제거하는 역할을 수행한다.
③ 위험회피형인 사람은 위험중립형인 사람에 비해 정보의 가치를 더 높게 평가한다.
④ 완전정보의 기대가치는 의사결정자의 위험선호도에 관계없이 일정하다.
⑤ 불완전정보의 기대가치는 아무리 크더라도 완전정보의 기대가치보다 낮다.

[문3] 다음 문장 중 옳은(T: TRUE) 문장의 번호를 모은 것은? (★)

> a. 완전정보의 기대가치(EVPI)는 불완전정보의 기대가치(EVSI)보다 항상 크거나 같다.
> b. 최적안의 기대기회손실(expected opportunity loss)은 EVPI 값과 동일하다.
> c. 예측오차 원가(cost of prediction error)의 기대치는 EVPI와 동일하다.
> d. 기대기회손실의 최소대안은 곧 기대가치 최대대안과 동일하다.

① a, b, c, d ② b, c ③ a, b, d
④ a, b, c ⑤ b, c, d

※ 아래의 자료는 문제 [4~5]에 관련된 것이다.

(주)와우는 제품에 대한 생산방식을 결정하고자 한다. 단위당 판매가격은 ₩6이다. 생산방식 A는 단위당 변동원가가 ₩2이고 고정원가가 ₩500이며 생산방식 B는 단위당 변동원가가 ₩3이고 고정원가가 ₩200이다. 제품의 시장수요에 대한 확률은 다음과 같다.

제품 수요량	확 률
200단위	0.2
300	0.5
400	0.3

[문4] (주)와우가 이익을 극대화하기 위해서는 A와 B의 생산방식 중 어느 방식을 선택하는 것이 유리하며 이때 기대되는 영업이익은 얼마인가? (★)

① A, ₩720 ② A, ₩730 ③ A, ₩740 ④ B, ₩730 ⑤ B, ₩740

[문5] (주)와우는 수요량에 대한 완전정보를 얻기 위해 수요량 조사를 컨설팅회사에 의뢰하기로 결정하였다. 이때 (주)와우가 컨설팅회사에 지불할 수 있는 최대금액은 얼마인가? (★★)

① ₩30 ② ₩20 ③ ₩11 ④ ₩18 ⑤ ₩21

[문6] A부문의 공정조사비용은 ₩50,000이고 비정상일 때 공정을 정상으로 회복시키기 위한 교정비용은 ₩75,000이다. 교정을 하지 않으면 ₩200,000의 손실이 발생한다. 조사하는 것이 유리하도록 하기 위해서는 공정이 정상인 확률이 몇 % 이하이어야 하는가? (★)

① 50% ② 55% ③ 60% ④ 65% ⑤ 70%

[문7] (주)경주는 낙후된 기계장치를 처분하고 첨단기계장치를 신규 구입하려 한다. 연간 4,000단위의 수요가 존재할 확률은 30%이며, 연간 8,000단위의 수요가 존재할 확률은 70%이다. 각 상황에 따른 기계구입시 기대수익은 다음과 같다. (★★)

상 황		기대수익
(1) 수요가 4,000단위일 경우	갑기계 구입시	₩30,000
	을기계 구입시	₩20,000
(2) 수요가 8,000단위일 경우	갑기계 구입시	₩50,000
	을기계 구입시	₩80,000

위 자료를 기초로 수요상황을 정확하게 알 수 있는 정보가 있다고 할 경우, 이 정

보를 얻기 위하여 지출할 수 있는 최대금액은 얼마인가?

① ₩3,000 ② ₩9,000 ③ ₩11,000 ④ ₩18,000 ⑤ ₩21,000

[문8] 생선가게를 운영하는 김할머니는 신선한 생선을 팔기 위해 농수산물 도매센타에서 매일 생선을 구입하고 있다. 저녁까지 팔지 못한 생선은 폐기처분해야 한다. 생선의 원가는 ₩400이며, 판매가격은 ₩1,000이다. 김할머니가 예상하는 일일 수요량(확률)은 10마리(0.1), 20마리(0.4), 30마리(0.4), 40마리(0.1)이다. 예측오차의 기대값은 얼마인가? (★★)

① ₩1,000 ② ₩2,000 ③ ₩3,000 ④ ₩4,000 ⑤ ₩5,000

[문9] 다음 중 불확실성하의 의사결정에 관한 설명으로 가장 타당하지 않은 것은 어느 것인가? (KICPA, 2011) (★★)

① 미래의 발생 가능한 상황들은 모두 알려져 있지만 그 중에서 어떤 특정상황이 실제로 발생할지도 모르는 상태에서 내리는 의사결정을 불확실성하의 의사결정이라고 한다.

② 불확실성하의 의사결정은 확실성하의 의사결정과는 달리 미래의 발생 가능한 상황들과 각 상황이 발생할 확률을 추가적으로 고려할 필요가 있다.

③ 불확실성하의 의사결정에 사용되는 정보의 유용서은 사전확률을 사후확률로 변경시킨 결과에 따른 의사결정자의 기대가치 또는 기대효용의 증가분에 의하여 평가할 수 있다.

④ 불완전정보의 기대가치(expected value of imperfect information)는 불완전정보에 의하여 수정된 사후확률을 이용하여 계산한 최적안의 기대가치와 불완전정보를 사용하기 전의 사전확률에 의한 최적안의 기대가치 차이로 계산할 수 있다.

⑤ 완전정보의 기대가치(expected value of perfect information)은 완전정보에 의한 미래의 상황별 최적안의 선택에 따른 기대가치로서 위험중립형 의사결정자가 정보의 구입비용으로 지불할 수 있는 최대금액이 된다.

주관식

[문1] EVPI, EOL(핫도그 문제) (★)

본문의 <표 7.1>에서 소개한 핫도그 문제의 수치를 이용하여 다음 물음에 답하시오.

1. 완전정보하의 기대가치(EVPI)를 계산하시오.
2. 기회손실표(opportunity loss table)를 작성하고 기대기회손실금액(EOL)을 계산하시오.
3. 위의 1과 2에서 구한 수치가 상호 일치하는지를 답하시오.

[문2] EOQ와 예측오차의 원가(〈부록 7B〉) (★★)

TIP!

EOQ 공식

$$Q^* = \sqrt{\frac{2AP}{C}}$$

A: 연간수요
P: 주문비용
C: 유지비용

(주)홍익은 청바지를 구입하여 판매하는 회사이다. (주)홍익은 연간 1,000벌을 구입하고 있다. 구매 관련 비용자료는 다음과 같다.

- 예상 1회 주문당 주문비용 ₩800
- 예상 1단위당 연간 유지비용 ₩40 (재고에 묶인 현금투자의 기회비용 포함)
- 실제 1회 주문당 주문비용 ₩1,250

단, 유지비용은 예상수치와 실제수치가 동일하다고 가정할 때 예측오차의 원가는 얼마인가?

[문3] EVPI(완전정보의 기대가치) (★)

충정건설회사는 새로운 고속도로의 철근다리 건설공사에 입찰할 것을 고려하고 있다. 회사 컨트롤러는 ₩1,000,000의 입찰가격이 이 프로젝트에 관련된 원가와 이 프로젝트에 사용될 설비와 노동에 대한 기회비용을 해결할 것으로 생각한다. 회사 사장인 신주영 씨는 당사의 ₩1,000,000의 입찰가격이 이 건설을 완공할 것으로 믿는다. 신주영 씨는 그 금액으로 입찰하려고 하지만, 컨트롤러의 보고서에 포함된 원가견적서의 일부에 대해 의심을 갖고 있다.

조사를 수행한 후에 신주영 씨는 이 프로젝트와 관련된 총비용은 실제로 각각 ₩800,000, ₩900,000, ₩1,000,000 혹은 ₩1,200,000이 될 수 있으며, 각각의 확률은 0.10, 0.30, 0.40, 0.20이라고 믿게 되었다. 이 회사는 의사결정상 기대이익을 최대화하는 정책을 채택하고 있다.

〈요구사항〉

1. 주어진 정보를 이용한다면 신주영 씨의 최적행동은 무엇인가(입찰을 해야 할 것인가 혹은 하지 말아야 할 것인가)?
2. 신주영 씨가 이 프로젝트에 관련된 원가를 보다 정확하게 파악하기 위한 목적으로 새로운 조사를 위해 외부조사기관에게 지급하고자 하는 최대금액(EVPI)은 얼마인가?

[문4] 불확실성하의 의사결정 : 원가차이조사 (★)

와우자동차(주)는 여러 종류의 자동차를 제조하고 있는데, 생산부의 2019년 7월 영업활동보고서에는 아래와 같은 사항들이 포함되어 있다.

표준재료원가	₩3,000,000
재료가격차이	0
재료수량차이(불리)	160,000
실제재료원가	3,160,000

생산부장은 원가차이에 대한 조사 여부를 결정하기 위하여 다음과 같은 정보를 수집하였다.

① 원가차이를 조사하는 데 소요되는 추정원가	₩40,000
② 생산부에 이상이 있을 경우 이를 수정하는 데 필요한 추정원가	80,000
③ 생산부에 이상이 있는데도 불구하고 이를 수정하지 않음으로써 미래에 발생할 기회원가의 현재가치	500,000
④ 당해 연도 동안에 생산부가 이상상태에 있을 확률	0.1

와우자동차(주)가 불리한 재료수량차이에 대한 차이조사를 실시하여야 할지를 결정하시오.

[문5] 샘플정보의 기대가치(EVSI) (★★)

홍익토이(주)는 장난감을 생산·판매하는 회사이다. 이 회사는 새로 개발한 장난감을 만들기 위해서 주형(주물)기계인 M_1과 M_2 중 하나를 구입할 계획이다. 이 장난감의 수요량이 1,200개일 확률은 0.4이고 2,000개일 확률은 0.6이다. 판매량을 X라 할 때 각 기계가 창출하는 영업이익은 다음과 같다.

$$M_1 = 20X - ₩15,000$$

$$M_2 = 24X - ₩21,000$$

〈요구사항〉

동사 경영진은 경제연구소로부터 보다 정확한 수요예측정보를 구하고자 한다. 동 연구소의 예측정확도가 80%라고 할 때 동 정보취득에 최대한 지불할 수 있는 금액은 얼마인가?

[문6] 대안적인 제품설계간의 선택, 수요의 불확실성, 기대화폐가치 (★★)

세헌사는 마이크로컴퓨터의 제조에 사용하기 위한 부품 및 조립품을 생산하여 왔다. 그 회사는 가까운 미래에 IBM 제품에 호환가능한 마이크로컴퓨터에 대한 자기테이프 카트리지 보조장치를 새로 생산하기로 계획하고 있다.

세헌사의 R & D부서와 마케팅부서는 장기간 동안 이 투자안에 대하여 연구하여 왔다.

두 부서의 개발비용은 현재까지 ₩1,500,000에 이른다. R & D부서는 보조장치에 대한 몇 가지 대안적인 설계를 만들었다. 그 설계 중 세 개를 프로토타입모형으로 개발승인을 받았고, 또 이것 중 단지 하나만이 제조되어 판매될 것이다. 마케팅부서는 선택된 모델에 관계없이 적당한 판매가격은 단위당 ₩540이라고 결정했다.

불확실한 시장수요는 적은 수요, 중간 수요, 그리고 많은 수요의 세 경우 중 하나가 실현된다고 가정한다. 세헌사는 생산설비가 현재 최대생산능력 이하로 운영되고 있기 때문에 모든 수요수준을 만족시킬 수 있다.

사 상	판매량	사상의 확률
적은 수요	20,000	0.25
중간 수요	80,000	0.60
많은 수요	120,000	0.15
		1.00

변동제조간접비는 직접노무비의 250%의 공장전체의 단일배부율을 사용하여 제품에 배부된다. 세헌사의 엔지니어 및 회계스탭진은 세 가지 모델 각각의 설계에 대한 제조원가추정치를 파악하기 위해 공동으로 작업해 왔다.

단위당 변동비	모델 A	모델 B	모델 C
직접재료비	₩150	₩100	₩114
직접노무비	40	50	48
제조간접비	100	125	120
마케팅비용	140	140	140
총단위당 변동비	₩430	₩415	₩422
기타원가			
고정제조간접비	₩1,000,000	₩1,400,000	₩1,300,000
고정마케팅비용	2,000,000	3,100,000	2,800,000
개발원가(이미 발생된)	1,500,000	1,500,000	1,500,000

세헌사는 세 가지 원형 중 어느 것을 제조하여 판매할 것인가를 분석하는 데에 기대화폐가치 선택기준을 사용하기로 하였다.

〈요구사항〉

1. 모델 A, 모델 B, 모델 C의 단위당 공헌이익을 계산하시오.
2. 모델간 비교를 위한 분석표를 작성하시오.
3. 세헌사는 어느 모형을 제조하여 판매해야 하는가?

〈자료 : CMA 응용 HFD, 1989〉

[문7] 정보경제학과 관련원가분석 : EVPI + EVSI (★★★)

홍익(주)는 단위당 ₩10의 가격으로 국내시장에서 제품을 판매하고 있다. 연간 최대생산능력은 250,000단위이며 지난해 200,000단위의 제품을 생산 · 판매하였다. 이와 관련된 제조원가는 다음과 같다.

• 직접재료비	₩400,000
• 직접노무비	600,000
• 변동제조간접비	200,000
• 고정제조간접비	300,000
합　　계	₩1,500,000

이 회사는 금년에도 지난해와 동일한 원가와 가격조건으로 동일한 수량의 제품을 판매할 수 있을 것으로 예상하고 있다. 이 회사는 금년초 중국 소재 상해회사로부터 단위당 ₩7의 가격으로 수출해 달라는 주문을 받았다. 상해회사가 35,000단위를 구입할 확률은 40%이고, 50,000단위를 구입할 확률은 60%이다. 중국에 판매하더라도 국내시장에는 아무런 영향이 없다.

만일 이 회사가 중국에 수출하지 않는 경우에는 유휴설비능력을 이용하여 순현금유입액이 ₩45,000인 신제품생산에 활용할 수 있으나, 신제품을 생산한다면 설비능력의 한계로 인하여 중국에 수출할 여력은 없다.

〈요구사항〉

1. 특별주문의 수락 여부를 결정하시오.
2. 완전정보의 기대가치(EVPI)를 구하시오. 아울러 기회손실표를 작성하여 동일한 결과가 나오는지를 보이시오.
3. 이 회사가 상해회사에 대한 판매량을 예상하기 위하여 중국시장에 정통한 대륙경제연구소에 자문을 의뢰하기로 하였다고 가정하자. 이 연구소는 판매량이 35,000단위라는 보고서(R_1, 비관적 보고서)와 50,000단위라는 보고서(R_2, 낙관적 보고서) 둘 중 하나를 제시하게 될 것이다. 이 연구소의 수요예측정확도는 70%이다. 만일 이 연구소가 ₩1,000의 자문료를 요구하였다면 어떤 결정을 하여야 하는가? 근거를 제시하여 답하시오.

<자료 : 박호근, 1992 참조 · 수정>

[문8] 불확실성하의 최적의사결정 : 예측정보가치 (★★)

(주)대한은 제품 A와 제품 B 중 어느 것을 생산·판매할 것인지 결정하기 위해 외부경제연구소로부터 시장 상황에 대한 예측정보를 얻으려고 한다.

(1) (주)대한은 미래의 시장 상황을 호황과 불황으로 나누고, 외부경제연구소의 예측정보를 얻기 전에 각 상황에 대한 확률과 영업이익을 다음과 같이 예상하였다.

대안	시장 상황	
	호황(확률 : 60%)	불황(확률 : 40%)
제품 A	₩1,200	₩900
제품 B	₩850	₩1,100

(2) 외부경제연구소는 시장 상황에 대해 호황이라고 예측하는 정보(R1) 또는 불황이라고 예측하는 정보(R2)를 제공한다.

(3) (주)대한은 시장 상황에 대해 사전에 예상한 확률과 외부경제연구소의 예측정확도를 고려하여 각 정보(R1과 R2)가 제공될 확률을 계산하였다. 각각의 정보가 제공될 확률, 정보가 주어졌을 때의 최적대안 및 최적대안의 기대영업이익은 다음과 같다.

구분	R1	R2
정보가 제공될 확률	56%	44%
최적대안	제품 A	제품 B
최적대안의 기대영업이익	₩1,157	₩1,032

〈요구사항〉

(주)대한이 외부경제연구소의 예측정보에 대해 지불할 수 있는 최대금액은 얼마인가?

(KICPA 2018 1차 수정)

(주) 본 문제는 베이지안 정리에 따른 사후확률을 계산하는 시간을 단축시켜 주는 문제이다.

[문9] 원가차이조사(1) : 〈부록 7A〉 (★)

이화(주)는 원가차이에 대한 조사 여부를 결정하는 데 관련된 다음과 같은 정보를 갖고 있다.

• 원가차이를 조사하는 데 소요되는 추정원가	?
• 생산공정에 이상이 있을 때 이를 추정하는 비용	1,500,000
• 생산공정에 이상이 있음에도 불구하고 이를 수정하지 않아 미래에 발생할 기회원가의 현재가치	6,000,000
• 생산공정이 정상상태에 있을 확률	70%

〈요구사항〉

회사가 원가차이조사를 실시한다고 할 때, 조사비용으로 최대한 지출할 수 있는 금액은 얼마인가?

〈자료 : 1991년 CTA 기출문제 수정〉

[문10] 불확실성하의 의사결정 : EVSI+CVP분석 (★★★)

와우(주)가 취급하는 제품은 반자동기계(이하, A기계)와 완전자동기계(이하, B기계)를 이용하여 생산할 수 있다. 관련자료는 다음과 같다.

	A기계	B기계
단위당 변동제조원가	₩150	₩50
단위당 변동판매비 및 관리비	50	50
고정제조간접비	100,000	350,000
고정판매비 및 관리비	50,000	50,000

와우(주)의 마케팅부서의 조사에 의하면 반자동기계를 이용할 경우는 완전자동기계를 이용했을 경우의 품질보다 열악하여 시장에서의 제품단위당 판매가격은 반자동기계로 만든 제품은 단위당 ₩400, 완전자동기계로 만든 제품은 단위당 ₩500을 받는다. 와우(주)는 판매량을 추정함에 있어서 호경기일 때는 3,000단위가 팔릴 것이고, 불경기일 경우에는 1,000단위가 팔릴 것으로 예상한다. 호경기일 확률은 70%, 그리고 불경기일 경우는 30%로 예상한다.

〈요구사항〉

1. 미래의 상황이 앞의 자료와 같다면 어느 대안을 택하는 것이 최선인가? 근거를 토대로 답하시오.
2. 외부조사기관이 경제상황에 관해 100% 확실한 정보를 제공할 수 있을 경우 와우(주)가 동 정보취득을 위해 최대한 지불할 수 있는 수수료는 얼마인가?
3. 외부조사기관이 (비록 완벽하지는 않지만) 어느 정도 신뢰할 만한 경제상황에 관한 예측정보를 제공한다고 하면 동정보를 얻기 위해 최대한 지불할 수 있는 금액은 얼마인가? 단, 외부조사기관의 신뢰도는 호경기일 때에는 예측정확도가 90%이고 불경기일 때에는 예측정확도가 80%이다(확률계산시 소수점 넷째자리까지 계산하시오).

※ 다음 요구사항 4~5 두 질문은 위 1~3 질문과 독립적이다.

반자동기계로 만든 제품 및 완전자동기계로 만든 제품의 판매량은 정규분포를 따른다고 가정한다. 즉, 반자동기계로 만든 제품의 표준편차는 125개, 평균판매량은 1,000개이며 완전자동기계로 만든 제품은 표준편차가 300개, 평균판매량은 1,600개라고 가정한다. 두 기계로 만든 제품의 판매가격은 500원으로 동일하다고 가정한다.

4. 두 대안 중에서 손익분기점 이상의 이익을 실현할 확률이 큰 대안은 어느 것인가? 근거를 제시하여 답하시오.
5. ₩150,000 이상의 영업이익을 실현할 확률이 큰 것은 어느 대안인가? 근거를 제시하여 답하시오.

〈자료 : KICPA, 2000 2차 수정〉

[문11] 원가차이조사(2) : 〈부록 7A〉 (★★)

홍익화학은 A, B, C 세 종류의 화공약품을 생산·판매한다. 이 중 제품 C는 제품 A와 제품 B를 각각 50 : 50으로 혼합하여 생산된다. 홍익화학은 제품 C의 제조에 있어 제품 A의 구성비율이 정확히 50%가 되도록 노력하고 있다. 그 이유는 제품 A가 50% 이상 함유될 경우 제품 C의 제조원가가 높아지기 때문이다.

제품 A가 혼합물에서 차지하는 비율은 혼합기계(mixing machine)에 부착되어 있는 하나의 작은 밸브가 결정한다. 이 밸브가 정상상태(즉, 적절히 조절된 상태)에 있을 경우 혼합기계는 제품 A와 제품 B가 각각 50%로 구성된 제품 C를 만들어낸다. 그러나 이 밸브가 이상상태(즉, 조절이 풀어질 경우)에 있을 경우 이 혼합기계는 60%의 제품 A와 40%의 제품 B로 구성된 제품 C를 산출한다. 이 기계는 한 번 작동된 경우에는 제품 C가 100,000kg 생산될 때까지는 멈추지 않는다. 기타 관련자료는 다음과 같다.

kg당 제품 A의 원가	₩32
kg당 제품 B의 원가	30
밸브점검에 소요되는 원가	8,000
밸브조정에 소요되는 원가	4,000

특정 시점에서 밸브가 정상상태에 있을 확률은 0.7이며, 이상상태에 있을 확률은 0.3이다.

〈요구사항〉

1. 금년 말 현재 홍익화학은 밸브상태를 점검한 후에 만일 이상이 있을 경우 기계의 조정까지 실시하려고 한다. 이러한 점검 및 조정에 소요되는 기대원가를 구하시오.
2. 실제로는 밸브가 이상상태에 있음에도 불구하고 홍익화학이 점검을 실시하지 않은 상태에서 제품 C의 제조에 착수할 경우 밸브가 정상상태에 있을 경우에 비하여 총 원가는 추가로 얼마나 늘어나는가?
3. 본 문제에서는 밸브가 이상상태에 있을 확률을 0.3으로 제시하였다. 이를 토대로 계산하면 점검시의 기대원가는 ₩9,200, 점검을 하지 않을 때의 기대원가는 ₩6,000(=₩20,000×30%)으로 오히려 점검을 하지 않는 것이 유리한 것으로 나타난다. 밸브가 이상상태에 있을 확률이 어느 범위에 있으면 점검시의 기대원가가 비점검시의 기대원가보다 낮아서 점검을 하는 것이 유리해지는가? 확률구간으로 답하시오.

〈자료 : CMA, 1979년 기출문제〉

Management Accounting

PART 03

전략적 성과관리 및 성과평가

제3부에서는 조직전체 성과관리에서의 관리회계 역할을 다룬다.

제8장 책임회계제도에서는 통제가능성 및 추적가능성을 토대로 원가와 수익, 이익, 투자안을 구분하고 각 부서 및 조직의 책임범위를 규정한 후 책임단위별로 성과보고를 하는 책임회계제도에 대해 알아본다. 책임중심점별 차이분석을 토대로 (예산 대비 실적) 차이가 큰 부분에 주의를 집중하는 예외관리 그리고 당초예산 목표를 실제 활동수준에서 허용되는 목표수치로 바꾸

제 8 장 책임회계제도

제 9 장 분권화와 사내대체가격

제10장 전략적 성과관리

제11장 자본예산

어 실적과 비교하는 변동예산 개념을 익힌다.

제9장에서는 재무지표를 이용한 투자중심점의 성과평가 기법들이 목표일치성 제고와 장기적 기업가치 제고에 어떻게 기여하는지를 다룬다. 또한 이익중심점 성과평가의 주요 이슈인 사내대체가격에 대해 알아본다.

제10장에서는 재무지표 중심의 성과관리 문제점과 전략적 성과관리기법으로 대두된 균형성과표 그리고 전략적 통제수단으로서의 보상과 관련된 여러 이슈를 다룬다.

제11장에서는 장기적 관점의 자본예산과 투자의사결정 내용을 다룬다.

08 책임회계제도

학습목표

- 책임회계 및 책임중심점의 정의 및 개념 이해
- 예산 및 변동예산 개념이 책임회계에 갖는 중요성 이해
- 성과평가의 기본개념과 성과보고서의 양식 파악
- 주의환기 정보 산출을 위한 차이분석의 개념 학습
- 책임중심점의 유형과 관리상의 특징 이해
- 수익중심점의 차이분석 틀을 배움
- 이익중심점으로서의 판매부문 성과평가방법을 배움

Intro

책임회계는 조직구성원 각자가 통제가능한 요소들을 강조하는 형식으로 성과보고서가 작성·보고되도록 성과보고서 체계를 갖추는 회계시스템이다. 성과보고서 수령대상의 활동수행단위를 **책임중심점**이라 부른다. 이들 각 중심점에 부과된 활동(즉, 권한 및 책임)의 성격에 따라 책임중심점은 **원가중심점**, **수익중심점**, **이익중심점** 또는 **투자중심점**으로 불리운다.

조직체계를 감안하여 책임단위별로 성과를 집계하고 평가를 행하는 책임회계제도가 이 장의 핵심테마이다. 책임회계제도는 제10장에서 다룰 관리회계의 핵심토픽인 **성과평가**를 이해하는 데 도움이 될 것이다.

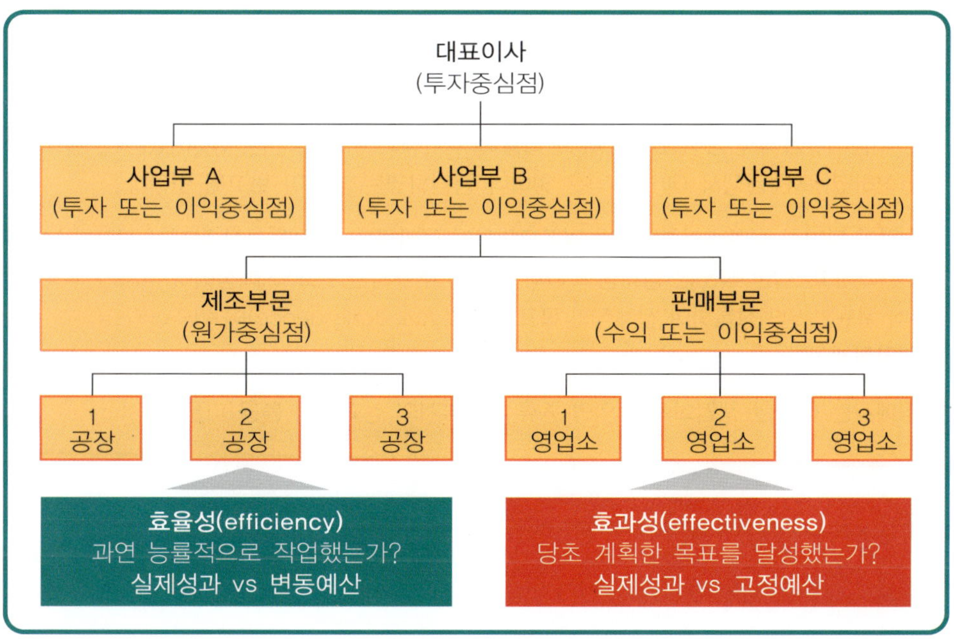

Storytelling

2012년 사업보고서에 의하면 **스타벅스**는 13억 3천 달러의 매출액과 14%의 성장률을 달성하였다. 1971년 미국 시애틀에 첫 번째 매장을 개설한 이후, 2012년 현재 61개국에 직영매장 9,400여 개, 라이선스 계약 매장 8,600여 개를 운영하고 있다. 미국본사는 4개의 사업부, ① 미주지역(미국, 캐나다, 남미), ② EMEA(유럽, 중동, 아프리카), ③ CAP(중국, 아시아), ④ 글로벌 소비자 제품 그룹(유통망 개발 담당)으로부터 각각 재무보고를 받고 있다. 이들 중 앞 3개의 지역사업부는 회사직영 매장과 라이선스 계약 매장으로 구분되고, ④의 글로벌 소비자 제품 그룹은 매장, 상점, 편의점, 음식점 등 다양한 유통망을 통해 판매되는 원두, 차, 포장음료, 기타 제품을 공급하고 있다. (http://investor.starbucks.com/phoenix.zhtml?c=99518&p =irol-reportsannual 참조)

수천 개의 매장에서 비슷한 매장분위기와 서비스, 커피메뉴를 제공하고 있는 **스타벅스**는 신제품 출시와 매장 개설을 통해 성장하고 있다. 계절별로 신메뉴를 개발하고, 매장 인테리어도 바꾸고, SNS를 통해 고객과 소통하고, 각종 쿠폰이나 다이어리, 텀블러 등으로 판촉하고, 공정거래무역 같은 지역사회 기여활동을 홍보하는 등의 기업활동을 전개한다.

그렇다면 **스타벅스**의 CEO는 매장, 유통망, 공급망을 어떻게 관리하고 있을까? 커피의 원재료인 원두가공 부문의 성과보고는 어떻게 이루어질까? 작년에 비해 원두생산지에서 원두를 얼마에 사왔는지, 원두 품질과 가공 공정별로 **등급별 생산량**은 어떻게 달라졌는지, 새롭게 구입한 원두가공 기계는 효과가 있었는지, 각 매장이나 원두 수요처에 적정량이 적시에 공급되었는지 등등에 대한 궁금증을 풀어줄 내용으로 구성될 것이다.

한편, 수익창출의 핵심인 **매장의 성과**는 어떻게 보고될까? 작년 대비 매출액이 얼마나 증감했는지, 제품메뉴가격 변동이 있었는지, 판매량이나 가격의 변동 원인은 무엇이었는지, 목표이익은 달성하였는지, 경쟁사 대비 수익은 얼마나 증감하였는지 등이 보고될 것이다.

이와 같이 다양한 성과관리항목들을 일목요연하게 정리하는 가운데 가장 문제가 심각한 부분을 집중 관리하고, 잘한 부분은 칭찬함으로써, 본사가 추구하는 목표와 매장이나 부서가 수행하는 업무나 목표가 일맥상통하여 전체적인 **목표일치성**(goal congruence)이 이루어지도록 하는 것이 **책임회계**이다.

본 장에서는 이러한 책임회계의 의의 종류, 각 부서의 성과분석 틀을 다룬다.

제1절 책임회계의 개요

1. 책임회계의 의의

분권화, 다각화전략을 고려한 각 부서 조직도가 편성되면 곧이어 각 부서의 책임과 목표가 설정되고 예산이 배정된다. 이후 정기적으로 각 사업별, 매장별, 공장별 성과보고서가 작성되어 경영진에게 보고될 것이다. 이러한 조직별 성과보고서를 통해 경영진은 현재의 경영상태를 파악하고, 계획이나 목표 달성여부를 점검하여 부진한 조직을 독려하고 성과가 뛰어난 조직을 칭찬할 것이다. 이때 각 조직의 부서장들은 어느 선까지 부서의 성과에 대한 책임을 져야 하는가? 경영진은 각 부서의 성과보고서를 어떻게 분석하는 것이 바람직한가? 각 부서들이 조직 전체 목표달성에 얼마나 기여했는지를 파악하고 확인하기 위해 성과보고서가 작성되는데, 이러한 성과보고서들의 보고체계를 책임회계(responsibility accounting)라 한다. 책임회계는 조직 내에 특정 업무수행 및 목적달성에 책임을 지는 단위로 책임중심점을 설정하고, 책임중심점별로 계획과 실적에 관한 회계수치를 집계하고 비교, 분석함으로써 성과평가를 행하는 회계제도이다. 책임중심점별 성과집계가 제도적으로 이루어져 핵심적인 경영통제수단 및 회계정보시스템의 기능을 수행할 때 책임회계제도(responsibility accounting system)라고 부른다.

> **TIP!**
> **책임중심점**이라는 단어가 어렵다면 책임중심점을 각 조직의 조직도에 공식적으로 나타난 부서장으로 생각하자!

책임회계의 보고 수단인 성과보고서(performance report)는 당기 운영활동에 관한 실적을 집계하고 이들 실적과 예산 간의 차이를 비교하는 형태로 작성된다. 성과보고서가 예산과 실적치 간의 차이원인에 관한 추가정보와 더불어 해당 관리자에게 전달되면 관리자들은 현행 운영활동을 개선하기 위한 조치를 강구하거나 미래 계획을 수정하여 이를 새로운 예산에 반영한다.

당초 계획에서 크게 벗어나는 항목에 대해 관련 책임자들이 관심을 갖고 적절한 수정조치를 취하거나 계획을 수정하도록 하는 것을 예외관리(MBE)라고 한다. 예외관리의 핵심은 당초 설정한 기준(예산)과 실제 달성한 실적 간의 상호비교이다. 기업경영에서 대표적인 벤치마크는 전년도 실적, 표준, 예산, 혹은 경쟁사 실적 등이다. 차이분석의 전형적인 예는 표준원가계산에서 다루었다. 생산프로세스가 얼마나 효율적으로 진행되었는지를 파악하기 위해서는 당초 편성한 예산(고정예산) 대신 변동예산(실제 생산량을 당초 설정한 표준대로 효율적으로 생산하였을 때의 허용된 기준치)을 활용해야 한다. 그 이유는 당초 예산편성이 고정비와 변동비로 구분되어 상이한 조업도 수준별로 허용예산 파악이 가능하기 때문이다. 그렇다고 당초예산과의 비교가 전혀 의미 없는 것은 아니다. 당초예산과 실적과의 차이는 목표달성도(당초계획한 매출액 달성 여부)를 파악하는 효과성 평가에 유용하기 때문이다.

책임회계가 작동되기 위해서는 ① 기본적으로 부여되는 책임의 내용에 따라 조직단위를 몇 가지 책임중심점으로 구분하는 것, 그리고 ② 이들 책임중심점별로 해당 관리자들이 영향력을 행사할 수 있는(즉, 책임을 지는) 수익 또는 비용 등과 같은 항목을 강조하는 방식으로 보고를 행하는 두 가지가 반드시 전제되어야 한다. 이 중 책임중심점의 분류 및 성격규정은 기업마다 조직구조 및 책임회계 도입목적에 따라 차이를 보인다.

2. 통제가능성 및 추적가능성과 책임회계의 범위

성과보고서가 특정 조직단위의 활동을 강조하는 식으로 작성되기 위해서는 특정 조직단위에게 책임을 부과할 수 있는 활동이 무엇인가를 먼저 식별하고 동시에 이들 책임수행의 결과로 발생하는 수익 또는 비용을 추적하여 해당 조직단위에게 귀속시킬 수 있어야 한다. 전자는 '통제가능성의 기준' 그리고 후자는 '추적가능성의 기준'이라고 부른다.

통제가능성(controllability)이란 특정 관리자가 원가 또는 수익 등 관심대상항목에 대해 영향력을 미칠 수 있는 정도를 의미한다. 한편, 통제가능원가(controllable cost)란 특정 관리자에 의해 일정기간 동안 가장 크게 영향을 받는 원가를 지칭한다.

책임회계제도가 이상적으로 실시되기 위해서는 성과평가시 특정 관리자가 통제불가능한 원가항목은 제외하거나 최소한 이러한 원가항목을 통제가능한 원가로부터 구분할 필요가 있다. 일례로 기계작업감독자를 대상으로 한 성과평가의 경우 자신의 관할영역에서 발생한 제조원가항목 중에서도 사실상 그가 통제불가능한 가격요소(가령, 재료구입단가, 임률 등)를 배제한 재료소비수량, 직접노동시간, 전력 사용량 및 소모품 수량 등 그가 관리할 수 있는 항목들에 대해서만 평가를 내리는 것이 바람직하다.

한편, 추적가능성(traceability)이란 조직 내에서 발생하는 제반 수익 및 비용항목을 책임중심점별로 추적하여 귀속시킬 수 있어야 한다는 것이다. 반대로 생각하면 해당 책임중심점이 없어지면 그에 따라서 없어지는 수익과 비용항목을 말한다. 그러나 통제가능 vs 통제불능원가의 분류도 절대적이라기보다는 상대적인 것처럼 모

한걸음더 **통제가능성 구분이 현실적으로 어려운 이유**

현실적으로 **통제가능성의 기준**을 적용함에 있어서는 다음과 같은 애로사항이 있다.

① 개별원가항목과 특정 관리자를 일 대 일로 대응하기가 곤란한 경우가 많다. 사실상, 대부분의 원가는 어느 특정 개별관리자에 의해서 영향을 받기보다는 여러 사람 또는 부서에 의해 영향을 받는다. 예를 들면, 직접재료비의 경우 가격은 구매책임자에 의해 좌우되는 반면에 소비수량은 생산책임자에 의해 영향을 받는다. 또한 여러 명의 관리자들이 팀을 구성해 함께 일을 할 경우 개별 관리자를 대상으로 한 성과평가는 쉽지가 않다.

② 현임관리자는 자연히 전임관리자가 내린 의사결정의 영향을 당기에 받기 마련이다. 가령, 전임관리자가 체결한 불리한 재료구입계약 그리고 노사협상에 따른 임금상승에 기인한 당기 제조원가의 상승 또는 지나친 수선비 절감 때문에 적시의 수선작업을 놓쳐 당기 생산작업이 지장을 받는 경우 등이 바로 그것이다. 따라서 책임회계가 지향하는 정보제공이나 동기부여목적상 현임관리자의 성과평가시 전임관리자의 과거 의사결정으로 인한 결과에 의해 왜곡되지 않도록 해야 한다.

든 발생항목을 책임중심점별로 추적하는 것은 사실상 불가능하다. 따라서 성과보고서 작성시 특정 책임중심점에 귀속시키는 항목의 범위, 즉 책임범위를 어떻게 결정해야 하는가는 매우 중요한 문제이다.

조직에서 발생하는 모든 원가를 원가발생의 장본인, 즉 원가를 야기시킨 해당부서에 부과하는 것이야말로 책임회계가 지향하는 바이다. 일반적으로 성과보고서에는 해당관리자가 통제가능한 항목만을 포함시키고 감가상각비, 재산세, 보험료와 같은 관리자가 통제불가능한 항목은 포함하지 않는 것이 바람직하다고 주장한다. 그러나 본사 공통비처럼 책임중심점에 직접 귀속시키기 곤란한 항목이라 하더라도 이들 항목을 <표 8.1>처럼 성과보고서상에 통제가능한 항목과 구분 지워 표시하게 되면 관리책임자는 비록 자신이 통제할 수는 없지만 자신의 부서를 유지하기 위해서는 또 다른 형태의 비용이 발생한다는 점을 인식하게 되어 원가마인드가 높아진다.

요컨대, 관리자의 성과평가는 통제가능성을 기준으로 행하고 부서차원의 평가는 특정 중심점에의 추적 및 귀속가능성을 중심으로 실시할 수 있도록 회계시스템을 운영해야 한다. 상하간의 권한관계가 명확히 규정되는 조직구조를 갖춘 후 발생원가 집계목적으로 관리자나 책임중심점별로 별도의 계정을 설정해야 한다.

표 8.1

추적가능한 고정비와 공통고정비를 구분한 성과보고서

		사업부문	
	회사 전체	기업용 부문	개인용 부문
매출액	500,000	300,000	200,000
변동비			
변동매출원가	180,000	120,000	60,000
기타변동비	50,000	30,000	20,000
총변동비	230,000	150,000	80,000
공헌이익	270,000	150,000	120,000
추적가능한 고정비	170,000	90,000	80,000
제품라인 이익	100,000	60,000	40,000
공통고정비	**85,000**		
순영업이익	15,000		

		제품라인	
	개인용 부문	클립아트	컴퓨터게임
매출액	200,000	75,000	125,000
변동비			
변동매출원가	60,000	20,000	40,000
기타변동비	20,000	5,000	15,000
총변동비	80,000	25,000	55,000
공헌이익	120,000	50,000	70,000
추적가능한 고정비	70,000	30,000	40,000
부문이익	50,000	20,000	30,000
공통고정비	**10,000**		
순영업이익	40,000		

		유통망	
	컴퓨터게임	온라인매출	매장매출
매출액	125,000	100,000	25,000
변동비			
변동매출원가	40,000	32,000	8,000
기타변동비	15,000	5,000	10,000
총변동비	55,000	37,000	18,000
공헌이익	70,000	63,000	7,000
추적가능한 고정비	25,000	15,000	10,000
부문이익	45,000	48,000	(3,000)
공통고정비	**15,000**		
순영업이익	30,000		

자료 : Garrison, et al., 2012, *Managerial Accounting*, p. 625.

3. 책임회계의 4가지 핵심요소

책임회계는 다음 4가지 핵심요소로 구성된다. 이들 4가지 요소는 책임회계 실행과정의 순차적 절차에 해당하는데, 전통적인 책임회계와 오늘날의 책임회계를 비교하는 식으로 설명한다.

(1) 책임의 부과

조직단위를 어떻게 분류하든지 책임은 통솔권을 갖는 사람에게 부여된다. 전통적인 책임회계에서는 조직단위(가령, 생산라인 등)와 개인에게 중점을 두는 반면에 현대적 책임회계에서는 다양한 가치사슬에 초점을 둔다. 가령, 외부의 납품업체를 포함한 확장기업을 책임단위로 설정하는 것이다.

(2) 목표치의 선택

성과평가를 위한 비교기준치로서의 목표설정은 매우 중요하다. 전통적으로는 예산이나 표준이 대표적인 목표치로서의 역할을 수행해 왔다. 그러나 현대적 책임회계하에서는 고객가치에의 기여를 목적으로 프로세스 산출물과 관련된 표준을 강조하고 이를 토대로 끊임없는 변화를 도모한다. 전통적인 책임회계와 달리 매우 동적인 목표치가 활용되고, 어렵지만 달성가능한 목표(stretch target)치를 선택하고 있다.

(3) 성과평가

전통적인 책임회계하에서는 예산상의 산출물과 실제 산출물을 비교하는 식으로 성과평가가 이루어져 왔다. 그러나 최근 현대적 책임회계하에서는 고객만족, 품질, 시간, 혁신 등과 같은 핵심성공요인의 질과 업무수행의 효율성 양자를 강조한다.

(4) 보 상

전통적인 책임회계나 현대적 책임회계에서나 조직구성원인 개인은 상사의 평가에 따라 보상과 처벌을 받아왔다. 다만 전통적인 책임회계에서의 보상은 예산 또는 표준에서 정한 성과를 달성했는가에 초점을 맞추는 반면, 프로세스를 강조하는 현대적 책임회계에서는 개인의 성과는 물론 팀의 성과에도 책임을 부과하기 때문에 성과보상은 전통적인 보상에 비해 복잡성을 띠는 편이다.

> **TIP!**
> **평가결과의 활용**
> 공개, 금전적 보상, 심리적 보상

한걸음더 유리한 차이는 무조건 칭찬받을 만한가?

불리한 차이에 관심을 갖지만, 유리한 차이가 칭찬받을 만하지 않을 수도 있다.

일반적으로 원가중심점에서는 '**예외관리**'를 하기 때문에 원가차이분석 중 불리한 차이에 관심을 갖는다. 그러나 능률적으로 일하였다는 결과로 나타나는 유리한 차이가 칭찬받을 만하지 않은 경우가 종종 있다. 월등히 좋은 성과를 위해 최선의 노력을 하지 않고 표준성과만을 간신히 달성할 정도만 노력한 경우이다. 즉, 환경변화에 동적으로 변하고 어렵지만 달성 가능한 목표를 표준으로 삼지 않았을 경우이다. 예를 들면, 불리한 차이를 최소화하기 위해 긴급주문을 처리하기 위한 생산계획조정을 적극적으로 하지 않을 수도 있다. 이렇게 되면 부문 최적화 문제가 발생하게 되고, 전체 **목표일치성**을 달성하기 어려워진다.

4. 책임중심점의 종류

대부분의 조직은 사업본부(division), 부문, 사업장 또는 부서(department) 등 다양한 명칭의 소규모 단위로 세분되어 특정 경영기능이나 과업수행의 책임을 진다. 이때 중요한 것은 어떻게 하면 조직단위 책임자들로 하여금 조직 전체의 목적달성을 위해 노력을 기울이도록 할 것인가이다. 이는 곧 목표일치성(goal congruence)의 이슈를 의미한다. 전사적 목표와 부문의 목표가 상호 일치될 때 우리는 목표일치를 이루었다고 말한다. 책임회계는 기업목표달성을 위한 목적에서의 자원배분을 공식적으로 다루는 예산을 강조함과 동시에 동 목표달성에 필요한 제반 활동수행 책임자를 선정하고 이들 책임자별로 성과를 의무적으로 보고하는 것을 강조한다. 성과보고서의 사례기업으로 소개할 한국시계(주)의 조직도표(organization chart) 일부를 예시하면 [그림 8.1]과 같다. 이 그림에 의하면 기업 전반에 걸친 영업활동 및 이익에 책임을 지는 사장 밑에 생산담당 부사장과 판매담당 부사장이 있다. 생산관리 및 제조원가에 책임을 지는 생산담당 부사장의 권한 일부는 두 명의 공장장에게 위임되어 있으며, 이 중 제2공장 책임자는 다시금 세 명의 생산부서 책임자에게 특정 제조활동에 관련된 책임을 위임하고 있는 셈이다.

조직계층에 따른 권한과 책임의 범위는 <표 8.2>에서의 제조활동에 관한 성과보고서에서 잘 드러난다. 권한에 상응하게끔 책임범위는 상위관리자일수록 커지고 하위관리자의 경우 작아진다. 즉, 특정 생산부서(C부서)의 비용총계는 상위공장장의 성과표시란에는 다른 부서의 성과와 함께 한 줄로 요약되고, 다시금 제2공장장의 성과는 제1공장의 성과요약치와 함께 생산담당부사장의 성과보고서에 요약된 상태로 표시된다. 이처럼 성과보고서상에 상급관리자로 올라갈수록 자료가 요약되어 표

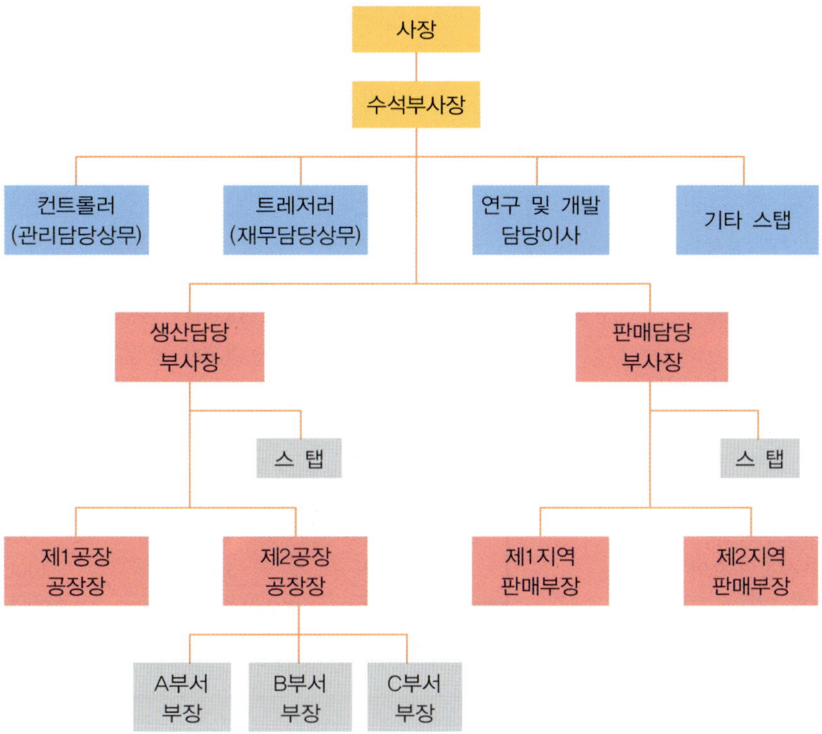

그림 8.1
한국시계(주)의 부분조직도표

시되는 것은 곧 일선관리자의 경우 일상적인 업무수행목적상 상세한 정보가 필요한 반면, 상위관리자의 경우 통제활동보다는 계획활동에 쏟는 시간이 상대적으로 많을 뿐 아니라 통제활동도 여러 부문간의 조정에 중점을 두기 때문이다.

전통적인 조직체계에서는 주요 경영기능(생산, 판매, 관리 등)별로 조직체계를 갖춘다. 그러나 일부 기업의 경우 제품라인별로 책임단위를 설정하여 개별 라인책임자가 인사에서 제조, 판매기능까지 담당하기도 한다. 이는 곧 책임중심점은 조직계층뿐만 아니라 기능, 제품, 지역 등을 감안하여 다양하게 설정될 수 있음을 말한다.

책임중심점의 성격과 내용은 기업의 조직구조에 따라 상이하지만 일반적으로 책임중심점에 부과된 활동의 성격에 따라 ① 원가중심점, ② 수익중심점, ③ 이익중심점, ④ 투자중심점의 네 가지로 분류된다. 이하에서는 이들 중심점을 설명한다.

① 원가중심점

성과평가와 관련하여 당해 관리자가 원가발생에 대해서만 책임을 지는 조직단위를 원가중심점이라고 한다. 원가중심점(cost center)은 작게는 특정 생산부서 내의

표 8.2
생산부문의 책임회계보고서(단위: 천원)

	실 적	예 산	차 이*
생산담당부사장(부문)			
제1공장	₩35,000	₩34,800	₩200U
제2공장	49,600	48,400	1,200U
부사장실(요약수치)	8,900	9,800	900F
합 계	₩93,500	₩93,000	₩500U
공장장 : 제2공장			
A부서	₩15,400	₩14,700	₩700U
B부서	17,500	18,000	500F
C부서	10,500	9,900	600U
공장장실(요약수치)	6,200	5,800	400U
합 계	₩49,600	₩48,400	₩1,200U
책임자 : C부서			
직접재료비	₩3,000	₩2,000	1,000U
직접노무비	3,500	4,000	500F
제조간접비(요약수치)	4,000	3,900	100U
합 계	₩10,500	₩9,900	₩600U

* F는 유리한 차이를, U는 불리한 차이를 각각 나타낸다.

소규모 제조팀을, 크게는 제조부문 전체를 의미한다.

조직단위가 원가중심점으로 규정될 경우 당해 관리자는 수익창출활동에 대해서는 책임을 지지 않는다. 이러한 원가중심점은 기업 내 제조부문뿐만 아니라 연구개발 및 일반관리업무 등 비제조활동을 담당하는 조직단위에 대해서도 설정될 수 있다.

이러한 원가중심점은 산출물 파악이 용이하고, 투입-산출관계를 이용한 능률 위주로 성과평가가 이루어지는 표준원가중심점(standard cost center)과 인사, 기획 등 일반관리부서 및 연구개발부서 등과 같이 산출물뿐만 아니라 투입-산출관계도 규정이 어려운 재량원가중심점(discretionary cost center)으로 대별된다.

② 수익중심점

수익중심점(revenue center)이란 판매부서와 같이 수익창출에 책임을 지는 조직단위를 말한다. 앞의 [그림 8.1]의 제1판매지역, 제2판매지역 및 이를 총괄하는 판매담당 부사장이 이에 해당한다. 이들 각 수익중심점별로 별도의 성과보고서가 작성된다. 원가중심점이 수익창출에는 책임을 지지 않았던 것처럼 수익중심점의 경우 수익창출과 관련된 비용, 즉 매출원가나 판매비 등에 대해서는 책임이 부과되지 않는다.

수익중심점의 핵심적 관리대상인 수익 역시 100% 관리자에 의해 통제가능한 것은 아니다. 가령, 판매수익은 판매관리자가 영향력을 행사하지 못하는 요소에 의해 좌우될 수도 있다. 즉, 판매구성 및 판매가격 등 내적요인과 외부환경요인이 그것이다. 이를 감안하여 이들 관리자의 성과평가는 판매수량 및 판매믹스(sales mix) 등보다 세분화된 분석하에 이루어질 필요가 있다.

비록 수익중심점의 성과보고서가 매출을 비롯한 수익을 강조하더라도 수익중심점에서 발생하는 원가 중 수익중심점이 통제가능한 원가에 대해서는 책임을 지도록 하는 것이 바람직하다. 가령, 매출원가 이외의 주문획득 및 주문이행과 관련된 판매비와 관리비가 그것이다. 이는 자칫 수익만이 강조될 경우 매출증가에 소요되는 비용에 대한 고려 없이 판매증가만을 도모할 것을 염려해서이다. 이처럼 수익뿐만 아니라 수익과 관련된 비용 일부에 대해서도 책임을 지는 책임중심점은 다음에 소개할 이익중심점과 유사한 준이익중심점(quasi-profit center)이 된다.

③ 이익중심점

이익중심점(profit center)은 수익 및 비용의 양자를 관리하는 가운데 이들 차액인 이익에 대해 책임을 지는 조직단위이다. 조직 전체가 이익중심점이 되는 것은 당연하다. 그러나 일반적으로 제품라인이나 판매지역 또는 사업부 조직의 일부가 이익중심점으로 설정된다. 상위조직이 이익중심점으로 설정되면 동 중심점은 다시금 원가중심점이나 수익중심점 등 하위단위로 세분될 수 있다.

이익에 책임을 지는 이익중심점은 판매수익의 증가와 이에 따른 원가상승간의 상충관계(trade-off)를 적절히 고려하여 최적의사결정을 내린다. 원가중심점이나 수익중심점에 재량의 폭이 커진 반면에 그만큼 책임이 커져 고려해야 할 변수가 늘어난다. 이익중심점은 투자나 자금조달 및 총자산규모 등과 관련된 의사결정권한이 주어지지 않는다. 백화점 규모나 건물구조 등 주어진 여건하에서 경영을 해나가야 하는 대규모 백화점의 분점이 그 좋은 사례이다.

④ 투자중심점

투자중심점(investment center)은 전형적인 이익중심점이 책임지는 수익 및 비용 이외에 이익창출에 활용되는 자산의 관리 및 투자의사결정에 대해서도 책임을 지는 조직단위를 말한다. 투자중심점은 이익중심점에 대한 평가가 기본적으로 책임중심점이 관할하는 자산규모 및 구조적인 제약을 고려하지 못하는 단점을 보완하기 위해 등장한 것이다.

투자중심점은 사업부제를 이용한 분권화 경영에서 주로 채택된다. 투하자본의 관리까지를 경영자의 책임으로 삼아 진정한 경영권한의 위임과 책임의 부여를 실천하고자 하는 점에서 책임회계 성격이 가장 강력하게 반영되는 조직단위이다. 투자중심점의 성과평가는 제9장에서 자세히 다룬다.

제2절 수익중심점의 성과평가 및 차이분석

1. 수익중심점(판매부문)의 성과보고서의 특징

수익중심점(revenue center)은 책임중심점 관리자가 수익창출에 일차적인 책임을 지는 조직단위로 정의내린 바 있다. 수익중심점의 대표적인 예로는 제품 또는 서비스를 판매하는 판매부문이 꼽힌다. 판매부문의 실제명칭은 기업에 따라(경남영업부, 소형가전판매부문 등) 천차만별이다. 그러나 수익창출을 책임지며 실제수익을 목표수익(때로는 경쟁업체의 수익)과 비교하는 식으로 성과평가가 이루어진다는 공통점을 갖는다.

수익(revenue)은 고객에게 제공된 제품 또는 용역의 대가로 받은 자산으로 정의된다. 수익에는 매출수익 이외에도 이자수익 및 임대료 수익 등 다양하다. 그러나 매출수익이 수익의 대부분을 차지한다. 판매부문의 성과평가와 관련하여 수익차이를 매출차이라는 용어와 동일하게 사용하는 것도 이런 이유에서이다.

일반적으로 판매부문의 성과보고서는 공통적으로 다음과 같은 특징을 갖는다.

① 판매부문의 성과평가는 효율성(efficiency)에 초점을 두는 생산부문의 보고서와 달리 당초 목표한 매출을 실현했는가의 여부, 즉 효과성(effectiveness)에 초점을 맞춘다. 따라서 성과보고서는 당초 목표(즉, 예산)와 실제성과를 비교하는 차이정보를 포함한다. 이때 예산(특히, 매출액)은 당초 예산편성시 작성한 고정예산(static budget; 일명, 원시예산)을 말한다. 왜냐하면 판매부문이란 미래가 어떻게 전개될지를 예측하고 이를 실현할 책임이 있는 조직단위이기 때문이다. 이 점에서 실제생산량이 바뀌면 바뀐 생산량에 허용되는 변동예산을 새로이 작성·비교해야 의미를 갖는 생산부문의 성과보고서와는 차이를 보인다(원가중심점의 차이분석은 원가회계 교재 표준원가 부분을 참고하길 바람).

② 판매부문의 성과보고서는 구체적으로 어떤 원천(가령, 지역, 제품, 고객 등과 같은 다양한 세그먼트)으로부터 얼마만큼의 수익 또는 이익이 창출되었는지에 관한 정보를 포함한다. 기업의 목적(경영관리에 유용한 정보창출)에 따라 이들 세그먼트의 정의 및 세분화는 차이를 보인다.

③ 세그먼트보고서처럼 판매부문의 성과보고서 역시 세그먼트관리자의 통제가능성을 염두에 두고 작성된다. 즉, 특정 세그먼트관리자가 통제가능한 수익 및 비용항목은 직접 추적·부과하고 그렇지 못한 간접원가는 보다 상위의 세그먼트에 귀속시키는 식으로 작성된다.

원가분석의 경우처럼 수익분석의 두 가지 핵심개념은 수익추적과 수익배분이다. 수익추적(revenue tracing)은 수익을 제품, 서비스, 고객, 유통채널 등과 같은 수익대상(revenue objects)에 직접적으로 그리고 효율적으로 추적·부과할 수 있는 경우를 지칭한다.[1] 한편, 수익배분(revenue allocation)은 여러 제품이 함께(즉, 패키지형태로) 판매되어 개별 품목별로 추적할 수 없는 경우를 말한다.

2. 매출차이분석: 단일제품의 경우

기업이 목표이익을 실현하기 위해서는 최종산출물을 판매함으로써 수익을 창출해야만 한다. 수익중심점에서는 당초 설정한 고정예산(static budget)에 기초하여 성과평가를 행한다. 간단한 수치사례를 이용하여 설명해 보자.

예를 들어, 사례기업인 한국시계(주)가 2019년 3월중의 판매예산을 총 ₩40,000,000(단위당 판매가격 ₩4,000, 판매수량 10,000개)으로 설정했다고 가정하자. 만약 동사가 실제로 개당 ₩3,900씩에 11,000개를 판매한 경우 총수익차이는 다음과 같이 ₩2,900,000에 달한다.

실제판매수익(₩3,900×11,000)	₩42,900,000
예산판매수익(₩4,000×10,000)	40,000,000
판매수익차이	₩2,900,000

판매수익(즉, 매출액)은 판매가격과 판매수량에 의해서 결정된다. 따라서 실제 판매수익을 예산과 비교할 경우 가격요인과 수량요인을 구분하여 차이분석을 할 필요가 있다.

---

1) 엄밀히 말하면 수익발생의 역분개(가령, 매출에누리 또는 환입)까지가 추적될 수 있어야 한다.

위의 수치에서는 실제 판매수익이 예산수익을 초과하여 판매수익차이(sales revenue variance)는 유리한 차이를 기록하였다. 이러한 ₩2,900,000의 유리한 수익차이는 ① 판매가격의 인하(₩4,000에서 ₩3,900으로 ₩100 인하)와 ② 가격인하에 기인한 판매수량 증가(1,000개 증가)의 두 가지 요인에 의한 복합적인 결과임을 유의할 필요가 있다. 판매수익의 차이를 가져오는 전형적인 두 요인은 다음과 같다.

① **판매가격차이(sales price variance)** : 실제 판매수량이 정해진 상태에서 판매가격의 변화가 판매수익에 미치는 영향을 측정하는 항목으로 다음과 같이 계산된다.[2]

판매가격차이 = (실제판매가격 − 예산판매가격) × 실제판매수량

$= (AP - BP) \times AQ$

② **판매수량차이(sales volume variance)** : 판매가격에는 변화가 없었다고 가정할 때 판매수량의 차이가 판매수익에 미치는 정도를 측정하는 차이항목으로 다음과 같이 계산된다.

판매수량차이 = (실제판매수량 − 예산판매수량) × 예산판매가격

$= (AQ - BQ) \times BP$

위의 두 차이항목을 이용하여 한국시계(주)의 3월중 자료를 토대로 판매수익차이를 요약하면 다음과 같다.

실적(AP×AQ)	BP×AQ	고정예산(BP×SQ)
₩3,900×11,000개 =₩42,900,000	₩4,000×11,000개 =₩44,000,000	₩4,000×10,000개 =₩40,000,000
=(AP−BP)×AQ =1,100,000(U) 판매가격차이		=(AQ−SQ)×BP =4,000,000(F) 판매수량차이

---

2) 영어 약자를 통해 계산공식을 요약·표기함으로써 쉽게 활용될 수 있다.
여기서 A : actual(실제)
B : budgeted(예산)
P : price(가격)
Q : volume과 같은 의미인 quantity(수량)를 나타낸다.

위의 차이항목에 대한 해석은 다음과 같이 행해질 수 있다.

① 만약 가격인하 없이 판매수량의 증가가 가능했더라면 판매수익은 ₩4,000,000만큼 증가했었을 것이다.
② 단위당 ₩100의 가격하락 때문에 ₩1,100,000만큼의 판매수익이 감소했다.
③ 단위당 ₩100의 판매가격 인하로 인한 판매수익감소는 판매수량의 증가로 인한 효과에 의해 충분히 보상받았다.

차이항목은 단지 실제결과가 당초 계획대로 이루어지지 않았음을 시사할 뿐이다. 이들 차이항목은 판매관리자가 잠재적인 문제영역 및 개선가능성들을 파악하는 데 유용하다. 그러나 차이발생원인을 조사하는 과정에서 유리한 차이를 기록한 관리자가 실제로는 저조한 성과를 보인 셈이며 반대로 불리한 결과를 보인 관리자가 오히려 훌륭한 업적을 달성했음을 파악할 수 있음에 유념할 필요가 있다.

한국시계(주)의 유리한 판매수량차이를 예로 들어보자. 실제 판매수량이 예산판매수량을 1,000개만큼(즉, 10%) 초과한 결과로 생긴 유리한 차이는 외견상으로는 훌륭한 판매성과처럼 보인다. 그러나 실제로 한국시계(주)가 취급하는 제품의 3월중 시장 전체의 수요가 당초 예상보다 20% 증가한 경우 한국시계(주)의 시장점유율은 하락한 셈이다.

때로는 저조한 판매노력에도 불구하고 유리한 판매수량차이를 보일 수 있다. 왜냐하면 시장이 호황세에 접어들었거나 경쟁업체의 생산공정상 문제(가령, 화재)가 생겨 일시적으로 판매가 늘 수 있기 때문이다. 이처럼 시장규모의 변화 및 경쟁업체의 성과를 감안한 상대평가가 (시장점유율의 변화형태로) 필요하다는 점과 여러 제품을 취급하는 경우, 판매믹스(sales mix)의 변화에 따라 총수익이 차이를 보일 수 있다는 점 등 현실적으로 판매부문의 성과평가는 고려해야 할 요소가 많은 편이다.

3. 복수제품취급의 경우

일반적으로 기업은 한 가지 제품만을 취급하기보다는 복수의 제품을 취급한다. 이 경우 매출차이의 분석은 판매가격차이와 판매수량차이에 판매믹스차이(sales mix variance : 매출배합차이 또는 매출구성차이)가 추가되어 이루어져야 한다. 왜냐하면 당초 예산에 비해 실제총판매수량이나 판매가격이 하등 차이를 보이지 않더라도 각 제품의 상대적 판매비율(mix ratio)이 달라진 경우 각 제품의 판매가격이 동일한 특수한 경우를 제외하고는 판매수익이 달라지기 때문이다. 즉, 복수제품을 취급하는 경우 매출수익의 변화에 대한 분석은 보다 세분화되어야 함을 의미한다.

판매믹스(sales mix)란 CVP분석에서 설명한 것처럼 전체 판매수량 중에서 각 제품이 차지하는 상대적 비율을 말한다. 판매믹스 개념을 이용하여 판매수량차이를 순수판매수량차이와 판매믹스차이로 세분할 경우 순수판매수량차이는 판매가격과 판매믹스의 변화가 이루어지지 않았다는 가정하에 전체판매수량의 차이가 총수익에 미치는 효과를 측정한다. 따라서 예산가격과 예산믹스를 사용하여 차이를 계산한다.

한편, 판매믹스차이는 실제판매믹스비율과 예산믹스비율의 차이가 총수익에 미치는 효과를 실제판매수량과 예산가격을 토대로 계산한다. 예산가격을 사용하는 이유는 이미 가격차이는 별도로 파악하였기 때문이며 실제수량을 이용하는 이유는 믹스차이에 따른 효과는 실제수량만큼 적용되기 때문이다.

TIP!

북미 디지털 TV시장에서 삼성전자가 매출기준 35%, 수량기준 25.3%의 점유율로 매출 2위 소니(11.9%)와 수량 2위인 LG전자(9.1%)를 상당한 수준으로 따돌렸다는 통계는 그만큼 삼성전자가 고가TV 판매에 성공했음(즉, **유리한 믹스**)을 시사한다.

판매믹스차이를 계산하는 방법은 세 가지가 있으며, 한 가지 명심할 점은 어느 방법을 적용하든지 총믹스차이 수치는 동일하다는 점이다. 단, 각 제품별 믹스차이 수치나 유리 또는 불리한 방향은 방법 간에 차이를 보일 수 있다. 그러나 믹스차이가 존재하는 이유는 제품이 하나가 아니라 복수이기 때문이고 믹스비율은 다른 제품이 존재할 때만 의미를 갖는 점을 감안하면 개별 제품별 믹스차이 수치는 개별적으로는 의미를 갖지 못한다. 따라서 어느 방법을 따르든지 최종수치와 방향만이 의미를 갖는다.

(1) 방법#1 : 믹스비율비교법

$$\begin{aligned}\text{판매믹스차이} &= \sum(\text{실제비율} - \text{예산비율}) \times \text{실제총판매수량} \\ &\quad \times (\text{예산가격} - \text{예산평균가격}) \\ &= \sum(A\% - B\%) \times TAQ \times (BP - BAP)\end{aligned}$$

여기서 $A\%$: actual%
$B\%$: budgeted%
TAQ : total actual quantity
BP : budgeted price
BAP : budgeted average price를 지칭함.

방법#1은 이해가 쉽다는 장점을 갖는다. 그러나 실제계산은 믹스비율을 계산해야 하기 때문에 불편하다. 공식 후반에 예산가격을 예산평균가격과 비교하는 ($BP - BAP$)에 유의할 필요가 있다. 판매믹스차이의 핵심에 해당하는 이 수치를 토대로 믹스차이의 유·불리함을 판단하기 때문이다.

예산판매믹스에 예산가격을 적용하여 계산되는 예산평균가격(BAP)보다 낮은 예산가격의 제품이 더 많이 팔린 경우(즉, 실제비율이 예산비율보다 높아질 경우) 불리한 경우로 판정된다. 저가품의 판매비중이 높아지면 가중평균판매가격이 낮아지기 때문이다. 이런 논리를 확대하여 평균보다 높은 판매가격의 제품(고가품)의 판매비율이 늘어나면 유리한 경우로 그리고 저가품의 판매비율이 낮아지면 유리한 차이로 판정한다.

> **TIP!**
> **캠퍼스생활 속의 믹스차이**
> 가령, 동일한 교수가 강의하는 두 반(class)의 기말성적을 각 반의 평균성적을 비교하여 보다 높은 평균을 기록한 반의 수강생 전원에게는 A를 주고 다른 반의 수강생 전원에게는 C라는 성적을 준다고 가정할 때 각 반의 수강생들은 몇 명이 다른 반에서 자신의 반으로 옮겨오든지 상관하지 않지만 옮겨오고자 하는 학생의 성적이 현재의 평균점수보다 높은지 낮은지에 관심을 갖는 것을 생각하면 판매믹스차이의 최종 판정논리는 쉽게 이해할 수 있다.

(2) 방법#2 : 수량비교법

$$\text{판매믹스차이} = \sum(\text{실제판매수량} - \text{예산판매수량}) \times (\text{예산가격} - \text{예산평균가격})$$
$$= \sum(AQ - BQ) \times (BP - BAP)$$

수량비교법은 믹스비율을 계산하지 않아도 되는 장점이 있다. 예산판매가격을 예산평균판매가격과 비교하여 믹스차이가 유리한지 불리한지를 판단함은 방법#1과 동일하다. 비율 대신 단순히 판매수량의 증감을 이용해도 동일한 결과를 얻을 수 있는 이유는 개별 제품의 믹스비율의 변화를 파악하기보다는 총차이를 구하는 것이 목적이기 때문이다. 평균가격보다 높은 가격의 제품을 더 많이 파는 것은 믹스의 관점에서 유리하다고 판단된다. 즉, 가중평균판매단가가 높아지기 때문이다. 이로부터 다음에 설명하는 세 번째 방법이 가능하다.

(3) 방법#3 : 가중평균가격비교법

$$\text{판매믹스차이} = \text{실제총판매수량} \times (\text{실제가중평균가격} - \text{예산가중평균가격})$$
$$= TAQ \times (AWAP - BWAP)$$

여기서 T : total
WA : weighted average(가중평균)를 지칭한다.

세 번째 방법은 판매믹스의 변화로 인한 평균가격의 변화에 초점을 맞춘다. 단, 유념할 점은 실제가중평균가격(AWAP)은 예산가격에 실제믹스를 이용하여 계산된다는 점이다. 따라서 믹스차이는 상대적 판매수량의 변화로 인해 믹스비율이 변할 때 기록된다. 이 점이 방법#3의 핵심이다. 방법#3은 방법#2와 달리 믹스비율을 이용한다. 비록 방법#1처럼 개별 믹스비율을 공식적으로 이용하지 않지만 가중평균판매가격을 구함에 있어서 믹스비율이 고려된다. 가령, 총매출을 총수량으로 나누어 가중평균을 구하는 경우 명목적으로는 비율이 이용되지 않았지만 암묵적으로는 비율이 고려된 셈이다. 방법#1과 #2와 달리 개별 제품별 차이계산은 불필요하다.

이해를 돕기 위해 구체적인 계산예제를 이용하여 3가지 방법을 비교한다.

예제 8-1 판매믹스를 포함한 매출차이분석

수익중심점으로 간주되는 시계판매사업부는 A, B, C 세 가지 제품을 판매하고 있다. 다음에 제시된 2018년의 판매예산과 실적자료를 토대로 시계판매사업부의 2018년 매출수익이 감소하게 된 원인을 ① 판매가격차이, ② 판매수량차이 그리고 ③ 판매믹스차이로 구분하여 분석하시오.

<자료>

구 분	A 예산	A 실제	B 예산	B 실제	C 예산	C 실제
수 량	700	825	100	165	200	110
가 격	120	110	80	65	500	350
변 동 비	70	50	50	40	300	250
공헌이익	50	60	30	25	200	100

풀이

① 판매가격차이 = $(AP - BP) \times AQ$

제품 A :	(₩110 − ₩120) × 825 =	₩8,250(U)
제품 B :	(₩65 − ₩80) × 165 =	₩2,475(U)
제품 C :	(₩350 − ₩500) × 110 =	₩16,500(U)
		₩27,225(U)

② 판매수량차이 = $(AQ - BQ) \times BP$

제품 A :	(825 − 700) × ₩120 =	₩15,000(F)
제품 B :	(165 − 100) × ₩80 =	₩5,200(F)
제품 C :	(110 − 200) × ₩500 =	₩45,000(U)
		₩24,800(U)

③ 판매믹스차이

(1) 방법#1 : 믹스비율비교법

판매믹스차이 = Σ(실제비율 − 예산비율) × 실제총판매수량 × (예산가격 − 예산평균가격)

$= \Sigma(A\% - B\%) \times TAQ \times (BP - BAP^*)$

제품 A :	(0.75 − 0.70)×1,100 × (₩120 − ₩192) =	₩3,960(U)
제품 B :	(0.15 − 0.10)×1,100 × (₩80 − ₩192) =	₩6,160(U)
제품 C :	(0.10 − 0.20)×1,100 × (₩500 − ₩192) =	₩33,880(U)
		₩44,000(U)

* BAP는 예산판매량에 예산가격을 적용하여 계산된다.

(700×120 + 100×80 + 200×500) ÷ 1,000 = 192

(2) 방법#2 : 수량비교법

판매믹스차이 = Σ(실제판매수량 − 예산판매수량)×(예산가격 − 예산평균가격)

$= \Sigma(AQ - BQ)\times(BP - BAP)$

제품 A :	(825 − 700) × (₩120 − ₩192) =	₩9,000(U)
제품 B :	(165 − 100) × (₩80 − ₩192) =	₩7,280(U)
제품 C :	(110 − 200) × (₩500 − ₩192) =	₩27,720(U)
		₩44,000(U)

(3) 방법#3 : 가중평균단가비교법

판매믹스차이 = 실제총판매수량 × (실제가중평균가격 − 예산가중평균가격)

$= TAQ \times (AWAP^{**} - BWAP)$

= 1,100 × (₩152 − ₩192)

= ₩44,000(U)

** AWAP는 실제판매량에 예산가격을 적용하여 계산된다.

(825×120 + 165×80 + 110×500) ÷ 1,100 = 152

	AP×AQ	BP×AQ	BP×(TAQ×BM)	BP×SQ
A	₩110×825 = 90,750	₩120×825 = 99,000	₩120×770 = 92,400	₩120×700 = 84,000
B	65×165 = 10,725	80×165 = 13,200	80×110 = 8,800	80×100 = 8,000
C	350×110 = 38,500	500×110 = 55,000	500×220 = 110,000	500×200 = 100,000
합계	₩139,975	₩167,200	₩211,200	₩192,000

27,225(U) 판매가격차이 | 44,000(U) 판매믹스차이 | 19,200(F) 순판매수량차이

판매수량차이 = 24,800(U)

주) TAQ는 실제총판매수량, BM는 개별제품의 예산상 믹스비율

두 가지 이상의 제품을 판매하는 경우 수익중심점에서 판매믹스차이와 판매수량차이가 있는 것과 마찬가지로 원가중심점의 경우, 투입하는 생산요소(원재료, 노동력)가 두 가지 이상일 경우 배합차이와 수율차이가 발생된다. 직접재료와 직접노무비에서 분석되는 배합차이와 수율차이 분석은 <부록8A>에 다룬다.

4. 시장규모와 시장점유율차이

지금까지 판매수량차이는 실제판매수량과 예산판매수량을 비교하는 식으로 이루어졌다. 과연 판매수량은 무엇에 의해 좌우될까? 만약 수량차이가 존재한다면 이들 차이가 왜 발생했는지에 관한 의미있는 분석은 어떻게 이루어질 수 있을까? 이러한 질문은 기업외부 환경변화가 차이분석에 중요하다는 것을 시사한다.

시장규모와 같은 외부요인에 의해서도 판매수량은 변화한다. 즉, 과거와 동일한 시장점유율을 유지하는 기업이더라도 기업이 속한 산업의 제품시장규모가 커지면 판매수량은 증가한다. 실제로 3低(저임금, 저이자율, 저환율)시대에는 기업이 별 노력을 기울이지 않아도 판매량은 대폭 증가한 반면에 IMF시대에는 시장이 위축되어 기업이 노력을 해도 시장 전체규모는 오히려 축소되거나 간신히 예전 수준을 유지할 뿐이었다는 사실이 이를 잘 뒷받침한다. 이러한 시장규모의 변화는 판매부문의 입장에서 볼 때 통제불가능한 외부환경요인에 해당한다.

시장점유율은 기업내부 제품의 품질, 납기 등을 좌우하는 기업내부 운영부서의 성과로 판매부문의 노력 여하에 따라 달라진다. 마치 IMF시대에도 엄청난 시장점유율 상승을 기록한 기업이 존재하고 전무후무한 호황을 이룬 3저 시대에도 비록 판매량은 늘었지만 시장점유율이 줄어든 기업이 존재했던 것을 보면 쉽게 이해할 수 있다.

외부환경요인이 판매수량에 미치는 효과와 이들 차이에 대한 통제가능성을 감안하여 판매수량차이는 시장규모차이와 시장점유율차이로 보다 세분된다. 그 중 시장규모차이(market size variance 또는 industry volume variance)는 예산편성시 가정한 시장점유율이 그대로 유지되었다고 가정하고 예산시장규모와 비교한 실제시장규모의 증가 또는 감소가 이익에 미치는 것을 측정하는 것이다. 이를 구하는 산식은 다음과 같다.

$$\text{시장규모차이} = (\text{실제시장규모} - \text{예산시장규모}) \times \text{예산시장점유율} \times \text{예산평균공헌이익}$$

$$= (AMS - BMS) \times BM\% \times BACM$$

여기서 AMS : actual market size
BMS : budgeted market size
$M\%$: market share를 지칭함.

한편, 시장점유율차이(market-share variance)는 실제시장규모를 전제로 실제시장점유율이 예산시장점유율보다 증가 또는 감소함으로써 초래되는 이익효과를 측정하는 것이다. 이를 구하는 산식은 다음과 같다.

$$\text{시장점유율차이} = (\text{실제시장점유율} - \text{예산시장점유율}) \times \text{실제시장규모} \times \text{예산평균공헌이익}$$
$$= (AM\% - BM\%) \times AMS \times BACM$$

다음 [예제 8-2]는 이에 대한 이해를 돕기 위한 것이다.

예제 8-2 시장규모차이와 시장점유율차이

앞에서 소개한 [예제 8-1]의 수치와 다음 자료를 이용하여 시장규모차이와 시장점유율차이를 계산하시오. 시계판매사업부는 2018년 종합예산편성 시 산업전체의 판매량은 5,000개, 자사의 시장점유율은 20%로 추정한 바 있다. 산업전체의 실제판매량은 6,875개로 37.5% 증가한 것으로 보고되었다.

풀 이

1) 가격기준 차이분석

AMS × AM% × BAP	AMS × BM% × BAP	BMS × BM% × BAP
6,875개 × 0.16 × ₩192 = ₩211,200	6,875개 × 0.2 × ₩192 = ₩264,000	5,000개 × 0.2 × ₩192 = ₩192,000

시장점유율차이 = 52,800(U)　　시장규모차이 = 72,000(F)

순판매수량차이 19,200(F)

주) BAP는 예산가중평균가격

2) 공헌이익기준 차이분석

① 시장규모차이

시장규모차이 = (실제시장규모 − 예산시장규모) × 예산시장점유율 × 예산평균공헌이익*

$= (6,875 - 5,000) \times 0.2 \times ₩78 = ₩29,250(F)$

* 예산평균공헌이익 = (50×700 + 30×100 + 200×200)/1,000 = 78

② 시장점유율차이

시장점유율차이 = (실제시장점유율 − 예산시장점유율)×실제시장규모 ×예산평균공헌이익

$= (0.16^* - 0.20) \times 6,875 \times ₩78 = ₩21,450(U)$

* 실제시장점유율 = $\dfrac{\text{한국시계판매사업부의 실제판매량}}{\text{산업전체의 실제판매량}} \times 100 = \dfrac{1,100\text{개}}{6,875\text{개}} \times 100 = 16\%$

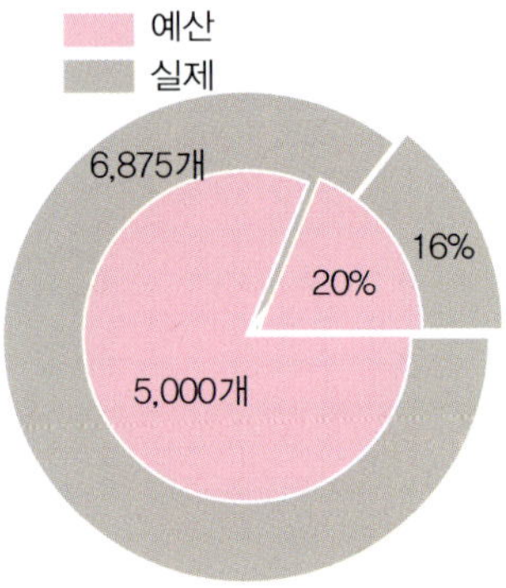

<해석>

산업 전체의 실제판매량(즉, 실제시장규모)은 당초 예산편성시 예측한 판매량보다 증가하여 시장규모차이는 ₩29,250만큼 유리한 것으로 나타났다. 그러나 시장점유율은 4%(예산 20%에서 실제 16%로) 감소하여 시장점유율차이는 ₩21,450만큼 불리한 차이를 보였다. 판매수량차이가 ① 시장규모차이와 ② 시장점유율차이의 합계와 일치함은 다음과 같이 증명할 수 있다.

판매수량차이 = $(AQ - BQ) \times BAP$

$= (1,100 - 1,000) \times ₩78 = ₩7,800(F)$

$= ₩29,250(F) + ₩21,450(U)$

시장규모차이　　시장점유율차이

시장규모차이 및 시장점유율차이와 관련하여 특기할 사항은 다음과 같다.

첫째, 자료의 수집가능성이다. 시장규모차이와 시장점유율차이 정보를 활용하기 위해서는 최소한 ① 산업전체의 판매량(즉, 시장규모)과 ② 해당 기업의 시장점유율에 관한 정보가 입수되어야 한다. 비록 특정 산업 내 모든 기업의 시장점유율을 파악하기가 용이하지 않은 경우도 있지만 자사의 시장점유율을 알 수 있을 경우에는 문제되지 않는다.

둘째, 성과평가목적에의 차별적인 활용이다. 즉, 시장규모는 개별 기업의 입장에서 관리불가능한 경우가 일반적이지만 시장점유율은 상당부분 기업이 관리가능하다. 이런 점에서 판매부문관리자에 대한 업적평가에는 시장점유율차이가 보다 강조된다.

제3절 이익중심점의 성과평가 및 차이분석

매출액만 초점을 맞추어 성과평가가 이루어질 경우 판매부문은 진정한 수익중심점이 된다. 오랫동안 판매부문은 수익중심점으로 간주되어 왔다. 따라서 이들 부문의 관리자 및 종업원들은 매출액의 증가에만 관심을 기울이고 사실상 그들이 통제가능한 비제조원가(구체적으로 판매비 및 물류비)와 같은 원가관리에는 등한시 해왔다. 즉, 매출액을 늘린다는 명목하에 광고비나 판촉비를 과대하게 지출했다. 뿐만 아니라 제조업의 경우 판매부문은 생산일정의 변경에 따른 추가원가부담을 신경 쓰지 않는 가운데 긴급주문(rush order)을 수주하거나 과도한 수준의 재고를 생산부문에 요구하여 타부문들(가령, 생산부문 또는 물류부문)과 빈번히 갈등을 빚어왔다.

이와 같은 문제점을 감안하여 오늘날 판매부문은 순수한 수익중심점 대신에 이익중심점 또는 준이익중심점으로 간주된다. 이는 곧 판매부문관리자의 성과평가시 수익 이외에 이들이 통제가능한 원가(가령, 판매비) 또는 비록 통제는 불가능하더라도 타부문의 원가발생에 영향을 미칠 수 있는 항목(가령, 긴급주문 이행에 따른 생산부문의 추가원가)까지를 책임지게 하는 것을 말한다.

이처럼 판매부문을 수익중심점 대신 이익중심점 등으로 간주하게 되면 종전에 비해 기업에 바람직한 방향으로 행동을 유도하는 장점을 갖는다. 한 가지 언급할 점은 종전의 통제가능성(controllability)을 영향력가능성(influencibility)으로 확대하여 타부문과의 관련성 및 전사적 관점을 강조하는 것이 바람직하다는 것이다.

1. 매출차이분석 : 공헌이익법

이익중심점이 통제가능한 비용은 고정판매비와 변동판매비를 들 수 있다. 이는 크게 주문획득(order-getting)에 관련된 비용과 주문이행(order-filling)에 소요된 비용으로 구분된다. 광고비, 판매수수료 및 판매원급료, 여비교통비, 판매촉진비 등과 같이 고객으로부터 주문을 받기 위해 소요되는 비용이 주문획득비용이다. 주문이행비용은 획득한 주문을 이행함에 따른 원가로서 물품의 포장, 보관, 출하, 운반 등 소위 물류기능에 관한 원가와 대금회수와 관련된 소위 재무적 활동, 가령 신용조사 및 매출채권의 매각(팩터링) 등과 같은 가치사슬 후방단계의 활동에 따른 원가를 지칭한다.

이익중심점의 비용통제(일명, 원가통제)에 관한 성과평가는 실제 활동수준에 맞추어 작성된 변동예산을 이용해야 한다. 사례기업인 한국시계(주)의 3월중 판매비용예산이 단위당 ₩500의 변동비와 ₩1,000,000의 고정비로 책정된 반면, 동월의 실제비용은 총 ₩950,000의 고정비와 ₩6,500,000의 변동비를 기록했다고 가정하자. 이 자료를 이용하여 판매부문의 성과보고서를 작성하면 다음 <표 8.3>처럼 총 ₩950,000의 불리한 차이를 기록하게 된다.

표 8.3

한국시계(주) 판매부문의 원가통제에 관한 성과보고서 (2019년 3/1~3/31)

	실적치	변동예산	차 이
• 판매수량	11,000개	11,000개	
• 판매원가(₩)			
변동비	6,500,000	5,500,000 (＝₩500×11,000개)	1,000,000(U)
고정비	950,000	1,000,000	50,000(F)
합 계	7,450,000	6,500,000	950,000(U)

판매부서를 수익중심점 및 원가중심점 양쪽의 성격을 갖는 책임중심점으로 간주할 경우에는 앞서 계산한 판매수익차이뿐만 아니라 위와 같은 원가차이가 동시에 고려될 것이다.

지금까지 한국시계(주)의 판매부문 성과평가와 관련해서는 세 가지 차이가 계산 가능하다.

• 총판매수익차이	₩2,900,000(F)	판매가격차이 1,100,000(U)＋판매수량차이 4,000,000(F)
• 통제가능 원가차이	950,000(U)	변동판매비 차이 1,000,000(U)＋고정판매비 50,000(F)
• 판매부문 성과이익	1,950,000(F)	총판매수익차이＋통제가능 원가차이

이때 제기될 수 있는 질문은 과연 세 가지 차이수치 중 어느 것이 판매부문의 성과를 가장 잘 나타내는가이다. 단순히 이들 개별 수익차이항목과 원가차이항목을 합하여 판매부문의 성과를 평가하는 것은 타당하지 못하다. 왜냐하면 수익차이와 원가차이를 합하여 성과평가를 한다는 것은 이익중심점을 가정하는 것인데 이 경우에는 판매량 증감에 따른 매출원가의 변화를 감안해야 하기 때문이다. 이하에서는 이를 자세히 설명한다.

2. 이익중심점으로서의 판매부문의 차이분석

사례회사인 한국시계(주)의 판매부문이 이익중심점으로 간주되기 위해서는 지금까지 설명하지 않은 중요한 원가항목인 표준변동매출원가(standard variable cost of goods sold)를 추가로 고려해야 한다. 생산부문으로부터 물건을 공급받아 외부에 판매하는 판매부문은 이익중심점으로 간주될 경우 그들이 책임지는 사항은 판매수익, 표준변동매출원가 그리고 판매비용 등이다.

여기서 특기할 사항은 실제변동매출원가 대신에 표준변동매출원가가 판매부문에 부과되는 점이다. 판매부문이 생산활동을 통제하지 못함을 감안하면 실제제조원가가 부과되어서는 안 된다. 만약 실제원가가 부과될 경우에는 생산부서에서 발생한 원가차이가 판매부문에 전가되는 셈이다. 고정제조비 역시 판매부문에 부과되지 않는다. 그 이유는 단기간에는 판매수량이 변하더라도 일반적으로 이들 고정비는 변하지 않기 때문이다.

요컨대, 판매부문을 이익중심점으로 간주할 경우에는 앞서 판매수익차이에서 다룬 판매수량차이 계산시 판매수량 변화에 따른 허용원가의 변화를 감안할 필요가 있다. 즉, 판매량 변화가 변동예산상 제조 및 판매원가에 미치는 변화분을 차감한 결과 순잔액만으로 표시되어야 한다.

참고로 판매수량에 따라 변화하는 단위당 표준변동원가가 다음과 같다고 가정하자.

직접재료비(DM)	₩1,000
직접노무비(DL)	600
변동제조간접비(VOH)	400
변동판매비	500
합 계	₩2,500

위에서 가정한 표준변동원가를 감안한 판매수량차이가 이익에 미치는 순효과는 ₩1,500,000의 유리한 차이로 계산된다. 이러한 계산은 다음에 설명하는 순판매수량차이 개념을 이용하면 쉽게 할 수 있다.

판매수량차이	[(11,000 − 10,000)×₩4,000]	₩4,000,000(F)
− 표준변동비증가분	[(11,000 − 10,000)×₩2,500]	− 2,500,000
순판매수량차이		₩1,500,000(F)

일반적으로 순판매수량차이(net sales volume variance ; 일명, 순조업도차이)는 예산 판매가격과 표준변동비가 그대로 실현될 경우를 전제로 판매수량변화가 공헌이익에 미치는 효과를 의미한다.

순판매수량차이는 실제판매수량과 예산판매수량차이에 단위당 예산공헌이익을 곱하여 계산된다.

순판매수량차이 = (실제판매수량 − 예산판매수량) × 단위당 예산공헌이익
= $(AQ - BQ) \times BCM^*$
* BCM = budgeted contribution margin/unit

사례회사인 한국시계(주) 판매부문의 순판매량차이를 계산하면 순판매수량차이는 (11,000 − 10,000) × ₩1,500 = ₩1,500,000(F)이다.

요컨대, 이익중심점으로서의 판매부문은 판매가격차이, 순판매수량차이 그리고 판매활동에 관련된 원가차이에 책임을 진다. 지금까지 개별적으로 계산된 관련 차이항목을 종합하여 한국시계(주) 판매부문의 총차이를 요약하면 결과적으로 총 ₩550,000의 불리한 차이를 기록하게 된다.

• 판매가격차이	₩1,100,000(U)	$(AP - BP) \times AQ$ = (3,900 − 4,000) × 11,000
• 순판매수량차이	1,500,000(F)	$(AQ - BQ) \times BCM$ = (11,000 − 10,000) × ₩1,500
• 판매비용차이	950,000(U)	실제판매비 − 실제판매수량에 근거한 허용판매비 = ₩7,450,000 − ₩6,500,000
• 판매부문차이순액	₩550,000(U)	

자신이 책임지고 있는 부서의 전체성과를 개선하기 위한 목적에서 관리자들은 종종 의도적으로 일부항목에서 불리한 차이를 감수한다. 왜냐하면 다른 유리한 차이로부터 충분히 보상받으리라 믿기 때문이다.

한국시계(주)의 경우 유리한 순판매수량차이는 결코 판매가격인하와 판매비증가분을 만회할 만큼 충분하지 못한 셈이다. 또한 판매부문을 단순히 수익중심점으로 평가했을 경우는 ₩2,900,000(F)의 유리한 차이를, 그리고 수익 및 일부 원가에 대한 이중책임을 부여한 경우는(₩950,000의 불리한 원가차이가 추가되어) ₩1,950,000(F)의 유리한 차이를 기록하였다. 이익중심점의 경우는 총 ₩550,000(U)의 불리한 차이를 실현한 것으로 나타나 책임중심점의 성격규정에 따라 매우 상이한 평가가 이루어짐을 알 수 있다.

표 8.4
책임중심점 차이분석 종합

구분	보고서 초점			차이분석 계산식
수익중심점	효과성에 강조를 둔 수익중심점 보고서	판매가격 차이		=(실제판매가격 − 예산판매가격)×실제판매수량 =(AP − BP)×AQ
		판매수량 차이		(실제판매수량 − 예산판매수량)×예산판매가격 =(AQ − BQ)×BP
	수익중심점의 성과관리	순판매수량 차이(NSV)		=(실제판매수량 − 예산판매수량)×단위당예산공헌이익 =(AQ − BQ)×BCM
	수익중심점으로서의 판매부문의 매출차이분석	단일제품	매출차이	= 실제매출액 − 예산(목표)매출액 = AQ×AP − BQ×BP
			판매수량 차이	(실제판매수량 − 예산판매수량)×예산판매가격 =(AQ − BQ)×BP
		복수제품	믹스비율 비교법	= Σ(실제비율 − 예산비율)×실제총판매수량×(예산가격 − 예산평균가격) = Σ(A% − B%)×TAQ×(BA − BAP)
			수량비교법	= Σ(실제판매수량 − 예산판매수량)×(예산가격 − 예산평균가격) = Σ(AQ − BQ)×(BP − BAP)
			가중평균 가격비교법	= 실제총판매수량×(실제가중평균가격 − 예산가중평균가격) = TAQ×(AWAP − BWAP)
이익중심점	이익중심점의 매출차이분석	순판매수량 차이(NSV)		= 판매수량차이 − 표준변동원가증가액 =(AQ − BQ)×BCM
		판매믹스 차이		= Σ(실제비율 − 예산비율)×실제총판매량×(예산공헌이익 − 예산평균공헌이익) = Σ(A% − B%)×TAQ×(BCM − BACM)
	이익중심점으로 본 판매부문의 차이분석	시장규모 차이		=(실제시장규모 − 예산시장규모)×예산시장점유율×예산평균공헌이익 =(AMS − BMS)×BM%×BACM
		시장점유율 차이		=(실제시장점유율 − 예산시장점유율)×실제시장규모×예산평균공헌이익 =(AM% − BM%)×AMS×BACM

<표 8.4>는 책임중심점 성과보고서 차이분석내용을 종합한 것이다. 여기서 판매부문을 수익중심점으로 평가할 경우 차이분석은 예산가격(예산평균가격)을 기준으로, 이익중심점으로 평가할 경우 예산공헌이익(예산평균공헌이익)을 기준으로 분석하다는 점에 유의하도록 한다. 원가중심점의 차이분석 종합은 <부록8A>의 <표 8A.1>을 참고한다.

3. 예산이익과 실제이익간의 차이조정

조직 전체를 대상으로 예산이익과 실제이익간의 차이를 조정하는 것은 두 가지 방법으로 가능하다. 첫째는 모든 수익과 비용을 책임중심점에 부과하고 각 책임중심점의 성과를 요약하는 방법(1법)이고, 둘째는 조직전체로 실제 수익 및 비용과 예산 수익 및 비용을 상세하게 조정하는 방법(2법)이다. 사례회사인 한국시계(주)의 공헌이익방식으로 작성한 3월중 예산 및 실적 손익계산서가 다음 <표 8.5>와 같다고 가정하자.

표 8.5 한국시계(주)의 예산손익계산서와 실제손익계산서

한국시계(주)	예산손익계산서(2019년 3월)		(단위 : 천원)
Ⅰ. 매 출 액(₩4×10,000)			₩40,000
−Ⅱ. 변 동 비(VC)			
• 매출원가			
직접재료비(₩1×10,000)	₩10,000		
직접노무비(₩0.6×10,000)	6,000		
제조간접비(₩0.4×10,000)	4,000	₩20,000	
• 판매비(₩0.5×10,000)		5,000	25,000
Ⅲ. 공헌이익(CM)			₩15,000
−Ⅳ. 고 정 비(FC)			
• 제조간접비		₩5,000	
• 판매비		1,000	
• 관리비		400	6,400
Ⅴ. 순 이 익(NI)			₩8,600

한국시계(주)	실제손익계산서(2019년 3월)		(단위 : 천원)
Ⅰ. 매 출 액(₩3.9×11,000)			₩42,900
−Ⅱ. 변 동 비(VC)			
• 매출원가			
직접재료비	₩10,800		
직접노무비	7,000		
제조간접비	4,400	₩22,200	
• 판매비		6,500	28,700
Ⅲ. 공헌이익(CM)			₩14,200
−Ⅳ. 고 정 비(FC)			
• 제조간접비		₩5,100	
• 판매비		950	
• 관리비		380	6,430
Ⅴ. 순 이 익(NI)			₩7,770

(1) 책임중심점별 차이로 조정

첫 번째 방식에 의한 차이조정을 설명하기 위해 한국시계(주)가 생산부문, 판매부문, 일반관리부문의 3부문을 갖고 있다고 가정한다. 이 중 생산부문과 일반관리부문은 원가중심점으로, 그리고 판매부서는 이익중심점으로 설정되어 있다. 또한 앞서와 유사한 계산과정을 거쳐 생산부문은 ₩300,000의 불리한 차이를, 그리고 판매부문은 ₩550,000의 불리한 차이를 각각 기록하였다고 가정하자. 일반관리부문의 유일한 차이는 고정관리비항목의 ₩20,000(= ₩380,000 실적치 - ₩400,000 예산)의 유리한 차이이다. 일반관리부문은 임의재량원가중심점으로서 동 차이는 단순히 예산미달 집행(under - budget)으로 파악되는 것이 최선인 셈이다. 단지 성과보고서작성과 관련하여 편의상 유리한 차이로 표시될 뿐이다.

이익중심점	실제 발생액(a)	차이(b)* = a − c	예산(c)
판매가격차이	₩42,900,000 = @₩3,900 × 11,000개	₩1,100,000(U)	44,000,000 = @₩4,000원 × 11,000개
순판매량차이 (수량 × 예산공헌이익)	₩16,500,000 = 11,000개 × (4,000 - 2,500)	₩1,500,000(F)	₩15,000,000 = 10,000개 × (4,000 - 2,500)
판매비용차이	₩7,450,000	₩950,000(U)	₩6,500,000
이익중심점 성과차이		**₩550,000(U)**	
원가중심점	**실제 발생액**	**가격차이 수량차이**	**변동예산(표준변동매출원가)**
직접재료비	₩10,800,000	₩200,000(F)	₩11,000,000 = @1,000 × 11,000개
직접노무비	₩7,000,000	₩400,000(U)	₩6,600,000 = @600 × 11,000개
변동제조간접비	₩4,400,000	-	₩4,400,000 = @400 × 11,000개
고정제조간접비	₩5,100,000	₩100,000(U)	₩5,000,000
원가중심점 성과차이		**₩300,000(U)**	
임의재량 원가중심점	**실제발생액**	**차이**	**예산**
일반관리비	₩380,000	**₩20,000(F)**	₩400,000

* 차이가 음(-)일 경우 수익의 경우 불리한 차이(U)이다.

지금까지 계산된 세 가지 책임중심점의 차이항목을 종합함으로써 조직전체로 본 예산이익과 실제이익 간의 조정은 다음과 같이 요약될 수 있다.

(단위 : 천원)

• 예산순이익		₩8,600
· 판매부문(이익중심점)차이	₩550(U)	
· 생산부문(표준원가중심점)차이	300(U)	
· 일반관리부문(임의재량원가중심점)차이	20(F)	
합계 : 차이총계		−830(U)
• 실제 순이익		₩7,770

(2) 상세한 항목을 이용한 차이조정

두 번째 방식을 이용하여 조직 전체적인 입장에서 예산과 실제원가를 조정한 결과는 <표 8.6>과 같다. 그 중 첫 번째 열은 한국시계(주)의 실제손익계산서를 옮겨 놓은 것이며 예산손익계산서는 단지 성과보고서 맨 우측(7열)에 표시되어 있다. 차이계산은 (2), (4), (6)열에서 이루어지고 있다.

먼저 (2)열에서는 실제원가와 변동예산에서 허용되는 원가를 대조하여 원가차이를 계산하였는데 이 중에는 ① 제조원가차이(재료비, 노무비, 변동제조비와 고정제조비의 차이 합계에 해당하는 ₩300,000(U)), ② 판매비차이(변동비 및 고정비차이의 합계 ₩950,000(U)), 그리고 ③ 일반관리비차이(모두 고정비 성격으로 ₩20,000(F))가 포함

표 8.6

예산이익과 실제이익의 차이조정
(단위: 천원)

	(1) 실제수량, 실제가격, 실제원가	(2) 원가차이	(3) 실제수량, 실제가격, 표준원가	(4) 판매가격 차이	(5) 실제수량, 예산가격, 표준원가	(6) 순판매 수량차이	(7) 당초예산 (고정예산)
판매수량(개)	11,000		11,000		11,000	1,000	10,000
Ⅰ. 매 출	₩42,900		₩42,900	₩1,100U	₩44,000	₩4,000	₩40,000
− Ⅱ. 변동비							
직접재료비	₩10,800	₩(200)F	₩11,000		₩11,000	₩1,000	₩10,000
직접노무비	7,000	400U	6,600		6,600	600	6,000
제조간접비	4,400	−	4,400		4,400	400	4,000
판매비	6,500	1,000U	5,500		5,500	500	5,000
합 계	28,700		27,500		27,500	2,500	25,000
Ⅲ. 공헌이익	₩14,200		₩15,400		₩16,500	₩1,500F	₩15,000
− Ⅳ. 고정비							
제조간접비	₩5,100	100U	₩5,000		₩5,000		₩5,000
판매비	950	(50)F	1,000		1,000		1,000
관리비	380	(20)F	400		400		400
합 계	6,430		6,400		6,400		6,400
Ⅴ. 순이익	₩7,770	₩1,230U	₩9,000	₩1,100U	₩10,100	₩1,500F	₩8,600

되어 있다.

제4열에서 3열과 5열을 비교함으로써 판매가격차이를 계산하고 6열에서 순판매수량차이계산을 다루고 있다. 이의 계산은 판매수량차이(₩4,000,000)가 우선 윗줄에 표시되고 이후 판매량변화가 허용표준원가에 미치는 영향을 조정함으로써 이루어졌다.

제4절 책임회계 실행과 관련된 이슈

책임회계시스템은 종업원의 행위에 대단한 영향을 미친다. 책임회계가 종업원에게 긍정적인 영향을 미칠지 부정적인 영향을 미칠지는 책임회계가 어떻게 실행되는가에 좌우된다. 이하에서는 책임회계의 실행과 관련된 주된 행동적 이슈를 소개한다.

1. 책임회계의 행동적 효과: 정보제공 vs 비난

책임회계시스템이 강조하는 것은 정보이다. 조직 내에서 누가 특정 사건 또는 재무결과에 대해 가장 잘 설명할 수 있는가를 사전에 파악하고 이들로 하여금 개별 종업원 및 상위관리자들에게 구체적인 경영성과가 실현된 이유 등 유용한 정보를 적시에 제공하는 것이 책임회계시스템의 존재이유이다.

책임회계시스템은 외견상으로는 통제를 강조하는 것처럼 보이나 실상은 정보 및 관리상 필요한 지식을 전달하는 것이 주목적이다. 통제가능성 요건에서 설명한 바와 같이 구매담당부서장으로 하여금 총구매원가에 대해 책임을 지게 하는 것은 이들이 총구매가격을 좌우하기 때문이 아니다. 다만 이들이 조직 내에서 미래의 (통제불능한) 구매가격을 예측하거나 구매가격차이 원인을 설명함에 있어서 최선의 입장에 있기 때문이다. 따라서 최선의 책임회계시스템을 운영하기 위해서는 조직 내 정보통의 소재는 물론 개별관리자의 통제가능대상이 파악되어야 한다.

책임회계시스템을 잘못 운영할 경우 불리한 차이를 기록한 하위관리자들은 상위 관리자로부터의 비난을 염려해 부정적인 반응을 보이기 쉽다. 종업원의 회의적인 태도가 지속될 경우 책임회계시스템의 근본이 흔들리게 된다. 반면에 불리한 차이가 잘못된 점을 책망하기보다는 유익한 정보를 제공하는 것으로 받아들여질 경우 개선을 장려하는 동기부여 효과를 갖게 될 것이다.

요컨대, 책임회계시스템의 설계 및 운영은 종업원의 행위에 미칠 영향을 사전에 충분히 고려하여 조직이 바라는 바람직한 방향으로 행동이 이루어지도록 동기부여에 초점이 맞추어져야 한다.

2. 책임회계 실시상의 어려운 점

실제로 책임회계를 실행함에 있어서는 여러 가지 문제에 부닥치게 마련이다. 사전에 이들 문제에 관한 이해를 바탕으로 올바른 대비책이 마련되어 있지 않을 경우 책임회계시스템은 오히려 조직 내 갈등을 야기시키는 등 문제의 장본인이 될 수 있다. 앞서 설명한 책임회계실시상의 전제조건이나 유의사항 등이 이와 관련된 것이다. 이하에서는 이와 관련된 몇 가지 이슈를 추가로 설명한다.

(1) 책임회계와 불확실성

경영자들은 불확실한 세계에 살고 있다. 조직 내외에서 일어나는 활동과 사건들은 경영자의 성과측정치에 영향을 미친다. 이러한 불확실성을 다루는 데 유용한 기법으로는 목표관리(MBO)가 있다. MBO에 따르면 구성원들은 자신이 스스로 정한 목표는 적극적으로 달성하고자 하는 동기가 강하다고 한다. 따라서 MBO를 잘 활용할 경우 책임은 물론 불확실성이나 위험 그리고 통제부재 등에 관한 불만을 감소시킨다. 이러한 MBO를 도입한 기업은 불확실성의 정도, 상호의존관계 및 회계측정치의 한계를 인식하는 가운데 예산과 실적과의 비교에 초점을 맞춘다.

예산과 MBO를 잘 활용하면 추가로 인센티브를 제공받는 경영자는 보다 기꺼이 위험을 감수하고자 한다. 예를 들면, 예산을 통해 조직 내 가장 어려운 입장에 놓인 부문의 내년도 예상손실이 수천만에 달할 것으로 알려질 경우 어느 누구도 그 부문의 경영을 기꺼이 맡고자 하지 않을 것이다. 그러나 최고경영자가 목표설정시 해당 부문의 어려운 여건을 감안하여 신규관리자가 최선의 노력을 기울일 경우 달성가능한 합리적인 수준으로 목표를 설정한다면 능력 있는 관리자의 경우 동부문의 경영을 기꺼이 맡고자 할 것이다.

요컨대, 책임회계에서는 통제가능한 항목과 통제불능한 항목은 가능한 한 구분하는 것이 바람직하다. 그러나 비록 통제가능성이 매우 낮은 경우에도 재무적 책임을 부과하는 경우가 많다. 그 이유는 전사적 관점에서의 의사결정을 독려하기 위해서이다.

(2) 장기목표 달성과 책임회계

대부분의 성과평가제도는 당기순이익, ROI 등 단기성과에 기초를 둔다. 따라서 관리자들은 자칫 장기적 성과의 희생하에 단기성과를 높이고자 하는 유인을 갖기가 쉽다. 이를 해결하기 위한 방안으로는 예산편성시 상위관리자와 하위관리자가 함께 하위관리자의 목표와 이를 달성하기 위한 계획을 수립하는 소위 목표관리(MBO)를 활용하는 것이다. 이처럼 사전에 합의형식으로 설정된 예산상의 목표를 책임범위로 규정하고 이의 달성 여부를 중심으로 성과평가를 행할 경우 책임회계는 비로소 각 책임중심점 관리자로 하여금 조직 전체의 최선이 되는 방향으로 다양한 목표(가령, 장/단기 목표 및 재무적/비재무적 목표 등) 달성에 노력을 기울이도록 동기부여를 제공하게 될 것이다.

3. ABC와 책임회계

오늘날의 조직은 종전과 다른 통제상황하에 놓여 있다. 즉, 개별 종업원은 자신의 직무에 직접 관련된 업무를 수행할 뿐만 아니라 다양한 프로젝트팀에 참여하고 있다. 이러한 상황에 있어서의 통제는 전통적인 몇 가지 경영통제 원칙이 위배되기 때문에 매우 모호하다. 이를 감안하여 오늘날의 기업은 개별능률에 초점을 두기보다는 특정 제품(또는 일련의 활동)에 소요된 총체적 일과시간에 초점을 두고 있다.

활동기준 책임회계시스템(ABRA : Activity-Based Responsibility Accounting)은 '책임보고의무(accountability)'를 원가에서 활동으로 재정의한다. 원가는 조직행위의 결과로 파악되고 활동이 곧 원가를 야기시키는 것으로 받아들인다. 활동이란 용어를 이용하는 것은 곧 공동의 목표를 달성하기 위하여 개별과업들이 상호 연결되어 있음을 가정하는 것이다. 활동기준 책임회계는 한마디로 경영진의 관심을 원가(즉, 결과)로부터 프로세스 그 자체(활동)로 바꾸는 것이다. 이는 곧 전통적인 책임회계가 그 목적을 개별활동의 통제에 둔 것에 반해 ABRA는 활동간의 상호관계를 명백히 고려하는 가운데 조직 전체활동을 분석대상으로 삼으며 활동에 의한 원가를 야기시킨 원인파악에 중점을 둔다. 이처럼 조직 전반을 대상으로 체계적 관점을 취하고 미래지향적인 ABRA는 통제채널을 수평적, 수직적 양쪽으로 두는 소위 다차원적 통제방식을 따른다.

종합예제 차이조정표를 이용한 성과평가

홍익주식회사는 판매부문, 제조부문 및 일반관리부문으로 구성되어 있으며, 각 부문의 업적평가를 위하여 판매부문은 이익중심점, 제조부문은 표준원가중심점 그리고 일반관리부문은 재량원가중심점으로 설정하고 있다. 다음과 같은 자료를 기초로 하여, ① 각 책임중심점별로 필요한 차이분석을 행하고, ② 실제순이익과 예산순이익의 총차이에 대한 차이조정표를 작성하시오.

<자료 : 정준수, 1992, [계산 예 16-43]>

<자료>

① 이 회사의 주제품인 A의 단위당 예산판매가격은 80원이다.

② 제품 A의 단위당 표준변동비와 고정비예산은 다음과 같다.

단위당 표준변동비		고정비예산	
변동제조원가	₩25	고정제조원가	₩200,000
변동판매비	5	고정판매비	50,000
합 계	₩30	고정일반관리비	100,000
		합 계	₩350,000

③ 이 회사의 2019년 5월의 예산손익계산서와 실제손익계산서는 다음과 같다.

	예 산		실 적	
판매수량		10,000개		8,000개
매출액		₩800,000		₩720,000
변동비				
매출원가	250,000		180,000	
판매비	50,000	300,000	40,000	220,000
공헌이익		500,000		500,000
고정비				
제조원가	200,000		210,000	
판매비	50,000		55,000	
일반관리비	100,000	350,000	120,000	385,000
순이익		₩150,000		₩115,000

풀이

차이분석(결과)

차이조정표(제1법)

판매부문(이익중심점)		
판매가격차이	₩80,000(F)	
순판매수량차이	100,000(U)	
변동판매비차이	0	
고정판매비예산차이	5,000(U)	₩25,000(U)
제조부문(표준원가중심점)		
변동제조원가차이	20,000(F)	
고정제조원가차이	10,000(U)	10,000(F)
일반관리부문(임의재량원가중심점)		
일반관리비예산차이		20,000(U)
총차이(실제순이익 − 예산순이익)		35,000(U)

차이조정표(제2법)

예산순이익		₩150,000
판매부문(이익중심점)		
판매가격차이	₩80,000(F)	
순판매수량차이	100,000(U)	
변동판매비차이	0	
고정판매비예산차이	5,000(U)	₩25,000(U)
제조부문(표준원가중심점)		
변동제조원가차이	20,000(F)	
고정제조원가차이	10,000(U)	10,000(F)
일반관리부문(임의재량원가중심점)		
일반관리비예산차이		20,000(U)
실제순이익		₩115,000

생각해보기 | 긴급주문을 둘러싼 생산부서와 판매부서의 갈등

그동안 주문을 하지 않던 고객으로부터 며칠 내에 납품하는 조건(일명, 단납기)으로 대형주문을 따낸 판매부장은 뛸 듯이 기뻐서 주문량을 약속일자까지 생산해 줄 것을 당부하기 위해 생산부서에 전화했다. 그러나 생산부서는 자신들의 생산일정이 이미 잡혀 있고 동 주문을 이행하려면 야간작업을 해야 하는데 그럴 경우 제조원가가 늘어나서 당초 예산과 비교되는 월말 성과평가에 차질을 빚게 된다는 이유를 들어 거절했다. 화가 난 판매부장은 최고경영자를 찾아가 자신들이 온갖 고생을 해서 이런 주문을 따와도 거절하는 생산부서를 성토했다.

이러한 갈등을 해결하려면 최고경영자는 어떻게 각 부서의 성과를 평가해야 할 것인가?

책임회계가 각 부서의 자율성을 최대한 존중해주어야 함을 잘 알고 있는 최고경영자는 원가중심점인 생산부서의 입장을 감안하여 초과근무에 따른 원가부담을 판매부서가 떠안는 조건으로 생산부서를 설득할 수 있다. 이후 판매부서도 자신들이 이러한 부담을 떠맡지 않기 위하여 가급적 주문을 여유 있게 따오려고 노력하였을 것이다.

생각해보기 | 잘 파는게 잘 버는 걸까

요즘처럼 경기가 안 좋을 때는 영업사원의 역할이 특히 더 중시되기 마련이다. 전반적인 불황이 와도 회사의 영업사원들이 계속 뛰어난 성과를 올리면 회사는 불경기의 어려움을 이겨낼 수 있기 때문이다.

그런데 간혹 각 영업사원의 영업실적, 즉 매출액과 공헌 마진을 비교해 보면, 영업실적이 좋을수록 공헌 마진, 즉 회사의 수익에 대한 공헌이 떨어진 것을 볼 수 있다. 한마디로 말해 잘 파는 영업사원일수록 "가격을 무기로" 영업을 하는 것이다. 매출을 올리기 위해 싸게 팔았다는 얘기다. 이러한 분석이 가능하게 한 성과보고서 툴과 이러한 현상을 방지하기 위한 성과보상책을 생각해 보자.

이런 문제는 이 회사에서만 볼 수 있는 현상이 아니다. 회사가 영업실적에 비례하여 영업 인센티브를 주는 한 영업사원들은 할인을 해주어서라도 거래를 성사시키려고 하는 경향이 있다. 회사가 궁극적인 수익을 생각하면 영업사원들이 받는 영업 수수료를 마진에 비례하도록 하는 것이 좋다.

효과적인 인센티브 방안을 몇 가지 소개한다.

첫째, '가격 준수 프리미엄'이다. 영업사원은 기본적으로 매출액에 비례해서 보상을 받는다. 그러나 그들이 시장에서 실제로 받아낸 가격이 회사가 설정한 목표 가격보다 높으면 높을수록 더 많은 가격 준수 프리미엄을 받는다. 가격 준수 프리미엄이 실제 판매 가격과 목표 가격의 차이에 비례함은 말할 것도 없다. 즉 값을 깎아서 매출을 많이 올리는 영업사원보다 회사의 가격 지침을 준수하면서 판매를 성사하는 영업사원이 훨씬 더 좋은 대우를 받는 것이다.

둘째, '역(逆)할인 인센티브(anti-discount incentive)'다. 이 경우에는 영업사원이 받는 인센티브가 그가 할인해 준 액수에 반비례한다. 즉 할인율이 높을수록 매출액 대비 수수료의 비율이 떨어진다. 이 제도를 도입한 한 회사는, 도입한 지 두 달 만에 평균 할인율이 16%에서 14%로 떨어졌지만, 고객의 이탈도 매출 감소도 일어나지 않았다.

셋째, 비금전적 인센티브도 도입하라. 예를 들어, 최고 가격이나 최저 할인, 또는 최고 마진을 달성한 영업사원에게 주는 특별 포상을 생각할 수 있다. 그리고 가장 창의적인 가격 해법과 전술을 고안해 낸 영업사원에게도 그에 걸맞은 포상을 할 수 있을 것이다. 이런 비금전적 인센티브도 기업의 가격 목표 달성에 도움이 된다.

출처: http://biz.chosun.com/svc/news/printContent1.html?type=

[실전 MBA] 「잘 파는게 잘 버는 걸까」, 유필화 성균관대학교 SKK GSB 학장

요 약

01. 책임회계는 조직구성원 각자가 통제가능한 요소들을 강조하는 형식으로 성과보고서가 작성·보고되도록 성과보고서 체계를 갖추는 회계시스템이다. 성과보고서 수령대상의 활동수행단위를 책임중심점이라 부른다. 이들 각 중심점에 부과된 활동(즉, 권한 및 책임)의 성격에 따라 책임중심점은 원가중심점, 수익중심점, 이익중심점 또는 투자중심점으로 불리운다. 투자중심점은 동 중심점에 투자된 총자산과 이익 간의 관계에 대해 책임을 진다. 이익중심점은 수익과 이익 간의 차이에 책임진다. 비록 수익중심점은 판매수익에 책임을 지나 때로는 수익창출에 발생되는 통제가능한 원가에 대해서도 책임을 진다. 이런 경우, 수익중심점은 준이익중심점이 된다.

02. 수익중심점 또는 이익중심점으로 간주되는 수익창출 전담부서로서의 판매부문은 가급적 매출, 즉 판매수익을 늘리고 이를 실현하는 과정에서 제조원가 못지않게 중요성을 차지하는 판매비 및 물류비의 관리책임을 진다. 그러나 매출원가에 대해서는 책임을 지지 않는다. 왜냐하면 매출원가는 제조업의 경우 생산부문의 성과에 의해 그리고 상기업의 경우 구매부서의 성과에 의해 좌우되기 때문이다.

03. 이익중심점인 판매부문의 차이분석에 있어서 고려되는 대표적인 차이항목 세 가지는 판매가격차이와 판매수량차이 그리고 원가차이이다. 원가차이는 다시 변동비차이와 고정비차이로 세분될 수 있다. 한편, 복수제품의 경우에는 단일제품의 경우와는 달리 판매믹스에 따라 판매수익은 물론 이것이 결국 이익에 영향을 미치기 때문에 판매믹스가 추가로 고려된다. 따라서 단일제품에 적용되는 판매수량차이는 순판매수량차이와 판매믹스차이로 세분된다. 판매믹스차이는 세 가지 방법으로 계산이 가능한데 어느 방법을 이용하든지 최종결과는 동일하다.

04. 일부 산업의 경우 시장전체의 수요, 즉 판매량과 특정 기업의 시장점유율에 관한 자료를 정기적으로 집계하는데 이 경우에는 판매수량차이를 다시 시장규모차이와 시장점유율차이로 분해할 수 있다.

05. 전사적 입장에서 예산이익과 실제이익 간의 차이는 두 가지 방법으로 조정가능하다. 모든 수익과 비용을 책임중심점에 부과하고 각 책임중심점별로 성과를 분석하는 방법과 전사적으로 모든 원가와 수익을 조정해 나가는 것이 그것이다.

핵심용어

- 책임회계
- 통제가능성
- 원가중심점
- 투자중심점
- 판매가격차이
- 순판매수량차이
- 주문획득비용
- 목표관리(MBO)
- 성과보고서
- 추적가능성
- 수익중심점
- 수익추적
- 판매수량차이
- 시장규모차이
- 주문이행비용
- 예외관리
- 목표일치성
- 이익중심점
- 수익배분
- 판매믹스차이
- 시장점유율차이
- 표준변동매출원가

Reading materials

관리회계 전문가 되기
(*新*관리회계
information room)
cafe.naver.com/shinmgta

지시나 통제를 줄여라 … 자율이 열정을 만든다 (키워드: 목표관리, 자율, 책임)
조선일보, 2012.03.30.

빙그레 라면시장 철수하는 사연 (키워드: 수익성 분석, 선택과 집중)
일요신문, 2013.02.06.

나쁜 이익, 좋은 이익 (키워드: 고객만족)
매일경제, 북다이제스트

⋮

부록 8A 원가중심점에서의 배합차이와 수율차이 분석

두 가지 이상의 제품을 판매하는 경우 수익중심점에서 판매믹스차이와 판매수량차이가 있는 것과 마찬가지로 원가중심점의 경우, 투입하는 생산요소(원재료, 노동력)가 두 가지 이상일 경우 배합차이와 수율차이가 발생된다. 직접재료의 차이분석은 가격차이와 수량차이로 분석되는데 만약, 재료가 두 가지 이상 투입된다면 수량차이는 배합차이와 수율차이로 분석된다. 예를 들어 살펴보자.

한국시계(주)에서는 서로 대체가능한 두 종류의 나사 A와 B를 투입하여 시계를 생산하고 있다. 시계 1개를 생산하는 데 필요한 표준투입량과 실제투입량은 다음과 같다.

원재료	표준투입량			실제투입량(120개 생산)		
	물량	단위당 가격	재료비	물량	단위당 가격	재료비
A	12단위	₩300	₩3,600	1,600단위	₩310	₩496,000
B	8단위	200	1,600	1,100단위	240	264,000
합계	20단위		5,200	2,700단위		760,000

> **TIP!**
> **믹스차이 vs 배합차이**
> 동일한 영어단어인 믹스(mix)도 제품의 경우 **믹스**라는 용어를 그대로 사용하는 것이 일반적이다. 그러나 원재료의 경우 믹스 대신에 **배합**이라는 용어를 실무에서 더 선호한다. 마찬가지로 수량차이에 해당하는 용어를 **수율차이**로 사용한다.

직접재료의 가격차이와 수량차이, 배합차이와 수율차이를 분석하면 다음과 같다.

(1) 가격차이와 수량차이

원재료	실제투입량 × 실제가격 (AQ) (AP)	실제투입량 × 표준가격 (AQ) (SP)	표준투입량 × 표준가격 (SQ) (SP)
A	1,600×310 = 496,000	1,600×300 = 480,000	12×120×300 = 1,440×300 = 432,000
B	1,100×240 = 264,000	1,100×200 = 220,000	8×120×200 = 960×200 = 192,000
합계	**760,000**	**700,000**	**624,000**

가격차이 60,000(U) 수량차이 76,000(U)

(2) 배합차이와 수율차이

표준배합비율 = 12 : 8 = 3 : 2

A의 실제투입량의 표준배합 = 2,700×3/5 = 1,620

B의 실제투입량의 표준배합 = 2,700×2/5 = 1,080

원재료	실제투입량 × 표준가격 (AQ[*1]) × (SP)	실제투입량의 표준배합, 표준가격 TAQ × 표준믹스 × SP	표준투입량 × 표준가격 (SQ[*2]) × (SP)
A	1,600×300 = 480,000	1,620×300 = 486,000	12×120×300 = 1,440×300 = 432,000
B	1,100×200 = 220,000	1,080×200 = 216,000	8×120×200 = 960×200 = 192,000
합계	**700,000**	**702,000**	**624,000**

배합차이 2,000 (F)　　수율차이 78,000(U)

수량차이 76,000(U)

*1 : 실제배합을 반영

*2 : 표준배합을 반영

유리한 배합차이가 발생한 이유는 상대적으로 가격이 비싼 A를 표준배합비율보다 적게 사용하였기 때문이고, 불리한 수율차이가 발생한 이유는 투입한 실제량이 표준양보다 많이 들어갔기 때문이다. 이와 같은 분석이 의미가 있으려면, A와 B가 상호대체가능하다는 전제가 있어야 한다.

직접노무비의 배합차이와 수율차이를 계산하는 방법은 직접재료비의 경우와 동일하다. 직접노무비의 배합차이는 임률이 상대적으로 비싼 숙련인력과 상대적으로 싼 비숙력인력의 투입구성 차이로 분석된다. 숙련인력은 표준배합비율보다 많이 투입되었을 경우, 직접노무비의 배합차이는 불리하게 나타날 것이다. 직접노무비의 수율차이는 실제투시간과 표준투입시간의 차이로 분석된다. 참고로 원가회계에서 다룬 원가중심점 차이분석 내용은 <표 8A.1>과 같이 정리된다.

표 8A.1

원가중심점 차이분석 종합표

직접재료비 (DM)	DM 가격차이	=(실제가격 − 표준가격) × 실제수량 =(AP − SP) × AQ
	DM 수량차이	=(실제수량 − 표준수량) × 표준가격 =(AQ − SQ) × SP
직접노무비 (DL)	DL 임률차이	=(실제임률 − 표준임률) × 실제노동시간 =(AR − SR) × AH
	DL 시간차이	=(실제노동시간 − 표준노동시간) × 표준임률 =(AH − SH) × SR
변동제조간접비 (VOH)	VOH 소비차이	=(실제배부율 − 표준배부율) × 실제배부기준투입량 =(AR − SR) × AH
	VOH 능률차이	=(실제배부기준투입량 − 표준배부기준투입량) × 표준배부율 =(AH − SH) × SR
고정제조간접비 (FOH)	FOH 예산차이	= 실제고정제조간접비 − 고정제조간접비예산액
	FOH 조업도차이	= 고정제조간접비예산액 − (예정배부율 × 표준조업도) =(예정배부율 × 기준조업도) − (예정배부율 × 표준조업도) =(기준조업도 − 표준조업도) × 예정배부율

단답식 개념문제

01. □□□□(responsibility accounting)란 조직내에 여러 가지 의사결정중심점을 설정하여 두고, 그 의사결정에 대하여 일차적인 책임을 지는 경영자를 중심으로 활동결과를 측정하여 성과평가가 제대로 이루어지도록 성과보고서의 체계를 갖추는 회계제도이다.

02. □□□□□(profit center)은 수익 및 비용의 양자를 관리하는 가운데 이들 차액인 이익에 대해 책임을 지는 조직단위이다.

03. 복수제품을 취급하는 경우 매출차이의 분석은 판매가격차이와 판매수량차이에 □□□□□□(sales mix variance)가 추가되어 이루어진다.

04. 원가차이는 실제원가가 허용원가보다 작은 경우에는 □□□ 차이(favorable variance)로, 그리고 반대로 실제원가가 허용원가를 상회하는 경우에는 □□□ 차이(unfavorable variance)로 평가된다.

05. □□□□□(goal congruence)이란 조직내에서 상이한 명칭을 갖는 가운데 조직목적 달성에 필요한 특정 경영기능이나 과업수행의 책임을 지는 조직단위 책임자들이 추구하는 목표와 조직의 목표가 일치하는 경우를 말한다.

[문1] 책임중심점을 정의하고 대표적인 유형 네 가지를 답하시오.

[문2] 통제가능원가를 정의하시오. 어떤 원가가 통제가능원가인지를 판단하는 데 도움을 주는 두 가지 중요한 요소는 무엇인가?

[문3] "책임회계의 주목적은 책임추궁에 있다." 이에 동의하는가? 구체적인 상황을 예로 들어 설명하시오.

[문4] 책임중심점에 대한 성과보고서에는 책임중심점 관리자가 통제불가능한 원가항목이 포함되기도 한다. 그 이유를 설명하시오.

[문5] 책임범위를 결정짓는데 고려되는 대표적인 두 가지 기준은 무엇인가?

[문6] 수익중심점으로 간주되는 판매부문의 성과보고서에 등장하는 대표적인 두 가지 차이항목은 무엇인가?

[문 7] 수익중심점인 판매부문을 대상으로 한 수익분석의 핵심개념 두 가지를 답하시오(**힌트**: 원가분석의 경우를 상기하면 됨).

[문 8] 수익중심점인 판매부문의 성과평가에서는 효과성과 효율성 중에 어느 것이 상대적으로 강조되는지를 설명하시오.

[문 9] 이익중심점으로 간주되는 판매부문의 예산 또는 전년도 실적과 금년도 실적과의 차이를 설명할 수 있는 세 가지 핵심적인 차이항목은 무엇인지를 설명하시오.

[문10] 판매부문의 주된 활동을 두 가지로 구분하고 이들 각각에 속하는 세부적인 활동의 예를 비용항목으로 드시오.

[문11] 판매수량차이와 판매믹스차이를 구분하시오.

[문12] 복수제품을 판매하는 판매부문에서 계산된 판매믹스차이의 유리/불리함의 판단은 어떻게 하는지를 설명하시오.

[문13] 복수제품(가령, 두 가지 제품)을 판매하는 회사에서 유리한 판매믹스차이가 발생할 수 있는 두 가지 경우를 설명하시오.

[문14] 상이한 유형의 두 가지 노동력(가령, 숙련공과 미숙련공)을 사용하는 공장에서 불리한 직접노무비의 배합차이가 발생할 수 있는 두 가지 경우는 어떠한 경우인지를 설명하시오.

연습문제

객관식

[문1] 단기적으로 책임회계제도하에서 작성되는 내부의 책임중심점에 대한 성과보고서의 설명 중 가장 옳지 않은 것은 어느 것인가? (★)

① 해당 책임중심점에 배분된 고정제조간접원가도 당연히 포함시켜야 한다.

② 통제가능원가와 통제불능원가로 구분하여야 한다.

③ 예외에 의한 관리가 가능하도록 작성하여야 한다.

④ 통제가능원가의 실제와 표준간의 차이를 포함시켜야 한다.

⑤ 조직도표와 일관성을 유지하여야 한다.

[문2] 다음은 책임회계에서 흔히 사용하는 특정 책임중심점의 권한을 설명한 것이다. 위의 각 권한을 특정중심점에 바르게 대응시킨 것은? (★)

> a. 재료의 매입처나 최종제품의 판매시장을 선택할 수 있는 권한을 포함해서 이익과 관련된 사항에 대하여 의사결정을 내릴 수 있는 권한
> b. 재료의 매입처를 선택할 수 있는 권한을 포함해서 영업활동의 중요요소인 원가에 대하여 의사결정을 낼 수 있는 권한
> c. 재료매입처나 최종제품 판매시장을 선택할 수 있는 권한과 투하자본에 대한 통제권한을 포함해서 이익과 관련된 사항에 대하여 의사 결정을 내릴 수 있는 권한

	원가중심점	이익중심점	투자중심점
①	a	b	c
②	b	a	c
③	b	c	a
④	c	a	b
⑤	c	b	a

[문3] 통제가능원가를 바르게 설명하고 있는 것은? (★★)

① 현재의 조업도 수준과는 직접적인 인과관계가 없고, 특정기간에 대한 경영자의 의사결정에 의해서 그 총액의 크기가 결정되는 원가

② 비교적 단기간에 있어 특정의 경영자가 그 발생에 대하여 영향을 미칠 수 있는 원가

③ 현행 생산능력을 결정지은 과거 의사결정에 의해 발생하며, 조업을 일시적으로 중단하더라도 계속적으로 발생하는 원가

④ 생산설비 이용도가 조금만 변화해도 총액이 항상 즉각적으로 변동하는 모든 원가

⑤ 당기의 관리적 의사결정에 의해서는 전혀 영향을 받지 않는 원가

[문4] 다음 중 원가중심점 성과평가 방법인 표준원가와 관련된 설명으로 틀린 것은? (★)

① 표준원가는 실제원가에서 발생하는 원가정보의 지연성과 조업도에 따른 원가의 변동성의 문제점을 보완해 준다.

② 직접재료비 구입가격차이와 능률차이는 구입량을 기초로 계산된다.

③ 실제원가가 표준원가보다 적게 발생하는 차이를 유리한 차이라고 볼 수 있다.

④ 차이분석은 각 원가요소별로 행해지며 이의 차이에 대해서는 그 원인을 분석하고 책임을 규명하여 원가관리의 자료로 이용된다.

TIP!

차이 수치 계산의 기본가정

별다른 가정 없이 가격과 원가정보가 동시에 제시된 경우 차이분석은 **이익중심점**을 가정하고 풀어야 한다. 가령 [문5], [문7]처럼 공헌이익 계산이 가능한 경우 판매믹스차이(일명, 매출배합차이)는 수익중심점이 아니라 이익중심점을 감안한 것이다.

[문5] (주)세무는 제품 A와 제품 B를 생산 · 판매하고 있다. 20X1년 1월 관련 자료가 다음과 같을 때 매출배합차이는? (세무사, 2013) (★★)

	제품 A	제품 B
실제 단위당 판매가격	₩7	₩12
예산 단위당 판매가격	6	10
예산 단위당 변동원가	4	6
예산 판매량	144단위	36단위
실제 판매량	126단위	84단위

① ₩80 유리　② ₩82 유리　③ ₩84 유리

④ ₩86 유리　⑤ ₩88 유리

[문6] (주)한국은 상호대체가 가능한 두 종류의 노무등급인 고급노무인력과 저급노무인력을 제조공정에 투입하여 제품을 생산한다. 이 회사는 표준원가계산제도를 사용하여 직접노무원가에 대해 매월 실제원가와 표준원가의 차이를 분석하고자 한다. 이를 위한 20×1년 2월의 각 노무등급별 표준직접노무원가에 관한 자료

는 다음과 같다.

	표준임률	실제생산량에 허용된 표준노무시간
고급노무인력	₩20	200시간
저급노무인력	₩12	200시간

20×1년 2월의 각 노무등급별 실제임률과 실제로 사용된 직접노무시간은 다음과 같다.

	실제임률	실제 사용된 직접노무시간
고급노무인력	₩21	220시간
저급노무인력	₩13	160시간

(주)한국의 20×1년 2월 직접노무원가의 배합차이와 수율차이는 각각 얼마인가? (KICPA 2014) (★★)

	배합차이	수율차이
①	₩280 유리	₩300 유리
②	₩280 유리	₩300 불리
③	₩240 불리	₩300 유리
④	₩240 불리	₩320 유리
⑤	₩240 불리	₩320 불리

[문7] 다음 자료에 의한 배합차이와 수율차이의 설명으로 바른 것은? (KICPA 2015) (★★)

- 제품 단위당 표준수량 : 재료A 5g, 재료B 3g
- 직접재료비의 단위당 표준가격 : 재료A 80원, 재료B 60원
- 실제 제품생산량 : 500단위
- 직접재료비의 실제소비수량 : 재료A 3,400g, 재료B 2,000g

① A재료의 배합차이만 유리한 차이가 발생한다.
② 수율차이는 A재료가 B재료보다 31,500원 더 크게 불리한 차이로 나타난다.
③ 모든 재료가 배합차이 금액보다 수율차이 금액이 더 크다.
④ 배합차이는 A재료가 B재료보다 1,500원 더 불리한 차이로 나타난다.

[문8] 상호 대체가능한 제품 P와 제품 Q 두 가지 종류만을 판매하는 (주)한국에 대한 20X1 회계연도 자료는 다음과 같다.

구 분	제품 P	제품 Q
예산판매수량	800단위	1,200단위
실제판매수량	500단위	2,000단위
단위당 예산판매가격	₩50	₩20
단위당 실제판매가격	₩55	₩18
단위당 표준변동원가	₩30	₩16
단위당 실제변동원가	₩32	₩15

(주)한국의 20X1 회계연도 매출배합차이와 매출수량차이를 계산하면 각각 얼마인가? (KICPA 2015 1차) (★★)

	매출배합차이	매출수량차이
①	₩8,000 유리	₩5,200 불리
②	₩8,000 유리	₩5,200 유리
③	₩5,200 불리	₩8,000 불리
④	₩5,200 유리	₩8,000 불리
⑤	₩8,000 불리	₩5,200 유리

주관식

[문1] 변동예산과 성과평가 (★)

다음은 2019년 1월의 홍익(주)의 생산부문 성과보고서이다. 이를 평가하고 더욱 적절한 성과보고서를 작성하시오.

홍익(주) 생산부문 성과보고서
2019년 1월

	실 제	예 산	차 이
수 량	32,000개	28,000개	
제조원가			
직접재료비	₩89,600	₩84,000	₩5,600U
직접노무비	165,000	140,000	25,000U
변동제조간접비	64,000	56,000	8,000U
고정제조간접비	27,500	28,000	500F
총 계	₩346,100	₩308,000	₩38,100U

[문2] 매출액 차이 (★★)

다음 자료는 홍익유통(주)의 판매관련 자료이다.

	실 제	예 산
판매단위	150	120
단위당 판매가	₩26	₩25
단위당 표준변동비	−20	−20
단위당 공헌이익	₩6	₩5
수 익	₩3,900	₩3,000
표준변동원가	−3,000	−2,400
표준원가기준 공헌이익	₩900	₩600

〈요구사항〉

1. 판매가격차이와 판매수량차이를 계산하시오.
2. 위에서 계산된 차이를 이용하여 예산 및 실제수익을 조정하시오.
3. 순판매수량차이를 계산하시오.
4. 판매가격차이와 순판매수량차이를 이용하여 표준원가기준 예산 및 실제공헌이익간의 차이를 조정하시오.

[문3] 예산 및 실제 매출총이익의 조정 (★★)

홍익상회는 단일제품만을 구매하여 판매하는 회사로서 2019년, 2020년의 손익계산서는 다음과 같다.

	2020년	2019년
판매단위	150,000개	180,000개
매 출 액	₩750,000	₩720,000
매출원가	−525,000	−576,000
매출총이익	₩225,000	₩144,000

〈요구사항〉

1. 2019년도를 기준년도로 하고 적절한 매출액차이를 이용하여 매출액의 변동을 조정하시오.
2. 2019년도를 기준년도로 하고 적절한 매출액차이와 원가차이를 이용하여 매출총이익의 변동을 조정하시오.

[문4] 매출총이익을 이용한 2개 연도 실제이익의 차이조정 (★★)

홍익상사는 단일제품을 구매하여 판매하는 상기업이다. 아래 주어진 2018년과 2019년의 실적을 토대로 (1) 적절한 차이항목을 이용하여 매출차이를 조정하고, (2) 적절한 매출차이항목 및 원가차이를 이용하여 매출총이익차이를 조정하시오. 2018년도를 기준년도로 삼는다.

	2019년	2018년
판매수량(개)	150,000	180,000
매 출 액	₩750,000	₩720,000
매출원가	−525,000	−576,000
매출총이익(GM*)	₩225,000	₩144,000

* GM = Gross Margin

[문5] 판매믹스차이와 판매수량차이(=매출조업도차이) (★★)

(주)용산은 두 제품 A, B만을 판매하고 있다. 제품 A의 예상판매량은 1,000개, 예상되는 단위당 공헌이익은 40원, 제품 B의 예상판매량은 2,000개, 예상되는 단위당 공헌이익은 10원이었다. 실제로 제품 A는 42원씩에 900개가 팔렸고, 제품 B는 9원씩에 2,500개가 팔렸을 때, 회사전체의 판매수량차이(=매출조업도차이)와 판매믹스차이, 순판매수량차이는 각각 얼마인가?

〈자료 : 1997년 CTA 기출문제〉

[문6] 다제품의 차이분석 (★★)

홍익공업은 제품 A, B, C의 3종류를 제조·판매하고 있으며, 2018년의 판매예산과 실적은 다음과 같다. 이러한 자료를 기초로 공헌이익이 감소하게 된 원인을 (1) 판매가격차이, (2) 판매믹스차이 및 (3) 판매수량차이로 나누어 분석하시오.

<판매예산>

구 분	제품 A			제품 B			제품 C			합 계
	수량	단가	금액	수량	단가	금액	수량	단가	금액	
매출액	5,000	150	750,000	3,000	100	300,000	2,000	200	400,000	1,450,000
변동비	5,000	105	525,000	3,000	80	240,000	2,000	120	240,000	1,005,000
공헌이익	−	45	225,000	−	20	60,000	−	80	160,000	445,000
공헌이익률	30%			20%			40%			30.69%

<판매실적>

구 분	제품 A			제품 B			제품 C			합 계
	수량	단가	금액	수량	단가	금액	수량	단가	금액	
매출액	5,100	145	739,500	4,000	95	380,000	1,700	200	340,000	1,459,500
변동비	5,100	106	540,600	4,000	75	300,000	1,700	125	212,500	1,053,100
공헌이익	–	39	198,900	–	20	80,000	–	75	127,500	406,400
공헌이익률	26.90%			21.05%			37.50%			27.85%

[문7] 믹스차이 및 수율차이계산(생산부문) (★★)

선정회사의 산출량에 대한 재료의 표준투입량과 톤당 원가는 아래와 같다.

재 료	표준투입량	톤당 원가	총원가
P	0.2톤	₩160,000	₩32,000
Q	0.4톤	100,000	40,000
R	0.4톤	120,000	48,000
산출량 톤당 총표준원가			₩120,000

실제 산출량은 100톤이고, 이를 생산하기 위한 실제의 재료투입량과 실제의 원가는 아래와 같다.

재 료	실제투입량	톤당 원가	총원가
P	10톤	₩200,000	₩2,000,000
Q	50톤	120,000	6,000,000
R	50톤	100,000	5,000,000
			₩13,000,000

〈요구사항〉

1. 재료수율차이를 계산하시오.
2. 재료배합차이를 계산하시오.

> **TIP!**
> [문7]은 수익중심점의 믹스차이를 생산부문(원가중심점)에 응용한 것이다. 비록 본문에서 자세한 설명은 생략되어 있지만 원가회계 교재에서 배운 표준원가의 용어를 사용할 뿐 문제를 푸는 방식은 판매믹스차이 계산과 동일하다.
> 공장에서는 재료수량차이에 해당하는 능률 개념을 수율(yield)이라는 용어로 사용하고 믹스를 원재료 등의 경우에는 배합이라는 용어를 사용한다.

[문8] 시장점유율차이 (★★)

(주)국세는 사무용과 가정용 복사기를 판매한다. (주)국세는 20X1년 복사기 시장규모가 800,000대일 것으로 예측했으나, 실제 시장규모는 700,000대로 집계되었다. 20X1년 예산과 실제 결과에 대한 자료가 다음과 같을 때, (주)국세의 시장점유율 차이는 얼마인가? (세무사, 2011)

<20X1년도 예산>

제품종류	판매단가	단위당 변동원가	판매수량 및 비율	
			수 량	비 율
사무용	₩1,200	₩700	20,000대	25%
가정용	900	500	60,000	75%
합계			80,000대	100%

<20X1년도 실제결과>

제품종류	판매단가	단위당 변동원가	판매수량 및 비율	
			수 량	비 율
사무용	₩1,100	₩625	25,200대	30%
가정용	820	400	58,800	70%
합계			84,000대	100%

[문9] 예산 및 실제이익의 조정 (★★)

홍익기업은 2019년도 1/4분기에 550,000단위를 판매하였다. 이러한 판매의 증가는 예산보다 10%를 웃도는 증가였는데도 불구하고 이익은 예산보다 하락하였다. 회계부문에서는 항상 예산과 실제순이익간의 차이를 설명하기 위해 간단한 분석을 준비한다. 1/4분기의 분석이 완전히 마무리되지 않은 채 손익계산서와 함께 최고경영진에게 제시되었다.

	예 산	실 제
매출액	₩2,500,000	₩2,530,000
변동비용		
매출원가	1,475,000	1,540,000
판매관리비	400,000	440,000
총변동비용	−1,875,000	−1,980,000
공헌이익	625,000	550,000
고정비용		
판매비용	125,000	150,000
관리비용	275,000	300,000
총고정비용	−400,000	−450,000
세전이익	225,000	100,000
법인세(40%)	−90,000	−40,000
순이익	₩135,000	₩60,000

〈요구사항〉

다음 항목수치를 계산하여 1/4분기의 예산 세전순이익과 실제 세전순이익 간의 ₩125,000의 불리한 차이에 대한 설명을 하시오.

① 판매가격차이 ② 변동원가차이 ③ 순판매수량차이 ④ 고정원가차이

[문10] 공헌이익법과 차이조정표의 작성 (★★)

홍익(주)의 주력제품 A에 대한 2019년의 예산손익계산서와 실제손익계산서는 다음과 같다.

손익계산서

항 목	예 산		실 제	
판매수량	12,000개		11,000개	
매출액		₩60,000		₩66,000
변동비				
매출원가	₩24,000		₩27,500	
판매비	15,000	39,000	16,500	44,000
공헌이익		21,000		22,000
고정비				
제조원가	6,000		5,500	
관리비	10,000	16,000	10,000	15,500
순이익		₩5,000		₩6,500

〈요구사항〉

1. 예산순이익과 실제순이익의 차이를 (1) 판매부문, (2) 제조부문, (3) 관리부문으로 나누어 상세하게 분석하시오.
2. 예산순이익과 실제순이익의 차이에 대한 차이조정표를 작성하시오.

〈자료 : Morse & Roth(1989), Cost Accounting, 3rd ed., p. 526〉

09 분권화와 사내대체가격

로마의 군대는 백부장, 천부장 등 분권화된 조직을 잘 활용하여 최고의 군대가 될 수 있었다.
사진 출처: 영화 〈글래디에이터〉

학습목표

- 분권화와 중앙집권화의 장단점을 배움
- 사업부제의 특징과 세 가지 핵심적 측면을 이해
- 투자중심점 성격의 사업부 평가이슈를 다룸
- 대표적인 투자중심점 성과지표인 ROI와 RI를 비교
- 경제적부가가치(EVA)와 RI의 차이점을 배움
- 사내대체가격을 결정하는 일반적 방법을 배움
- 사내대체가격이 사업부 성과평가에 미치는 효과를 파악
- 시장가격기준의 사내대체가격의 전사적 최적화효과를 터득

Intro

조직이 갖는 역기능이나 문제점을 해소하고 각 사업영역에 집중하기 위해 기업을 여러 개의 유사-독립단위로 세분하여 조직화하는 사업부제에 의한 **분권경영**(일명, 분권관리)을 도입한다. 그리고 이렇게 분권경영 체제가 가동되면 분권조직의 성과평가와 각 분권조직 간의 내부거래 시에도 각자의 이익을 극대화하려 하기 때문에 크게 보면 한 회사지만 각자의 서비스 가격 결정에서는 양보를 하지 않게 되므로 상호 조정문제가 필요해진다.

따라서 이 장에서는 분권화의 대두 배경과 장단점을 제1절에서 설명한다. 제2절에서는 이익중심점보다 넓은 분권단위인 투자중심점의 성과평가를 위해 활용되는 ROI, RI, EVA 등의 재무적 지표를 소개한다. 제3절의 **사내대체가격**(transfer pricing)에서는 각 부문간의 상호 가격조정문제를 다룬다. 관리회계담당자는 사내대체가격이 분권화 본래의 목적에 일치하는가를 수시로 파악하고 각 부문관리자가 회사전체적 입장에서 볼 때 가장 최적인 의사결정을 내리도록 유도하는 방식으로 사내대체가격제도가 운영되도록 조언할 책임을 진다.

ROI의 분해

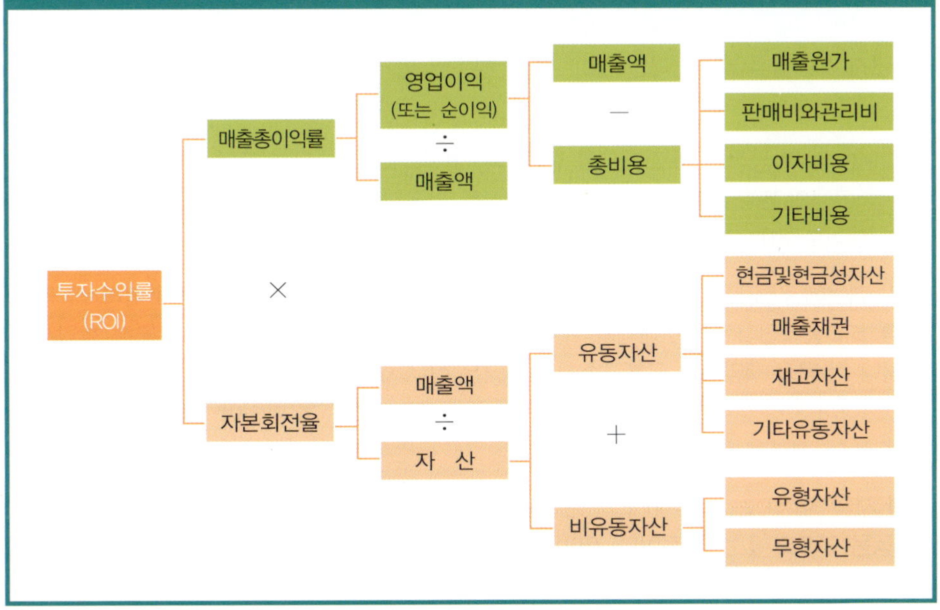

Storytelling

해외에서 광석을 수입해서 제련을 하여 아연 등 비철금속을 생산하는 K사의 경영자는 고민이 많다. 제품 수요가 급격히 상승하니 최근에 생산설비도 늘리고 인력도 많이 확충하여 생산이나 판매에는 문제가 없지만 회사의 규모가 커짐에 따라 조직관리상에 고민거리가 생긴 것이다.

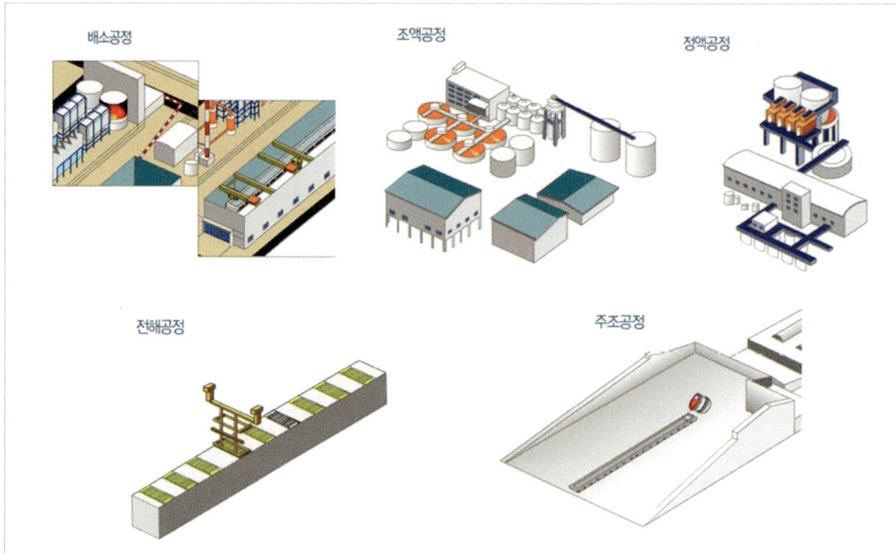

K사는 각 공정이 웬만한 회사의 전체 공정보다도 커져서 각 공정을 하나의 사업 부문으로 별도의 부문 책임자를 두고 부문별 관리를 해야 효율적으로 관리가 되는 것은 알고 있지만 이러한 조직 변경이 현실적으로 쉽지는 않다. 우선, 부문별 평가를 하기 위해서 어떠한 성과평가 지표를 활용해야 하는지부터 고민이다.

더욱이 K사의 각 공정은 서로 거래를 한다. 즉, 한 공정에서 나온 제품이 시장에 팔리기도 하지만, 다른 공정의 원재료로도 쓰이고 이 원재료를 가공하여 나온 또 다른 제품이 다른 공정으로 대체가 되기도 하는 것이다.

그렇기 때문에 각 공정간 내부 대체되는 제품의 가격을 어떻게 설정하느냐에 따라 각 공정의 성과평가가 달라진다. 최근 대체가격을 국제금속시세 가격을 적용한다고 각 공정 책임자에게 전달하니 한 공정 책임자는 국제금속시세 가격은 현 시세보다 두 달 전 가격인데 이것을 적용하면 안 된다며 차라리 필요한 원재료를 외부에서 싸게 사오는 게 본인이 책임지고 있는 공정의 이익을 높여 성과가 좋게 나오겠다며 불만을 제기하는 지경에 이르렀다.

이에 K사의 경영자는 회사 규모의 증대로 생긴 결과이긴 하지만 합리적인 방안을 찾지 못해 발만 동동 구르고 있는 실정이다. 이번 장에서 공부하는 내용을 통해 이러한 경영자의 고민을 해결할 방법을 같이 찾아보도록 하자.

제1절 분권화의 기초개념

큰 나라를 다스리는 것은 작은 물고기를 요리하듯 해야 한다. 양념과 불의 세기가 적당해야 한다. 초조한 마음에 물고기를 자주 뒤집으면 살이 모두 부서지고 만다. 세심함과 신중함이 필수적이다. -노자(老子)-

1.1 분권화와 중앙집권화

오랜 경영역사를 거친 현시점에도 어느 나라든 일부 기업은 중앙집권식 관리를 그리고 다른 일부 기업은 분권화된 관리방식을 택하고 있다. 이런 점에서 볼 때 양자는 나름대로의 장점을 지니고 있음이 틀림없다.

분권경영의 체계를 올바로 이해하기 위해서는 중앙집권적 경영(일명, 집권관리)과 대조되는 가운데 파악될 필요가 있다. 집권관리의 장단점은 곧 분권관리의 단점 및 장점으로 보면 무난하기 때문이다.

1. 중앙집권식 관리

제조, 판매 및 회계 등 조직의 주요 기능이 최고경영자에 의해 통제될 때 이를 중앙집권화(centralization) 또는 집권관리라고 부른다. 즉, 하위관리자들은 최고경영자가 내린 결정사항을 이행하기만 하면 된다. 비영리조직으로서는 군대가 대표적인 중앙집권적 관리에 속한다.

2. 분권관리

분권화(decentralization)란 의사결정권한을 조직내 하위관리계층에 위양하는 것을 의미한다. 보다 낮은 수준에까지 권한이 위임되어 있을수록 분권화의 정도는 높다고 할 수 있다. 대부분의 경우 완전집권화 또는 완전분권화를 이루기보다는 양쪽의 성격을 일부 합친 형태를 갖는 것이 보편적이다. 국내기업 중 대표적인 분권조직으로 손꼽히는 **삼성전자**는 <표 9.1>처럼 생산 및 판매 등 운영단위는 분권화를 이루고 있으나 연구개발은 삼성종합기술원, 전략수립은 미래전략실 등에서 주관한다.

표 9.1

삼성전자의 사업부문
(자료: 2013년 반기보고서)

부 문		주요 제품
CE 부문		CTV, 모니터, 프린터, 에어컨, 냉장고, 세탁기, 의료기기 등
IM 부문		HHP, 통신시스템, 컴퓨터, 디지털카메라 등
DS 부문	반도체사업부문	DRAM, NAND Flash, 모바일AP 등
	디스플레이사업부문	TFT-LCD, OLED 등

즉, 중앙(즉, 본사)에서 관리하고 있는 것이다.

현장 감독중인 고 정주영 현대그룹 회장, 1984

경영 일반원칙에서 잘 알려진 바와 같이 가장 완벽한 통제란 회사의 사정을 제일 잘 아는 최고경영자가 직접 경영 현장을 지속적으로 살피는 것이다. 이는 일명 MBWA(management by wandering around ; 현장경영 또는 배회관리)로 잘 알려져 있다. 현장경영의 대표적인 실천사는 **현대그룹** (故)정주영 회장을 들 수 있다.

하지만 대부분의 경우 당초에는 중앙집권적 구조로 출발하게 되나 점차 규모가 커짐에 따라 관리상의 한계를 실감하며 분권화를 도입하게 된다.

규모가 작은 경우에서의 분권화의 필요성을 실감하기 위해 국내 포털사이트의 대명사 네이버의 사례를 보자.

네이버는 1999년 6월에 창업멤버들의 5년여간의 준비끝에 정식서비스를 시작했다. 당시 회사명은 네이버컴이었다. 네이버는 안정적으로 검색광고 매출이 성장하는 상황에서도 멈추지 않고 그 다음을 준비했다. 2000년에 한게임을 인수하고 회사의 규모가 커지자 보다 명확한 목표를 가지고 전문 분야에 집중할 수 있도록 회사의 이름을 바꾸고 사업부문을 나누기로 했다.

네이버컴의 새로운 이름은 '**넥스트휴먼네트워크**(Next Human Network)'의 줄임말인 NHN이었다. 영문 뜻뿐만 아니라 NHN은 **네이버**(Naver)와 **한게임**(Hangame)을 연상할 수 있는 이니셜이기도 했다. 그동안 NHN은 모바일 중심으로 재편되는 사업환경에 보다 적극적으로 대응하고, 각 사업 부문의 핵심경쟁력을 강화하기 위해 포털과 게임의 사업부문 분할을 추진해 왔다. 이로써 포털과 검색, 게임 사업을 한울타리에 가진 인터넷기업 NHN은 포털과 게임, 이미 분사한 모바일, 검색광고 4개 사업 영역으로 나눠지게 됐다.

구글과 애플의 다른 업무 스타일

미국 캘리포니아주에 있는 **구글** 본사는 '**구글플렉스**(googleplex)'로 불린다. 잘 조성된 숲과 정원 사이로 자유로운 복장을 한 직원들이 산책을 하는 광경을 흔히 볼 수 있다. 트레이너가 있는 체육관과 수영장, 마사지실도 구비돼 있다. 이발사, 세탁업자, 보모, 심지어 애완동물 도우미까지 대기하고 있다고 하니, 이곳을 '엔지니어들의 천국'이라고 부를 만도 하다. 구글은 또한 정규 업무의 20%의 시간을 자유시간으로 활용하게 하는 '**20% 타임**' 제도를 실행하고 있다.

여기에 반해 구글 경쟁업체인 **애플**은 상부에서 제안한 소수의 프로젝트에 역량을 집중하며 직원들에게 재량권을 많이 주지 않는 것으로 유명했다. 애플 창업주 스티브 잡스는 1982년 '**해적이 되자**(*Let's be Pirates*)!'라고 프린트된 티셔츠를 입었고, 팀원들도 그 티셔츠를 입게 했다고 한다. 스티브 잡스의 카리스마 덕분에 애플 직원들은 완벽한 제품을 만들기 위해 많은 업무량을 감수했다. 하지만 애플이 경영에 어려움을 겪자 현재 CEO인 팀 쿡은 구글의 '20% 타임'과 비슷한 제도를 최근 시행하고 있다. 또한 업무 유연성을 보다 더 확대하고 안식 기간을 주는 방안을 적극적으로 검토하고 있기도 하다.

2013년 3월에는 라인과 모바일에 집중하기 위해 조직을 나눠 LINE+(라인플러스)와 캠프모바일을 신설하고 네이버와 한게임의 사업을 분할하겠다고 발표했다. 그리고 2013년 8월, 13년간의 한집살이를 마치고 두 개의 법인으로 나누어졌다. NHN이 13년 만에 포털 **네이버(주)**와 한게임 사업을 하는 **NHN엔터테인먼트**로 각각 분리된 것이다.

네이버 사례에서 보듯이 기업의 규모가 커지고 복잡성을 띠게 되면 기업조직 내에서 의사결정이 느려지고 관료화현상이 발생하기 시작한다. 조직이 갖는 역기능이나 문제점을 해소하고 각 사업영역에 집중하기 위해 기업을 여러 개의 유사-독립 단위로 세분하여 조직화하는 사업부제에 의한 분권경영(일명, 분권관리)을 도입한다. 하지만 분권화의 경우에도 단점은 존재한다. <표 9.2>는 분권화의 장단점을 요약한다. 분권화의 장점은 곧 기업이 분권화를 도입하는 동기를 의미한다.

표 9.2
분권화의 장단점

장 점	단 점
• **현장(감각)파악에 의한 의사결정 – 정보의 전문화**: 관련정보가 입수·보관·처리되는 현장에서 당면문제 및 상황을 가장 잘 파악하고 있는 관리자가 의사결정을 보다 적시에 내리면 합리적인 의사결정을 내릴 수 있다. • **신속한 의사결정 및 대응**: 부문관리자에게 의사결정을 허용함으로써 분권화된 단위는 예기치 못한 상황에 보다 신속히 대응할 수 있다. • **전문화에 의한 분업**: 일상운영 의사결정은 현지 부문관리자가 수행하고 최고경영자는 정책 및 전략결정 등 중요한 의사결정에 전념할 수 있다. • **부문관리자의 동기부여**: 보다 많은 재량권을 갖는 관리자는 과업에 대한 흥미와 기업가적 또는 전략적인 행동을 취하도록 동기부여된다. • **후계자 양성**: 의사결정위임을 통해 부문관리자로 하여금 중요한 경험을 쌓게 함으로써 미래의 최고경영자후보를 양성할 수 있다. • **본사 차원의 자원배분 한계극복**: 부문간의 상호작용이 광범위해지고 업무가 복잡성을 띠게 되는 경우 자원배분문제를 일일이 중앙에서 결정하는 것은 비합리적이다.	• **유능한 관리요원의 부족**: 능력을 갖춘 관리요원이 각 사업부에 적절히 배치되지 못할 경우, 자칫 사업부는 회사정책과 일관된 활동을 수행하거나 감독하지 못할 수 있다. • **측정 및 보고상의 통일성 문제**: 대규모 조직의 경우 모든 사업부문으로 하여금 동일한 측정시스템(보고기간, 보고방식 및 자료수집상의 일관성)을 갖도록 하는 것이 쉽지 않다. • **준최적화의 문제**: 분권적 조직단위들은 조직전체의 입장보다는 자신의 입장을 강조한다. 사업부문의 목표와 조직전체의 목표가 상호 일치되도록 하는 **목표일치성**(goal congruence)이 저해될 소지가 크고 이를 모니터링하는 비용이 크다.

1.2 목표일치성(goal congruence): 부문목표와 조직목표와의 조화

분권화된 조직의 주된 문제점은 준최적화의 문제이다. 즉, 부문경영자가 최고경영자 및 주주가 원하지 않는 방향으로 의사결정을 내릴 수 있다는 것이다. 이는 곧 본인-대리인이론(agency theory)에서 말하는 역선택(또는 불리한 선택) 혹은 도덕적 해이 문제를 의미한다. 분권화를 택한 기업의 경우 본사 경영진은 본인(즉, 위임자) 그리고 부문관리자는 대리인에 해당된다.

대리인이론에서는 본인(principal)과 대리인(agent) 간에 있을 수 있는 이해관계의 상충(conflict of interest) 문제를 해소하기 위한 일련의 통제 및 조정방안을 강조한다. 특히, 재무 및 관리회계정보는 본인-대리인관계가 바람직한 방향으로 설정되기 위한 목적으로 성과평가 및 미래 계약체결에 관한 전망과 관련하여 다양하게 활용된다.

목표일치성 달성을 위한 전제조건

Google 도전적 목표를 설정하는 문화는 선진기업임을 판단하는 가장 중요한 잣대가 된다. 도전적 목표는 기존의 틀로는 달성하기 어렵기 때문에 창조적인 접근이 필요하며, 이 과정에서 조직내 혁신이 피어난다.

구글은 '세상의 모든 정보를 검색할 수 있도록 만들어 인류의 지식을 증진시키겠다'는 미션 아래 성장을 거듭해 왔다. 기업이름인 '구글' 자체도 10의 100제곱을 뜻하는 단어에서 유래했을 정도로 정보검색에 대한 자신감을 내비치고 있다. 구글 직원은 기술을 이용해 세상을 발전시키는 일을 한다는 자부심이 강하다. 기업의 비전과 목표가 전사적으로 공유되지 않았다면 구글은 지금과 같이 비약적 성장을 달성할 수 없었을 것이다.

1. 목표일치성의 정의

조직 내 모든 구성원들이 공통된 이해관계를 위해 업무를 수행할 인센티브를 가질 때 총체적 목표일치성이 존재한다고 한다. 이는 특히 집단이 하나의 팀으로서 상호간에 합의를 이룬 목표를 추구할 때 생기는 것이다. 한편, 조직구성원 개인의 목적과 조직의 목적이 일치할 때 개인적 목표일치성이 이루어진다고 말한다.

총체적인 목표일치성이 실현되기란 쉬운 일이 아니다. 그러나 많은 경우 강한 팀정신이 각 개인의 다양한 개성 및 이탈 동기를 억누르게 한다. 군대조직이나 스포츠팀이 그 예이다. 대부분의 기업들은 바로 이러한 단체정신(esprit de corps; 즉, 단결심)을 고양하기 위해 많은 노력을 기울인다.

TIP!

그동안 일본기업은 미국이나 서구기업에 비해 이러한 팀정신이 강하여 상대적으로 목표일치성이 높다고 알려져 있다. 그러나 최근 개인주의적 성향이 높은 조직구성원들이 점차 늘어남에 따라 팀정신은 퇴색된 편이다.

일본 후지TV 사무실 내부

2. 목표일치성의 필요성

목표일치성이 달성되지 못함에 따라 문제가 생기는 한 가지 예를 통해 목표일치성의 필요성을 알아보면 다음과 같다. 부문 경영실적(가령, 영업이익)에 따라 승진이나 보너스지급액이 달라진다고 믿는 생산부문관리자가 장기적으로는 기업에 도움이 되지만, 단기적으로는 생산라인의 작업중단 및 비용지출이 발생하여 영업이익 감소를 초래할 수 있는 생산라인 수선작업을 기피하는 의사결정을 내리는 것이다.

1.3 분권화의 결정요인과 실행을 위한 기본원칙

분권화는 오늘날 대규모 경영조직을 특징짓는 하나의 요인임에 틀림없다. 그러나 분권화를 도입했다고 해서 우수한 조직이라고 말할 수는 없다. 각 기업은 나름대로의 조직여건을 감안하여 가장 바람직한 조직형태를 선택한다. 분권적 조직을 택하는 것이 합리적이라고 판단할 경우, 과연 어느 정도의 분권화가 바람직한 것인가를 결정해야 한다. 이러한 판단에는 앞서 설명한 분권화의 장단점, 기업의 여건 및 추구하는 목적이 종합적으로 고려되어야 한다.

분권화를 꾀하고자 하는 기업이 고려해야 할 중요한 요소, 즉 분권화의 결정기준은 <표 9.3>과 같다.

하지만 아무리 기업의 조직구조가 분권화된 형태(가령, 사업부제 형태)를 띤다 하더라도 실질적인 의사결정의 분권화가 이루어져 있지 않으면 실효를 거두기가 어렵다. 따라서 성공적인 분권화를 이루기 위해서는 결정권한에 상응한 책임이 모든 단계에서 받아들여지면서 실행될 때 비로소 분권화는 그 효과를 발휘한다.

표 9.3
분권화의 결정기준

① 권한위양 결정권 범위의 중요성	분권화와 더불어 상위직에서 하위직으로의 결정권을 위양하는 경우 과연 권한위양이 바람직한 것인가의 판단은 **결정책임의 중요성**에 따라 좌우된다. 즉, 하위관리자에게 위양된 의사결정이 잘못 내려질 경우 기업에 미칠 가치저하에 대한 판단을 토대로 위양 여부 또는 위양의 범위가 결정된다. 여기서 말하는 가치저하 속에는 유형적 가치뿐만 아니라 회사의 신용 및 종업원사기 등과 같은 무형적 가치도 포함된다.
② 경영규모	조직이 커질수록 관리계층이 비대해지며 **커뮤니케이션** 라인이 길어져 의사결정이 지연된다. 따라서 필요한 분권관리의 폭은 커진다.
③ 경영환경 및 업종	시장환경이나 기술환경이 비교적 **안정된 업종**에서는 분권관리의 필요성이 적다. 그러나 반대의 경우에는 변화하는 환경에 적절히 대응하기 위해 의사결정의 분권화가 필요하다.
④ 통제기구와 하위관리자의 능력	분권화가 이루어질수록 기업전체의 목표달성을 위한 종합적인 정책수립 및 실행상 각 부문활동을 **통제하고 조정하는 기능**은 필연적이다. 따라서 분권화와 더불어 본사 관리책임이 줄어든다고 생각해서는 안 된다. 오히려 분권화 이전에 비해 본사차원에서의 종합적인 방침 및 계획수립 그리고 통제기능은 강화된다. 각 사업부활동을 통제와 성과평가 목적에서의 회계정보역할은 한층 중요성을 갖게 된다.

1.4 전형적인 분권조직의 종류

1. 분권적 조직구조

전형적인 분권적 조직구조는 [그림 9.1]에 잘 예시되어 있다. 분권화 조직구조의 기본가정은 대부분의 책임을 각 사업부에 위임하고 이들 각 사업부가 마치 독립된 사업단위처럼 운영되도록 하는 것이다.

[그림 9.1]에서 보는 바와 같이 사업부 자체 내의 경영진은 일반적으로 컴퓨터부문을 포함하여 인사, 마케팅, 관리, 생산 및 기타 필요한 기능을 담당하는 관리자로 구성된다. 이러한 조직체계는 특정 관리자가 두 상급자의 지시감독을 받는 문제를 야기할 수 있다. 그림의 실선은 사업부 소속 스탭과 일상적 업무에 관한 권한을 지닌 사업부 관리자와의 관계를 나타내는 반면에 점선은 사업부 스탭과 본사와의 관계를 나타낸다.

사업부문 소속 컨트롤러(이하, 사업부 컨트롤러)는 이중책임을 지게 된다. 첫째는 라인 권한을 행사하는 사업부문 부사장에게의 보고 및 지원책임이며, 둘째는 기능적 권한(functional authority)을 행사하는 본사 컨트롤러에게의 책임이다.

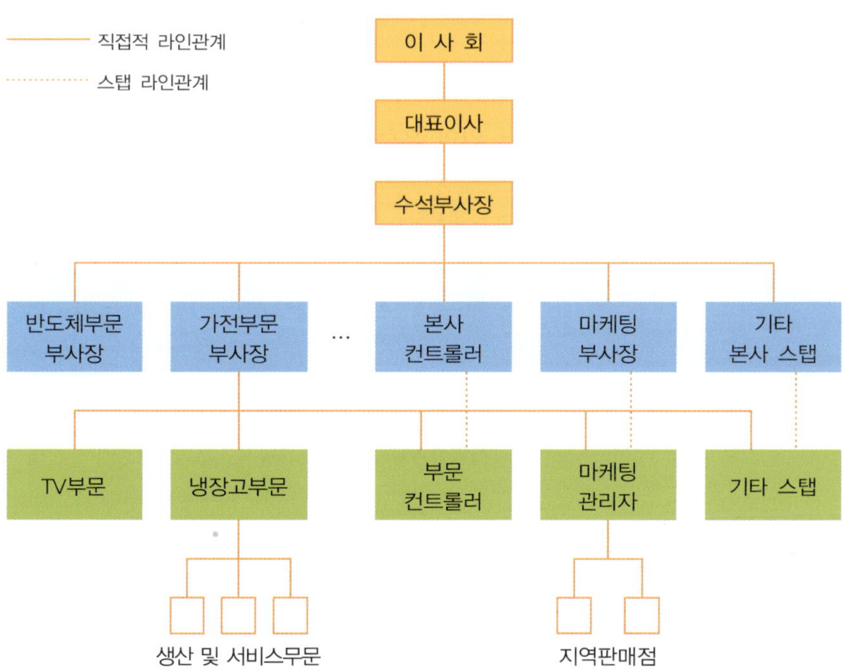

그림 9.1
사업본부제의 예

외국의 사업부제 도입의 역사

미국의 경영사를 살펴보면 사업부제는 꽤 오래 전에 도입되었다. **듀퐁**, **제너럴 모터스** 등이 1920년에 도입한 것을 계기로 1921년에는 **스탠다드석유회사**(지금의 **엑손정유회사**)가 그리고 1929년에는 유명한 **시어즈 로벅** 백화점이 최초로 도입했다.

미국보다는 사업부 도입역사가 일천한 일본에서는 1950년대에 **마쓰시다**가 최초로 사업부제를 도입했으며 이후 전기업계나 화학공업회사, 기계회사(**구보타철공**) 등 자본금 규모가 크고 고수익과 고성장을 자랑하는 회사는 대부분 일찍부터 사업부제를 도입하여 이익관리를 체질화했다. 본격적인 확산은 1960년대라고 할 수 있다.

사업부 컨트롤러는 컨트롤러기능의 대부분을 사업부 차원에서 수행하게 된다. 단, 이와 같은 과업을 수행함에 있어서 사업부 컨트롤러는 본사 컨트롤러가 규정한 회사 차원의 회계절차를 따라야 한다. 이러한 관계를 감안하여 종종 사업부 컨트롤러는 본사 컨트롤러의 연장선으로 이해되거나 현지파견형식의 일선요원(front-line employee)으로 간주된다. 이 경우 사업부 컨트롤러는 본사 컨트롤러에 대해서는 직접적인 라인관계를 그리고 사업부관리자와는 스탭-라인관계를 갖는 것이다.

2. 분권적 조직단위의 종류

원가중심점, 수익중심점, 이익중심점 및 투자중심점으로 나누는 책임중심점 유형은 곧 기본적인 분권적 조직단위에 해당한다. 기업의 업종과 경영환경 그리고 분권화의 목적을 감안하여 각 분권조직단위는 위의 유형 중 하나로 명명되고 관리될 수 있다.

제2절 재무지표를 이용한 투자중심점의 성과평가

"사업성과를 높여라. 그렇지 않으면 경영에서 손을 떼라."
-Forbes, 1997년 Nov. 26.-

분권화된 조직단위 중 가장 많은 재량권을 가지고 있고 책임범위가 큰 조직단위는 투자중심점이다. 투자중심점(investment center)은 최종이익에 책임을 진다는 점에서 이익중심점과 동일하지만 스스로 필요한 프로젝트를 추진하고 투자결과에 대해서 책임을 진다는 점에서 이익중심점에 비해 책임범위가 가장 큰 사업부단위를 말한다. 기업경영 측면에서 보면 명목적으로만 특정 기업에 소속된 사업부이지 실제로는 독립된 기업과 별 차이가 없다.

분권화된 조직에 있어서 이러한 투자중심점(이하, 사업부라 칭함)과 책임자를 어떻게 평가할 것인가는 매우 중요한 문제이다. 왜냐하면 평가지표는 사업부 경영자의 행동에 영향을 미치게 되기 때문이다. 따라서 사업부 및 사업부책임자를 평가하기 위한 성과측정치는 회사의 목표달성을 위해 최선을 다하는 소위 목표일치성을 추구하도록 설계되어야 한다. 본절에서는 전통적으로 투자중심점 성과평가목적으로 사용되어온 대표적인 재무적 성과지표인 투자수익률(ROI)과 잔여이익(RI) 그리고 다양한 기업현장에서 활용되고 있는 경제적부가가치(EVA)를 설명한다.

2.1 투자수익률(ROI)

1. 투자수익률(ROI)의 의의

사업부가 벌어들인 이익(즉, 영업이익)이 투하자본에 차지하는 비율을 말하는 투자수익률(ROI : return on investment)은 투자중심점 성격의 사업부 성과평가에 있어서 가장 일반적으로 이용되는 측정치이다. 이를 식으로 표현하면 다음과 같다.

$$
\begin{aligned}
\text{ROI} &= \text{사업부이익} \div \text{투하자본} \\
&= \frac{\text{사업부이익}}{\text{매출액}} \times \frac{\text{매출액}}{\text{투하자본}} \\
&= \text{매출총이익률} \times \text{자본회전율}
\end{aligned}
$$

여기서 사업부이익은 영업이익 또는 당기순이익을 지칭한다. 일반적으로 사업부단위의 ROI는 영업이익을 이용하지만 회사전체의 ROI를 측정하는 데에는 영업이익 대신에 당기순이익을 이용한다. 투하자본(invested capital ; 일명, 투자자산)은 사업부이익을 창출하기 위해 투입된 모든 자산을 의미한다. 여기에는 현금, 매출채권, 재고자산과 같은 운전자본(working capital)과 토지, 건물 및 설비 등과 같은 유형자산이 포함된다.

> **TIP!**
> **ROI 공식의 의미**
> ROI의 계산에 있어서 분모를 의미하는 투하자본 역시 분자와 마찬가지로 다양하게 계산된다. 즉, 기업에 따라 분모에 사용되는 투하자본은 총투자액, 운영자산, 총자산 혹은 (기초 순장부가치+ 기말 순장부가치)/2로 계산되는 평균운영자산 등을 의미한다.

그림 9.2

ROI의 분해

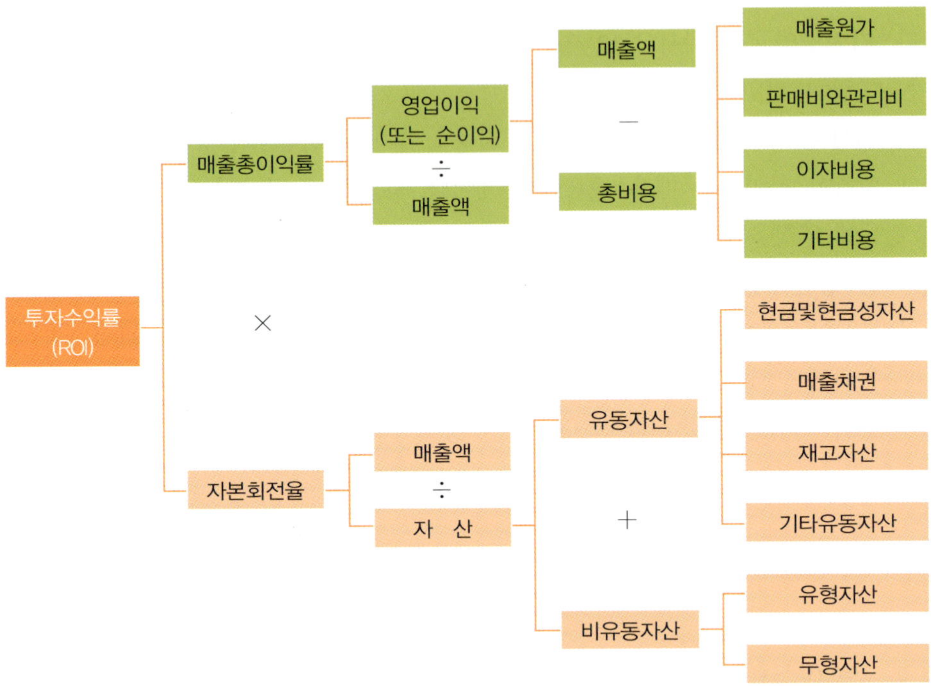

사업부의 경영성과를 요약하는 대표적인 재무적 성과지표인 ROI는 앞의 계산공식에서 보는 바와 같이 매출총이익률과 자본회전율의 두 가지 요소의 결합적 산물이다. 매출총이익률(return on sales)은 사업부이익이 매출액에서 차지하는 비율로 대표적인 수익성비율이다. 매출총이익률은 단위매출액(가령, 1원)이 벌어들이는 이익을 말하는데 이익은 영업이익이나 순이익이 이용된다. 따라서 매출액순이익률은 단위매출액 중 이자와 세금을 지급하고 이익창출에 기여하는 비율을 말한다.

TIP!

자본? 자산?

투하자본, 운전자본, 자본회전율에서의 '자본'의 의미는 주주 몫인 자본의 의미보다는 타인자본(부채)과 자기자본(자본)의 의미로 보면 이해하기 더 쉽다.

한편, 매출액을 투자액으로 나누어 계산되는 자본회전율(sales turnover)은 매출을 실현하는 데 있어서 자산을 얼마만큼 효율적으로 활용하였는가를 나타내는 지표이다. 이처럼 ROI는 수익성비율인 매출총이익률과 활동성비율인 자본회전율이라는 상이한 성격의 두 요소로 구성된다는 점은 다른 요소는 변하지 않더라도 한 요소만을 개선시킴으로써 사업부 성과인 ROI를 개선할 수 있다는 것을 말한다. 또한 [그림 9.2]에서 보는 바와 같이 투자수익률은 수익성 요인과 활동성 요인에 의하여 결정되므로 투자수익률을 증대시킬 수 있는 방법들을 두 비율의 하위 요소를 어떻게 관리하느냐에 달려 있다.

간단한 사례를 가지고 매출총이익률과 자본회전율 및 ROI의 관계를 설명하기로

표 9.4
사업부간의 ROI의 비교(예시)

ROI의 비교		
	모니터사업부	반도체사업부
2019년 :		
매출액	₩40,000	₩100,000
영업이익(a)	2,000	4,000
투하자본(b)	10,000	20,000
ROI(=a÷b)	20%	20%
2020년 :		
매출액	₩60,000	₩100,000
영업이익(a)	2,400	3,600
투하자본(b)	10,000	20,000
ROI(=a÷b)	24%	18%

매출총이익률 및 자본회전율 비교				
	모니터사업부		반도체사업부	
	2019년	2020년	2019년	2020년
매출총이익률(①)	5.0%	4.0%	4.0%	3.6%
자본회전율(②)	× 4.0	× 6.0	× 5.0	× 5.0
ROI(=①×②)	20.0%	24.0%	20.0%	18.0%

하자. <표 9.4>에서 보는 바와 같이 홍익(주)의 모니터사업부의 ROI는 2019년 20%에서 2020년 24%로 개선되었다. 그러나 반도체사업부는 20%에서 18%로 떨어졌다. 홍익(주)의 경영진은 ROI 변화의 원인을 구체적으로 파악하기 위해 매출총이익률과 자본회전율을 계산하였는데 이들 비율은 <표 9.4> 하단에 요약되어 있다.

양 사업부 모두 2020년 매출총이익률은 전년도에 비해 낮아졌다. 그 이유는 매출액은 전년도와 동일하거나 늘었음에도 불구하고 사업부 비용의 증가 및 마진의 감소(경쟁심화로 가격인하에 대한 강한 압력이 있었음)로 이익이 감소했기 때문이다. 참고로 매출총이익률의 하락에도 불구하고 모니터사업부의 ROI는 증가하였다. 이는 매출총이익률의 하락을 보상하고도 남을 정도의 자본회전율의 증가에 의한 것이었다. 반면에 반도체사업부는 매출총이익률은 감소하였으나 자본회전율은 전년도 수준을 유지함에 따라 ROI는 감소한 것이다.

2. ROI의 장단점

ROI를 이용하여 사업부 또는 사업부 책임자를 평가하는 경우 사업부의 책임자는 자연히 ROI를 높이기 위해 노력하게 된다. 이러한 노력은 매출증대, 비용감소 및 투자감소로 구체화되며 이들 결과에 따라 ROI는 높아질 수 있다.

(1) ROI의 장점

ROI를 이용한 성과평가가 갖는 장점은 다음 세 가지로 요약할 수 있다.

이해를 돕기 위해 매출은 ₩20,000,000, 순이익 ₩1,570,000 그리고 투하자본은 ₩10,000,000의 사업부(A사업부로 칭함)의 간단한 수치 예를 이용하도록 하자.

① ROI는 관리자로 하여금 매출, 비용 및 투자간의 상호관계에 대해 주의를 기울이도록 한다.

가령, 마케팅책임자가 A사업부 책임자가에게 광고예산을 ₩2,000,000 증액할 것을 제안했다고 하자. 마케팅책임자는 광고비 증액은 ₩4,000,000의 매출증가와 ₩2,300,000의 공헌이익 증가를 가져올 것으로 확신한다. 이 경우 사업부가 이익중심점으로 영업이익에 의해 평가된다면 위의 정보는 의사결정을 내리기에 충분하다. 그러나 투자중심점으로서 ROI에 의해 평가되는 A사업부는 광고비 증액으로 인해 생산과 매출이 증가하는 경우 이를 지원하기 위한 추가적인 투자(운영자산 성격의 고정비)가 어느 정도인지를 알아야 의사결정을 내릴 수 있다.

위의 예에서 운영자산의 추가투자액은 ₩1,000,000이라고 가정할 경우 광고비 증액은 ₩300,000(=₩2,300,000−₩2,000,000)의 영업이익 증가를 가져온다. 따라서 광고비를 증액하기 전의 ROI는 15.7%(=₩1,570,000÷₩10,000,000)인 반면에 추가적인 광고비 지출 후의 ROI는 총투하자본이 늘어났음에도 불구하고 17.0%(=₩1,870,000÷₩11,000,000)로 높아진다. 이 계산을 토대로 사업부책임자는 추가 광고제안을 받아들일 것이다.

② 관리자의 원가마인드가 높아진다.

비용절감을 통한 효율성의 증가는 ROI를 증가시키기 때문에 투자중심점의 책임자는 항상 비용을 관리하고자 한다. 비부가가치활동을 제거하거나 기존작업을 보다 효율적으로 수행하는 생산성의 향상을 통한 비용절감이 이익증가를 가져오는 것은 이익중심점의 경우에도 마찬가지이지만 투자중심점의 경우에는 특히, 투하자본과의 관계를 고려한 비용절감이 강조된다. 결코 장기적으로 비용증가를 초래할 단기적인 비용감소를 추구해서는 안 된다.

③ 투하자본의 효율성을 높인다.

재고자산이나 매출채권 등 운전자본의 규모를 줄이고 구기계를 보다 효율적인 기계로 대체하여 생산성을 높이는 행동은 ROI를 높이는 긍정적인 효과를 가져온다.

(2) ROI의 문제점

성과평가목적으로 ROI를 이용함에 따른 대표적인 문제점은 다음 두 가지로 요약된다.

① 목표일치성의 문제

즉, 전사적으로는 바람직한 프로젝트를 단지 사업부 자체의 ROI가 낮아진다는 이유로 사업부 책임자가 프로젝트에 대한 투자를 꺼리게 된다. 일반적으로 사업부 책임자는 현행 ROI보다 낮은 ROI를 갖는 프로젝트를 기각하게 된다. 왜냐하면 동 프로젝트를 채택한 후의 사업부 ROI는 채택 전에 비해 낮아지기 때문이다.

사례를 통해 ROI의 첫 번째 문제를 살펴보자. 홍익전자의 반도체사업부에서는 내년도에 실행할 프로젝트와 관련하여 다음 두 가지 투자기회를 고려하고 있다. 각 투자안과 관련된 예상투자금액, 영업이익 및 ROI는 다음과 같다.

	프로젝트 I	프로젝트 II
예상투자금액	₩10,000,000	₩4,000,000
영업이익	1,300,000	640,000
ROI	13%	16%

총 ₩50,000,000의 투하자본을 이용하여 ₩7,500,000의 영업이익을 실현하고 있는 반도체사업부의 현행 ROI는 15%이다. 최근 반도체사업부는 본사로부터 ₩15,000,000에 달하는 신규 투자예산을 승인받았다. 홍익전자는 모든 투자로부터 최소한 10%의 수익률을 올릴 것을 요구하고 있다(이 요구수익률은 회사의 자본조달에 따른 비용을 보상하는 수준이다). 참고로 홍익전자의 경우 투자중심점인 사업부가 독자적으로 자금을 조달하지 않으며 모든 소요투자자금은 본부로부터 조달한다. 여기에 소요되는 비용은 정확히 10%라고 가정한다.

이런 상황에서 반도체사업부 책임자는 A~D의 4가지 대안을 고려하고 있다. 즉, (A) 프로젝트 I 에만 투자, (B) 프로젝트 II 에만 투자, (C) 프로젝트 I 과 II 에 동시투자, (D) 투자포기의 4가지 안이 그것이다. 각 대안에 대한 ROI를 계산하면 다음과 같다.

	대 안			
	A	B	C	D
투하자본	₩60,000,000	₩54,000,000	₩64,000,000	₩50,000,000
영업이익	8,800,000	8,140,000	9,440,000	7,500,000
ROI	14.67%	15.07%	14.75%	15.00%

위의 결과를 토대로 반도체사업부장은 B안을 택해 프로젝트 Ⅱ에만 투자하기로 결정한다. 왜냐하면 프로젝트 Ⅱ투자 후의 예상사업부 ROI인 15.07%는 현행 15.00%보다 높아 사업부의 ROI에 유리한 영향을 미치기 때문이다.

반도체사업부는 13%의 ROI를 실현할 수 있는 프로젝트 Ⅰ을 기각하였다. 그 이유는 기존의 15% ROI에 비해 투자 후의 ROI가 14.67%(프로젝드 Ⅰ만을 투자할 경우) 또는 14.75%(프로젝트 Ⅱ와 동시에 투자할 경우)로 낮아지기 때문이다. 이 경우 남은 투자자금 ₩10,000,000에 대해 다른 투자기회가 없어 본사 차원에서 최소요구수익률인 10%로 투자되어 단지 ₩1,000,000의 이익만을 벌어들인다고 가정할 경우 홍익전자는 ₩300,000(=₩1,300,000－₩1,000,000)의 이익실현기회를 놓치게 된다. 이는 사업부 자신의 ROI를 극대화하기 위한 행동에서 비롯된 것인데 ROI를 이용한 성과평가가 갖는 대표적인 문제이다.[1] 이러한 단점을 보완하기 위해 대두된 것이 다음에 설명할 잔여이익(RI)이다.

② 근시안적인 행동 촉진 유도

어느 정도 기간이 경과되어야 비용지출의 효과가 기대될 수 있는 상황에서 단기적인 사고를 강조하는 것이 근시안적인 행동(myopic behavior)이다. ROI로 평가받는 사업부 책임자는 단기간에 ROI를 증가시키기 위해 다양한 근시안적인 행동들을 시도할 수 있다. 예를 들면, 고임금의 인력을 해고하거나 광고예산을 삭감하고 교육·훈련이나 필요한 유지보수를 연기 또는 축소하는 등의 행동이 그것이다.

---

1) 홍익전자 입장에서는 A프로젝트를 반도체사업부가 채택하는 것이 바람직하다. 그러나 반도체사업부는 자신의 입장을 감안하여 A프로젝트를 기각하는 결정을 내렸다. 이처럼 회사가 원하는 것과 다른 선택을 본인－대리인 이론(agency－theory)에서는 **불리한 선택**(adverse selection ; 일명, 역선택)이라고 한다. 불리한 선택은 본인과 대리인간의 선호의 차이에 기인하는데 이를 여하히 줄일 것인가가 성과평가 및 보상시스템을 이용한 통제시스템의 핵심적 과제이다.

한걸음더 **근시안적인 ROI 활용의 최후**

단기적인 ROI를 높이기 위해 고임금의 경험이 풍부한 판매원을 신규 판매원으로 대체함으로써 기대되는 인건비 절감액보다는 숙련되지 않은 신규 판매원의 활용에서 비롯되는 타격(가령, 매출손실)이 훨씬 크게 마련이다. 낮은 종업원 이직률은 높은 고객만족과 연결된다. 이와 반대로 신규인력의 채용시 예상되는 높은 이직률은 고객불만족을 초래해 매출감소로 이어질 것이다. 마찬가지로 종업원을 대상으로 한 교육이나 훈련을 연기하면 일시적으로는 비용을 줄이겠지만 생산성 저하로 이어지고 결국에는 미래 매출에 부정적인 영향을 미치게 된다. 요컨대, 이러한 근시안적인 행동들은 비록 현행 ROI를 증가시키지만 미래 ROI의 감소라는 역효과를 가져온다.

이러한 행동들은 일시적으로 비용을 줄이고 이익을 늘려 ROI의 증가를 가져온다. 그러나 장기적으로는 반드시 부정적인 결과를 초래하게 마련이다.

2.2 잔여이익(RI)

1. 잔여이익의 의의

ROI를 이용하여 사업부를 평가할 경우 ROI가 높은 사업부 책임자는 기업 전체적으로는 바람직한 투자기회를 자신의 ROI가 낮아진다는 사실 때문에 투자를 포기하는 단점을 갖는다고 앞서 지적한 바 있다. 이러한 문제를 극복하기 위해 기업들은 ROI와 더불어 다양한 대체측정치를 이용하는데 그 중 대표적인 것이 오래 전에 미국의 **제너럴 모터스(GM)** 회장이었던 Alfred Sloan에 의해 고안된 잔여이익(RI : residual income)이다. RI는 사업부이익과 사업부의 투하자본에 대해 요구되는 최소이익(투하자본의 이용에 대한 일종의 기회비용을 의미함) 간의 차이로 계산된다. 즉, RI는 비율로 계산되는 ROI와 달리 금액으로 표시되며 사업부의 성과에 따라 양(+) 또는 음(−)의 수치를 기록하게 된다.

$$\text{잔여이익} = \text{사업부이익} - (\text{투하자본} \times \text{최소요구수익률}) \cdots\cdots\cdots\cdots\cdots (9\cdot 1)$$

식 (9·1)에서 보는 바와 같이 어떤 투자안이든지 투하자본에 대한 최소요구수익을 초과하는 한 RI는 늘어난다. 따라서 RI를 토대로 성과평가를 하는 기업의 사업부 책임자는 ROI의 경우처럼 비율에 관심을 두는 대신에 절대금액인 RI를 극대화하는

데 노력을 집중하게 된다.

2. 잔여이익(RI)의 장단점

앞서 설명한 반도체사업부의 사례를 다시 이용하여 RI 장점에 대해 설명하기로 하자. 앞서 설명한 바와 같이 프로젝트 I 은 반도체사업부문의 ROI를 낮추기 때문에 반도체사업부 책임자는 프로젝트 I 을 기각하였다. 따라서 회사 입장에서는 ₩300,000의 이익을 상실하게 된다. 그러나 RI를 성과측정치로 이용할 경우 이러한 손실을 예방할 수 있다. 각 프로젝트의 RI를 계산하면 다음과 같다.

프로젝트 I
RI = 사업부이익 − (최소요구수익률 × 투하자본)
= ₩1,300,000 − (0.10 × ₩10,000,000)
= ₩1,300,000 − ₩1,000,000
= ₩300,000

프로젝트 II
RI = ₩640,000 − (0.10 × ₩4,000,000)
= ₩640,000 − ₩400,000
= ₩240,000

위의 계산에서 두 프로젝트 모두 RI가 양(+)의 값을 갖는다. 단지 프로젝트 I 의 RI가 프로젝트 II 보다 크다. 따라서 만약 한 프로젝트만을 선택해야 한다면 프로젝트 I 을 선택해야 한다. 그러나 투자에 제한이 없다면 둘 다 채택해야 한다. 참고로 4가지 대안 각각에 대한 RI를 계산하면 다음과 같다.

	대안			
	A	B	C	D
투하자본	₩60,000,000	₩54,000,000	₩64,000,000	₩50,000,000
영업이익	₩8,800,000	₩8,140,000	₩9,440,000	₩7,500,000
최소이익*	6,000,000	5,400,000	6,400,000	5,000,000
RI	₩2,800,000	₩2,740,000	₩3,040,000	₩2,500,000

* 0.10×투하자본

RI를 이용하여 사업부를 평가할 경우 사업부 책임자는 RI가 가장 큰 프로젝트를 선택하면 된다. 위의 수치 예에서는 C안이다. 이처럼 RI는 ROI와 달리 사업부 책임자로 하여금 회사가 사전에 정한 최소요구수익률을 초과하는 프로젝트는 전부 채택하도록 한다.

이러한 장점을 갖는 잔여이익(RI)도 다음과 같은 단점을 갖는다.

첫째, RI는 비율 대신 이익의 절대수치로 표시되기 때문에 상이한 투자규모를 갖는 사업부간의 성과를 비교하기가 어렵다. 이에 대한 이해를 돕기 위해 다음과 같은 수치 예를 이용하여 사업부 A와 사업부 B의 RI를 계산하면 다음과 같다. 최소요구수익률은 8%라고 가정한다.

	사업부 A	사업부 B
평균투하자본	₩15,000,000	₩2,500,000
사업부이익	₩1,500,000	₩300,000
최소이익[a)]	(1,200,000)	(200,000)
RI	₩300,000	₩100,000
RI%[b)]	2%	4%

a) 0.08×투하자본 b) 잔여이익÷투하자본

위의 예에 의하면 사업부 A의 RI는 사업부 B의 RI의 3배이기 때문에 사업부 A가 더 우수한 성과를 실현한 것처럼 보인다. 그러나 한 가지 주목해야 할 점은 사업부 A는 사업부 B의 6배에 달하는 자산을 이용하고 있다는 점이다. 이러한 투하자본 크기의 차이를 감안할 때 오히려 사업부 B의 성과가 더 좋다고 할 수 있다. 이러한 판단을 돕는 한 방법은 RI를 투하자본으로 나누어 계산하는 잔여투자수익률(residual return on investment : RROI 또는 RI%)을 계산하는 것이다. 앞의 예에서 사업부 B의 잔여투자수익률은 4%인 데 반해 사업부 A는 2%에 불과하다. 따라서 투하자본 단위당 잔여이익 관점에서 보면 사업부 B의 성과가 보다 우수한 것이다. 사업부 상호간의 투자규모의 차이를 성과평가시 고려하는 또 다른 방법은 ROI와 RI를 성과평가에 동시에 이용하는 것이다.

둘째, RI도 사업부관리자의 근시안적인 행동을 억제시키지는 못한다. 앞서 ROI는 경영자를 단기 지향적으로 만든다고 지적한 바 있다. RI에 의해 평가를 받더라도 경영자는 같은 행동을 취하게 된다. 즉, 근시안적인 행동은 단순히 측정방법을 ROI에서 RI로 바꾼다고 해서 해결되지는 않는다. <표 9.5>는 성과평가지표로서의 ROI와 RI가 공통적으로 갖는 기본적 한계를 요약한 것이다. ROI나 RI로 평가할 경우 생길 수 있는 단기지향적인 문제를 줄일 수 있는 한 가지 방법은 다음 절에서 설명할 경제적부가가치(EVA : economic value added)를 이용하는 것이다.

표 9.5

성과평가지표로서의 ROI와 RI의 공통적 한계

▶ **이익측정과 관련된 문제**

- 이익은 단기적으로 조작될 수 있다.
- 회계처리방법에 따라 이익은 달라질 수 있다. 따라서 상이한 사업부를 상호 비교하기 위해서는 회계처리방법을 통일해야 한다.
- 이익은 현금흐름이나 화폐의 시간가치를 반영하지 않는다.

▶ **투하자본과 관련된 문제**

- 사업부의 투하자본 파악이 쉽지 않다. 일부 자산의 경우 가치측정이 곤란하거나 특정 사업부에 배분하기 어렵다. 일부(예를 들면, R&D)는 자본화 자체가 회계처리기준상 허용되지 않는다.
- 사업부가 보유하는 현재 자산은 대부분 전임책임자가 취득한 자산이다. 따라서 현책임자는 자신이 통제할 수 없는 투하자본에 의해 평가받는 셈이다.
- 인플레이션하에서 투자자산의 장부가치는 물가수준에 의해 조정되기 전까지는 과소평가된다.

▶ **ROI와 RI 모두 사업부 입장을 우선하는 준최적화 문제를 발생시킬 수 있다.**

실무에서는 OB맥주 매각으로 인한 최종ROI는?

오비맥주 M&A 연혁
1998년 두산그룹
인베브에 지분 50% 및 경영권 매각
2001년 두산그룹
인베브에 추가 지분 매각
2009년 사모펀드 KKR
인베브의 100% 지분 인수, 인수대금 18억달러(2조3,000억원)
2014년 AB인베브
오비맥주 재인수, 인수금액 58억달러(약 6조1,680억원)

<그림 출처: 이데일리 2014.1.23, "'몸값 3배' 오비맥주, 5년 만에 AB인베브 팔렸다">

글로벌 사모펀드인 콜버그크래비스로버츠(KKR)와 어피니티에쿼티파트너스(AEP)가 오비맥주를 턴어라운드시켜 벨기에 **AB인베브**에 재매각했다. 58억달러(약 6조1,694억원)를 받은 **KKR · AEP**는 인수 4년 반 만에 40억달러라는 막대한 매각차익을 올렸다. KKR 컨소시엄은 법인세로 한국에 8,000억원을 납부한다. 외국계 사모펀드가 한국 기업을 인수한 뒤 다시 팔면서 세금을 내는 것은 이번이 처음이라고 하니 다른 사모펀드 같은 '기업사냥꾼', '먹튀' 등 이미지를 말끔히 씻을 기회다.

세계 1위 맥주회사인 AB인베브는 1998년 외환위기 때 두산그룹에서 **오비맥주**를 사들여 11년간 경영했다. 2009년 7월 글로벌 금융위기가 터지자 부채감축을 위해 18억달러(약 2조3,000억원)를 받고 KKR에 매각해 놓고 이번에 3.2배나 더 주고 재인수했다. 오비맥주가 만년 2위에서 부동의 1위로 올라서는 등 기업가치가 몰라보게 달라졌기 때문이다. KKR는 사내에 '경영자풀'을 운영하면서 오비맥주에는 인력 구조조정이 아니라 통 큰 투자를 했다. 시설 투자에만 2,000억원을 쏟아붓고 마케팅 비용도 30% 늘렸다. 수익률을 보장받고 안전한 지분 투자에만 매달리는 국내 사모펀드와는 거리가 멀다. KKR가 오비맥주를 인수한 시점은 금융위기 때다. 좋은 기업이 싼 매물로 나왔을 때 인수할 여력을 비축하고 이를 통해 수익을 올리는 투자의 정석이다. **STX · 동양 · 동부 · 현대그룹** 계열사 등 국내에 많은 매물이 넘쳐나고 있지만 투자흐름을 읽을 줄 아는 국내 기업 · 토종 펀드는 몇이나 되는가.

<출처: 매일경제 2014.1.22, "오비맥주 4년 만에 급성장시킨 KKR 비결">

2.3 경제적부가가치(EVA)

"EVA 개념과 원칙에는 동의하지만 많은 컨설턴트들이 이 방식을 너무 단순화하거나 과장함으로써 부정확하게 적용하는 경향을 지양해야 한다."

- 폴 마쉬(Paul Marsch) 런던 비즈니스 스쿨 교수 -

1. EVA의 의의

전통적인 회계처리를 통해 구한 이익 위주의 지표가 갖는 한계점을 인식한 미국의 경영컨설팅회사인 Stern Stewart & Co.는 경제적부가가치(EVA : Economic Value Added)라는 지표를 1980년대 말에 개발하였고 세계적 기업들이 회사 경영에 도입하였다.

EVA의 핵심은 손익계산서의 당기순이익은 자본비용 중 타인자본에 대한 이자비용만을 차감한 수치임에 반하여 EVA는 자기자본비용까지 차감함으로써 효과적인 기업평가와 경영진의 의사결정시 자기자본에 대한 기회비용을 고려하게 한다는

Stern Stewart & Co. 홈페이지에서 설명하고 있는 EVA의 개념

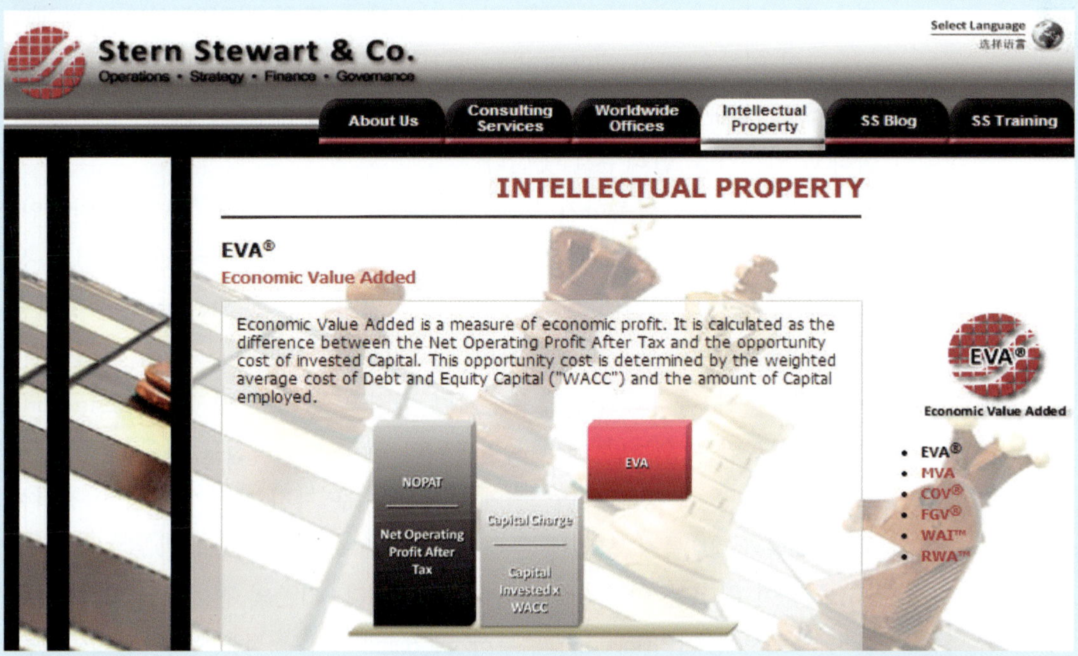

것이다.

EVA는 주주가치의 극대화 관점에서 현금흐름에 기초하여 기업의 실질수익성을 측정하는 기업 또는 사업부의 평가지표이다. 즉, EVA는 세후영업이익에서 타인자본에 대한 금융비용과 주주들에게 돌아가야 할 적정수준의 기대수익(자기자본비용)까지 차감한 수치로서 계산되는데 이것은 한 기업이 일정기간 동안 어느 정도의 부가가치를 창출하였는가를 나타낸다. 현행 손익계산서의 당기순이익은 자본비용 중 타인자본에 대한 이자비용만을 비용으로 인식하여 계산된다. 이에 비해 EVA는 자기자본비용도 차감한 수치이다. 이처럼 EVA는 재무회계정보를 조정하여 보다 효과적인 기업평가를 가능하게 함과 동시에 아울러 경영진으로 하여금 의사결정시 투입하는 자기자본에 대한 기회수익을 고려하게 한다.

> **TIP!**
> **기대수익**
> 주주가 해당 프로젝트나 사업에 기대하는 수익으로 보통 비율로 표현하여 '**요구수익률**'이라고 하기도 한다.

2. EVA의 대두 배경과 전통적인 평가지표와의 차이

(1) 손익 중심 성과지표의 한계

EVA는 회계이익, 배당, 사용가능 현금흐름 등과 같은 전통적인 회계적 성과측정이 갖는 한계에서 출발하였다. 회계시스템에 의한 성과측정은 매우 보수적이고 채권자의 입장이 강조된 것으로서 기업이 경제적 가치를 얼마나 창출하였는가 하는 점은 간과되거나 파악하기 힘든 것이 사실이다. 또한 기업의 성과가 부채의 레버리지효과의 영향을 받아 왜곡되어 나타난다. 이러한 회계의 기본적 한계 때문에 재무제표에 보고되는 당기순이익 등은 결코 기업 또는 특정 조직단위가 진정 가치를 창출하고 있는가를 말해주지 못한다.

이러한 단점을 극복하기 위해 제안된 것이 EVA이다. EVA 제안자인 Stewart (1991)는 **EVA**를 기업 또는 사업부의 성과를 보다 단순화된 관점에서 측정하는 지표라고 강조한다. 기업의 진정한 가치를 파악하는 것은 Stewart의 주장처럼 진정한 자본비용을 총투하자본에 적용하지 않고서는 불가능하다. 특히, 기업인수 및 합병(M&A)을 통한 다각화전략과 유행처럼 번지고 있는 사업재구축(restructuring) 등이 보편화되고 있는 오늘날 개별 사업단위의 진정한 수익성을 파악하는 것은 더욱 중요성을 갖는다. 이 경우 자연스럽게 대두되는 두 가지 핵심개념은 ① 진정한 자본비용의 측정과 ② 특정 사업에 투하된 자본의 측정으로 요약될 수 있다.

> **TIP!**
> **자본비용**
> 자본비용의 개념은 기업의 목표선정, 성과측정, 투자안의 선택 등 여러 재무적 의사결정에 사용될 수 있는 하나의 실무적인 지표로서 오랫동안 재무관리에서 다루어져 왔다.

물론 이 EVA는 아주 새로운 개념은 아니다. 기존의 잔여이익(RI) 개념에서 출발한 것으로서 총이익(income)과 투하자본(capital)의 조정을 통한 잔여이익을 산출하는 여러 방법 중에 한 가지일 뿐이라는 견해도 있다.

(2) 전통적인 평가지표와 EVA의 차이

기존의 기업평가지표와 EVA는 다음과 같은 몇 가지 차이를 갖는다.

첫째, 수익성 위주의 전통적인 기업평가지표와 달리 EVA는 손익계산서뿐만 아니라 재무상태표까지 연결시켜 기업을 포괄적으로 평가하는 지표이다.

둘째, ROI와 같은 전통적인 기업평가지표가 채권자 또는 CEO 입장을 반영한 지표라고 할 때 EVA는 상대적으로 주주 입장에서의 기업평가지표이다.

셋째, EVA는 발생주의에 의한 회계상의 이익을 현금주의에 기초하여 재계산한다. 즉, EVA는 회계상의 이익을 측정하는 것이 목적이 아니라 투자자가 기업에 대해 기대하는 순현금액에 초점을 맞추어 계산된다. 이 과정에서 기업의 위험부채와 주식의 가치결합과정에 새로운 시각을 제공한다.

넷째, EVA는 자본사용의 효율성을 측정하는 특징을 지니고 있어 타기업평가지표에 비해 유용성이 높다. 즉, 당기순이익을 비롯한 회계적 지표는 기업성과의 질적 측면, 즉 효율성(efficiency)을 측정할 수 없고, 각종 이익률은 기업성과의 효율성을 측정할 수 있어도 양적 측면을 평가할 수 없다는 단점을 갖는다. 반면에 EVA는 기업성과의 양적 측면과 질적 측면을 동시에 평가할 수 있다. 즉, EVA의 산출방식에서 투하자본은 양적 수익성을 의미하고 투하자본이익률과 가중평균자본비용의 차이는 질적 수익성을 의미하는 것이다.

3. EVA의 활용

EVA의 활용 및 유용성은 크게 두 가지 관점으로 나누어 분석할 수 있다. 외부 이해관계자를 대상으로 하는 재무적 관점과 내부 조직구성원을 대상으로 하는 관리회계적 관점이다. 이를 요약하면 <표 9.6>과 같다.

4. EVA의 산출방식

EVA는 현금흐름에 가깝게 전환시킨 지표이므로 EVA산출을 위한 세후영업이익(NOPAT : net operating profits after taxes)의 계산은 재무제표자료 및 주석사항을 이용하여 당기순이익으로부터 여러 조정과정을 거쳐 산출된다. 현금흐름과 비교적 무관한 수익, 비용항목을 조정하게 되지만 현금흐름 자체를 보는 것은 아니다.

표 9.6

EVA의 활용 및 유용성의 비교

구 분	재무적 관점	관리회계적 관점
대 상	기업 전체의 EVA	사업단위별 EVA
분석주체	외부이해관계인(투자자, 증권 등 기관투자가, 금융기관거래처 등)	내부 조직구성원
분석목적 및 유용성	• 기업평가척도 • 외국인 주주에게 사업상황 설명 • 주주에 대한 공시의 목적 • 인수할 기업의 평가 • 투자, 여신, 거래 여부 목적	• 사업부문의 평가 및 업적측정 • 경영자보상평가기준 • 사업부문에의 자금 또는 자원배분의 의사결정(예 : 기업은행) • 투자프로젝트의 평가 • 기업 내부의 의사소통을 원활하게 하며 전략의 평가지표로 활용 • 활동기준원가계산(ABC)에 활용 • 기업의 목표설정기준

또한 세후영업이익을 투하자본으로 나눈 투하자본이익률(ROIC : return on invested capital)이란 지표를 산출하여 중요한 지표로 사용할 수 있는데, 이 비율을 계산하는 데 있어 분모로 사용되는 투하자본은 자기자본뿐만 아니라 부채 및 자본등가물을 포함한다. 따라서 이 비율은 자기자본이익률과 같이 부채의 레버리지효과로 인한 왜곡이 없어진다. 이 비율을 이용한 EVA의 산출방법은 다음과 같이 표시할 수 있다.

$$\begin{aligned} \text{EVA} &= \text{세후영업이익} - \text{투하자본에 대한 자본비용} \\ &= \text{세후영업이익} - (\text{가중평균자본비용} \times \text{투하자본}) \\ &= (\text{ROIC} - \text{WACC}) \times \text{투하자본} \end{aligned}$$

실무에서는 국내외 기업들의 핵심경영지표로서의 EVA 활용

미국기업을 중심으로 기업의 경영성과에 활발히 이용되고 있는 경제적부가가치(EVA)지표는 1997년에 포스코가 국내기업 가운데 처음으로 경영에 도입한 이후 많은 국내기업들에 의해 활발히 도입되고 있다.

삼성그룹은 영업활동을 통한 현금흐름의 개선과 주주이익 증대를 중심으로 경영평가를 시작하면서 EVA에 의한 경영평가에 총 100% 중 70%의 비중을 두어 평가점수를 산정하도록 함으로써 사실상 EVA를 삼성그룹의 핵심 경영지표로 인정하고 있다.

국내 대기업 총수 중 EVA의 신봉자로 알려진 **SK그룹**의 최태원 회장은 취임 10주년 기념 메시지에서 "EVA 플러스 달성을 통해 재무적인 생존기반을 확보하고 이사회 중심경영과 지주회사 체제를 통해 선진적이고 투명한 지배구조를 확보했다"고 밝혔다. 또한 "EVA가 마이너스라면 회사가 존재할 이유가 없다"고 주장한 것으로도 유명하다.

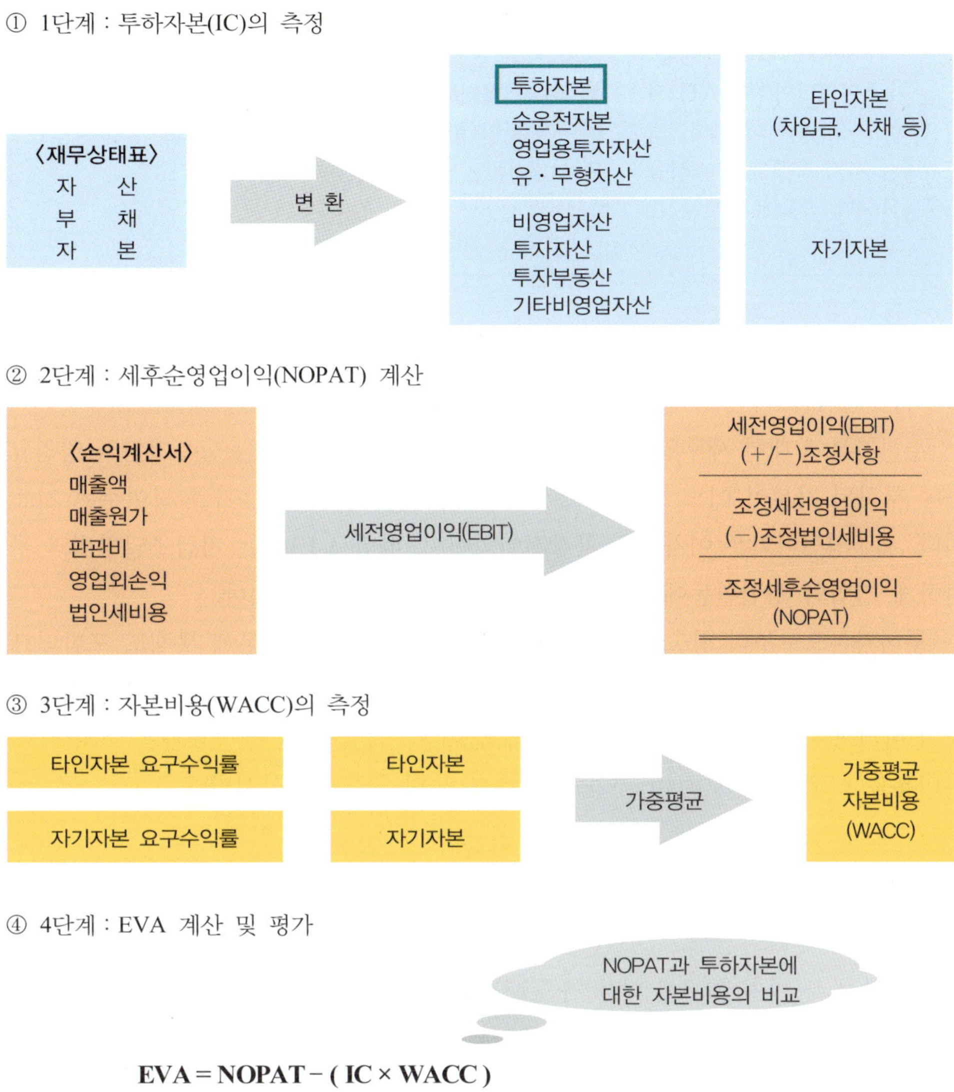

그림 9.3
EVA 산출방법

여기서 ROIC : 투하자본이익률 = 세후영업이익 ÷ 투하자본
WACC : 가중평균자본비용을 의미한다.

앞의 식에서 보듯이 EVA는 세후영업이익에서 투하된 자본비용을 차감함으로써 구해진다. 자본비용은 영업활동에 투하된 총자본에 가중평균자본비용(WACC)을 곱하여 구한다. 참고로 세후영업이익은 영업활동에 투하된 총자본이 창출한 세후이익이다. 따라서 EVA의 계산을 위해서는 ① 투하자본과 ② 세후영업이익을 계산하여

한걸음더 EVA를 위한 재무제표의 조정

EVA계산의 기초가 되는 **세후영업이익**(NOPAT) 산출을 위해서는 상당수의 항목이 수정되어야 한다. 경영컨설팅회사인 Stern Stewart사가 재무제표 수정을 위해 준비한 체크리스트에는 164개 항목에 달하는 수정사항이 열거되어 있다. 그러나 대부분 기업의 경우 수정해야 할 항목은 10~20여개 정도이고, 실제수정은 이 중에서 몇 개의 항목에 불과하다.

야 하며, ③ 투하자본에 대한 자본비용을 계산하여야 한 후, ④ EVA 계산 및 평가를 하는 절차를 거친다.

투하자본에 대한 세후영업이익률(ROIC)은 EVA 계산의 핵심으로 기업의 영업활동에 투하된 자본이 어느 정도의 경제적부가가치를 창출하였는가를 보여주는 지표이다. 세후영업이익은 이자비용 차감전이익이며, 따라서 EVA는 자금조달방법과 무관하게 기업의 영업활동에 의한 가치창출을 나타내는 지표이다.

투하자본으로부터 창출된 세후이익을 구함에 있어 투하자본에 부채도 포함되므로 부채에 대한 이자비용은 비용이 아니다. 따라서 이자비용은 수익에서의 차감대상이 아니므로 세후영업이익을 계산함에 있어 당기순이익에 세금효과를 고려한 이자비용을 더해 주어야 하며 부채의 액수도 투하자본에 가산시킨다.

예제 9-1 가중평균자본비용의 계산

채권과 주식 두 가지 원천에 의한 자금조달의 예를 가정해 보자. 이자율이 9%이고 액면이 ₩20,000,000인 장기채권과 ₩60,000,000의 보통주 발행으로 자금을 조달한 평균적인 위험을 갖는 홍익(주) 주주들의 기대수익률은 12%라고 하자. 법인세율이 40%일 경우 홍익(주)의 가중평균자본비용은 다음과 같이 계산된다.

	금 액	비 율 ×	세후비용	= 가중평균자본비용
채 권	₩20,000,000	.25	.09(1 − .4) = .054	.0135
주 식	60,000,000	.75	.120	.0900
합 계	₩80,000,000			.1035

따라서 홍익(주)의 가중평균자본비용은 10.35%이다.

예제 9-2 EVA 종합예제

다음은 (주)와우전자의 2020년 반도체사업부와 LCD사업부의 재무상태표와 손익계산서 자료 중 일부이다.

<자료 1>

	반도체사업부	LCD사업부
총 자 산	₩2,000,000	₩10,000,000
유동부채	500,000	3,000,000

<자료 2> (주)와우전자의 가중평균자본비용 계산에 필요한 자료는 다음과 같다.

장기부채 : 시장가치 ₩2,000,000　　이자율 12%

자기자본 : 시장가치 ₩4,000,000　　자기자본비용 18%

<자료 3>

	반도체사업부	LCD사업부
매출액	₩1,170,000	₩4,500,000
매출원가	450,000	1,750,000
판매관리비	120,000	850,000
이자비용	100,000	150,000
세전이익	**₩500,000**	**₩1,750,000**
법인세비용(40%)	200,000	700,000
세후이익	**₩300,000**	**₩1,050,000**

〈요구사항〉

상기 자료에 의하면 어느 사업부의 EVA가 더 큰가? (KICPA 2006, 2010 수정)

풀 이

1. (주)와우전자의 가중평균자본비용(WACC)을 계산하면

$$\text{WACC} = 0.12 \times (1-0.4) \times \frac{₩2,000,000}{₩2,000,000 + ₩4,000,000} + 0.18 \times \frac{₩4,000,000}{₩2,000,000 + ₩4,000,000}$$

$$= 0.144(14.4\%)$$

2. 두 사업부의 EVA 계산시 적용할 세후조정이익은 이자비용을 제외하고 다음과 같이 계산된다.

	반도체사업부	LCD사업부
매출액	₩1,170,000	₩4,500,000
매출원가	450,000	1,750,000
판매관리비	120,000	850,000
세전이익	₩600,000	₩1,900,000
법인세비용(40%)	240,000	760,000
세후조정이익	₩360,000	₩1,140,000
가중평균자본비용	216,000*1	1,008,000*2
EVA	**₩144,000**	**₩132,000**

*1 (₩2,000,000 − ₩500,000) × 0.144 = ₩216,000

*2 (₩10,000,000 − ₩3,000,000) × 0.144 = ₩1,008,000

(주) 투하자본 계산시 유동부채는 자금부담이 없는바 제외한다.
(결론) 반도체 사업부의 EVA가 더 크다.

5. EVA의 한계

TIP!

보통주 자본비용의 산출

보통주 자본비용은 Gordon의 배당평가모형 또는 CAPM모형을 이용하여 구할 수 있는데 모형에 따라 자기자본비용이 달라질 수도 있다.

개념적으로 EVA는 완전한 현금주의에 의한 것도, 발생주의에 의한 것도 아닌 두 주장의 중간에 위치한 방법이다. Stewart(1991)는 EVA가 현금주의에 가까운 경제적 실질을 반영한 것이라고 주장하지만 경제적 가치를 어떻게 측정하는가에 대한 명확한 개념이 정립된 것은 아니다.

또한 EVA를 계산하는 데 있어서 분석자의 주관적 판단의 가능성이 존재한다. 예를 들면, 임의적 지출 중 어느 지출을 이연처리하여야 하며, 일단 이연처리한 지출은 얼마나 오랜 기간 효과가 있을 것인가를 추정하여 상각하는 기간을 결정하는 것 등은 주관적으로 판단해야 할 사항이다. 마찬가지로 자기자본비용 산출시에도

한걸음더 EVA의 행동적 측면

EVA를 도입하게 되면 종업원들은 조직의 모든 계층에 적용되는 재무적 통제에 대해 새로운 시각을 갖게 된다. 특히, 사업부 책임자의 경우 재고수준을 줄이거나 불필요한 투자를 억제해 가급적 투하자본의 규모를 줄이려고 노력한다. 또한 영업이익 계산이 종전과는 달리 처리되는 것을 안 후에는 연구개발이나 교육훈련 등에 대한 투자를 꺼리지 않는다. 그러나 EVA를 성과평가목적으로 사용할 경우 유의할 점도 많다. ROI나 RI처럼 EVA가 효과적인 동기유발 및 평가의 수단이 되기 위해서는 부문, 제품라인, 제품 또는 고객별로 자산, 수익 및 원가를 배분할 필요가 있기 때문이다. 그러나 대부분의 조직은 이러한 문제는 해결될 수 있을 뿐만 아니라 EVA 장점을 활용하기 위해서는 이러한 노력은 할 만한 가치가 충분히 있다고 믿고 있다.

주관적 판단이 개입될 가능성이 있다. 타인자본비용은 금융비용으로 쉽게 산출이 가능하지만 보통주 자본비용은 일종의 기회비용으로 구하는 방법에 따라 그 값이 달라지기 때문이다.

EVA의 큰 특징 중의 하나는 NOPAT를 구할 때 영업이익에 무형자산의 상각액은 가산조정하지만 유형자산의 감가상각비는 가산하지 않는다는 것이다. 그러나 감가상각비는 경영자의 이익조작의 수단으로 이용될 가능성이 존재한다. 상각기간 초기에 적은 감가상각비를 계상한다면 상대적으로 높은 EVA를 보이게 할 수 있으며 감가상각방법의 변경을 통해서도 합법적인 이익조작의 수단으로 이용될 여지가 있다.

제 3 절 사내대체가격

"인생이란 결코 공평하지 않다. 이 사실에 익숙해져라." - 빌게이츠 -

3.1 사내대체가격의 개요

1. 사내대체가격결정의 중요성

종종 동일 조직 내에서 재화나 용역(서비스)은 한 부문에서 다른 부문으로 대체(transfer)된다. 이러한 내부거래를 대체거래라고 하며 각 부문은 구분해서 회계장부상 기록한다. 한편, 대체거래에 적용되는 가격은 대체가격(transfer price)이라고 부르며, 이러한 대체가격을 관리목적에 이용하는 것을 대체가격결정(transfer pricing)이라고 한다. 일종의 교환거래에 해당하는 대체거래는 기업 내부적으로 일어나기 때문에 외부당사자와의 가격결정에 비해 상당히 신축적이다. 사내대체가격은 의사결정, 제품원가계산 및 성과평가 등 다양하게 활용된다. 따라서 상이한 대체가격결정방식 및 이들 방식의 장단점을 올바로 이해하는 것이 중요하다.

2. 분권화된 조직과 사내대체가격

분권화된 조직의 경우 의사결정에 대한 책임은 조직체계상 관리자에게 부과된다. 따라서 타 조직에 비해 상대적으로 자율적인 책임중심점 상호간에 재화와 용역

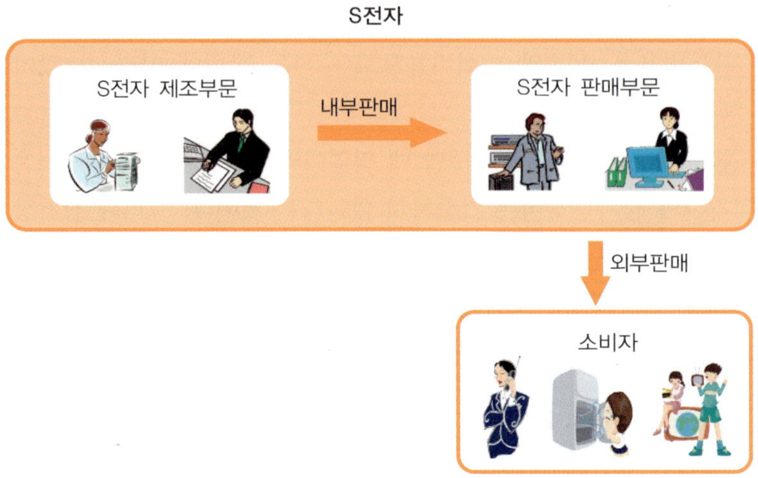

의 매매가 이루어진다. 미국 최대의 자동차메이커인 GM사의 경우 사업부문이 필요로 하는 자재는 회사내 다른 사업부문뿐만 아니라 수많은 외부의 공급업체로부터 구입하는 것이 일반화되어 있다. 대체가격은 판매자에게는 수익을 그리고 동시에 구매자에게는 원가를 의미한다. 따라서 만약 사업부가 이러한 대체가격에 기초한 수익 및 원가수치에 의해 평가될 경우 대체가격의 결정방식에 따라 최종보고되는 성과측정치는 달라진다. 이는 곧 합리적인 대체가격 설정이야말로 평가자뿐만 아니라 피평가자인 부서관리자 모두에게 매우 중요함을 의미하는 것이다.

3. 사내대체가격의 용도

사내대체가격의 용도는 크게 다음 세 가지로 요약된다.

(1) 성과평가목적

책임회계제도하에서 각 책임단위(가령, 사업부 또는 팀)의 성과를 파악하여 인사고과 및 경영관리목적(가령, 사업부의 책임범위결정 등)에 반영하기 위해서는 비록 기업 내부적으로 일어나는 재화나 용역의 수수(授受)라 하더라도 외부거래와 마찬가지로 적정한 가치를 결정할 필요가 있다.

(2) 최적자원활용목적

조직이 보유한 한정된 경제적 자원의 효율적 활용을 도모하기 위해서는 조직의 제약조건 및 기회비용에 대한 정확한 파악이 필요하다. 전사적으로 볼 때 가장 바람직한 방향으로 조직부문간의 자원배분이 이루어지도록 함에 있어서는 시장에서의 가격기구처럼 강력한 수단은 없다.

(3) 제품원가계산 및 경영의사결정을 위한 관련원가 정보제공

최종완성품이나 중간제품의 판매가격 결정, 자가제작 혹은 외부구입(make-or-buy) 의사결정 및 재공품의 추가가공의 타당성 검토 등 다양한 목적을 위해 부문간의 대체거래가 이루어지는 매시점마다 관련 대체품의 원가를 파악할 필요가 있다. 적절한 기준에 의해 산정된 사내대체가격은 앞서 언급한 다양한 의사결정에 참고가 되는 정보를 제공한다. 가령 판매부서가 사내대체품에 대해 지불하고자 하는 가격은 동 대체품에 대한 중요한 수요정보를 그리고 제조부서가 지불하고자 하는 가격은 대체품에 대해 중요한 원가정보를 내포하고 있는 셈이다. 이와 같은 정보는 외부보고의 필요성을 충족하는 것에 주된 목적을 두고 있는 중앙집권적 시스템하에서는 기대할 수 없는 것이다.

3.2 사내대체의 기록 및 대체가격결정

1. 사내대체의 기록

회계시스템은 현재의 조직설계가 어떤 형태로 운영되는가와 상관없이 부서 또는 사업부간의 물리적인 흐름을 기록하게 되어 있다. 다음에서는 A사업부와 B사업부, 두 개의 사업부를 운영하는 기업에서 사내대체가 이루어지는 경우의 회계처리를 설명한다.

동일공업주식회사의 모터사업부(A사업부)는 모터를 생산하여 그 중 일부를 냉장고를 생산하는 B사업부에 공급하고 있다. 모터가 A사업부로부터 B사업부로 대체(즉, 사내판매)되면 대체된 모터 원가는 A사업부의 매출원가로 기록된다. 동시에 외부판매로부터 수취한 현금 또는 외상매출금을 수익으로 계상하는 것처럼 사내대체의 경우에도 동대체로 인한 수익을 A사업부 장부에 계상한다. 원가로 사내대체가 이루어질 경우 A사업부는 동대체로부터 전혀 이익을 기록하지 못한다. 분권화된 조직의 경우 내부대체는 대체되는 제품의 시장가격으로 이루어지는 것이 일반적이다. 다음의 <표 9.7>은 동일공업의 사업부별 손익계산서와 사내거래를 제거한 전체 손익계산서를 나타낸 것이다. 이 표에서 한 가지 지적할 점은 회사전체의 손익계산서 작성시 A사업부

표 9.7

사업부 및 회사 손익계산서 : 동일공업주식회사 2019년 1/4분기

(단위: 천원)

	A사업부	B사업부	회사전체
Ⅰ. 매출액			
사외매출	₩3,500	₩6,000	₩9,500
사내매출	**5,000**	–	–
소 계	₩8,500	₩6,000	₩9,500
– Ⅱ. 변동비			
자체발생분	₩3,400*	₩1,000**	₩4,400
내부대체(구입)원가	–	**5,000**	–
소 계	₩3,400	₩6,000	₩4,400
Ⅲ. 공헌이익(= Ⅰ – Ⅱ)	₩5,000	₩0	₩5,100
– Ⅳ. 고정비	3,000	500	3,500
Ⅴ. 영업이익(= Ⅲ – Ⅳ)	₩2,100	₩(500)	₩1,600

* (70 + 100) × ₩20,000 = ₩3,400,000

** 100 × ₩10,000 = ₩1,000,000

의 사내매출 ₩5,000,000과 B사업부의 내부구입원가 ₩5,000,000이 서로 상계된다는 점이다. 따라서 두 사업부의 매출액과 변동비의 합계는 의미를 갖지 못한다.

동일공업의 사례는 공급부서의 성과(즉, 공헌도)와 수요부서의 성과가 사내대체가격에 따라 좌우됨을 시사한다. 요컨대, 대체가격은 공정한 사업부별 성과평가뿐만 아니라 회사전체 입장에서 볼 때 가장 바람직한 자원배분을 유도하기 위한 목적에서 가격기구를 이용하여 사내대체의 타당성 또는 규모를 결정하는 것이다. 따라서 바람직한 대체가격이란 사업부 자체의 목표달성이 곧 조직 전체의 목표달성으로 이어지도록 목표일치성을 유도할 수 있어야 한다.

<관련자료>

① 사업부별 외부판매수량 및 가격은 다음과 같다.

	판매수량	판매가격	매출액
A사업부	70개	₩50,000	₩3,500,000
B사업부	100	60,000	6,000,000

② 1/4분기 사내대체수량은 100개임

③ 모터의 내부대체가격은 ₩50,000임

④ 모터단위당 변동제조원가는 ₩20,000임

⑤ B사업부의 추가가공비는 단위당 ₩10,000임

⑥ 생산량과 판매량은 일치함. 따라서 재고에 대한 고려는 불필요함

2. 사내대체가격 결정 논리

동일기업 내의 공급부서와 구매부서는 대체가격을 둘러싸고 종종 갈등을 빚게 마련이다. 자칫 대체가격이 잘못 설정될 경우 각자의 성과측정치를 최대화하고자 하는 독립된 사업단위로서 각 사업부는 회사 전체적으로 볼 때 바람직하지 못한 의사결정을 내릴 수 있다. 이에 대한 이해를 돕기 위해 사업부에 독자적인 의사결정권한을 부여하는 가운데 회사전체의 이익극대화목표를 달성하기 위해서는 종합적인 분석이 필요함을 잘 설명해주는 예를 소개한다. 이를 통해 사내대체가격의 설정 및 운용상 고려되어야 하는 제반 요소를 이해한다.

(1) 수요사업부의 최대대체가격

수요사업부는 자신의 이익을 극대화하기 위하여 필요한 부품을 내부에서 대체하든 외부에서 구입하든 가능한 낮은 가격으로 조달하려고 한다. 따라서 수요사업부가 허용할 수 있는 단위당 최대대체가격은 다음과 같다.

단위당 최대대체가격 = Min[단위당 지출가능원가, 단위당 외부구입가격]

이때 단위당 지출가능원가는 수요사업부의 최종완제품의 판매가격에서 완제품 단위당 추가가공원가 등을 차감한 값으로 수요사업부의 입장에서 보는 내부대체품의 순실현가치가 된다. 즉, 수요사업부는 내부대체품을 추가가공하여 이익을 발생시킬 수 있는 가격범위 내에서 외부에서 구입할 때 지불하는 금액을 상한선으로 내부대체를 요구할 것이다.

예제 9-3 **수요사업부의 대체가격 결정**

(주)홍익은 A사업부와 B사업부로 구성되어 있다. B사업부는 A사업부에서 생산되는 부품을 가공하여 완제품을 제조한다. B사업부에서 부품 한 단위를 완제품으로 만드는데 소요되는 추가가공원가는 ₩450이며, 완제품의 단위당 판매가격은 ₩1,000이다. 다음 각 상황에서 B사업부가 받아들일 수 있는 최대대체가격을 구하라.

1. 부품의 외부시장가격이 단위당 ₩500인 경우
2. 부품의 외부시장가격이 단위당 ₩600인 경우

풀이

B사업부가 받아들일 수 있는 최대대체가격을 x라 하면,

1.

	비대체	대체
매출액	1,000	1,000
변동원가	500 + 450	$x + 450$
공헌이익	50	$-x + 550$

$50 = -x + 550$　　　$\therefore\ x = ₩500$

따라서, 수요사업부인 B사업부가 받아들일 수 있는 최대대체가격은 ₩500이다.

2.

	비대체	대체
매출액	–	1,000
변동원가	–	$x + 450$
공헌이익	–	$-x + 550$

$0 = -x + 550$　　　$\therefore\ x = ₩550$

따라서, 수요사업부인 B사업부가 받아들일 수 있는 최대대체가격은 ₩550이다.

(2) 공급사업부의 최소대체가격

공급사업부는 자신의 이익을 극대화하기 위하여 생산한 부품을 내부에 대체하든 외부에 판매하든 가능한 높은 가격으로 판매하려고 한다. 따라서 공급사업부가 허용할 수 있는 최소대체가격은 공급사업부가 손해를 보지 않고 허용할 수 있는 대체가격의 하한선으로 다음과 같다.

단위당 최소대체가격 = 대체시 단위당 증분지출원가 + 대체시의 단위당 기회원가

이때 단위당 기회원가는 대체품 1단위를 대체할 때 포기해야 하는 이익으로 외부시장 공헌이익 감소분 또는 유휴생산시설의 타 용도 사용으로 얻을 수 있는 이익의 상실분인데 이는 공급사업부에 유휴생산시설이 존재하는지 여부에 따라 달라진다. 만일 공급사업부에 유휴생산시설이 존재하고 그 시설을 타 용도로 사용할 수 있는 경우 내부대체를 위해 유휴생산시설의 타 용도 사용을 포기해야 하므로 그 포기로 인해서 발생하는 이익감소분이 기회원가가 된다. 반면에 유휴생산시설이 존재하지 않는 경우라면 외부시장 판매를 감소시켜야 하므로 내부 대체분의 외부시장에 판매했을 경우의 공헌이익을 상실하게 되는데 그 공헌이익 감소액이 기회원가가 된다.

예제 9-4 공급사업부의 대체가격 결정

(주)홍익은 A사업부와 B사업부로 구성되어 있다. B사업부는 A사업부에서 생산되는 부품을 가공하여 완제품을 제조한다. B사업부에서는 A사업부에서 생산되는 부품을 연간 100단위만큼 필요로 한다.

A사업부에서 생산되는 부품과 관련한 자료는 다음과 같다.

연간 최대생산능력	1,000단위
단위당 외부시장가격	₩500
단위당 변동원가(변동판매비 포함)	350
단위당 고정원가(연간 1,000단위 기준)	100

다음 각 상황에서 A사업부가 받아들일 수 있는 최소대체가격을 구하시오.

1. 부품의 외부시장수요가 연간 900단위인 경우
2. 부품의 외부시장수요가 연간 1,000단위 이상인 경우
3. 부품의 외부시장수요가 연간 1,000단위 이상이며 내부대체시에는 단위당 ₩50의 변동판매비를 절감할 수 있는 경우

풀이

A사업부가 받아들일 수 있는 최소대체가격을 x라 하면,

1.

	비대체	대체
매출액	900개×@500＝₩450,000	(900개×@500＋100개×x) ＝100x＋450,000
변동원가	900개×@350＝315,000	1,000개×@350＝350,000
공헌이익	₩135,000	100x＋100,000

*고정원가는 두 대안 간에 차이가 없는 비관련원가이므로 고려할 필요가 없다.

$135,000 = 100x + 100,000$ $\quad\quad \therefore\ x =$ ₩350

따라서, 공급사업부인 A사업부가 받아들일 수 있는 최소대체가격은 ₩350이다.

2.

	비대체	대체
매출액	1,000개×@500＝500,000	(900개×@500＋100개×x) ＝100x＋450,000
변동원가	1,000개×@350＝350,000	1,000개×@350＝350,000
공헌이익	₩150,000	100x＋100,000

$150,000 = 100x + 100,000$　　　　　$\therefore\ x = ₩500$

따라서, 공급사업부인 A사업부가 받아들일 수 있는 최소대체가격은 ₩500이다.

3.

	비대체	대체
매출액	1,000개×@500 = 500,000	(900개×@500 + 100개×x) = $100x$ + 450,000
변동원가	1,000개×@350 = 350,000	(900개×@350 + 100개×@300) = 345,000
공헌이익	₩150,000	$100x$ + 105,000

$150,000 = 100x + 105,000$　　　　　$\therefore\ x = ₩450$

A사업부가 받아들일 수 있는 최소대체가격은 ₩450이다.

공급사업부 A의 최소대체가격은 다음과 같이 구할 수도 있다.

	대체시의 단위당 **증분지출원가**		대체시의 단위당 **기회원가**		
1.	350	+	0	=	350
2.	350	+	(500 − 350)	=	500
3.	300	+	(500 − 350)	=	450

(3) 기업 전체의 이익에 미치는 효과

최대대체가격은 수요사업부의 이익을 증가시키기 위한 상한선이며 최소대체가격은 공급사업부의 이익을 증가시키기 위한 하한선으로 내부대체가 개별사업부 입장에서 이익을 증가시키기 위한 대체가격에 대한 논의였다. 이제 기업 전체적인 입장에서 내부대체가 기업 전체의 이익을 증가시킬 수 있는지에 대해서 살펴보도록 하겠다.

① 공급사업부의 최소대체가격이 수요사업부의 최대대체가격보다 낮은 경우

이러한 상황에서는 다음과 같이 두 사업부가 모두 허용가능한 대체가격이 존재하며, 대체가격은 빗금친 부분에서 결정된다.

그림 9.4
대체가격의 범위

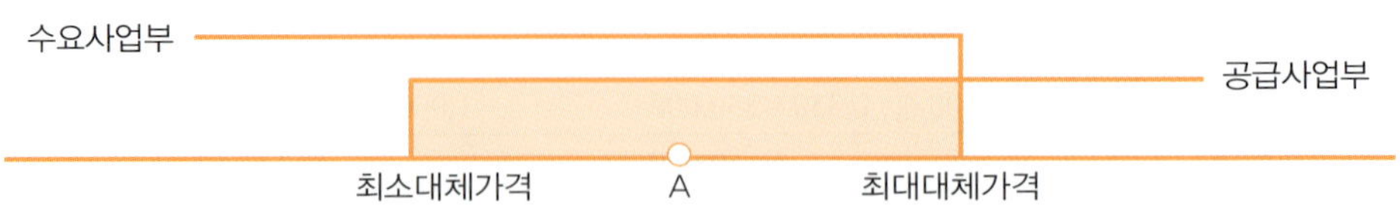

여기서 만약 그림의 A에서 대체가격이 결정된다면 대체거래로 인하여 공급사업부는 대체한 부품 단위당 A와 최소대체가격의 차액만큼 증분이익을 얻게 되고, 수요사업부는 최대대체가격과 A의 차액만큼 증분이익을 얻게 된다. 따라서 기업 전체적으로는 대체거래로 인하여 두 사업부의 증분이익을 합한 금액(최대대체가격 - 최소대체가격)만큼 증분이익을 얻게 되므로, 이러한 경우 기업전체의 관점에서는 대체가격에 관계없이 대체하는 것이 유리하다.

② 공급사업부의 최소대체가격이 수요사업부의 최대대체가격보다 높은 경우

이러한 상황에서는 다음과 같이 두 사업부가 모두 허용가능한 대체가격이 존재하지 않으므로 대체거래는 성립하지 않는다.

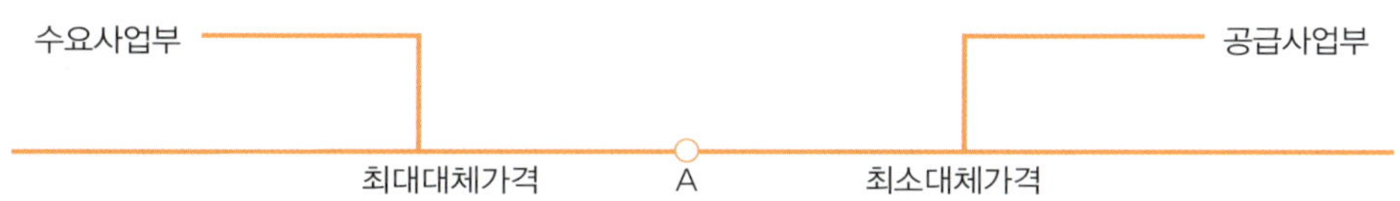

그림 9.5
대체가격의 범위

그러나 만약 그림의 A에서 대체가격이 결정된다면 이로 인하여 공급사업부는 대체한 부품 단위당 최소대체가격과 A의 차액만큼 증분손실을 얻게 되고, 수요사업부는 A와 최대대체가격의 차액만큼 증분손실을 얻게 된다. 따라서 기업 전체적으로는 대체거래로 인하여 두 사업부의 증분손실을 합한 금액(최소대체가격 - 최대대체가격)만큼 증분손실을 얻게 되므로, 이러한 경우 기업전체의 관점에서는 대체가격에 관계없이 대체하지 않는 것이 유리하다.

예제 9-5 전사 차원에서의 대체가격 결정

(주)홍익은 A사업부와 B사업부로 구성되어 있다. 사업부 A는 단위당 변동비가 ₩500인 부품을 생산하고 있는데, 이 부품은 ₩1,000의 가격으로 외부에 판매할 수도 있고 추가가공을 위해 사업부 B에 대체할 수도 있다. 사업부 B가 이 부품을 외부에서 구입할 수 있는 가격은 ₩900이다.
다음의 각 경우에 기업전체의 이익을 극대화하기 위하여 사업부 B가 외부로부터 구입해야 하는지 아니면 사업부 A로부터 구입해야 하는지 결정하라.

1. 사업부 A의 유휴생산시설이 있는 경우
2. 사업부 A의 유휴생산시설이 없는 경우

풀이

	최소대체가격(A)	최대대체가격(B)	기업전체 관점
1.	500 + 0 = 500	900	대체
2.	500 + (1,000 − 500)* = 1,000	900	비대체

* 외부판매시에 얻을 수 있는 단위당 공헌이익

따라서 사업부 A의 유휴생산시설이 있는 경우에는 사업부 A에서 구입하고, 없는 경우에는 외부에서 구입해야 한다.

3. 사내대체가격의 결정방식

앞서 예시된 바와 같이 재화나 용역의 대체가격은 많은 논란의 대상이 된다. 왜냐하면 이들 수치에 따라 사업부 성과가 좌우되기 때문이다. 비록 최종대체가격은 사업부간의 합의를 전제로 하지만 최종가격의 결정은 여러 요인을 고려하여 이루어진다. 바람직한 대체가격을 자동적으로 설정한다는 것은 거의 불가능하다. 그럼에도 불구하고 사업부제의 경우 성과평가 및 이익관리 목적을 위해서는 대체가격결정이 필연적이다. 이하에서는 대표적인 사내대체가격 결정방법을 소개한다.

일반적으로 사용되는 대체가격의 결정방법에는 시장가격기준, 원가기준, 협상가격기준 등이 있다.

(1) 시장가격기준

시장가격기준은 대체되는 재화나 용역의 시장가격을 대체가격으로 결정하는 방법이다. 일반적으로 다음의 조건이 성립할 때 시장가격은 목표일치성, 성과평가, 자율성 등의 대체가격결정기준을 모두 만족시킨다고 본다.

① 재화나 용역이 거래되는 시장이 존재한다.
② 개별기업의 행동이 제품의 시장가격에 영향을 미치지 못한다(완전경쟁시장).
③ 각 사업부의 관리자가 충분한 자율성을 갖고 의사결정을 한다.

시장가격은 시장에서 형성되는 가장 객관적인 가격이므로 각 사업부의 성과평가를 공정하게 할 수 있는 수단으로서 유용하게 이용되지만, 재화나 용역이 거래되는 시장이 존재하지 않는 경우에는 사용할 수 없다.

(2) 원가기준

원가기준은 대체되는 재화나 용역의 원가를 기준으로 대체가격을 결정하는 방법이다. 원가기준의 대체가격결정방법은 이해하기 쉽고 간편하지만 다음과 같은 문제점을 가지고 있다.

첫째, 이 방법에 의하면 개별사업부의 관점에서는 최적이지만 기업전체의 관점에서는 최적이 되지 않는 상황, 즉 준최적화현상이 나타날 가능성이 항상 존재한다. 공급사업부의 최소대체가격이 수요사업부의 최대대체가격보다 높은 경우 공급사업부가 추가적으로 지출하는 원가와 기회원가의 합계가 수요사업부가 절감하는 원가보다 크기 때문에 기업 전체적인 입장에서는 이익이 감소하게 되는 것이다.

둘째, 이 방법에 의하면 각 사업부의 성과평가를 공정하게 할 수 없다. 왜냐하면 원가를 기준으로 대체가격을 결정할 경우 공급사업부에서는 이익이 발생하지 않고 대체로 인한 모든 이익은 수요사업부가 차지하기 때문이다.

셋째, 이 방법은 공급사업부가 원가통제를 수행하도록 동기부여를 하지 못한다. 그 이유는 이 방법에 의하면 공급사업부에서 발생한 원가가 모두 수요사업부로 대체되며 결과적으로 공급사업부의 비능률이 그대로 수요사업부에 전가되기 때문이다. 이러한 문제점을 해결하기 위해서는 실제원가가 아닌 표준원가에 기초하여 대체가격을 설정하는 것이 바람직하다.

(3) 협상가격기준

협상가격기준은 공급사업부와 수요사업부가 협의를 거쳐 서로 합의한 협상가격으로 대체가격을 결정하는 방법이다. 이 방법은 각 사업부의 관리자가 자신의 상황을 가장 잘 알고 있으므로 최적의사결정을 내릴 수 있다는 가정에 기초하고 있다. 협상은 각 사업부 관리자의 자율성을 향상시켜 주고 사업부 간의 갈등을 해소하는 데 도움을 주며 동기부여 측면에서도 바람직한 효과를 가져올 수 있는 장점이 있다. 그러나 협상과정에서 많은 시간이 소요될 가능성이 있고 각 사업부의 이익이 사업부 관리자의 협상능력에 따라 민감하게 영향받을 우려가 있는 단점이 있다.

표 9.8
대체가격 결정방법의 요약

	시장가격기준	원가기준	협상가격기준
근거	시장가격	제품원가	직접 협상
장점	시장가격이 존재한다면, 시장가격은 객관적이며 또한 적절한 경제적인 동기를 제공한다.	이미 회계 시스템에서 산출된 원가수치를 이용하므로 적용이 용이하다.	책임중심점에 대한 책임과 통제가능성의 원칙을 반영한다.
단점	시장가격이 존재하지 않거나 제품이 분류하기 어려워 적절한 시장가격을 확인하기가 어려울 수 있다.	발생한 원가의 보상 성격이므로 공급사업부가 원가를 통제하도록 경제적인 동기를 제공하지 못한다.	많은 시간이 소요되며 사업부 관리자의 협상능력에 따라 영향을 받는다.

4. 대체가격의 결정절차

앞서 소개한 대체가격방식 중 하나를 선택한 후 최종적으로 금액을 확정짓기까지의 과정은 사업부제 운영방식에 따라 다음 두 가지 방식 중 하나를 따르게 되어 있다.

① **관리가격방식** : 당사자인 사업부들끼리 교섭과정을 거쳐 결정하는 대신 본사 관리부 또는 위원회에서 관련 자료를 토대로 대체가격을 결정하여 공시하는 방식이다. 가령, 원가가산방식의 경우에는 공급부서로부터 제출받은 해당 원가정보를 분석한 후에 공급부서의 적정이윤 등을 감안하여 최종결정을 내리며 시장가격을 택한 경우에는 외부시장에 관한 가격정보를 입수한 후에 결정한다.

② **교섭가격방식** : 사업부들 간에 독립적인 가격협상과정을 통해 합의에 도달하는 방식을 지칭한다. 사업부의 자율성을 가장 잘 보장하는 이 방식이 기업에 적용되기 위해서는 관련 사업부 각자의 수준 높은 정보수집능력은 물론, 내부판매나 구입을 거절할 수 있는 기피선언권(right of nullification)이 전제되어야 한다.

양 방식 중 어느 방식을 따라야 하는가는 교섭가격방식이 갖는 장점, 즉 진정한 사업부제하의 자율성 확보라는 긍정적 측면과 사업부간의 갈등을 포함한 교섭에 소요될 시간과 노력의 낭비 등 부정적 측면을 상호 비교하여 결정되어야 한다.

3.3 사내대체가격의 준최적화 문제

사내대체가격제도는 기업 내부에서 일어나는 재화와 용역의 수수관계를 가격기구라는 소위 '보이지 않는 손(invisible hand)'의 지배하에 둠으로써 최적자원배분을 도모하는 분권화된 경영수단이다. 그러나 현실에서는 공급부서와 구매부서의 입장, 즉 최적방안은 서로 대립되는 것이 일반적이다. 따라서 이를 해결하기 위해 보다 상위기관이 중재하거나 지시를 내리는 등의 조치를 취하지만 자칫 자율성의 침해라는 문제를 야기한다. 요컨대, 사내대체가격제도는 자칫 잘못 운영될 경우 기업 내부에 갈등을 야기시킬 뿐만 아니라 전사적 최적에서 벗어난 결정을 사업부가 내릴 위험이 상존한다. 후자는 준최적화(suboptimization)로 불림은 앞서 지적한 바 있다.

기업 내부적으로 설정되는 대체가격이 바람직한 기능을 수행하기 위해서는 이들 대체가격을 토대로 한 각 사업부의 독자적인 의사결정이 곧 회사전체의 최적결정과 일치하게끔 하는 조직체계가 정비되어야 한다. 만약 조직체계가 제대로 갖추어지지 못하여 본사 차원에서의 조정이 추가로 필요하다면 이는 곧 대체가격에 의한 자동조절작용에 일임하는 분권관리가 곤란함을 의미한다.

분권화가 추구하는 자율경영의 기조를 깨뜨리지 않으면서도 각 사업부가 전사적 관점에서 의사결정을 내릴 수 있도록 동기부여를 하는 대체가격을 결정하는 것은 쉬운 일이 아니다. 이를 감안하여 일부 기업은 사업부 성격을 달리 정의내려 보다 전사적 관점을 갖게 된다.

한 가지 예를 들어보자. 최근 강조되는 고객만족을 지상목표로 삼는 가운데 자칫 납기 준수문제와 관련하여 생길 수 있는 판매부문과 생산부문간의 갈등을 해소하기 위하여 두 부문을 통합하여 이를 관장하는 상위관리자의 책임단위로 설정하는 경우가 그것이다. 이는 분권화에서 중앙집권적으로 전환하는 일례에 속한다.

> **TIP!**
> **갈등조정방안**
> 또 다른 방안으로는 수익중심점(판매부문)과 원가중심점(생산부문) 성격을 갖는 양 부문을 모두 이익중심점으로 설정하여 각자가 상대방의 입장을 고려하게 하는 것을 들 수 있다.

요컨대, 기업내에 경쟁가격을 토대로 하는 시장경제체계를 마련하여 경쟁분위기를 조성하고 효율성을 도모하기 위한 목적의 대체가격제도는 과연 사업부의 이익과 기업전체의 이익이 자연스럽게 상호 조화를 이룰 수 있을 것인가에 대한 사전적 검토하에 도입되어야 한다. 이는 사업부문 책임자가 신경을 써야 할 사업부 이익의 측정문제와 관련 맺을 뿐만 아니라 사업부의 독자적인 의사결정을 어디까지 허용할 것인가와도 관련 맺는다.

3.4 이전가격과 국제조세(이전가격세제)

1. 국제적 이전가격의 조정 유인

글로벌 시대가 되면서 삼성전자나 LG전자, 애플 같은 다국적기업들이 각 나라에 별도의 법인을 설립하여 운영을 하다 보니 각 나라의 세율 차이를 이용하는 경영전략이 등장하게 되었다. 즉, 특정 기업이 해외특수관계자(예: 해외판매법인)와 거래가격을 조작해 소득을 조절하고 이를 통해 세부담을 줄이려는 시도를 하게 되는 것이다.

표 9.9
각국의 세율 차이(2012년 기준)

국 가	법인세율 (주민세 포함, 누진과세시 최고세율)
미 국	39.134%
멕 시 코	30%
한 국	24.2%
영 국	24%
터 키	20%

예를 들어 미국에 생산법인을 두고 아일랜드에 유럽지역의 판매를 위한 판매법인을 가지고 있는 다국적기업을 살펴보자. 이때 미국의 세율이 40%이고 아일랜드의 세율이 10%로 가정하고 다음의 정상적 거래를 보면 세금은 미국에서 120, 아일랜드에서 20으로 전체 140을 납부하여야 한다.

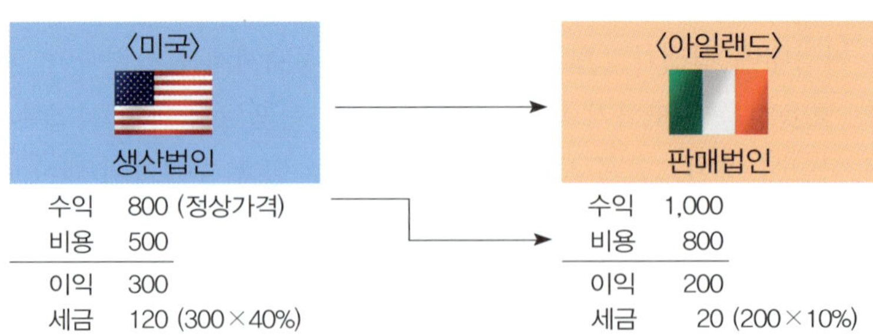

이때 경영자는 두 나라의 세율 차이를 고려하여 세율이 높은 나라에서는 이익을 줄여 세금을 덜 내고, 세율이 낮은 나라에서는 이익을 늘려 세금을 더 내지만 전체

적으로는 세금을 줄일 수 있는 전략을 생각하게 된다. 즉 정상거래가격인 800이 아닌 600으로 가격을 정상범위보다 내려서 생산법인이 판매법인에 공급하면, 세금을 미국에서 40, 아일랜드에서 40으로 전체 80만 납부하면 된다. 따라서 정상이전가격 기준보다 60(=140−80)을 그룹 전체로 보면 절세할 수 있다.

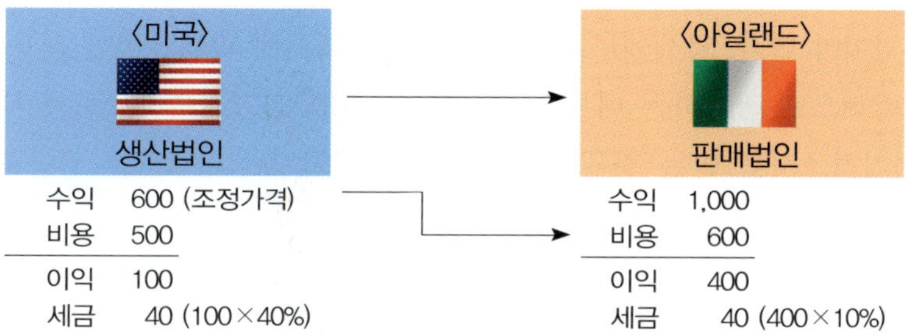

2. 이전가격세제

위 사례의 경우 미국 국세청에서 이런 식으로 비정상적인 거래를 통해 세금을 낮추는 회사를 가만두지는 않을 것이다. 즉 이를 규제하여 세금을 매기는데 이를 이전가격세제(transfer pricing taxation)라고 한다. 다시 말해, 기업이 모회사 등 국외특수관계자와 거래를 하면서 그 거래가격을 정상가격보다 높거나 낮게 적용해 과세소득이 감소되는 경우 과세당국이 그 거래에 대해 정상가격을 기준으로 과세소득금액을 다시 계산해 조세를 부과하는 것을 말한다.

세금회피를 위한 국제적 이전가격

미국 대 일본

일본공장에서 미국에 소재한 마케팅자회사로 공급 시 이전가격(일본 판매가격에 해당)을 높게 설정해온 일본 자동차제조업체는 미국 자회사의 이익을 낮춤으로써 미국에 납부할 세금을 절감하였다. 클린턴 행정부는 이전가격제도 남용으로 인한 손실이 연간 150억 달러에 달하는 것으로 추산한 바 있다. 미국 국세청이 외국에 위치한 본사로부터 통제를 받는 3,357개의 기업을 조사한 결과 대다수가 세금보고상(tax returns)의 이익을 과소평가하였다.

일본 대 미국

일본 역시 자신을 불공정한 이전가격실무의 희생자로 간주한다. 일본 국세청은 1990~92년 동안에 코카콜라사에게 이전가격남용을 근거로 145백만달러의 추가적 세금을 부과하였다. 또한 비일관된 이전가격의 사용을 이유로 American International Group에게 87백만달러의 세금을 부과하였다. 미국 국세청은 모든 외국자회사는 반드시 공정거래(arm's length)의 원칙하에 이전가격을 결정해야 하며 이와 같은 가격은 관련되지 않은 당사자에게도 적용된다고 강조한다.

<자료 : Business Week, 1993, 1994>

2006년 9월 영국 다국적 제약회사인 글락소 스미스클라인이 1989~2005년 분 이전가격과세에 따라 약 3조 4,000억원이라는 사상 최고액의 세금을 미국 국세청(IRS)에 내면서 일반의 관심을 모았다.

과세당국뿐 아니라 납세의무자도 이전가격 거래시에는 법령상의 정상가격결정 방법을 통하여 정상가격을 찾아 이를 적용하여야 하며, 이러한 과정에 관한 자료를 구비하고 있어야 한다. 납세의무자는 과세표준 신고시에 과세당국이 적용가격의 타당성을 개략적으로 검토하는 데 필요한 기본 자료를 신고첨부자료로서 제출하여야 하며, 이전가격조사를 받는 경우에는 적용한 가격이 정상가격임을 입증할 수 있는 구체적인 자료를 과세당국의 요구에 따라 제출하여야 한다.

이때 정상가격이란 거주자 · 내국법인 또는 외국법인 국내사업장과 이들의 국외 특수관계자간의 거래와 동일 · 유사한 거래로서 특수관계 없는 자(독립기업) 간의 거래(비교대상거래)에서 적용되었거나 적용될 것으로 기대되는 가격을 말한다. 여기에서 동일 · 유사한 거래라 함은 거래된 재화 또는 용역의 종류 및 특성, 계약조건, 거래당사자가 수행한 기능 및 부담한 위험, 시장 및 경제여건 등의 측면에서 당해 특수관계거래와 비교가능성이 있는 거래를 의미한다.

생각해보기 | 브랜드 사용료에 대한 적정한 대체가격 설정

아래 글을 읽고 브랜드 사용료에 대한 적정한 대체가격 설정에 대한 의견을 이야기해 보자.

최근 대기업들이 지주회사 또는 지주회사는 아니지만 실질적으로 지주회사 격의 회사가 상표권을 보유하면서 각 계열사로부터 브랜드 사용료를 받고 있다. **SK**와 **LG그룹**은 계열사 매출의 0.2%를 받고 있고 **CJ**는 0.05~0.2% 사이로 추정된다. 삼성그룹은 **삼성전자**를 비롯한 19개사가 공동으로 상표권을 가지고 있어 **르노삼성자동차**를 제외하고는 브랜드 사용료를 부담하지는 않는다. **현대자동차**는 국내계열사는 무상이지만 해외계열사에게는 매출의 1%를 받고 있다.

이처럼 각 그룹마다 브랜드 사용료 산정기준이 제각각이고 브랜드 사용료를 받는 기업과 지불하는 기업간의 이해관계가 달라 최근에는 소송까지 이어지고 있는 실정이어서 이에 대한 합리적인 대책이 필요한 사항에 이르렀고, 적정한 브랜드 사용료를 징수하지 않거나 과다, 과소 징수시 세법상 부당행위 적용 대상이 될 수 있으므로 또 다른 사내대체가격 이슈로 떠오르고 있다.

요 약

01. 분권경영의 특징은 외부의 시장경쟁구조를 기업내에 도입하여 경영관리목적상 기업내에 독자적인 시장과 이익관리에 대해 책임을 지는 사업부를 설정하여 이들로 하여금 탄력적으로 외부환경에 대처해 나가는 가운데 기업전체의 목표를 달성하도록 하는 것이다. 분권경영의 경우 일반적으로 각 사업부가 독자적으로 관리부문을 운영한다. 그러나 대부분의 사업부는 상호 의존관계를 갖게 마련이다. 따라서 본사 차원에서는 독립된 사업부문간의 조정문제가 중요하다.

02. 분권화된 조직단위인 책임중심점(일명, 사업부)을 대상으로 한 성과평가에서는 목표일치성을 유도하는 적절한 평가지표를 활용하는 것이 중요하다. 이 장에서는 투자중심점을 대상으로 한 대표적인 재무지표인 ROI와 RI를 비교하고 EVA를 소개하였다. 이들 각 지표는 투자중심점이 벌어들인 이익과 투하자본을 상호 관련짓는 점에서는 동일하다. 그러나 ROI에 비해 RI는 추가적으로 기업이 설정한 목표이익률을 지표계산에 반영하여 목표일치성을 유도한다. 또한 EVA는 개념적으로는 RI와 유사하지만 조정된 세후영업이익수치를 활용한다는 점에서 RI와 차이를 보인다.

03. 제3절에서 다룬 **사내대체가격결정**(transfer pricing) 이슈는 부문간의 상호 조정문제를 다루는 것이다. 조직설계 및 경제학적인 이슈와 광범위하게 연관되어 있는 사내대체가격 이슈가 회계에서 중요성을 갖는 이유는 회계담당자는 기업 내의 다양한 부문에 관한 **성과보고서**(performance report)를 작성 · 제공할 책임이 있기 때문이다. 특히, 관리회계담당자는 사내대체가격이 분권화 본래의 목적에 일치하는가를 수시로 파악하고 각 부문관리자가 회사 전체적 입장에서 볼 때 가장 최적인 의사결정을 내리도록 유도하는 방식으로 사내대체가격제도가 운영되도록 조언할 책임을 갖는다.

핵심용어

- 현장경영(MBWA)
- 준최적화
- 투자수익률
- 투하자본이익률(ROIC)
- 경제적부가가치(EVA)
- 원가기준
- 집권관리
- 목표일치성
- 투하자본
- 매출총이익률
- 대체가격결정
- 협상가격기준
- 분권관리(분권화)
- 사업부제
- 자본회전율
- 잔여이익(RI)
- 시장가격기준
- 이전가격세제

단답식 개념문제

01. 분권화된 조직의 주된 문제점은 부문관리자가 경영자와 기업이 원하지 않는 방향으로 의사결정을 내릴 수 있는 □□□□의 가능성이다.

02. ROI가 갖는 단점을 보완하기 위해 등장한 성과지표로 사업부이익에서 사업부 투하자본의 기회비용을 차감한 것을 □□□□(residual income)이라고 한다.

03. 조직내 상이한 부문간의 용역이나 재화의 주고받는 관계에 경쟁원리를 도입해 가격을 책정하는 제도를 □□□□□□제도라고 부른다.

[문 1] 분권화의 장점을 몇 가지 열거하시오.

[문 2] 분권화의 대표적인 두 가지 단점을 설명하시오.

[문 3] 사업부제의 세 가지 측면은 무엇인가?

[문 4] 성과평가목적으로 ROI를 이용함에 따른 대표적인 문제점 두 가지는 무엇인가?

[문 5] 재무적 성과평가 지표로서의 ROI와 RI의 공통적인 한계점 몇 가지를 설명하시오.

[문 6] ROI에 영향을 미치는 핵심적 두 가지 요소는 무엇인가? (힌트 : Du Pont(듀퐁)의 ROI 분해그림을 떠올릴 것)

[문 7] EVA는 기존의 대표적인 사업부 성과평가 측정치인 ROI(투자수익률)와 RI(잔여이익) 중 어느 부분에 보다 유사한 측정치인가?

[문 8] EVA는 양적 측면과 질면 측면을 동시에 고려한다고 하는데 이 말의 의미를 설명하시오.

[문 9] "사내대체가격 결정은 이익중심점에 한정된다." 이 말에 동의하는가? 그 이유를 설명하시오.

[문10] 사내대체가격의 최대 문제점인 준최적화 문제란 무엇인가?

연습문제

객관식

[문1] 사업부제에서 각 사업부의 성과를 투자수익률(ROI)을 이용하여 평가할 때의 문제점은 무엇인가? (★)

① 투자중심점의 성과비교가 힘들다.

② 각 사업부 경영자의 성과평가기준으로 부적합하다.

③ 현재 달성하고 있는 투자수익률보다 낮은 투자수익률이 기대되는 사업에 대한 투자를 부당하게 기피할 수 있다.

④ 회사가 정한 자본비용보다 높은 이익이 기대되는 사업에 대한 투자를 하게 한다.

[문2] 잔여이익법에 대한 다음 설명 중 틀린 것은? (★)

① 투자수익률법에 의하여 부당하게 거부되는 투자안이 잔여이익법에서 수락될 수도 있다.

② 투자자본에 자본비용을 곱한 금액을 순이익에서 차감하여 계산한다.

③ 잔여이익법에 의하여 수락되는 투자안은 투자수익률법에 의해서도 수락되므로 두 방법은 상호보완적이다.

④ 투자자본에 대한 최저필수수익을 차감하여 이익을 계산하는 방법으로 금액으로 표시되는 수익성 자료이다.

[문3] 성과평가 및 보상에 관한 설명으로 옳은 것은? (★★)

① 투자이익률(ROI)은 사업부 또는 하위 사업단위의 성과평가에 적용될 수 있으나, 개별 투자안의 성과평가에는 적용되지 않는다.

② 잔여이익(RI)은 영업이익으로부터 산출되며, 평가대상의 위험을 반영하지 못한다.

③ 투자이익률(ROI)에 비해 잔여이익(RI)은 투자규모가 서로 다른 사업부의 성과를 비교 · 평가하기가 용이하다.

④ 투자이익률(ROI)에 영향을 미치는 핵심요소 두 가지는 수익성 비율인 매출총이익률과 활동성 비율인 자본회전율이다.

[문4] 다음 중 내부대체가격의 결정방법에 관한 설명으로 가장 타당하지 않은 것은 어느 것인가? (KICPA, 2011) (★★)

① 내부대체가격은 공급부문과 구매부문의 성과평가에 영향을 미치며, 각 부문의 자율적인 내부대체가격의 결정은 기업전체의 이익을 최대화하지 못하는 결과를 초래할 수 있다.

② 전부원가를 기준으로 하는 경우에 공급부문의 이익을 보고할 수 있도록 하기 위해서는 전부원가에 제품의 단위당 공헌이익을 가산하여 내부대체가격을 결정하여야 한다.

③ 제품의 원가를 기준으로 내부대체가격을 결정하는 경우에는 제품원가의 계산방법과 공급부문의 유휴생산능력 등을 고려할 필요가 있다.

④ 공급부문에 유휴생산능력이 없고 외부시장이 완전경쟁적일 경우에는 제품의 시장가격이 기업전체의 이익을 최대화할 수 있는 내부대체가격이 될 수 있다.

⑤ 공급부문에 충분한 유휴생산능력이 있는 경우에는 기업전체의 이익을 최대화하기 위하여 제품의 표준변동원가를 내부대체가격으로 사용할 수 있다.

[문5] 경제적부가가치(EVA)를 증대시키기 위한 방안으로 다음 중 맞는 것은? (★)

① 타인자본을 축소하고 자기자본을 증가시키면 경제적부가가치는 항상 증가한다.

② 자본비용보다 적은 수익을 달성하더라도 과거의 수익률을 초과하는 투자를 계속 진행한다.

③ 유휴설비 등은 차기년도의 재투자를 위해 매각하지 않고 유지한다.

④ 생산활동의 효율적 관리로 제조원가를 절감한다.

[문6] 다음 중 경제적부가가치(EVA)에 대한 설명으로 바르지 않은 것은? (★★)

① 경제적부가가치가 0보다 크다는 것은 기업의 세후순영업이익이 투하자본에 대한 자본비용보다 작다는 의미이다.

② 경제적부가가치 분석은 기업의 사업구조조정과 관련된 의사결정에도 활용할 수 있다.

③ 경제적부가가치는 자기자본비용까지도 반영을 하므로 일반적으로 손익계산서상의 당기순이익보다 낮다.

④ 경제적부가가치는 기업의 비재무적 측면을 고려하지 않았다는 한계를 가지고 있다.

[문7] (주)홍익은 A사업부와 B사업부로 구성되어 있다. B사업부는 A사업부에서 생산되는 부품을 가공하여 완제품을 제조한다. B사업부에서 부품 한 단위를 완제품으로 만드는 데 소요되는 추가가공원가는 ₩3,000이며, 완제품의 단위당 판매가격은 ₩10,000이다. B사업부는 완제품에 소요되는 부품을 외부에서 단위당 ₩6,500에 구입할 수 있다. B사업부의 최대대체가격은 얼마인가? (★★)

① ₩3,000 ② ₩3,500
③ ₩6,500 ④ ₩7,000

[문8] (주)홍익의 A사업부는 LED를 생산하고 있으며, 연간 생산능력은 100,000단위이다. (주)홍익의 수익과 원가자료는 다음과 같다.

단위당 외부판매가격	₩300
단위당 변동원가	150
단위당 고정원가(연간 100,000단위 기준)	9

(주)홍익은 텔레비전을 생산하는 B사업부도 보유하고 있다. B사업부는 현재 연간 10,000단위의 LED를 단위당 ₩290에 외부에서 조달하고 있다. 회사가 생산하는 제품 전량을 외부시장에 판매할 수 있고 사내대체시 단위당 변동원가 ₩20을 절감할 수 있다면, 회사 전체의 이익극대화 입장에서 LED의 단위당 대체가격은 얼마인가? (★★)

① ₩150 ② ₩159 ③ ₩280 ④ ₩430

[문9] (주)한국의 투자중심점인 A사업부의 지난해 영업과 관련된 자료는 다음과 같다.

매출액	₩1,000,000
총변동원가	₩300,000
공헌이익	₩700,000
총고정원가	₩500,000
영업이익	₩200,000
평균영업자산	₩625,000

A사업부가 새로운 투자기회를 고려하지 않는다면, A사업부의 당기 성과와 평균영업자산은 지난해와 동일한 수준을 유지할 것이다. 그러나 당기에 A사업부가 고려중인 투자안에 연간 평균 ₩120,000만큼 투자하게 되면, 이 새로운 투자안으로부터 예상되는 연간 수익, 원가 및 공헌이익률 관련 자료는 다음과 같다.

매출액	₩200,000
총고정원가	₩90,000
공헌이익률	60%

투자안의 채택 여부를 결정할 때 회사전체와 각 사업부에 적용되는 최저필수수익률은 15%이다. 만약 A사업부가 새로운 투자안을 채택한다면, A사업부의 올해 예상되는 잔여이익(residual income)은 얼마인가? (KICPA 2016) (★★)

① ₩106,250 ② ₩110,450 ③ ₩118,250
④ ₩121,450 ⑤ ₩124,450

[문10] (주)세무는 분권화된 A사업부와 B사업부가 있다. A사업부는 반제품M을 최대 3,000단위 생산할 수 있으며, 현재 단위당 판매가격 ₩600으로 2,850단위를 외부에 판매하고 있다. B사업부는 A사업부에 반제품M 300단위를 요청하였다. A사업부 반제품M의 단위당 변동원가는 ₩300(변동판매관리비는 ₩0)이며, 사내대체를 하여도 외부판매가격과 단위당 변동원가는 변하지 않는다. A사업부는 사내대체를 전량 수락하든지 기각하여야 하며, 사내대체 수락시 외부시장 판매를 일부 포기하여야 한다. A사업부가 사내대체 전 이익을 감소시키지 않기 위해 제시할 수 있는 최소 사내대체가격은? (세무사 2016) (★★)

① ₩350 ② ₩400 ③ ₩450
④ ₩500 ⑤ ₩550

주관식

[문1] 업적평가척도 ROI (★)

홍익테크(주)의 세 사업부에 대한 부분적인 자료는 다음과 같다.

	CD 사업부	MP3사업부	S/W사업부
매출액	₩1,000,000	₩500,000	–
이 익	100,000	50,000	–
자 본	500,000	–	₩5,000,000
매출총이익률	–	–	0.5%
자본회전율	–	–	2
투자이익률	–	1%	–

〈요구사항〉

빈칸을 채운 후에 세 사업부의 상대적 업적에 대해 자료가 허용하는 한 상세하게 논하시오.

〈자료 : HFD, 1994〉

[문2] 업적평가척도 ROI (★★)

홍익기술(주)의 C사업부의 2019년 자료는 다음과 같다.

매출액	₩600,000
순이익	75,000
평균투자액	1,000,000

〈요구사항〉

1. 모든 자료는 2019년과 동일하나 2020년에 다음과 같은 독립적인 사건이 일어날 경우에 자본회전율, 매출총이익률 및 ROI의 변화를 계산하시오.
   ① 평균투자액이 ₩800,000으로 감소함.
   ② 비용이 ₩25,000 감소함.
   ③ 매출액이 ₩700,000으로 증가함. 이 경우 매출총이익률은 동일하게 유지됨.
2. 모든 다른 요인들이 2019년과 같을 경우에 ROI가 12%가 되기 위해서는 비용이 얼마만큼 감소해야 하는가?

〈자료 : Morse & Roth, 3th.〉

[문3] 투자수익률 및 잔여이익 (★★)

홍익주택은 20년간 조립식 주택을 만들어왔다. 홍익주택은 2018년에 자재 공급처였던 제일자재를 흡수합병하여 조립식주택 자재시장에 진출했다. 홍익주택은 제일자재사를 독립사업부(와우사업부로 명명)로 분리시켜 투자중심점으로 운영하기로 했다. 홍익주택은 투자에 대한 성과지표로서 평균 투자수익률(ROI)을 사용하며, 경영자의 상여금 또한 ROI에 기초하여 지급한다. 홍익주택에서 책정하고 있는 최소기대수익률은 15% (세금차감전)이다.

2018년까지 제일자재(즉, 인수 후에는 와우사업부)의 ROI는 19.3%에서 22.1% 사이였다. 한편, 와우사업부는 2019년에 18%의 ROI를 실현할 것으로 추정되는 신규 투자안을 그 투자안이 사업부 ROI를 감소시킬 것으로 판단하여 기각하였다.

2019년 와우사업부의 손익계산서는 다음과 같다. 2019년말 와우사업부의 총자산은 ₩12,600,000이었는데 이것은 2018년에 비해 5% 증가한 것이다.

와우사업부의 손익계산서		
2019. 1. 1.~2019. 12. 31.		(단위: 천원)
매 출 액		₩24,000
매출원가		15,800
매출총이익		₩8,200
영업비용		
일반관리비	₩2,140	
판 매 비	3,600	5,740
세금차감전 이익		₩2,460

〈요구사항〉

1. 2019년 와우사업부의 다음 성과측정치(재무지표)를 계산하시오.
   (1) 투자수익률(ROI)
   (2) 잔여이익(RI)
2. 만약 ROI 대신 잔여이익을 성과측정치로 사용할 경우 2019년에 제안된 투자기회를 와우사업부가 수락하겠는가?
3. 홍익주택의 독립사업부인 와우사업부의 성과평가가 ROI 또는 RI를 토대로 이루어진다면 와우사업부 책임자는 어떤 항목을 통제해야 하는지를 설명하시오.

〈자료 : CMA 1985, 수정〉

[문4] 부가원가를 고려한 CVP, EVA (★)

홍익전자(주)는 개당 가격이 ₩65,000인 DRAM을 제작 · 판매하고 있으며 이와 관련된 자료는 다음과 같다.

구 분	개당 변동비	연간 고정비
직접재료비	₩20,000	–
직접노무비	15,000	–
제조간접비	5,000	₩250,000,000
판매관리비	5,000	50,000,000
계	₩45,000	₩300,000,000

〈요구사항〉

회사는 DRAM의 제작 및 판매를 위하여 지금까지 약 ₩500,000,000의 설비투자를 하였다. 이에 대한 부가원가(잠재원가 : imputed costs)를 고려하여 손익분기점의 판매수량을 구하면 얼마인가? (회사의 ROI는 10%, 차입이자율은 9%임)

[문5] EVA, 준최적화, 비재무적 성과평가 (★★)

김유리 부장은 (주)다음의 부문책임자이다. 그는 다음과 같은 신규투자안을 검토중이다.

자본투자액	₩8,000
세후 사업부 순이익(순증가액)	
1년도	800
2년도	800
3년도	1,160
4년도	2,900
5년도	2,700

김부장은 자신의 사업부에서 창출한 EVA에 의해 성과가 평가되며 그 결과에 따라 보상을 받는다. 즉, 김부장은 연간급여 ₩350에 사업부 EVA의 12%에 해당하는 금액을 보너스로 추가로 받는다. (주)다음의 요구수익률은 13%이다.

〈요구사항〉

1. 1년도에서 5년도까지 신규투자에 따른 사업부의 EVA를 계산하시오.
2. 신규 프로젝트에 의한 5개 연도별 김부장의 보상액을 계산하시오.
3. 2번 물음에 대한 계산을 기초로 할 때 김부장은 신규 프로젝트에 투자하겠는가?
4. (주)다음의 최고경영자로서 당신은 김부장이 신규 프로젝트에 투자하기를 원하는가 아니면 투자하지 않기를 원하는가?
5. 김부장이 보다 장기적인 시각을 갖는 데 도움을 주기 위해서는 성과측정치로서 EVA에 추가하여 어떠한 비재무적 측정치를 이용할 수 있는가?

[문6] 사내대체가격 (★)

사업부제를 도입하고 있는 홍익(주)의 사업부 경영자들은 이익에 대해 책임을 지고 있으며 다른 사업부로부터의 대체를 거부할 기피선언권을 갖는다. A사업부는 경쟁적인 시장에 판매할 수 있는 반제품을 생산하고 있다. B사업부는 이 반제품으로 완제품을 만들어 ₩7,200에 판매하고 있다. A사업부는 매달 5,000단위를 생산하며 4,000단위에 대하여는 시장의 수요가 있으며 시장가격은 ₩4,600이다.

〈요구사항〉

A사업부와 B사업부의 변동원가가 ₩2,700과 ₩3,000이라고 할 때 A사업부가 B사업부에 반제품을 대체할 때의 올바른 대체가격은 얼마인가?

[문7] 시장가격기준의 대체가격 (★★)

홍익공업의 A사업부는 경쟁적인 시장에 판매가능한 반제품을 생산하고 있으며, B사업부는 이 반제품으로 완제품을 만들어 시장에 단위당 ₩120,000에 판매하고 있다. A사업부는 B사업부에 반제품의 시장가격인 단위당 ₩70,000에 대체에 주고 있으며, A사업부와 B사업부의 변동비는 각각 ₩52,000과 ₩60,000이다.

〈요구사항〉

1. 반제품을 현재와 같이 시장가격인 ₩70,000에 대체한다면 B사업부의 이익과 회사전체의 이익은 얼마인가?
2. A사업부의 반제품을 전부 시장에 판매할 수 있다면 A사업부에서 B사업부로 대체하는 것이 회사 전체의 입장에서 볼 때에 유리한가?
3. A사업부가 생산가능한 반제품 1,000단위 중 500단위만을 단위당 ₩70,000에 시장에서 팔 수 있으며, 1,000단위 전부를 판매하기 위해서 20%의 가격인하가 필요하다고 가정하자. 회사 전체의 입장에서 볼 때에 다음과 같은 대체안들 중에서 어떤 것이 가장 유리한가?
   대체안 1 : B사업부에 1,000단위 대체함.
   대체안 2 : B사업부에 500단위 대체하고 시장에 500단위 판매함.
   대체안 3 : 시장에 1,000단위 판매함.

〈자료 : HFD, 1994, 제25장〉

[문8] 사내대체가격과 가격결정 (★★)

홍익제화(주)는 두 사업부(즉, 생산과 마케팅담당 사업부)를 가지고 있다. 생산사업부는 와또르라는 상표의 신발을 생산해 마케팅사업부와 다른 소매업체(이들은 다른 상표로 판매함)에 판매한다. 동 사업부는 와또르 상표의 신발뿐만 아니라 다른 브랜드제품도 취급한다.

생산사업부 관련자료는 다음과 같다.

• 현재 생산조업은 생산능력에 훨씬 밑도는 수준으로 이루어지고 있다.	
• 외부업체에의 판매가격	₩28.50*/켤레
변동제조원가	₩10.00*/켤레
고정제조원가	₩100,000/월간

* 분석을 단순화하기 위해 홍익제화(주)는 단일 제품라인만 취급하고 있으며 단위켤레당 변동제조원가와 판매가격은 불변이라고 가정한다.

마케팅사업부 관련자료는 다음과 같다.

• 마케팅사업부 역시 여유능력이 존재한다.	
• 판매가격	₩40/켤레
변동판매비	판매가격의 5%

최근 마케팅사업부는 와또르신발의 판매가격을 인하하기로 결정했다. 와우제화(주)의 변동제조 및 판매원가는 본 의사결정에 차액적(즉, 관련적)인 반면에 고정제조 및 판매원가는 그렇지 않다.

〈요구사항〉

1. 차액제조 및 판매원가를 회수하기 위해 와또르신발에 매길 수 있는 최저판매가격은 얼마인가?
2. 위의 의사결정과 관련한 최적대체가격은 얼마인가?
3. 만약 대체가격이 ₩28.50으로 정해졌다면 마케팅부서장이 책정하는 최저판매가격에 어떠한 영향을 미칠 것인가? 또한 이것이 의미하는 바를 한 줄로 요약하시오.
4. 위의 가정을 바꾸어 만약 생산사업부가 완전조업도하에 있어 여유 생산능력이 없다고 가정한다면 위 질문 2.에서의 최적대체가격은 얼마가 되는가?

[문9] 대체가격결정 : 종합문제 (★★)

홍익회사는 두 사업부 A와 B를 가지고 있다. 이 회사의 제품들 중 한 제품에 대해서 사업부 A는 주요 부품을 생산하며 사업부 B는 이 부품을 가공하여 완성품을 만든다. 부품과 완성품은 모두 시장에서 거래되고 있으며 사업부들은 각각 이익중심점으로 운영되고 있다. 부품의 대체가격은 장기평균시장가격으로 설정되었다. 다음 자료는 각 사업부에 관한 것이다.

– 최종제품의 추정판매가격		₩300
– 중간제품의 장기평균가격		200
– 사업부 B에서 완성품을 만들기 위한 지출원가		150
– 사업부 A에서의 지출원가		120
사업부 B의 경영자는 다음과 같은 계산을 한다.		
– 완제품의 판매가격		₩300
– 대체원가(시장가격)	₩200	
– 완제품을 만들기 위한 지출원가	150	350
– 제품에 대한 이익		₩(50)

〈요구사항〉

1. 사업부 A에 추가유휴생산능력이 없고 경쟁적인 중간제품시장인 경우 사업부 B로 부품을 대체하여야 하는가? 시장가격이 조직전체의 목표일치성(이익극대화)에 부합되는

대체가격인가?

2. 이 부품에 대한 사업부 A의 최대생산능력은 월 1,000단위이며, 시장에 이 부품을 800단위 판매할 수 있다고 가정하면 200단위를 사업부 B로 대체하여야 할 것인가? 조직전체의 목표일치성에 부합되는 최소의 대체가격은 얼마인가? 여러 이유 때문에 사업부 A는 ₩200의 판매가격 인하를 고려하고 있지 않다.
3. 요구사항 2의 상황에서 사업부 A가 200단위까지 대체가격을 ₩150으로 설정하였다고 하자. 대체가 이루어졌다면 회사전체에 대한 공헌액은 얼마가 증가가 될 것인가? 당신이 사업부 B의 경영자라면 ₩150에 구매하겠는가? 또한 대체가격의 범위를 구하시오.
4. 사업부 A의 경영자는 ① 매출이 1,000단위로 증가할 것이라는 확신을 가지고 외부가격을 ₩195까지 인하하거나, ② 800단위에 대해서는 ₩200의 외부판매가격을 유지하고 200단위는 사업부 B에 대체하는 것의 두 가지 대안을 검토하고 있다. 얼마의 대체가격이 사업부 A에 동일한 이익을 가져다 줄 것인가를 결정하고 그 가격은 '일반지침'에 의해 결정된 대체가격과 일치하며 회사전체로서 목적적합한 의사결정이 내려질 것인가?

〈자료: HFD, 1994, 제25장〉

[문10] 국제이전가격 결정 (★★)

(주)무역은 칠레에서 와인을 생산하여 한국에 판매한다. 칠레에는 와인의 생산사업부가, 한국에는 와인의 판매사업부가 존재한다. 한국와 칠레의 법인세율은 각각 20%와 10%이며, 한국은 칠레산 와인 수입에 대해 15%의 관세를 부과해 왔다고 가정한다. 관세는 판매사업부가 부담하며, 당해 연도에 수입된 와인은 당해 연도에 모두 판매된다.

와인 생산과 관련된 단위당 변동원가와 단위당 전부원가는 각각 ₩1,000과 ₩4,000이다. 생산된 와인은 원화가격 ₩5,000에 상당하는 가격으로 칠레에서 판매 가능하며 수요는 무한하다. 국내에서 다른 도매업체로부터 동일한 와인을 ₩7,000에 필요한 양만큼 공급받을 수 있다. 국내판매가격은 ₩10,000이다.
한편 한국과 칠레는 FTA를 체결하고 양국간 관세를 철폐하기로 했다.

〈요구사항〉
(주)무역의 세후이익을 극대화시키는 대체가격(transfer price)은 FTA 발효 이후에 발효 이전보다 얼마나 증가(또는 감소)하는가? 단, 두 나라의 세무당국은 세금을 고려하지 않았을 때 각 사업부가 이익을 극대화하기 위해 주장하는 범위 내의 가격만을 적정한 대체가격으로 인정한다. 또한 대체거래 여부에 관계없이 각 사업부는 납부할 법인세가 존재한다.

〈KICPA, 2013〉

Reading materials

- 독일軍은 졌지만 지휘 스타일은 살아남았다 (키워드: 현장중심, 분권화)
  조선일보, 2013.11.03.
- 대상, 오뚜기 누르고 30년만에 소스 시장 1위 차지 (키워드: 시장점유율, 시장규모)
  동아일보, 2014.02.03.
- GM '이전가격' 터무니없이 높게 책정 수익 빼돌려 자본잠식…한국GM, 美매출원가율 적용 땐 1.1조 흑자 (키워드: 이전가격, 매출원가율)
  서울신문, 2018.02.27.

⋮

관리회계 전문가 되기
(新관리회계
information room)
cafe.naver.com/shinmgta

10 전략적 성과관리

학습목표

- 고객수익성 분석의 틀 이해
- 경영통제시스템의 본질 이해
- 성과평가 개념의 이해
- 전략적 성과평가 개념의 이해
- 균형성과표(BSC)의 본질과 특징 이해
- 성과측정치로서의 비재무적 지표 이해
- 보상시스템의 종류 및 설계시 유의사항 이해
- 경영자보상의 의미와 종류 이해
- 보상과 관련된 윤리적 문제 이해

Intro

전략의 재검토 차원에서 ABC회계 정보를 활용한 수익성 분석을 알아본 후, 전략실행 수단인 경영통제시스템의 설계 및 운영에 대해 살펴본다. 다양한 조직구성원을 통해 목표를 추구하는 조직경영에서는 어떻게 하면 이들이 최선을 다해 노력하고 기업전략과 일치하는 의사결정을 내리도록 할 것인가를 고민한다. 이러한 동기부여 측면과 통제목적으로 존재하는 것이 곧 **경영통제시스템**이다.

이 장에서는 경영통제와 관련된 모든 면을 다룬다. 전략적 성과도구로서의 BSC(**균형성과표**)의 본질과 특징을 설명한 후 동기부여 측면과 밀접한 관련을 맺는 보상시스템의 설계와 운영에 대해 알아본다.

경영통제시스템에서의 관리회계 역할

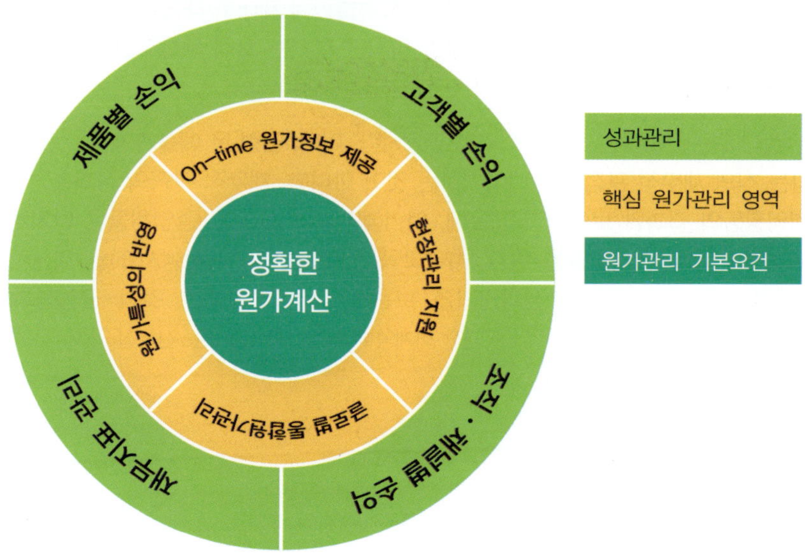

Storytelling

지난 해 심각한 적자를 기록한 제조업체 (주)아리송실업의 CEO는 목표매출을 달성하지 못한 영업부장을 질책하고 있다. 영업부장도 심각한 표정으로 자책하며, 개인 성과평가가 좋지 않게 나올까 염려하고 있다.

이 회사의 **핵심성과지표**(KPI)는 오직 재무측정치인 '매출'이다. 물론 좋았던 시절도 있었다. 몇 년 전 매출성장을 기록했을 때는 다른 부서는 제외하고 오직 영업부서에만 특별 보너스가 지급되어서 시샘을 받기도 했다. 그런데 상황이 역전되어버린 지금, 질책을 받고 있는 영업부장을 멀리서 바라보고 있는 생산부장, 인사부장, 구매부장, 연구실장, 서비스실장은 과연 책임이 없을까?

생산부장은 사실 영업부장이 요구하는 제품을 원활히 생산하지 못했고, 인사부장은 숙련된 생산직원을 채용하지 못했다. 구매부장도 불량이 많이 발생하는 원재료를 구매하여 생산에 차질을 빚게 했고 이것이 가격상승으로 이어져 매출에 악영향을 줬다. 연구실장은 신제품 개발을 하지 못했고, 서비스실장은 고객불평에 제대로 대응을 못해 재구매율을 떨어뜨렸다. 따지고 보면 모두의 책임인 것이다. 하지만 회사는 오직 매출로만 성과평가를 한다. 다른 활동을 균형 있게 볼 수 있는 성과측정치가 없는 것이다.

(주)아리송실업에는 균형잡힌 성과측정치가 필요하다. 이때 **'균형'**은 매출과 이익 측정치를 활용해야 한다는 식의 재무적 관점만을 이야기하는 것이 아니다. 재무적 관점의 성과측정치는 과거 벌였던 경영활동의 결과만 보여주기 때문에, 여기에만 의존할 경우 종업원들은 단기적 성과를 높이기 위하여 장기적 가치창출을 위한 투자(교육, 연구개발 등의 선행지표)를 희생시킬 수도 있다. 이러한 재무지표 위주의 성과관리를 보완하기 위해 탄생한 것이 **균형성과표**(BSC, Balanced Scorecard)다. (출처 : 「지금 당장 회계공부 시작하라」(강대준·신홍철 공저), 2012, 제7장)

제1절 수익성 분석

"**클릭배달.com**"이라는 온라인 생활잡화 배달회사를 생각해 보자. 집이나 사무실에서 인터넷으로 쇼핑하고 주문만 하면 당일 정해진 시간에 문 앞까지 배달해주는 닷컴 회사는 1990년 말부터 폭발적으로 많이 설립되었다. 자동차를 몰고 대형마트나 슈퍼마켓에 가서 빈 주차공간을 찾아 주차하고, 긴 계산대 줄을 서야 하는 번거로움을 없애주는 대신, 소정의 배달료 부담만으로 고객이 원하는 다채로운 품목을 가정으로 배달하는 사업이다. 이러한 닷컴회사들은 대부분 창립초기 "빨리 크게 성장하자"는 성장전략을 선택하였다. 이는 가능한 빨리 회사 브랜드 인지도를 높여 시장점유율을 확보한 후에 고가격(제품차별화)전략이나 저원가(원가우위)전략으로 전환하여 수익성을 달성하고자 하는 것이다.

"빨리 크게 성장하자" 전략을 위해 "**클릭배달.com**"은 창업 초기부터 공격적으로 만 평방제곱미터의 대형물류센터에 수십 억원의 초기투자를 감행하고, 3년 내 전국 주요 도시에 이와 같은 대형물류센터를 건립하기 위해 매년 수 억원을 투자하였다. 또한 회사브랜드를 알리기 위한 막대한 마케팅 비용도 지출하였다. 그러나 영업실적을 매우 실망스러웠고, 당초 목표한 매출액을 달성하지 못한 채 3년을 못 버티고 결국 파산하였다. 오프라인 슈퍼마켓이나 대형마트와의 경쟁에서 성공하지 못하고 파산하게 된 원인 중에는 낮은 이익률을 갖는 소매점의 원가구조도 한 몫하였다. 또한 부패하기 쉬운 재고상품의 특성과 제대로 활용하지도 못한 대형물류센터의 창고운영비 누적으로 "클릭배달.com"은 차별화나 저원가전략으로 전환하기도 전에 초기투자비용을 제대로 회수하지도 못한 채 파산하게 된 것이다.

"클릭배달.com"의 실패를 거울삼아 후발업체들은 거대한 초기투자 대신 전국슈퍼체인망을 보유한 특정슈퍼체인이나 마트와 전략적 제휴를 통해 물류센터를 공유하여 창고비용을 절감하고, 일정금액(예를 들어 3만원) 미만의 주문고객에게는 배달을 하지 않는 등의 고객차별화 전략을 통해 닷컴회사의 수익성을 확보하게 되었다.

제품차별화 전략이나 원가우위전략은 기업에 지속적인 수익성 확보와 성장을 가능하게 하는 대표적인 전략이다. 전략을 제대로 실행하기 위해서는 장·단기적으로 회사경영실적에 대한 진단과 평가가 있어야 한다. 제8장 책임회계제도에는 차이분석을 통한 원가중심점과 이익중심점 성과평가에 대해 살펴보았고, 제9장에서는 투자중심점의 성과평가 방법에서 대해 다루었다. 본 절에서는 책임회계 및 차이분석에 기초한 전략의 재검토 차원에서 고객수익성 분석, 제품 수익성, 지역별 수익성 분석을 ABC 회계 정보에 기초하여 알아보도록 한다.

1.1 고객수익성 분석의 정의 및 유용성

대표적인 관리회계보고서 중의 하나로는 고객 또는 제품별 수익성보고서를 꼽을 수 있다. 수익성보고서는 각 사업부가 취급하는 제품이나 고객이 이익에 얼마나 기여하는지를 알게 할 뿐만 아니라 필요한 경우 경영진의 적절한 관심을 불러일으킨다.

제8장에서 소개한 다양한 유형의 차이정보는 수익성분석에 매우 유용하게 활용된다. 실제로 동일한 제품도 고객의 위치 및 운송방식에 따라 물류비 등이 달라진다. 고객수익성 분석(customer-profitability analysis)은 개별 고객 또는 한 집단고객이 수익성 차원에서 어떻게 차이를 보이는가를 검토하는 것을 말한다. 즉, 개별 고객으로부터 벌어들인 수익(**고객수익** : customer revenue)에서 고객에게 약속한 제품 또는 용역을 제공함에 소요된 원가(**고객원가** : customer costs)를 차감하여 구한 이익(**고객이익** : customer profit)이 고객 간에 어떠한 차이를 보이며 어떠한 고객의 이익이 최대인가 등을 파악하는 것이다.

고객수익성 정보가 경영자에게 유용한 이유는 무엇일까? 고객에 대한 이해를 높여 계속해서 경쟁력 있는 기업으로 살아남게 하기 때문이다. 즉, 고객수익성 분석은 과연 어떤 고객(또는 고객집단)을 주력고객으로 삼을 것인가? 특정 고객과의 거래를 계속할 필요가 있을까? 특정 고객을 유지하기 위해서 차별적인 가격을 적용할 것인가? 등과 같은 다양한 의사결정상 필수적이다. 또한 고객별 수익성 정보는 또 다른 유형의 세그먼트인 지역별 또는 제품별 수익성 분석에도 참고가 된다. 세그먼트보고(segment reporting)에서 세그먼트(일명, 경영구분)를 고객으로 정의하고 이들 세그먼트와 관련된 수익과 비용을 집계하여 이익을 계산하면 그것이 곧 고객수익성 분석이다.

고객수익성 분석이 강조되는 이유는 다음 두 가지로 요약할 수 있다.

① 주주가치중심의 경영이 강조되는 오늘날은 과거의 외형 위주의 성장보다는 실속 있는 이익실현이 강조된다. 이익중심의 경영에서는 보다 정교한 고객별 수익성 파악이 필연적이다. 끊임없이 경영혁신을 꾀하는 경쟁업체들로부터 살아남기 위해서는 적자고객까지 끌어안을 수는 없다.

그림 10.1

ABC/M과 고객수익성 분석

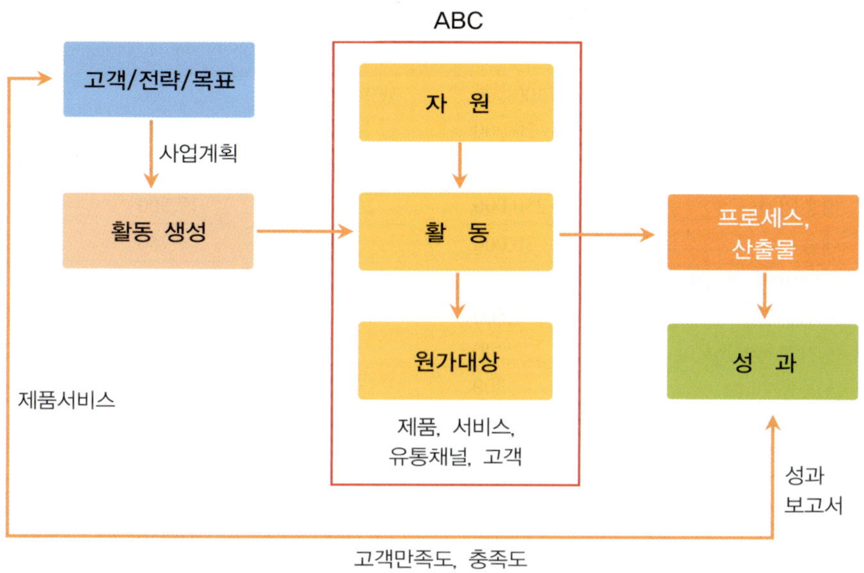

② 고객수익성 분석이 수행되려면 종전에 비해 보다 정교한 수익 및 원가의 추적 및 집계가 가능해야 하는데 이를 뒷받침하는 ABC의 등장과 컴퓨터를 이용한 데이터베이스 활용(즉, 자료의 수집과 저장)이 용이해졌기 때문이다. [그림 10.1]에서 보듯이 ABC/M에는 고객과 전략, 목표 정의와 고객수익성 분석의 측정에 대한 광범위한 개념적 틀이 포함되어 있다. ABC의 핵심개념인 원가계층구조와 원가동인(cost driver) 개념을 이용함으로써 고객수익성 분석은 종전보다 한 차원 높아졌다.

1.2 고객수익성보고서의 예시

고객수익성 분석을 위해서는 기본적으로 고객별로 원가계산이 가동되어야 한다. 고객별 원가계산(customer costing)은 직접원가는 물론, 개별 고객에게 부과가 용이하지 않은 간접원가(즉, 공통비)를 고객별로 배분하는 총원가배분법, 그리고 일부 원가는 고객별로 배분하지 않는 일부원가배분법의 두 가지로 구분된다. 가장 일반적인 총원가배분법을 이용한 고객수익성 분석의 예를 설명한다(일부원가배분법의 자세한 설명은 생략함).

TIP!

일부원가배분법

총원가배분법은 통제가능성과 추적가능성이라는 책임회계의 성과평가 원칙 적용에 문제점을 갖는다. 왜냐하면 일부 고객관련원가(가령, 유통채널 전반에 관련된 광고비)는 개별 고객에게 직접 부과하기가 쉽지 않기 때문이다. 따라서 개별 고객별로 추적부과하기 어려운 원가는 배분하지 않는 가운데 고객수익성 분석을 행할 필요가 있는데 이를 **일부원가배분법**이라고 한다.

표 10.1
고객수익성 분석보고서 예시

	고객			
	A	B	G	J
Ⅰ. 매　　출(정규판매가)	₩300,000	₩240,000	₩21,000	₩18,000
Ⅱ. 매출할인(−)	20,000	4,000	1,750	0
Ⅲ. 순 매 출	280,000	236,000	19,250	18,000
Ⅳ. 매출원가(−)	250,000	200,000	17,500	15,000
Ⅴ. 매출총이익	30,000	36,000	1,750	3,000
Ⅵ. 판매비와 관리비				
• 주문접수	1,500	1,250	750	500
• 거래처방문	240	200	160	120
• 운송수단	300	360	400	90
• 제품취급	10,000	8,000	700	600
• 긴급처리	150	0	300	0
합　계	12,190	9,810	2,310	1,310
Ⅶ. 영업이익	₩17,810	₩26,190	₩(560)	₩1,690

<표 10.1>에 의하면 개별 고객별 매출할인(가격할인율)은 2~8% 사이로 천차만별이다. 또한 모든 관련원가를 고객별로 배분하였기 때문에 최종고객별 이익을 합하면 기업이익과 동일해진다. 즉, 이 표의 맨 우측에 별도로 합계란을 만들어 최종라인 수치를 합치면 그것이 곧 기업전체의 영업이익이 되며, 또한 표에서 구한 고객별 영업이익 수치의 정확성은 ABC를 이용하여 구한 영업비(판매비 및 물류비)가 얼마나 정확했는가에 좌우된다.

<표 10.2>는 일반적인 고객수익성 분석 몇 가지를 보여준다. 영업이익 크기별로 고객을 정리하거나 고객별 가격할인율을 내림차순으로 정리하는 것, 내림차순으로 정리한 고객별 영업이익의 누계를 구한 후 상위 몇 %의 고객이 총영업이익의 일정비율에 해당하는지를 파악하는 것에서 손실고객의 누적효과를 파악하는 것 등 매우 다양하다. 이러한 분석표는 도표, 막대그림표 등 다양한 형태로 요약된다.

고객수익성보고서로부터 경영자가 얻는 전형적인 정보는 최대의 흑자고객, 적자고객의 수와 이들의 누적이익 또는 누적손실효과 등이다. 그러나 고객수익성보고서에서 구한 정보를 활용하는 경우 다음 두 가지를 유의해야 한다.

① 적자고객으로 판명되었다고 해서 당장 해당고객과의 거래를 중단해야 하는 것은 아니라는 점이다. 이들 고객이 비록 단기적으로는 손실을 기록하더라도

표 10.2

고객수익성 분석보고서 예시 : 영업이익 크기별 정리

고객코드 (1)	고객별 매출액 (2)	고객별 영업이익 (3)	누적 영업이익 (4)	누적영업이익이 총영업이익에 차지하는 비율(%) (5)
B	₩240,000	₩26,190	₩26,190	39%
A	300,000	17,810	44,000	66
C	123,500	10,325	54,325	81
D	113,500	8,420	62,745	94
F	49,500	3,497	66,242	99
J	18,000	1,690	67,932	101
E	96,500	1,588	69,520	104
G	21,000	(560)	68,960	103
H	19,500	(880)	68,080	102
I	18,500	(1,080)	67,000	100
	₩1,000,000	₩67,000		

장기에 걸쳐 기업에 기여할 가능성 때문에 전략적으로 유지되기도 한다. 즉, 고객수익성은 장기적인 관점에서 이루어져야 하며 단기간 분석결과는 조심스럽게 해석되어야 한다.

② 전략적으로 손실고객을 유지할 필요가 있다. 비록 고객이 특정 거래에서는 손실을 기록하더라도 타제품의 판매에 기여하는 등 전사적 관점에서 기업에게 유용하다고 판단되면 고객관계를 유지해야 한다.

TIP!

빙그레 라면시장 철수하는 사연

라면시장 4위인 빙그레는 2003년 '핵심사업에 역량을 집중해 **수익성**을 확보한다'는 차원에서 17년간 지속해 온 라면사업을 매각하기로 하였다. 17년간 수익을 내지 못한 라면사업을 접는 대신 19년째 생산하고 있는 바나나맛 우유와 딸기맛 우유 등 가공유 시장점유율 확대에 집중하기로 한 것이다.

1.3 고객수익성 분석의 확장 : 제품수익성과 지역수익성 분석

마케팅전략실행의 핵심인 수익성 분석은 고객 차원 이외에도 다양하게 이루어진다. 판매지역, 거래처, 유통채널 및 판매방식별 수익성 분석이 그것이다. 예를 들어, 고객이나 지역, 제품에 상관없이 주문별로 관련수익과 비용을 집계하여 이익을 계산하는 주문별(일명, 거래규모별) 수익성 분석은 과연 대형주문의 수익성이 높은지 혹은 소형주문도 채산성이 있는지를 판단하는 데 유용하다. 또한 지역을 핵심세그먼트로 삼고 특정 지역사업부내에서 취급하는 제품이 복수인 경우 제품을 하위세그먼트로 삼은 예는 <표 10.3>과 같다. <표 10.3>은 강원지역보다는 부산지역의 이익이 상대적으로 크고, 부산지역 내에서 제품 B의 수익성이 제품 A, C에 비해 현저

표 10.3

제품수익성 및 지역 수익성 분석의 예시 (단위 : 천원)

	합 계	사 업 부		부산지역의 제품		
		부산지역	강원지역	제품 A	제품 B	제품 C
Ⅰ. 매 출 액	₩4,100	₩2,500	₩1,600	₩1,000	₩800	₩700
Ⅱ. 매출원가	2,100	1,200	900	450	500	250
Ⅲ. 매출총이익	₩2,000	₩1,300	₩700	₩550	₩300	₩450
Ⅳ. 판매비 · 관리비						
· 판매활동비	₩340	₩220	₩120	₩95	₩75	₩50
· 광고비	240	150	90	60	50	40
· 포장운송비	140	90	50	25	35	30
· 광고선전비	250	100	150	50	30	20
· 외상채권회수비	93	80	13	30	25	25
· 일반사무비	78	55	23	10	30	15
계	₩1,141	₩695	₩446	₩270	₩245	₩180
Ⅴ. 순 이 익	₩859	₩605	₩254	₩280	₩55	₩270

히 낮다는 것을 보여준다.

이처럼 수익과 원가의 집계대상인 세그먼트를 무엇으로 삼는가에 따라 수익성 분석은 고객수익성 분석, 제품수익성 분석, 지역수익성 분석 등 다양하게 부를 수 있다. 세그먼트별 수익성 분석을 위한 자료가 반드시 재무회계시스템으로부터 제공되어야 하는 것은 아니다. ERP 등 진보적인 데이터베이스에 기초한 관리회계시스템을 구축한 기업의 경우 세그먼트 수익성 분석을 상시적으로 실시할 수 있게 되었다.

제2절 경영통제시스템의 설계 및 운영

2.1 경영통제시스템의 의의 및 목적

기업경영에서는 당초 설정한 기업목표를 달성하기 위하여 어떻게 하면 다양한 조직구성원이 최선을 다해 노력하고 이들의 의사결정의 질을 개선할 수 있을 것인가를 고민한다. 의사결정의 질이 높아진다는 것은 다양한 구성원들의 의사결정이 기업전략과 일치하고 상호 조화를 이룸을 의미한다. 이처럼 조직에 최선이 되는 행동을 자극하기 위한 통제목적으로 존재하는 것이 경영통제시스템이다(제1장 부록 참조).

경영통제시스템은 "조직전략의 성공적 실행을 위해 경영자 또는 관리자가 조직구성원에 영향을 미칠 목적으로 사용하는 온갖 절차와 기법"으로 정의되었다. 경영통제시스템의 핵심이슈는 동기부여(motivation)이며 이는 다시 목표일치성과 노력(effort)으로 세분할 수 있다.[1)]

첫째, 목표일치성(goal congruency)은 구성원 각자가 자신의 지각된 이해관계에 맞추어 행동을 하는 것이 곧 조직에 최선이 되도록 구성원들을 이끄는 제반 활동으로 정의된다. 목표일치성이 높을수록 조직구성원 개인의 목표와 조직의 목표는 일치하는 정도가 높아 조직성과는 높아진다.

> **TIP!**
> **목표일치성은 곧 정렬!**
> 흔히 목표일치성이란 영어는 goal alignment로도 불린다.
> 이를 실무에서는 **정렬**이라고도 부르는데 strategic alignment를 전략적 정렬로 번역하는 것이다.

둘째, 노력수준(effort level)이다. 목표일치가 이루어지고 올바른 대안이 선택된 상황에서는 구성원들이 보다 노력할수록 경영성과는 높아진다. 그러나 인간은 기본적으로 높은 수준의 노력보다는 낮은 수준의 노력을 선호한다. 이를 감안하여 구성원들이 최선의 노력을 기울이도록 유인하기 위하여 온갖 방책을 강구하는데 이에 관해서는 제4절의 보상시스템에서 자세히 다룬다.

지금까지 설명한 경영통제의 핵심개념은 [그림 10.2]에 잘 정리되어 있다. 이 그

---

1) 때로는 경영통제란 당초 계획한 대로 결과가 이루어지도록 하는 지시와 통제 그리고 당초 설정한 목표와 비교하는 성과평가 이외에 피드백과정을 통해 당초의 목적 그 자체를 수정함에 필요한 정보를 제공하는 소위 경영계획까지를 포함하기도 한다. 이처럼 경영통제시스템을 전략기획까지 포함하는 넓은 개념으로 간주할 경우 경영통제의 핵심개념에는 동기부여 이외에 의사결정이 추가된다. 왜냐하면 의사결정은 무엇을(what)을 어떻게(how) 달성해야 하는가라는 두 가지 측면을 동시에 포함하는 용어로 방향(what : 전략 또는 목표)이 정해진 다음에 수행되는 활동에 초점을 두는 동기부여라는 용이에서 제외되는 경영계획 측면을 포함하는 표현이기 때문이다.

그림 10.2

경영통제시스템의 핵심요소

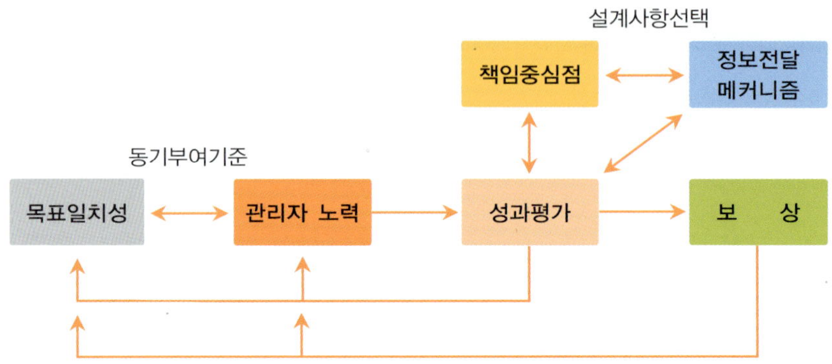

자료 : BCL, 1999, 제13장.

림은 경영통제란 성과평가 및 보상과는 결코 분리되어 설계될 수 없으며 목표일치성은 책임중심점을 이용한 분권경영에서 매우 강조됨을 잘 보여준다. 또한 기업이 강조하는 사항이 무엇이며 어떻게 진행되고 있는지를 알려주는 정보시스템이 강조된다.

목표일치성에 영향을 미치는 요인은 공식적 요인과 비공식적 요인으로 대별된다. 공식적 요인은 [그림 10.3]의 공식적 통제절차에서 보는 바와 같이 크게 ① 목표 및 전략, ② 규칙(rules), ③ 기타정보로 구분될 수 있다. [그림 10.3]의 하단부에는 이들 공식적 요인들이 구체적으로 전개되는 수단과 동기법이 소개된 본서의 장을 병기하였다. 가령, 전략기획, 예산 및 보고서 등이 그것이다.

비공식적 요인은 다시 외부요인과 내부요인으로 구분된다. 외부요인은 기업을 둘러싼 사회에서 존재하는 바람직한 행동과 관련된 규범들을 말한다. 흔히 작업윤리(work ethic)라고 불린다. 이들 규범은 종업원의 애사심, 성실함, 훌륭한 업무수행에의 자부심 등을 포함한다. 한편, 비공식적 요인의 대부분을 차지하는 내부요인들로는 기업문화, 경영스타일, 비공식조직, 지각 및 의사소통 그리고 협조 및 갈등이 꼽힌다.

경영통제가 필요한 이유는 무엇일까? 그것은 기업이 이용가능한 자원이 한정되어 있어 조직에서 수행되는 각 경영기능이 유기적으로 이루어지도록 할 필요가 있기 때문이다. 다음에 열거하는 세 가지 경영통제의 목적은 앞서 언급한 경영통제의 핵심개념을 목적형태로 정리한 것이다.

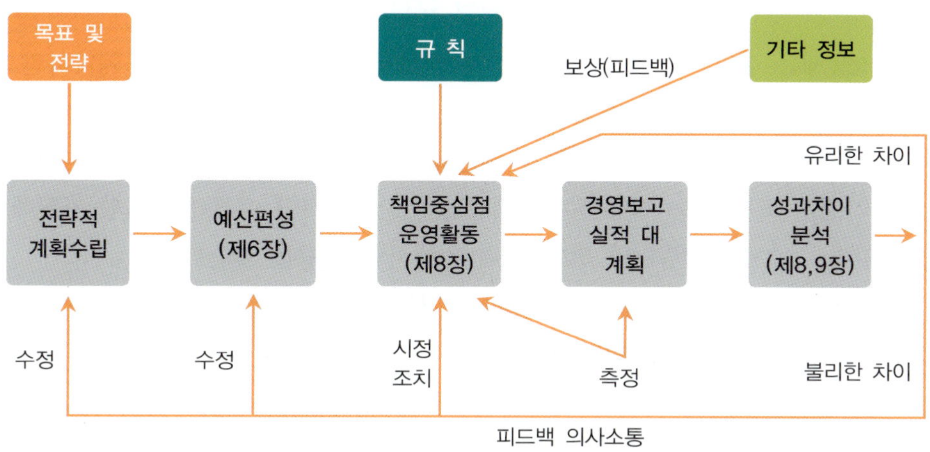

그림 10.3
공식적 통제절차

자료 : AG, 1999, 제22장 [도표 2-1] 인용·수정.

① 조직의 목표를 달성하기 위한 조직구성원들에 대한 동기부여
② 조직구성원들이 조직의 목표와 일치되는 의사결정을 하도록 적절한 유인의 제공
③ 조직구성원들의 노력, 기술 그리고 그들의 의사결정이 효과성을 갖도록 조직구성원들의 공정한 보상을 결정

경영통제시스템을 통해 최고경영자가 기대하는 바는 관리자와 종업원들이 자율적으로 최선의 노력을 기울이고 회사에 바람직한 의사결정을 내리도록 하는 것이다.

2.2 경영통제시스템의 특징

경영통제시스템은 전략실행 메커니즘이다. 즉, 전략을 출발점으로 그리고 최종 기업성과를 종착점으로 하는 것이 경영통제시스템의 핵심이다. 경영통제시스템이 효과를 거두기 위해서는 조직구조, 인적자원 및 기업문화와 같은 다른 전략실행 요소들과 조화를 이루는 가운데 전개되어야 한다. 경영통제시스템의 특징은 다음과 같다.

(1) 경영통제는 기본적으로 전략수립과 관련 맺는다

> **TIP!**
> **경영통제의 3유형**
> 경영통제는 가장 초보적인 접대비 지출 상한의 규제 등과 같은 **범주통제**(boundary control), 현재상황이 목표에서 벗어나고 있는지를 파악하기 위한 **진단적 통제**(diagnostic control) 그리고 상위관리자와 하위관리자 간의 수시 소통에 의한 **교호적 통제**(interactive control)로 분류된다.

경영통제는 경영전략에 대한 올바른 이해로부터 시작되어야 한다. 왜냐하면 이것이 결여될 경우 자칫 쓸데없는 일에 자원을 낭비하거나 조직전체의 희생하에 특정 사업부만의 성과를 높이는 소위 잘못된 경영이 이루어질 수 있기 때문이다. 따라서 각 사업부 또는 기능 책임자는 상위경영진이 현실적인 여건에 최적인 자원배분을 감안하여 수립한 전략 및 방침 범위 내에서만 재량을 갖는다.

또한 경영통제활동이 바람직한 성과를 거두려면 통제활동 자체의 효과성과 효율성도 중요하지만 그보다 먼저 수립된 전략이 기업에 의미를 지녀야 한다. 왜냐하면 아무리 통제활동이 완벽하게 이루어져도 추구하는 목적이 잘못되었거나 목적은 옳더라도 전략이 잘못 수립되면 최종성과는 의미가 없기 때문이다.

(2) 경영통제는 체계적이며 리드믹하다

전형적으로 경영통제과정은 일정한 절차 및 시간에 따라 매년 반복되는 특징을 갖는다. [그림 10.3]의 '공식적 통제절차'에서 보는 바와 같이 경영통제는 전략수립 후에 예산을 편성하고 이를 실천에 옮긴 후 실현한 성과를 분석함으로써 차기의 계획수립 및 실행에 유용한 정보를 제공하는 피드백(feedback : 환류)기능으로 마무리되는 사이클로 반복된다.

UNITED COLORS OF BENETTON.

경영통제시스템은 조직 전체를 망라할 뿐 아니라 상이한 부분을 조정하고 종합하는 점에서 총체적 시스템(total system) 성격을 갖는다. 가령, **베네통**사가 마케팅에서 구한 정보와 생산시설 및 능력을 적절히 조화시켜 재고를 줄여 (유행 색상 변경 등으로 인해 발생하는) 진부화 위험을 줄일 수 있었던 것이 일례이다.

또한 경영통제시스템은 재무적 통제를 핵심요소로 삼는다. 이는 결코 품질, 고객만족, 적시배달 등과 같은 비재무적 요소나 목적들이 중요하지 않다는 것은 것이 아니다. 단지 조정수단으로서의 통제시스템상 다양한 계량적 변수들을 측정·요약·통합·비교함에 화폐가 유용하기 때문이다. 따라서 경영통제시스템은 재무적·비재무적 성과측정치를 적절히 활용하여야 한다.

(3) 경영통제는 반드시 행동적 이슈를 고려해야 한다

경영통제과정은 비록 체계적일지언정 전략실행차원에서 기계적으로 이루어지는 것이 아니다. 조직구성원 또는 부서 상호간의 관계를 파악하는 것은 매우 중요하지만 이들 관계를 명료하게 파악하고 통제하는 것은 결코 쉬운 일이 아니다. 왜냐하면 조직구성원 각자는 자신의 이해관계를 우선시하여 조직목표 대신 개인목표를 추구할 가능성이 높기 때문이다. 이러한 잠재적인 갈등관계를 예상하여 경영통제에서는 개인목표 추구가 곧 조직목표 추구를 의미하는 목표일치성을 강조하게 된다. 목표일치성 이슈는 경영권한을 하부단위(가령, 사업부)에 위임하는 분권경영 및 책임회계의 핵심이다. 이에 관해서는 제8장 및 제9장에서 설명한 바 있다.

(4) 경영통제는 전략실행도구이다

경영통제시스템은 조직구성원이 전략목표 달성을 위해 전력을 기울이도록 하기 위해 고민하는 경영진을 지원하는 도구이다. 따라서 경영통제는 전략실행에 초점을 맞춘다. 제4절의 BSC는 대표적인 전략실행도구이다.

2.3 인터액티브 경영통제시스템

전통적으로 경영통제는 하향지시적이었다. 즉, 상위경영진들은 전략기획을 통해 자신들이 일선요원들에게 수립한 전략을 이행하는 데 필요한 행동을 중간관리자나 일선요원들에게 지시하고 평가하는 식으로 통제가 이루어져 왔다. 그러나 종업원의 창조적인 활동이나 참여가 기업성공의 결정적인 요소가 되는 경쟁환경에서는 과거의 지시와 통제에 의한 조직의 운영은 더 이상 효과적이지 못하다. 경쟁이 증가하고 제품 및 시장의 변화가 빨라지고 새로운 조직형태가 생기고 경쟁무기로서 지식이 중요시되는 현대의 경영에서는 시장지향적 전략, 지속적 개선, 고객욕구의 충족 및 종업원에 대한 권한위양 등을 강조하는 새로운 형태의 통제시스템이 필요하게 된다.

이러한 측면에서 Simons(1995)가 제시한 인터액티브 경영통제시스템이 적극 활용될 필요가 있다. 일명, 교호적(interactive) 경영통제시스템이라고 불리는 인터액티브 경영통제시스템은 종전의 경영통제시스템을 전략적 차원으로 한 단계 높이는 시스템이다. 경영통제가 교호적으로(즉, 대화형으로) 이루어진다는 것은 곧 상위경영자들이 의사결정이 이루어지는 시점에서 하위관리자의 의사결정에 적극적으로 개입하고 조정할 목적으로 계획 및 통제절차를 이용하는 것을 의미한다. 이러한 적극적·동시적 관여는 최고경영자로 하여금 현행자료 및 가정 그리고 활동계획안에 대해 검토할 수 있는 기회를 제공하기 때문에 전 계층의 관리자들이 기업전략에 관심을 갖게 한다.

TIP!

조직 목표의 구체적인 예시

- 5년간 보고 순이익의 극대화
- 자기자본이익률을 전체 상장기업 중 상위 10% 수준으로 끌어올리기
- 주주에 대한 경제적부가가치(EVA)의 극대화
- 산업 내에서 시장점유율 1위 달성
- 산업 내에서 가장 높은 고객만족도 달성

제3절 성과평가: 성과관리의 핵심개념

제8장의 책임회계에서 성과평가에 대해 개략적으로 설명한 바 있다. 또한 경영통제시스템의 핵심개념인 목표일치성을 위해서는 성과평가가 반드시 필요하다는 것을 지적하였다. 성과평가는 성과관리의 일부 개념으로, 흔히 말하는 순위매김이나 보상을 위한 평가차원이 아니라, '모든 일들이 제대로 진행되고 있는가?' '일들이 어떻게 진행되고 있는가?'이라는 현상 파악을 위한 평가개념이다.

본절에서는 성과관리 전반에 대해 설명을 한다. 제8장에서 다루었던 단기적 관점의 성과평가보다는 장기적 관점의 전략적 성과평가를 강조한다. 1980년대에 기업의 경영환경이 급변하고 경쟁이 심해짐에 따라 전통적인 재무적 측정치 위주의 성과평가시스템은 많은 문제점을 갖는 것으로 지적받기 시작했다. 이에 대한 해결책으로 다양한 형태의 비재무적 측정치(예를 들면, **품질, 사이클시간, 납기준수, 불량률** 등)를 이용한 평가시스템이 강조되고 있다. 이하에서는 이에 관해 자세히 설명한다.

3.1 성과평가의 의의

성과평가(performance evaluation)란 사전에 설정된 표준, 예산 또는 목표 등과 같은 적절한 벤치마크와 조직구성원 또는 특정 조직의 성과를 비교하여 평가한 결과를 토대로 성과배분을 결정하고 경영자에 대한 인센티브제공 및 동기부여를 통해 조직의 능률과 효과를 증진시키고 나아가서는 조직의 장기적인 생존과 발전을 도모하는 경영통제과정의 주요 단계로 정의된다. 이는 성과측정(performance measurement)이라고도 불린다. 이러한 성과평가가 제도화되어 주기적으로 활용될 때 이를 성과평가시스템(performance evaluation system)이라고 부른다.

성과평가시스템의 구성요소는 평가대상, 평가지표, 평가기준 및 평가방법 등 여러 가지가 있는데 이 중 평가대상은 성과측정의 목적물을 말한다. 흔히 조직이나 그 구성원들의 활동결과를 나타내는 실적(results) 또는 활동수행과정(process)으로 대별된다. 한편, 평가자는 평가주체를, 그리고 평가기준은 성과수준 파악목적으로 이용되는 벤치마크, 즉 가치판단의 기준치를 의미한다.

성과평가시스템의 구성요소 중 핵심적인 것은 성과지표(performance indicator)로서 흔히 평가지표라고 불린다. 평가지표는 조직의 경영목표나 운영계획을 실행하는 과정에서 수행하는 업무활동과 관련되어 표현된다. 이는 조직의 특성이나 중점관리 항목에 따라 계량지표와 비계량지표 또는 결과지표(result indicator)와 과정지표(process indicator) 그리고 전략지표와 운영지표 등으로 구분된다.

3.2 성과평가의 유형

(1) 상대평가 대 절대평가

다양한 투자중심점 성격의 사업부를 관리하는 최고경영자는 사업부간의 경쟁을 촉진시킬 목적으로 일반적으로 사업부별로 목표ROI를 설정하고 목표ROI와 실제 ROI를 비교하는 식으로 평가하는 절대평가 방식을 취한다. 이러한 비교는 원가중심점, 수익중심점 및 이익중심점에서의 예산 또는 표준을 실제수치와 비교하는 것과 유사하다.

대표적인 재무적 성과측정치인 ROI를 이용한 절대평가 방식의 핵심적인 문제는 평가기준으로 설정한 목표수준이 과연 적정한지에 대한 판단이 쉽지 않다는 점과 상이한 성격을 갖는 사업부간의 비교가 어렵다는 점이다. 이 때문에 평가결과에 대한 해석 또한 쉽지 않다. 가령, 특정 사업부가 목표ROI를 초과했을 경우 이 결과가 과연 뛰어난 경영의 결과인지 아니면 목표가 지나치게 낮게 책정된 결과인지 아니면 외부여건이 호전된 결과인지를 명확히 알 수 없는 경우가 일례이다. 특히, 사업부 간에는 사업내용이 다를 뿐만 아니라 투자규모나 위험 등에서 천차만별이기 때문에 이를 적절히 고려하여 개별 사업부의 목표를 정하지 않을 경우 사업부 평가는 논란의 여지가 있다.

이처럼 상이한 성격을 갖는 사업부를 평가함에 있어서는 상대평가를 이용하는 것이 바람직하다. 상대평가는 회사 내의 다른 사업부와 비교하기도 하지만 대부분의 경우 동일 업종내 다른 회사 또는 타 회사의 특정 사업부와 비교한다. 가급적 동일한 여건에 처한 사업부들끼리 비교하는 것이 바람직하다. 왜냐하면 사업부 평가상 중요한 문제로부터 사업부 책임자의 통제범위 밖에 있는 환경적 요인을 그들이 통제가능한 성과로부터 분리하는 것인데, 이는 사업부책임자와 동종의 유사한 사업부의 책임자를 비교함으로써 가능하다.

(2) 상이한 계층수준별 상이한 평가대상 및 평가초점

바람직한 성과측정에서는 조직의 상이한 수준별로 상이한 과업을 강조한다. 이는 동일한 측정대상에 대해 조직의 각 수준별로 요구하는 성과측정치가 다르다는 것을 의미한다. 가령, 품질의 경우 하위수준에서는 개별 부품의 ppm이, 중간수준에서는 한 번에 합격처리된 제품비율(first-pass yield rate)이, 그리고 상위수준에서는 설계 결함율과 같은 성과측정치가 강조된다. [그림 10.4]는 이를 잘 보여준다.

또한 상이한 수준별 측정치는 상이한 시간간격을 통해 측정 · 보고될 필요가 있다. 즉, 하위관리자를 위한 측정치들은 실시간적 또는 일별 혹은 주별로 빈번히 보고되어야 하는 반면, 중간관리자를 위해서는 상대적으로 덜 빈번히 그리고 상위관리자를 위한 측정치들은 상당한 시간(월별, 분기별 및 연간)을 두고 측정되는 것이 바람직하다.

(3) 재무지표 대 비재무지표

성과지표는 화폐금액으로 표시되는 재무지표(financial measure)와 화폐 이외의 물리적 단위로 측정되는 비재무지표(non-financial measure)로 대별된다. 전통적으로 기업의 성과측정 및 보상에는 당기순이익, 투자수익률(ROI) 및 단위당 원가 등 재

그림 10.4
성과 피라미드

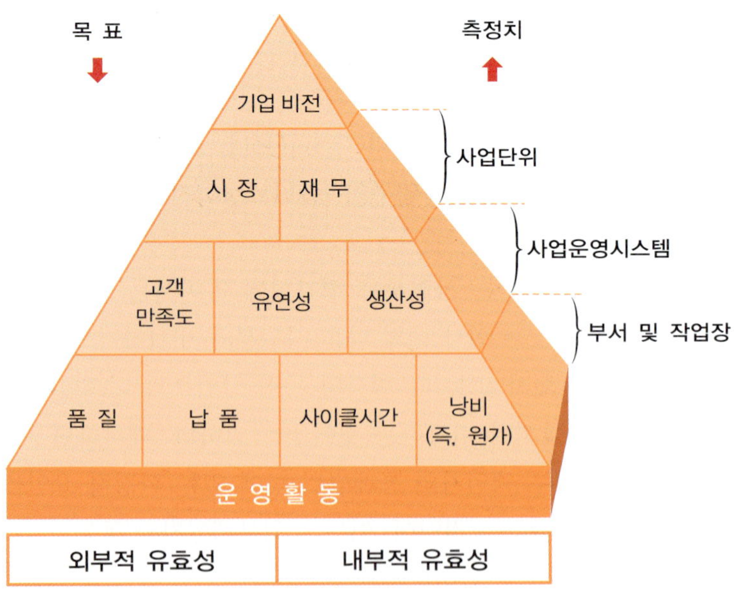

자료 : McNair 등(1990), p. 30.

표 10.4
비재무적 측정치의 종류

고객만족	유연성	품 질	시 간
• 적시납기 • 재구매고객수 • 고객불평 접수건수 • 고객불평 해결건수	• 사이클시간 • 배치사이즈 • 셋업시간 • 공동사용부품수 • 종업원 숙련도 • 제품의 다양성	• 불량률 • 매출액 대비 품질원가 • 보증비용 • 생산원가 대비 재작업원가	• 고객응답시간 • 주문처리시간 • 제조사이클시간 • 신제품 도입시간

무지표가 주로 이용되었다. 그러나 최근 들어 성과측정 및 보상결정에 제품의 품질, 고객만족 및 시장점유율 등 다양한 비재무지표를 이용하는 기업이 증가하고 있다.

이처럼 비재무지표의 중요성이 커진 이유는 더 이상 전통적인 재무지표가 통제 및 평가목적상 유용하지 않다는 인식이 확산되었기 때문이다. 주주가치의 증가라는 기업목표를 얼마나 잘 달성했는가를 말해주는 성과요약치인 재무지표는 나름대로 유용성을 갖고 있기는 하다. 그러나 지나치게 종합적이고 지연 · 보고됨으로써 적시에 종업원들의 업무에 직접적으로 영향을 미치지는 못한다는 아쉬움을 갖는다. 특히, 오늘날 강조되는 품질, 혁신, 고객만족 등 다양한 핵심성공요인(CSF)의 개선 정도를 알려주지 못함으로써 궁극적인 재무적 성과가 달성된 과정을 설명하지 못할 뿐만 아니라 자칫 구성원들로 하여금 단기적인 재무성과에만 신경쓰게 한다.

비재무적 측정치는 조직이 추구하는 전략과 최종산물인 재무적 성과를 연결시켜 주는 연결고리로서의 역할을 수행한다. 따라서 조직이 달성하기를 희망하는 목표를 강조하고 이를 달성할 수 있도록 하는 핵심역량(core competence)을 핵심성공요인 관점에서 강조한다는 점에서 비재무적 측정치의 활용은 아무리 강조해도 지나침이 없다. 비재무적 측정치의 대표적인 종류는 <표 10.4>와 같다.

제 4 절 전략적 성과관리의 대표 모델인 균형성과표(BSC)

You get what you measure!
(측정하지 않으면 관리되지 못한다)
– Peter Drucker –

4.1 전략적 성과관리의 핵심은 KPI(핵심성과지표)!

포스트잇(post-it)으로 유명한 3M사는 최근 전 구성원을 대상으로 기업전략목표를 **3/30**에서 **3/50**로 변경한다고 선언했다. 매우 단순해 보이는 동 수치를 통한 최고경영진의 전략적 의지 표명은 전 구성원에게 상당한 부담을 안겼다. 3/30란 최근 3년 이내에 출시된 신제품 매출액이 총매출액에서 차지하는 비중이 최소 30% 이상이 되어야 하는 것을 시사한다. 마찬가지로 3/50란 3년 이내 출시된 신제품의 매출액이 50% 이상이 되어야 하는 것을 의미하기 때문에 훨씬 더 도전적인 목표이다. 이처럼 매우 심플한 재무지표(즉, 비율)를 이용한 3M사의 전략적 목표 선언은 전 구성원으로 하여금 새로운 경영목표 달성을 위한 강한 동기부여를 유도한다. 특히 동 목표의 달성 여부에 따라 성과급(가령, 100% 보너스)이 연계될 경우에는 더욱더 강한 동기부여 효과를 가질 것이다. 이러한 핵심성과지표(KPI)의 달성 여부는 기업 내부의 재무제표상 매출액 정보에 대한 접근만으로도 쉽게 확인가능하기 때문에 지표로서의 신뢰성 및 공정성은 이미 확보된 셈이다.

전략적 KPI의 또 다른 예로는 손익분기시간으로 불리는 BET(break-even time)를 고안한 휴렛패커드(HP)나 턴어라운드 타임(turn-around time)을 중심으로 전 구성원의 효율성 제고 노력을 통해 시간단축을 이끌어내는 사우스웨스트 항공(SWA) 등에서도 쉽게 목격된다. 요컨대 전략적 성과관리의 핵심은 품질, 시간, 디자인 등 핵심성공요인에 대한 지표를 개발하고 이를 구성원과 공유하는 가운데 적절히 실행되도록 지원하는 성과관리시스템의 확보 및 활용이다. 참고로 글로벌 선도 항공사의 하나인 영국의 브리티시 항공(British Airline)의 핵심지표는 **정시출발**(on-time departure)과 **정시도착**(on-time arrival) 두 개다. 이들 두 지표의 목표 달성에 실패할 경우 무엇 때문에 실패했는지를 파악하고 조치를 취하는 것을 최우선 경영과제로 삼고 있는 것이다(BSC에서의 전형적인 KPI 예시는 뒤에 소개하는 <표 10.5> 참조).

이러한 전략적 성과관리의 대표적인 모델로는 1990년대 초 Kaplan 교수와 Norton 박사가 개발한 균형성과표(Balanced Scorecard : BSC)가 꼽힌다. 균형성과표를 매우 알기 쉽게 소개한 글을 먼저 소개한 후 BSC의 특징, 핵심 요소 등을 소개한다.

Kaplan 교수와 Norton 박사

4.2 균형성과표(BSC)의 개관

21세기는 지식경제사회(knowledge economy society)라고 합니다. 기업 차원에서도 유형자산에 근거하던 '제품 위주의 경제'에서 '지식과 서비스 위주의 경제'로 바뀌는 추세가 최근 20년간 계속되고 있습니다. 기업의 순수 장부가치는 시장가치의 25%도 반영하지 못하고 있으며, 재무시스템에 의해 측정할 수 없는 가치가 그 기업가치의 75% 이상을 차지하고 있습니다. 거시경제이든 미시경제이든 무형자산이 장기적인 가치 창출의 원동력이 되었습니다. 무형자산 개발로 대표되는 21세기 지식경제사회를 무엇으로 측정하고 어떻게 관리할 것인가는 이제 한 기업의 차원을 넘어서는 주제가 된 시기를 맞이하였습니다.

균형성과표(BSC)는 이상과 같은 문제 해결의 출발점을 균형잡힌 측정에서 찾고자 합니다. 바구니(basket)가 없으면 물건을 담을 수 없듯이 측정체계가 없으면 지식경제사회에서 나타나는 사실을 수집할 수가 없습니다. Kaplan 교수와 Norton 박사가 1990년 초 다국적기업 총수들이 의뢰한 '미래조직의 성과측정' 모델 개발 프로젝트를 수행하게 된 동기는 기존 재무측정치 위주의 성과측정시스템은 변화된 경영환경에 적합하지 않다는 믿음이었습니다. 프로젝트 초기 **아나로그 디바이스**(Analog Device)사의 사례와 다양한 개별적 아이디어를 검토한 후 재무, 고객, 내부 비즈니스 프로세스, 학습과 성장의 네 가지 관점을 포괄하면서 재무와 비재무 측정치, 장기와 단기, 내부와 외부, 선행지표와 후행지표 간의 균형을 강조하는 다차원 성과표(multidimensional scorecard)가 참여자 니즈를 가장 잘 수용한다는 점에 착안하여 'Balanced Scorecard(BSC 또는 균형성과표)'라 명명하였습니다. 다차원 성과표에서 시작된 BSC는 곧이어 전략경영시스템(strategic management system)으로, 그리고 커뮤니케이션 시스템으로 진화를 거듭하게 됩니다.

BSC 측정체계에서는 조직의 비전과 전략을 달성하는 데 가장 중요하다고 생각되는 측정치를 4가지 관점에서 20개 내외로 제한하여, 다양한 경영이론-예를 들면 고객

그림 10.5

균형성과표(BSC) : 전략에서 성과측정치까지

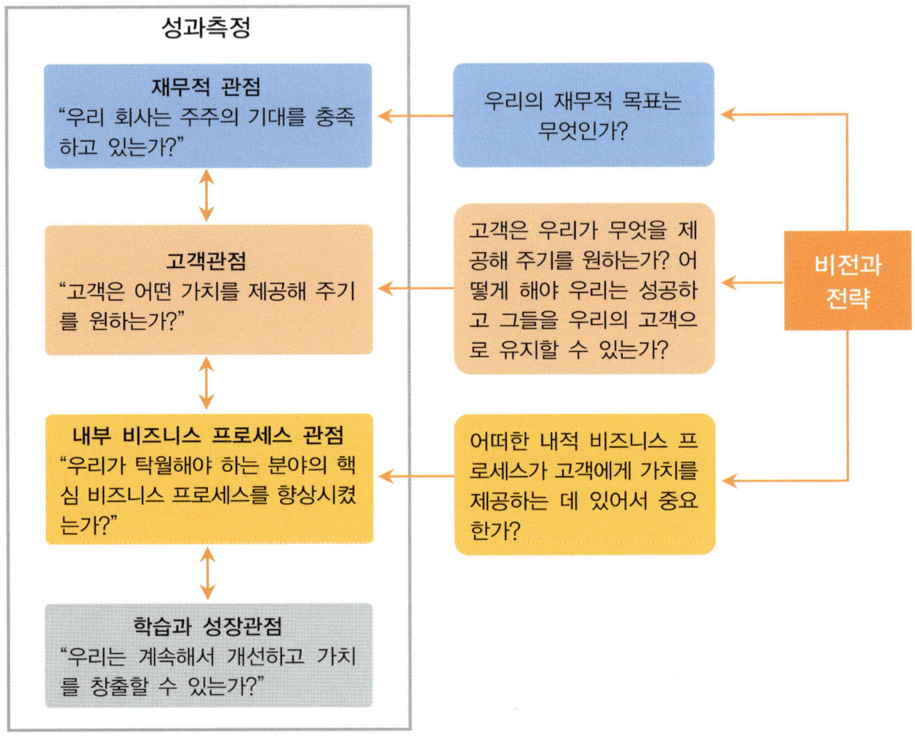

관계관리(CRM), 비즈니스 프로세스 혁신(BPR), 핵심역량(Core Competence), 정보기술(IT), 조직학습 등－을 포괄하는 전체를 볼 수 있는 틀(template)을 제시하고 있습니다. BSC에서는 전체를 포괄하는 커뮤니케이션을 위해 전략지도(strategy map)를 활용하고 있습니다. 지도란 낯선 지역을 갈 때 목표를 분명히 하고 어디에 장애물이 있는지를 알기 위한 필수적 도구입니다. 전략지도 역시 조직이 비전과 전략을 달성하기 위해 그 구성원들에게 가고자 하는 방향을 알려주는 필수적인 도구입니다. 전체를 포괄하면서 집중된 조직역량을 한눈에 볼 수 있는 '전략지도'가 없으면, 조직의 역량을 집중시키기가 곤란하여 현안에 집착하는 현상이 나타날 뿐만 아니라, 분명한 비전을 제시하기도 곤란하며, 전략에 대한 공감대 형성에도 많은 어려움을 경험하게 됩니다.

Kaplan 교수와 Norton 박사가 고안한 전략지도에는 기본적으로 4가지 질문－즉, (1) 비전과 전략을 달성하기 위해 주주들에게 어떻게 보여져야 하는가? (2) 비전과 전략을 달성하기 위해 고객들에게는 어떤 가치를 제공해야 하는가? (3) 고객과 주주들을 만족시키고 비전과 전략을 달성하기 위해 내부적으로 어떤 프로세스에 탁월해야 하는가? (4) 비전과 전략을 달성하기 위해 조직 구성원들은 무엇을 어떻게 학습하고, 의사소통하며 협력해야 하는가?－에 대한 각 조직들의 대답이 담겨 있습니다. 또한 전략지도는 각 조직들이 그 비전과 전략을 달성하기 위해 수립한 일련의 비즈니스 인과관계 가설(hypothesis)입니다.

BSC에는 조직들의 비즈니스 가설을 한눈에 알 수 있도록 하는 전략지도는 물론, 전략지도상의 목표들을 무엇으로 측정할 것인지에 대한 측정치, 즉 KPI가 있습니다. 상당수의 측정치는 기존의 재무측정치 위주의 측정시스템에서는 측정할 수 없는 전략적 측정치입니다. 전략적 측정치가 정의되면 그 측정값을 향상시킬 수 있는 타깃(target ; 구체적 목표값)을 설정할 것입니다. 구체적 목표값이 설정되면, 이를 실현시킬 실행수단(initiative ; 이행과제)을 개발할 것입니다. 전략지도를 작성하고, 측정치를 개발하고, 타깃과 실행수단을 설정하고 IT(information technology)화시키면 전략지도가 구축되었다고 볼 수 있습니다.

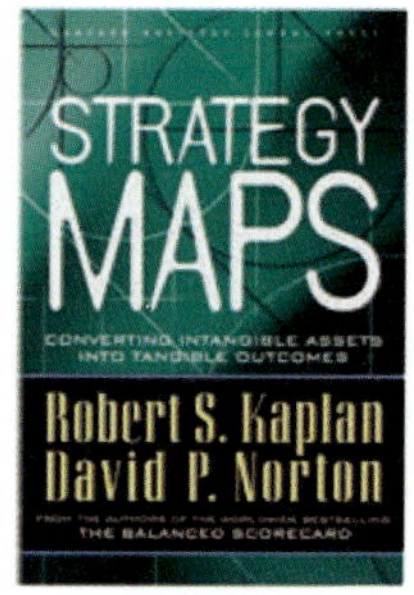

다음은 전략지도의 활용단계입니다. 조직 자체가 전략과 비전에 집중하는 전략집중형조직(SFO : Strategy Focused Organization)이 되어 '통합과 초점'(integration and focus)이라는 BSC 효과를 최대화하는 것입니다. 이를 위해 Kaplan 교수와 Norton 박사는 전략집중형조직의 5대 원칙－리더십을 통한 변화, 전략의 운영적 해석, 전략에 일치화된 조직, 전략의 일상 업무화, 전략의 지속적 프로세스화－을 제시하고 있습니다.

국내에서 BSC와 성과측정치를 활용하는 방법은 크게 두 가지로 나누어집니다. BSC와 성과측정치를 평가에 활용하는 경우와 학습에 활용하는 경우가 그러합니다. 평가란 비교를 통한 상벌적 활용을 의미하는 것으로 학습과는 다른 의미를 지니고 있습니다. Kaplan 교수와 Norton 박사가 이미 1992년 하버드 비즈니스 논문에서 밝혔듯이 전략과 비전 달성은 평가를 통한 통제보다는 학습을 통하는 방법이 더 나은 듯합니다. 특히 BSC 구축 초기 단계에서 평가의 공정성이 확보되지 않은 상태에서 무리하게 성과평가에 활용하면 조직 구성원들의 방어적 저항과 게이밍(gamming)에 직면하는 등 어려움을 경험하게 됩니다.

Kaplan 교수와 Norton 박사는 BSC를 전략경영시스템으로 활용하는 4단계로서 전략과 비전의 명확화, 의사소통 및 보상, 계획수립 및 타깃 설정, 전략적 피드백 및 학습을 들고 있습니다. BSC 성공사례 11에서 소개된 국내 사례들이 BSC를 도입할 예정이거나 이미 BSC를 도입한 조직들에게 상호 간 유용한 학습의 기회로 활용될 것으로 기대합니다.

[한국형 BSC 성공사례 11(2006년, 삼성경제연구소 출간) 중 김육덕 교수의 'BSC 개관'을 저자 동의하에 전재]

4.3 균형성과표(BSC)의 정의, 대두 배경 및 진화

"Strategy has never been more important."
(지금보다 전략이 중요한 시기는 없었다.)

-Business Week-

"Less than 10% of Strategies effectively formulated are effectively executed."
(효과적으로 수립된 전략의 불과 10%만이 효과적으로 실행될 뿐이다.)

-Fortune-

"In the majority of failures - we estimate 70% - the real problem isn't bad strategy …… It's bad execution."
(대략 70%의 기업이 잘못된 전략 때문보다는 전략실행상의 문제로 인해 실패한다.)

-Fortune-

BSC 개관에서 지적한 것처럼 1990년대 초 기업의 경쟁력 원천은 변화하고 있었지만, 기업은 여전히 재무지표 중심의 성과측정시스템을 운영하고 있었다. 이러한 문제점을 인식한 12개의 다국적기업 총수들은 하버드대의 Kaplan 교수와 Nolan & Norton Company의 Norton 박사에게 새로운 성과측정 모델 개발을 의뢰하였다. 그 결과 '**미래조직의 성과측정**(Measuring Performance in the Organization of the Future)'이라는 프로젝트가 수행되었고, 이를 통해 탄생한 것이 BSC(balanced scorecard : 균형성과표)이다. BSC는 단일 또는 소수의 재무적 지표에 의존하는 기존의 성과측정시스템이 변화하는 환경을 제대로 측정하지 못하는 문제를 극복하기 위한 방안으로 재무적 지표와 비재무적 지표의 적절한 통합·활용을 강조하는 전략적 성과측정시스템이다.

BSC는 단순히 다양한 분야의 재무적 및 비재무적 측정치들을 모으기만 한 것은 아니라 조직이 추구하는 전략이 조직구성원에게 전달되고 이를 달성하게 하는 핵심지표들을 인과관계사슬로 상호 연계시키는 것을 강조한다. 또한 후행지표(결과물 측정지표)와 선행지표(성과동인)가 적절히 배합되어 궁극적으로 모든 측정지표들이 재무적 목표와 연결되도록 함을 강조한다([그림 10.6] 참조).

턴어라운드 타임(turn-around time)을 핵심성공요인으로 집중관리하여 성공한 **사우스웨스트 항공(SWA)**의 경우를 살펴보자. 턴어라운드 타임은 비행기가 목적지에 도착해서 탑승객을 내린 후 정비, 세차, 주유 등을 마치고 다시 이륙할 때까지의 시간(일명, 공항체류시간)을 의미한다. 이것이 짧을수록 고가의 장비인 비행기의 회전

그림 10.6

사우스웨스트 항공(SWA)의 BSC 템플릿: 인과관계사슬에 의한 성과측정치의 구성예시

프로세스: 운영관리
주제: 턴어라운드 시간 단축

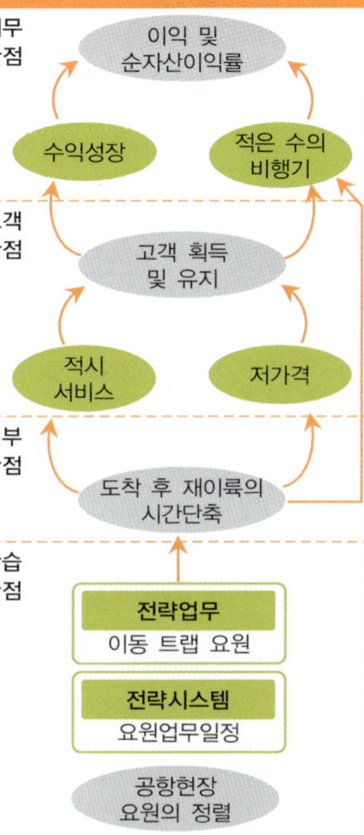

관점	전략목표	KPI	타깃	이행과제	예산
재무 관점	•수익성	•시장가치	•30%CAGR		
	•매출성장	•좌석판매수익	•20%CAGR		
	•적은 비행기 대수	•비행기 리스비용	• 5%CAGR		
고객 관점	•정시운행	•FAA 정시도착 비율(%)	•#1	•품질관리	• $×××
				•고객애호 프로그램	• $×××
	•낮은 가격	•고객순위	•#1	•CRM시스템 실행	• $×××
	•보다 많은 고객 획득 및 유지	•재구매 고객수(#)	•70%		
		•고객수(#)	•연 12%성장		
내부 관점	•Turn-around time 단축	•정시대기	•30	•사이클타임 최적화	• $×××
		•정시출발	•90%		
학습 관점	•필요 스킬 개발	•전략적 직무 준비성	•Yr 1−0% •Yr 3−90% •Yr 5−100%	•현장요원 훈련	• $×××
	•지원시스템 개발	•정보시스템 가용	•100%	•요원 일정시스템 개시	• $×××
	•현장요원의 전략 정렬	•전략적 지각	•100%	•커뮤니케이션 프로그램	• $×××
		•현장요원의 우리사주 비율(%)	•100%	•ESOP(종업원지주제: 우리사주)	• $×××
				총예산	• $×××

*CAGR : 누적평균성장률

율이 높아지고 운행단가를 낮춰 비행기 요금을 싸게 할 수 있는 것이다. 턴어라운드 타임을 단축하기 위한 노력이 4가지 관점에서 어떠한 인과관계로 연결되었는지가 [그림 10.6] 좌측에 잘 나타나고 있다.

4가지 관점(전략테마 및 인과관계 반영)하의 **전략목표 – KPI – 타깃 – 이행과제**의 순으로 정리된 전형적인 BSC의 틀(template)을 보여주는 [그림 10.6]은 사례회사인 SWA의 실제 BSC이다. 전략목표와 이의 달성 여부를 파악하기 위한 측정지표들은 조직의 비전과 전략으로부터 도출된 것이다. 전략목표와 KPI는 4가지 관점에서 조직의 성과를 조망해 볼 수 있게 해준다. [그림 10.5]와 [그림 10.6]에서 보는 4가지 관점의 인과관계적 메시지는 학습은 내부 비즈니스 프로세스를 향상시키기 위해 필요한 것(즉, 선행변수)이고, 내부 비즈니스 프로세스의 개선은 고객만족 향상에 필요

한 것(즉, 선행변수)이며, 고객만족은 (후행변수인) 재무적 성과의 향상에 필요하다는 것이다.

BSC는 4가지 관점을 포용하며 다양한 지표 간의 균형을 강조함으로써 기존 성과측정시스템을 한 차원 개선했다. 즉, 초기의 BSC는 원가절감 및 저가경쟁 등 기존 시스템이 가졌던 단기적 초점보다는 고객에게 개별화된 가치를 제공하여 성장기회를 창출하고 전략적 일체화를 추구하는 데 초점이 있었다. 따라서 종전에 비해 개선된 성과측정시스템(Improved Performance Measurement System)으로 정의될 수 있었다.

1990년대 중반 이후 새로운 위협과 기회가 끊임없이 발생하는 경영환경이 대두하면서 당초 전략 수립시 설정한 가정이 여전히 유효한지에 대한 의문을 제기하고 가정과 이론의 변화를 창출해 낼 수 있는 능력, 즉 이중고리학습(double-loop learning) 능력이 강조되었는데 BSC가 이런 목적의 경영관리 프로세스의 중심틀로 자리 잡게 되면서 전략적 관리시스템(strategic management system)으로 진화하게 된다. 특히 당시 기업 CEO들은 애써 수립한 전략을 구성원들과 공유하고 적절한 모니터링을 지원하는 전략실행 도구를 무척 아쉬워했는데(아래 인용 문구 참조) BSC는 이를 지원할 틀(framework)은 물론, 구성원들과의 소통을 지원하는 효과적인 도구로 인정받은 것이다. 이렇게 BSC를 중심으로 전략을 공유하고 실천에 활용하는 효과적인 조직을 전략집중형조직(SFO : strategy focused organization)이라고 부른다. [그림 10.7]의 SFO 5대 원칙은 향후 소개할 BSC의 핵심 요소 및 개념을 잘 반영한다.

> *재무적 성과측정치(재무지표)의 최대 단점은 경영자로 하여금 기업가보다는 통제지향의 컨트롤러 마음가짐을 유도한다는 점입니다. 재무지표는 과거 실적분석에 주된 목적을 두고 있는 바 미래지향적 성과측정에 실패합니다. 내가 원하는 것은 우리의 전략을 전 구성원과 공유하고 전략실행을 성공적으로 이끄는 성과측정시스템입니다. 즉, 회사의 전략목표 달성과 계획실행에 강한 동기를 부여하는 성과측정시스템이 진정 우리가 원하는 것입니다.*
>
> *– 파이어니어 페트롤리엄(Pioneer Petroleum) CEO –*

그림 10.7

전략집중형조직(SFO)의 5대 핵심원칙

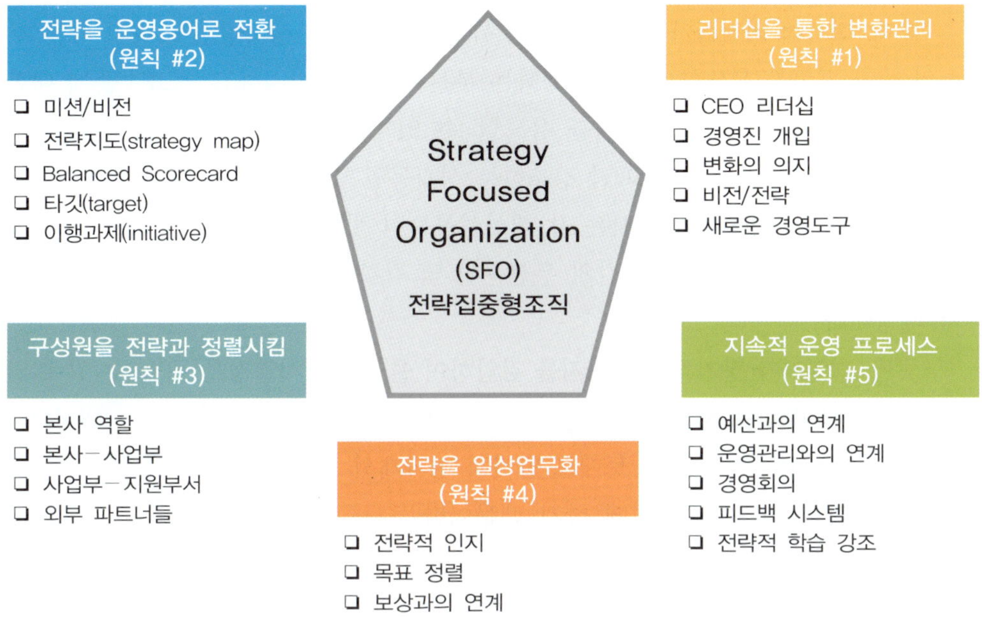

4.4 균형성과표(BSC)의 기대효과 및 핵심요소

(1) BSC의 기대효과

전략적 커뮤니케이션과 피드백을 강조하는 BSC로부터 기대되는 효과는 크게 다음 4가지로 요약가능하다.

첫째, 전략집중형조직(SFO)**으로의 탈바꿈**이다. 즉, 전략으로부터 도출된 성과지표 도출을 통해 전략실행상 중요한 동인들을 파악할 수 있으며, 이들 간의 인과관계를 포함한 상호작용을 이해할 수 있게 되어 전략에 대한 이해 및 공유가 증진된다.

즉, 전략으로부터 성과지표를 도출하는 과정에서 전략에 대한 임원의 확인 및 합의 그리고 성과모델 작성시 실무진의 참여, 핵심지표(KPI)의 확정을 위한 워크숍 등을 통해 전략에 대한 이해 및 공유가 증진된다.

이러한 효과는 흔히 전략적 일체화(strategic alignment : 일명, 전략적 정렬)로 불리는데 기존 연구결과에서 기업 실패의 90% 이상이 곧 전략의 질보다는 수립된 전략이 제대로 소통되지 못하는 데서 비롯되었음을 감안할 때 가장 중요한 성과에

해당한다.

둘째, **전사적 최적화가 실현**된다. 즉, 특정 부문에서의 성과향상 노력이 다른 부문의 성과 저하를 유도함으로써 발생하는 부분최적화를 방지하고, 목표수준에 대한 적절한 조정을 통한 전체최적화를 유도할 수 있게 된다.

이것이 가능한 이유는 BSC가 강조하는 성과동인 및 지표 간의 연계(특히 전략지도에 의한 수평적 인과관계)에서는 각 핵심성공요인 및 이와 관련된 지표들 간의 상충관계(trade-off) 그리고 이들 간의 우선순위 및 각각의 비중에 대한 이해가 전제되기 때문이다.

셋째, **경영자가 장기적 관점까지를 감안하여 올바른 의사결정**을 내릴 수 있게 된다. 왜냐하면 BSC는 시간적 지체를 감안한 (결과에 대한 선행 성과동인의 규명형태로 이루어지는) 인과관계 분석을 토대로 단기적 성과개선 노력과 장기적인 기업가치 간의 상충관계를 파악할 수 있게 하기 때문이다.

BSC는 종전의 재무성과 위주의 평가시스템이 초래할 수 있는 단기적 성과개선 노력이 장기적인 기업가치를 저해할 수 있는 위험성에 대한 인식을 높이는 데 기여한다.

넷째, **전략적 학습이 가능**해진다. 즉, 전략을 둘러싼 제반 가정 및 이론의 타당성을 항시 재검토하여 새로운 전략의 필요성을 제기하거나 비어 있는 지표들을 파악하게 한다.

모빌사의 경우도 북미정유사업부의 경우는 딜러와의 관계를 전략적으로 강조하기로 한 반면 핵심지표상에는 이것이 전혀 존재하지 않음을 파악한 후에 보완한 바 있다. 이것을 일명 missing지표의 파악이라고 부른다.

(2) BSC의 핵심요소

진정 BSC를 도입하고 있는지의 여부를 판단하기 위해 반드시 체크할 점은 크게 다음 4가지로 요약할 수 있다. 다시 말하면 비록 특정 기업이 BSC를 도입하고 있다고 하더라도 진정 BSC를 도입했다고 판정받기 위해서는 다음 4가지 핵심요소들이 기존 성과관리시스템에 녹아 있어야 할 것이다.

첫째, **균형잡힌 KPI의 활용**이다. BSC에서의 '균형(balance)'은 장기적 목표와 단기적 목표, 재무적 측정치와 비재무적 측정치, 선행지표와 후행지표, 그리고 성과에 대한 내부적 시각과 외부적 시각, 주관적 평가와 객관적 평가 등 상호 대립되는 시각의 균형을 의미한다. 즉, 다양한 시각에 대한 종합적이고 동시적인 고려를 강조한다. 이러한 균형은 측정치의 선택을 토대로 이루어진다. 다양한 관점을 균형있게

표 10.5
균형성과표(BSC)에서의 성과측정치(KPI)의 예시

재무적 관점	
• 총투자수익률(ROI)	• 자기자본이익률
• 경제적부가가치(EVA)	• 경쟁업체 대비 영업이익률 순위
• 산업 대비 매출액성장률	• 총매출액 대비 프리미엄 제품 매출 비중
고객 관점	
• 조사결과에 의해 측정된 고객만족도	• NPS(순추천지수)
• 고객 불평건수	• 기내식 만족도
• 시장점유율	• 암행쇼핑 평가점수
• 고객유지율	• 표적고객유지율
• 신규 고객수	• 대리점 만족도
내부 비즈니스 프로세스 관점	
• 매출액 중 신제품 판매비율	
• 시장에 신제품 소개시간(time-to-market)	
• 고객이 찾을 때 20초 안에 답하는 비율	• 고객불만 해결시간
• 불리한 표준원가차이	• 경쟁사 대비 원가경쟁력
• 무결점 제품을 완성품으로 나눈 비율	
• 사이클시간	• 정시도착률 • 정시출발률
• 일관생산시간(제조사이클타임)	
• 품질원가	• PPM
• 셋업시간	• 설비가동률
• 고객불만을 한 번에 처리한 비율	
• 고객불만 처리에 소요된 시간	• 안전사고율
학습과 성장 관점	
• 종업원 1인당 제안건수	• 조직문화 설문조사 결과
• 종업원 부가가치	• 교차판매 지식 습득 여부
• 종업원 이직률	• 종업원 다양성 지수
• 종업원 1인당 사내훈련시간	• 외부 교육참여시간

바라보게 하는 KPI는 기업의 성과와 관련 맺는 중요한 정보를 빠뜨리는 위험을 최소화할 뿐만 아니라 경영자로 하여금 중요한 측정치에 관심을 집중하도록 한다. 또한 균형의 개념은 새로운 측정치를 계속해서 추가하는 것이 바람직함을 의미하지 않는다. 왜냐하면 적정수를 초과하는 과도한 측정치는 그만큼 관심을 분산시키기 때문이다. 참고로 KPI는 기업의 전략에 따라 다르기 마련이지만 산업별로 전형적인 KPI는 쉽게 찾아볼 수 있다. <표 10.5>는 전형적인 KPI를 예시한 것이다. 물론 이들 중에는 '전략적'이라기보다는 '운영적' 차원의 지표도 눈에 띄는데, 때론 이

들 운영지표를 KPI와 구분하여 단순히 성과지표(performance indicator)로 부르기도 한다.

둘째, 전략지도(strategy map)**의 활용**이다. 앞서 BSC의 개관에서 전략지도를 **조직이 비전과 전략을 달성하기 위해 그 구성원들에게 가고자 하는 방향을 알려주는 필수적인 도구**로 정의한 바 있다. BSC의 핵심전제들로는 (i) 전략이란 가설이다. (ii) 전략은 인과관계로 기술될 수 있다. (iii) 전략은 성과(즉, 최종 결과)의 선행지표인 활동을 필요로 한다라는 세 가지로 요약 가능하다. 이러한 핵심전제들을 토대로 BSC가 전략을 둘러싼 제반 가정과 이론의 변화를 창출할 능력인 이중고리학습 능력을 갖도록 하는 원동력이 전략지도이다. 전략지도에 대한 또 다른 정의들로는 '전략적 가설들을 논리적이고 신뢰할 수 있는 방법으로 묘사한 것', **'보스(CEO)가 보는 것을 부하(구성원)들도 볼 수 있도록 하는 지도'** 또는 '목표와 지표를 따라가면 전략을 알 수 있도록 하는 지도' 등이 있다. 이러한 전략지도를 이용하면 BSC의 특징인 4가지 관점의 핵심지표들 간에 존재하는 종적 및 횡적 연계관계를 파악하는 가운데 전략 실행의 핵심성공요인들과 성과동인 그리고 KPI들을 연결할 수 있다([그림 10.8]의 모빌사 전략지도 참조).

셋째, **경영회의에서의 활용**이다. BSC가 회사 내에 제대로 자리 잡도록 하기 위해서는 무엇보다도 최고경영자의 리더십이 중요한데, 정기적인 경영보고시 BSC를 중심으로 보고와 논의가 이루어지면 가장 빠른 시일 내에 모두의 관심사가 되어 효과를 볼 수 있다.

넷째, **적절한 평가 및 보상과의 연계**이다. 너무 일찍 평가 및 보상과의 연계는 문제가 되지만 어느 정도 자료가 축적되어 납득이 가는 분석하에 BSC의 KPI 타깃 달성 여부(가령, turn-around time 단축, BET 1개월 단축 등)에 따라 성과급 등을 지불하는 식으로 인센티브와 연계하는 것은 긍정적이다.

그림 10.8

모빌*의 북미마케팅 및 정유사업부(NAM&R)의 전략지도

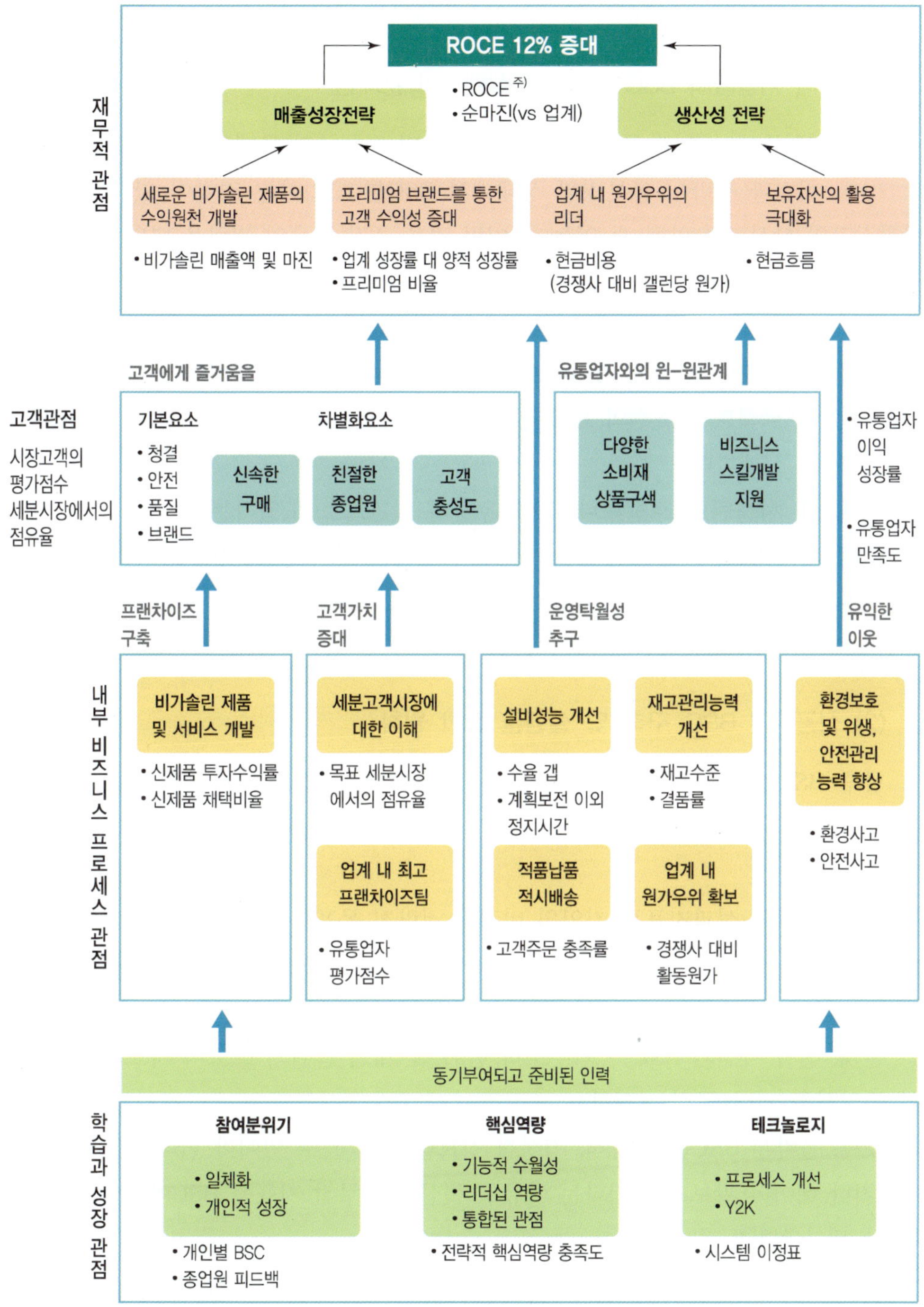

출처 : SFO, Kaplan and Norton(2000, Figure 2-6, pp. 42-43)

주) ROCE : Return on Capital Employed(자본이익률)

* 후일 EXXON과 합병되어 EXXON-MOBIL로 명칭이 바뀌었음.

4.5 BSC 실행상 유의할 점 : 성공적 도입을 위한 핵심원칙

(1) 국내 기업들의 BSC 도입 및 실행상의 문제점

국내 기업들에서 흔히 목격되는 BSC 도입 및 실행상의 문제점들은 다음과 같다.

첫째, 비전과 전략이 불분명한 상태에서 BSC를 도입하는 경향이 있다. 일종의 방향감각의 상실로 요약될 수 있는데, 이럴 경우 조직 고유의 전략을 반영하지 못해 산업일반 지표를 개발하게 되고 미래지향적 지표보다는 기존 업무 중심의 진단적 지표를 개발하는 우를 범한다.

둘째, 최고경영진의 지원 및 (바쁘다는 이유로) 핵심 중간관리자가 배제된 상태로 BSC 개발 프로젝트가 소수의 프로젝트 팀원 중심으로 진행된다. 그 결과 전략적인 KPI 개발에 실패한다.

셋째, IT 시스템 프로젝트나 경영 유행의 일환으로 도입하는 경향이 있다.

넷째, 자칫 BSC를 일회성 프로젝트로 간주하는 것이다. 그러나 BSC는 변화 프로젝트이다(SFO 5대 원칙 중 원칙 #1 참조). 즉, CEO의 리더십을 바탕으로 전략을 중심으로 지속적으로 경신해 나가야 한다.

(2) 성공적인 BSC 구축 및 실행을 위한 원칙

향후 BSC를 도입하고자 하는 기업들이 BSC를 성공적으로 구축·활용할 수 있기 위한 시사점을 일명, 성공적 구축 및 실행을 위한 원칙으로 소개하면 다음과 같다.

첫째, BSC의 성과지표는 기업의 비전과 전략적 목표를 연계하는 지표이어야 한다. 또한 평가항목 및 지표가 기업의 성과 달성을 위한 상호 인과관계를 분석할 수 있어야 한다(**원칙1**).

둘째, 전사 차원의 BSC는 외부조직 단위 및 개인 단위의 스코어 카드와 연계되어 동일성을 지녀야 한다(**원칙2**).

셋째, 올바른 BSC는 정량적, 정성적 정보를 도출할 수 있어야 한다. 계량화하기 어렵거나 데이터 확보가 어렵다는 이유로 핵심 비재무적 지표를 BSC에서 제외해서는 안 된다(**원칙3**).

넷째, 진정한 BSC는 상호간의 원활한 커뮤니케이션 및 전략적 피드백을 허용해야 한다. 요컨대 기업의 전략에 대한 상호 커뮤니케이션 및 전략적 피드백 루프가 형성되어야 한다(**원칙4**).

다섯째, 사용방법이 쉬운 BSC시스템을 구축 활용해야 한다. 기존 정보시스템과의 통합은 반드시 필요하다(**원칙5**).

여섯째, 전사적으로 모든 계층에 걸쳐 시행되어야 한다. 기업의 전 구성원이 BSC를 경영도구로 충분히 활용할 수 있도록 해야 한다(**원칙6**).

일곱째, 다른 시스템과 일체감 있게 구축 통합되어야 한다(**원칙7**).

(3) 맺음말 : BSC는 획기적인 성과향상을 가져오는 전략적 지렛대

BSC의 개발자이자 수십 년에 걸쳐 이를 실무에 전파해 온 Kaplan 교수와 Norton 박사의 다음 주장은 BSC의 본질을 잘 요약한다.

만약 BSC를 궁극적으로는 수백 수천 개의 측정치들이 필요한 새로운 측정시스템으로 간주하거나 거대하고 값비싼 중역정보시스템으로 간주한다면 상황은 더욱 악화될 것입니다. 이러한 기업들은 자칫 BSC의 본질인 초점, 단순성, 비전을 잃기 쉽습니다. 성과표를 기업 운영의 초석으로 활용하는 경우에 비로소 실제 효과를 거둘 수 있습니다.

— 중략 —

*결론적으로 BSC를 단순한 기록계산시스템으로 활용할 것인지 아니면 획기적인 성과 향상을 가져오는 **전략적 지렛대**로 활용할 것인지의 여부는 경영자만이 결정할 수 있습니다.*

-Kaplan 교수와 Norton 박사-

TIP!

BSC 실행 10단계

1단계 : 최적 전략의 개발
2단계 : 전략을 세부적 목표로 구체화
3단계 : 각 전략목표별 KPI 개발
4단계 : 최일선 라인의 스코어카드까지 개발
5단계 : 기존 핵심 프로세스를 목표와 일체화시킴
6단계 : 측정치에 기초한 성과피드백 제공
7단계 : 성과에 대한 책임보고 및 평가
8단계 : 개선과제를 실행하기 위한 종업원 임파워먼트
9단계 : 추진과제를 예산편성과 연계
10단계 : 핵심전략의 재평가 및 수정

제5절 보상시스템의 설계 및 운영

보너스, 양날의 칼인가

모제약회사의 마케팅부서에 근무하는 김 부장은 최근 두둑한 인센티브(incentive)를 받았다. 작년에 신제품 런칭이 성공적으로 이루어져 기대보다 많은 매출이 발생하였기 때문이다. 최고경영자는 그간의 노력에 대한 보상과 격려 차원에서 전 직원을 대상으로 이익의 일정부분을 근속연수와 직급을 고려하여 배분하였다. 물론, 김 부장도 상당한 보너스를 받았지만 왠지 서운한 마음도 동시에 가지고 있었다. 그 이유는 매출증가의 원인이 신제품의 성공적인 런칭이었기에 신제품 런칭과정에서 몇 달 동안 겪었던 고생을 생각하면 다른 부서보다는 좀 더 높은 평가를 받아야 한다고 느꼈기 때문이다.

그러나 회사 전체적으로 보면 단지 마케팅부서만의 노력에 의해서가 아니고 훌륭한 런칭이 이루어지기까지는 제품개발부서, 생산부서, 지원부서들이 기업전체의 목표를 위해 서로 노력한 결과이기 때문에 어느 한 부서의 성과로만 단정 지을 수도 없다.

대부분의 기업이 조직내 동기부여와 사기진작 차원에서 나름대로의 성과보상체계를 가지고 있다. 하지만 합리적인 기준에 따른 보상제도는 조직의 사기를 진작시키는 좋은 도구임에 틀림없지만 공정하지 않다면 오히려 종업원의 사기를 저하시킬 수도 있다. 그렇다면 조직내 부문들의 성과는 어떠한 기준을 적용하고 어떤 방법으로 평가하여야 적절한 것인가?

TIP!

Incentive 용어의 탄생배경

Incentive는 성과급이다. 라틴어로 '~에 들어가다, 시작하다'를 뜻하는 'in'과 노래 부르다의 'canere'를 합친 말로 '노래를 불러 분위기를 띄운다'를 의미했다. 좋은 분위기를 조성한다는 의미에서 시작돼 열심히 일하는 분위기를 조성하도록 지불되는 돈, 즉 성과급으로까지 의미가 확장됐다. 프랑스어에서 혼자 부르는 노래인 샹송, 함께 부르는 노래인 합창을 뜻하는 칸타타와 같은 어원이다.

[Weekly BIZ] 조승연 오리진보카 대표, 2014.1.25.

5.1 보상시스템의 의의 : 행동적 요인의 고려

최고경영자는 구성원들이 회사를 위하여 최선의 행동을 하기를 원한다. 그리고 피평가자인 구성원들은 자신들에 대한 평가와 보상에 신경을 쓴다. 이를 감안하여 기업에서는 성과평가 및 보상시스템을 중심으로 경영통제를 실시한다. 특히, 보상은 조직구성원들을 적절히 동기부여하고자 할 때 반드시 고려해야 할 요소이다. 그러나 개개인의 특성이나 조직문화 등에 따라 보상이 미치는 정도가 차이를 보인다는 점을 감안하여 목표일치성을 실현하고 최선의 노력을 이끌어내기 위해서는, 특정 보상시스템이 종업원의 동기부여에 어떠한 영향을 미칠 것인가를 제대로 이해해야 한다.

일반적으로 보상정책의 목표는 기업에 유익한 종업원들의 행동을 보상함으로써 개인의 행동과 기업목표를 일치시키는 소위 목표일치성(goal congruence)이다. 전통적으로 기업은 당기순이익, 생산량, 원가절감액 또는 고객만족도 등 기업이 가치 있다고 판단하는 것과 보상을 연결시켜 왔다. 즉, 기업이 가치 있다고 판단하는 것의 수치가 클수록 종업원에 대한 보상 또한 커진다. 이처럼 대부분의 기업에서 실시하는 보상은 사전에 합의된(또는 최고경영자가 정한) 측정지표에 기초하여 이루어진다.

이와 관련한 관리회계담당자의 중요한 역할은 동기부여 측면에서 볼 때 기업에 가장 바람직한 보상계약에 활용할 측정지표의 선정과 이들의 실제성과를 측정 · 보고하는 것이다. 관리회계시스템의 하위시스템인 보상시스템이 제대로 설계되고 운영될 경우 그 시스템은 기업목표달성에 공헌하게 되지만, 잘못 설계될 경우 오히려 역기능을 일으키게 된다.

실제로 실무에서 효과적인 보상시스템을 설계 · 운영하는 것은 쉽지 않다. 왜냐하면 성과측정시스템을 핵심요소로 하는 보상시스템은 다음에 설명하는 여러 가지 이유로 동기부여 관점에서 효과를 보지 못할 수 있다.

① 최종결과의 불확실성이다. 일반적으로 최종성과는 피평가자인 관리자의 노력이나 기술, 지식 등 관리자가 통제가능한 변수뿐만 아니라 외부환경변화 등 관리자가 통제할 수 없는 변수에 의해 복합적으로 결정된다. 이러한 최종결과에 영향을 미치는 통제불가능한 불확실성 때문에 때론 결과보다는 투입(즉, 노력)수준을 토대로 보상을 한다. 가령, 작업시간이나 피평가자의 업무에 대한 기술이나 과거에 받은 훈련 등에 의하여 보상을 하는 경우이다. 그러나 결과가 아닌 투입에 의한 보상은 동기유발효과가 작기 마련이다. 따라서 가급적 종업원들이 통제가능한 성과를 토대로 보상을 하는 것이 바람직하다. 특히, 종업원이 자신의 업무와 보상시스템에 대해 이해하고 또한 보상시스템이 자신이 통제할 수 있고 조직에 공헌하는 바를 측정한다고 믿도록 해야 한다. 왜냐하면 이런 경우에 종업원들은 보상시스템을 공평하고 예측가능하다고 인식하게 되며 이로써 종업원들로 하여금 노력과 성과 사이의 기대, 그리고 성과와 보상 사이의 관계를 확립하게 하기 때문이다.

② 최종결과가 공동 노력의 소산일 가능성이 높다는 점이다. 특히, 오늘날처럼 고

도로 통합되고 균형 잡힌 가치사슬을 이용한 경영에서는 더욱 그러하다. 이는 곧 특정 개인의 공헌에 따라 각 개인을 보상하는 것이 어렵다는 것을 의미한다. 흔히, 조직은 그룹 또는 팀성과에 대한 보상을 통해 개인이 독자적으로 달성하기 어려운 작업을 공동으로 수행하고 서로의 지식과 기술을 공유하는 것을 강조한다. 그러나 이처럼 팀성과에 기초하여 보상할 경우 다른 사람들의 노력에 편승하는 소위 무임승차라는 문제가 생길 수 있다.

③ 보상이 갖는 동기유발효과를 단정할 수 없다는 점이다. 일부 사람들은 성과에 근거를 둔 보상은 동기부여에 있어서 비효과적이라고 믿는다. 이는 사람들의 동기유발 요소가 다양하다는 것과 특정 상황마다 어떤 보상체계가 가장 적합한가를 단정적으로 말할 수 없다는 것을 의미한다.

④ 보상이 오히려 조직에 역기능적일 수 있다는 점이다. 이는 특히 부적절한 성과 측정치를 채택하는 경우에 발생한다. 일례로 모 자동차 서비스업체의 경우 총수리비용에 기초하여 수리공을 보상하기로 결정하자 수리공들이 고장이 발생하지 않은 부분도 고객의 허락 없이 수리를 하거나 초과근무수당을 늘리기 위해 정규근무시간의 수리를 기피하는 등 잘못된 동기를 유발한 결과 심각한 고객불만족 문제가 발생했다. 이 업체는 수리결과에 대한 고객의 만족도 평가와 수리건수를 기준으로 보상하는 새로운 시스템을 채택한 후에 비로소 종전의 문제를 해결할 수 있었다.

5.2 보상시스템의 설계

1. 목표 – 성과 – 보상의 연결

기업전략의 실행수단인 경영통제의 구성요소로서의 보상이 조직의 목표, 성과평가와 상호 관련 맺는 바는 일명, 목표 – 성과 – 보상 모델이라고 할 수 있다. 다음 [그림 10.9]의 목표 – 성과 – 보상 모델 최상위에 위치한 기업의 전략적 목표는 최고경영진이 결정한다. 전략적 목표를 토대로 기업의 핵심성공요인과 운영목표가 정의된다. 일반적으로 운영목표에는 당기순이익, 특정 제품의 매출액, 품질측정치, 고객만족도 및 원가 등이 포함된다. 또한 최고경영진은 보상전략을 결정하는데 보상전략은 최고경영진은 물론 일선종업원에 이르기까지 조직의 모든 구성원들이

그림 10.9

목표-성과-보상 모델

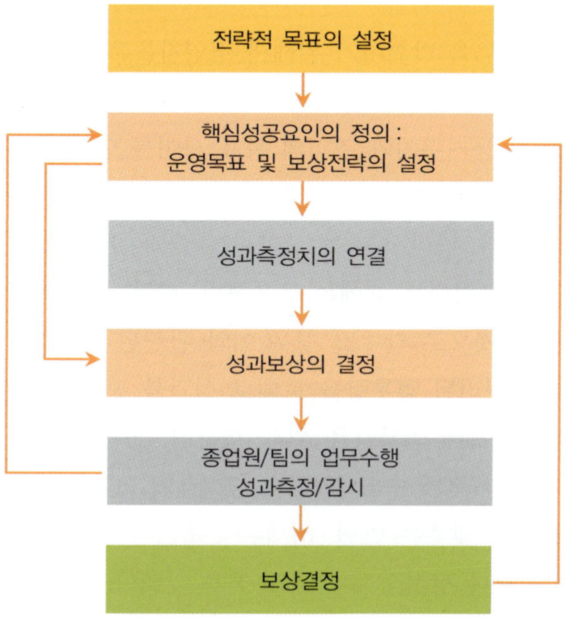

자료 : RBK(1999), p. 708.

이해해야 한다.

최고경영진의 보상전략을 구체화한 보상시스템은 종업원들로 하여금 조직의 목표와 주주가치의 극대화를 달성하는 데 필수적인 행동을 독려할 수 있도록 전략적 성과를 강조해야 한다. 구체적으로 기업에의 충성심을 높이고 원가를 낮추며 이익을 높이기 위해 최선의 노력을 다하도록 독려할 수 있어야 한다. 이러한 보상제도가 마련될 경우에 목표일치성은 달성된다.

보상시스템은 성과평가시스템과 연계하여 설계되어야 하기 때문에 일반적으로 관리회계담당자들이 설계한다. 보상시스템이 기업과 조직구성원들 모두에게 도움이 되도록 하기 위해서는 무엇보다도 소유주 및 조직구성원들의 이해가 상호 일치되도록 하여야 한다. 따라서 효과적인 보상시스템을 설계하기 위해서 경영자는 다음의 세 가지를 명확하게 이해해야 한다. 이하에서는 이들에 관해 자세히 설명한다.

① 직무와 관련해 측정해야 될 성과변수는 무엇인가?
② 측정되는 성과변수가 종업원들의 행동에 어떻게 영향을 미치는가?
③ 측정된 성과변수를 토대로 어떻게 개인의 보상을 결정할 것인가?

(1) 측정대상인 성과변수의 결정

보상시스템이 제 기능을 발휘하기 위해서 경영자들은 각 구성원의 행동이 기업성과로 이어지는 인과관계과정을 명확하게 이해해야 한다. [그림 10.9]에서 성과(performance)는 개인의 동기부여와 조직의 목표 사이를 연결해 주는 중심축 역할을 한다. 개별 구성원들은 특정 성과가 기업목표 달성에 기여한다고 판단할 경우 성과를 달성하고자 할 것이다. 따라서 이들 성과측정치들은 개인의 업무가 기업목표 달성에 기여하는 정도를 포착하는 데에는 유용하다. 만약 구성원의 판단상 특정 성과측정치가 중요치 않은 것으로 간주될 경우 이와 관련된 직무는 무시된다. 예를 들어, 정해진 시간 내에 처리된 업무량을 토대로 성과를 평가할 경우 원가나 품질 같은 다른 속성은 무시되거나 업무량을 위해 희생될 것이다.

한편, 재무적 측정치(운영에서의 원가통제, 영업이익, 현금흐름 및 투자수익률 등)는 보다 단기성과에 초점을 맞추는 반면, 비재무적 측정치(시장점유율, 신제품개발, 시장개척 및 혁신 등)들은 보다 장기적 수익에 초점을 맞춘다. 따라서 성과에 대한 보상이 전자에 초점을 맞추게 되면 경영자로 하여금 단기성과에 초점을 두도록 하고, 반면에 보상이 후자에 초점을 맞추게 되면 경영자는 보다 장기적인 성과에 동기부여된다.

(2) 종업원의 행동적 측면을 고려한 보상시스템의 설계

보상시스템이 효과를 거두기 위해서는 다음과 같은 종업원의 행동적 측면을 고려하여 설계되어야 한다. 첫째, 조직구성원들이 성과측정시스템이 공정하다고 믿을 수 있어야 한다. 둘째, 조직구성원들이 회사의 보상정책이 공정하다고 믿을 수 있어야 한다. 셋째, 보상시스템은 의사결정, 성과측정 및 보상간의 관계를 강화시켜 주기 위해 적시에 보상을 제공해야 한다. 성과에 대한 즉각적인 보상은 활동과 보상에 대한 의사결정자의 이해를 강화시켜 준다.

보상제도의 설계에 있어서 중요하게 고려해야 될 또 다른 문제는 보상을 개인성과에 기초할 것인가 아니면 집단성과에 기초할 것인가를 결정하는 것이다. 보상이 개인성과에 기초하여 이루어지는 경우에 집단지향적인 행동은 동기부여되지 않는다. 집단성과에 기초한 보상이 가지는 문제점의 하나는 개인이 받은 보상과 그의 성과 간에 정확한 관련성을 밝히기가 매우 어렵기 때문에 보상의 동기부여효과가 떨어지게 된다는 것이다. 두 번째 문제는 집단에 의한 보상은 다른 사람들의 노력에 대해 무임승차하는 경우가 발생할 수 있으며 이는 조직구성원들의 일에 대한 노력을 감퇴시킬 수 있다.

그러나 최근의 경영환경의 변화는 많은 기업들로 하여금 조직목표를 달성하기 위해 종업원들이 팀에 의해 작업을 할 것을 요구하는 경우가 많다. 이러한 경우에 회사의 이익과 같은 팀 성과에 기초해서 총팀 보상을 실시하며, 개인별 보상은 개인별 성과목표 달성에 대한 개인별 능력을 반영한 성과점수에 의해 팀 보상 가운데에서 개인별 몫을 결정하도록 한는 방법을 사용할 수 있다. BSC를 도입하고 조직 중에는 팀단위 BSC 성과에 의한 팀보상과 개인별 능력평가 결과에 의한 개인보상을 병행하고 있는 경우도 있다.

(3) 개별 종업원에 대한 보상수준 결정

현실적으로 보상시스템을 운영하는 기업은 개별 구성원의 보상을 결정하는 단계에서는 다음과 같은 구체적인 문제를 고려해야 한다. 즉, ① 조직구성원에 대한 보너스와 급여의 상대적인 크기를 어느 정도로 할 것인가? ② 어떠한 성과측정치(예를 들면, 이익, 총투자수익률, 매출액, 시장점유율, 제품개발 등)에 의해 보너스를 지급할 것인가? 다양한 성과측정치를 이용한다면 그들 간의 가중치는 어떻게 할 것인가? ③ 보너스금액의 결정에 있어서 어느 정도 주관적 판단에 의존할 것인가? ④ 보너스의 지급횟수(반기별, 연간, 격년제 등)는 얼마로 할 것인가? 등이다.

2. 전략통제수단으로서의 보상

보상시스템의 설계 및 운영은 기업전략으로부터 출발하며 최종보상은 이러한 과정의 종착역에 해당한다. 따라서 보상시스템은 전략적 통제시스템으로 이해되어야 한다. 물론 일선 종업원들을 대상으로 한 상세한 단기적 보상은 운영적 통제시스템의 성격을 갖지만 이러한 운영통제와 관련된 보상도 기업전략에서부터 출발한 것이기 때문에 전략통제라고 부를 수 있다.

또한 보상시스템의 설계는 회사의 경쟁상태 및 핵심성공요인 등 전략적 분석에 기초하여야 한다. 시간의 경과와 더불어 직면하는 전략적 상태가 달라짐에 따라 기업의 보상제도도 달라져야 한다. 제품의 수명주기에 따라 기업의 전략이 달라지는 것이 한 가지 예이다. 즉, 제품이 성장기에서 성숙기로 전환되는 경우 기업은 제품차별화전략에서 원가우위전략으로 변화를 꾀한다. 이 경우 보상시스템 역시 새로운 전략에 걸맞게 변화되어야 한다. 예를 들면, 제품수명주기가 성숙국면에 있을 때 보상이 가장 많이 이루어지며 회사는 현행시장의 유지 및 원가통제에 관심을 갖는다.

또한 우수한 종업원들이 회사를 떠나지 않도록 하기 위해 총보상에 있어서 급여, 보너스 및 복리후생비가 서로 균형을 이루도록 한다. 반면에 혁신 및 리더십이 필요한 성장국면에 있어서는 관리자를 효과적으로 동기부여하기 위해 상대적으로 높은 보너스를 강조하게 된다.

3. 경영자보상의 목적

경영자보상(management compensation)이란 회사의 전략적 목표를 수행하는 경영자의 실적을 정당하게 평가하고 보상하기 위한 구조적인 접근을 말한다. 즉, 일정기간 동안의 경영자의 성과를 측정하고 그 결과를 바탕으로 기본급과 보너스 등을 결정하는 급여프로그램이다. 경영자보상의 기본목적은 첫째, 기업이 원하는 성과를 달성한 만큼 금전적 또는 비금전적 보상을 약속함으로써 경영자들의 성취의욕을 자극하는 데 있다. 특정한 목표를 달성한 경영자에게 보너스를 지급하는 경우, 목표는 기업의 상황에 따라 재무적 목표 또는 비재무적 목표 그리고 단기 혹은 장기 목표로 정해진다. 둘째, 회사의 목적과 일치하는 의사결정을 하도록 경영자에게 적절한 유인을 제공하는 데 있다. 이 경우 경영자보상의 일부분을 결정하는 데 있어서 핵심성공요인을 포함시키는 식으로 이루어진다.

한편, 경영자의 위험회피적인 행동은 기업의 의사결정에 중요한 영향을 미칠 수 있다. 경영자의 위험회피적 행동은 미래의 기대성과가 높더라도 달성가능성이 불확실한 것보다는 기대성과가 낮더라도 달성가능성이 확실한 것을 선호하는 의사결정의 경향을 말한다. 이는 경영자들의 의사결정에 있어서의 공통적인 특징이다. 상대적으로 위험회피적인 경영자는 그렇지 않은 경영자에 비해 비록 기대성과가 좋다 하더라도 그 성과의 실현가능성이 불확실한 경우에는 의사결정안을 거부하는 경향을 갖는다. 신규투자에 대한 거부가 일례이다. 신규투자로 인해 감가상각비가 증가하고 종업원교육이 추가적으로 필요하게 되어 비용이 늘어나며 때로는 설비도입이 지체되는 등의 문제가 발생할 것으로 예상되기도 한다. 이 경우 상대적으로 위험회피적인 경영자는 주주의 경우 채택하였을 신규투자를 비록 이 투자안이 장기적으로는 회사에 효익을 가져다 줄 것으로 판단하더라도 대부분 포기한다. 이처럼 경영자와 주주 간에 시각의 차이가 발생하는 이유는 경영자의 보상수준은 신규투자의사결정의 단기적 성과에 직접적으로 영향을 받는 반면, 이러한 신규투자의사결정의 단기적 성과가 주주에 미치는 영향은 상대적으로 작기 때문이다.

셋째, 경영자의 노력, 기술, 의사결정이 효과성을 갖도록 공정한 보상을 결정하는 데 있다. 기업의 보상제도에서는 총보상에서 기본급 및 보너스(성과급)를 신중하게 선택함으로써 경영자의 위험회피적인 행동을 효과적으로 관리할 수 있다. 총보상에서 성과급의 비율이 크면 클수록 경영자는 위험이 있는 성과를 피하려고 하는 유인을 갖는다. 따라서 경영자의 위험회피적인 행동을 줄이기 위해서는 총보상에서 보너스의 비율을 작게 가져가고 상대적으로 기본급 비율을 높게 가져가야 한다. 급여수준과 보너스수준간의 적절한 균형을 결정하는 데에는 앞서 설명한 세 가지 보상목적에 기초해야 한다.

5.3 보상의 유형

가급적 보상은 조직구성원들이 영향을 미칠 수 있는 조직의 결과에 초점을 맞추어야 한다. 이는 조직구성원의 결과에 대한 통제가능성을 염두에 두어야 한다는 것이다. 예를 들어, 판매원에 대한 성과급시스템에서 성과요소 중 하나가 고객의 제품에 대한 품질만족도인 경우, 이 측정치는 동기부여 측면상 문제가 있다. 왜냐하면 제품에 대한 품질유지는 생산담당자가 통제할 요소이기 때문이다.

효과적인 성과급시스템의 설계에 있어서 또 한 가지 고려해야 할 것은 정확한 성과의 측정이다. 조직은 단순히 종업원들의 투입/산출물에 대해서가 아니라 조직을 위하여 종업원들이 창출한 결과에 대하여 보상해야 한다. 결과에 의한 성과급은 조직구성원이 조직의 목표를 이해하고 이에 공헌하도록 한다.

성과급에 있어서 가장 흔히 사용되는 금전적 보상제도에는 현금보너스, 이익분배, 이득분배(gain sharing), 스톡옵션 그리고 공로주제도, 주가차액청구권, 가상주식(phantom stock) 등과 같은 기타 주식관련 보상계획이 꼽힌다. 이하에서는 이들에 관해 설명한다.

(1) 현금보너스(= 현금상여금)

성과급으로서의 현금보너스(cash bonus)는 측정된 성과에 근거해서 현금을 지급하는 것이다. 이러한 보너스는 다음 연도에 지급될 종업원의 기본급에 포함되지 않는 일회적인 보상으로 이루어진다. 현금보너스는 측정된 성과가 목표를 초과했을 때 일정액이 지급되거나 목표와 성과의 차이에 비례하여 지급될 수도 있다. 현금보너스는 개인 또는 집단의 성과에 근거할 수 있으며 개인별로 또는 집단전체에 지급될 수도 있다.

국내기업의 종업원배분제도 도입: 삼성그룹 및 현대자동차

삼성은 2000년에 전 계열사를 대상으로 이익의 20~30%를 종업원에게 돌려주는 종업원이익배분제도를 도입하기로 하였다. 국내 대기업 중에 **현대자동차**가 최근 이익의 30%를 종업원에게 분배하는(나머지는 주주 30%, 사내유보 30%, 고객서비스 10%임) 제도를 도입하기로 했으나 그룹차원에서 전면적으로 이 제도를 도입하는 것은 삼성이 처음이다.

이 제도가 시행에 들어가면 회사의 이익규모에 따라 종업원들의 성과급규모도 달라지게 된다. 종업원들은 회사가 대규모 이익을 내면 거액의 성과급을 보너스로 받게 되며 반대로 회사가 이익을 내지 못하면 성과급을 받지 못하게 된다. 회사의 성과가 종업원들의 수입에 직접적인 영향을 미치게 되는 것이다. 따라서 현장종업원들로부터 회사의 이익을 생각하면서 업무에 임하는 만큼 원가절감은 물론 업무효율이 크게 높아질 것이라는 게 회사 측의 기대이다.

삼성과 현대가 서둘러 종업원배분제도를 도입하기로 한 이유는 최근 우수한 인력들이 벤처·인터넷 분야로 많이 유출되는 것을 막기 위해서이다. 참고로 Fortune지가 선정한 미국에서 가장 일할 만한 1백대 기업의 경우 스톡옵션과 사내탁아소, 여가제공 등 종업원복지에 공을 들이는 기업들의 생산성과 경상이익률이 높다. 창의적 인재들이 회사를 위해 일하고 싶어하기 때문이다. 자기회사를 신뢰하는 우수두뇌가 있는 회사가 그렇지 않은 회사보다 생산성이 높고 기업가치도 높아진다는 것은 필연적인 귀결이다.

<자료: 매일경제신문, 1999.12.7.; 12.25. 및 한경비즈니스, 2000.1.10.>

(2) 이익분배

이익분배(profit sharing)는 '같이 나눈다'는 의미의 영어(sharing) 표현이 시사하는 것처럼 기업 또는 사업부의 보고된 이익을 일부 종업원에게 배분하는 성과급이다. 따라서 종업원은 급여와는 별도로 주주처럼 이익분배에 참여할 기회를 갖는다(국내기업의 사례를 소개한 별도박스 참조).

(3) 이득분배

이득분배(gain sharing)란 실제성과가 사전에 정한 목표(일명, 벤치마크)를 초과할 경우 초과달성한 부분을 기준으로 특정 조직에 속한 종업원집단에게 현금보너스를 지급하는 집단적인 보상제도이다. 이득분배제도를 실행하기 위해서는 사전에 보상금액(즉, 배분액)의 결정 및 분배공식뿐만 아니라 실제성과와 비교될 벤치마크(일명, 기준성과)를 정해야 한다. 이 벤치마크는 업무과정이나 기술에 중대한 변화가 없는 한 변경되지 않는다.

(4) 스톡옵션(=주식매입선택권)

1999년 말 우리나라 대기업들 사이에 가장 유행한 말은 '성과급'과 '스톡옵션

연봉 1달러, 월급 1원을 받는 CEO

1978년 리 아이어코카는 파산직전의 **크라이슬러** CEO 자리에 오르며 '연봉 1달러만 받겠다'고 선언했었다. 이후 **애플**의 스티브 잡스, **드림웍스**의 제프리 카젠버그, **구글**의 래리 페이지, **포드**의 빌 포드 등 쟁쟁한 CEO들이 '1달러 클럽'에 이름을 올렸다. 우리나라에서는 1998년 김정태 **주택은행**장이 취임하며 '월급 1원'을 선언했었다. 새우깡 0.08g, 우유 0.4ml, … 우리가 할 수 있는 1원의 가치이다. 하지만 CEO들이 1원만 받고 자선봉사를 한다고 믿는 사람은 없을 것이다. 1997년부터 사망 때까지 애플에서 1달러씩만 받았던 잡스는 사망 후 약 100억달러의 유산을 남겼다. 김 전 행장도 월급 대신 받은 40만주의 스톡옵션으로 8년 뒤 110억원의 시세차익을 누렸다.

<자료 : 서울경제, 2013.11.6.>

(stock option)'이다. 스톡옵션은 정해진 미래시점에 사전에 정한 가격(행사가격)에 일정수량의 자기회사 주식을 살 수 있는 권리를 뜻하는 말이다. 일정기간 뒤 주가가 오르면 그만큼 차액을 챙길 수 있어 월급쟁이로서는 엄청난 보상이다.

기업이 임원(이하, 경영자로 칭함)에게 스톡옵션을 부여하는 목적은 스톡옵션을 받은 경영자는 주식가격이 크게 상승할 경우 시세차익을 얻을 수 있다는 희망하에 기업의 단기적 성과보다는 장기적 성과를 높이려고 노력할 것이라고 가정하기 때문이다. 스톡옵션의 주된 특징은 주식가격이 행사가격 이하로 떨어져도 경영자는 (실제로 주식을 소유하지 않기 때문에) 손실을 보지 않는 반면, 주가가 상승할 경우 막대한 주가차익을 실현할 수 있는 소위 하방위험(down-side risk)은 없고 잠재이익만 갖는 특수한 형태의 불확실한 보상형태라는 것이다.

이 밖에 주식을 활용한 보상제도의 종류와 특징을 간단하게 요약하면 다음 <표 10.6>과 같다.

표 10.6 주식을 활용한 보상제도의 종류와 특징

구분	공로주제도 (performance share plans)	주가차액청구권(SAR: stock appreciation rights)	가상주식 (phantom stock)
정의	사전에 정한 업무목표를 달성하고 계속하여 기업에 근무하고 있는 경영자에게 주식 지급	주식가격 상승분만큼을 현금 또는 주식으로 지급	일정 수의 주식단위(가공주식)를 부여하고 일정기간 후에 주가와 기준가격 차에 주식단위의 수를 곱한 금액으로 현금으로 지급
특징	4~6년간 주당순이익(EPS)의 누적성장률 같은 지표 사용	증가차액을 받기 위해 비용이나 가격지불을 하지 않아도 됨	실제로 보유하지 않는 가상의 주식 수로 보상하는 방식

5.4 보상과 관련된 윤리적 문제

최고경영자와 일선종업원은 자신들이 달성한 성과와 연계되어 보상이 이루어짐에 따라 보다 나은 평가를 받으려는 행동을 취하게 된다. 이러한 행동은 간혹 비윤리적인 행동으로 이어지게 되고 궁극적으로는 조직이나 자신들에게까지 바람직하지 못한 결과를 가져오게 된다.

1. 회계수치 조작과 비윤리적 행동

전통적인 재무성과에 기초한 보상과 관련하여 발생하는 가장 큰 문제는 조직구성원들을 단기 지향적으로 만든다는 것과 자신들의 성과를 좋게 보이기 위해서 회계수치를 조작할 유인을 갖는다는 것이다. 이는 기업 입장에서 볼 때 중대한 문제임에 틀림없다. 구성원들이 단기적 시각을 갖는 이유는 회사에서 정한 단기목표를 달성했을 때 승진할 가능성이 높고 보상 또한 늘어날 수 있을 것으로 믿기 때문이다. 또한 그들은 미래에도 계속해서 동일한 자리에 있을 것으로 생각하지 않는다.

이러한 단기적 관점을 갖는 그 자체를 비윤리적이라 할 수 없다. 그러나 이러한 단기적 시각에서 비롯되는 회계조작은 심각한 비윤리적 문제이다. 회계수치를 조작하려는 유인은 어디서 생기는 것일까? 그것은 한마디로 잘못된 성과평가 및 보상시스템 때문이라고 할 수 있다. 왜냐하면 대부분의 최고경영자나 종업원들은 회계수치에 의해 성과가 관리되며, 이는 그들의 보너스와 급여수준 및 승진 등에 영향을 미치기 때문이다. 이런저런 이유로 성과측정시스템에 대해 불만을 갖는 (즉, 자신의 성과에 대한 적절한 보상을 받지 못하거나 무시당한다고 느끼는) 종업원들은 성과측정시스템이 제공하는 자료나 보고서를 조작하여 자신의 보상수준이나 조직내에서의 입지를 개선하려고 한다.

2. 회계수치 조작의 유형

회계수치 조작의 대표적인 방법은 유연화(smoothing)이다. 자료 또는 정보유연화를 의미하는 유연화는 희망하는 목표를 달성하기 위한 목적으로 수익이나 비용 등과 같은 자료의 인식시점을 늦추거나 앞당기는 자료의 조작행위를 말한다. 유연화는 희망하는 이익수준을 달성하기 위한 이익유연화가 대표적이다. 이익유연화는 주로 다음 두 가지 자료조작을 통해 이루어진다. 첫째는 미래의 수익을 당기의 수익으로 앞당겨 인식하는 것이고, 둘째는 진부화된 재고자산을 장부에서 제거하지 않음으로써 재고자산을 과대계상하는 것이다. 유연화의 시도 여부와 상관없이 잘못된 성과정보를 갖는 기업은 결코 계획을 올바로 수립하거나 효과적으로 통제할 수 없게 된다.

심각한 수준의 '유연화'는 잘못된 성과평가 또는 보상시스템에 기인할 가능성이 높다. 가령, 목표 ROI를 100% 달성하면 급여의 50%를, 90%를 달성하면 급여의 25%에 달하는 보너스를 사업부 책임자에게 지급하기로 한(목표 ROI의 90% 미만을 달성하면 보너스를 지급하지 않음) 회사의 사업부 책임자가 목표 ROI의 90%에 못 미치는 자신의 사업부 ROI를 90% 수준으로 끌어올리기 위해 다음 연도초의 매출을 올해의 매출로 기록하는 것이 한 가지 예이다.

가장 심각한 자료조작방법은 자료위조(data falsification)이다. 불법행위에 해당하는 자료위조는 종업원이 문서를 위조하는 것을 말한다. 가령, 자신에게 부과된 목표매출을 달성해야 하는 압력을 받은 사업부 관리자가 정식제품 대신에 폐기물을 채워 수출하면서 매출로 잡은 후에 반품되었을 때, 이를 재고에 포함시키는 불법행위가 한 가지 예이다. 비록 단기적으로는 목표를 달성한 것처럼 보일 수 있지만 후일 기업을 파산에 이끔은 물론 엄청난 손해배상을 짊어지게 된다.

이 밖에도 전략적 대응행위로 번역될 수 있는 게이밍(gaming)이 있다. 게이밍은 업무과정에서 성과지표를 조작하는 행위를 말한다. 예를 들면, 자신에게 부과된 매출을 달성하기 위한 판매원이 동료실적 일부를 빌려 마치 자신이 판매한 것처럼 꾸미는 것이다. 물론 그 대가로 미래에 자신이 동료에게 도움을 줄 수 있다. 게이밍이 이루어질 경우 비록 유연화와는 달리 기업전체적인 자료가 조작되지 않더라도 주요지표에 영향을 미쳐 평가나 분석을 왜곡한다.

요컨대, 지금까지 설명한 유연화, 자료위조, 게이밍 등의 방법을 통한 회계적 수치의 조작은 대부분 잘못 설계된 성과평가 및 보상시스템 때문에 이루어진다. 목표달성에 대한 압력이 지나쳐서 종업원들을 잘못 동기부여한 결과이다. 또한 내부통제시스템이 제대로 갖추어져 있지 않거나 윤리적 규정을 마련하고 강조하는 기업문화를 갖지 못할 경우에도 발생한다. 부정행위의 대부분은 보고에 있어서의 시간조정 문제이다. 경영자나 종업원들은 당기의 성과를 좋게 보이게 하기 위해 미래의 성과를 기꺼이 변경시키려고 한다. 왜냐하면 조직은 경영자나 종업원들에게 단기성과를 강조하기 때문이다.

다음에 소개하는 한 회사의 사업부 책임자의 말은 보상시스템의 설계에 있어서 시스템 설계자들이 귀담아들을 필요가 있다.

"물론 나는 장기적인 성과보다는 단기적인 성과에 대해 더 관심을 갖습니다. 만일 내가 지금 잘하고 있는 것으로 보이지 않는다면 나는 더 이상 이 자리에 있을 수 없기 때문입니다."

종합예제 사업부 성과평가관련 의사결정내용

제조업인 (주)문어발그룹은 창원, 경주, 포항에 각각 별도의 생산라인을 갖춘 사업부를 운영하고 있다. 각 사업부 책임자들은 그 사업부의 영업이익을 토대로 성과를 평가받는다. 이때 각 사업부의 매출액 비율에 따라 본사공통원가가 배부되는데, 이것 역시 각 사업부 영업이익 산출에 비용으로 포함된다. 2019년 1사분기 각 사업부의 요약 손익계산서는 다음과 같다.

(단위 : 억원)

	창원	경주	포항	문어발그룹(전체)
매출액	2,000	1,200	1,600	4,800
매출원가	1,050	540	640	2,230
매출총이익	950	660	960	2,570
사업부관리비	250	125	160	535
본사공통원가	400	240	320	960
영업이익	300	295	480	1,075

창원사업부 책임자인 박소심 이사는 요즘 억울함을 느끼고 있다. 창원사업부의 매출액은 다른 두 사업부보다 높지만, 영업이익은 경주사업부와 비슷하고 포항사업부보다 훨씬 낮은 것이다. 그 이유는 창원사업부의 생산라인 중 하나가 수익성이 매우 낮기 때문이다. 하지만 매출액이 높다는 이유로 본사공통원가는 제일 많이 배부받고, 그래서 매출원가는 더욱 높아질 수밖에 없는 것이다. 박 이사는 되도록 빨리 이 생산라인을 교체하고 싶지만 마땅한 기회가 없고, 그나마 가동하지 않으면 유휴시설로 방치해야 하기 때문에 아직까지 운영하고 있다. 하지만 박소심 이사는 큰 결심을 내렸다. 성과평가를 잘 받기 위해 이제부터 이 생산라인의 운영을 중단하기로 결심한 것이다.

창원사업부의 생산라인 중 수익성이 낮은 생산라인의 1분기 내역은 다음과 같다. 단, 해당 생산라인을 중지시키면 매출원가와 사업부관리비는 발생하지 않는다.

(단위 : 억원)

	창원
매출액	800
매출원가	600
사업부관리비	100

〈요구사항〉

1. 수익성이 낮은 생산라인 가동을 중단하기로 한 박소심 이사의 결정은 과연 옳은 것일까? 2019년 2사분기의 각 사업부와 (주)문어발그룹의 전체 손익계산서를 작성한 후, 창업사업부의 경영성과와 그룹의 경영성과를 설명하시오.
2. (주)문어발그룹의 회장이라면, 각 사업부 경영자들이 그룹 전체의 이익에 부합되는 의사결정을 내릴 수 있도록 성과평가 시스템을 어떻게 개선하겠는가?

<자료 : 강대준 · 신홍철, 2012, 지금 당장 회계공부 시작하라>

풀 이

1. **2/4분기 문어발그룹의 손익계산서**(창원사업부의 수익성 낮은 생산라인 중지)

(단위 : 억원)

	창원	경주	포항	문어발그룹(전체)
매출액	1,200	1,200	1,600	4,000
- 매출원가	450	540	640	1,630
= 매출총이익	**750**	**660**	**960**	**2,370**
- 사업부관리비	150	125	160	435
- 본사공통원가*	288	288	384	960
= 영업이익	**312**	**247**	**416**	**975**

*본사공통원가 960억원 배부기준(매출액) = 창원 : 경주 : 포항 = 3 : 3 : 4

- 위 손익계산서에 따르면 창원사업부의 매출액은 줄었지만 영업이익은 1사분기 300억원에서 2사분기 312억원으로 증가하였다. 따라서 사업부영업이익에 따라 성과평가를 받는 박소심 이사는 매우 만족스러울 것이다.
- 반면 그룹 전체의 매출액은 1사분기 4,800억원에서 2사분기 4,000억원으로 줄었고, 영업이익도 1사분기 1,075억원에서 975억원으로 감소하였다.

2. 현재 영업이익만으로 각 사업부 책임자를 평가하는 문어발그룹의 성과평가 기준은 회사전체의 이익을 해칠 수 있는 요인이 있다. 개인의 이익만 생각하다가 전체의 이익을 해치는 현상, 즉 준최적화 현상이 발생하는 것이다.
근본적인 원인은 각 사업부 책임자들이 통제할 수 없는 원가인 본사공통원가를 부담능력기준인 매출액으로 배부하는 것에 있다. 가장 좋은 방법은 인과관계가 확실한 배부기준을 적용하는 것이지만, 그것이 어렵다면 매출액을 줄여서라도 배부를 안 받으려 하는 문제점만이라도 없애야 한다. 만약 매출액이 아니라 본사공통원가를 배부하지 않은 영업이익으로 성과평가를 한다면 각 사업부 책임자들이 불만을 품지 않을 것이다.

생각해보기 | 성과와 보상

아토스사는 (주)헤드의 자회사로 경장마차(go-cart)와 다른 레크레이션용 기구를 생산하는 기업이다. 가족휴양센터, 경장마차 트랙, 미니골프, 배팅연습장, 아케이드게임 등은 그 인기가 늘고 있는 실정이다. 그 결과 아토스사는 (주)헤드의 최고경영자로부터 기타의 다른 레크레이션부문으로 다양화하라는 압력을 받고 있다. 가족휴양센터에 아케이드게임을 임대해 주고 있는 가장 큰 기업 중의 하나인 (주)치타는 호의적인 구매자를 찾고 있다. (주)헤드의 최고경영자는 (주)치타의 자산을 3,200백만원에 인수할 수 있다고 믿고 있으며, 아토스사의 경영자인 김철만 씨에게 (주)치타를 인수할 것을 강력하게 권고했다.

김철만 씨는 회계담당자인 조신중과 함께 (주)치타의 재무제표를 검토한 후 동사의 인수가 아토스사에 별 이득이 없다는 결론을 내렸다. "만약 우리가 인수를 하지 않기로 결정한다면 본사 사람들이 별로 좋아하지 않을 것 같은데," 김철만 씨가 말했다. "본사 사람들이 투자수익률이 아닌 다른 기준에 의해 보너스를 지급할거라는 확신이 있다면 아마 이 인수건은 조금은 더 매력적으로 보이겠지. 만약 회사에서 요구하는 15%의 자본비용을 이용한 잔여이익(RI)에 근거해서 보너스를 지급한다면 우리는 어떻게 해야 할까?"

(주)헤드는 전통적으로 모든 사업부문을 총자산 대 영업이익의 비율로 정의된 투자수익률(ROI)로 평가해오고 있으며, 각 부문의 요구수익률은 20%이다. 연간 투자수익률이 증가한 사업부문의 경영자는 누구나 자동적으로 보너스를 지급받을 자격을 갖게 된다. 반면에 연간 투자수익률이 감소한 부문의 경영자가 최소한의 보너스라도 지급받기 위해서는 투자수익률이 감소한 원인에 대한 납득할 만한 설명을 해야만 하며, 그들에 대한 보너스는 이익증가를 보고한 사업부에 지급된 보너스 평균의 50%로 제한된다.

다음은 2019년 1월 31일의 아토스사와 (주)치타의 요약재무제표이다.

(단위 : 백만원)

	아토스사	(주)치타
매출액	10,500	–
임대수입	–	2,800
변동비	7,000	1,000
고정비	1,500	1,200
영업이익	2,000	600
유동자산	2,300	1,900
고정자산	5,700	1,100
총자산	8,000	3,000
유동부채	1,400	850
고정부채	3,800	1,200
주주지분	2,800	950
총부채 및 주주지분	8,000	3,000

<자료 : CMA, 기출문제 수정>

〈가능한 질문〉

1. 현행 보너스제도하에서 (주)치타의 인수가 아토스사 김철만 씨의 보너스에 어떠한 영향을 미치는가?
2. 만일 김철만 씨가 제안한 잔여이익이 성과평가기준으로 채택된다면 (주)치타의 인수는 김철만 씨의 보너스에 어떠한 영향을 미치는가?
3. 현행 보너스제도하에서 (주)헤드의 최고경영자가 김철만 씨에게 (주)치타를 인수하기를 권고하는 것은 정당한 것인가?
4. 현행 보너스제도는 아토스사를 새로운 레크레이션부문으로 확장하고자 하는 (주)헤드의 목표와 일치하는가?

풀이

1. 2019년 1월 아토스사의 투자수익률 :

투자수익률 = 영업이익÷총자산
= 2,000백만원÷8,000백만원 = 25%

2019년 1월, 3,200백만원에 (주)치타를 인수한 경우 (주)치타의 투자수익률 :

투자수익률 = 영업이익÷총자산
= 600백만원÷3,200백만원 = 18.75%

(주)치타 인수 후 아토스의 투자수익률 = 영업이익÷총자산
= 2,600백만원÷11,200백만원 = 23.21%

김철만은 (주)치타에 투자한 경우에 자신의 보너스가 줄어들 것으로 생각한다. 왜냐하면 그 투자로 인해 아토스사의 투자수익률은 25%에서 23.21%로 1.70% 떨어지기 때문이다.

2. (주)치타 인수한 경우의 잔여이익

영업이익	600백만원
목표수익(3,200백만원×15%)	(480백만원)
잔여이익	120백만원

잔여이익이 양(+)의 값이므로 (주)치타에 대한 투자는 김철만의 기대보너스에 대해 양(+)의 영향을 미치게 된다.

3. 아니다. 만일 투자하는 것이 본사 (주)헤드에 가장 좋은 것이라면 김철만에게 인센티브를 제공하는 것은 최고경영자의 의무이다. 이는 또한 김철만에게도 가장 좋은 것이 된다. 그러나 투자수익률로 성과를 측정하는 이 사례에서는 그렇지 않다.

4. 아니다. 현행시스템은 새로운 투자에 대해서 많은 손해를 끼치게 된다. 이 투자에 대한 경영자의 최상의 방법은 투자를 하지 않음으로써 그들의 현행 투자수익률을 보호할 수 있기 때문이다.

요 약

01. 관련수익과 관련원가를 특정 고객별로 추적 또는 집계하는 수익성 분석을 고객수익성 분석이라고 부른다. ABC는 이를 가능하게 한 원동력이다.

02. 한편, 대표적인 관리회계정보시스템으로서 경영통제시스템을 바라볼 때 경영통제시스템의 유용성을 높이려면 기술적 측면과 행동적 측면을 동시에 고려하는 매우 중요하다. 이는 경영통제시스템의 핵심이슈는 목표일치성과 동기부여로 세분된다는 점에서도 잘 알 수 있다.

03. 전략실행수단으로서의 경영통제시스템은 그 결과를 파악하기 위해서도 필연적으로 성과평가와 연계된다. 이를 위해서는 목표일치성과 동기부여 측면을 고려하여 바람직한 성과평가시스템이 구축되고 활용되어야 한다.

04. 종업원들이 자신의 업무를 이해하지 못하거나 측정되는 성과를 어떻게 향상할 수 있는가를 이해하지 못한다면, 성과에 의한 보상시스템은 효과를 거둘 수 없다. 이러한 경우 종업원들은 자칫 노력이 성과 또는 보상과 아무런 관계가 없다고 생각할 수 있다. 또한 보상시스템이 종업원들이 기대하는 성과의 향상을 보상의 변화와 연결시킬 수 없으면, 보상시스템의 동기유발효과는 효력을 잃게 된다.

05. 관리회계시스템이 조직구성원들의 행동에 영향을 미친다는 것은 의심의 여지가 없다. 또한 항상 조직이 희망하는 방향으로 행동이 이루어지는 것은 아니다. 가능한 역기능적인 행동의 예로는 부적절한 회계자료에 기초한 부정확한 결정, 단기재무적 성과측정치에 대한 지나친 의존, 불필요한 예산편성 및 좋게 보이기 위한 수단으로 고의적인 자료의 조작 등이 있다. 회사 입장에서 바람직하지 못한 행동의 발생가능성을 최소화하는 방향으로 관리회계시스템 및 보고가 이루어지도록 설계되고 운영되어야 한다.

핵심용어

- 고객수익성분석
- 경영통제시스템
- 성과평가시스템
- 상대평가
- 균형성과표(BSC)
- 전략집중형조직(SFO)
- 경영자보상
- 이득분배
- 게이밍
- 총원가배분법
- 목표일치성
- 성과지표
- 재무지표
- 전략지도(strategy map)
- 이중고리학습
- 현금보너스
- 스톡옵션
- 일부원가배분법
- 인터액티브 경영통제시스템
- 절대평가
- 비재무지표
- KPI(핵심성과지표)
- 보상시스템
- 이익분배
- 이익유연화

Reading materials

관리회계 전문가 되기
(*新*관리회계
information room)
cafe.naver.com/shinmgta

- 전략이란 구슬, 아무리 많아도 실행해야 보배 (키워드: 균형성과표, 전략실행, 전략관리시스템) 매일경제, 2018.09.21.
- 사우스웨스트를 살려낸 10분 (10 Minutes Turn) 전략 (키워드: 균형성과표, KPI, 턴어라운드 타임, SWA) 마래바, 2015.06.30.
- 조정호 메리츠 회장, 성과 보상 136억 받아가 (키워드: CEO보상 문제) 조선일보, 2013.11.14.

⋮

단답식 개념문제

01. 재무적 수치 한 가지만으로 이뤄지는 성과평가를 보완하기 위해 다양한 관점을 고려하여 평가하는 도구가 □□□□□(BSC)이며, 기업이 성과를 평가하기 위해 기준으로 삼은 평가항목을 □□□□□□(KPI)라 한다.

02. BSC에서 □□의 관점은 고객만족에 대한 성과를 측정하는데, 고객만족도 조사, 고객 확보율, 고객 유지율, 반복구매 정도 등의 지표가 사용된다.

03. □□□□□의 관점은 원가를 낮은 수준에서 유지하여 제품을 저렴한 가격으로 고객에게 제공할 수 있도록 기업 내부의 업무가 효율적으로 수행되는 정도를 의미하는데, 불량률, 작업폐물, 재작업률, 수율, 납기, 생산처리시간 등의 지표가 사용된다.

[문1] 고객수익성 분석을 정의하시오. 아울러 전통적인 세그먼트보고와 고객수익성 분석 간의 관계를 설명하시오.

[문2] 경영통제시스템이란 무엇인가? 정의를 내리고 주요 특징을 설명하시오.

[문3] 경영통제시스템 때문에 오히려 경영자가 기업전체의 이익에 역행해서 행동하게 되는 경우의 예를 들어 설명하시오.

[문4] 최근 전통적인 재무적 측정치에 의한 성과평가가 많은 지적을 받고 있다. 오늘날의 환경에서 재무적 측정치 위주의 통제가 효과적이지 못한 이유를 세 가지로 요약하여 설명하시오.

[문5] 균형성과표(BSC)에서 '균형(balance)'의 의미는 무엇인가?

[문6] 경영자보상이란 무엇인가? 정의를 내리시오.

[문7] 경영자보상의 핵심적 세 가지 목적을 열거하고 설명하시오.

[문8] "경영자는 오직 그의 성과에 의하여 급여를 받아야 한다. 일정급으로 보상해서는 안 된다." 이에 동의하는가? 설명하시오.

[문9] 종업원이 성과평가와 관련하여 자신의 업적을 좋게 보이도록 하기 위해 취할 수 있는 전형적인 비윤리적 행동 세 가지는 무엇인가?

[문10] 재무보고적 관점에서 볼 때 어떤 유형의 경영자보상이 기업에게 가장 유리한가? 또한 세금 측면에서 경영자에게 가장 불리한 보상은 어떤 것인가?

연습문제

객관식

[문1] 조직구성원이 맡은 업무를 훌륭히 수행하면서 조직목표 달성에 기여하는 것을 무엇이라고 부르는가? (★)

① 유연화(smoothing) ② 진단적 통제(diagnostic control)
③ 목표일치성(goal congruence) ④ 교호적 통제(interactive control)

[문2] 다음 제시된 것은 최근 기업들에서 활발하게 이용되고 있는 비재무적 성과측정치들이다.

a. 적시납기	b. 사이클시간	c. 불량률
d. 고객응답시간	e. 배치사이즈	f. 주문처리시간
g. 재구매 고객수	h. 셋업시간	i. 공동사용 부품수
j. 보증비용	k. 제조사이클시간	l. 종업원 숙련도
m. 고객불평 접수건수	n. 제품의 다양성	o. 재작업원가

상기 성과측정치를 고객만족(CS), 유연성(F), 품질(Q) 그리고 시간(T) 등 4가지 범주로 분류할 경우 다음 보기 중 고객만족과 관련된 측정치만을 모은 것은? 단, 개별측정치는 네 개의 범주 중 한 번씩만 해당한다고 가정한다. (★★★)

① a, g, m ② a, b, e ③ c, m, o ④ d, g, m, n ⑤ c, j, o

[문3] 우편 및 전화주문 판매를 하는 (주)통판은 활동기준원가(Activity-Based Costing) 시스템을 통해 주요 고객의 수익성을 파악하고자 한다. 주요 고객의 연간 자료는 다음과 같다.

	고객 '갑'	고객 '을'	고객 '병'
총매출	₩8,000	₩10,000	₩20,000
반품-수량	4개	0개	2개
반품-액수(판매가)	₩2,000	₩0	₩5,000
연간 총전화주문건수	0건	4건	8건
연간 총우편주문건수	4건	0건	2건
총 전화주문처리 시간	0시간	0.25시간	0.20시간

배송비용은 고객이 부담하며, 반품에 따른 배송비만 고객이 부담하면 반품은 항상 허용된다. 매출원가는 판매가의 75%이다. 활동 및 활동원가의 동인율(activity cost driver rate)이 다음과 같을 경우, ABC를 통해 계산한 고객 '갑'으로부터의 연간 이익은? (KICPA 2001) (★★)

활 동	활동원가동인율
우편주문처리	₩ 50/주문건수
전화주문처리	₩800/시간
반품처리	₩100/반품수
고객유지	₩500/연/1인

① ₩400 ② ₩900 ③ ₩1,500 ④ ₩4,900 ⑤ ₩8,000

[문4] 균형성과표(BSC)에 관한 설명으로 옳지 않는 것은? (세무사 2011; KICPA 2014 수정) (★★)

① 조직구성원들이 조직의 전략을 이해하여 달성하도록 만들기 위해, 균형성과표에서는 전략과 정렬된 핵심성과지표(Key Performance Indicators)를 설정한다.

② 균형성과표의 다양한 성과지표간의 인과관계를 통하여 조직의 전략목표 달성과정을 제시하는 성과지표의 체계를 전략지도(strategy map)라고 한다.

③ 균형성과표의 고객 관점은 고객만족에 대한 성과를 측정하는데 고객만족도, 고객유지율, 반복구매 정도, 시장점유율 등의 지표가 사용된다.

④ 조직의 사명과 비전에 근거하여 다양한 관점에서 전략을 도출한 후, 도출된 전략의 인과관계를 도식화한다.

⑤ 균형성과표에서 전략에 근거하여 도출한 재무적 성과측정치는 비재무적 성과측정치의 선행지표가 된다.

[문5] 효과적인 보상시스템을 설계할 때 고려해야 할 조직구성원의 행동적 요인에 대한 설명 중 가장 옳지 않는 것은? (★★)

① 최종결과에 영향을 미치는 통제불가능한 불확실성 때문에 최종결과보다는 투입(노력)수준을 토대로 보상을 할 수 있다.

② 최종결과가 공동 노력의 소산일 가능성이 높을 때는 가급적 특정 개인의 공헌을 잘 식별하여 개인별 보상을 하는 것이 바람직하다.

③ 팀성과에 기초하여 보상할 경우 다른 사람들의 노력에 편승하는 소위 무임승

차라는 문제가 생길 수 있다.

④ 부적절한 성과측정치에 의한 보상은 오히려 조직에 역기능적일 수 있다.

⑤ 사람들마다 동기유발 요소가 다양하기 때문에 특정 상황마다 어떤 보상체계가 가장 적합한가를 단정하기는 어렵다.

주관식

[문1] ABC＋고객수익성 분석 (★★)

(주)한국은 소매업체들을 대상으로 판매촉진 관련 지원서비스를 제공하고 있다. (주)한국은 적절한 이익을 창출하고자 각 고객별 주문과 관련하여 발생한 재료원가에 100%의 이윤폭(markup)을 가산하여 각 고객에 대한 지원서비스 청구액(＝재료원가×200%)을 결정하여 왔다. 최근 들어 (주)한국은 새로운 고객관계관리 소프트웨어를 사용하여 활동분석을 수행한 결과, 활동, 활동원가동인 및 활동원가동인당 배부율을 다음과 같이 파악하였다.

활 동	활동원가동인	활동원가동인당 배부율
정규주문처리	정규주문 처리건수	정규주문처리 건당 ₩5
긴급주문처리	긴급주문 처리건수	긴급주문처리 건당 ₩15
고객이 요구한 특별서비스 처리	특별서비스 처리건수	특별서비스처리 건당 ₩50
고객관계관리	연간 고객수	고객당 ₩100

고객관계관리 소프트웨어를 이용하여 20×1년 한 해 동안 이 회사의 고객들에 관한 데이터를 수집하였으며, 총 고객 60명 중 2명의 고객 A, B에 대한 자료와 회사 전체의 자료는 다음과 같다.

구 분	고객 A	고객 B	회사전체
매출액(지원서비스 청구액)	₩1,400	₩750	₩60,000
정규주문 처리건수	25건	8건	1,000건
긴급주문 처리건수	10건	8건	500건
특별서비스 처리건수	4건	7건	200건
고객수	1명	1명	60명

위에 주어진 활동분석 자료에 입각하여 20x1년 한 해 동안 고객 A, B 각각으로부터 창출된 이익(손실)을 계산하면 얼마인가? (KICPA 2016 1차)

[문2] 재무적 및 비재무적 성과측정치, 목표일치화 (★★)

(주)메디칼은 의료진단장비에서 특화된 기업이다. 최근 이 시장은 경쟁이 치열해지고 있는 상황이다. 거의 2년 전에 (주)메디칼의 사장은 추가적인 비용의 증가 없이 고객 및 부가가치를 강조하는 데에 사업부 책임자를 독려하기 위해 보상제도(기준, 시기, 영업이익)를 수정하였다. 이윤에 대한 유인 이외에 또 보상제도는 재작업비용의 감소, 매출취소의 감소 및 납기준수에 대한 유인을 포함하였다. 보너스는 반기마다 지급된다. 기본 보너스는 영업이익의 2%로 계산된다. 보너스 총액은 다음 금액에 의해 조정된다.

(a) ① 영업이익의 2% 금액을 초과하는 재작업비용을 차감
② 재작업비용이 영업이익의 2% 금액보다 적거나 같으면 조정은 없다.

(b) 납기준수비율이 98%를 초과시 ₩5,000,000, 96~98%이면 ₩2,000,000 그리고 96% 미만이면 ₩0을 가산한다.

(c) ① 매출 취소액이 매출액의 1.5%보다 적거나 같으면 ₩3,000,000을 가산함.
② 매출 취소액이 매출액의 1.5%를 초과하면 초과금액의 50%을 차감함.

* 만일 보너스 계산금액이 특정 기간에 있어서 (−)일 경우에 사업부 책임자는 보너스를 받지 못하며 (−)의 금액은 다음 기간으로 이어져 계산되지는 않는다.

새로운 보너스제도가 처음 실시되는 2019년도에 (주)메디칼의 신촌사업부와 강남사업부의 결과는 다음과 같다. 구보너스 제도하에서 2018년도에 신촌사업부의 책임자는 ₩27,060,000을, 강남사업부의 책임자는 ₩22,440,000의 보너스를 받았다.

(단위 : 백만원)

	신촌사업부		강남사업부	
	2019. 1. 1. ~ 6. 30.	2019. 7. 1. ~ 12. 31.	2019. 1. 1. ~ 6. 30.	2019. 7. 1. ~ 12. 31.
매출액	₩4,200	₩4,400	₩2,850	₩2,900
영업이익	₩462	₩440	₩342	₩406
납기준수비율	95.4%	97.3%	98.2%	94.6%
재작업비용	₩11.5	₩11	₩6	₩8
매출 취소액	₩84	₩70	₩44.75	₩42.5

〈요구사항〉

1. 왜 (주)메디칼의 사장은 이들 새로운 성과측정치를 도입하려고 하는가? 왜 영업이익수치 이외에 이들 성과측정치의 이용이 필요한가?
2. 각 사업부 책임자들이 2019년도에 각 6개월 및 1년 동안에 받을 보너스금액을 계산하시오.
3. 보너스제도의 변경은 각 사업부 책임자들의 행동에 어떠한 영향을 미치는가? 새로운 보너스제도의 달성을 통해 (주)메디칼의 사장은 무엇을 바라는가? 당신이 새로운 보너스제도를

만들 경우 어떻게 바꾸겠는가?

〈자료: HFD, 1997 수정〉

[문3] BSC(균형성과표) 항목의 선택 (★★)

국제회계인협회(IAA : International Accountants' Association)는 회계인들로 구성된 전문가단체이다. 현재 총회원수는 전 세계에 걸쳐 110,000명에 달한다. 뉴질랜드에 본사가 있는 IAA는 전 세계에 걸쳐 지부를 운영하고 있다. 매달 지부별로 모임을 갖고 회계 현안을 논의하고 최근에 이루어진 회계변화를 파악하고 특정 토픽에 대한 특강을 듣기도 한다. 또한 협회는 몇 편의 주요 논문과 몇 가지 주제영역에 관한 기사를 담은 월간지 *International Accountant* 를 매월 발간한다. 협회는 또한 실무에 관한 전문서적과 보고서를 발간하고 계속교육사업을 주관한다. 최근 연도의 손익계산서(즉, 수지계산서)는 다음과 같다.

국제회계인협회(IAA)
2018년도 수지계산서

수　입		$30,275,000
비　용:		
인건비	$14,000,000	
기타 인건비	3,400,000	
임차료	2,000,000	
지부운영비	800,000	
기타 회원지원비	500,000	
인쇄 및 발간비	320,000	
우편 및 발송비	114,000	
일반관리비	538,000	(21,672,000)
초과수입		$8,603,000

〈기타 정보〉

- 연회비는 $200로서 월간지 일년간 구독료를 포함한다. 회원들이 갖는 기타 혜택은 협회와 지부의 멤버십이다.
- 월간지 *International Accountant*는 비회원에게도 연간 $80에 구독할 수 있게 하는데 현재 매년 2,500부를 팔고 있다. 연간 구독료 이외에 $200,000의 광고료수익이 있었다. 잡지 한 부당 원가는 $20이다.
- 협회의 출판부에서는 평균 $45의 판매가격으로 총 30,000부의 전문보고서를 판매하였다. 전문보고서 한 부당 원가는 $12이다.
- 협회는 회원과 동시에 비회원을 대상으로 다양한 계속 교육강좌를 개설하고 있다. 2018년 한 해 동안 평균 $75의 수강료를 지불하고 34,400명이 일일강좌를 수강하였

다. 한편, 총 2,630명의 수강생이 이틀 코스를 평균 $125의 수강료를 부담하고 수강하였다.

• 일반관리비는 본부 스탭이 협회운영에 지출하는 기타 비용을 포함한다.

〈요구사항〉

1. IAA조직의 균형성과표의 일부에 해당하는 재무적 측정치(계산은 불필요함) 예를 몇 가지 드시오.
2. 몇 가지 유형의 고객정보와 운영기준을 토대로 균형성과표에 적합한 몇 가지 평가지표를 제시하시오.

〈자료 : MDH, 2000〉

[문4] 성과평가시스템의 평가 : 행동적 이슈 (★)

홍익전자는 3년 전 신촌공업을 인수하였다. 인수 전까지 신촌공업은 전자부품을 제조하여 제3의 고객에게 판매하였다. 인수 후, 홍익전자내의 한 사업부(신촌사업부)가 되었고, 이후에는 홍익전자내의 와우사업부만을 위해 생산한다. 홍익전자는 신촌사업부의 책임자에게 많은 재량을 주었다. 하지만 자본투자나 가격책정, 생산수량 등에 관한 의사결정에는 권위적으로 대했다. 홍익전자는 공식적인 성과평가프로그램을 모든 사업부에 도입하였다. 평가프로그램은 각 사업부의 투자수익률(ROI)에 초점이 맞추어져 있었다. 신촌사업부는 홍익전자에게 손익계산서를 평가의 기초자료로 제공하였다(다음의 손익계산서 참조).

기업의 회계실무자들은 사업부의 재무제표를 준비하였다. 기업의 일반 서비스원가는 매출액기준으로 배부하였고, 컴퓨터 부서의 실제원가는 사용 정도에 기초하여 배부하였다. 사업부의 순투자액은 사업부의 순장부가치에 기초한 고정자산(cost less 감가상각)과 사업부 재고를 포함하고 있으며, 기업의 운영자본은 사업부의 매출액에 기초하여 각 사업부에 배부하였다.

손 익 계 산 서

홍익전자 신촌사업부		(단위 : 백만원)
Ⅰ. 매 출		₩4,000
－Ⅱ. 원가 및 비용		
제품원가 :		
직접재료비	₩500	
직접노무비	1,100	
공장간접비	1,300	
합 계	₩2,900	
차감 : 재고증가	350	₩2,550
엔지니어링 및 연구개발비		120

선적 및 입고		240
사업부 비용 :		
관리자 사무실	₩210	
원가계산	40	
총 무	82	332
본사비용 :		
일반서비스	₩230	
컴퓨터	48	278
원가 및 비용합계		₩3,520
Ⅲ. 사업부 운영이익		₩480
• 순공장투자		₩1,600
• 투자수익률(ROI)		30%

〈요구사항〉

1. 홍익전자의 재무보고서와 성과평가프로그램을 신촌사업부의 책임과 관련하여 논하시오.
2. 위 1의 답변을 토대로 신촌사업부의 성과평가에 이용되는 재무정보와 보고서가 어떻게 수정되어야 하는지를 제안하시오. 만약 수정이 필요하지 않다면 왜 그런지도 설명하시오.

〈자료 : CMA 기출문제 수정〉

[문5] 윤리, 경영자 성과평가 (★★)

(주)여주도자기는 도자기 커피잔을 생산 및 판매하는 회사이다. 그 커피잔에는 상업용 및 도매상을 위해 회사의 상표와 문구를 인쇄해 준다. 회사는 연간 3,000,000개의 커피잔을 생산할 수 있는 능력을 가지고 있으나 최근 경기침체로 지난해에는 단지 1,500,000개를 생산·판매하였다. 2018년도 요약손익계산서는 다음과 같다.

(단위 : 백만원)

매출액(1,500,000 × ₩2,000)	₩3,000
매출원가	2,700
매출총이익	300
판매비 및 일반관리비(고정비)	400
영업이익	₩(100)

매출원가는 750백만원(개당 ₩500)의 변동비와 1,950백만원(개당 ₩1,300)의 고정비로 구성되어 있다. 2018년도의 기초 및 기말재고는 없다.

(주)여주도자기는 지난해의 손실을 해결하기 위해 새로운 최고경영자로 김윤리를 고용하였으며, 그에게는 이전 경영자의 고정급과는 달리 인센티브보상계약을 제시하였다. 김윤리에게는 연간급여 50백만원에 보너스 차감전 영업이익의 15%를 보너스로 지급하기로 계약하였다. 영업이익은 전부원가계산을 이용하여 계산한다. 즉, 단위당 고정제

조간접비는 재고자산으로 처리되며, 판매시점에 비로소 비용화된다.
김윤리는 2019년도에 경영성과를 다음과 같이 발표하였다.

① 생산량은 2,500,000개로 증가했다.
② 판매량은 1,800,000개로 증가했다.
③ 판매비와 일반관리비는 650백만원으로 늘어났다(김윤리의 급여 50백만원이 포함되어 있다).

2019년도에도 커피잔의 개당 판매가격은 ₩2,000, 변동제조원가는 개당 ₩500 그리고 고정간접제조원가는 총 1,950백만원으로 2018년과 변화가 없었다.
2019년도 말에 김윤리는 이사들과 만나 다른 일을 하기로 했다고 말했다. 회사는 성공적으로 운영되었으며 그러한 기회를 준 이사들에게 감사한다고 그는 말했다. 그의 새로운 일이라는 것은 문제를 해결하기 위해 발버둥치는 회사 주위를 배회하는 것이었다.

〈요구사항〉
1. 2019년도의 김윤리의 보너스 금액을 계산하시오.
2. 김윤리의 성과를 평가하라. 위의 1의 답에 근거할 경우 김윤리는 업무를 잘 수행했는가?
3. 김윤리의 행동은 윤리적인가?

〈자료 : HFD, 1997 수정〉

[문6] 고객수익성 분석 (★★)

홍익비전은 기업체를 대상으로 한 교육용 비디오를 판매하는 업체이다. 교육용 비디오는 유명한 경영컨설턴트의 강의내용을 담고 있다. 각 경영컨설턴트에게 지급되는 보상은 개별 협상을 통하여 이루어진다. 비디오 판매수익에 비례하여 보상금액이 결정되는데 각 보상비율은 경영컨설턴트 간에 일정하지 않다. 또한 경영컨설턴트들은 고정금액이나 비디오 묶음판매로 인한 수익금배분을 별도로 요구하기도 한다.
홍익비전은 각 비디오를 낱개로 판매(일명, 개별 판매용)하고 있다. 그러나 시장추세를 고려할 경우 비디오 묶음(패키지)판매가 성장가능성이 많음이 파악되었다. 따라서 홍익비전은 세 가지 유형의 패키지 비디오상품을 2019년에 제시하였다. 2019년의 각 개별 비디오 및 패키지 비디오상품의 자료는 다음과 같다.

개별 판매용				
경영컨설턴트	내 용	판매단위	판매가격	컨설턴트 로열티
김협상	협상전략	25,000	₩15,000	24%
이판촉	마 케 팅	17,000	12,000	16
박구조	리엔지니어링	8,000	13,000	19

패키지 판매용		
내 용	판매단위	판매가격
협상전략+마케팅	12,000	₩21,000
협상전략+리엔지니어링	5,000	22,000
마케팅+리엔지니어링	4,000	19,000
협상전략+마케팅+리엔지니어링	11,000	28,000

〈요구사항〉

1. 패키지 판매로 인한 수익을 개별적 수익배분법(일명, 개별법)을 이용하여 개별 비디오에 배분하시오. (**힌트** : 개별적 수익배분법은 패키지의 구성제품에 관한 개별적인 정보(가령, 가격)를 이용하여 패키지수익을 개별제품에 배분하는 방법을 말한다.)
2. 개별적 수익배분법을 이용하면 김협상, 이판촉, 박구조 자문가에게 총지급되는 로열티금액은 얼마인가?
3. 물음 1의 수익배분방법을 대신할 수 있는 대안적 방법을 설명하시오.

〈자료 : HFD, 1997, 제16장〉

[문7] 성과평가시스템+동기부여 (★★)

Superior Security Guards(SSG)사의 사보에는 다음과 같은 기사가 실렸다. 이 기사는 매년 가장 우수한 실적을 올린 지점에 시상될 '으뜸상'의 제정에 관한 것이다.

이 트로피는 1m 정도의 크기로 매년 '전년도 수상' 지점에서 '올해의 수상' 지점으로 옮겨지게 될 것이다. 또한 트로피를 수상한 지점의 책임자에게는 이 트로피의 소형 복제판이 수여될 것이다. 이 트로피는 매출신장률과 영업이익증가율이 가장 높은 지점에게 시상된다. 수상지점 선정을 위한 점수의 계산은 전년도의 매출액과 영업이익에 대한 각각의 증가율을 동일하게 가중치를 부여하여 평균한다. 다만 적어도 15% 이상의 매출증가를 성취한 지점들만이 수상자격이 있다.

이 회사는 네 개의 도시에 지점들이 있다. 이들 네 지점들에 대한 매출과 영업이익에 관한 자세한 내용은 다음과 같다.

(단위 : 백만원)

		2015	2016	2017	2018
매 출	아이오와 지점	₩62.4	₩75.6	₩94.3	₩110.4
	캔사스 지점	23.7	25.9	28.9	32.8
	뉴올리안즈 지점	60.5	85.1	122.7	153.8
	세인트루이스 지점	80.7	86.2	99.8	111.3
영업이익	아이오와 지점	₩9.9	₩10.5	₩15.1	₩18.7
	캔사스 지점	5.7	5.4	2.6	7.2
	뉴올리안즈 지점	6.2	8.3	15.9	21.5
	세인트루이스 지점	14.5	14.6	20.9	21.1

〈요구사항〉

1. 2018년에 어떤 사업부가 트로피를 받았겠는가?
2. 가장 우수한 영업성과를 실현한 지점을 선정하는 SSG사의 평가시스템을 논평하시오.

〈자료 : CMA 기출문제 수정〉

[문8] CVP분석과 경영자보상 (★★★)

홍익공업(주)은 제약회사이며 단위당 판매가격 및 원가자료는 다음과 같다.

판매가격	₩100
변동제조원가	50
변동판매비	10
총고정제조간접비	10,000
총고정판매비	5,000
법인세율	40%

다음의 각 물음은 각각 독립적이다. 법인세를 무시하고 답하시오.

〈요구사항〉

1. 홍익공업(주)의 전문경영자는 TV광고시 판매량이 증가할 것으로 기대하고 있다. TV광고를 하지 않을 경우 판매량은 300kg과 400kg 사이에서 균등확률분포(uniform distribution)를 이루고 TV광고를 하는 경우에는 판매량이 370kg과 610kg 사이에서 균등확률분포를 이룬다. 단, TV광고비는 ₩7,000이다.
   홍익공업(주)의 전문경영자는 기본급 없이 성과급으로만 연봉을 지급받는다고 한다. 성과급은 순이익의 1%이며 순손실이 발생하는 경우에는 전혀 지급되지 않는다. 전문경영자 입장에서 기대이익을 구하고 TV광고에 대한 의사결정을 내리시오.
2. 위의 성과급제도의 문제점을 지적하고 개선책을 제시하시오.
3. 소품종 대량생산과 다품종 소량생산의 환경하에서 조업도만을 원가동인으로 할 때 문제점이 어느 쪽에서 더 큰가? 그 이유는?

〈자료 : KICPA 1998 2차〉

11 자본예산

학습목표

- 자본예산 및 장기의사결정과정을 이해함
- 자본예산분석 및 의사결정의 흐름을 이해함
- 자본예산분석 관련 현금흐름의 유형을 이해함
- 감가상각비의 감세효과를 이해함
- 자본예산분석기법의 종류(NPV, IRR, 회수기간, ARR)와 의사결정기준을 이해함
- 자본예산의 전략적 검토를 이해함
- 자본예산에서 인플레이션을 고려하는 분석기법을 이해함

Intro

자본예산은 장기적인 관점에서 거대한 자금이 소요되는 설비, 기계장치의 구입 등 기업의 비유동자산(고정자산) 투자의 타당성을 현금흐름에 기초한 현가계산을 토대로 검토하는 의사결정도구이다. 대표적인 전략적 계획수립 도구이자 기업의 흥망을 좌우하는 열쇠이다. 무리한 신규 사업 진출로 그룹 전체가 도산하거나 휘청거린 경우를 떠올리면 된다.

전기자동차 배터리가 21세기의 미래 성장산업임을 확신한 'SK이노베이션'이나 '한화'를 비롯한 국·내외 기업들이 자동차 배터리시장에 진출하려 할 때 이들 기업들이 내려야 하는 경영의사결정은 무엇이고 자금은 얼마나 소요될 것인지를 생각해 보자. 공장 신축, 기존 생산설비의 증축, 인수합병(M&A), 기존 설비 또는 원가경쟁력 유지를 위한 기계의 성능개선 등 다양한 방법이 모색될 수 있다. 그러나 어떤 방법을 선택하든지 거대한 자본투입이 요구된다. 자본예산의사결정은 기업 성장성과 수익성을 결정할 뿐만 아니라 한번 결정되어 투입된 자본예산은 중도에 번복될 수가 없다. 자본예산이 장기적인 관점에서 다양한 기법을 활용하고, 신중하게 검토 및 결정되어야 하는 이유이다. 이 장에서는 이러한 자본예산과 관련된 중요한 개념인 현금흐름, 자본예산의사결정 프로세스, 다양한 분석기법 등에 대하여 학습한다.

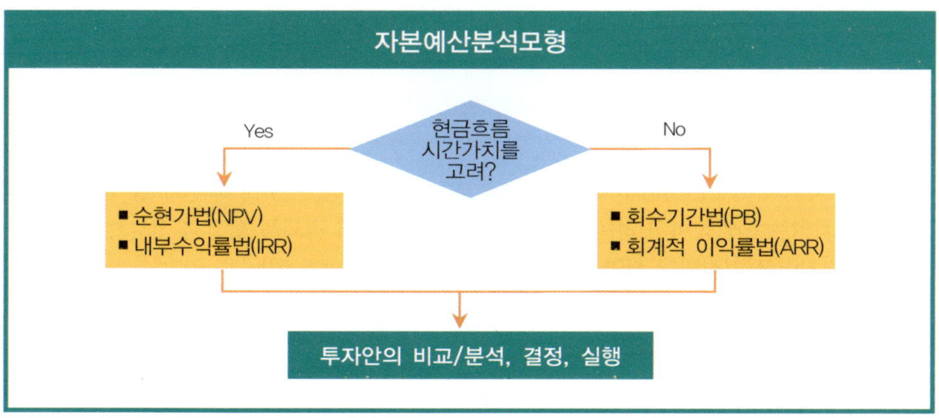

SK이노베이션(주)의 자동차배터리 시장진출

전기차 배터리 산업에 대한 성장잠재력이 높이 평가되면서 신규 사업자들도 속속 시장에 진출하고 있다. SK이노베이션은 지난달 독일의 자동차부품업체인 콘티넨탈과 손잡고 합작사인 'SK 콘티넨탈 이모션(E-motion)'을 설립하면서 전기차 배터리 시장에 도전장을 냈다. SK그룹은 전기차 배터리 개발과 생산에 오는 5년 동안 4,000억원을 투자해 오는 2020년까지 글로벌 전기차 배터리시장 1위에 오른다는 계획이다. 〈출처: 아시아투데이, 2013.2.〉

한화의 태양광사업

그룹 오너 공백 1년 넘고 시장선 태양광 '올인' 우려 목소리. "내년 여수 폴리실리콘 공장 생산수급 균형. 수익성도 개선될 것"

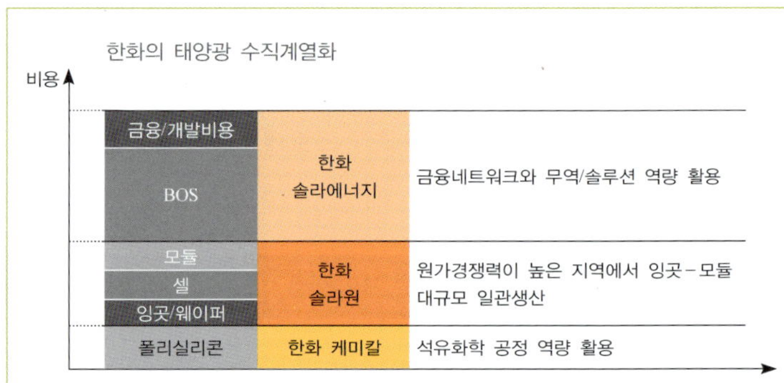

웅진폴리실리콘 등이 쓰러지고, 삼성·엘지 등이 태양광 사업에 속도 조절을 하는 가운데서도, 한화는 폴리실리콘부터 발전시스템까지 수직계열화(원료부터 완제품까지)를 밀어붙였다. 태양광 사업은 지난해 2,528억원의 영업손실을 기록한 데 이어 올해 상반기 영업이익도 -618억원을 기록해 손실을 이어갔다. 이에 대해 홍 부회장은 '규모의 경제'를 강조했다. 그는 "태양광 사업은 진입장벽이 없는 사업이다. 그래서 규모의 경제를 빨리 추진하려고 했다. 산업 규모가 커지면 진입장벽이 자연스레 생기고, 시장선점 효과를 거둘 수 있다"고 말했다. 그는 "수급이 균형을 이루고 수익성이 개선되는 시점을 2014년쯤으로 본다. 내년까지는 한화가 충분히 커버할 수 있는 체력이 된다"고 덧붙였다.

2014년 3월, 한화는 1조원을 투자한 여수 폴리실리콘 공장의 상업 생산을 시작할 예정이다. 기술력이 필요한 공정 특성상 초기 수율(재료 투입 대비 완성품 비율)확보가 관건이다. 홍 부회장은 "현재 생산되는 제품 중 최고 순도(태양광 효율 좌우)를 목표로 하고 있다. 경험 많은 인사를 최고기술책임자(CTO)로 초빙해 지휘를 맡겨 가능할 것으로 본다"고 말했다. 그는 "저희 강점은 1만t의 생산량 가운데 8,000t 정도는 한화 솔라원, 한화 큐셀 등에서 소화할 수 있다는 것"이라고 덧붙였다. 〈출처: 한겨레신문, 2013.9.〉

제1절 자본예산과 장기투자의사결정

1. 자본예산의 개념과 중요성

> **TIP!**
> **학습목표 1.**
> 자본예산 및 장기투자의사결정을 이해한다.

흔히 청소년을 대상으로 한 교육은 국가의 먼 장래를 위한 투자라고 한다. 이때 투자(investment)라는 용어는 "미래의 이익을 위해서 현재의 소비를 포기하는 것"이라는 경제학에서의 정의가 시사하는 바와 같이 현금지출이 현시점에서 이루어지는 반면, 그로 인한 효과는 (비록 효과의 크기 및 시기의 불확실성은 존재하지만) 미래에 거두게 됨을 의미한다. 기업도 마찬가지이다. 사업수행상 장기에 걸쳐 대규모 지출을 요하는 투자가 필요하게 마련이다. 가령, 신제조기술 도입을 위한 투자, 설비확장 그리고 글로벌 경영 차원에서의 해외현지법인 설립 및 공장건설 등이 그것이며 앞에서 살펴본 SK이노베이션(주)의 자동차배터리 시장진출과 (주)한화케미칼의 태양광사업 투자 등이 좋은 사례이다. SK이노베이션은 새로운 수익모델의 개발이라는 전략하에서 향후 5년간 자동차배터리 사업에 4,000억을 투자할 계획이다. 한화케미칼(주)는 이미 천문학적 규모의 투자를 통하여 태양광사업과 관련된 수직화를 이루었으나 시장예측과 환경의 변화로 회사에 거액의 손실을 끼치고 있다. 같은 태양광산업에 집중투자를 한 웅진폴리실리콘은 부도 위험에 처하기도 하였다.

SK 이노베이션(주)

한화케미칼

위의 사례에서 살펴본 바와 같이 기업의 설비자산 또는 고정자산(capital assets)에 대한 투자는 장기간을 요하지만 미래의 불확실성과 기업에 생존에 미치는 영향력이 매우 높기 때문에 장기경영계획하에 전략실행과 관련하여 이루어져야 한다. 따라서 이처럼 장기경영계획하에 기업이 보유한 한정된 투자자원을 상호 대립적인 장기투자안에 효과적, 효율적으로 투자하기 위한 목적으로 투자안을 비교 · 평가하는 일련의 체계적 과정(process)이 필요하며 이러한 과정을 자본예산(capital budgeting)이라고 한다. 이러한 자본예산, 즉 기업의 설비 또는 기계장치와 같은 고정자산에 대한 투자안(investment opportunity)의 채택 또는 중단(또는 철수: disinvest)을 결정하기 위하여 투자안을 비교 · 평가하는 것을 장기투자의사결정이라 한다.

> **TIP!**
> **자본예산편성**
> 한정된 자원을 장기간 현금흐름을 창출하는 투자안에 효율적, 효과적으로 배분하기 위해 투자안을 비교 · 평가하는 체계적인 과정을 말한다. 그리고 그 결과로 편성된 예산을 자본예산으로 표현한다. 단, 편의상 이를 혼용하기도 한다.

자본예산에서 다룰 투자안이란 향후 수년에 걸쳐 현금흐름을 창출할 수 있는 조건을 충족하는 고정자산의 취득과 관련된 모든 투자안을 말하며, 기업의 전략, 원가우위 또는 차별화전략에 따라 여러 투자유형으로 구분된다. 예를 들면, 신제품 개발을 위한 신규 설비 · 장비의 취득, 조직규모 확장을 위한 기업인수 · 합병(M&A), 노무비 또는 경비의 절감 또는 공장자동화 등을 위한 설비 또는 기계의 대체(replacement) 등이 있다. 궁극적으로 자본예산 및 관련 장기투자의사결정의 목적은 조직(또는 기업)의 장기적 가치(long-term value)를 증가시키는 데 있다는 것을 잊지 말아야 한다.

2. 자본예산과 장기투자의사결정의 특징

자본예산은 기업의 전략과 일치하게 편성되고 실행되어야 한다. 따라서 자본예산은 전략하의 계획기능이 요구된다. 계획기능 차원에서 자본예산은 단기계획에 비해 다음 세 가지 특징을 지닌다.

SAMSUNG 르노삼성자동차

① 관련범위가 매우 넓다. 신규 투자프로젝트(가령, 삼성의 자동차사업에의 진출, 진로의 쿠이스(coors)라는 외국브랜드의 맥주생산)가 기존조직에 미치는 영향은 인력확충 및 유통채널의 재구성에서 기존업무 수행방식의 변경에 이르기까지 매우 다양하다. 이런 점에서 투자안 타당성 평가시 관련 맺는(즉, 수집 · 고려되어야 할) 자료는 매우 다양하다.

② 자본예산은 기업의 목적과 정책에 기초하여 이루어진다. 이는 곧 자본예산이란 전략적 의사결정을 구체화한 것이라는 앞서의 지적과 일맥상통한다. 기업이 어디로 향하는가의 방향설정(전략수립)은 곧 목적지를 어떻게 도달할 것인가의 실행계획에 의해 뒷받침되어야 한다. 이러한 실행계획 중 장기간에 걸친 현금흐름을 수반하는 계획을 구체화한 것이 투자프로젝트이다.

③ 자본예산편성은 불확실성이 매우 높다. 장기예측이 단기예측에 비해 불확실성이 높은 것은 당연하지만 경제상황의 변동 및 기술변화에 크게 영향을 받는 자본예산은 근본적으로 높은 재무적 위험을 갖는다. 투자규모 자체가 클 뿐만 아니라 일단 투자가 이루어진 후 사용용도 또한 매우 제한되어(즉, 대체용도가 낮음) 사후적으로 잘못된 투자임이 판명된 경우(가령, 삼성의 자동차사업) 이를 회수할 융통성은 매우 낮다. 이는 곧 초과시설의 존재로 인한 기회비용의 발생으로 귀결된다.

④ 단기운영예산과 달리 자본예산은 최소한 2개년 이상에 걸친다. 따라서 매년의 운영의사결정에 적용되어 온 계획 및 통제기법은 더 이상 적합하지 않다. 이를 감안하여 현금흐름을 의미 있게 분석하기 위하여 '화폐의 시간적 가치(time value of money)'를 고려한다.

TIP!
화폐의 시간적 가치
현재의 ₩1이 미래에 받는 ₩1보다 더 가치가 크다는 개념

3. 자본예산분석과 장기투자의사결정

자본예산편성과정은 크게 심사(screening)단계와 선정(preference decision)단계로 대별된다. 때로는 보다 세부적으로 ① 식별, ② 탐색, ③ 정보수집, ④ 선택, ⑤ 자금조달, ⑥ 실행 및 관리의 6단계로 구분하기도 한다. 본서에서는 ① 프로젝트의 식별 및 정의, ② 평가 및 선정, ③ 통제 및 사후관리의 3단계로 구분하여 설명한다.

> **TIP!**
> **학습목표 2**
> 자본예산 분석 및 의사결정의 흐름을 이해한다.

(1) 프로젝트의 식별 및 정의

첫 번째 단계는 과연 기업에 장기적인 현금흐름을 창출하는 어떠한 투자안이 존재하는지를 식별하고 정의하는 것이다. 성공적인 자본예산편성상 가장 중요하고 어려운 단계라고 할 수 있다. 왜냐하면 경영환경이 매우 불확실한 현시점상 어디로 가야 하며 무엇을 해야 하는지에 대한 판단이 선행되어야 하기 때문이다. 가령, IMF 도래 후 개별 기업이 처한 구조조정 또는 업종전문화를 떠올리면 쉽게 이해할 수 있다.

자본예산에서 검토되는 투자안은 투자규모, 전략적 중요성, 다양성(원가-효익분석검토 결과) 등에서 차이를 보인다. 투자지출 규모를 감안하여 투자 프로젝트는 ① 소액투자안, ② 정기 유지보수 투자, ③ 전략사업으로 구분된다. 소규모 투자는 일선 현장이나 지점에서 제안되어 올라오는 반면, 전략사업은 상위 경영진이 주도하는 것이 일반적이다. 이 중 전략사업이 가장 중요하다. 전략사업에 담긴 개별 사업단위의 목적, 목표, 전술은 전략계획을 매개로 전사적 목적, 목표와 통합된다. 이 과정에서 통합 및 조정이 제대로 이루어지지 않으면 기업은 엄청난 혼란과 시련에 처할 수 있다.

첫 번째 단계에서 경영진은 투자프로젝트의 범위를 명확히 정의내릴 필요가 있다. 즉, 사전에 어떠한 프로젝트가 기업에 적합하며 어떤 것들이 부적합한지를 알리는 것이다. 만약 이 과정이 생략될 경우 자본예산과정에서 관련 맺는 다양한 예측치를 활용함에 혼란이 빚어질 수 있다. 또한 기업이 허용가능한 범위를 초과하여 투자안이 신청될 가능성이 높다.

(2) 평가 및 선정 단계

일단 검토대상의 투자안들이 파악되면 투자 프로젝트의 장단점을 원가-효익 관점에서 파악한다. 투자안 평가시 고려해야 할 변수는 매우 다양하다. 기술변화, 시장의 변동, 경쟁업체의 행동, 국내외 경제환경 및 지역환경의 특성에 이르기까지 다양하다.

그림 11.1
자본예산과 의사결정 프로세스

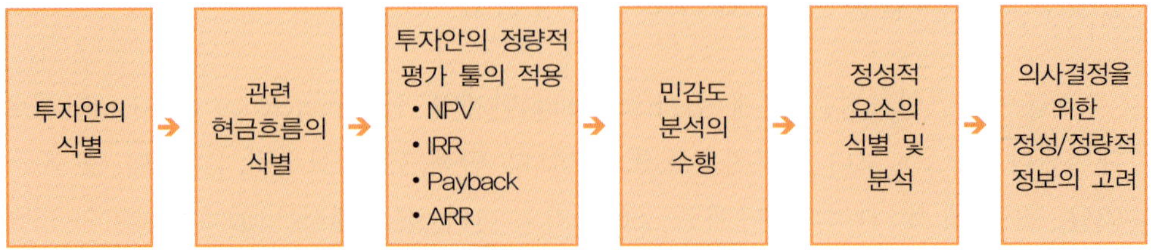

자료 : 'Management Accounting', Eldenburg et. al.

투자프로젝트의 효익은 재무적 효익뿐만 아니라 비재무적 효익을 동시에 고려하여야 한다. 특히, 비재무적 요인의 고려는 매우 중요하다. 자칫 이들이 계량화되기 어렵다는 이유로 간과될 경우 이것이 미칠 효과는 매우 크다.[1)]

(3) 통제 및 사후관리 단계

투자안이 선정되었다고 해서 자본예산편성과정이 종료되는 것은 아니다. 투자안이 구체적으로 실천에 옮겨지는 과정에서 지속적인 모니터링과 정기적인 검토(review)가 필요하다. 즉, 사전에 예의주도한 심사는 첫 번째 단계에 불과할 뿐이다. 프로젝트진행과 더불어 새로운 상황이 전개되거나 새로운 변수가 대두될 수 있으며 새로운 기회가 생기기 십상이다. 이러한 경우 신규투자안을 채택하거나 당초 계획을 수정하여 행동을 수정할 필요가 있다.

이러한 기본적인 프로세스 중에서 미래에 현금을 창출할 수 있는 투자안의 식별 및 분석과 기업의 전략적 목표와 일치하는 최적의 투자안을 선정하는 전략적 의사결정을 할 때 직면하는 주요 관련된 프로세스를 다시 정리하면 [그림 11.1]과 같다.

4. 자본예산 분석 및 평가기법

위에서 설명한 자본예산의 분석과 장기투자의사결정 프로세스 중에서 가장 중요한 단계인 투자안의 분석 및 평가기법을 간략히 소개한다. 자세한 설명은 제2절과 제3절에서 다룬다. 자본예산의 분석 및 평가방법은 여러 가지가 있다. 대표적인

1) 때로는 정치적인 이유도 중요시된다. 가령, 최선의 부지 대신에 차선의 공장부지를 선정하는 경우(가령, 삼성자동차의 부산공장 선정)나 지역정서를 감안하여 당초 계획과는 다른 지역으로 공장을 이전하는 경우(가령, 삼성전자의 광주이전 계획을 삼성자동차 청산 후 부산지역 주민의 불매운동 무마 차원에서 부산으로 이전하는 경우 등)를 떠올리면 쉽게 이해할 수 있다.

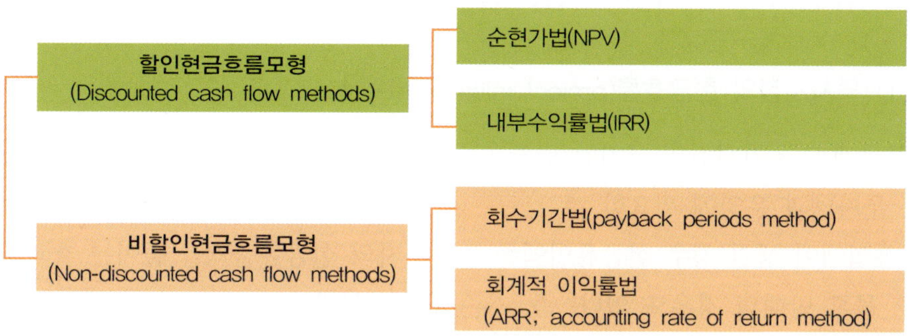

그림 11.2
자본예산 분석모형의 구분

분석 및 평가기법은 순현가법(NPV), 내부수익률법(IRR), 회수기간법(payback period) 및 회계적 이익률법(ARR) 등 4가지이다.

자본예산 분석도구는 투자안에서 창출되는 현금흐름(화폐)의 시간적 가치를 고려하여 분석하는 할인모형(discounted cash flow method: DCF법)과 화폐의 시간적 가치를 고려하지 않는 비할인모형(Non-discounted cash flow model: Non-DCF법)으로 구분한다.

TIP!
할인모형
화폐의 시간적 가치를 고려하여 투자안의 현금흐름을 분석하는 기법

장기간에 걸쳐 기업에 현금흐름을 창출하는 자본예산의 특성상 투자안 분석은 화폐의 시간적 가치를 고려하는 것이 바람직하다. 따라서 순현가법을 비롯한 할인모형이 보다 우수한 방법으로 알려져 있다. 미국 뉴욕증권거래소에 상장되어 있는 기업의 75%가 순현가법(NPV)을 이용하여 자본예산분석을 수행하고 있다고 한다.

제2절 관련 현금흐름의 분석과 세금의 절세효과

자본예산편성에서의 관련 현금흐름이란 검토대상인 투자안 간에 차이를 보이는 미래의 현금유출액 및 유입액을 말한다. 자본예산의 현금흐름은 크게 세 가지 형태를 띤다.

프로젝트 초기시점의 투자와 프로젝트기간 동안의 영업활동에 따른 현금유출입 그리고 투자 종료시점의 잔존자산의 처분(disposal)에 따른 현금흐름이 그것이다. 자본예산과 관련된 현금흐름을 법인세를 무시한 경우와 법인세를 고려한 경우로 나누어 설명한다.

1. 법인세를 무시한 현금흐름의 분석

(1) 투자시점의 현금흐름(project initiation)

> **TIP!**
> **학습목표 3**
> 자본예산 분석관련 현금흐름의 유형을 이해한다.

프로젝트 초기시점의 투자는 당해 고정자산(captial assets)의 취득 및 설치에 소요되는 투자액과 운영에 필요한 추가 순운전자본을 포함한다. 기존시설의 처분에 따른 현금유입액이 생길 경우 현금유입액은 초기투자의 현금유출액을 줄이는 효과를 갖는다. 물론 반대의 경우도 있다. 즉, 기존시설을 철거함에 따른 지출이 처분가액보다 클 경우이다.

(2) 투자기간의 현금흐름(project operation)

투자목적에 따라 영업활동과 관련된 현금흐름은 현금수입의 증가(가령, 매출의 증가) 또는 현금지출의 감소(가령, 자동화로 인한 노무비 등의 원가절감) 형태로 이루어진다. 후자의 현금지출의 감소는 자본예산편성상 현금유입처럼 긍정적인 효과로 간주된다. 영업활동에 따른 현금흐름 계산시 유념해야 할 점은 재무적 의사결정(financing)에 의해 영향을 받는 차입금이자나 원금상환액 등을 기간별 영업현금흐름에 포함시켜서는 안 된다는 것이다.

(3) 투자종료시점의 현금흐름(disposal 또는 disinvestment)

> **TIP!**
> **운전자본**
> 영업활동상 필요한 현금, 외상매출금, 재고자산 등 유동자산이 유동부채를 초과한 금액

투자종료시점의 관련현금흐름은 크게 두 가지이다. 하나는 투자안의 처분(disposal)으로 기대되는 현금유입액이고, 다른 하나는 그동안 투자된 순운전자본의 회수에 따른 현금유입액이다. 투자안 처분시 처분가액이 처분자산의 장부가액을 초과하거나 미달하여 발생하는 (고정자산)처분이득이나 손실이 현금흐름에 미치는 세금효과를 감안한 순현금흐름액을 이용하여야 한다. 최근 유엔(UN)을 중심으로 환경 및 자원의 보존이 강조되면서 투자종료 및 회수시점에서 원상복구비용의 지출 등 환경정책과 관련된 현금유출이 강제되면서 환경과 관련된 자금의 유출을 추가적으로 고려하기도 한다. 각 투자시점의 관련된 현금흐름을 요약하면 [그림 11.3]과 같다.

예제를 통하여 자본예산분석과 관련된 현금흐름을 알아보자.

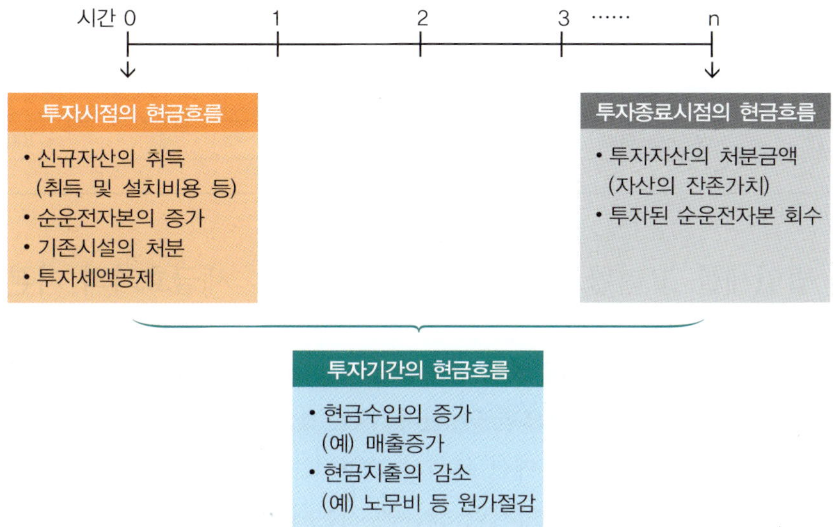

그림 11.3

자본예산과 관련 현금흐름

예제 11-1 관련 현금흐름의 분석

홍익카페(주)는 그간 사용하던 일반 커피머신을 ₩100,000에 처분하고, 자동 에스프레소 커피머신을 구입하고자 한다. 자동 에스프레소 커피머신의 구입가격은 ₩2,500,000이며 구입 후 5년간 사용할 수 있으며, 잔존가액은 구입가격의 20%로 예상하고 있다. 일반 커피머신의 장부가액은 상각이 완료되어 ₩0이고, 자동 에스프레소 커피머신은 5년간 사용한 후 장부가액으로 판매가 가능하다.

홍익카페(주)는 자동 에스프레소 커피머신을 구입하면 자동화로 인해 매년 인건비가 ₩1,000,000이 절감되지만 순운전자본은 ₩200,000이 증가할 것으로 예상하고 있다.

〈요구사항〉

홍익카페(주)의 새로운 커피머신 투자안의 관련 현금흐름을 계산하시오. 단, 법인세와 현가는 고려하지 마시오.

풀이

초기 투자시점, 투자기간 및 투자종료시점으로 구분하여 관련 현금흐름을 정리하면 다음과 같다.

초기 투자시점(t=0)		투자기간 중(t=1 ~ t=5)		투자종료시점(t=5)	
신기계 취득	-2,500,000	인건비절감 매년	+1,000,000	신기계 잔존가액	+500,000
순운전자본증가	-200,000		× 5	순운전자본 회수	+200,000
구기계 처분	+100,000				
계	-₩2,600,000	계	+5,000,000	계	+700,000

2. 법인세를 고려한 관련 현금흐름의 분석: 세금효과와 자본예산

TIP!
학습목표 4
감가상각비의 감세효과(tax shield)를 이해한다.

기업이익의 상당부분이 법인세로 납부된다. 따라서 경영자들은 세금이 기업활동에 미치는 효과를 고려하지 않으면 안 된다. 자본예산도 예외는 아니다. 비록 나라마다 세율체계가 상이하여 자본예산 분석시 고려되는 관련 현금흐름에 미치는 세금효과의 크기는 다소 차이를 보이지만 세금은 자본예산 분석시 반드시 고려되어야 한다. 현금흐름 항목별 세금효과를 설명하면 다음과 같다.

(1) 수익 또는 원가절감액과 세금효과

TIP!
세금효과
세금이 현금흐름(현금유입 또는 현금유출)을 증가 또는 감소시키는 크기를 말함

세금(소득세 또는 법인세)은 현금유입액과 유출액의 크기를 좌우한다. 가령, 투자로 인해 이익이 생길 경우에는 세율($=r$)만큼 세금을 납부하게 되어 순현금유입액은 줄어든다. 따라서 세후 영업현금유입액은 세전 현금유입액에 $1-r$을 곱한 수치가 된다. 반대로 세금계산상 손금(일종의 비용)으로 간주되는 현금유출은 과세대상소득(tax base)을 줄여 세금을 줄이는 효과를 갖는다. 따라서 세금을 감안한 영업현금유출액은 세전 현금유출액에 $1-r$을 곱한 수치만이 반영된다. 일반적으로 자본예산의 주된 목적은 수익증대보다는 원가절감이 더 많다.

수익의 증가시 세후현금흐름 = 세전현금흐름 × (1 − 세율) ·········· (11·1)

참고로 회사의 법인세율이 46%이고, 신규설비투자로 수익이 매년 ₩10,000이 증가한 경우의 세후 순현금흐름은 ₩10,000×(1 − 0.46) = ₩5,400이 된다.

비용의 절감시 세후원가절감 = 원가절감액 × (1 − 세율) ··········· (11·2)

만약, 기계장치의 자동화로 매년 인건비가 ₩8,000 절감되는 경우의 세후 원가절감금액은 ₩8,000 × (1 − 0.46) = ₩4,320이 된다.

(2) 감가상각비의 감세효과

세금은 현금흐름의 시기(timing)를 좌우한다. 현금흐름의 시기에 미치는 효과는 다음에 설명하는 감가상각비의 감세효과에서 두드러진다. 마치 재무회계에서 감가상각방법의 선택에 따라 당기순이익이 달라지는 것과 같다. 즉, 투자안과 관련된 비용의 인식시점 및 처분시점에 따라 세금효과가 달라져 투자안으로부터의 현금흐름이 달라진다.

감가상각비는 현금지출을 수반하지 않는 비용항목(일명, 비현금지출비용 : non-cash expense item)이다. 비록 그 자체가 직접적으로 현금흐름의 증가를 가져오는 것은 아니지만 다른 비용항목처럼 세금을 줄이는 간접효과를 갖는다. 이러한 세금효과를 감가상각비감세효과(depreciation tax shield)라고 부른다. 영어에서 방패를 의미하는 shield라는 용어를 사용한 것은 감가상각비가 기업을 세금으로부터 보호해 준다는 의미를 잘 전달하기 때문이다. 감가상각비감세효과란 곧 투자안의 취득원가에서 추정잔존가치를 차감한 금액(소위 감가상각대상 금액)이 감가상각비형태로 세금에서 공제됨을 지칭하는 것인데, 식으로 나타내면 다음과 같다.

> **TIP!**
> **감가상각비의 감세효과(depreciation tax shield)**
> 현금지출을 수반하지는 않지만 다른 비용항목처럼 세금을 줄이는 효과를 말한다. Tax shield라는 용어는 1940년대 자본예산편성을 소개하던 하버드대학교 수업시간에 학생의 입에서 나온 용어를 담당교수가 채택하면서부터 사용되기 시작하였다.

$$\text{감가상각비감세효과} = \text{감가상각비}(Dn) \times \text{법인세율}(r) \cdots\cdots\cdots\cdots\cdots (11 \cdot 3)$$

만약, 매년의 감가상각금액이 ₩1,000인 경우의 감가상각비 감세효과는 ₩1,000 × 0.46 = ₩460이다. 비현금지출인 감가상각비의 현금유입액은 ₩1,000 - ₩460 = ₩540이다.

(3) 투자세액공제와 비유동자산의 처분손실 또는 처분이익

투자세액공제는 투자를 촉진시키기 위하여 관련 법률에 의한 조건을 충족한 비유동자산을 취득한 경우에 취득금액의 일정비율을 법인세에서 공제하는 제도이다. 따라서 이 경우 돌려받는 투자세액공제액 전액은 현금유입으로 간주한다. 반면 최초 투자 또는 투자종료시점에 관련 비유동자산의 처분이익 또는 처분손실은 과세표준을 증가 또는 감소시켜 주므로 수익증가 또는 원가절감과 동일한 방법으로 세금효과를 반영하면 된다.

> **TIP!**
> **투자세액공제(ITC: Investment tax credit)**
> 기업의 설비투자를 촉진시키기 위한 법인세 공제금액

[예제 11-1]의 사례를 세금효과를 반영한 각 투자시점별 관련 현금흐름을 분석하면 다음과 같다. 단, 홍익카페(주)의 법인세율은 40%, 감가상각은 정액법을 가정한다.

초기투자시점(t=0)	투자기간 중(t=1 ~ t=5)	투자종료시점(t=5)
신기계 취득 −₩2,500,000 순운전자본증가 −200,000 구기계 처분 +100,000 처분이익 세금효과 ₩100,000×40%= −40,000	매년 인건비절감액(세금 고려) ₩1,000,000×(1−40%)= +₩600,000 매년 감가상각비* 감세효과 ₩400,000×40%= +160,000 ₩760,000 × 5년	신기계 잔존가액 +₩500,000 순운전자본회수 +200,000 처분손익 없음
계 −₩2,640,000	계 +₩3,800,000	계 +₩700,000

*연간감가상각비(취득원가−잔존가액)÷5년

두 경우의 관련 현금흐름을 비교하면, 법인세를 고려한 경우의 현금흐름이 고려하지 않은 경우보다 훨씬 적은 것을 알 수 있다. 자본예산의 분석 및 평가는 영리기업뿐만 아니라 법인세를 부담하지 않는 국가기관, 지방자치단체 또는 비영리법인(not-for-profit)도 활용하기 때문에 이후의 분석은 법인세효과를 무시하고 분석을 수행한다. 다만 감가상각비 감세효과에 대한 이해를 돕기 위하여 다음 예제를 소개한다.

예제 11-2 감가상각비감세효과를 고려한 세후현금흐름의 비교

매년 감가상각비를 제외하고는 동일한 영업이익을 기록하고 영업이익(₩2,000)은 현금유입액과 일치하는 두 회사(A사와 B사)가 있다고 가정하자. 제조업체인 B사는 서비스업체인 A사와 달리 매기 ₩500의 감가상각비를 손익계산서에 계상한다. 법인세율은 40%로 가정하고 양사의 세후영업현금흐름을 비교하시오.

풀이

	A사(서비스업) : Ⅰ	B사(제조업) : Ⅱ	차이(Ⅰ−Ⅱ)
• 현금영업이익(감가상각비 제외)	₩2,000	₩2,000	−
• 감가상각비	0	(500)	500
• 법인세차감전 순이익	2,000	1,500	500
• 법인세(40%)	(800)	(600)	200
• 법인세차감후 순이익	1,200	900	300
• 감가상각비	0	500	(500)
• 영업활동 현금유입액	₩1,200	₩1,400	(200)

양사간의 세후영업현금흐름의 차이(₩200)는 감가상각비 감세효과(₩500×0.4=₩200)와 일치한다. 이는 곧 B사의 세후영업현금흐름은 다음과 같이 법인세차감후 현금영업이익에 감가상각비 감세효과를 합하여 구할 수 있음을 의미한다.

법인세차감후 현금영업이익 [₩2000×(1－0.4)]	₩1,200
＋ 감가상각비 감세효과 [₩500×0.4]	＋200
＝ 세후영업현금흐름	₩1,400

제3절 자본예산의 분석모형

평가대상 투자안 간의 우열을 가려 최종 투자안을 선택하기까지에는 여러 가지 요인을 고려한다. 과학적인 방법으로 계산되는 기대현금흐름이나 수익률(기대현금흐름)과 같은 객관적 요인뿐만 아니라 주관적인 판단 또한 중요시된다. 자본예산편성 과정에서는 각 투자안이 현금흐름에 미치는 효과를 평가하는 데 도움이 되는 계량적 기법을 지칭하는 자본예산모델(capital budgeting model)이 가장 대표적으로 활용된다. 그러나 투자안분석실무에서는 이들 기법을 개별적으로 활용하기보다는 양자를 종합적으로 활용하는 것이 일반적이다.

> **TIP!**
> **학습목표 5**
> 자본예산분석기법의 종류와 의사결정기준을 이해한다.

이 절에서는 자본예산 분석모형 중에서 가장 많이 활용되고 있는 순현가법(NPV: net present value)을 중심으로 설명하고, 보충적으로 내부수익률법(IRR)과 비현금흐름 할인모형인 회수기간법(payback) 및 회계적 이익률법(ARR)을 설명한다.

1. 순현가법(NPV : net present value method)

(1) NPV의 계산

올바른 자본예산은 단순히 초기투자액을 회수할 기간만이 아니라 투자안 기간 전반에 걸쳐 투자안이 미칠 장기현금흐름과 화폐의 시간가치를 동시에 고려해야 한다. 이처럼 화폐의 현재가치를 고려하는 가운데 투자안과 관련된 (예상)현금유입액과 현금유출액이 마치 동일시점에 발생한 것처럼 가정하여 비교를 용이하게 하는 방식이 할인현금흐름(DCF : discounted cash flow)모형이다. DCF방식은 현가를 이용하여 상이한 기간의 현금흐름을 비교하고 종합한다는 점에서 가장 논리적인 방법으로 간주된다. 순현가법은 DCF방식의 대표적인 분석기법 중의 하나이다.

> **TIP!**
> **순현가법(NPV)**
> 투자안의 현금유입액의 현재가치와 현금유출액의 현재가치를 비교하는 방법

순현가법(NPV : net present value method)이란 순현가를 계산한 후 이를 기준으로

그림 11.4

순현가법의 의사결정기준

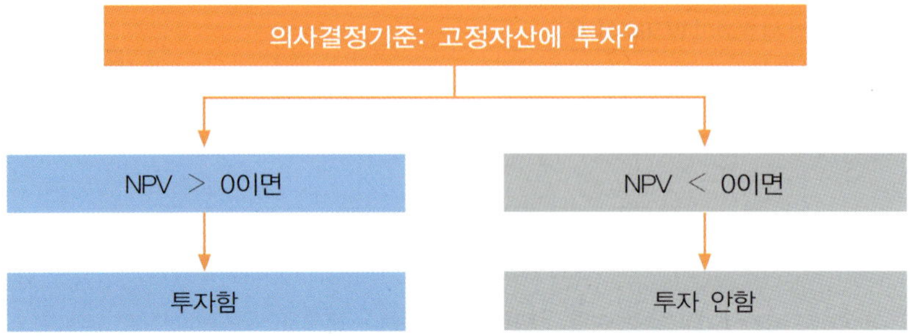

투자안의 선호를 파악하는 기법이다. 순현재가치를 줄인 순현가(NPV : net present value)란 투자로부터 기대되는 현금유입액을 자본비용에 해당하는 **요구수익률**로 할인하여 구한 현재가치의 합계에서 투자에 소요된 현금유출액을 동일한 방법으로 할인하여 구한 현재가치의 합계를 차감하여 구한 수치이다. 순현가를 구하는 식은 다음과 같다.

$$NPV = \sum_{t=0}^{n} \frac{CI_t}{(1+r)^t} - \sum_{t=0}^{n} \frac{CO_t}{(1+r)^t} = \sum_{t=0}^{n} \frac{CI_t - CO_t}{(1+r)^t} \cdots\cdots\cdots\cdots (11 \cdot 4)$$

여기서 CI_t : t기의 현금유입액 CO_t : t기의 현금유출액
r : 할인율 n : 투자안의 내용연수

TIP!

자본비용
회사의 채권자와 주주에게 그들의 자금을 사용한 대가로 보상해야 하는 평균수익률

위의 공식에서 볼 수 있는 것처럼 순현가법을 이용하기 위해서는 할인율이 반드시 사전에 확정되어야 한다. 할인율이란 투자안이 채택되기 위해서 반드시 벌어들여야 할 **최소요구수익률**(minimum required rate of return ; 일명 **필수수익률**)로서 **자본비용**과 동의어로 사용된다. 순현가법하에서 투자안의 채택 또는 거부 의사결정은 다음과 같이 이루어진다. 즉, 투자규모가 유사한 복수의 대안 중 하나를 선택하는 경우에는 가장 큰 순현가를 기록한 투자안이 선택된다. 다음의 예제를 통해 순현가의 도출 및 의사결정기준을 알아본다.

예제 11-3 자본예산분석을 위한 공통예제

홍익공업(주)는 아래와 같은 2개의 투자대안을 인식하고, 각 투자안의 타당성을 검토하고 있다. 현재 홍익공업(주)가 자본예산편성시 적용되는 요구수익률은 12%로 가정한다.

- 투자안 A: 매년 6천만원의 원가절감에 기여할 내용연수가 7년인 신규설비를 3억원에 구입할 것인가를 검토하고 있다. 홍익공업(주)이 과연 추가설비를 구입해야 하는지를 판단하시오. 편의상 설비의 잔존가치는 없고 세금이 존재하지 않아 감가상각비 감세효과를 고려하지 않아도 된다고 가정한다.
- 투자안 B: 기존설비가 갖는 취약점을 보완하기 위해 1억원이 소요될 신규기계 도입안을 검토하고 있는 홍익공업(주)이 구한 투자안 관련자료는 다음과 같다.

  <자료>

  1. 신규기계로부터 기대되는 현금효과는 다음과 같다. (투자안 B)

연 도	금액(단위 : 천원)
1차년도	₩15,000
2차년도	25,000
3차년도	40,000
4차년도	50,000
5차년도	30,000

〈요구사항〉

각 분석기법을 사용하여 투자안 A와 투자안 B의 타당성을 검토하여 채택 또는 기각 의사결정을 내리시오.

풀이

(1) 투자안 A의 순현가(NPV) = ₩273,828 − ₩300,000 = −₩26,172

매년의 순현금흐름유입이 동일하다. 따라서 연금현가요소를 이용하면 투자로 인한 총현금유입액의 현가는 연금현가요소(7년, 12%) × 연간 원가절감액 = 4.5638 × 60,000 = ₩273,828이다.

(2) 투자안 B의 순현가(NPV) = ₩110,591 − ₩100,000 = ₩10,591

참고로 매년 순현금흐름의 유입이 다른 투자안 B의 관련 현금흐름은 다음과 같다.

(단위: 천원)

PV	현가지수	관련 현금흐름의 스케치						
현재가치	12%할인 ₩1 현가	연도	0	1	2	3	4	5
(₩100,000)	1.0000		(₩100,00) ←초기투자액					
₩13,392	0.8928			15,000				
19.930	0.7972				25,000			
28.472	0.7118					40,000		
31.775	0.6355						50,000	
17,092	0.5674							30,000
₩110,591								
₩10,591	← NPV							

〈결론〉 추가설비 구입 프로젝트인 투자안 A의 NPV는 −₩26,183,000이다. 따라서 연간 6천만원의 원가절감에 포함되지 않는 신규설비의 또 다른 무형적 장점이 대략 26백만원에 달하는 음(−)의 순현가를 초과한다는 확신이 서지 않는 한 이 투자안은 기각되어야 한다. 그러나 신규기계 구매 프로젝트인 투자안 B의 순현가는 +₩10,591,000이므로 채택된다.

(2) 순현가법과 수익성지수(profitability index)

TIP!
수익성지수(PI)
투자금액 한 단위(₩1)가 벌어들이는 금액(순현금유입)의 현재가치

투자안의 순현금유입액의 현가합계를 투자액으로 나눈 수치를 수익성지수(profitability index)라고 한다. 수익성지수는 곧 단위투자금액이 벌어들이는 현가를 말한다. 따라서 수익성지수가 클수록 투자안은 매력적인 셈이다.

$$\text{수익성지수} = \frac{\text{순현금유입액의 현가합계}}{\text{투자지출액}} \quad \cdots\cdots\cdots\cdots (11\cdot5)$$

TIP!
B/C ratio(Benefit-Cost ratio; 편익/비용 비율)
주로 (지방)정부의 공공사업의 평가에 사용되는 B/C ratio는 프로젝트 편익을 소요비용으로 나누어 계산되는데, 동 비율이 최소한 1보다 커야 하며, 투자안의 선택은 큰 것을 선택한다. NPV 수익성지수와 같은 개념이다.

수익성지수를 이용한 자본예산분석의 의사결정기준은 단일투자안의 경우에는 순현가(또는 수익성지수)가 영(0)보다 클 경우에 채택된다. 순현가(또는 수익성지수)가 영(0)보다 크다는 것은 곧 투자안의 미래 현금흐름은 투자에 소요되는 자금의 기회비용을 회수하고도 남음을 말한다. 이때 기회비용은 할인율에 반영된 것이다. 따라서 순현가가 영보다 크면 투자안을 채택한 후의 기업가치가 채택하기 전보다 증가함을 말한다. [예제 11-3]에서 투자안의 수익성지수는 다음과 같다.

① 투자안 A의 수익성지수 = ₩273,828,000 ÷ ₩300,000,000 = 0.913
② 투자안 B의 수익성지수 = ₩110,591,000 ÷ ₩100,000,000 = 1.106

(3) 복수의 투자안 간의 선호도(preference) 또는 우선순위(priority)의 결정

위의 [예제 11-3]은 비교적 의사결정이 단순한 상호배타적(mutually exclusive) 투자안의 의사결정이다. 상호 배타적인 투자안의 경제성 검토는 비교적 쉬운 편이다. 왜냐하면 과연 이들 투자안이 사전에 정한 기준을 만족시키는지 가령, NPV가 0보다 큰지 또는 IRR이 최저필수수익률보다 높은지를 판단하는 심사과정과 심사과정을 통과한 대안들 중에 보다 바람직한 대안을 선정하는 순위결정과정이 동시에 이루어지기 때문이다. 여기서 이용될 수 있는 것이 수익성지수이다. 여러 투자안의 NPV가 모두 0보다 크지만 만약 각 투자안의 투자규모가 다르고, 사용가능한 자원이 제한되어 있다면 NPV가 큰 순서대로 우선순위를 결정해서는 안 된다. 왜냐하면 투자규모를 고려하면 매우 유리하게 판명된 대규모 투자안의 수익성이 차선의 보다 작은 규모의 투자안의 수익성보다 낮을 수 있기 때문이다. 이와 같이 수익성지수는 투자규모를 고려하지 못하는 순현가법(NPV)의 단점을 보완하고, 복수의 투자안 간의 선호도 또는 순위를 결정하는 역할을 수행한다.

복수투자안의 우선순위결정 예시

방법 기간, 초기투자	투자안 A 5년, ₩1,000	투자안 B 5년, ₩1,000	투자안 C 5년, ₩1,000	투자안 D 7년, ₩1,000
순현가(NPV)	₩210	₩64	₩243	₩321
순현금유입액의 현가합계	₩1,210	₩1,064	₩1,243	₩1,321
수익성지수(PI)	1.21	1.06	1.24	1.32
내부수익률(IRR)	20.3%	12.0%	16.5%	18.0%
전통적회수기간	2.33년	4.00년	3.75년	4.00년
	순위(ranking)			
순현가(NPV)	3	4	2	1
수익성지수(PI)	3	4	2	1
내부수익률(IRR)	1	4	3	2
전통적회수기간	1	3	2	3

*자료 : MDH(1984).

(4) 총액분석접근법과 차액분석접근법

실무에서는 종종 복수의 경합되는 둘 또는 그 이상의 투자대안 간의 비교를 다루게 된다. 예를 들면, '기존설비의 유지 대 신규설비로의 대체안'의 비교이다. 이 경우 총액분석접근법은 개별 투자안마다 적용하여 구한 의사결정수치, 가령 NPV를 비교하여 판단할 수도 있지만 차액분석법을 이용하는 것이 훨씬 합리적이다.

TIP!
차액접근법(증분접근법)
두 대안 간의 차이를 보이는 관련 현금흐름에 초점을 두어 NPV산출 및 의사결정을 하는 평가기법

제4장에서 다룬 차액분석접근법은 두 대안 간에 차이를 보이는 항목에 초점을 맞추어 의사결정을 내리는 방법이다. 때문에 굳이 대안 간에 차이를 보이지 않는 항목의 수치를 구하지 않아도 되며 계산이 간편하다는 장점을 갖는다.

자본예산에서는 현금흐름의 비교가 핵심이라는 점에서 관련 현금흐름분석이라고 부를 수 있다. 자본예산에서의 차액분석접근법은 원가-효익분석에 기초하고 있다. 즉, 특정 대안(가령, 구기계 유지)을 기준안으로 정의하고 새로운 대안(가령, 신기계로 대체)으로 인한 추가현금유출액과 기준안 포기 때문에 상실하게 되는 현금유입액은 원가(cost)로 간주된다. 한편, 새로운 대안으로부터 기대되는 추가적 현금유입액과 기준안으로부터 발생할 현금유출액의 합계는 장점(benefit)으로 간주된다. 요컨대, 차액분석접근법을 이용하여 NPV를 계산하는 경우에는 기존안의 현금 유입항목과 유출항목을 각기 신규안의 현금 유출항목과 유입항목으로 간주하는 것이다.

예제 11-4 설비대체 의사결정 : 차액분석접근법

	설비대체 의사결정		
	대안 #1 구기계 유지(기준안)	대안 #2 신기계로 대체(신규안)	증분현금흐름
증분투자액			
신기계 구입		(₩360,000)	(₩360,000)
구기계의 처분		20,000	20,000
초기 투자소요액		(₩340,000)	(₩340,000)
차액현금흐름(연간)			
매출액	₩200,000	₩280,000	₩80,000
노무비	50,000	40,000	10,000
재료비	60,000	80,000	(20,000)
변동제조간접비	20,000	24,000	(4,000)
포장비	30,000	36,000	(6,000)
신규안 채택시 연간 순유입액			₩60,000

2. 내부수익률법(IRR : internal rate of return method)

> **TIP!**
> **내부수익률(IRR)**
> 현금흐름 유출액의 현가와 유입액의 현가를 동일하게 만들어주는 할인율

(1) IRR의 계산

내부수익률(IRR : internal rate of return)은 투자에 소요되는 현금유출액의 현가와 투자로 인한 현금유입액의 현가를 동일하게 해주는 할인율을 말한다. 내부이익률,

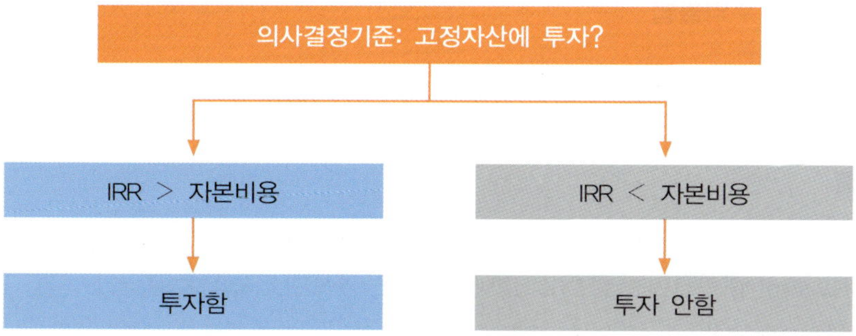

그림 11.5
내부수익률법의 의사결정기준

투자보수율로도 불리는 **내부수익률**은 투자안의 (예상)현금유입액과 유출액의 현가 합계가 동일하여 순현가가 되도록 하는 할인율이다. 사전에 정한 할인율을 이용하는 NPV 계산과 달리 내부수익률법은 할인율 자체를 구하는 것이 특징이다. 내부수익률을 구하는 식은 다음과 같다.

$$\sum_{t=0}^{n} \frac{CI_t}{(1+r)^t} - \sum_{t=0}^{n} \frac{CO_t}{(1+r)^t} = 0\text{을 만족시키는 } r(=\text{할인율}) \cdots\cdots\cdots (11\cdot 6)$$

여기서 CI_t, CO_t는 각각 t기의 현금유출액과 현금유입액을 지칭한다.

내부수익률(IRR)을 이용한 투자안 선택과 관련된 의사결정기준은 위 식 (11.6)에서 구한 내부수익률과 사전에 기업이 정한 최저필수수익률(=자본비용)을 비교하여 이루어진다. 즉, 투자안의 IRR이 최저필수수익률보다 크면 채택하고 반대로 작을 경우에는 기각한다. 이처럼 IRR은 자본비용과 비교될 수 있는 투자안 타당성의 요약수치이다. IRR은 이해하기 쉬울 뿐만 아니라 규모나 성격면에서 상이한 프로젝트의 우선순위를 결정하는 데 매우 유용한 기법이다.

실제로 수작업으로 내부수익률을 구하는 데에는 상당한 시간이 소요된다. 왜냐하면 특정의 할인율을 적용하여 구한 현금유입액과 유출액의 현가를 비교한 후 만약 두 수치가 일치하지 않으면 새로운 할인율을 적용하는 과정을 반복해야 하기 때문이다. 이때 과연 새로운 할인율은 당초의 할인율보다 높은 수치여야 하는지에 대한 판단이 쉽지 않을 때가 있기 때문이다. 특히, 현금유출이 초기에만 이루어지는 것이 아니라 투자내용연수 중간에도 이루어지는 경우가 그것이다.

TIP!
보간법을 이용한 IRR 계산
만약 매년 동일한 금액으로 순효과를 예측할 수 있을 경우 연금의 현가계수를 이용하여 보간법으로 계산할 수 있다. (KICPA 2004년 1차 시험문제 또는 객관식 [문7] 참조)

예제 11-5 내부수익률법

[예제 11-3]의 투자안 A와 투자안 B의 내부수익률(IRR)을 구하시오.

풀이

(1) 투자안 A의 내부수익률(IRR)은 다음의 식을 충족하는 r, 즉 내부수익률을 구한다.

1안 시행착오법: $\frac{60,000}{(1+r)}+\frac{60,000}{(1+r)^2}+\frac{60,000}{(1+r)^3} \cdots\cdots \frac{60,000}{(1+r)^7}-300,000=0$

2안 보간법((interpolation method): ₩60,000×연금현가지수(7년, r%)=₩300,000

∴연금현가지수(7년, r%)=5.0 연금현가표에서 기간 7년인 경우에 계산된 연금현가지수 (5.0)과 근접한 이자율(r)을 찾는다.2)

위 식을 만족시키는 r, 즉 내부수익률(IRR)=9.2%이다.

(2) 투자안 B의 내부수익률은 매년 현금흐름이 일정하지 않으므로 시행착오법 또는 요즈음 보편화된 엑셀프로그램의 IRR함수를 이용하여 구한다.

$$\text{내부수익률} = \frac{15,000}{(1+r)}+\frac{25,000}{(1+r)^2}+\frac{40,000}{(1+r)^2}+\frac{50,000}{(1+r)^4}+\frac{30,000}{(1+r)^5}-100,000=0$$

위 식을 충족시키는 r, 즉 내부수익률은 15.64%이다.

〈결론〉 투자안 A의 내부수익률 9.2%는 요구수익률 12%보다 작고, 투자안 B의 내부수익률 15.64%는 요구수익률 12%보다 크다. 따라서 투자안 B만 채택된다.

(2) 순현가법과 내부수익률법의 비교

지금까지 할인현금흐름모형의 대표적인 순현가법(NPV)과 내부수익률법(IRR)에 대하여 알아보았다. 두 분석모형은 모두 화폐의 시간적 가치를 고려하고 있지만 IRR에 비하여 NPV가 더 우월한 평가기법으로 간주되고 있다. 구체적으로 두 모형의 장단점을 비교하면 다음과 같다.

> **TIP!**
> PVIFA
> 연금현가요소(Present Value Interest Factor of an Annuity)

첫째, NPV의 재투자에 대한 가정이 더 합리적이다. NPV는 자본비용으로 재투자를 가정하지만 반면 IRR은 내부수익률(IRR) 그 자체로 재투자를 가정하고 있어서 비현실적이다. 특히 IRR이 자본비용보다 큰 경우에 지속적으로 IRR로 재투자를 한다는 것은 비현실적이다

둘째, 위험요인의 반영이 쉽다. NPV는 현금흐름의 시기에 따라 자본비용을 달

---

2) PVIFA(7년, 9%)=5.0330
PVIFA(7년, r%)=5.0
PVIFA(7년, 10%)=4.8684이므로 r=9.0%+[0.0330/(5.0330−4.8684)]=9.2%

리함으로써 위험을 반영할 수 있다. 반면에 IRR은 할인율을 선택할 수 없기 때문에 위험요인을 반영할 수가 없다.

셋째, 현금흐름의 방향에 따라서 IRR은 복수의 내부수익률이 존재할 수 있다. 이 경우 복수의 IRR중에 어느 내부수익률과 자본비용을 비교해야 하는지에 대한 문제가 발생할 수 있다.

넷째, NPV는 복수의 투자안의 순현가를 구할 때 가치의 가산(value additivity) 원칙이 적용될 수 있지만 IRR은 성립하지 않는다. 즉, NPV는 이러한 가치가산원칙의 특성을 이용하여 투자안조합안의 순현가 또는 두 투자대안 간의 차액접근법의 활용을 가능하게 한다.

> **TIP!**
> **가치의 가산원칙 : 예시**
> NPV(투자안 A + 투자안 B) = NPV(투자안 A) + NPV(투자안 B)가 성립하는 것

3. 회수기간법(payback period method)

(1) 회수기간의 계산

회수기간법(payback period method)은 투자액을 과연 얼마 만에 회수하는가에 초점을 맞추어 투자안을 평가하는 기법이다. 여기서 회수기간(payback period)은 투자안으로부터 창출되는 누적현금유입액이 투자에 소요되는 누적현금유출액을 초과하는 기간을 말하며, 보통 일 년 단위(가령, 4.5년)로 표시된다. 회수기간계산을 식으로 표시하면 다음과 같다.

> **TIP!**
> **회수기간**
> 초기투자액을 모두 회수하는데 소요되는 기간

$$\text{회수기간} = \frac{\text{투자액}(=\text{초기투자}+\text{연간 현금유출액의 합계})}{\text{연간 현금유입액의 합계}} \quad \cdots\cdots (11\cdot7)$$

식 (11.7)은 만약 연간 현금유입액과 유출액이 일정할 경우 증분현금흐름을 이용하여 식 (11.8)처럼 나타낼 수 있다.

$$\text{회수기간} = \frac{\text{투자액}(=\text{초기투자액})}{\text{연간 증분현금유입액}} \quad \cdots\cdots (11\cdot8)$$

회수기간법을 이용한 의사결정은 투자안의 회수기간이 기업이 사전에 마련한 목표회수기간보다 짧은 경우에는 채택하고 그렇지 않은 경우에는 기각하는 식으로 이루어진다. 회수기간법을 채택한 기업의 관심사는 보다 신속한 투하자금의 회수(quickest recovery)이다. 즉, 투하자금을 보다 단기간에 회수할 수 있는 투자안이 기업에게 보다 바람직하다는 것이다.

그림 11.6

회수기간법의 의사결정기준

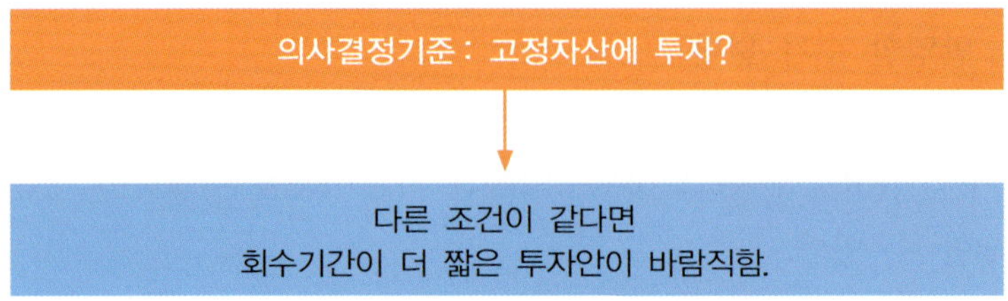

회수기간법은 ① 계산이 간단하고 이해하기 쉽다는 점과 ② 자금회수라는 유동성을 이용한 안전성 판단에 유용하다는 장점을 갖지만 앞에서 설명한 할인현금흐름(DCF)모형에 비하여 두 가지 이론적인 단점을 갖는다. ① 현가계산이 무시된다는 점과 ② 회수기간 이후의 현금흐름을 무시하여 투자안의 수익성에 대한 고려가 이루어지지 않는다는 점이다.

예제 11-6 회수기간법

[예제 11-3]의 투자안 A와 투자안 B의 회수기간을 산출하시오.

풀 이

① **투자안 A의 회수기간** $= \text{투자회수기간} = \dfrac{\text{투자액}}{\text{연간 현금유입액}} = \dfrac{3\text{억원}}{6\text{천만원}} = 5\text{년}$

연간 현금흐름이 동일한 경우의 회수기간은 초기투자액을 일정한 매년의 현금흐름액으로 나누어 산출한다.

② **투자안 B의 회수기간** $= \text{투자회수기간} = 3\text{년} + \dfrac{20{,}000}{50{,}000} = 3.4\text{년}$

매년의 현금흐름이 동일하지 않다. 이러한 경우 다음과 같이 매년도말의 미회수투자액을 계산해 가면서 초기투자액을 100% 회수하는 연도를 찾으면 된다.

연 도	현금유입액 (신규기계 도입효과)	미회수투자액
최초년도	–	₩100,000
1차년도	₩15,000	85,000
2차년도	25,000	60,000
3차년도	40,000	20,000
4차년도	50,000	0

(2) 회수기간법의 확장

회수기간법은 앞에서 설명한 이론적 단점에도 불구하고 여전히 실무에서 핵심적인 투자안 평가기준으로 또는 다른 평가기법의 보조적 판단자료로 활용되고 있다. 이는 모든 투자안의 미래가 불확실하다는 점과 프로젝트에 투자가능한 자금이 한정되어 현행 투자안에 자금을 투입할 경우 미래에 새로이 대두될 훌륭한 투자기회를 놓치지 않기 위해서는 기존투자액을 조속히 회수할 필요가 있다는 경영진의 경험을 회수기간법이 잘 반영하고 있기 때문이다. 그리고 전통적 회수기간법이 갖는 단점을 보완하거나 새로운 현실을 반영하기 위해 종종 변형된 회수기간법이 이용된다. 화폐의 시간가치를 추가로 고려하는 할인회수기간법(discounted payback)과 현금유입액에 프로젝트의 처분가액까지를 포함하여 회수기간을 산출하는 긴급회수기간법(bail-out period)이 있다.

> **TIP!**
> **할인회수기간**
> 화폐의 시간적 가치(할인된 순현금유입)를 고려한 초기투자금액의 회수기간

> **TIP!**
> **긴급회수(또는 손실회피)기간**
> 누적현금 절감액과 특정 연도말의 처분가격의 합이 최초의 투자액과 같은 기간으로 측정된 회수기간을 말한다.

4. 회계적 이익률법(ARR : accounting rate of return method)

비록 화폐의 시간가치를 고려하지 않는다는 단점을 갖지만 쉽사리 장부(또는 외부목적의 재무보고서)에서 구할 수 있는 회계이익 수치를 토대로 투자안의 수익성을 분석하는 기법을 회계적 이익률법(ARR : accounting rate of return method)이라고 부른다. 회계적 이익률법은 흔히 평균이익률법이라고 불린다. 그 이유는 회계적 이익률 산정식인 식 (11·9)의 분자에 해당하는 수치를 연평균 영업이익을 이용하기 때문이다.

> **TIP!**
> **회계적 이익률(ARR)**
> 재무제표상의 수치(이익)로 나타낸 투자안의 수익성

$$\text{회계적 이익률(ARR)} = \frac{\text{연평균 순이익}}{\text{평균투자액(또는 초기투자액)}} \quad \cdots\cdots\cdots\cdots (11\cdot 9)$$

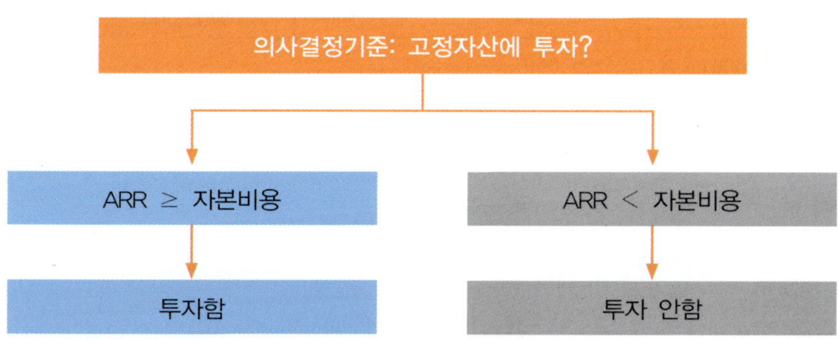

그림 11.7
회계적 이익률법 의사결정기준

식 (11·9)에서 연평균 순이익은 투자기간, 즉 프로젝트의 예상공헌기간 동안 특정 투자안으로부터 기대되는 당기순이익 합계를 투자기간으로 나눈 것이다. 비록 실무에서는 장부상의 세후당기순이익을 쉽게 구할 수 있어 이를 주로 사용하지만 영업이익을 사용하는 것이 보다 합리적이다. 왜냐하면 당기순이익 수치에는 고정자산처분이익 등 비경상적인 항목이 포함될 수 있기 때문이다. 회계적 이익률법을 이용한 자본예산분석 및 의사결정기준은 ARR이 최저요구수익률과 같거나 크면 채택하고, 작으면 기각된다.

예제 11-7 자본예산분석 – 회계적 이익률 계산

(주)와우는 레이저 의료장비 제조업체이다. (주)와우는 내년도의 자본예산을 편성하면서 생산효율성을 크게 증대시킬 새로운 기계장치의 도입을 검토하고 있다. 신기계장치의 구입 및 설치비용은 ₩120,000이 소요되며, 설치 및 가동 후 4년 동안 매년 ₩40,000의 순현금유입이 기대된다. 기계장치의 내용연수는 4년, 잔존가치는 ₩20,000으로 추정되고, (주)와우는 정액법을 사용하여 감가상각할 예정이다. (주)와우의 법인세율은 30%이고, 최저 요구수익률은 12%이라고 가정하고 기계장치에 대한 회계적 이익률(ARR)을 구하시오.

풀이

우선 (주)와우의 기계장치 구입으로 인한 예상 현금흐름은 다음과 같다.

구분	1년	2년	3년	4년
연간 순현금유입액	₩40,000	₩40,000	₩40,000	₩40,000
– 감가상각비*	– 25,000	– 25,000	– 25,000	– 25,000
= 세전이익	**15,000**	**15,000**	**15,000**	**15,000**
– 법인세(30%)	4,500	4,500	4,500	4,500
= 세후이익	**10,500**	**10,500**	**10,500**	**10,500**
감가상각비	25,000	25,000	25,000	25,000
잔존가치	–	–	–	20,000
세후현금유입액	₩35,500	₩35,500	₩35,500	₩55,500

*(₩120,000 – 20,000)/4년 = ₩25,000

$$\text{연평균 순이익} = \frac{10,500 + 10,500 + 10,500 + 10,500}{4\text{년}} = ₩10,500$$

$$\text{평균투자액} = \frac{120,000 + 20,000}{2} = ₩70,000$$

$$\therefore \text{회계적 이익률} = \frac{10,500}{70,000} = 15\%$$

〈결론〉 예상되는 회계적 이익률은 15%이고, 요구수익률(12%)을 초과하므로 기계장치 구입을 자본예산편성에 반영한다. 만약, (주)와우가 초기투자액 기준으로 회계적 이익률을 구한다면 기계장치의 회계적 이익률은 8.75%이다(=₩10,500 ÷ ₩120,000).

제4절 추가적인 이슈 : 전략적 관점의 검토

1. 민감도분석(sensitivity analysis)

미래에 장기간에 걸쳐 현금흐름을 창출하는 설비, 기계장치 등 비유동자산에 대한 투자 및 경영의사결정은 수많은 위험과 불확실성을 고려하여 결정해야 한다. 일반적으로 투자기간이 길면 길수록 불확실성과 위험은 더 높아진다. 이런 점에서 민감도분석이 중요성을 갖는다.

민감도분석이란 자본예산의 분석모형에서 투입 데이터의 변화에 따라 NPV, IRR 등 의사결정의 판단기준이 어떻게 변화하는지를 사전에 검토하는 것이다. 경영진은 장기간의 투자를 요하는 설비자산 등 자본예산의 편성 및 이행을 성공적으로 수행하기 위하여 다양한 기술적, 사회 환경적 변화를 예측할 수 있는 다양한 시나리오를 작성하고, 할인율, 현금흐름, 투자자산의 사용가능한 연도 및 자본예산분석모형의 기본적 가정의 변화에 따른 투자대안의 변화를 사전에 감지하여 적기에 올바른 의사결정을 할 수 있어야 한다.

> **TIP!**
> **학습목표 6**
> 자본예산의 전략적 검토를 이해한다.

2. 기준선의 이동(moving baseline) 개념

새로운 제조환경하에서의 자본투자상 중요성을 갖는 개념 중의 하나가 기준선의 이동이다. 기준선의 이동은 신규투자안의 타당성 평가시 기존의 상태를 유지하는 것과 투자프로젝트를 선택하였을 때의 상태를 비교하는 것을 의미한다. 그러나 이러한 가정은 잘못된 것이다. 왜냐하면 다른 회사가 특정 제조기술을 도입한 후 경쟁업체가 이를 도입하는 반면, 자사가 이를 도외시할 경우 시장점유율은 종전에 비해 떨어지게 마련이다. 따라서 이러한 현실을 감안할 때 신기술투자안이 갖는 장점(즉, 편익)은 기존의 상태를 그대로 유지할 경우 열악해질 시장점유율로 인한 타격까지를 포함하여 크게 잡아야 하는데 기준선의 이동은 이를 지칭하는 개념이다.

> **TIP!**
> **기준선의 이동**
> 테니스게임에서 자기 코트의 베이스라인(baseline)이 뒤로 물러나 수비범위가 넓어질 경우 종전보다 불리한 상황에서 게임을 치르게 됨을 떠올리면 기준선 이동(moving baseline)의 개념을 쉽게 이해할 수 있다.

3. 기업의 평판, 환경, 품질 및 지역사회의 고려

자본예산 또는 제안된 투자프로젝트가 환경에 부정적인 영향을 미칠 수 있다면 그 프로젝트는 조직의 평판에 해를 끼치게 된다. 예를 들면, 어떤 투자프로젝트는 유해폐기물, 공해물질의 대기방출, 호수나 강의 또는 매립지를 오염시키면서 환경에 악영향을 미칠 수도 있다. 따라서 이러한 환경비용은 직접적으로 투자안의 현금흐름에 직접적인 영향을 미칠 수 있을 뿐만 아니라 기업의 평판에도 악영향을 미치게 된다. 물론 이러한 평판이 기업에 미치는 효과를 정확하게 측정하는 것은 힘들지만 전략적 차원에서 반드시 투자안의 타당성 검토시 고려해야 한다.

4. 사후감사

TIP!
사후감사
승인된 투자안이 제대로 실행되고, 기대되는 결과가 실현되었는지를 점검하는 기업의 활동

투자프로젝트의 사후감사(ex-post audit)는 자본지출을 통제하기 위한 목적에서 당초 승인된 자본예산과 실제성과를 비교 · 분석하는 재무적 통제기법이다. 사실상 사후감사는 제안 → 승인 → 실행 → 운영으로 이루어지는 자본예산편성과정의 맨 마지막 단계에 해당한다. 미래의 자본예산편성에 참고가 되는 유용한 정보를 제공하는 사후감사는 자본예산편성과정의 핵심과정으로 자리매김될 필요가 있다. 모든 프로젝트를 대상으로 사후감사를 실시하기보다는 전략적 중요성과 그 타당성을 감안하여 선별적으로 실시되어야 한다. 아울러 사후감사절차는 매뉴얼화하여 사후감사 대상 프로젝트, 감사빈도, 감사실시주체 및 감사기법 등이 문서화되도록 해야 한다.

실무에서는 기업의 변신은 무죄

"지난 200년간 우리는 스스로 과거와 결별하는 의사결정을 지속해 왔다" 듀퐁의 홀리데이 회장

많은 기업들이 변화가 필요하다는 것은 알고 있지만, 막상 이를 실행하자면 어려움이 한두 가지가 아니다. 환경 변화와 현상에 대해 정확히 인식해야 할 뿐만 아니라 미지의 세계에 도전하기 위한 용기가 필요하다.

듀퐁은 1882년 화약기업으로 출발해 200년이 넘는 역사를 자랑하고 있다. 한마디로 산전수전을 다 거친 기업이라고 할 수 있다. 우리가 흔히 아는 '나이론' 소재를 개발한 회사도 바로 듀퐁이다.

그러나 2002년 창립 200주년을 맞으며, 듀퐁은 새로운 100년을 담당할 사업모델로 바이오 기술을 기반으로 한 과학기업(Science Company)으로의 전환을 다시 한 번 명확히 하였다. 듀퐁의 계획은 여기에 그치지 않는다. 이미 2012년에 바이오 기반 소재의 상업화 계획을 마련했으며, 시장 확대를 위해 합작 투자나 라이선스 공여에도 적극적으로 나선다는 방침이다.

<출처 : LG주간경제, 듀퐁과 도레이를 통해 본 화학기업의 혁신, 2007>

종합 예제 관련 현금흐름분석, 감가상각비 감세효과, NPV계산의 종합

(주)홍익전자는 회사의 생산공정의 일부를 자동화하기 위한 신기계의 도입을 검토하고 있다. 새로운 기계의 취득가액은 ₩100,000, 내용연수는 5년, 잔존가치는 0, 감가상각은 정액법을 사용할 예정이다. 만약 새로운 기계를 도입하게 되면 그동안 생산공정에서 사용하던 휴대형장비(취득가액 ₩15,000)는 현 장부가액인 ₩3,000에 매각할 수 있다. 신기계는 매년 ₩30,000의 노무비 절감을 가져온다. 그러나 연간 ₩9,000의 유지보수비 및 보험료를 추가로 지출해야 한다. 뿐만 아니라 신기계는 지속적인 제품의 품질개선으로 불량품 발생을 감소시켜 연간 ₩3,000의 원가절감과 추가제품 판매수익 ₩7,000이 예상된다. 신기계는 취득시점에서 10%투자세액공제 요건을 충족하며, 5년간 사용 후 ₩5,000에 처분할 수 있다. (주)홍익전자의 경상소득에 대한 법인세율은 40%, 장기 보유한 자산의 처분으로 발생한 자본이득(매매차익)에 대한 세율은 20%이다.

〈요구사항〉

1. 신기계투자안의 각 연도의 세후 현금흐름액을 산출하시오.
2. (주)홍익전자의 할인율이 10%일 경우의 NPV를 구하시오
3. 만약 (주)홍익전자의 할인율이 12%로 상승한다면 NPV는 증가 또는 감소할 것인가? 그 이유를 간단히 설명하시오.
4. 위 요구사항 2의 NPV가 ₩10,000이라면 신기계도입안의 내부수익률(IRR)은 10%보다 클 것인가 작을 것인가?

풀이

1. 투자시기별 세후 관련 현금흐름

초기투자		투자기간 중		투자종료	
신기계취득	(₩100,000)	노무비 절감	₩18,000	신기계처분	₩5,000
구기계의 처분	3,000	유지/보험료증가	(5,400)	처분이익세금효과[*3]	(1,000)
투자세액공제[*1]	10,000	불량품 감소	1,800		
		추가판매수익	4,200		
		감가상각비감세효과	8,000		
세후 초기투자	₩87,000	세후 매년 순현금흐름[*2]	₩26,600		₩4,000

*1 투자세액공제액 = ₩100,000×10% = ₩10,000

*2 연간현금흐름의 계산

항 목	세전 금액	세금효과	세후 현금흐름	비고
노무비 절감(비용절감)	₩30,000	0.6	₩18,000	₩18,600
유지/보험료 증가(비용증가)	(9,000)	0.6	(5,400)	
불량품 감소(비용감소)	3,000	0.6	1,800	
판매수익증가(수익증가)	7,000	0.6	4,200	
감가상각비 감세효과	20,000	**0.4**	8,000	
순현금흐름	₩11,000		₩26,600	

*3 처분이익(자본이득) 세금효과 = ₩5,000×20% = ₩1,000 ∵장부가액 0(전액 상각)

2. NPV의 산출

#	관련항목	NPV	현가지수	관련 현금흐름					
				0	1	2	3	4	5
1	신기계의 취득	(100,000)		(100,000)					
	구기계의 처분	3,000	1.0000	3,000					
	투자세액공제	10,000		10,000					
	초기순투자액	**(87,000)**							
2a	**연간세후영업현금**(감가상각비 감세효과 반영전)								
	연도1	16,908	0.909		18,600				
	연도2	15,364	0.826			18,600			
	연도3	13,969	0.751				18,600		
	연도4	12,704	0.683					18,600	
	연도5	11,551	0.621						18,600
2b	**감가상각비 감세효과**(DTS)								
	연도1	7,272	0.909		8,000				
	연도2	6,608	0.826			8,000			
	연도3	6,008	0.751				8,000		
	연도4	5,464	0.683					8,000	
	연도5	4,968	0.621						8,000
	투자기간중 현금흐름	**100,816**							
3	신기계처분(세후)	2,484	0.621						4,000
	투자종료시 현금흐름	2,484							
4	NPV	**16,300**							

* 2a와 2b를 별도로 구분하지 않고 한꺼번에 묶어서 NPV를 계산할 수 있다.

3. 감소한다. 할인율의 상승은 현재가치의 감소를 초래하므로 순현가는 감소한다. PVIFA(5년, 12%) = 3.696, PVIF(5년, 12%) = 0.567이다. NPV를 계산하면 ₩13,586으로 ₩2,715 감소

4. NPV>0이므로 할인율<IRR이다. 그러므로 IRR은 10%보다 크다.

요 약

01. 이 장에서는 자본예산편성의 기초적 개념을 소개하였다. 현금흐름에 기초한 현가계산을 토대로 설비투자의 타당성 분석을 행하는 자본예산편성은 전략과 밀접한 관련을 맺는다. 자본예산은 제6장에서 소개한 종합예산과 달리 장기경영계획 및 통제를 다루는 대표적인 전략적 기법으로 그 중요성은 아무리 강조해도 지나침이 없다.

02. 자본예산편성은 장기적인 관점에서 현금흐름 관련항목들을 체계적으로 종합하는 가운데 투자안의 타당성을 다루기 때문에 제4장에서 다룬 관련원가분석의 경우에 비해 다양한 항목을 체계적으로 고려하는 능력이 필요하다. 투자액이나 관련 수익 및 비용 등 계량적인 재무적 항목 이외에도 관련 위험 및 무형적 장점 등 비계량적 요소에 대한 고려도 동시에 이루어져야 한다.

03. 대표적인 자본예산편성기법은 전통적인 기법과 DCF법으로 대별된다. 회수기간법과 회계적 이익률법과 같은 전통적 기법은 현가계산을 무시한다는 중대한 단점을 갖지만 계산이 간편하고 이해가 쉬울 뿐만 아니라 유동성의 강조 등 나름대로의 장점을 갖기 때문에 실무에서 흔히 사용된다. 대표적인 DCF방식은 NPV와 IRR이다. NPV가 IRR에 비해 보다 현실적인 재투자이익률을 가정하고 있기 때문에 이론적으로 선호되지만 실무에서는 IRR도 NPV 못지않게 사용된다.

04. 투자안 타당성 검토는 상이한 대안 간의 비교 형태로 이루어질 가능성이 높다. 이 경우 총액분석보다는 차액분석이 합리적이다. 가장 대표적인 타당성 분석사례인 구기계의 신기계로의 대체의 경우 ① 초기투자액, ② 신기계로 인한 영업현금 증가액, ③ 구기계처분에 따른 현금유입액, ④ 신기계 구입에 따른 증분 감가상각비 감세효과, ⑤ 신기계처분에 따른 현금유입액 등의 현금흐름이 최소한 고려되어야 한다. 이 밖에도 추가운전자본이 고려되어야 할 경우 필요한 시점에 자금이 묶였다가 최종기간에 회수되는 것으로 처리된다. 구기계와 신기계의 처분시 장부가액과 처분가액의 차이로 발생하는 고정자산 처분이득이나 손실이 세금에 미치는 효과도 반드시 감안해야 한다.

05. 전략적 차원의 검토, 민감도분석, 위험과 불확실성이 어느 투자안보다도 큰 특징을 갖는 신제조기술 관련 투자안의 타당성 분석은 전통적인 분석과는 달라질 필요가 있는데 기준선의 이동(moving baseline) 개념이 한 가지 예이다.

06. 부록에서는 명목할인율법과 실질할인율법을 비교하는 가운데 감가상각비 감세효과의 개념을 분명히 알 수 있도록 하였다. 실질할인율이 투자위험만을 회수하기 위해 요구되는 수익률을 지칭하는 반면에 명목할인율은 투자위험뿐만 아니라 인플레이션으로 인한 화폐가치의 하락분을 상쇄하기 위한 조정분을 포함하는 할인율이다. 어떤 방법을 이용하든지 동일한 결과를 얻는다.

핵심용어

- 설비자산
- 자본예산
- 운전자본
- 자본비용
- 순현가법
- 수익성지수
- 회수기간법
- 타당성 평가
- 간접효과
- 할인현금흐름
- 자본예산편성
- 자본예산모델
- 할인회수기간법
- 긴급회수기간법
- 비현금지출비용
- 회계적 이익률법
- 내부수익률(IRR)
- 감가상각비 감세효과(depreciation tax shield)
- 민감도분석
- 사후감사
- 명목이자율
- 실질이자율
- 기준선 이동(moving baseline)
- 명목할인율법
- 실질할인율법

Reading materials

관리회계 전문가 되기
(新관리회계
information room)
cafe.naver.com/shinmgta

- 애플 산더미 현금 놔두고 왜 돈을 빌리지? (키워드: 세금공제효과, 현금흐름, 이자비용, 자본비용) 헤럴드 경제, 2018.01.26.
- 하루 16만명 탄다더니 … 실제 탑승객은 9천명 (키워드: 수요예측, 타당성 분석) 시사IN, 2013.11.15.
- 포스코 '파이넥스'로 기존 고로 공법 대체 … 자동차용 초고강도강 개발해 피아트 등에 납품 (키워드: 기존설비 대체, 신제품) 한국경제, 2013.11.12.

⋮

부록 11A 인플레이션하의 자본예산편성

1. 물가변동과 자본예산편성

> **TIP!**
> **학습목표 7**
> 자본예산에서 인플레이션을 고려한 분석기법을 이해한다.

자본예산에서 검토되는 투자안은 장기에 걸쳐 현금유입 및 유출의 형태로 기업에 영향을 미친다. 미래 현금흐름의 크기를 예측함에 있어서 간과하지 말아야 할 요소는 인플레이션 및 디플레이션 같은 물가변동이다. 오늘날의 현실에서는 화폐의 일반적 구매력 하락을 지칭하는 인플레이션(inflation)이 대표적임을 감안하여 이하 물가변동 대신에 인플레이션이라는 용어를 사용한다.

인플레이션이 존재하고 그 효과가 적지 않은 현실하에서 투자안의 경제성을 검토할 경우에는 인플레이션 효과를 명시적으로 감안해야 한다. 즉, DCF방법으로 투자안을 평가하는 경우 만약 제시된 추정현금흐름자료가 인플레이션을 감안하지 않은 자료일 경우 반드시 인플레이션 효과를 감안하여 수정한 후에 이용하여야 한다.

자본예산에서 인플레이션 효과를 반영하는 방법으로는 두 가지가 있다. 하나는 명목할인율법이고 다른 하나는 실질할인율법이다. 어느 방법을 이용하든지 결과는 동일하다. 그러나 선택방법에 상관없이 경제성 검토가 제대로 이루어지기 위해서는 실질이자율과 명목이자율을 구분하여 사용해야 한다.

실질이자율(real rate of return ; 일명, 실질할인율)은 인플레이션이 없을 경우 투자위험을 보상하기 위해 투자로부터 벌어들여야 할 수익률을 말한다. 이 이자율은 ① 장기 국채에 지급되는 이자율 같은 무위험요인(risk-free element)과 ② 사업 자체가 갖는 위험요인(business-risk element)의 두 가지를 감안하여 결정된다.

반면에 명목이자율(nominal rate of return ; 일명, 명목할인율)은 ① 실질이자율과 ② 인플레이션의 두 가지를 감안하여 결정된다. 즉, 명목이자율은 투자위험과 인플레이션에 의한 일반구매력 감소를 보상하기 위해 투자안이 벌어들여야 할 수익률을 말한다.

위와 같은 실질이자율과 명목이자율의 차이를 감안하면 물가상승이 예상되는 기간의 할인율은 물가가 안정되어 있는 기간의 할인율보다 높게 책정되는 것은 당연하다. 따라서 실질이자율로부터 인플레이션하의 DCF분석상 할인율로 이용될 명목이자율은 다음과 같이 계산된다.

$$명목이자율 = [(1 + 실질이자율) \times (1 + 인플레이션율)] - 1 \cdots\cdots (11A \cdot 1)$$

구체적인 수치 예로 실질이자율은 10%, 연간 인플레이션율은 20%라고 가정하고 식(11A.1)에 따라 계산하면 명목이자율은 32%(= [(1 + 0.1) × (1 + 0.2)] − 1)가 된다. 32%라는 명목이자율은 다음과 같은 구성요소로 분해될 수 있다.

$$명목이자율 = 0.1 + 0.2 + 0.1 \times 0.2 = 0.32 \cdots\cdots (11A \cdot 2)$$

식 (11A.2)처럼 명목이자율을 계산할 경우에는 실질이자율과 명목이자율을 곱한 결합효과가 반드시 추가된다는 점을 잊지 말아야 한다. 이는 마치 판매수익차이가 실제로는 개별적인 판매가격과 판매수량차이 이외에 양요인의 결합효과인 결합차이의 합계로 구성되는 것과 마찬가지이다.

2. 명목할인율법과 실질할인율법

명목할인율법은 현금흐름을 명목화폐단위로 예측하고 이들 현금흐름을 명목이자율로 할인하는 접근법을 말하고, 실질할인율법은 현금흐름을 실질화폐단위로 예측하고 실질이자율로 할인하는 접근법을 말한다. 양 방법은 자료수집과 분석상 장단점이 있다. 즉, 실질할인율법은 미래예측이 단순하게 이루어질 수 있다는 장점을 갖는 반면, 미래의 회계장부에서 구해지는 수치는 인플레이션이 반영된 명목수치이기 때문에 사후감사 등에서 불편하다는 단점을 갖는다. 기업이 매년 작성하는 종합예산수치 또한 명목수치이다. 이런 점을 감안하여 실무에서는 명목할인율법이 보다 선호된다.

어느 방법을 따르는가는 선택의 문제일 뿐이다. 두 방법 모두 일관되게만 적용하면 올바른 결과를 얻을 수 있다. 그러나 인플레이션하의 자본예산에서 흔히 저지르는 두 가지 실수는 다음과 같다.

① 실질화폐로 측정된 현금흐름을 명목할인율로 할인하는 것이다. 이 경우 순현가 계산시 미래 현금흐름이 과소평가된다.

② 감가상각비가 명목금액인데도 실질화폐로 표시된 다른 항목처럼 누적인플레이션율을 이용하여 동 금액을 부풀리는 경우이다. 이 경우 감가상각비 감세효과가 과대계상된다. 세법상 상각가능액은 명목화폐로 표시되는 구입시점의 자산구입가액으로 제한되는 점에서 감가상각비는 다른 현금흐름과 달리 처리해야 한다.

명목할인율법 적용상 한 가지 유념할 점은 인플레이션을 현금흐름 예측에 반영할 경우 매년 인플레이션율이 반드시 동일할 필요는 없다는 점이다. 예산편성에서처럼 필요한 경우 관련항목별로 상이한 인플레이션율을 적용하여 현금흐름을 추정할 수 있는 것이다. 명목할인율법과 실질할인율법에서의 현금흐름의 산출식은 다음과 같다.

$$\text{명목현금흐름} = \text{실질현금흐름} \times (1+i)^t \quad \cdots\cdots (11A \cdot 3)$$

여기서 i=물가상승률, t=기간

$$\text{실질현금흐름} = \frac{\text{명목현금흐름}}{(1+i)^t} \quad \cdots\cdots (11A \cdot 4)$$

단답식 개념문제

01. 감가상각비와 같은 비현금지출비용은 그 자체가 직접적으로 현금흐름의 증가를 가져오는 것은 아니지만 다른 비용항목처럼 세금을 줄이는 간접효과를 갖는다. 이러한 세금효과를 □□□□□ □□□□(depreciation tax shield)라고 부른다.

02. 경합되는 둘 이상의 자본예산 대안 간의 비교에서 □□□□접근법은 두 대안 간에 □□를 보이는 항목에 초점을 맞추어 판단하여 계산이 간편하다. 반면 총액분석접근법은 모든 항목을 개별투자안마다 적용하여 구한 수치를 비교하여 판단한다.

03. NPV법은 IRR법에 비교하여 우월하다. 왜냐하면 NPV는 현실적인 □□□□으로 재투자를 가정하고, 복수의 투자안의 NPV를 구할 때 가치의 □□□□(value additivity)이 적용될 수 있기 때문이다.

[문 1] 자본예산편성을 정의하고 종합예산편성과의 차이를 설명하시오.

[문 2] 자본예산편성에서 세금효과는 현금흐름에 어떠한 영향을 미치는지를 설명하시오.

[문 3] 투자예산편성안의 계량적/재무적 예측결과를 요약하여 타당성을 검토하는 대표적인 방법을 4가지 이상 제시하시오.

[문 4] 두 가지 주요한 현금흐름할인법(DCF)은 무엇인가? 근본적인 가정상의 차이점은 무엇인가? 그리고 어느 방법이 보다 논리적인 가정을 기초로 깔고 있는지를 설명하시오.

[문 5] 회수기간법을 정의하고 단점이 무엇인지를 설명하시오.

[문 6] 회수기간법이 중대한 단점을 갖고 있음에도 불구하고 실무에서 다른 DCF방법들 못지않게 이용되는 이유는 무엇인가?

[문 7] 회계적 이익률을 정의하고 주된 단점과 보편적으로 실무에서 활용되는 이유를 설명하시오.

[문 8] 자본예산편성에서 운전자본이 현금흐름에 미치는 효과를 순현가계산 관점에서 설명하시오.

[문9] 자본예산편성에서 사후감사란 무엇인가? 정의를 내리고 이것이 갖는 장점을 간략히 설명하시오.

[문10] 과세목적상 감가상각공제액으로 계산되는 액수에 영향을 미치는 3가지 요소란 무엇인가?

[문A1] 명목할인율이란 무엇인가? 실질할인율과는 어떻게 차이가 나는가?

[문A2] 실질할인율법을 이용하여 인플레이션하의 자본예산편성을 할 때 감가상각비 감세효과를 감안할 때 특히 유의해야 할 점은 무엇인가?

연습문제

객관식

[문1] 다음의 설명 중 옳지 않은 것은? (★)

① 회계적 이익률법은 현금흐름에 의하여 투자안을 평가한다.

② 회수기간법은 투자안의 위험을 나타내는 지표가 된다.

③ 순현재가치가 0보다 크다는 말은 그 투자안의 내부수익률이 자본비용보다 크다는 말이다.

④ 투자안의 수명이 충분히 길 경우 내부수익률의 근사치로 회수기간의 역수가 사용된다.

⑤ 현금흐름이 매년 동일한 경우 투자안의 회수기간과 연금현가계수는 동일하다.

[문2] 다음 문장들 중 틀린 문장만을 모은 것은? (★)

a. 명목할인율은 실질이자율과 인플레이션율 두 가지를 감안하여 결정된다.
b. 투자 프로젝트 비교시 감가상각비 세액공제를 제외하고는 일반적으로 인플레이션은 무시될 수 있다.
c. 수익성지수(profitability index)는 자본투자안이 초기투자액 1원당 실현하는 현금유입액(현가로 계산)을 의미한다.
d. 자본예산편성에서 운전자본의 규모가 크거나 투자시점과 회수시점 간의 간격이 클수록 현가계산은 불리하게 된다.

① b, c ② b, c, d ③ b ④ a, c ⑤ a, d

[문3] 투자안 평가방법에는 여러 가지 방법이 있다. 회수기간법을 사용할 경우 반드시 알고 있어야 할 요소가 아닌 것은 어느 것인가? (★)

① 투자액 ② 잔존가치 ③ 이자율 ④ 연간 현금유입액 ⑤ 정답 없음

[문4] 한진기업에서는 새로운 기계를 ₩1,000,000에 구입하고자 한다. 기계의 내용연수는 10년, 잔존가치는 없다. 기계의 감가상각비 계산은 정액법에 의한다. 법인세율이 25%라고 가정할 때, 매년도 감가상각비의 감세효과는 얼마인가? (★★)

① ₩0 ② ₩25,000 ③ ₩50,000 ④ ₩75,000 ⑤ ₩100,000

[문5] 나라기획에서는 현재 사용 중인 복사기를 신형 복사기로 대체하고자 한다. 현재의 복사기와 신형 복사기에 대한 정보는 다음과 같다. (★)

	현재의 복사기	신형 복사기
취득원가	₩5,000,000	₩10,000,000
장부가액	2,500,000	
처분가액 – 현재	1,500,000	

복사기를 대체할 경우, 투자 시점에서 유출되는 순현금은 얼마인가? 단, 법인세가 25%라고 가정한다.

① ₩7,750,000 ② ₩8,250,000 ③ ₩8,500,000 ④ ₩9,250,000 ⑤ ₩9,750,000

[문6] 백마(주)는 내용연수가 2년인 설비를 투자하려고 한다. 첫해의 세후 순현금유입액은 ₩50,000, 둘째 해의 세후 순현금유입액은 ₩80,000으로 추정된다. 2년 후 설비의 잔존가치(처분가액)는 투자금액의 10%이다. 회사의 최저필수수익률은 15%이며, 이 경우, 1, 2기의 현가계수는 각각 0.87, 0.756이다. 회사가 설비에 투자할 수 있는 최대금액은 얼마인가? (★★)

① ₩81,670 ② ₩103,980 ③ ₩112,484 ④ ₩115,533 ⑤ ₩132,680

[문7] 소백(주)는 최신 기계를 ₩100,000에 구입(내용연수 10년, 잔존가액 ₩0, 감가상각방법 : 정액법)하였다. 매년 법인세차감후 순이익이 ₩2,000이라면 동 기계의 내부수익률(IRR)은 얼마인가? (★★)

할인율	10년간 연금현가계수	10년간 연금미래가치
3%	8.530	11.463
5%	7.721	12.577
8%	6.710	14.487

① 3% 이하 ② 3% 초과 5% 미만 ③ 5%
④ 5% 초과 8% 미만 ⑤ 8% 초과

[문8] 와룡공업은 컴퓨터지원 설계·제조시스템 도입을 검토하고 있다. 동 시스템의 도입시 400시간의 직접노동시간을 절감할 수 있을 것이며 시간당 임률은 ₩1,000이다. 또한 ₩450,000의 원초투자액이 소요되며, 연간 ₩200,000의 추가운영비용이 발생될 것으로 추정되어 있다. 동 시스템의 내용연수는 5년이며 정액법에 의

한 감가상각을 할 예정이다. 세율은 30%이며 자본비용은 15%이다. 세후 연간순 현금유입액과 회수기간은 각각 얼마인가? (★★)

① ₩167,000, 2.69년 ② ₩120,000, 3.01년 ③ ₩146,000, 2.84년
④ ₩136,000, 2.09년 ⑤ ₩182,000, 3.42년

[문9] 한라(주)는 ₩1,000,000의 기계를 구입하려고 한다. 이 기계는 10년에 걸쳐 잔존가치 없이 정액법으로 감가상각된다. 이 기계를 구입하면 회사는 기계의 감가상각비와 법인세를 차감하기 전 연간 ₩240,000의 추가적인 현금수익을 얻게 될 것이다. 법인세율이 25%인 경우 최초투자액을 기준으로 했을 때 4년째의 회계적 이익률은 얼마인가? (★★)

① 9.2% ② 10.5% ③ 12.63% ④ 21.57% ⑤ 24.0%

주관식

[문1] 법인세 고려효과 (★★)

홍익(주)는 총 ₩50,000,000이 소요되는 기계화를 통해 종전의 수작업방식에 비해 매년 ₩20,000,000의 노무비를 절감할 수 있을 것으로 추정하고 있다. 동 기계는 5년간 사용할 수 있다. 단, 감가상각은 정액법에 따르고 잔존가치는 제로(0)로 예상한다. 세율은 40%이다.

〈요구사항〉
이 경우 과연 홍익(주)는 기계화를 추진해야 하는가? 노무비절감효과 이외에 다른 효과는 없다고 가정하고 요구수익률 12%를 적용하여 타당성 분석을 통해 답하시오.

[문2] 자본예산편성기법의 비교 (★★)

다음의 신규설비 투자안과 관련된 자료를 토대로 물음에 답하시오.

• 최초투자액 :	
감가상각대상	₩27,740
운전자본	3,000
• 영업활동(4년 동안 매년 동일하게 발생)	
현금유입	₩25,000
현금지출	15,000
• 투자회수액 :	
설비자산 처분가치*	₩2,000
운전자본 회수	3,000

* 장부가액과 동일하다고 가정함.

연도	1	2	3	4
10% 현가계수	0.909	0.826	0.751	0.683

〈요구사항〉

1. 10% 할인율에서의 순현재가치(NPV)
2. 내부수익률(IRR)
3. 회수기간(payback)
4. 최초투자액과 평균투자액에 의한 회계적 수익률(단, 소수점 4자리에서 반올림할 것)
   단, 감가상각은 정액법에 따르고 세금은 무시한다.

[문3] 회수기간법 (★★)

홍익(주)는 최초투자액 ₩55,000 및 예상공헌연수 6년의 설비투자를 고려하고 있다. 이에 따른 연도말 현금유입은 다음과 같다.

연 도	현금흐름	현가계수(16%)
0년	₩(55,000)	1.0000
1	15,000	0.8621
2	15,000	0.7432
3	20,000	0.6407
4	20,000	0.5523
5	15,000	0.4761
6	10,000	0.4104

단, ( )는 현금유출액을 나타낸다.

〈요구사항〉

위의 자료를 기초로 하여 ① 전통적 회수기간과 ② 할인회수기간을 구하시오.

[문4] 투자안의 세후효과+NPV (★★)

홍익택배(주)는 ₩30,000의 새로운 트럭구입을 고려하고 있다. 새로운 트럭은 내용연수가 5년으로 예상되며 잔존가치는 없고 정액법으로 상각을 한다. 트럭을 구입할 경우 트럭의 내용연수 동안 매년 ₩60,000의 수익증가와 함께 ₩45,000의 비용이 발생될 것으로 예측된다. 세율은 30%이며 세후요구수익률은 10%이다.

〈요구사항〉

1. 트럭구입으로 인한 세후 연간 순현금유입액을 구하시오.
2. 트럭구입 투자의 세후 순현재가치(NPV)를 구하시오. 단, 10% 5년 연금의 현가계수는 3.7908이다.

[문5] 자본예산편성 : 신기계로의 대체 (★★★)

홍익(주)는 기존 연삭기계(milling machine)를 새것으로 대체하고자 한다. 기존 연삭기계의 현상태가 워낙 불량하여 이를 계속해서 사용하고자 할 경우에는 지금 당장 ₩4,000의 수선비 지출이 필요하다. 만약 수선이 이루어질 경우 이는 회계처리상 수익적 지출로 간주된다. 기존 연삭기계의 현장부가액은 ₩8,000으로 수선 후의 잔존 내용연수는 10년으로 추정된다. 단, 감가상각은 정액법에 따라 잔존가치를 ₩0으로 보고 전액 상각될 것이며 10년 후의 매각가치는 현재나 10년 후나 동일한 ₩20,000으로 가정한다.

이와 별도로 현경영진은 ₩40,000의 구입비가 소요되는 (단, 설치비가 ₩6,000 별도로 소요됨) 신연삭기계의 구입을 고려하고 있다. 신기계는 구기계에 비해 매년 제조원가를 ₩6,000씩 절약하는 장점을 갖는다. 신기계의 예상수명은 10년, 잔존가치는 ₩0이며 추정매각가치는 ₩2,000이다. 법인세율은 40%이며 편의상 인플레이션은 없는 것으로 가정한다.

〈요구사항〉

신기계로의 대체타당성 검토를 위한 현금흐름을 차액접근법으로 스케치하시오.

[문6] 자본예산편성 + 무차별점 (★★)

(주)국세는 올해 초 신제품 생산을 위한 전용기계 도입여부를 순현재가치법으로 결정하려고 한다. 신제품의 판매가격은 단위당 ₩500이며, 생산 및 판매와 관련된 단위당 변동비는 ₩300, 그리고 현금유출을 수반하는 고정비를 매년 ₩600,000으로 예상한다. 전용기계의 구입가격은 ₩1,000,000이고, 정액법으로 감가상각한다(내용연수 5년, 잔존가치는 없음). 할인율은 10%이며 법인세율은 40%이고, 매출액, 변동비, 현금유출 고정비, 법인세는 전액 해당 연도 말에 현금으로 회수 및 지급된다. 전용기계 도입이 유리해지기 위해서는 신제품을 매년 최소 몇 단위를 생산 판매해야 하는가? (단, 10%, 5년의 단일금액의 현가계수는 0.621이고, 정상연금의 현가계수는 3.791이다.)

(세무사 2015)

[문7] 법인세절감효과 (★★★)

(주)홍익은 1년 전에 ₩2,500,000의 기계를 취득하여 사용하고 있다. 취득 당시 이 기계의 내용연수는 6년, 잔존가치는 ₩100,000이며 정액법으로 감가상각하고 있다. 최근에 (주)신촌으로부터 이 기계보다 매년 현금비용을 ₩300,000에서 ₩100,000으로 감소시켜 줄 수 있는 새로운 기계로 대체할 것을 고려하고 있다.

신기계를 구입할 경우 구기계의 현재 처분가치는 ₩1,900,000이 될 것이다. 또한 신기계의 취득원가는 ₩2,000,000, 내용연수 5년 후 잔존가치는 ₩200,000이며, 신기계는 연수합계법에 의해 감가상각될 것이다. 회사의 법인세율은 30%이며 자본비용은 14%이고 이때 현가요소와 연금현가요소는 다음과 같다.

	$t=1$	$t=2$	$t=3$	$t=4$	$t=5$
현가요소	0.877	0.769	0.675	0.592	0.519
연금현가요소					3.433

〈요구사항〉

1. 구기계를 신기계로 대체할 경우 다음 현금흐름의 현재가치를 구하시오(단, 유입・유출을 표시하시오).
   (1) 감가상각비의 차이
   (2) 현금영업비의 절감액
   (3) 5년 후의 잔존가치의 차이
2. 요구사항 1 이외의 고려사항을 추가하여 신기계로 대체시 순현재가치를 구하고 신기계의 대체 여부에 대한 의사결정을 하시오.
3. 회계적 이익률법의 단점을 순현재가치법과 비교하여 설명하시오.

[문8] 관련 현금흐름 분석과 세금효과 (★★★)

신흥제지(주)는 경영자들을 그들이 관리하는 자산에 대한 투자수익률에 의거해 보상한다. 즉, ROI가 높을수록 보상도 높게 된다. 이 회사는 ROI 계산을 위한 자산의 평가에 기말순장부가액을 사용한다. 이 회사의 자본비용은 세금효과 고려 후 12%이다. 이 회사의 세율은 35%이다.

운송부의 책임자는 노화된 트럭들을 대체할 수 있는 방법을 모색하고 있다. 운송부의 세금차감 후 순이익은 ₩7,000,000이며, 현재 운송부의 총투자금액은 ₩50,000,000으로 계상되어 있다. 현재의 순이익과 투자수준은 새 트럭에 대한 투자가 없는 한 앞으로도 계속될 것으로 예상된다.

새 트럭을 구입하기로 하면 현재 사용하고 있는 트럭은 대체되는데, 이때 ₩50,000,000의 현금과 구트럭을 제공한다. 만일 대체하지 않는다면 현재 사용하고 있는 트럭은 약 5년간 더 사용될 수 있다. 이미 상각이 완료되어 장부상 가치는 0이다. 새 트럭 역시 5년간 사용될 수 있다(잔존가치는 0으로 가정). 수익의 증대와 유지원가의 절감으로 현재 사용하는 트럭의 경우와 비교할 때 매년 ₩16,000,000의 현금흐름의 증가를 가져온다. 새 트럭은 회계처리 및 세금계산을 위해 정액법으로 상각된다.

〈요구사항〉

1. 회사의 관점에서 볼 때 이 투자가 행해져야 하는가? 계산근거를 밝히시오.

2. 책임자의 관점에서 볼 때 이 투자가 행해져야 하는가?
3. 만일 책임자가 경제적부가가치에 의해 보상받을 때, 이 매니저는 새로운 투자를 하려고 할 것인가?

[문9] 순현가법 : 세금과 인플레이션의 고려－(부록11A) (★★)

(주)월드컵은 향후 10년 동안 매년말 ₩500,000에 달하는 운영비절감효과(즉, 법인세차감전 순현금유입액)를 가져오는 신기계를 ₩1,000,000에 구입할 것인가를 검토 중이다. 투자안 검토시 요구되는 **실질수익률**(real rate of return)은 10%이며, 신기계가 구입되면 내용연수를 10년, 잔존가액을 영(0)으로 하여 정액법에 따라 감가상각된다. (주)월드컵은 순현재가치(NPV)를 토대로 신기계의 구입 여부를 결정한다. 만약 아래의 보기 A, B, C, D별로 각각의 NPV를 구할 경우, NPV값 크기의 순위를 배열하시오[＝와 부등호(>, <)를 이용]. 세율은 40%, **인플레이션**은 20%로 가정한다. 위에서 말한 운영비절감효과는 불변가치(real value)로 추정된 것이다. 편의상 세금과 인플레이션의 존재 여부는 다음 기호를 이용하여 표현한다.

A : 세금이 없고 인플레도 없는 경우　　B : 세금은 있고 인플레는 없는 경우
C : 세금은 없고 인플레는 있는 경우　　D : 세금이 있고 인플레도 있는 경우

(힌트 : NPV를 계산하지 않고도 **감가상각비 감세효과**의 유무를 포함한 현금흐름의 고려만으로도 답할 수 있다.) 〈CPA 2003〉

[문10] 세금과 인플레이션의 결합 유무－(부록11A) (★★)

와우공업은 내용연수 5년 동안 매년 ₩3,000의 (실질화폐금액으로 본) 세전 증분 현금절약을 가져올 ₩10,000의 신기계 구입 타당성을 검토 중이다. 참고로 현금절약은 매년 말 이루어진다고 가정한다. 감가상각은 잔존가치가 없다고 판단하고 정액법에 따른다. 와우공업의 자본예산 편성시 요구수익률은 실질수익률 기준으로 10%이고 인플레이션은 20%로 가정한다.

〈요구사항〉
1. 만약 세금도 없고 인플레이션도 없는 세상이라고 가정할 경우의 NPV는 얼마인가?
2. 세율은 40%이고 인플레이션은 없을 경우의 NPV는 얼마인가?
3. 세금은 없지만 인플레이션은 20%일 경우의 NPV는 얼마인가?
4. 세율은 40%, 인플레이션은 20%인 세상의 NPV는 얼마인가?

Management Accounting

PART 04

전략적 관리회계

제4부에서는 지금까지 다룬 토픽과는 다소 성격이 다른 이슈들을 다룬다. 원가회계 교재에서 전략적 원가관리 내용 일부를 다룬 바 있다. 추가 전략적 원가관리 토픽 및 난이도가 다소 높은 관리회계 토픽들을 소개한다.

제12장에서는 전통적인 차이분석을 기간간의 비교로 확장한 생산성 분석과 제4장 및 제5장에서 다룬 관련원가분석을 제약조건하의 최적 분석에 초점을 맞추고 이를 확장한 TOC(제약이론)를 다룬다.

제13장에서는 커패서티 관리 및 시간관리와 관련된 핵심적 기법들을 소개하고 향후 강조될 지속가능경영상 관련된 관리회계 이슈를 미래 지향적인 관점에서 다룬다.

12 전략적 관리회계(Ⅰ): 생산성 분석과 TOC

학습목표

- 생산성의 정의와 계산방법을 배움
- 부분생산성과 총요소생산성의 차이 이해
- 생산성 차이분석의 틀 학습
- TOC의 대두 배경 및 특징 터득
- TOC를 이용한 보고와 전통적 재무보고의 차이 파악

Intro

생산성은 투입과 산출물 간의 관계를 측정하는 것이다. 생산성 측정치는 부분생산성 측정치와 총요소생산성 측정치로 대별된다. 부분생산성 측정치는 산출물 수량과 단일투입물의 비교를 통해 계산되는 반면에 총요소생산성은 투입물 간의 가격을 감안하여 특정 수준의 산출물 생산에 사용된 모든 투입물의 결합된 생산성을 측정한다. 생산성 분석이 관리회계에서 의미를 갖는 이유는 기존의 차이분석 지식을 활용하는 가운데 두 기간 이상에 걸쳐 산출물을 생산하기 위하여 사용된 모든 투입물의 결합된 생산성을 비교하기 때문이다.

TOC는 기존 회계수치를 이용한 제조성과측정치 사용의 문제점을 지적하면서 1980년 중반 소개된 이론이다. TOC에 의하면 모든 기업들은 막대한 이익 창출을 방해하는 제약요인을 적어도 한 가지씩은 가지고 있다. 제조업의 경우, **제약요인**은 조악하게 설계된 기계장치, 잘못 배치된 작업자, 작업흐름에서의 병목 등이다. 이러한 제약요인을 제거하면 생산성이 향상되고, 순이익이 증대된다.

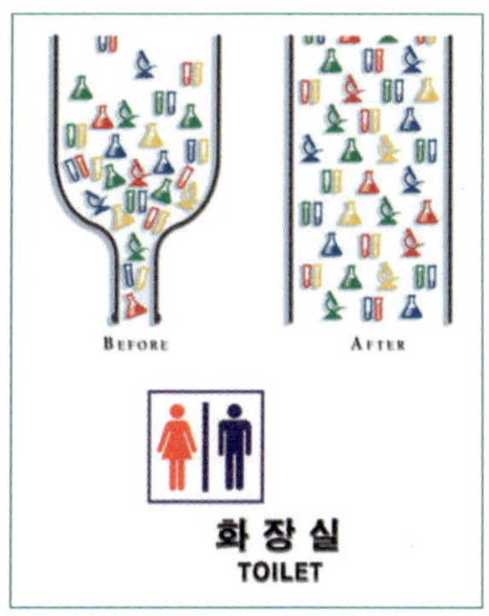

에베레스트 등반의 병목현상: 가파르고 위험지점을 통과하는 데 시간이 지체되고 있어서 병목지점의 전후에 사람들이 몰려있다.

Storytelling

굵은 철사로 만든 그물망(이하 철망)을 제작하는 공장에서는 예고없이 오작동하는 철망직조기계 때문에 애를 먹고 있다. 이 공장의 전체공정은 철망직조기계의 작동 속도보다 빠르게 진행될 수 없다. 이 철망직조기계를 관리하고 수선・보수하는 작업자를 별도로 두고 있는데, 한 번은 공장장이 능력없는 작업자를 잘못 배치하여 고장난 기계를 고치는 데 많은 시간을 지체하였다. 이는 곧바로 생산일정을 지연시키게 되었다. 초과근무를 하였지만 주문제품을 고객들에게 정해진 날짜에 배달하지 못하고 말았다. 정시배달률이 85%에서 70%로 하락하였다.

제약이론(TOC)을 도입한 경영진은 공장의 제약요인이 철망직조기계라는 것을 깨닫고, 철망직조기계의 가동률을 최대로 높이는 데 주력하였다. 철망직조기계의 가동률이 높아진 이후 정시배달률은 99%로 개선되었다.

〈자료 : Kroll, Karen M. "The Theory of Constraints revisited," *Industry Week*, Apr 20, 1998, p. 20〉

유한킴벌리의 노동생산성 개선 방법 : 4조 2교대제

1990년 중반 우리나라 경제 침체와 IMF 사태로 많은 기업들이 구조조정을 단행하고 있을 때, **유한킴벌리** 역시 국내 소비가 급격히 줄면서 공장 가동률이 이전의 절반 수준으로 떨어졌고 전체 직원의 40%가 여유인력으로 남아돌게 되었다. 이 당시 경영진은 감원을 통한 여유인력 감소 대신 4조 2교대제를 도입해 여유인력을 모두 예비조로 흡수하였다.

4조 2교대란 두 조가 12시간씩 근무한 후 휴식하던 다른 두 조와 맞교대하는 방식으로, 간단히 말하면 4일 일하고 4일 쉬는 근무체제다. 현재 모든 공장에서 시행 중이고, 1주일 평균 근로시간은 42시간이다. 유한킴벌리는 고용증가로 인한 인건비 증가 효과를 감소시키기 위해 불필요한 토지・건물 등에 들어가는 비용을 최소화하는 대신 시설과 장비 가동률을 극대화하는 등 고정비를 줄이고, 연간 작업일수도 260일에서 350일로 증가시켜 물리적으로 생산력이 30% 상승된 효과를 보았다. 이로써 생산량은 2배 향상되었고, 불량률이 줄어들고 안전사고 감소, 제품의 질이 향상되었다. 이는 투입량은 감소(노동시간 감소, 휴식시간 증대)되었지만 오히려 산출량은 증대된 **생산성 향상** 사례이다.

제1절 생산성 분석

1.1 생산성의 정의 및 핵심개념

생산성이란 목표로 삼는 작업이 효율적으로 이루어졌는가를 측정하는 지표이고, 산출량과 투입량과의 관계에 중점을 둔다. 생산성의 핵심개념으로 총생산효율성, 기술적 효율성, 가격효율성을 들 수 있다. 그 중 총생산효율성(total productive efficiency; 일명, 총체적 생산성)은 다음 두 가지 조건이 충족될 때 달성된다.

① 주어진 산출물을 생산함에 있어서 어떠한 투입물도 필요 이상으로 사용하지 않는다.

② 위의 조건을 만족시키는 여러 배합 중에서 가장 낮은 원가의 배합을 선택한다.

첫 번째 조건은 기술적인 관점을 반영하는 것으로 기술적 효율성(technical efficiency)이라고 한다. 기술적 효율성은 비부가가치활동은 제거되고 부가가치활동은 주어진 산출량을 얻을 수 있는 최소한의 투입으로 이루어질 때 실현된다.

두 번째 조건은 복수 투입물의 배합비율(mix ratio)에 초점을 맞추는 가운데 최적배합이 이루어질 때 달성된다. 배합비율은 생산시 투입되는 상이한 투입물 수량의 상대적 비율로 파악되며 투입물의 가격, 즉 원가를 고려하여 총투입원가를 최소화하는 최적배합을 통해 배합효율성(mix efficiency)을 달성할 수 있다. 배합효율성은 투입물의 가격을 고려한다는 점에서 가격효율성(price efficiency)이라고도 불린다.

기업에서 추진하는 생산성프로그램은 총생산효율성을 향상시키기 위해 추진된다. 총생산효율성은 [그림 12.1]과 같이 기술적 효율성과 가격효율성의 결합적 성과이다.

기술적 효율성의 향상은 투입량을 줄이거나 산출량을 늘리는 경우에 달성된다. 예를 들어, 2017년에 홍익철강(주)의 150명의 노동자가 180,000톤(즉, 1인당 1,200톤)을 생산했고, 2018년에는 200명의 노동자가 200,000톤(즉, 1인당 1,000톤)을 생산했다. 5년 전인 2012년의 생산표준에 따르면 300명의 노동자가 270,000톤(1인당 900톤)을 생산했다.

위의 자료를 분석해 보면 홍익철강(주)는 2018년에는 2012년에 비해 인력감소(300명 → 200명)와 산출량 감소(270,000톤 → 200,000톤)가 동시에 이루어졌으나 1인

그림 12.1

총생산효율성 구성요소

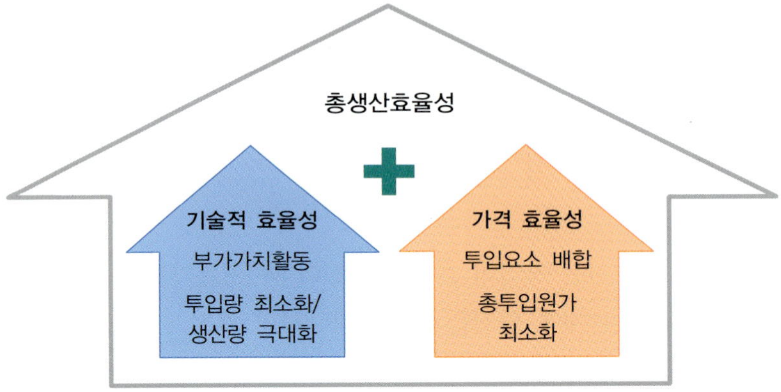

당 생산성은 높아져(1인당 900톤→1,000톤) 기술적 효율성은 5년 전에 비해 향상되었다. 또한 2017년에 비해서는 인력의 증가(150명→200명)와 산출량 증가(180,000톤→200,000톤)가 동시에 이루어졌으나 단위투입(인력)당 산출량의 감소(1인당 1,200톤→1,000톤)가 이루어져 기술적 효율성은 하락한 셈이다.

기술적 효율성을 향상시킬 수 있는 방법은 <표 12.1>과 같이 세 가지로 요약할 수 있다. 편의상 투입은 노동자수(★)와 자본(₩)들뿐이며 투입물의 배합률은 1 : 1로 일정하다고 가정하자.

<표 12.1>에서는 투입물간의 배합률을 일정하게 유지하는 가운데 기술적 효율성 향상 가능방법을 소개하였다. 방법 #1은 산출량은 그대로이고 투입량을 감소시켜 기술적 효율성을 향상시키는 방법이고, 방법 #2는 투입량은 그대로이지만 산출량을 증가시키는 것이고, 방법 #3은 투입량을 감소시키면서 동시에 산출량을 증가시키는 방법이다.

그러나 이처럼 배합률이 바뀌지 않는 가운데 기술적 효율성을 향상시키는 것은 매우 예외적인 경우이고 현실적으로 기술적 효율성은 배합비율이 바뀌는 가운데 달성되는 것이 일반적이다. 가령, 동일 산출물 생산시 다른 투입물은 예전수준을 그대로 유지하더라도 특정 투입물의 투입량이 줄어들 경우 기술적 효율성은 높아지는 동시에 투입배합률도 바뀌게 된다. 이를 그림으로 나타내면 방법 #4와 같다.

생산성 향상은 최적배합에 의해서도 달성될 수 있다. 최적배합효율은 전반적인 경제적 효율을 증가시킬 수 있는 기회를 제공한다. 따라서 투입물의 배합을 선택하는 것은 투입물의 양을 선택하는 것만큼이나 중요하다. <표 12.2>에 예시된 배합사례 #1은 배합사례 #2와 동일한 산출물을 보다 적은 원가로 생산한다. 최적배합은

표 12.1

세 가지 기술적 효율성 달성방법 : 일정배합률(1 : 1) 가정시

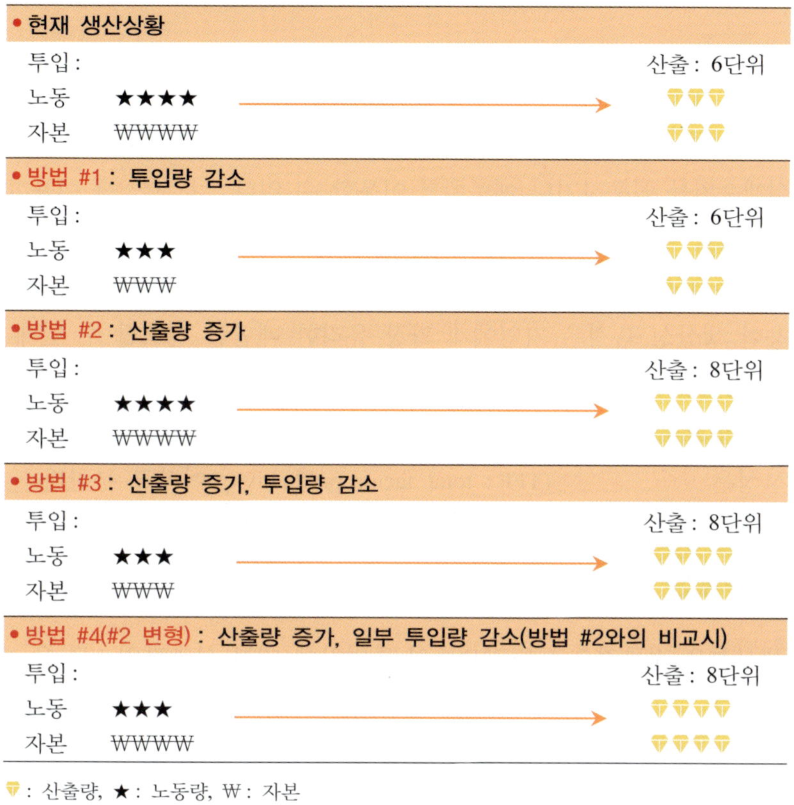

표 12.2

배합효율성(=가격효율성)의 예시

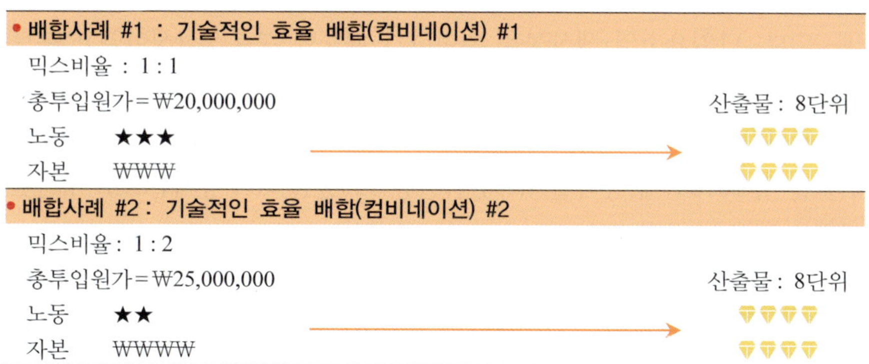

투입물의 가격을 이용하여 구하기 때문에 배합효율성은 가격효율성(price efficiency)이라고 부른다고 앞서 지적한 바 있다. 요컨대 총체적 생산성은 기술적인 효율과 최적배합효율의 결합에 따른 최종결과물이다.

1.2 부분생산성

생산성 측정(productivity measurement)은 간략히 '생산성 변화의 양적 평가'라고 정의할 수 있다. 즉, 생산효율이 증가했는지의 여부를 평가하기 위한 것이다. 생산성 측정은 실제수치를 이용하거나 예측치를 이용할 수 있다. 실제수치를 이용한 생산성 측정은 작업자를 대상으로 한 평가 · 감독 · 통제에 유용하다. 한편, 예측치에 기초한 생산성 측정은 미래를 예측하고 전략적 의사결정을 내리는 데 유용하다. 특히, 예측치를 이용한 생산성 측정은 기업에게 가장 유리한 배합을 선택할 수 있게 해준다.

또한 생산성은 개별 투입요소별로 분리하여 측정되거나 전체를 결합하여 측정된다. 단일투입요소의 생산성은 부분생산성(partial productivity), 모든 투입요소의 결합된 생산성은 총요소생산성(TFP : total factor productivity)이라고 부른다.

1. 부분생산성 측정의 정의

부분생산성은 전통적으로 단일요소의 투입량에 대한 산출량의 비율을 계산함으로써 측정된다.

$$\text{부분생산성} = \frac{\text{산출물수량}}{\text{투입물수량}} \quad \cdots\cdots\cdots\cdots \quad (12 \cdot 1)$$

위의 식 (12·1)을 이용한 부분생산성은 투입물에 대한 가격을 고려하지 않고 단순히 물량을 이용하여 구한 수치이다. 다만, 동 수치가 높을수록 생산성은 높다고 말할 수 있다. 단일요소의 생산성을 의미하기 때문에 부분생산성이라고 부르는데 식 (12·1)에서처럼 수량으로 나타내면 운영생산성(operational productivity), 그리고 금액으로 나타내면 재무생산성(financial productivity)이라고 부른다.

예를 들어, 2018년에 홍익철강(주)이 철강 120톤을 40노동시간으로 생산했다고 가정하자. 이 경우 운영생산성으로 측정된 노동생산성은 시간당 3톤(=120톤/40시간)이다. 한편, 임률이 시간당 ₩3,000이면 재무생산성으로 측정된 노동생산성은 0.001(=120톤/₩120,000)이다. 재무생산성 수치인 0.001이란 곧 1원어치의 노동력을 투입하여 0.001톤(1kg)의 산출물을 생산하였음을 의미한다. 이러한 부분생산성은 노동이라는 투입요소는 물론 직접재료와 같은 다른 투입요소에 대해서도 적용된다. 실무에서 흔히 사용되는 부분생산성 측정치로는 ① 투입재료 단위당 산출량을 의미하는 직접재료수율 생산성, ② 투입인력 또는 노동시간당 산출량을 의미하는 노동생산성, ③ 기계시간 또는 전력시간당 산출량을 의미하는 공정(또는 활동)생산성 등을

꼽을 수 있다

2. 부분생산성 측정치와 생산성 효율변화측정치

앞서 계산한 홍익철강(주)의 노동생산성 수치만으로는 의미가 없다. 왜냐하면 생산성 향상 여부를 알 수 없기 때문이다. 부분생산성은 적절한 벤치마크와 비교될 때 비로소 활용가치를 갖는다. 가령, 전년도와의 비교 또는 다른 공장의 생산성(때로는 외부 경쟁업체의 수치)과의 비교가 그것이다.

구체적인 예를 들어 설명해 보자. 2017년을 기준으로 삼을 경우 노동생산성표준은 시간당 3톤이다. 2017년말에 홍익철강(주)이 노동력 절감을 위해 새로운 프로세스를 도입하고 그 결과 2018년에 35시간을 들여 140톤을 생산했다고 가정하자. 2018년의 노동생산성은 시간당 4톤(=140톤/35시간)이며 생산성 변화는 2017년에 비해 1톤이 증가했다. 요컨대 노동생산성 측면에서 본 부분생산성은 새로 도입한 프로세스의 효과를 확인시켜 주는 나름대로의 유용성을 갖는다.

3. 부분생산성 측정의 장점 및 단점

부분생산성 측정치는 특정 요소의 효율적 활용 여부에 초점을 맞춘다. 따라서 운영적 부분생산성 수치는 생산에 투입되는 모든 관련 투입요소를 책임지는 각종 운영부서의 성과평가에 유용하게 쓰인다. 가령, 노동시간당 생산량이나 직접재료 단위당 생산량 수치 등의 형태로 운영부서에게 적절한 피드백을 제공하는 것이다. 그러나 부분생산성은 자칫 오류를 범하기 쉽다. 왜냐하면 모든 투입물의 생산성을 한꺼번에 종합적으로 고려하지 못하기 때문이다.

모든 투입물의 생산성을 종합적으로 고려해야 하는 이유는 투입요소간의 상충관계(trade-off)가 존재하기 때문이다. 즉, 싼 투입요소의 생산성 저하가 다른 투입요소의 생산성 향상을 가져오고 이것이 궁극적으로 총원가를 낮춘다면 특정 투입요소의 부분생산성 감소는 오히려 기업에게 유리한 셈이다. 가령, 새로운 공정(또는 생산방식)의 도입으로 인해 불량품이나 작업폐물이 증가하여 직접재료 생산성이 낮아지더라도 인력감소로 인해 노동생산성이 현저히 향상되어, 노동생산성의 재무적 효과가 직접재료 생산성의 불리한 효과를 상쇄하고도 남을 경우 기업의 총생산성은 높아지는 것이다.

따라서, 투입요소간의 상충관계가 존재하기 때문에 생산성 관련 의사결정에는 반드시 총요소생산성을 이용하여야 한다. 그런데 투입요소간의 상충관계를 고려하려면 총요소생산성은 재무생산성으로 측정되어야 한다. 왜냐하면 상이한 투입척도를 이용하는 투입물의 생산성 변화가 미치는 효과는 화폐액으로(즉, 원가로) 평가되어야만 의미를 갖기 때문이다.

1.3 총요소생산성

모든 투입요소를 종합적으로 고려하여 측정된 생산성을 총요소생산성이라고 한다. 이는 총생산성 또는 총체적 생산성이라고도 불린다. 총요소생산성은 생산에 투입된 투입요소의 가격을 고려하여 계산된다. 즉, 식 (12·2)처럼 원가로 파악한 모든 투입요소의 단위투입금액당 산출물수량(또는 금액)을 의미한다. 단위제조원가(가령, ₩1,000,000)당 산출물수량(가령, 3톤)이 한 가지 예이다.

$$\text{총요소생산성} = \frac{\text{산출물수량(또는 산출물의 판매가치)}}{\text{생산에 투입된 투입요소의 총원가}} \quad \cdots\cdots\cdots\cdots\cdots \quad (12\cdot 2)$$

제조원가는 생산에 투입된 상이한 요소인 직접재료는 물론, 노동인력 및 기계 등을 화폐액으로 종합한 것임을 누구나 잘 안다. 따라서 총요소생산성은 곧 재무적 생산성을 의미한다. 투입요소의 물리적 수량의 합계(가령, 직접재료 5톤과 500작업시간)는 의미가 없기 때문이다. 분자의 산출물은 물리적 수량 대신 화폐금액을 이용하여 계산될 수 있다.

총요소생산성과 관련하여 한 가지 지적할 점은 다음과 같다. 즉, 실무적으로는 투입요소 전부를 고려하여 총요소생산성을 계산하지는 않는다는 점이다. 현실적으로 중요성이 낮은 투입요소까지를 일일이 고려하기가 어렵기 때문이다. 따라서 대부분의 기업들은 조직의 성공에 관련 맺는 주요 투입요소만을 대상으로 생산성을 측정한다. 이처럼 기업이 중요시하는 투입요소만을 대상으로 총생산성을 측정하는 방법으로는 여러 가지가 있지만 다음에 소개하는 프로필(profile) 생산성 접근법과 이익-연계 생산성 접근법이 실무에서 흔히 사용된다.

1. 프로필 생산성 접근법

프로필 생산성 접근법은 특정 제품생산에 필요한 재료, 인력, 자본 등 다양한 투입요소 중 기업이 중요하다고 판단한 일부 투입요소에 관한 다양한 측정치의 조합

(일명, 운영측정치의 벡터)을 토대로 생산성을 파악하는 방법을 말한다. 마치 국회의원선거에 출마한 입후보자의 프로필을 토대로 인물평가를 하듯이 두 상이한 기간의 생산성 변화를 파악함에 유용한 생산성 관련측정치를 활용하는 방식이 곧 프로필 생산성 접근법이다.

구체적인 예를 이용하여 설명해 보자. 노동과 재료 두 가지 투입요소만을 이용하여 산출물을 생산하는 홍익(주)의 2018년과 새로운 생산방식을 도입한 2019년의 프로필이 다음과 같다고 하자.

- **생산관련자료**

	2018년	2019년
생산량(개)	120,000	150,000
노동시간	40,000	37,500
재료소비량(kg)	1,200,000	1,250,000

- **부분 운영생산성 비율**

	2018년 프로필	2019년 프로필
노동생산성 비율	3.0	4.0
재료생산성 비율	0.10	0.12

2년 동안의 프로필을 비교하면 두 가지 투입요소의 생산성 모두가 증가했음을 알 수 있다. 프로필 비교는 전체적인 생산성이 향상되었는지에 관한 개괄적인 정보를 제공한다. 그러나 비록 프로필접근법이 생산성 변화에 대해서 경영자에게 유용한 시각을 갖게 하지만 생산성 프로필을 비교하는 것만으로는 전반적인 생산성 변화의 성격을 100% 파악하기 곤란하다. 때로는 생산성 변화의 유·불리함 방향조차 명확하게 판단할 수 없을 때도 있다.

이를 보다 자세히 설명하기 위해 홍익(주)의 자료를 수정하여 2019년에는 1,875,000kg이 소비된 점을 제외하고 나머지는 동일하다고 가정할 경우 수정된 프로필은 다음과 같다.

- **부분 운영생산성 비율**(수정자료)

	2018년 프로필	2019년 프로필
노동생산성 비율	3.0	4.0
재료생산성 비율	0.10	0.08

수정자료에 기술한 생산성 프로필을 비교해 보면 투입요소간의 상이한 생산성 결과가 기업에 미치는 효과에 대한 분석의 필요성을 느낀다. 왜냐하면 노동생산성은 개선된 반면에 재료생산성은 하락하였기 때문에 과연 이러한 상반되는 결과의 배합이 기업에게 유리한지 불리한지를 평가해야만 하기 때문이다.

상이한 투입요소별 생산성 배합에 관한 가치평가는 경제적 효과를 고려해야 한다. 이는 앞서 지적한 재무생산성 측정의 필요성을 다시 한 번 강조하는 것이다. 이런 한계점 때문에 다음에 설명하는 이익-연계 생산성이 보다 선호된다.

2. 이익-연계 생산성 측정

이익에 초점을 맞추어 생산성 변화의 효과를 평가하는 것은 생산성 변화평가방법 중의 하나이다. 이익은 매년 변한다. 이러한 이익변화 중 일부는 생산성 변화에 기인한다. 생산싱 변화로 인한 이익의 변화정도를 측정하는 것을 이익-연계 생산성(profit-linked productivity) 측정이라고 한다.

비교기간의 이익과 현행 이익수치를 이용하여 생산성 변화의 효과를 평가하는 것은 관리자로 하여금 생산성 변화의 경제적인 영향을 이해하는 데 도움을 준다. 이익과 생산성 변화간의 상호 연계는 다음의 규칙을 따른다.

(1) 이익-연계 규칙

이익-연계 규칙의 핵심은 간단하다. 우선 전년도에 비해 생산성의 변화가 없다고 가정하고 현행 산출물 생산에 소요될 투입원가를 계산하고 실제 사용된 투입원가와 비교한 후 구한 원가차이는 곧 생산성 변화가 이익에 미칠 효과라고 판단하는 것이다.

이익-연계 생산성 측정의 첫 단계는 비교기간의 생산성이 그대로 유지된다고 가정할 경우 특정 기간에 발생하였을 투입수량 또는 투입원가를 계산하는 것이다. 이렇게 구한 투입원가는 생산성 중립수량을 의미한다. 편의상 이러한 생산성 중립수치를 PNQ(productivity-neutral quantity)라고 하자. PNQ는 당기 산출량을 기준년도 생산성 비율로 나누어 구한다.

$$PNQ = \frac{\text{당기 산출량}}{\text{기준년도 생산성 비율}} \quad \cdots\cdots (12\cdot 3)$$

구체적인 수치를 이용하여 이익-연계 생산성 분석 규칙을 설명해 보자.

	2018년(기준년도)	2019년(현행 연도)
자동차 생산량(대)	120,000	150,000
노동시간	40,000	37,500
원재료 소비량(kg)	1,200,000	1,700,000
단위당 판매가격	₩50	₩48
임률(₩/노동시간)	₩11	₩12
재료단가(₩/kg)	₩2	₩3

현행 연도인 2019년 산출량은 150,000대이다. 기준년도(2018년)의 노동생산성 비율은 3대(=120,000대/40,000시간)이고, 재료생산성 비율은 0.1대(=120,000대/1,200,000kg)이다. 기준년도의 노동생산성과 재료생산성으로 자동차 150,000대를 생산하였다면 과연 몇 시간의 노동시간과 몇 kg의 재료가 투입되었을까? 이에 대한 답이 생산성 중립수량(PNQ)이다. 이들 수치를 이용하여 각각의 투입요소에 대한 생산성 중립수량(PNQ)을 다음과 같이 계산할 수 있다.

$$PNQ(\text{노동}) = \frac{150,000}{3} = 50,000\text{시간}$$

$$PNQ(\text{재료}) = \frac{150,000}{0.1} = 1,500,000\text{kg}$$

위에서 구한 생산성 중립수량(PNQ)인 50,000시간과 1,500,000kg은 전년도(2018년)에 비해 전혀 생산성 변화가 없었을 경우 2019년에 투입되었을 노동과 원재료의 수량을 의미한다. 한편, 생산성 중립원가(PNC : productivity-neutral cost)는 각각의 PNQ에 각 투입요소별 현행가격(AP : actual price)을 곱하면 된다.

노무비	$PNQ_1 \times AP_1$ = 50,000 × ₩12 =	₩600,000
재료비	$PNQ_2 \times AP_2$ = 1,500,000 × ₩3 =	4,500,000
총원가		₩5,100,000

한편, 실제투입원가는 투입요소별 실제수량(AQ)에 현행가격(AP)을 곱하여 구한다.

노무비	$AQ_1 \times AP_1$ = 37,500 × ₩12 =	₩450,000
재료비	$AQ_2 \times AP_2$ = 1,700,000 × ₩3 =	5,100,000
총원가		₩5,550,000

생산성이 이익에 미치는 효과, 즉 이익-연계 효과는 생산성 중립원가에서 실제투입원가를 차감하면 된다.

$$\begin{aligned} \text{이익-연계효과} &= \Sigma PNQ_i \times AP_i - \Sigma AQ_i \times AP_i \\ &= ₩5{,}100{,}000 - ₩5{,}550{,}000 \\ &= ₩(450{,}000) \end{aligned}$$

위의 수치예제를 분석해 보면 생산방식의 변화는 기업에 불리한 영향을 미친 것을 알 수 있다. 즉, 생산성 변화로 인해 이익이 ₩450,000만큼 감소한 것이다.

이러한 이익-연계 생산성 효과는 각각의 투입요소별로 분해될 수 있다. 노동생산성 증가는 ₩150,000(=₩600,000−₩450,000)의 이익증가를 가져온 반면, 재료생산성의 감소는 ₩600,000(=₩5,100,000−₩4,500,000)의 이익감소를 초래했다. 이처럼 이익-연계 생산성은 부분생산성 효과뿐만 아니라 총생산성 효과까지도 나타낸다. 즉, 총이익-연계 생산성 수치는 개별 투입요소별 이익-연계 생산성 수치의 합이다. 이러한 이익-연계 생산성 수치의 특성을 활용하면 투입요소별로 기업의 관심도를 달리하는 최적의 생산성 배합을 가능하게 한다.

앞서 소개한 수치예제를 이용하여 설명해 보자. 새로운 생산방식은 비록 노동생산성 향상을 통해 ₩150,000의 효과를 보았지만 재료생산성 하락이 ₩600,000의 불리한 효과를 초래했다. 재료생산성 감소의 원인을 분석한 결과 새로이 도입한 생산방식으로 인해 불량품, 작업폐물 및 공손이 증가하여 원재료 사용량이 늘어난 것으로 파악되었다면, 이러한 분석결과는 경영자로 하여금 무엇을 중점적으로 관리해야 할지를 알게 한다. 즉, 불량품이나 작업폐물 등이 개선되지 않는다면 기업은 종전의

표 12.3

이익-연계효과(생산성 변화) 차이분석

	2019년의 실제원가: 투입물의 실제단위×2019년 가격	2019년 산출량에 대한 투입물의 PNQ×2019년 가격
Panel A:		
노무비	37,500시간×₩12 =₩450,000 (생산성 4)	50,000시간×₩12 =₩600,000 (생산성 3)
	₩150,000 (유리) 생산성 변화	
Panel B:		
재료비	1,700,000kg×₩3 =₩5,100,000 (생산성 0.088)	1,500,000kg×₩3 =₩4,500,000 (생산성 0.1)
	₩600,000 (불리) 생산성 변화	
Panel C:		
주요 원가 (재료비+노무비)	₩5,550,000	₩5,100,000
	₩450,000 (불리) 이익-연계효과(생산성 변화)	

생산방식으로 되돌아가야 한다. 물론 새로운 생산방식의 학습효과가 아직 나타나지 않았음을 고려할 때 향후 노동생산성이 보다 크게 향상되어 재료생산성 하락효과를 만회할 수 있다면 그럴 필요까지는 없다. 또한 노동자들이 신규생산방식에 보다 익숙해지면 작업시간은 물론 공손 또한 감소할 것으로 예상할 수 있다.

(2) 가격보상차이

앞서 소개한 이익-연계 생산성은 생산성 변화가 이익에 미치는 효과를 계산한 것이다. 그러나 이익-연계 생산성 수치만으로는 실제기업의 현행이익과 기준년도 이익간의 차이를 전부 설명하지는 못한다. 왜냐하면 이익은 수익과 비용과의 차이로 계산되는데 생산성은 단지 원가측면만을 다루기 때문이다. 따라서 비교대상인 두 기간의 수익구조에 변화가 생긴 경우 이로 인해 이익에 변화가 초래되기 때문에 총수익변화와 이익-연계 생산성 변화의 차이를 계산하여 이것이 이익에 미치는 효과를 별도로 파악할 필요가 있다. 이를 가격보상차이(price recovery component)라고 한다.

기업의 수익구조가 바뀌는 대표적인 경우는 2가지이다. 복수제품의 경우 판매제품 믹스비율이 바뀌는 경우 그리고 투입요소의 원가상승을 이유로 판매가격을 인상할 경우이다. 가격보상차이는 생산성 변화가 전혀 없다고 가정할 경우 투입요소의 원가상승분을 판매가격 인상이 어느 정도로 만회하는가를 파악하는 데 이용된다.

가격보상차이는 판매가격에 판매수량을 곱하여 구한 총수익과 총투입원가를 대비하여 구한 이익변화 중 이익-연계 생산성 변화를 차감한 나머지로 파악된다. 앞서 예시한 수치를 이용하여 가격보상차이를 계산하면 다음과 같다.

		2018년	2019년	차 이
① 수 익		₩6,000,000 (=120,000대×₩50)	₩7,200,000 (=150,000대×₩48)	₩1,200,000
투입원가	노무비	440,000 (=40,000시간×₩11)	450,000 (=37,500시간×₩12)	10,000
	재료비	2,400,000 (=1,200,000kg×₩2)	5,100,000 (=1,700,000kg×₩3)	2,700,000
② 소 계		2,840,000	5,550,000	2,710,000
이 익(①-②)		₩3,160,000	₩1,650,000	₩(1,510,000)

가격보상차이 = 이익변화 - 이익-연계 생산성 변화
= ₩(1,510,000) - ₩(450,000)
= ₩(1,060,000)

위의 결과를 보면 판매가격인상을 통한 수익증가는 투입원가의 상승부담을 만회하기에는 충분하지 않음을 알 수 있다. 즉, ₩1,060,000의 불리한 차이가 이를 뒷받침한다. 위의 예제에서는 생산성 향상 효과가 가격보상차이보다 적은 경우를 가정했다. 그러나 때로는 생산성 향상이 가격회복손실(즉, 불리한 가격보상차이)을 뛰어넘기도 한다.

요컨대, 가격보상차이는 일종의 가격차이에 해당한다. 즉, 수익의 변화를 설명하는 판매가격차이에서 투입원가차이를 차감하여 구한 수치와 일치한다. 단일제품을 가정할 경우 믹스차이는 존재하지 않기 때문에 수익차이는 만약 판매량(즉, 산출물

	2019년의 실제원가: 투입물의 실제단위 ×2019년 가격 (1)	2019년 산출량에 대한 투입물의 PNQ ×2019년 가격 (2)	2019년 산출량에 대한 투입물의 PNQ ×2018년 가격 (3)	2018년의 실제원가: 투입물의 실제단위 ×2018년 가격 (4)
Panel A: 노무비	37,500시간×₩12 =₩450,000	50,000시간×₩12 =₩600,000	50,000시간×₩11 =₩550,000	40,000시간×₩11 =₩440,000
Panel B: 재료비	1,700,000kg×₩3 =₩5,100,000	1,500,000kg×₩3 =₩4,500,000	1,500,000kg×₩2 =₩3,000,000	1,200,000kg×₩2 =₩2,400,000
Panel C: 주요원가 (재료비+ 노무비)	₩5,550,000	₩5,100,000	₩3,550,000	₩2,840,000
Panel D: 매출액	150,000×₩48 =₩7,200,000	150,000×₩50 ₩7,500,000		120,000×₩50 ₩6,000,000

Panel A (노무비):

(1)–(2)	(2)–(3)	(3)–(4)
₩150,000 F	₩50,000 U	₩110,000 U
생산성 변화	투입물가격변화	산출물조정

₩10,000 U
총원가변화

Panel B (재료비):

(1)–(2)	(2)–(3)	(3)–(4)
₩600,000U	₩1,500,000 U	₩600,000 U
생산성 변화	투입물가격변화	산출물조정

₩2,700,000 U
총원가변화

Panel C (주요원가):

(1)–(2)	(2)–(3)	(3)–(4)
₩450,000 U	₩1,550,000 U	₩710,000 U
생산성 변화	투입물가격변화	산출물조정

₩2,710,000 U
총원가변화

Panel D (매출액):

(1)–(2)	(2)–(4)
₩300,000 U	₩1,500,000 F
산출물가격변화	산출물조정

₩1,200,000 F
총수익변화

실무에서는 하인즈사와 동양제과

토마토 케첩으로 유명한 **하인즈**사는 그동안 용기 앞뒤에 레이블(label)을 붙였었다. 그러나 제조원가에 대한 조심스런 분석 끝에 생산부장은 레이블을 하나만 붙일 경우 연간 수십만 달러를 절약할 수 있음을 안 후 이를 실천에 옮겨 상당한 원가절감을 꾀할 수 있었다.

초코파이로 유명한 국내의 **동양제과** 역시 초코파이를 담은 상자 생산시 지나치게 풀을 많이 사용한다는 것을 우연히 깨달은 후(슈퍼에서 낱개로 판매하기 위한 개봉작업을 목격한 후) 이를 1/3로 줄여 상당한 원가절감을 이룰 수 있었다.

수준)이 변하지 않았을 경우 판매가격차이가 곧 수익차이가 된다. 따라서 두 기간의 이익차이는 생산성 변화를 제외하면 판매가격차이와 투입원가차이로 분해된다.

3. 총요소생산성의 장단점

총요소생산성은 산출물생산에 관련된 모든 투입요소들의 변화로 인한 결합된 효과(즉, 결합된 생산성)를 측정한다는 장점을 갖는다. 따라서 일부 투입요소의 생산성만을 개선시키고자 하는 그릇된 동기를 처음부터 불식시킬 수 있다. 이 점은 부분생산성이 갖지 못하는 총요소생산성만의 장점이다. 요컨대 총생산성 수치를 성과평가에 이용할 경우 피평가자인 관리자로서는 투입요소간의 상충관계를 감안하여 특정 요소의 부분생산성을 희생하더라도 다른 요소의 생산성을 개선시키는 조치를 취하게 된다. 가령, 노동시간의 증가를 감수하고서라도 직접재료의 낭비를 줄이기 위해 노력하는 것이 일례이다.

앞서 지적한 바와 같이 투입요소간의 상충관계를 고려하기 위한 목적의 총요소생산성은 재무적 성격을 띨 수밖에 없다. 이 점이 총요소생산성의 단점이다. 왜냐하면 일선작업자들은 비재무적 측정치에 익숙해져 있고 이러한 측정치를 통해 일상적 운영활동에 관한 피드백을 받아왔기 때문이다. 일선작업자들이 일상적 운영활동성과와 재무성과를 연계하기란 쉽지 않다. 뿐만 아니라 때로는 일선 운영요원들의 관리범위에서 벗어난 가격요인(가령, 투입요소의 가격인상)에 의해 총요소생산성이 좌우되기 때문에 불만을 초래하기 쉽다. 이 밖에도 총요소생산성은 다음과 같은 단점을 갖는다.

① 기간간 생산성 비교시 여러 기간을 동시에 비교하기가 곤란하다. 왜냐하면 생산성 변화를 평가하기 위한 기준년도가 매년 바뀌기 때문이다. 가령, 2019

년의 생산성 변화를 측정한다면 2018년을 기준년도로, 2018년의 생산성 변화를 측정한다면 2017년을 기준년도로 삼는 것이 일반적이다. 이런 경우 두 생산성 변화수치를 비교하기가 곤란하다. 왜냐하면 두 경우 기준년도가 서로 다르기 때문이다. 이런 한계를 극복하기 위해서 일부 기업은 동일 연도를 기준년도로 삼아 생산성 변화를 측정한다. 이는 마치 물가변동회계에서 기준년도를 이용한 불변가격 수치를 활용하는 것과 일맥상통한다.

② 만약 직전년도를 기준년도로 삼아 현행 연도의 생산성 변화를 측정하는 경우 두 연도의 생산성 변화수치를 이용하여 2년에 걸친 생산성 향상수치를 계산할 수 없다. 즉, 2017년부터 2018년까지 2년에 걸친 생산성 변화는 2016년에 비한 2017년의 단일 생산성 변화수치에 2017년에서 2018년의 생산성 수치를 더한 것과 반드시 일치하지는 않는다. 그 이유는 매년도 생산성 수치를 계산함에 있어서 현행 연도의 가격을 이용하기 때문이다. 즉, 2017년의 변화계산에는 2017년의 가격을, 그리고 2018년의 변화는 2018년의 가격을 이용하여 계산되기 때문이다.

③ 재무수치를 이용하는 총요소생산성은 수요크기의 변화, 산출물가격의 변화 및 투입재료의 구매정책이나 판매정책의 변화가 생산성에 미치는 효과를 감안하지 못한다. 이들 요인은 총요소생산성에 영향을 미치지만 작업자들의 관할범위를 벗어나는 것이다. 가령, 산출물 수요가 달라지면 생산작업 규모가 달라지고 이는 곧 규모의 경제효과로 귀결된다. 재료의 대량구매가 이루어지면 구매단가가 낮아지고 이는 곧 다른 조건이 동일할 경우 총요소생산성을 높인다. 마찬가지로 산출물 판매가격이 높아지면 금액으로 측정한 단위투입당 생산성은 높아진다. 이런 변화는 실제로 기업이 관심을 갖는 작업자들의 생산성 변화와는 무관한 것이다. 요컨대, 총요소생산성은 이러한 교란요인(confounding factor)에 기인한 효과를 포함하고 있다는 점을 유념해야 한다.

1.4 차이분석을 이용한 연도별 원가비교

앞에서는 상이한 두 기간의 이익차이에 생산성 변화가 미치는 효과를 분석하는데 초점을 맞추었다. 그러나 기업실무에서는 생산성을 주로 논할 경우에는 이익에 초점을 맞추기보다는 상이한 두 기간의 원가변화에 초점을 두어 생산성의 변화를

전략적 원가절감

원가절감이 지나칠 경우 장기적인 전략적 우위의 약화를 가져올 수 있다. 이는 *Fortune*지에서 소개한 토마토 케첩으로 유명한 **하인즈**(Heinz)사의 사례에서 잘 나타나 있다. 1992년에 *Fortune*지는 미국식품업계의 대표적인 원가절감의 선도자로 알려진 하인즈사를 집중적으로 다룬 바 있다. 그러나 당시 재무분석가들은 하인즈사가 제조상의 비능률을 제거하기보다는 광고나 신제품의 개발 등을 등한시하는 가운데 원가절감을 지나치게 강조함으로써 결국 장기적인 상표이미지의 실추, 이익감소 등으로 귀결되고 있다고 우려를 표시하였다.

분석가들은 하인즈사가 지나치게 단기성과 개선을 추구하는 경향은 하인즈사의 최고경영자인 O'Reily가 자신이 보유하고 있는 주식매입선택권(stock option)의 행사를 염두에 두고 있기 때문으로 관측하였다. 하인즈사의 사례는 진정한 원가절감은 신제품개발에 대한 투자 등 장기계획의 실행에 해를 끼침이 없이 수행되어야 함을 시사한다.

<자료 : *Fortune*, Oct. 1992 ; 신홍철, 1993, 제10장>

파악하는 것이 일반적이다. 앞서 소개한 가격보상차이 분석은 가장 전형적인 세 가지 차이항목을 이용하여 원가변화를 설명하는 분석틀을 적용한 것이다. 이런 분석틀은 원가회계 교재(제9장)에서 다룬 표준원가분석과 본서(제8장)에서 배운 판매부문의 성과평가 차이분석틀을 기본으로 하되 단지 생산성 요인을 추가한 것만이 차이날 뿐이다. 즉, 전형적으로는 수량요인과 판매요인 두 가지로 차이를 설명함에 비해 생산성 분석에서는 ① 생산성 변화요인, ② 투입물가격요인, ③ 산출물 조정요인의 세 가지 요인으로 분석한다.

만약 기준년도에 비해 현행 연도의 산출물수준이 바뀔 경우에는 산출물수준 변화가 초래하는 원가변화분을 별도로 갈라내지 않고서는 올바른 원가변화를 설명할 수 없기 때문에 산출물 조정요인이 추가된 것이다. 이는 변동예산 개념을 이용해야만 원가중심점 관리자의 성과평가가 제대로 이루어진다는 점과 유사하다. 이하 앞서 소개한 수치 예와 유사한 예제를 이용하여 생산성 분석틀을 복습하도록 한다.

예제 12-1 세 가지 차이항목을 이용한 생산성 차이분석

홍익(주)는 강철합금판을 사용하여 조그만 부품을 만든다. 홍익(주)의 경영자는 직접노무비 일부를 직접재료로 대체할 융통성을 가지고 있다. 만약 노동자들이 강철을 조심스럽게 취급한다면 더 많은 부품을 만들 수 있으나 반면에 더 많은 직접노동시간이 소요된다. 반대로 만약 홍익(주)가 더 많은 직접재료의 소비를 감당할 수 있다면 더 적은 직접노동시간이 소요된다. 홍익(주)의 2018년과 2019년의 자료는 다음과 같다.

	2018년	2019년
산출량	400,000개	520,000개
사용된 직접노동시간	10,000시간	13,875시간
시간당 임률	₩26	₩25
사용된 직접재료	160톤	190톤
톤당 직접재료비	₩3,187.50	₩3,437.50

〈물음〉

위의 자료를 이용하여 홍익(주)의 2019년 ① 총요소생산성을 계산하고, ② 2018년 대비 2019년의 총요소생산성은 얼마나 개선되었는가? ③ 종합적 차이분석표를 이용하여 (a) 생산성 변화차이(이익-연계효과), (b) 투입물가격 변화차이, (c) 산출물 조정차이로 분해하시오.

<자료 : HFD, 1994, 문제 22~26 수정>

풀 이

1. 2019년의 총요소생산성

$$= \frac{\text{산출물수량}}{\text{투입요소의 총원가}} = \frac{520{,}000}{13{,}875\text{시간} \times ₩25 + 190\text{톤} \times ₩3{,}437.5} = \frac{520{,}000}{₩1{,}000{,}000}$$

$= 0.52$

2. 2019년도 가격을 이용한 2018년도의 총요소생산성

$$= \frac{\text{산출물수량}}{\text{투입요소의 총원가}} = \frac{400{,}000}{10{,}000\text{시간} \times ₩25 + 160\text{톤} \times ₩3{,}437.5} = \frac{400{,}000}{₩800{,}000}$$

$= 0.50$

∴ **총요소생산성 향상률** $= (0.52 - 0.50)/0.50 \times 100 = 4\%$

3. 생산성 변화차이(이익-연계효과)를 계산하기 위해서는 일단 생산성 중립수량을 구한다. 기준년도인 2018년도 생산성으로 2019년 산출량 520,000개를 생산에 투입되었을 노동시간과 원재료량이 **생산성 중립수량(PNQ)**이다.

$$2018\text{년도 노동생산성} = \frac{400{,}000\text{개}}{10{,}000\text{시간}} = 40$$

$$2018\text{년도 재료생산성} = \frac{400{,}000\text{개}}{160\text{톤}} = 2{,}500$$

2019년 산출량에 대한 PNQ :

$$\text{PNQ(노동)} = \frac{520{,}000\text{개}}{40} = 13{,}000\text{시간} \qquad \text{PNQ(재료)} = \frac{520{,}000\text{개}}{2{,}500} = 208\text{톤}$$

(a) 생산성 변화차이, (b) 투입물가격 변화차이, (c) 산출물 조정차이 분석은 <표 12.4>에 자세하게 기술하였다.

표 12.4

원가변화의 분석: 2018년에서 2019년에 걸친 실제원가의 변화분석

	2019년의 실제원가: 투입물의 실제단위 ×2019년 가격 (1)	2019년 산출량에 대한 투입물의 PNQ ×2019년 가격 (2)	2019년 산출량에 대한 투입물의 PNQ ×2018년 가격 (3)	2018년의 실제원가: 투입물의 실제단위 ×2018년 가격 (4)
Panel A: 직접노무비	13,875×₩25 =₩346,875	13,000×₩25 =₩325,000	13,000×₩26 =₩338,000	10,000×₩26 =₩260,000
Panel B: 직접재료비	190×₩3,437.50 =₩653,125	208×₩3,437.50 =₩715,000	208×₩3,187.50 =₩663,000	160×₩3,187.50 =₩510,000
Panel C: 주요원가 (직접재료비 + 직접노무비)	₩1,000,000	₩1,040,000	₩1,001,000	₩770,000

	(1)–(2) 생산성 변화	(2)–(3) 투입물가격변화	(3)–(4) 산출물조정	(1)–(4) 총원가변화
Panel A: 직접노무비	₩21,875U	₩13,000F	₩78,000U	₩86,875U
Panel B: 직접재료비	₩61,875F	₩52,000U	₩153,000U	₩143,125U
Panel C: 주요원가	**(a) ₩40,000F**	**(b) ₩39,000U**	**(c) ₩231,000U**	₩230,000U

1.5 생산성과 관련된 기타 이슈

1. TQM과 생산성

흔히 생산성 향상에는 투자가 필요한 것처럼 이야기한다. 그러나 때로는 전혀 추가적 지출 없이도 생산성 향상이 가능하다. 이를 가능하게 하는 대표적인 원동력으로는 TQM(전사적 품질경영)과 비즈니스 리엔지니어링(BPR)을 꼽을 수 있다.

TQM은 품질에 기초하여 고객만족을 꾀하여 경쟁우위를 유지하고자 하는 대표적인 경영혁신기법이다. 품질개선은 재료낭비는 물론 재작업이나 공손을 감소시키고 이런 변화는 곧 특정 산출물 생산에 소요되는 각종 투입량(가령, 재료, 인력, 기계시간 및 작업공간 등)의 감소로 이어져 생산성 향상으로 귀결된다. "품질향상에는 비용이 들지 않는다(Quality is free)"라는 Crosby의 주장처럼 추가비용이 소요되지 않는 TQM을 잘 활용하면 생산성은 놀랄 만큼 향상될 수 있다.

2. BPR과 생산성

업무수행방식의 재설계(BPR : business process redesign, 일명 비즈니스 리엔지니어링)와 생산성 개선프로그램은 기업의 수익성 개선과 경쟁력 제고라는 공통의 목적을 추구한다. 생산성 향상은 자칫 투입을 줄이거나 산출을 늘리는 것에만 관심을 갖는 것으로 생각하기 쉽다. 그러나 실제로는 기업이 목적을 감안하여 수행해야 할 핵심과업을 보다 효율적으로 수행하기 위한 방안 강구에 최선을 다한다. 이를 위해 불필요한 작업은 제거하고 반드시 수행되어야 할 부가가치활동이 보다 적은 투입으로 가능한가를 끊임없이 추구하는 것이다. 생산성은 부가가치활동만을 대상으로 평가되어야 한다.

진정 생산적(*productive*)이라고 말하기 위해서는 기존에 수행하던 작업을 보다 잘 수행하는 것이다. 이런 경쟁적 상태를 계속해서 유지하기 위해서는 지속적인 개선이 필요한데 학습조직과 더불어 BPR은 이를 가능하게 하는 수단이다. 지속적으로 생산성을 개선하지 않고서는 경쟁적인 상태를 장기간에 걸쳐 유지하는 것이 불가능하다.

또한 생산성 향상을 자칫 해고를 통한 종업원 감축이나 시설능력의 감축과 동일한 개념으로 착각해서는 안 된다. 비록 이런 조치가 일시적으로 생산성 수치를 향상시킬지언정 계속해서 생산성 수치를 향상시키지는 못한다. 오히려 이것이 화근이 되어 장기적인 성장가능성을 저해할 수 있다.

3. 서비스 및 비영리조직에서의 생산성

서비스부문이나 비영리조직의 생산성 측정의 기본개념은 기본적으로 앞서 설명한 제조부문의 생산성 측정과 대동소이하다. 따라서 만약 산출물 및 산출물 생산에 소요되는 투입요소를 비교적 명확하게 정의할 수 있고 매년 비교가 가능하다면 앞서 소개한 제조부문의 측정치와 거의 유사한 측정치를 이용하여 생산성을 측정할 수 있다. 그러나 서비스부문 및 비영리조직의 산출물은 측정이 용이하지 않다. 가령, 병원이나 학교 그리고 실직자 쉼터 등과 같은 사회복지단체를 떠올려 보면 쉽게 이해가 간다.

병원의 경우 환자입원일수(patient-days)를 그리고 항공사의 경우 운행거리를 산출물로 정의하고 이들 측정치를 이용하여 구한 단위운영원가당 산출물로 생산성을 측정한다. 그러나 병원의 경우 같은 수의 환자라도 이들 환자를 치료하는 데 소요되는 작업(즉, 투입원가)이나 치료를 통해 벌어들이는 수입은 천차만별이다. 심장수술환자의 5일 입원과 단순히 출산을 위한 환자의 5일 입원을 비교하면 쉽게 이해가 간다.

이처럼 투입과 산출 간의 관계를 명확하게 파악하기 어려운 점을 감안하여 서비스업에서는 재무생산성 수치만을 이용한다. 재무생산성 수치는 분모와 분자 모두 금액수치를 이용하여 계산된다. 이러한 재무생산성은 만약 서비스 수익창출과 이들 서비스 창출에 소요되는 투입간의 관계가 비교적 일정하고 수익창출이 서비스기업의 핵심적 목표일 경우에는 의미 있는 생산성 측정치라고 할 수 있다. 그러나 불행히도 서비스조직의 경우 수익은 투입요소의 원가보다는 서비스 품질에 좌우되고 비영리조직의 경우는 수익창출을 조직목표로 보기 어렵기 때문에 재무생산성은 한계를 갖는다.

서비스부문 및 비영리조직의 생산성 측정의 어려움과는 별도로 이들 부문의 생산성 향상을 위한 다양한 방법이 시도되고 있다. 추구하는 목적이나 제공하는 서비스에 상관없이 서비스업도 제조업과 마찬가지로 ABC나 BPR 등을 이용하여 불필요한 작업을 제거하고 꼭 수행해야 하는 과업은 최대한 능률적으로 수행할 수 있도록 온갖 최신 장비 및 기술을 이용한다. 가령, 바코드를 이용하여 입력시간을 단축하고 무인자동입출금 기계를 이용하여 인력을 감축하는 것 등이 그것이다.

제 2 절 TOC(제약이론)

2.1 TOC의 의의

1. TOC의 기본적 사고: 대두 배경, 정의 및 목적

제약이론(TOC: Theory of Constraints)은 1980년대에 Goldratt과 Fox 등이 중심이 되어 전개한 경영이론이다. TOC는 그동안 생산관리에서 적용되어 오던 최적생산기술(OPT: optimized production technology)에서 강조하는 싱크로나이즈 매뉴팩처링(synchronized manufacturing)이란 개념을 기업경영 전반에까지 확장적용한 것이다.

싱크로나이즈(즉, 전체적인 조화)란 말이 시사하는 바와 같이 생산활동에서 최대의 성과를 거두기 위해서는 원재료 구입에서부터 고객에의 배달까지 전제조과정이 물 흐르듯 이루어져야 한다. 이를 위해서는 공정중단을 초래하거나 지체시키는 제약을 식별하고 이를 제거해야만 한다. 마치 조직을 여러 개의 고리로 연결된 사슬(chain)로 가정할 때 전체사슬의 힘은 사슬을 구성하는 고리들 중 가장 취약한 고리의 힘만큼에 불과한 것처럼 생산공정에서 특정 공정에 장애요인(bottleneck)이 존재할 경우 이 장애요인 때문에 전체성과는 낮아지게 된다.

오늘날 TOC에 더 큰 관심을 두게 된 이유는 시간이다. 시간은 중요한 경쟁력 요소 중 하나다. 고객들은 더 짧은 리드타임(제품기획에서부터 완성까지 소요되는 시간)을 원하고, 신제품 개발에서 출시까지의 시간적 여유도 점점 없어지고 있다. TOC는 산출물이나 투입물보다는 스루풋(일관생산량 혹은 일관생산시간)에 초점을 두고 스루풋의 속도를 극대화 방안을 모색한다.

『*The Goal*』이란 제목의 저자로 유명한 골드랫 박사(Eliyahu M. Goldratt)가 TOC를 통해 강조하고자 한 것은 다음 두 가지로 요약할 수 있다.

① 전사적 최적화의 추구이다. TOC는 기업경영의 장애요인으로 작용하는 제약(constraints)을 식별하고 이를 집중관리함으로써 기업이 추구하는 이익을 최대화함을 목적으로 한다. 한정된 자원을 배분함에 있어서 상대적으로 강하고 여유 있는 부문에 투자하는 우를 범하는 대신 전체 성과개선에의 걸림돌이 되는 부문에 집중투자할 것을 강조한다.

장애요인(bottleneck)이 될 수 있는 제약은 존재장소에 따라 내부제약(가령, 보유기계대수)과 외부제약(가령, 시장수요량)으로 그리고 장애요인으로서의 작용 여부에 따라 장애제약(bottleneck constraints)과 비장애제약(non-bottleneck constraints)으로 구분된다. TOC는 산출물(output) 생산속도를 지연시키는 생산공정의 장애제약을 제거하거나 감소시킴으로써 스루풋 개선을 강조한다. 따라서 스루풋에 영향을 미치지 않는 생산공정과 유통활동은 관리대상 밖이다.

② 성과평가의 왜곡 시정이다. TOC에서는 산출물이란 용어 대신에 스루풋(throughput ; 일명, 일관생산량)이란 용어를 사용한다. 그 이유는 전통적인 성과평가에서는 생산량을 기준으로 한 효율성을 강조하기 때문에 기업 전체적으로 볼 때 비부가가치적인 재고 쌓기가 권장되는 단점을 갖기 때문이다. 가령, 특정 공정의 경우 후속공정에 애로가 생겨 자신들이 가공한 제품이 마무리되지 못할 것을 알면서도 (단지 단위시간당 생산량을 늘려 효율성 수치를 높

이겠다고) 밀어내기식 생산을 하는 경우이다. 이 경우 기업 전체적으로는 마이너스(−)이다.

2. TOC의 구성요소 및 특징

위에서 설명한 두 가지 목적을 실천함에 있어서 핵심개념은 스루풋이다. 즉, TOC에서는 매출액에서 직접재료비(구매부품과 재료처리원가를 포함)를 차감한 수치를 스루풋으로 정의내리고 이는 곧 현금창출능력을 일컫고, 현금창출능력의 극대화를 강조한다. TOC는 전통적인 방식과는 달리 재료비와 운영비라는 2분류체계를 이용하여 영업이익을 계산한다. 이때 운영비(operating expense)란 영업이익 계산시 매출액에서 차감될 직접재료비를 제외한 다른 비용, 즉 노무비, 제조간접비 및 판매관리비를 말한다.

스루풋 = 매출액 − 직접재료비 ··························· (12·4)
총비용 = 직접재료비 + 운영비(= 직접노무비 + 제조간접비 + 판매관리비)

이러한 2분류체계는 직접노무비를 종전과는 달리 취급한다. 즉, 총비용 중 재료비만을 순수한 변동비로 간주하고 나머지 비용은 전부 고정비로 간주한다. 단기간의 경우 직접노무비는 조업도의 변화가 생겨도 쉽사리 변동하지 않는 고정비 성격을 가짐에 착안하는 것이다. 이러한 사고는 직접원가계산의 사고를 확대하여 순수변동비를 재료비만으로 좁게 정의내리는 것과 일치한다. 또한 재료비를 제외한 나머지 비용은 재료를 가공하여 기업에 부가가치를 창출함에 소요되는 비용이라는 점에서 공통적이다.

요컨대, TOC는 스루풋, 재고, 운영비의 세 가지를 핵심으로 삼아 재고와 운영비용을 억제하는 가운데 스루풋을 최대화함을 강조한다. 이들 세 가지 개념을 통해 TOC가 추구하는 것은 현금창출이다. 기업에 유입되는 현금을 늘리려면 스루풋을 최대한 늘리는 동시에 재고를 줄이고 운영비를 낮추어야 한다. 이때 재고는 기업이 판매를 위해 원재료, 재공품 및 제품에 투자한 금액을 말하는데 결국 기업 내부에 묶인 현금을 의미한다. 운영비는 재고를 스루풋으로 변환시키기 위한 지출액을 말한다.

예제 12-2 스루풋 공헌이익과 제품믹스

홍익(주)는 제품 A, B, C를 생산・판매한다. 3가지 제품과 관련된 자료는 다음과 같다.

	A	B	C
수요량(개)	120	110	100
단위당 판매가격(₩)	100	120	105
단위당 직접재료비(₩)	50	60	60
단위당 노동시간(분)	10	20	5

5명의 근로자가 총 2,200분의 시간을 활용하여 제품을 생산한다고 가정할 때, 현금창출(스루풋)을 최대로 할 수 있는 최적의 제품배합을 구하시오.

TIP!

스루풋 공헌이익

원래 공헌이익은 판매가격에서 변동비를 차감하여 계산하는데 제조변동비만을 차감할 경우 종종 **제조공헌이익**(manufacturing margin)으로 불린다. 따라서 판매가격에서 재료비만을 차감해 구한 스루풋은 **스루풋 공헌이익**이라고 불러도 무방하다.

풀 이

제품별 스루풋이 가장 큰 제품(B → A → C)부터 생산, 판매하는 것이 아니라, 제약조건인 제조(노동)시간당 스루풋(일명, 현금창출력 또는 스루풋 공헌이익)이 가장 큰 제품부터 생산, 판매해야 현금창출력을 최대로 할 수 있다. 스루풋 공헌이익을 계산하면 C → A → B순으로 생산, 판매해야 한다.

	A	B	C
①단위당 판매가격	₩100	₩120	₩105
②단위당 직접재료비	50	60	60
③단위당 스루풋(=① − ②)	**₩50**	**₩60**	**₩45**
④단위당 노동시간(분)	10	20	5
⑤스루풋 공헌이익(=③ ÷ ④)	**₩5**	**₩3**	**₩9**

우선, 스루풋 공헌이익이 가장 큰 C의 수요량 100개를 생산한다. 이때 소요되는 노동시간은 5분 × 100개 = 500분이다. 총제조시간 2,200분에서 500분을 차감하면 남는 시간은 1,700분이다. 다음으로 스루풋 공헌이익이 큰 A를 120개 생산하면, 소요되는 노동시간은 10분 × 120개 = 1,200분이다. 나머지 500분(=1,700분 − 1,200분)으로 B를 25개(=500분 ÷ 20분) 생산하면 된다. 따라서, 최적 제품배합은 A가 120개, B가 25개, C가 100개이다.

(주) 본 문제는 제5장에서 다룬 제약조건하의 최적제품믹스와 유사하다. 한 가지 차이는 공헌이익 대신에 스루풋을 이용하는 것이다.

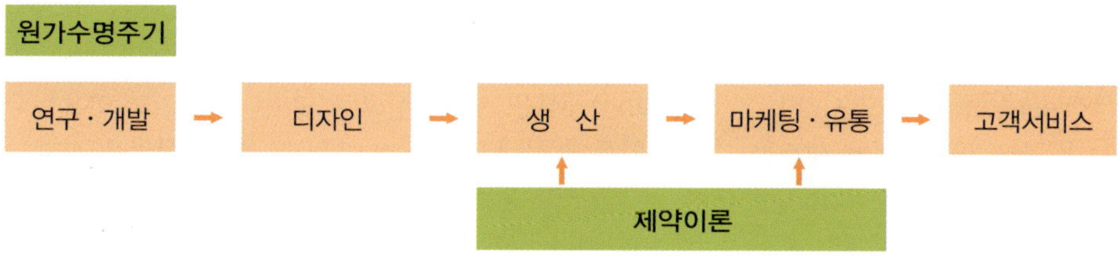

그림 12.2
제품수명주기와 TOC의 관계

3. 다른 관리회계기법과의 관련성

(1) 관련원가분석 및 변동원가계산과의 관련성

TOC는 제5장에서 소개한 제약조건하의 최적선택과 유사한 개념이다. 다만 제5장에서는 공헌이익 개념을 이용하여 최적화 의사결정을 내린 반면에, TOC에서는 스루풋 개념에 입각하여 최적화를 도모하고 다음에 설명할 5단계 접근법을 따라 보다 체계적으로 이루어진다는 점만 차이날 뿐이다. 변동원가계산에서는 재료비 이외에 변동노무비와 변동제조간접비를 합친 수치로 재고자산을 평가했다. 이에 비해 TOC는 재료비만으로 재고자산을 평가하기 때문에 변동원가계산과 다르다. 이런 특징을 감안하여 TOC에 의한 변동원가계산을 초변동원가계산(super variable costing)이라고 부른다.

(2) 개선노력을 위한 원가관리기법 간의 관련성

TOC와 비교될 수 있는 대표적인 원가관리기법으로는 ABC와 타겟코스팅을 꼽을 수 있다. 이하에서는 이들 간의 유사점 및 차이점을 설명한다.

타겟코스팅은 원가관리의 초점을 라이프사이클의 초기부분에 두는 반면, TOC는 제조활동에 초점을 맞추고 있다. 즉, TOC는 원재료와 구매부품이 처리되어 최종제품으로 그리고 고객에게 배달되는 과정의 속도에 초점을 맞추는데 이를 그림으로 나타내면 [그림 12.2]와 같다.

2.2 TOC 분석의 단계

TOC 분석은 다음과 같은 5단계를 거쳐 이루어진다.

① 제약요인(binding constraint)의 식별

실무에서는 제약업체의 제약공정

구충제와 선크림(sun screen) 등 여러 가지 피부 크림을 제조하는 **SPI**라는 소규모 제약업체의 제조공정에는 각 크림생산에 사용되는 활성, 비활성 요소를 커다란 통에 넣어 혼합하는 공정이 있다. 이 혼합(mixing)공정은 제약공정으로 파악되었다. 그 이유는 혼합활동이 끝나기 전에는 포장과 라벨링작업을 수행할 수 없으며 새로운 원재료투입도 혼합통이 빌 때까지 기다려야 하기 때문이다.

② 각 제약요인들의 효율적 활용방안을 결정
③ 제약요인을 거치는 흐름(flows)의 관리
④ 제약요인의 용량 증대
⑤ 유연하고 신속한 일관생산량 달성을 위한 제조공정의 재설계

이들 단계에 대한 구체적인 설명은 <부록12A> TOC의 종합예제를 참고한다. 여기에서는 간단하게 홍익가구의 사례를 통해 제약요인에서의 의사결정 내용에 대해 알아본다.

홍익가구는 두 개의 연속공정(기계공정과 마무리공정)을 거쳐 사무용 의자를 제작하고 있는데 관련 자료는 다음과 같다.

	기계공정	마무리공정
연간처리능력	1,400개	1,000개
연간 생산량	1,000개	1,000개
고정운영비용	₩40,000	₩30,000

기계공정 초기에 투입되는 직접재료비는 단위당 ₩70이며 이외의 다른 변동원가는 없다. 현재 단위당 ₩120에 판매되는 사무용 의자의 시장수요는 충분하다. 이때 사무용 의자의 단위당 스루풋은 ₩50(=₩120－₩70)이다.

홍익가구의 제약공정은 무엇일까? 홍익가구의 제약공정은 마무리공정이다. 마무리공정은 연간처리능력까지 생산하고 있고, 기계공정은 연간처리능력은 1,400개이지만 생산량이 이에 못 미치는 1,000개이다. 홍익가구의 사무용 의자의 시장수요가 연간 1,000개 이상이라 하여도 홍익가구는 매년 1,000개까지 처리하는 마무리공정 때문에 1,000개만 생산할 수밖에 없다. 따라서 마무리공정이 홍익가구의 사무용 의자 생산량을 제약하는 요인이 된다.

실무에서는 대용량 포장과 개별 포장

대용량 포장과 개별 포장의 선택사항 추가에 따라 발생하는 원가증가는 과연 얼마일까?
단위당 제품원가는 변하지 않고 포장비 정도만 조금 증가할까?

고객에게 당사 제품 구입시 포장용기를 대용량 벌크상자나 개별 상자 중에서 선택할 수 있도록 옵션을 제공할 경우 이러한 옵션이 곧 제조공정의 재배치 등 추가 부담을 야기할 수 있다. 즉, 비제조부문의 옵션이 제조부문에 새로운 제약요인을 발생시킬 수 있다. 만약 벌크상자용 제품재고와 개별상자용 제품재고가 별도로 관리되어야만 하고, 보관, 이동, 선적에 각기 다른 기계장비가 사용되어야 한다면, (종전보다 재고관리 인력 및 보관면적의 증가, 셋업 수 증가, 신규기계 구입 및 관리 등으로 인해) 추가되는 제조간접원가는 상당액에 달할 것이다.

병목현상을 일으키는 요인들 중에는 내부제약 외에도 외부제약이 있고, 항상 조건이 변할 때마다 제약조건이 변경될 수 있음을 기억하자.

제약공정 용량을 증대시키기 위해 홍익가구는 다음 두 가지 대안을 고려하고 있다.

- 대안 1 ▸ 마무리공정에 첨단설비 임대 : 이 첨단설비의 연간 임대비용은 ₩15,000이고 마무리공정의 생산량을 200개 증가시킬 수 있다.
- 대안 2 ▸ 마무리공정 아웃소싱 : 100개를 단위당 ₩30에 외부납품업체에 의뢰할 수 있다.

두 가지 대안의 타당성 검토는 제약공정인 마무리공정의 생산량을 증가하면 스루풋이 증가하여 영업이익이 증가한다는 점을 상기하면서 제4장에서 배운 관련원가 분석틀을 이용하면 간단하다.

• 대안 1의 관련원가분석

Ⅰ. 증분수익 : 스루풋 증가	₩50 × 200개 =	₩10,000
Ⅱ. 증분비용 : 첨단설비 임대료		15,000
Ⅲ. 증분이익		₩(5,000)

따라서, 첨단설비를 활용할 경우 ₩5,000 손실을 발생하므로 바람직하지 않다.

• 대안 2의 관련원가분석

Ⅰ. 증분수익 : 스루풋 증가	₩50 × 100개 =	₩5,000
Ⅱ. 증분비용 :	₩30 × 100개 =	3,000
Ⅲ. 증분이익		₩2,000

따라서, 100개를 외주가공하면 ₩2,000 이익이 발생하므로 대안 2를 선택한다.

표 12.5

TOC 보고서의 예 : 자동차용 유리제조업체

	2019년 3월			
	유형 C	유형 A	유형 H	유형 B
윈도우 사이즈	0.77	0.073	7.05	4.95
매출수량	고	보통	고	보통
미처리 주문량	1,113	234	882	23
평균 리드타임(일)	16	23	8	11
시장가격	$2.82	$6.68	$38.12	$24.46
직접제조원가				
재료비	0.68	0.64	5.75	4.02
정상스크랩	0.06	0.05	0.42	0.34
재료취급비	0.12	0.12	1.88	1.61
소 계	0.86	0.81	8.05	5.97
스루풋액	$1.96	$5.87	$30.07	$18.49
단위당 용광로 시간	0.0062	0.0061	0.0082	0.0078
시간당 스푸풋	$316	$962	$3,667	$2,370

자료 : Campbell(1989), *Management Accounting*, July.

2.3 TOC 보고서

스루풋의 증가, 제약요인의 제거 및 배달속도의 향상에 관리의 초점을 맞추는 TOC방식에서는 성과평가측정치 또한 이들 중요한 성공요인에 초점을 맞추어야 한다. 일반적인 접근법으로는 사전에 정한 운영자료와 함께 스루풋을 보고하는 방법이 있다. 참고로 자동차용 유리생산업체의 TOC 보고서를 예시하면 <표 12.5>와 같다. 이 보고서에 의하면 유형 H와 유형 B의 수익성이 높다. 왜냐하면 제약요인, 즉 용광로시간기준에서 볼 때 스루풋 수치가 높기 때문이다. 시간당 스루풋은 유형 H와 B가 각각 3,667달러와 2,370달러이다. 반면에 유형 C와 A는 모두 1,000달러 미만이다. 이처럼 TOC 보고서는 수익성이 높은 제품을 식별하고 핵심성공요인을 달성하기 위해 필요한 관리대상활동이 무엇인지 알 수 있게 한다.

2.4 ABC와 TOC

ABC는 타겟코스팅과 TOC 원가관리기법을 활용하는 기업에서 흔히 사용된다. TOC가 그러하듯 ABC도 제품의 수익성을 평가한다는 장점을 갖는다. 그러나 TOC

표 12.6

ABC와 TOC의 차이점

	TOC	ABC
주된 목적	단기관점 : 재료 및 재료관련원가를 기준으로 한 스루풋 분석	장기관점 : 모든 제품원가(재료비, 노무비, 간접비)의 분석
자원제약 및 가용량	명확히 포함됨 : 기본적 사항	명확하지 않음
원가동인	원가동인의 직접활용은 없음	단위, 배치, 제품, 설비수준의 원가동인의 이해 개선
주된 활용	생산흐름최적화 및 단기제품배합	전략적 가격결정 및 이익계획

자료 : BCL, 1999, 제5장.

는 단기적인 관점을 취하는 한편, ABC는 장기적인 관점을 취하고 있다. 이는 TOC가 재료와 관련된 원가에 한하여 강조를 하는 반면 ABC는 모든 제품원가를 포함하기 때문이다.

한편, TOC와는 달리 ABC에서는 자원의 제약이나 생산활동의 용량은 고려하지 않고 있다. 그래서 ABC는 단기적인 최적매출배합을 결정할 때에는 사용되지 않는다. ABC와 TOC는 상호 보완적인 방법이라 할 수 있다. 왜냐하면 **ABC**는 장기 가격결정과 제품배합 같은 전략적 결정의 기반이 되는 원가동인과 정확한 단위원가를 파악하게 하고, **TOC**는 단기 제품믹스 조정이나 장애요인의 관리를 유도함으로써 단기적 수익성을 개선하도록 하기 때문이다. ABC와 TOC의 차이점은 <표 12.6>과 같다.

생각해보기 | 화장실 평등

극장이나 휴게소의 공중화장실을 가보면, 여성화장실 앞에만 줄이 길게 늘어선 모습을 쉽게 볼 수 있다. 여성화장실을 더 많이 만들도록 한 법을 지키지 않기 때문인데, 이 문제를 개선하기 위한 법안이 국회에 제출되었다고 2013년 8월 24일 SBS뉴스에서 보도하였다.

현행 공중화장실 법은 여성화장실의 변기 수를 남성화장실보다 많이 설치하되 특히 수용인원이 1천 명 이상인 공중시설의 경우 1.5배 이상 만들 것을 규정하고 있다. 하지만, 한 시민단체가 전국 휴게소와 극장 등의 변기 수를 조사한 결과 여성화장실이 남성화장실보다 오히려 적은 것으로 나타났다고 한다. 이에 따라 휴게소나 극장 같은 다중이용시설의 여성화장실 변기 수를 남성화장실의 2배 이상으로 늘리고, 규정을 어기면 처벌을 강화하는 법안이 국회에 제출되었다 한다.

남성용 소변기는 좌변기에 비해 적은 공간을 차지하므로 같은 공간이어도 여성화장실보다 많은 변기를 설치할 수 있다. 통계적으로 여성의 화장실 이용시간은 남성의 2배 이상이어서 대기시간은 자연스럽게 길어질 수밖에 없다.

여성의 화장실 이용시간이 남성의 2배가 넘는 만큼 변기 수도 2배 이상 늘리는 '화장실 평등' 개념을 도입할 때가 되었다.

요 약

01. 생산성은 투입과 산출물 간의 관계를 측정하는 것이다. 생산성 측정치는 부분생산성 측정치와 총요소생산성 측정치로 대별된다. 부분생산성 측정치는 산출물 수량과 단일 투입물의 비교를 통해 계산되는 반면에 총요소생산성은 투입물간의 가격을 감안하여 특정 수준의 산출물 생산에 사용된 모든 투입물의 결합된 생산성을 측정한다. 생산성 분석이 관리회계에서 의미를 갖는 이유는 기존의 차이분석 지식을 활용하는 가운데 두 기간 이상에 걸쳐 산출물을 생산하기 위하여 사용된 모든 투입물의 결합된 생산성을 비교하기 때문이다. 구체적으로 특정 기간에서 다른 기간으로의 원가변화는 ① 산출물 규모의 변화, ② 투입물 가격의 변화, ③ 생산성의 변화 등에 기인하는데 생산성 측정은 세 번째 요인에 의한 원가변동을 별도로 파악한다.

02. 품질향상을 위해서는 생산성 향상이 필수적이다. 양자는 상호 관련 맺는다. 생산성 향상은 품질수준을 높이고 업무수행방식이나 부품품질의 개선은 다시 생산성 향상으로 이어지는 것이다.

03. TOC(제약이론)는 제5장에서 다룬 제약조건하의 최적의사결정 분석기법과 밀접한 관련을 맺는다. TOC는 모든 공정은 장애요인(제약자원)을 갖고 있으며 결코 최종생산은 가장 취약한 부분의 성과 이상이 될 수 없다는 인식하에 경영자로 하여금 기업에 존재하는 애로공정을 감안하여 최대의 스루풋과 이익을 실현할 수 있는 스케줄링을 마련하도록 지원하는 기법이다. 즉, TOC는 효율성보다는 효과성을 강조하는 가운데 전사적 최적을 추구한다. 매출액에서 직접재료비만을 차감한 이익을 지칭하는 스루풋(throughput)과 재고, 운영비용은 TOC의 3대 핵심개념에 해당한다.

핵심용어

- 생산성
- 배합효율성
- 가격효율성
- 운영생산성
- 재무생산성
- 프로필 생산성 접근법
- 생산성 중립수치(PNQ)
- 생산성 중립원가(PNC)
- 스루풋
- 제약이론(TOC)
- 초변동원가계산
- 이익 - 연계 생산성

Reading materials

에릭베리지, 기술에 인문학이 필요한 이유 (키워드: 제약공정)
TED.com, 2018.05.01.

운영컨설팅 (키워드: 생산성, 자본예산, 커패서티 관리)
한경 Business, 1999.02.02.

권대석 클루닉스 대표, 'TOC재고관리' (키워드: 제약공정)
전자신문, 2014.05.21.

⋮

관리회계 전문가 되기
(新관리회계
information room)
cafe.naver.com/shinmgta

부록 12A TOC 분석의 5단계

홍익가구는 두 가지 제품 Stand와 Bench만을 생산하는 기업이다. 주간 판매량은 Stand 80단위, Bench 80단위이고, 가구판매를 위해 지출되는 영업비는 매주 ₩7,000이다. 각 제품의 생산 및 판매에 대한 자료는 다음과 같다.[1)]

	Stand	Bench
단위당 판매가격(P)	₩115	₩125
단위당 재료비(DM)	₩55	₩50
제품단위당 필요노동시간(DLH)	60분	55분
판매수량(일주일 기준)	80단위	80단위
주당 총이용가능자원	주당 160시간(9,600분)	
주당 영업비용	₩7,000	

<추가 자료>

① 제품을 생산하는 데 필요한 4가지 공정(절삭, 드릴, 연마, 조립)과 공정간의 순서 및 공정시간은 [그림 12A.1]과 같다. Stand는 재료#1을 절삭, 연마공정을 거쳐 제작한 부품 X와 재료#2를 드릴과 연마공정을 거쳐 제작한 부품 Y와 외부에서 구매한 부품 A 즉 3가지 부품을 조립하여 Stand로 제작된다. 따라서 Stand 1단위를 생산하는데 소요되는 재료비는 재료#1의 ₩20과 재료#2의 ₩20과 구매부품 A의 ₩15를 합하여 ₩55이 된다. Stand 1단위를 생산하는데 소요는 노동시간은 부품 X를 제작하기 위한 2가지 공정의 시간(절삭 15분과 연마 10분), 부품 Y를 제작하기 위한 2가지 공정의 시간(드릴 15분과 연마 5분)과 부품 X, Y, A를 조립하는 공정의 시간(15분)의 합인 60분으로 계산된다.

Bench의 단위당 재료비와 노동시간도 다음과 같이 계산된다. 재료비는 재료#2의 ₩20과 재료#3의 ₩10과 구매부품 B의 ₩20의 합인 ₩50으로 계산된다. 단위당 노동시간은 부품 Y를 제작하기 위한 2가지 공정의 시간(드릴 15분과 연마 5분)과 부품 Z를 제작하기 위한 3가지 공정의 시간(절삭 10분, 드릴 15분, 연마 5분)과 부품 Y, Z, B를 조립하는 공정의 시간(5분)의 합인 55분으로 계산된다. 결국 자가제작하는 부품 Y는 Stand와 Bench의 공동부품인 셈이다.

---

1) 홍익가구 사례는 M. Michael Umble and Elizabeth J. Umble(1998), *Journal of Cost Management*, September/October, pp. 5-14 내용을 수정한 것이다.

그림 12A.1

홍익가구 생산공정 흐름

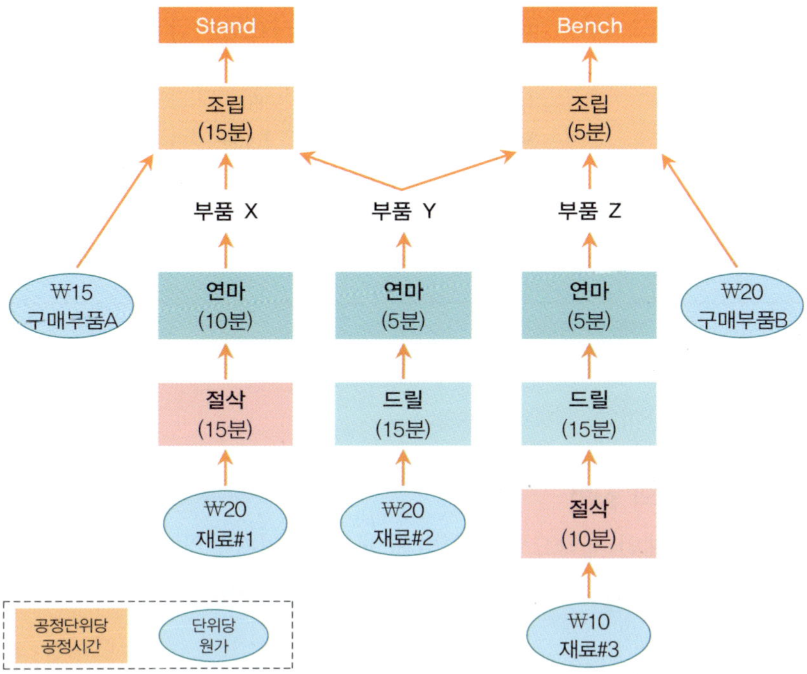

② 각 공정은 한 명의 작업원만이 담당하며 주당 40시간 근무하며 다른 공정작업을 수행할 수 없으며 초과근무는 허용되지 않는다. 즉, 각 공정은 주당 40시간(2,400분)의 공정시간만을 사용할 수 있다. 따라서 홍익가구의 주당 총이용가능노동시간은 160시간(=40시간×4가지 공정)이 된다.

③ 노무비는 시간당 ₩10이며, 제조간접비는 노무비 ₩1당 ₩3의 배부율로 배부한다.

홍익가구는 생산된 모든 제품이 판매된다고 가정하여 주당 이익을 계산하였는데 다음과 같다.

Stand 단위당 **스루풋**	= ₩115(판매가격) − ₩55(재료비) = ₩60
Bench 단위당 **스루풋**	= ₩125 − ₩50 = ₩75
Stand 스루풋(80단위)	= ₩60 × 80단위 = ₩4,800
Bench 스루풋(80단위)	= ₩75 × 80단위 = ₩6,000
총 스루풋	= **₩10,800**
순이익 = 총스루풋 − 영업비	= ₩10,800 − ₩7,000 = ₩3,800

그러나 순이익 ₩3,800의 계산결과는 TOC과정의 첫 단계인 제약의 식별도 무시

표 12A.1
공정별 소요시간 계산(제약요인 식별)

	단위당 소요시간(분)		80단위 소요시간(분)		양 제품 80단위 소요시간(분)
	Stand	Bench	Stand	Bench	
절삭	15	10	1,200	800	2,000
드릴	**15**	**30***	**1,200**	**2,400**	**3,600**
연마	15	10	1,200	800	2,000
조립	15	5	1,200	400	1,600
계					9,200

* 부품 Y 생산(15분) + 자체 부품 Z 생산(15분)

한 매우 단순한 계산이다.

1단계: 제약요인의 식별

TOC분석의 1단계인 제약요인을 식별해 보자. 홍익가구의 제약공정을 찾아내기 위해 각 공정별 소요시간을 계산하면 <표 12A.1>과 같이 드릴공정이 제약임을 알 수 있다.

각 공정의 최대 활용가능시간은 2,400분(40시간)이므로 예상판매량(시장수요)을 모두 생산하는데 소요되는 각 공정의 총시간 중 드릴공정의 3,600분이 총활용가능시간 2,400분을 초과한다. 드릴공정은 최대 2,400분만 가동할 수 있으므로 Stand나 Bench 중 가장 수익성이 높은 것을 먼저 80단위 생산한 후 여유시간에 나머지 제품을 생산해야 할 것이다.

스루풋을 감안하지 않고 제품원가만을 고려하여 어느 제품이 더욱 수익에 공헌하는가를 계산한 결과는 다음과 같다.

	Stand	Bench
단위당 재료비	₩55	₩50
단위당 노무비	₩12(60분)	₩11(55분)
단위당 간접비배분액	₩36(₩12×3)	₩33 (₩11×3)
단위당 **제품원가**	**₩103**	**₩94**
단위당 **매출총이익**(GM)	**₩12**(₩115－₩103)	**₩31**(₩125－₩94)

따라서, 매출총이익이 큰 Bench를 먼저 수요대로 80단위를 생산하고 드릴공정의 여유시간에 Stand를 제작하기로 한다면, Stand를 위한 드릴공정시간은 0분(＝2,400분－2,400분)이다. 이럴 경우 홍익가구의 영업이익은 －₩1,000(＝80×₩75－₩7,000)이 된다. 손실 ₩1,000은 제약공정의 활용을 제대로 분석하지 않았기 때문이다.

표 12A.2
드릴공정의 스루풋 산출량 계산

	Stand	Bench
단위당 판매가격(P)	₩115	₩125
단위당 재료비(DM)	₩55	₩50
단위당 스루풋	**₩60**	**₩75**
제품단위당 드릴소요시간	15분	30분
드릴소요시간당 스루풋 산출량	₩60/15분 = **₩4/분**	₩75/30분 = **₩2.50/분**
우선순위	①	②

2단계: 제약요인의 효율적 활용방안 결정

제약공정이 있을 경우, 공장의 효율성(생산성)은 제약공정에서의 효율성(생산성)에 따라 결정된다. 아무리 절삭, 연마, 조립공정이 효율적으로 운영된다고 해도, 드릴공정 앞에는 드릴공정 투입을 기다리는 재고물량이 쌓이게 되고, 드릴공정 후속공정들은 드릴공정에서 재공품들이 나오기만을 기다리는 상태가 반복될 것이다. 따라서 제약요인인 드릴공정만을 볼 때 스루풋 기여도가 가장 높은 제품을 식별하고, 제약공정의 최대 스루풋을 계산해야 한다.

<표 12A.2>에서 보듯이 Stand의 스루풋 기여도가 높은 것으로 나타남에 따라 Stand를 우선 80단위 모두 생산하고 남은 드릴공정시간(1,200분 = 2,400분 − 15분 × 80개)에 Bench 40단위(= 1,200분 ÷ 30분)를 생산하면 된다. 그 결과 ₩800의 순이익을 실현하게 된다.

$$(\text{Stand } 80\text{단위} \times ₩60 + \text{Bench } 40\text{단위} \times ₩75) - ₩7{,}000 = ₩800$$

3단계: 제약요인을 거치는 흐름의 관리

3단계는 2단계에서의 결정사항에 다른 모든 것을 종속시키는 단계이다. 이 단계는 기업전체 시스템이 2단계에서 제시된 전략을 뒷받침할 수 있도록 해야 한다. 예를 들어, 80단위의 Stand와 40단위의 Bench의 제품믹스를 생산하는 전략이 세워졌다면 부품 X, Y, Z는 각 80단위, 120단위, 40단위가 주별로 반드시 생산되어야 한다. 이 부품단위를 초과하는 생산은 과잉재고를 유발하고 모자라는 생산단위는 스루풋을 제한하게 된다. 이처럼 3단계의 실행은 전통적인 기업문화와 성과측정방법으로 인하여 매우 어려운 문제이다.

예를 들어, 절삭공정을 살펴보자. 먼저 절삭공정의 작업자는 주당 몇 분 작업하는가? 경영자는 절삭공정의 작업자가 주당 40시간에 대하여 임금을 지급받으므로 2,400분(40시간)이라고 답할 것이다. 그러면 부품 X 80단위, 부품 Z 40단위를 만들기 위해 절삭공정 작업자가 필요한 시간은 얼마인가? 필요한 시간은 주당 1,600분(=80×15분+40×10분)이다. 따라서 이 작업자의 효율은 1,600분/2,400분=약 67%이다. 대부분의 전통적 성과측정시스템으로는 이를 저조한 것으로 판단된다. 작업자나 감독자의 자연적인 성향은 성과를 높게 유지하기 위하여 추가적인 작업을 하게 되는데 이 경우 최종산출물인 스루풋에는 아무런 도움이 되지 않는다. 왜냐하면 드릴공정에 따라 최종산출물이 결정되기 때문이다. 더욱이 추가적인 작업으로 인해 재공품만이 증가하는 결과를 낳게 된다.

또 중요한 점은 성과측정시스템이 기업전략을 뒷받침할 수 있도록 모든 자원이 정교하게 설계되어야 한다는 것이다. 제약공정은 100% 활용되며 효율 또한 중요한 사항이 되어야 한다. 그러나 비제약공정은 유휴생산능력을 갖게 마련인데, 비제약공정에 대한 성과측정에는 다음과 같은 2가지 점을 고려하여야 한다. 첫째, 계획된 생산계획에 필요한 모든 것을 수행하는가? 둘째, 생산계획 이상의 작업을 수행하고 있는가?이다. 비제약공정의 유휴시간에 대처하는 방안으로는 기회시간(opportunity time)을 활용하는 것을 들 수 있다. 기업의 가치에 기여하는 비생산적 활동을 수행하는 것으로 예를 들어, 작업자는 교차훈련을 받거나 예방적 활동을 수행하거나 품질개선 프로젝트에 참여하는 것이다.

비생산관련부서가 제약공정의 인식을 함께 해 정렬시킬 수 있는 방법은 무엇일까? 예를 들어, 판매부서의 역할은 무엇이고 어떻게 평가되는가? 제약공정하에서 Stand가 Bench보다 수익적인 제품이다. 만약 Stand의 수요가 주당 100단위라고 하면 Stand를 100단위 생산하고 남은 드릴공정시간 900분(=2,400분-100×15분)으로 Bench를 30단위(=900분÷30분) 생산하여 ₩1,250[=(Stand 100단위×₩60+Bench 30단위×₩75)-₩7,000]의 스루풋으로 전주보다 ₩450(=₩1,250-₩800)의 이익증가를 실현할 수 있다.

따라서 Stand의 제한된 수요(80단위)가 2차 제약이 된다. 판매부서는 Stand의 수요를 늘리기 위해 더 많은 주문을 얻어내야 한다. 또한 생산이 현 Bench 수요(80단위)를 맞추지 못하기 때문에 Bench의 수요를 감소시켜야 한다. 이때 판매부서는 어떤 제품을 더 판매하길 원할까? 많은 수수료를 얻는 제품일 것이다. 대부분의 기업이 매출총액에 따라 수수료를 지급하므로 판매가격이 높은 제품을 많이 팔려고 할 것이다. 이 결과 판매부서는 단위당 판매가격인 상대적으로 높은 Bench를 판매하는데 열중할 것이다. 수수료를 제품마진에 따라 지급해도 결과는 변화하지 않는다. 이러한 결과는 기업전략과 보상시스템 간의 조정이 이루어지지 않았기 때문인데 이는 적절히 조정되어야 한다.

표 12A.3
투자안 B: 드릴공정의 스루풋 산출량 계산

	Stand	Bench
단위당 판매가격	₩115	₩125
단위당 재료비	₩55	₩50
단위당 스루풋	₩60	₩75
제품단위당 드릴소요시간	10분	25분
드릴소요시간당 스루풋 산출량	₩60/10분 = ₩6/분	₩75/25분 = ₩3/분

4단계: 제약요인의 용량 증대

3단계까지 성공적으로 수행하면 현 시스템의 성과를 개선하기 위한 4단계 절차를 수행해야 한다. 이 단계를 설명하기 위해 다음의 2가지 투자안에 대한 TOC 관점과 전통적 원가관점을 비교해 보자.

투자안 A : 부품 X의 절삭공정시간을 15분에서 6분으로 절감시키는 기계를 ₩5,000에 구입

투자안 B : 부품 Y의 드릴공정시간을 15분에서 10분으로 절감시키는 기계를 ₩9,000에 구입

먼저, TOC 관점의 평가 2가지 투자안을 평가하면 투자안 B가 채택된다. 투자안 A는 비제약공정인 절삭공정의 효율성 제고를 위한 것으로, 이는 제약공정인 드릴공정에 영향을 미치지 않으므로 스루풋의 증가가 없다. 또한 절삭공정의 작업자는 여전히 필요하므로 운영비의 감소도 없다. 반면에 투자안 B는 스루풋의 증가를 가져온다. 부품 Y의 드릴공정시간이 5분 단축되므로 현재 Y부품 생산량 120단위 총시간이 600분(= 120 × 5분) 단축된다.

Stand를 80단위 모두 생산하고 남은 드릴공정시간(1,600분 = 2,400분 − 10분 × 80개)에 Bench 64단위(= 1,600분 ÷ 25분)를 생산하게 된다. Bench를 기존 40단위보다 24단위 추가생산가능하기 때문에 이익이 ₩1,800(= 24 × ₩75 혹은 = ₩2,600 − ₩800) 증가한다.

(Stand 80단위 × ₩60 + Bench 64단위 × ₩75) − ₩7,000 = ₩2,600

기계구입 ₩9,000의 회수기간은 5주(= ₩9,000/₩1,800)이다. 즉, 드릴공정시간을 5분 단축하는 기계를 구입할 경우, 5주 만에 구입비용 ₩9,000을 회수하게 되고, 이후 주당 이익이 ₩1,800 증가하므로 투자안 B를 채택하는 것이 유리하다.

그러나 전통적인 원가관점에서는 투자안을 평가하면 투자안 A를 채택하는 상반

된 결과가 나온다.

투자안 A의 경우, 부품 X의 절삭공정시간이 9분 감소하게 되고, 80단위 부품생산에 소요되는 노동시간이 720분(=9분×80), 즉 12시간 단축되어 노무비가 ₩144(=12시간×₩12) 절감된다. 기계구입비 ₩5,000의 회수기간은 34.72주(=₩5,000÷₩144)이다.

투자안 B의 경우, 부품 Y의 드릴공정시간이 5분 감소하게 되고, 120단위 부품생산에 소요되는 노동시간이 600분 곧, 10시간 단축되어 노무비가 ₩120 절감된다. 기계구입비 ₩9,000의 회수기간은 75주(=₩9,000÷ ₩120)이다. 투자안 A의 회수기간 34.72주가 투자안 B의 회수기간의 1/2정도이므로 홍익가구는 투자안 A를 채택하게 된다. 그러나 전통적인 원가관점의 투자안 평가에서 생각하는 노무비 ₩144은 실현가능하지 않다. 왜냐하면 작업자는 여전히 필요하기 때문이다.

5단계: 유연하고 신속한 스루풋 달성을 위한 제조공정의 재설계

5단계는 이전 단계에서 제약을 해결하고 1단계로 되돌아가는 것이다. 5단계에서 우선적으로 해야 할 일은 새로운 제약을 식별하는 것이다. 이 부분은 비교적 이해가 쉬운 부분으로 타성에 빠지는 사항만 주의하면 쉬운 단계이다. 제약이 해결된 후에는 시스템이 어떻게 운영될지 어떤 가정도 할 수 없다. 그래서 시스템의 모든 측면을 조심스럽게 재평가해야 하는 작업을 거쳐야 한다. 다음의 예를 들어 이를 설명하기로 한다.

경영진이 앞서의 투자안 A, B 대신에 다른 투자안 C, 즉 드릴공정시간을 15분에서 5분으로 줄이는 설비를 구매하기로 결정하여 두 제품을 생산하는 시간이 3,600분에서 1,200분으로 단축되었다. 이로써 드릴공정의 제약은 해결되었다. 새로운 드릴공정의 설비가 시스템 개선에 미칠 영향을 파악하기 위해서 구매가격도 추가적인 스루풋 증가에 대응하여 고려되어야 한다. 구매가격을 ₩30,000이라 가정하자. 새로

표 12A.4

투자안 C: 공정별 소요시간 계산(제약요인 식별)

	단위당 소요시간(분)		80단위 소요시간(분)		양 제품 80단위 소요시간(분)
	Stand	Bench	Stand	Bench	
절삭	15	10	1,200	800	2,000
드릴	**5**	**10**	**400**	**800**	**1,200**
연마	15	10	1,200	800	2,000
조립	15	5	1,200	400	1,600
계					6,800

운 설비로 인하여 제약공정은 존재하지 않고 요구되는 Stand 80단위와 Bench 80단위가 생산가능하여 순이익은 ₩3,800이 된다. 앞서 계산되었던 순이익이 ₩800이며 증분이익이 ₩3,000이라는 점과 영업비용이 변화하지 않는다고 가정하면 투자금액의 회수기간은 단 10주(= ₩30,000 ÷ ₩3,000)이다.

순이익=(Stand 80단위 × ₩60 + Bench 80단위 × ₩75) − ₩7,000 = ₩3,800

드릴공정은 더 이상 제약공정이 아니고 나머지 3개의 공정생신능력도 현 제품 수요수준을 상회하기 때문에 새로운 제약은 Stand와 Bench의 주문량이 된다. 판매부서에게는 여유생산능력을 최대로 활용하기 위해 추가적인 주문을 따내는 것이 당면과제가 된다. 경영진이 판매부서의 보상시스템과 성과평가시스템을 Stand를 더 많이 판매하도록 변경하였다고 가정하자. 이 결과 판매부서는 Stand의 수요를 증가시키고 Bench는 현 수준을 유지시켰다. Stand와 Bench의 새로운 수요는 각각 80단위, 80단위이다. 이에 따른 이익을 계산하면 다음과 같다.

▶ **새로운 이익의 잘못된 계산 1**

순이익 = (Stand 130단위 × ₩60 + Bench 80단위 × ₩75) − ₩7,000 = ₩6,800

타성에 빠지지 않도록 주의해야 한다. 제품믹스는 변경하기가 용이하지 않다. 그리고 새로운 높은 수요수준에 따라 새로운 2개의 제약공정이 발생하였다. 절삭과 연마공정은 Stand와 Bench를 생산하기 위해 각각 15분, 10분이 소요된다. 따라서 <표 12A.5>에서 나타나듯이 Stand 130단위와 Bench 80단위를 생산하기 위해서는 각각 1,950분과 800분이 소요된다(합 2,750분, 최대이용가능시간 2,400분 초과).

표 12A.5
공정별 소요시간 계산 (제약요인 식별)

	단위당 소요시간(분)		새로운 판매량에 따른 소요시간(분)		양 제품 220단위 소요시간(분)
	Stand	Bench	Stand(130단위)	Bench(80단위)	
절삭	**15**	**10**	**1,950**	**800**	**2,750**
드릴	5	10	650	800	1,450
연마	**15**	**10**	**1,950**	**800**	**2,750**
조립	15	5	1,950	400	2,350
계					9,300

▶ 새로운 이익의 잘못된 계산 2

Stand의 판매를 강조하기 위해서는 Stand 130단위, Bench 30단위(10단위 감소)를 생산한다.

$$순이익 = (Stand\ 130단위 \times ₩60 + Bench\ 30단위 \times ₩75) - ₩7,000 = ₩3,050$$

이 수치는 제약이 해결되기 전의 순이익 수치인 ₩3,800보다 작은 수치이다. 다시 한번 강조하지만 타성에 빠지지 말아야 한다. 이러한 계산수치는 Stand가 Bench보다 수익성 있는 제품이라는 잘못된 가정에 연유하기 때문에 발생한다. 제약공정은 드릴공정에서 절삭공정과 연마공정으로 변화하였다. TOC 2단계를 재고려하지 않았고, 제약공정당 스루풋비율이 계산되지 아니하였다.

▶ 새로운 이익의 계산 3

이익을 극대화하기 위해서는 새로운 제약공정의 스루풋 산출량이 큰 Bench의 판매를 극대화하고 나머지 시간에 Stand를 생산해야 한다. 따라서 제품믹스는 Bench 80단위(800분 소요), 나머지 시간 1,600분(2,400분 − 800분)에 생산할 수 있는 Stand 106.7단위(= 1,600분 ÷ 15분)이지만, 완성된 것만 판매가능하므로 106단위이다. 새로운 제품믹스의 순이익은 ₩5,360이다.

$$(Stand\ 106단위 \times ₩60 + Bench\ 80단위 \times ₩75) - ₩7,000 = ₩5,360$$

표 12A.6

절삭/연마공정의 스루풋 산출량 계산

	Stand	Bench
단위당 판매가격	₩115	₩125
단위당 재료비	₩55	₩50
단위당 스루풋	**₩60**	**₩75**
제품단위당 절삭/연마소요시간	15분	10분
절삭/연마소요시간당 스루풋 산출량	₩60/15분 = **₩4/분**	₩75/10분 = **₩7.5/분**
우선순위	②	①

단답식 개념문제

01. 단일투입요소의 생산성을 측정하는 것을 □□생산성 측정이라고 하고, 모든 투입요소의 결합된 생산성을 측정히는 것을 □□□생산성(TFP) 측정이라고 한다.

02. 투입요소간의 상충관계가 존재하기 때문에 생산성 관련 의사결정에는 반드시 총요소생산성을 이용하여야 하며, 이때 총요소생산성은 □□생산성으로 측정되어야 한다.

03. 생산성 변화로 인한 이익의 변화정도를 측정하는 것을 □□-□□생산성 측정이라고 한다.

04. TOC는 모든 공정은 □□□□을 갖고 있으며 결코 최종생산은 가장 취약한 부분의 성과 이상이 될 수 없다는 인식에서 출발한다.

05. TOC에서는 매출액에서 직접재료비를 차감한 수치를 □□□으로 정의내리고 이를 극대화하는 방안을 모색한다.

[문 1] 생산성이란 무엇인가? 정의하시오.

[문 2] 총요소생산성은 무엇을 의미하는가?

[문 3] "배합효율성은 일종의 가격효율성이다." 이 주장에 동의하는가?

[문 4] 운영생산성과 재무생산성의 차이는 무엇인가?

[문 5] 프로필 생산성 접근법이란 무엇인지를 설명하시오.

[문 6] 이익-연계 생산성 측정은 무엇을 의미하는가?

[문 7] 생산성 중립원가란 무엇을 의미하고 이것이 사용되는 이유는 무엇인가?

[문 8] 부분생산성이 제공하지 못하는 정보 중 어떠한 정보를 총요소생산성은 제공하는가?

[문 9] 제약공정이 존재하는 경우 비제약공정의 효율성 제고를 위한 투자는 의미가 없다라는 주장에 동의하는가?

[문10] 병목공정의 성과를 향상시키는 세 가지 방법을 기술하시오.

[문11] "제약이론(TOC)은 공헌이익분석에서 사용되는 변동비의 분류보다 엄격한 분류기준을 갖고 있으며 이런 이유로 TOC에 의한 원가계산을 초변동원가계산이라고도 부른다." 이 말에 동의하는가? 단, 그렇지 않다면 그 이유를 설명하시오.

연습문제

객관식

[문1] 다음은 생산성과 관련된 문장들이다. 올바른 또는 타당성을 갖는 문장만을 모은 것은? (★)

> a. 배합효율성은 일종의 가격효율성이다.
> b. 총요소생산성은 모든 투입물을 고려하는 동시에 투입가격을 토대로 투입요소간의 상충관계를 고려한다.
> c. 총요소생산성은 특정 투입요소의 부분생산성 감소가 보다 큰 규모의 다른 투입요소의 부분생산성의 증가로 인해 보상을 받는지를 파악하게 한다.
> d. 다른 투입요소의 부분생산성은 감소하는데 비해 한 투입요소의 부분생산성이 증가할 때 기업은 전기에 비해 이번 기간이 부분적으로 생산성이 높다고(partially productive) 말한다.

① a, b, c ② b, c ③ b, c, d ④ a, c ⑤ b

[문2] 다음은 TOC(제약이론)과 관련된 문장들이다. 올바른 또는 타당성을 갖는 문장만을 모은 것은? (★)

> a. TOC에서의 스루풋(throughput)은 효율성보다는 효과성을 강조하는 개념이다.
> b. TOC에서는 대부분의 노무비를 고정비로 간주한다.
> c. 매출액에서 재료비를 차감한 수치를 스루풋(throughput)으로 정의하는 TOC는 공헌이익보다는 단기적인 관점을 강조한다는 의미에서 초변동원가계산(super-variable costing)이라고 부른다.

① a, c ② b, c ③ a, b ④ a, b, c ⑤ b

[문3] 전략적 원가관리(Strategic Cost Management) 기법에 관한 설명으로 옳은 것을 모두 고른 것은? (세무사 2011) (★★)

ㄱ. 제약이론(Theory of Constraints)에 의하면 병목공정의 처리능력을 확장시키기 위해서는, 재료처리량 공헌이익(throughput contribution)이 병목공정 처리능력 확장에 소요되는 원가보다 커야 한다.
ㄴ. 목표원가(Target Costing)를 생산단계에 적용하는 경우 효과가 가장 크게 나타난다.
ㄷ. 카이젠원가(Kaizen Costing)에서는 프로세스를 개선시키는데 가장 크게 공헌할 수 있는 조직구성원은 경영자와 공학자라고 가정한다.
ㄹ. 품질원가계산(Quality Costing)은 통제원가(예방 및 평가원가)와 실패원가를 포함한 품질관련원가를 최소화시키면서 품질수준을 최대화시키는 데 목적이 있다.
ㅁ. 수명주기원가계산(Life Cycle Costing)과 품질원가계산을 환경문제에 적용하면, 탄소배출량을 줄이면서 환경관련원가도 절감할 수 있다.

① ㄱ, ㄴ, ㄹ ② ㄱ, ㄷ, ㅁ ③ ㄱ, ㄹ, ㅁ
④ ㄴ, ㄷ, ㄹ ⑤ ㄴ, ㄷ, ㅁ

[문4] 다음 보기 중 올바른 문장들을 모은 것은? (★)

a. 동일한 산출물을 가급적 적은 투입물로 생산하고자 하는 관점이 기술적 효율성이다.
b. 생산성은 단지 원가측면만을 다루기 때문에 이익에 미치는 효과를 제대로 파악하기 위해 수익구조의 변화까지 감안해 파악하는 것이 가격보상차이이다.
c. TOC의 핵심은 제약공정을 식별하고 제약공정의 효율적 활용을 최우선시 하는 것이다.
d. 비제약공정이라 하더라도 동 공정의 효율성 개선 아이디어의 타당성이 원가-효익 분석상 입증되면 채택되어야 한다.

① a, b ② a, b, c ③ b, c ④ a, b, d

[문5] (주)대한은 20x2년 초에 작업공정을 개선하였다. 두 회계기간 동안 생산량, 직접재료원가와 직접노무원가는 다음과 같다.

구 분	20x1년	20x2년
생산량	100단위	150단위
직접재료원가	1,000kg×₩15 = ₩15,000	1,200kg×₩20 = ₩24,000
직접노무원가	2,000시간×₩5 = ₩10,000	2,500시간×₩8 = ₩20,000

20x1년을 기준으로, 20x2년에 생산성변동으로 인한 직접재료원가 및 직접노무원가 변화는 총 얼마만큼 유리(또는 불리)한가? 단, 가격변동효과를 제거하기 위해 생산성변동효과는 20x2년도 가격으로 평가한다. (KICPA 2018) (★★)

① ₩3,000 유리 ② ₩4,800 불리 ③ ₩5,000 불리
④ ₩8,200 유리 ⑤ ₩10,000 유리

[문6] (주)한강은 두 가지 공정을 거쳐 제품을 생산하는 회사이며, 관련 자료는 다음과 같다.

	제1공정	제2공정
연간 최대생산능력	1,000단위	600단위
연간 고정원가	₩2,000	₩1,000
단위당 변동원가	₩30	₩10

제품은 단위당 ₩60에 판매되며. 생산된 제품은 생산량에 관계없이 판매가 가능하다고 가정한다. 제2공정에 연간 리스료가 ₩1,000인 기계장치 1대를 리스하여 투입하면, 연간 100단위의 제품을 추가로 생산할 수 있다. 동 기계장치 1대를 리스할 경우 증분손익은 얼마인가? (KICPA 2005) (★★)

① 증분이익 ₩500 ② 증분손실 ₩500
③ 증분이익 ₩1,000 ④ 증분이익 ₩5,000
⑤ 증분이익 ₩9,000

[문7] 상수(주)는 자동차부품으로 사용되는 부품(X-23)을 제조하는 업체로 이 부품의 제조에는 3가지 순차적 공정(드릴 → 삽입 → 포장)을 거친다. 각 공정은 개별적으로 분리되어 작업장에서 수행되는데 아래와 같은 처리 능력을 갖고 있다.

- 드릴공정은 매 시간당 30,000개의 부품을 처리한다.
- 삽입공정은 매 5분당 3,000개의 부품을 처리한다.
- 포장공정은 매 30분당 10,000개의 부품을 처리한다.

한 주(40시간)에 생산가능한 부품은 몇 단위이며, 어느 공정이 제약공정인가? (★★)

① 1,200,000개, 드릴공정 ② 1,540,000개, 삽입공정
③ 800,000개, 포장공정 ④ 1,000,000개, 포장공정
⑤ 제약공정 없음

[문8] 당기에 설립된 (주)국세는 1,300단위를 생산하여 그 중 일부를 판매하였으며, 관련 자료는 다음과 같다.

직접재료 매입액 : ₩500,000
직접노무원가 : 기본원가(prime cost)의 30%
제조간접원가 : 전환원가(가공원가)의 40%
매출액 : ₩900,000
판매관리비 : ₩200,000
직접재료 기말재고액 : ₩45,000
재공품 기말재고액 : 없음
제품 기말재고액 중 직접재료원가 : ₩100,000

초변동원가계산(throughput costing)에 의한 당기 영업이익은? (세무사 2015) (★★)

① ₩20,000 ② ₩40,000 ③ ₩80,000 ④ ₩150,000 ⑤ ₩220,000

주관식

[문1] 생산성 분석(1) (★★)

경기공업은 수작업으로 화공약품을 가공하여 최종제품을 생산하고 있다 다음 자료는 지난 2년간 경기공업의 생산관련 자료이다.

	2019년	2020년
생산수량	10,700개	13,200개
재료수량(리터)	900	1,000
재료단가(리터당)	₩40	₩30
노동시간	320	360
시간당 임률	₩200	₩250

〈요구사항〉
1. 2020년 재료와 노동력의 부분생산성(운영생산성)을 계산하시오.
2. 2019년 대비 각각의 부분생산성이 얼마나 개선되었는가?
3. 경기공업의 2019년 대비 2020년의 총요소생산성은 얼마나 개선되었는가?

[문2] 생산성 분석(2): 생산성 변화의 차이 분석 (★★★)

홍익화학(주)는 직접재료와 직접노무인력을 사용하여 화학제품을 생산하고 있다. 홍익화학(주)의 지난 2년간 운영자료는 다음과 같다.

	2019년	2020년
생산량(산출단위)	375,000	525,000
직접노동시간	7,500	9,500
시간당 임률	₩20	₩25
직접재료 소요량(킬로그램)	450,000	610,000
직접재료비단가(킬로그램당)	₩1.20	₩1.25

〈요구사항〉

1. 2020년의 홍익화학(주)의 총요소생산성을 계산하시오.
2. 2019년 대비 2020년의 홍익화학(주)의 총요소생산성은 얼마나 개선되었는가?
3. 2019년과 2020년에 홍익화학(주)에서 발생한 실제 주요원가(직접재료비 + 직접노무비)는 각각 얼마인가?
4. 위의 수치차이 중 생산성 변화에 기인한 차이는 얼마인가? [**힌트**: 동 차이를 ① 산출물 조정차이(사실상 이는 생산부문관리자의 책임범위에서는 벗어나는 것임), ② 투입물 가격변화차이, ③ 생산성 변화차이로 구분하는 가운데 세 번째 차이만을 계산하여 답하면 됨]

[문3] 제약이론 (★★)

와우공업은 두 개의 연속공정(기계공정과 마무리공정)을 거쳐 사무용 의자를 제작하고 있는데 관련 자료는 다음과 같다.

	기계공정	마무리공정
연간처리능력	1,500개	1,000개
연간생산량	1,000개	1,000개
고정운영비용	₩40,000	₩30,000
단위당 고정운영원가	₩40	₩30

기계공정 초기에 투입되는 직접재료비는 개당 ₩60이며 이외의 다른 변동원가는 없다. 현재 개당 ₩100에 판매되는 사무용 의자의 시장수요는 충분하다.

〈요구사항〉

1. 와우공업은 마무리공정의 산출물을 200단위 증가시킬 수 있는 첨단설비의 타당성을 검토하고 있다. 이 첨단설비의 연간 렌탈원가는 ₩10,000이다. 이 첨단설비의 활용여부와 이때의 증분이익(손실)은?
2. 외부납품업체에서 와우공업에 ₩30에 100개의 마무리공정을 대행하는 제안을 하였다. 이 제안의 수락 여부와 이때의 증분이익(손실)은?

[문4] 제약이론+관련원가분석 (★★)

(주)명성은 다음 2개의 연속공정으로 스케이트를 생산하는 회사로서 관련정보는 다음과 같다.

	도색공정	조립공정
연간 최대생산능력	100,000단위	80,000단위
연간생산량	80,000	80,000

스케이트는 단위당 ₩70,000에 판매되며, 도색공정의 시점에서 단위당 ₩30,000의 직접재료비가 투입된다. 당사는 직접재료비를 제외한 변동비는 발생되지 않으며 생산하는 모든 스케이트는 즉시 판매되고 있다.

〈요구사항〉

1. 조립공정에서 자동화된 설비를 연간 ₩30,000,000에 임차하여 연간 1,000단위의 스케이트를 추가적으로 생산할 수 있다면 최적의사결정은 무엇인가?
2. 도색공정에서 현재 2,000단위의 불량품이 생산된다. 회사 전체의 관점에서 이러한 불량품으로 인한 손실은 얼마인가?
3. 조립공정에서 현재 2,000단위의 불량품이 생산된다. 회사 전체의 관점에서 이러한 불량품으로 인한 손실은 얼마인가?

[문5] 생산성 분석 (★★)

홍익화학(주)는 직접재료와 직접노동인력 그리고 전력 3가지 투입물을 사용하여 화학제품을 생산하고 있다. 홍익화학(주)의 지난 2년간 운영자료는 다음과 같다.

	2018년	2019년
생산량(산출단위)	5,000	7,000
산출물 단위당 **판매가격**(P)	₩10	₩10
직접재료 소요량(킬로그램: kg)	4,000	4,400
직접재료비단가(킬로그램당)	₩3	₩4
직접노동시간(DLH)	2,500	2,600
시간당 임률	₩8	₩8
전력소비량(kwh)	1,000	1,500
전력단가(kwh당)	₩2	₩3

〈요구사항〉

1. 2018, 2019년 양 연도의 홍익화학(주)의 부분생산성과 관련하여 전년 대비 부분생산성이 개선된 투입물은 무엇인가?

   직접재료(　　)/ 직접노동시간(　　)/ 전력(　　)

2. 2018, 2019년 양 연도의 손익계산을 통해 이익이 어떻게 달라졌는가를 보이시오.

	2018년	2019년
Ⅰ. 매출액(sales)	₩	₩
− Ⅱ. 투입원가(cost of inputs)		
Ⅲ. 이익(profit)	₩	₩

3. 2019년의 **이익연계 생산성** 수치를 계산하시오. 생산성 프로그램에 대해 어떠한 평가를 할 수 있는가?
4. **가격보상차이**(price recovery component)를 계산하시오.
5. 2018년 대비 2019년의 홍익화학(주)의 **총요소생산성**은 얼마나 개선 또는 악화되었나?

[문6] 제약이론, 관련원가 (★★★)

홍익제약은 두 생산부문(혼합 및 알약제조 부문)에서 의약품을 생산한다. 두 부서에 대한 추가적 정보는 다음과 같다. 개별 알약에는 직접재료가 0.5그램씩 담겨 있다.

	혼 합	알약 제조
시간당 생산능력	150그램	200개
월간 생산능력(2,000시간을 이용가능)	300,000그램	400,000개
월간 생산량	200,000그램	390,000개
기타 공정비용(고정)	₩16,000	₩39,000
단위당 기타 고정비용 (₩16,000/200,000 : ₩39,000/390,000)	₩0.08/그램	₩0.10/개

혼합부문은 직접재료 혼합물을 200,000그램(400,000개의 알약을 만들 수 있는 양임) 생산하는데 이는 알약제조부문이 알약 400,000개 이상을 가공처리할 능력이 없기 때문이다. 모든 직접재료원가는 혼합부문에서 발생한다. 홍익제약(주)는 직접재료원가로 ₩156,000이 발생한다. 알약제조부문은 가공처리되는 200,000그램의 혼합물로부터 390,000개만 생산한다. 직접재료 혼합물의 2.5%는 알약제조공정 중에 손실된다. 개별 알약은 ₩1에 판매한다. 직접재료원가를 제외한 모든 원가는 고정원가다. 다음은 물음 사항은 위의 자료만을 참고로 이루어지며 각각의 상황은 독립적이다.

〈자료 : HDF(1997), 제23장 연습문제 23~33 참조 · 수정〉

〈요구사항〉

1. 외부계약자가 다음과 같은 제의를 했다. 만약 홍익제약(주)이 계약자에게 10,000g의 혼합물을 공급한다면 계약자는 홍익제약(주)에게 19,500개의 알약을 단위당 ₩0.12에 제조해 주겠다고 한다(알약제조과정 중 2.5%의 정상공손을 인정). 홍익제약(주)는 계약자의 제의를 수

락해야 하는가?

2. 다른 기업에서 홍익제약(주)가 공급하는 직접재료 혼합물을 매월 20,000g씩 공급해 줄 것을 제의해 왔다. 이 기업은 혼합물에 대해 g당 ₩0.07씩 지불할 것이다. 홍익제약(주)는 이 기업의 제의를 수락해야 하는가?
3. 홍익제약(주)의 엔지니어는 알약제조공정품질을 향상시키는 방법을 고안했다. 그러한 경우 10,000단위의 현재 낭비를 제거할 수 있을 것으로 추정된다. 수정안은 월간 ₩7,000의 비용이 든다. 이 수정안을 적용해야 하는가?
4. 홍익제약(주)는 또한 혼합공정 중에 10,000g의 혼합물이 손실되고 있다고 추정한다. 그러한 손실은 회사가 품질향상방법에 월간 ₩9,000씩 투입한다면 전부 제거될 수 있게 된다. 이러한 품질향상방법을 적용해야 하는가?
5. 알약제조공정에서의 품질향상 효익과 비교하여 혼합공정에서의 품질향상 효익은 무엇인가?

[문7] 제약이론＋관련원가분석 (★★★)

와우전자(주)는 다음 두 단계의 공정을 거쳐 수요가 무한한 제품을 생산한다. 첫 번째 SA공정에서는 수요가 무한한 점을 감안하여 최대생산량을 생산하고 있으며 SA생산량을 모두 수용할 수 있는 SB공정에서는 SA에서 가공된 것을 모두 추가가공한다.

	SA	SB
최대생산량(공손 포함)	5,000개	7,000개
단위당 직접재료비	₩120/단위	₩30/단위
고정제조원가	₩700,000	₩120,000
공손율(투입량기준)	4%	5%

모든 공손원가는 비정상공손으로 처리한다. 완성품 판매가격은 단위당 ₩320이다.

〈요구사항〉

1. 각 공정의 공손품원가를 계산하시오.
2. SA공정에서 생산되는 반제품 200개를 외부에서 ₩200에 구입할 수 있을 경우 외부로부터 구입하는 것이 바람직한지를 결정하시오.
3. 추가로 ₩15,000을 투자할 경우 SA공정의 공손율을 4%에서 2%로 낮출 수 있다고 한다. 프로그램의 도입 타당성을 결정하시오.
4. SB공정의 공손율을 5%에서 2%로 낮추는 프로그램을 실행하는 데 ₩20,000이 소요된다. 프로그램 도입 타당성을 결정하시오.

〈자료 : HFD, 1997, 제23장 ; KICPA, 2차 기출문제〉

13 전략적 관리회계(Ⅱ) : 커패서티 관리, 시간관리 및 지속가능경영과 관리회계

학습목표

- 시간을 중심으로 한 전략적 원가관리의 개념 파악
- 커패서티의 정의 및 기본적 분류를 이해
- 커패서티 관리의 중요성 및 관련 관리회계 이슈를 터득
- ABC를 이용한 커패서티 활용에 관한 보고와 유용성을 파악
- 커패서티 낭비의 유형 및 관리 포인트를 학습
- 대표적인 시간측정치를 파악
- 손익분기시간의 대두 배경 및 계산방법 터득
- 지속가능경영과 관리회계의 관계를 학습

Intro

흔히 실무에서 '캐파'라고 불리는 기업의 산출능력을 의미하는 **커패서티**(capacity)는 다양한 관리회계 이슈와 관련 맺는다. 커패서티 확보 및 유지원가는 고정비 성격을 갖기 때문에 단위제품원가 계산상 중요한 역할을 한다. 원가회계(제9장 표준원가계산)에서 다룬 **조업도차이**는 곧 당초 확보된(또는 예상한) 커패서티와 실제 사용된 커패서티의 차이를 의미하는 것이다.

커패서티의 개념은 사람마다 달리 해석되고 기업마다 추구하는 전략 및 처한 상황에 따라 커패서티 관리의 관심사는 다르기 때문에 표준적인 커패서티 관리모델을 정립하는 것은 쉽지 않다. 따라서 이 장에서 소개하는 CAM-I의 커패서티 분류모델과 전략적 커패서티 관리모델, 그리고 ABC를 이용한 유휴 커패서티 보고모델은 시사하는 바가 크다.

오늘날 시간은 사업성과를 측정하는 기본적인 측정치이다. **리드타임, 납기, 사이클타임, 프로세스타임** 등 기업경영상 흔히 사용하는 이들 용어를 감안하면 사업은 시간과의 싸움이라고 해도 과언이 아니다. 시간관리의 핵심은 낭비되는 시간을 찾아 제거하는 것이다. 일반적으로 제품이 갖는 리드타임의 95%가 무의미하게 소비된다고 한다. 이 장에서는 시간과 관련된 경영기법을 소개하고 시간에 관한 핵심적 비재무적 측정치(고객대응시간, 적시성과)에 초점을 맞춘다. 자원을 소비하는 장본인인 원가동인 관리를 통해 원가를 관리하듯이 시간동인에 대한 이해를 높이면 핵심성공요인 관리가 성공적으로 이루어져 경쟁우위를 지속할 수 있다.

모래탑(sand-cone) 원가절감모델

Storytelling

전통적 조업도 기준 원가시스템은 직접노무비나 기계시간 혹은 매출액 기준으로 조직 비용을 개별 제품 및 고객에 부과해왔다. 그러나 개별 제품 및 고객의 자원 소비는 대부분 생산량이나 판매량에 비례하는 것은 아니다. 따라서 전통적 시스템은 자원 이용의 진정한 원가를 제품 설계 및 생산 판매 등에 제대로 배분해 오지 못한 셈이다. 이를 해결하기 위해 등장한 시스템이 ABC임을 원가회계에서 배웠다.

ABC는 활동을 중심으로 이용가능 활동(일종의 **커패서티**)을 실제 활용된 부분과 미활용 능력으로 분해한다. 즉, 어떤 경우에는 시설(확보된 활동)을 일부만 활용하고 나머지를 낭비하게 되는데 ABC는 이를 구분함으로써 비부가가치적 낭비 활동에 대한 식별을 훨씬 더 용이하게 한다.

이처럼 당초 확보한 시설의 100% 활용을 못함으로써 발생하는 단위 원가의 변동성과 더불어 **시설능력의 부분 활용에 기인한 낭비**(waste of partial capacity utilization)를 최초로 주장한 학자는 1920년대의 "상이한 목적을 위한 상이한 원가의 활용"이라는 캐치프레이즈를 제시한 클락(Clark) 교수이다. 그는 이미 확보한 고정 시설의 활용 정도에 따라 단위당 고정원가가 차이를 보여 결국 단위당 원가가 달라지는 것을 감안해 예산 편성은 반드시 다양한 시설 활용률을 감안하는 **변동예산** 형태로 이루어져야 함을 강조한 바 있다(Johnson과 Kaplan의 Relevance Lost(1987)의 일부 참조).

시간(time)은 전략 무기인 동시에 경쟁우위를 가져다주는 핵심요인이다. 시간은 화폐, 생산성, 품질 심지어는 혁신과 동일어라고 할 수 있다. 글로벌 선진 기업들은 생산, 신제품 개발, 판매 및 물류에서 시간 관리를 통해 경쟁우위를 창출하고 있다.

소요 시간을 얼마나 단축하는가에 따라 성공과 실패가 갈린다. 이처럼 시간관리 성공 기업들은 보다 다양한 제품과 서비스를 저렴한 원가, 보다 빠른 납기 시간을 통해 제공한다. 경쟁업체에 비해 상대적으로 대응력이 높을 뿐만 아니라 기존의 원가 및 고객에 관한 가정을 깨부수고 있다. 즉, **리드타임 단축**은 원가 증가를 가져오기보다는 원가를 낮추고 품질 개선 역시 원가를 낮추며 제품다양성 제고가 원가 증가를 가져오기보다는 대응시간 단축을 가져온다.

원가가 계량화가 가능한 것처럼 **시간** 소비 역시 계량화가 가능하다. 따라서 관리 가능하다. 이처럼 시간을 제4의 경쟁요소로 인식하게 되면 유연생산시스템, 신속한 대응 시스템 구축이 가능하고 연구개발 및 혁신에 중점을 두게 된다. 또한 원가절감 및 통제에 초점을 맞추기보다는 신속한 대응을 강조하게 된다. 요컨대 모든 분야에서 시간 관리 경영을 통한 경쟁우위 창출이 가능하다. (자료: *Competing Against Time: How Time-Based Competition is Reshaping Global Market* by George Stalk and Tomas Hout(1990)의 일부 참조)

제1절 커패서티 관리

"두말할 나위 없이 최상의 효율이란 현재 우리가 보유하고 있는 자원을 가장 유리하게 활용하는 것을 말한다." -네루(Jawaharial Nehru)-

1.1 커패서티 관리의 개관

1. 커패서티 및 커패서티 관리의 정의

커패서티(capacity) : 1. 수용·흡수·유지 능력
2. 1) 채울 수 있는 공간, 유지공간
2) 더 이상 채울 수 없을 만큼의 정도
3. 지식, 감동을 유지·습득하는 힘
4. 능력 혹은 자격요건
5. 최대산출물 혹은 생산능력
6. 수용가능한 품질
7. 자격조건
8. 법적 권위

〈웹스터 영한사전 3판〉

시설능력 또는 생산능력이라고 번역될 수 있는 커패서티(capacity)는 "최소의 자원으로 최대한의 고객가치를 창출하기 위해 제약자원을 100% 활용하는 기업의 산출능력"으로 정의된다.[1)] 지식과 같은 무형적 자원이 중요성을 갖는 오늘날의 기업경영 환경하에서는 물리적 산출능력보다는 인간이나 프로세스와 같은 소프트한 산출능력이 강조된다. 이 점을 감안하여 이 장에서는 가급적 생산능력이란 용어 대신에 커패서티란 용어를 사용한다.

커패서티와 관련된 핵심개념을 조직구성원에게 알리고 커패서티 활용 정도를 측정·보고하며 커패서티를 기업가치 창출에 최대한 활용하기 위해 수행하는 관리가 커패서티 관리이다. 커패서티 관리는 기업이 경쟁우위를 획득하고 유지하는 데 핵심적인 수단이다.

기업마다 추구하는 전략 및 처한 상황에 따라 커패서티 관리의 관심사는 다를 수 있다. 가령, 어떤 기업은 공장내부의 재료처리속도의 최대화에 우선순위를 두고

---

1) 실무에서는 흔히 '캐파(capa)'라고 부른다.

다른 기업은 새로이 모색하는 신규사업과 관련된 가치창출능력을 개선하기 위한 자원활용을 고민한다. 그러나 업종에 상관없이 커패서티 관리는 최고경영자를 비롯한 조직구성원에게 기업이 추구하는 전략과 핵심역량에 대한 이해를 토대로 핵심성공요인 또는 핵심적 사업이슈에 집중하도록 하는 대표적인 실무기법이다. 참고로 제12장에서 소개한 TOC는 대표적인 단기적 관점에서의 커패서티 관리기법이다. 다만 TOC는 단기적인 제약조건의 식별과 해소에 초점을 둔다는 점에서 커패서티 관리의 일부만을 다루는 셈이다.

커패서티 관리가 전략경영의 핵심임을 항공산업을 예를 들어 설명해 보자. 항공업체의 경우 가장 중요한 전략적 자산은 구입시 엄청난 자금이 필요한 비행기이다. 따라서 이들 비행기를 얼마나 효율적으로 활용하는가에 따라 항공업체의 경영성과는 달라진다. 구체적으로 승객을 실은 비행기가 공항에 도착한 후 정비와 청소를 마친 후에 다음 운항에 투입될 때까지의 시간을 의미하는 turn-around time(항공기 회항시간)관리에 따라 항공업체의 성과는 좌우된다. 사우스웨스트 항공사는 이 점에서 타의 추종을 불허할 정도로 단연 앞서 있는데 이에 힘입어 재무성과 역시 매우 뛰어나다(제2절의 시간관리 참조).

2. 커패서티 원가(일명, 시설고정원가)

현행 서비스 또는 생산능력을 유지하거나 법에서 정한 의무사항을 이행함에 필요한 커패서티를 유지하는 데 소요되는 원가를 커패서티 원가(capacity costs)라고 부른다. 감가상각비, 재산세, 임차료 및 시설구입에 소요된 자금코스트 등이 대표적인 예이다. 커패서티 원가는 또 다른 영어로는 'committed fixed cost(시설고정원가)'라고도 한다. 이러한 영어표현을 사용하는 이유는 기업이 규모나 사업의 성격을 정하는 주요 전략적 의사결정을 내리면 그로 인해 기업의 원가구조가 확정되고 실제로 커패서티의 활용 정도에 상관없이 일정한 원가(즉, 고정비)가 발생하는 두 가지 특징을 감안해서이다. 실무에서는 흔히 인프라원가(infra cost)로도 부른다.[2)]

커패서티 원가는 공학적 원가(engineered cost) 또는 재량적 원가형태를 띤다. 장기적으로 산출물과 그 산출물 생산에 필요한 커패서티 원가 간에 인과관계가 존재

2) 'commit'란 영어는 일단 저지르면 더 이상 어쩔 수 없다는, 즉 미래의 운명 등이 확정되어버린다는 의미를 갖는 단어이다. 'commit a crime(죄를 저지르다)'와 'commit a suicide(자살하다)'가 대표적인 두 가지 예이다. 범죄를 저지른 후에는 전과자라는 낙인이 찍히고 자살하면 더 이상 살 수 없게 되는 것이다.

하여 산출물이 늘어날수록 더 많은 커패서티 원가가 발생하게 되어 커패서티 원가는 순수변동비를 의미하는 공학적 원가의 성격을 갖는다. 가령, 홍익공업이 제조 커패서티를 필요시 커패서티를 수시로 확장 또는 축소할 수 있는 장기리스조건으로 임대한 경우 커패서티 활용에 따른 제조간접비는 공학적 원가에 해당한다.

이에 반해 일부 커패서티 원가는 커패서티와 산출물간에 인과관계를 파악하기가 어렵다. 가령, 기술능력 확보와 관련된 연구개발비가 그것이다. 연구개발비는 인프라 원가로서 재량적 원가의 예이다.

이들 커패서티 원가는 어떻게 처리하는가에 따라 동기부여효과가 크게 차이난다. 제조간접비의 배분에 있어서 기준조업도 수준을 무엇으로 삼는가에 따라 단위당 고정비가 차이나고 차이분석 결과(유불리함) 또한 달라진다고 설명한 것을 상기하면 쉽게 이해할 수 있다.

3. 관리회계상 커패서티 이슈

지금까지 소개한 관리회계 이슈들은 이런저런 형태로 커패서티 이슈와 관련 맺는다. 자가제작 또는 외부구입, 제품라인의 추가 또는 폐지, 특별주문의 수락 여부 등을 포함한 관련원가분석(제4장), 가격결정(제5장), 대체가격결정(제9장) 등의 의사결정상황에서는 항시 유휴 커패서티의 유무에 따라 최적해가 달라졌던 사실은 커패서티의 활용의 중요성을 뒷받침한다.

인적자원 활용에 따른 원가절감현상을 다루는 학습곡선도 커패서티 활용과 관련되어 있다. ABC(원가회계, 제7장)도 부가가치적 활동과 비부가가치적 활동의 구분을 강조하고 4단계 원가계층구조를 토대로 새로운 자원(즉, 커패서티)의 필요성 여부를 새롭게 접근하는 가운데 커패서티 관리의 중요성을 강조한다.

기업이 필요로 하는 고정시설을 구입함에 따라 발생하는 고정비는 시설활용 정도에 상관없이 일정하게 발생하는 특징 때문에 조업도차이(volume variance)가 발생한다. 커패서티 차이(capacity variance)로도 불리는 조업도차이는 예정배부율 산정시 감안했던 커패서티 활용수준을 밑돌거나 초과할 경우에 발생한다. 따라서 조업도차이는 단순히 단위당 고정제조원가가 어떻게 달라졌는가를 알려줄 뿐만 아니라 커패서티 활용동인이라고 할 판매활동을 통한 수익창출이 당초 예상에 비해 어떻게 달라졌는가에 대한 정보를 담고 있다. 즉, 유휴(또는 잉여) 커패서티(idle capacity)의 발생원인인 수요의 감소에 관한 정보를 요약하는 것이다. 이런 점에서 조업도차이는 다음에서 설명하는 유휴 커패서티의 관리상 중요성을 갖는다.

1.2 커패서티 관리의 어려움

커패서티 관리목표는 한결같이 고객이 기꺼이 구입하길 원하는 제품이나 서비스를 만드는 데 생기는 낭비와 원가를 제거하는 것으로 기업간 차이가 없다. 그러나 기업들은 커패서티에 관해 일반적으로 수용될 수 있는 접근방법을 찾기가 쉽지가 않다고 어려움을 호소한다. 그 이유는 조직내 관련당사자간에 커패서티를 달리 이해하거나 정의내리기 때문이다.

참고로 커패서티 관리와 관련된 핵심적 질문들은 다음과 같다.

- 자사에 존재하는 골치 아픈 커패서티 문제들의 유형은 무엇인가?
- 기업에서 현재 사용하는 커패서티 측정치는 무엇인가?
- 어느 정도의 유휴 커패서티가 존재하는가?
- 어느 정도의 유휴 커패서티가 제품원가에 배부되는가?
- 생산부서 이외에 누가 커패서티 활용수준에 대해 책임을 지는가?
- 마케팅부서는 고객의 특별주문이나 제품에 대한 수요변동이 커패서티에 미치는 영향을 알고 있는가?
- 회계부서는 제품의 원가산정방법 혹은 자본화처리방법이 커패서티 취득과 사용에 미치는 영향을 알고 있을까?
- 개선프로그램이 커패서티에 미치는 영향을 사전에 측정할 수 있는가?
- 기업에게 요구되는 여유 커패서티 혹은 버퍼는 어느 정도일까? 이것을 책임지는 사람은 누구인가?
- 별도의 자본투자 없이 커패서티를 추가로 창출할 수 있는가 등이다.

위에서 열거한 커패서티 관련이슈를 떠올리면 커패서티에 대한 정의 및 적절한 측정치의 활용이 쉽지 않다는 것을 알 수 있다. 흔히 커패서티 활용에 관한 내용을 경영진에게 적절히 보고할 수 있는 방법을 고안할 수 있다고 믿지만 실제로 이는 쉽지 않다. 이것이 어려운 이유는 같은 공장의 동일공정내에서도 작업이 어떻게 이루어지는가에 따라 (즉, 배치크기 등에 따라) 최대 커패서티의 측정이 달라지기 때문이다. 최대 커패서티를 정의내리기 위한 시행착오 끝에 기업은 결국 **"커패서티의 공통요소는 시간이다."**라는 결론을 내리게 된다. 이에 관해서는 제2절의 시간관리에서 다시 설명한다.

> **TIP!**
> **강의 커패서티**
> 대학교수의 경우 담당과목의 성격(학부 대 대학원 또는 신규강좌 대 기존강좌) 및 보직담당 여부 등에 따라 한 학기에 가르칠 수 있는 과목수는 달라진다. 따라서 강의 커패서티와 관련해서는 과연 일주일에 몇 과목을 가르칠 수 있는가보다는 일주일에 몇 시간을 강의(준비시간을 포함)에 할애할 수 있는가가 맞는 질문이다.

1.3 전략적 커패서티 관리

오늘날 기업에 필요한 커패서티 관리는 전략적 커패서티 관리이다. <표 13.1>은 전통적 커패서티 관리와 전략적 커패서티 관리간의 차이를 잘 요약하고 있다. 전략적 커패서티 관리가 강조하는 바는 곧 커패서티의 활용과 낭비에 대한 정확한 측정과 보고가 중요하다는 것이다. 구체적으로 전통적인 커패서티 관리와의 핵심적인 차이점을 몇 가지로 요약하면 <표 13.1>과 같다.

① 전략적 커패서티 관리는 고객의 입장에서 가치창출능력, 즉 커패서티를 이해하며 고객만족을 위한 현행의 미활용 커패서티를 효율적으로 활용하는 것을 강조한다.

② 기업이 최우선시해야 할 고객가치와 관련된 외부환경의 변화를 감안하여 인간이나 프로세스 능력을 의미하는 소프트 개념의 커패서티를 기계활용도와 같은 하드 개념의 커패서티보다 강조한다.

③ 지속적인 개선은 반드시 회사가 실천해야 할 철학으로 낭비는 경영자의 태도에서 비롯된다고 믿는다.

④ 커패서티의 최적활용은 전략적 초점과 유연성의 뒷받침하에서 이루어져야 함을 강조한다. 즉, 장단기에 걸친 커패서티의 조정은 경쟁우위의 추구 전략적 관점하에서 이루어져야 한다. 오늘날 글로벌 기업들은 경쟁력 관점에서 필요하다고 판단되면 굳이 공장을 갖는 대신에 필요한 커패서티(가령, 생산설

표 13.1

커패서티 관리 : 전통적 관점 대 전략적 원가관리시스템

	전통적 관점	전략적 관점
목　　표	표준충족	지속적 개선
관리초점	산출물 수량	프로세스 능력
접근시각	'블랙박스' 모델	체계적 : 블랙박스의 접속
기준조업도	정상조업도	이론적 조업도
관리대상	노동시간	제약요소
결　　과	효율성	효과성
원가관리시스템의 목표	전부원가 : 완성품에 간접비를 부과	낭비 및 유휴설비의 식별 및 측정
강조대상	설비 추가구입	기존능력의 활용강조
장기효과	총원가 증가 : 낭비발생	총원가 발생 : 가치증가

자료 : CAM-I(2000) SMA보고서(No. 4LL)

비)를 외부업체가 보유하고 그들로부터 필요한 서비스를 조달하는 전략으로 바꾸고 있다.

특히, 기업이 수평적 또는 프로세스 구조와 거대한 네트워크형태를 구축하고 컴퓨터와 기타 통신기술이 가상기업에의 발판을 마련해 줌에 따라 전통적인 맥락에서의 커패서티 개념은 그 의미를 잃어가고 있다. 이 경우 자연히 제기되는 질문은 과연 이러한 경우에도 기계나 공장 커패서티의 활용도를 높이는 것이 여전히 중요할 것인가이다. 이에 대한 답은 명백하게 '그렇다'이다. 단지 상이한 조직별로 상이한 중요도와 방식으로 관리된다는 차이를 보일 뿐 커패서티의 중요성은 여전히 지속될 것이다. 최근 대두된 공급체인관리(SCM)나 확장가치사슬 등의 개념이 이를 뒷받침한다.

또한 가능한 질문은 커패서티 활용이 향상되었다는 것이 곧 기업성과의 개선을 의미하는가이다. 그 대답은 지금까지에 비해 오히려 미래에 더욱 모호할 것이다. 그 이유는 잉여자원을 줄이고 낭비를 제거하고 지속적인 개선을 추구하는 것은 오늘날에도 필수적인 사항이지만 기업경영에서 말하는 가치와 가치가 창출되는 장소에 대한 정의는 계속적으로 변화할 것이기 때문이다.

1.4 커패서티 분류와 CAM-I 커패서티모델

TIP!
CAM-I
Consortium for Advanced Management, International(선진경영 국제컨소시엄)

원가회계 교재(제9장 표준원가계산)에서 기준조업도 수준의 결정과 관련하여 커패서티, 즉 생산능력의 활동수준은 전형적으로 ① 이론적 조업도, ② 현실적 조업도, ③ 정상조업도, ④ 예산조업도(=기대실제조업도)의 4가지로 분류된다고 지적한 바 있다. 이러한 분류는 나름대로 (예정배부율 산정 등에) 유용하지만 무엇 때문에 유휴 커패서티가 생겼는지에 대한 분석 등 커패서티 관리에 유용한 정보를 제공하지 못한다. 이러한 필요성을 감안하여 CAM-I는 커패서티 분류모델을 [그림 13.1]처럼 마련하였다.

[그림 13.1]은 CAM-I의 커패서티 모델에서는 전통적인 커패서티 모델에 관한 분류를 보다 상세히 함으로써 경영진에게 커패서티 관리와 관련된 유용한 정보를 제공한다. 가령, 이용가능한 커패서티는 사용되거나 사용되지 않고 방치될 수 있으며 또한 사용된 커패서티, 즉 가동시간도 생산적 활동에 이용되기도 하지만 전혀 기업가치 제고에 기여하지 못하는 비생산적일 수도 있음(가령, 불합격품이 생산됨)을

그림 13.1
CAM-I의 커패서티 분류모델: 커패서티 활용 측정치

<table>
<tr><th>커패서티</th><th>요약모델</th><th>산업적 요인모델</th><th>전략적 요인모델</th><th>전통적 모델</th></tr>
<tr><td rowspan="18">공식적
커패서티</td><td rowspan="5">유휴
커패서티</td><td>비시장성</td><td>사용불가능 잉여</td><td rowspan="4">이론적 조업도</td></tr>
<tr><td rowspan="3">한도초과</td><td>경영정책</td></tr>
<tr><td>계약</td></tr>
<tr><td>법적 한도</td></tr>
<tr><td>시장성(판매가능)</td><td>이용가능 유휴설비</td><td>실제적/현실적</td></tr>
<tr><td rowspan="10">비생산적
커패서티</td><td rowspan="2">대기</td><td>공정균형 목적</td><td rowspan="13">계획적
커패서티
(=정상 또는
예산조업도)</td></tr>
<tr><td>변동성</td></tr>
<tr><td rowspan="3">낭비</td><td>스크랩</td></tr>
<tr><td>재작업</td></tr>
<tr><td>수율손실</td></tr>
<tr><td rowspan="2">유지/보수</td><td>계획</td></tr>
<tr><td>미계획</td></tr>
<tr><td rowspan="3">생산준비</td><td>시간</td></tr>
<tr><td>조업도(volume)</td></tr>
<tr><td>공구 및 설비 교체</td></tr>
<tr><td rowspan="3">생산적
커패서티</td><td colspan="2">프로세스 개발</td></tr>
<tr><td colspan="2">제품개발</td></tr>
<tr><td colspan="2">합격품</td></tr>
</table>

자료 : CAM-I(2000) SMA보고서(No. 4LL).

암시한다. 참고로 전통적인 분류는 [그림 13.1]의 오른쪽에 나타나 있다. 정상조업도와 예산조업도를 합쳐 계획적(planned) 조업도로 명명하고 있다.

커패서티에 관해서는 운영부문과 재무분야에 근무하는 사람들간에 사용하는 용어에서도 차이가 많은데 CAM-I 모델은 이를 해소하는 데 기여한다.

1.5 감춰진 비용(hidden costs)

현실적으로 대부분의 기업은 커패서티를 "회사가 정상조업도하에서 생산하는 산출물에 근거한 조업도"로 정의내린다. 이러한 정의는 낭비요소를 처음부터 허용한다는 단점을 갖는다. 마치 일정수준의 불량을 정상적인 것으로 간주하여 정상품

TIP!
불량 비율(%) vs ppm
불량을 비율(%) 대신에 ppm이라는 용어를 고안하여 소위 100ppm운동을 전개하고 있는 기업과 여전히 비율을 이용해 불량을 관리하는 기업을 비교해 보라.

원가에 포함하는 것과 유사하다. 이런 회계정책을 택한 기업은 불량률 제로를 목표로 삼는 기업에 비해 불량률 수준이 높을 것임은 쉽게 예상할 수 있다. 이런 이유로 커패서티 관리와 관련해서는 감춰진 비용이란 용어가 강조된다. 위의 CAM-I 분류모델은 이러한 감춰진 비용을 체계적으로 파악하여 관리하도록 지원한다.

감춰진 비용(hidden costs)이란 커패서티 관리와 관련하여 생산공정에 잠재되어 있는 낭비요소를 의미한다. 이는 총가용자원인 커패서티의 사용현황과 관련하여 다음 다섯 가지로 분류된다([그림 13.2] 참조).

① **정의적 낭비** : 이론조업도를 포기하고 어느 정도의 낭비를 포함하는 정상조업도를 기준조업도로 정의함으로써 발생하는 낭비를 말한다. 이러한 정의상의 낭비는 이론적 조업도의 개념을 재조명하고 기존의 커패서티의 활용방식을 재조정함으로써 줄일 수 있다.

② **관리적 낭비** : 병목자원에 기인한 낭비를 말한다. TOC에서 다룬 바와 같이 병목자원에 대한 고려를 하지 않고 단순히 단위당 노동시간이나 생산성에만 집중할 경우 발생하는 낭비이다. 왜냐하면 커패서티란 병목자원의 존재를 인식한 상태하에서의 최대산출량을 의미하기 때문이다. 관리상의 낭비는 병목자원의 존재를 인식함으로써 개선될 수 있다.

③ **기술적 낭비** : 기업이 필요로 하는 생산량과 품질 및 공정을 최적으로 조화시키지 못함으로써 발생하는 낭비를 말한다. 기술수준의 발전과 더불어 기업의

그림 13.2
커패서티 활용의 진단

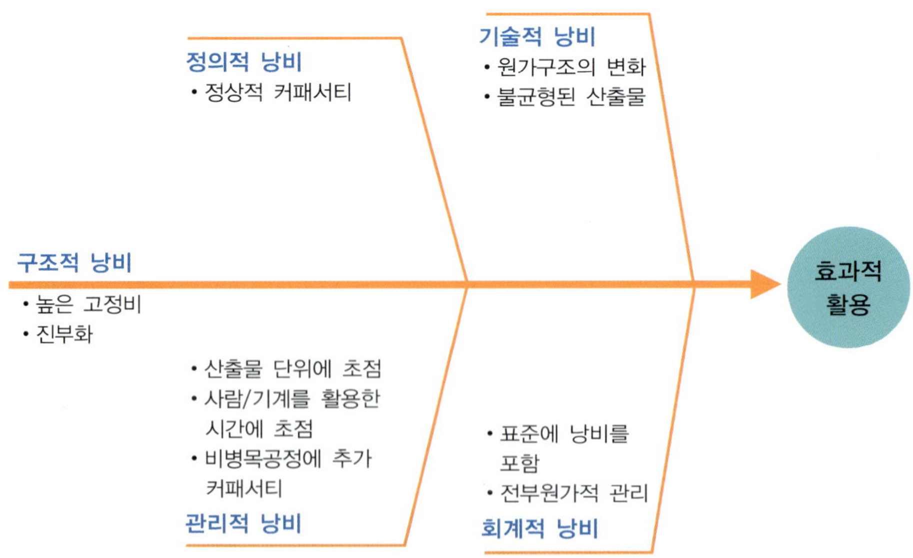

원가구조는 변하고 있으나(고정비와 간접비의 비중이 높아지는 추세임) 이를 적절히 대처하지 못할 경우에 낭비가 발생한다. 기술이 노동을 대체해 가는 추세에서는 커패서티를 새로운 시스템과 조화시키는 것이 중요하다.

④ **회계적 낭비** : 표준원가시스템이나 전부원가시스템 등이 경영자가 추구하는 전략적인 목표를 달성할 수 있도록 목표일체화를 이루지 못해 발생하는 낭비이다. 커패서티 활용상의 낭비요소를 측정하여 경영자에게 보고하여 적절한 조치를 취할 수 있게 하는 것이 필요하다.

⑤ **구조적 낭비** : 투입요소가 항상 고객이 필요로 하는 재화의 생산이 요구되는 수준으로 적정하게 공급되지 않음으로 인하여 발생하는 낭비이다. 가장 회피하기 힘든 낭비로서 커패서티를 재정의하고 아웃소싱을 활용하는 방안으로 최소화할 수 있다.

1.6 유휴 커패서티의 관리

기업이 커패서티를 확보한 후에는 여러 가지 이유로 미사용(unused) 또는 유휴(idle) 커패서티가 존재하기 마련이다. 유휴 커패서티가 발생하는 원인은 다음 네 가지로 요약할 수 있다. ① 수요의 감소, ② 생산성의 증가, ③ 정책적 결정(유연성 확보), ④ 사전에 수요예측에 대비하기 위한 의도적 보유 등이다. CAM-I 분류모델 상단의 '산업적 요인모델', '전략적 요인모델' 용어는 이러한 유휴 커패서티의 발생원인을 이해하는 데 유용하다.

유휴 커패서티의 활용의 중요성은 원가회계 제11장 ABM에서 설명한 blue dollar saving과 green dollar saving의 차이 개념 그리고 원가회계 제5장 부록에서 설명한 이분배부율법에서 가급적 변동비는 커패서티의 사용 정도(capacity used)에 따라 그리고 고정비는 제공된 커패서티 수준(capacity provided)에 따라 배부하는 것이 바람직하다는 지적 역시 적정 커패서티의 확보를 통해 사전에 유휴 커패서티를 줄이는 것을 강조하는 것이다.

> **TIP!**
> **블루달러 vs 그린달러 saving**
> 직접적인 경비절감이 이루어지지 않았지만 비효율이 제거된 상태가 blue dollar, 직접적인 재무적, 화폐적 절감효과를 이룬 상태를 green dollar saving이라고 한다. 미국 지폐의 색깔을 떠올리면 쉽게 알 수 있다.

경영진이 유휴 커패서티를 식별한 경우 어떤 행동을 취할 수 있을까? 보통 두 가지 방법이 있다. 하나는 유휴 커패서티를 처분하는 것이고, 다른 하나는 유휴 커패서티를 이용하여 수익을 높이는 것이다(HDF, 2000, 제13장 참조).

성수기/비수기 구분을 토대로 한 소비/조업도 차이분석

미국의 텔레마케팅회사인 American Transtech (AT)사는 서비스수준별로 상이한 요율을 적용함을 허용하는 원가시스템을 필요로 하였다. 전부원가법을 적용한 기존 시스템에서는 가격결정시 특정 서비스의 가격을 너무 높게 설정하여 고객을 당황하게 했다. 기업여건을 감안할 때 서비스요금은 성수기와 비성수기로 구분하여 책정하는 것이 바람직했다.

기존 시스템은 예산에서 벗어난 소비차이 및 조업도차이를 별도로 보고하였지만 지출 및 수량원가차이를 보고하는 데 비수기의 활동에 대한 어떤 조정도 하지 않았다. 비수기 활동을 별도로 구분할 수 있다고 판단한 AT사는 비수기에 발생하는 특정 수준의 **조업도차이**(일종의 유휴 커패서티)를 허용하는 새로운 시스템을 고안하였다. 즉, 실제로 계획된 차이는 예산에서 별도로 분리되도록 하였다. 이처럼 비수기에 발생하는 조업도차이를 불리한 차이로 간주하지 않게 되자 비수기의 서비스는 가격인하가 가능해졌고 이는 다시금 서비스의 증대를 가져오는 결과로 이어졌다.

<자료 : *Management Accounting*>

기업이 유휴 제조 커패서티에 대해 어떻게 대응할 수 있는지를 구체적인 수치를 통해 설명해 보자. 사례회사인 와우컴의 현행 제조 커패서티는 180,000대이다. 2019년에 예상하는 커패서티 활용은 145,000대를 처리하는 것이다. 단, 와우컴의 경우 제조 커패서티는 오직 15,000대를 기본단위로 대당 ₩5으로 늘리거나 줄일 수 있다고 가정한다. 이런 상황에서 와우컴은 잠재적으로 커패서티를 30,000대를 줄여 결과적으로 ₩150,000의 원가절감을 할 수 있었다((180,000 − 150,000)×₩5). 그러나 와우컴은 단기적으로 원가를 절감하기보다는 미래사업의 성장을 추구한다는 장기전략을 세우고 있었기 때문에 2019년 초기에 제조 커패서티를 180,000대에서 165,000대로 오직 15,000대만을 줄여서 ₩75,000의 원가절감효과만을 기록하였다. 감축이 가능했었던 나머지 15,000대의 유휴 커패서티는 숙련공 및 능력 있는 직원의 사기유지 및 예상되는 미래성장에 대비하기 위한 것이다. 이는 앞서 소개한 CAM-I 모델에서의 정책적 유휴 커패서티 그리고 [그림 13.2]의 감춰진 비용모델에서는 정의적 낭비에 해당하는 것이다.

> **TIP!**
> **공학적 원가(engineered cost)**
> 투입과 산출간에 명확한 인과관계를 식으로 표현할 수 있는 원가를 말하는데 재료비, 수도광열비, 물류비 등이 이에 해당된다.

공학적 원가 성격을 갖는 판매 및 고객서비스비용에 대해서도 유사한 의사결정을 내릴 수 있다. 가령, 2019년도에 와우컴은 1명당 10곳의 대리점을 관리할 수 있는 고객서비스요원(1명당 월급은 ₩500,000) 5명을 유지하는 정책(일종의 서비스 커패서티정책)을 세울 수 있다. 현재 와우컴이 거래하는 대리점수는 28곳으로 22곳의 대리점을 관리할 수 있는 서비스 커패서티가 미활용상태에 있는 셈이다. 따라서 현재로서는 판매 및 고객서비스 커패서티를 (항시 풀타임 인력만을 고용한다고 가정할 경우)

최소한 2명은 줄일 수 있다. 이를 금액으로 환산하면 ₩1,000,000(₩500,000×2)의 금액이 된다. 그러나 와우컴은 시장확대정책에 따라 가까운 장래에 대리점 수가 늘어날 것을 그리고 미래에는 현재와 같은 우수인력의 확보가 쉽지 않을 것을 감안하여 1명만 줄여 ₩500,000의 원가만을 감소시켰다. 와우컴의 목표는 판매 및 고객서비스 커패서티를 165,000대의 제조 커패서티에 대응시키는 것이다.

이에 반해 재량적 원가 성격을 갖는 커패서티의 필요성 판단은 쉽지 않다. 따라서 이들에 대한 다운사이징이나 관리 또한 쉽지 않다. 대표적인 예가 연구개발원가이다. 연구개발원가는 연구개발 활동의 산출물에 중대한 영향을 미치지 않고 연구개발원가를 절감할 수 있다. 그러나 연구개발원가의 대폭적인 삭감은 핵심적인 제품개발속도를 지연시킴으로써 사업에 치명적일 수 있다. 중요한 사항은 품질의 질적 저하가 없고 지속적 개선이 가능한 원가절감의 필요성과 미래를 대비한 성장 간의 균형을 유지하는 것이다. 제10장에서 소개한 **BSC(균형성과표)**에서 강조하는 '균형' 속에는 이러한 장기적 관점이 단기적 또는 재무적 관점 간의 균형을 유지하는 것이 포함된다.

> **TIP!**
> **재량적 원가(Discretionary cost)**
> 예산지출에 관한 경영자의 의사결정에 따라 그 규모나 발생시점이 좌우되는 원가를 말하는데 연구개발비, 교육훈련비 및 광고비 등이 이에 해당된다.

1.7 ABM을 이용한 유휴 커패서티의 보고

커패서티 관리 차원에서는 실제로 확보된 커패서티와 이용된 커패서티 간의 차이파악이 중요하다. 전통적 관리보고서에는 이러한 차이점에 대한 설명이 없었다. 전통적인 보고서에서는 원가를 <표 13.2>처럼 비용항목(계정)으로 표시한다. 이러한 보고서로는 경영자에게 공급된 자원 중에서 활용된 자원을 구별하는 것이 불가능하다.

이에 반해, <표 13.3>은 원가회계 제7장 ABC에서 소개한 4단계 원가계층에 따라 원가를 분류하는 가운데 공급된 자원, 즉 커패서티와 사용된 자원을 비교하는 식으로 보고하고 있다. 이러한 보고서는 효율적으로 자원을 관리하고자 하는 경영자에게 매우 유용하다. 경영자는 각 계층별 원가를 파악하여 이들 자원을 효과적으로 관리할 수 있는 방법을 강구한다. 예를 들어, 경영자가 셋업(set-up)활동과 같은 배치활동에 ₩30,000이 소요되었음을 알았다고 가정하자. 경영자는 이러한 ₩30,000의 생산준비비(일명, 셋업원가) 중 상당부분이 셋업수를 절반으로 감축하는 등의 생산공정혁신을 통해 줄어들 수 있음을 안다. 또한 그가 보다 더 관심을 가지고 보고서를 살펴보면 각 원가항목의 상당부분이 100% 활용되고 있지 않음

표 13.2

전통적인 손익계산서

와우공업(주)	2019년 1/1~1/31	(단위 : 원)
Ⅰ. 매 출		₩180,000
－Ⅱ. 비 용		152,000
• 원재료비	₩30,000	
• 전력용수비	10,000	
• 단기인건비	4,000	
• 외주가공비	6,000	
• 셋업원가(＝생산준비비)	**20,000**	
• 품질검사비	10,000	
• 부품관리비	7,000	
• 마케팅비용	15,000	
• 고객서비스	4,000	
• 엔지니어링비	6,000	
• 장기인건비	7,000	
• 건물감가상각비	20,000	
• 관리비	13,000	
Ⅲ. **영업이익**		**₩28,000**

을 알 수 있다.

구체적인 수치 예를 통해 설명해 보자. 셋업원가의 원가동인은 생산준비시간이고 원가동인율은 시간당 ₩100이라고 가정하자. 손익계산서에 의하면 2019년 1월 한 달 동안 와우공업의 셋업원가는 ₩20,000이다. 이는 곧 200시간의 셋업 커패서티를 보유했던 것을 의미한다(₩20,000÷₩100＝200셋업시간). 그러나 그 달에 오직 140시간만이 사용되었다(₩14,000÷₩100＝140 커패서티 사용시간). 이처럼 <표 13.3>과 같은 보고서는 ₩6,000(혹은 60시간)에 달하는 셋업자원이 추가로 이용가능함을 경영자에게 알려준다.

다른 모든 사항이 동일하다면, 미사용된 셋업시간 60시간이 추가적인 비용의 지출없이 다른 활동에 사용될 수 있었을 것이다. 실제로 경영자는 미사용된 자원을 낭비라고 생각하지 않는다. 사용되지 않은 시간은 추가교육, 여가활동 또는 작업개선방법의 강구 등의 목적에 활용될 수 있어 종업원의 사기나 생산성을 높일 수 있기 때문이다.

미사용 자원원가는 원가항목에 따라 차이를 보이기 십상이다. 즉, 보고서의 윗부분에 표시된 단위 관련원가항목들은 미사용되는 경우란 거의 드물다. 왜냐하면 이들 원가는 생산량과 비례하여 발생하기 때문이다. 예를 들어, 단기인건비는 필요시에만 고용되는 일용직이나 임시직원에게 지급되는 노무비이다. 패스트푸드점의 아

표 13.3

활동기준(ABC) 손익계산서

와우공업(주)	2019년 1/1~1/31			(단위 : 원)
Ⅰ. 매 출				₩180,000
	사용 커패서티	미사용 커패서티	공급된 커패서티	
Ⅱ. 비 용				
(1) 단위수준원가				
원재료비	₩30,000	₩0	₩30,000	
전력용수비	10,000	0	10,000	
단기인건비	3,500	500	4,000	
외주가공비	6,000	0	6,000	
	₩49,500	₩500	₩50,000	
(2) 배치수준원가				
셋업원가(=생산준비비)	**₩14,000**	**₩6,000**	**₩20,000**	
품질검사비	8,500	1,500	10,000	
	₩22,500	₩7,500	₩30,000	
(3) 제품 및 고객지원원가				
부품관리비	₩6,000	₩1,000	₩7,000	
마케팅비용	14,000	1,000	15,000	
고객서비스	2,000	2,000	4,000	
엔지니어링비	5,000	1,000	6,000	
	₩27,000	₩5,000	₩32,000	
(4) 커패서티 지원원가				
장기인건비	₩5,000	₩2,000	₩7,000	
건물감가상각비	12,000	8,000	20,000	
관리비	10,000	3,000	13,000	
	₩27,000	₩13,000	₩40,000	
합 계	₩126,000	₩26,000	₩152,000	₩152,000
Ⅲ. 영업이익				₩28,000

자료 : Maher, 1997 자료를 일부 수정.

르바이트생에게 지급되는 인건비 등이 대표적인 단기인건비에 해당한다.

기업이 완전가동(100% 가동)을 하지 않는 경우 커패서티 관련원가는 항시 미사용된 자원을 기록하게 된다. 장기적 인건비는 생산의 일시적인 변동으로 해고할 수 없는 사람을 유지하는 데 드는 원가를 말한다. 대학교의 경우 종신교수나 정식직원 등이 장기인적자원에 해당한다. 여름철 성수기에 비해 조업도 수준이 엄청 낮은 에어컨 생산업체가 비수기기간 동안에 유휴 커패서티를 활용하여 단위당 고정제조간접비의 부담을 낮추기 위해 고안한 아이디어가 에어컨 예약할인 판매정책이다.

예제 13-1 **미활용 커패서티의 계산**

<표 13.3>에 제시된 수치를 활용하여 다음 물음에 답하시오

〈물음〉

1. 와우공업의 경우 1회 검사당 원가가 ₩100이라고 가정하자. 와우공업은 추가적 지출 없이 몇 차례의 검사를 추가로 실시할 수 있는가?
2. 엔지니어링 변경(ECN)이 한 번 이루어질 경우 소요되는 원가가 ₩500이라고 하자. 와우공업이 추가적 지출 없이 몇 회의 엔지니어링 변경을 실시할 수 있는가?

<자료 : Maher, 1997, 제9장 문제 수정>

풀이

1. 와우공업은 15회의 추가검사를 실시할 수 있다.
   <계산근거> ₩1,500 미활용 커패서티 ÷ ₩100(=일회당 검사비용)=15(회)
2. 와우공업은 2회의 엔지니어링 변경을 실시할 수 있다.
   <계산근거> ₩1,000 미활용 커패서티 ÷ ₩500(=일회당 엔지니어링 원가)=2(회)

제2절 시간관리

"시간의 낭비는 재료의 낭비와 근본적으로 다른데 그 이유는 잔존가치가 전혀 없기 때문이다. 낭비되기 가장 쉬운 것은 시간이며, 고치기가 가장 어려운 것 또한 시간의 낭비이다. 왜냐하면 시간은 낭비된 원료처럼 바닥에 흩어져 남아 있다든지 하는 일이 없기 때문이다." -Henry Ford, Today and Tomorrow(1988)-

2.1 시간관리의 의의

1. 핵심성공요인으로서의 시간

제1장에서 시간은 원가 및 품질과 더불어 핵심성공요인(CSF)이라고 지적한 바 있다. 특히, 오늘날처럼 고객에의 신속대응이 중요한 상황에서 시간은 더욱더 중요한 경쟁무기가 되고 있다. 이 점을 감안하여 각 기업들은 시간축 경영을 주된 전략

그림 13.3
모래탑(sand-cone) 원가절감모델

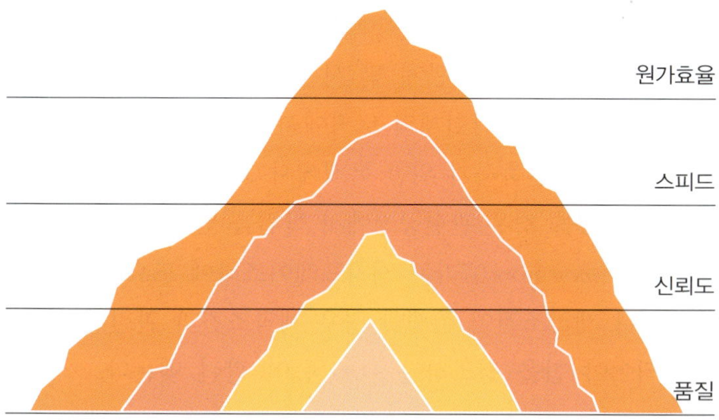

자료 : Ferdows와 DeMeyer, 1991, p. 168 ; 신홍철, 1993, 관리회계의 혁신 참조.

으로 삼고 있을 뿐만 아니라 시간관리를 중요시하고 있다. 시간축 경영에서는 자연히 시간에 관한 성과측정치가 강조된다. 제10장에서 다룬 비재무적 측정치에서 시간에 관한 측정치 일부를 소개한 바 있다.

핵심성공요인으로서의 품질 및 시간은 궁극적으로 원가와 상호 관련 맺는다([그림 13.3]의 모래탑 모델 참조). 이런 점을 감안하여 원가절감은 장기경영전략의 일환으로 수행되어야 한다고 전략적 원가관리에서는 강조한다. 가령, 무재고를 목표로 하는 JIT가 효과를 거두어 궁극적으로 원가절감을 이루려면 납품업체의 품질이 일정 수준에 달해야 할 뿐만 아니라 배달 또한 신뢰할 만한 수준에 달해야 한다. 약속한 시간에 부품이 공급되지 않아 생산차질이 생기고 이로 인한 기업손실을 떠올리면 모래탑모델이 시사하는 바를 쉽게 이해할 수 있다.

모래탑 원가절감 모델이 시사하는 바를 요약하면 다음과 같다.

① 장기적인 원가절감은 품질 및 신뢰도 그리고 스피드에서의 개선을 이룬 연후에 가능하며, 특정 전략영역(가령, 제조)에서의 개선은 누적적으로 다른 분야에 효과를 미치게 된다. 즉, 품질개선은 신뢰도를 높이고 이들 두 요소의 개선은 스피드를 제고시킨다. 또한 이들 세 요소의 복합적 결과로 원가효율은 높아지게 된다.

② 상이한 모래층이 시사하는 바와 같이 한 변수의 개선이 다른 변수의 개선에 미치는 누적적 효과는 확산적이다. 예를 들면, 10%의 원가절감을 위해서는 15%의 스피드 개선, 25%의 신뢰도 증가, 40%의 품질개선이 이루어져야 가능하다. 요컨대, 장기적 원가절감은 전략적으로 중요한 영역에서의 개선과

더불어 간접적으로 실현된다.

이러한 핵심성공요인간의 상호관계 및 시간이라는 변수의 관리가 전략적 원가관리의 핵심임은 앞서 다룬 관리회계의 토픽에서 여러 차례 확인한 바 있다. 가령, 신제품개발의 출시기간을 단축하기 위한 목적에서 고안된 **BET**(손익분기시간), "후속공정에서 문제가 발생했을 경우 관련공정에서 작업을 멈추는 것이 오히려 낫다(*You better being idle rather than work!*)"라는 캐치프레이즈하에 도요타가 도입한 **JIT**방식, 그리고 애로공정이나 제약조건이 존재할 경우 제약조건과 관련된 시간의 효율적인 활용이 최우선시되어야 함을 강조하는 **TOC** 등이 관련 맺는다.

2. 시간관리의 역사

시관관리를 경영의 핵심으로 부각시킨 대표적인 인물로는 미국의 컨설턴트인 George Stalk Jr.와 Thomas Hout을 들 수 있다. Stalk와 Hout은 *Competing Against Time*(1990)란 저서에서 시간에 초점을 맞춤으로써 기업경쟁력을 크게 증가시킬 수 있음을 강조하였다. 구체적으로 시간기반 기업들의 성장률은 산업평균의 3배 그리고 수익성은 경쟁기업의 2배에 달함을 실증적으로 보여주었다.

기업경영에서 시간관리를 강조한 바는 오래 전으로 거슬러 올라갈 수 있다. **포드**자동차회사 창업자인 Henry Ford는 (컨베이어벨트를 이용한) 대량생산시스템을 고안한 경영인으로 잘 알려져 있으나 시간관리를 기업경영 및 제품생산에서 중요시하는 대표적인 경영인이었다. 특히 헨리 포드는 공급체인 맥락에서 시간의 중요성을 강조하였다.

도요타의 **JIT**(Just In Time) 제조방식 역시 비록 명시적이지는 않더라도 시간의 중요성을 강조한다. 시스템 전반에 걸친 수요정보를 전달하기 위한 수단인 간반(kanban)시스템은 유연한 생산을 이끌었고 이러한 생산공정의 유연성으로 재무적 성과를 개선하였고 제품다양성, 저원가, 고품질이라는 목표를 동시에 달성할 수 있었다. 도요타의 경우 JIT가 성공할 수 있었던 것은 셋업(set-up)시간의 단축과 다능공 작업자 양성을 통해 작은 배치(batch) 사이즈 생산이 가능했고 이로써 리드타임을 줄일 수 있었기 때문이다.

ERP구축 및 시간관리를 이용한 시장선점 : Reebok 사례

스포츠용 운동화나 의류를 생산하는 **리복**(Reebok)은 업체의 특성상 시장의 변화에 매우 민감한 기업특성을 지닌다. 즉, 경영의 초점은 얼마나 신속하게 시장변화에 대응할 것인가에 맞추어져 있다. **리복**은 신발제조업 최초로 **ERP(전사적자원관리)**를 구축하였는데 당시에는 신발제조업을 지원할 ERP가 없어서 **리복**의 간곡한 설득으로 비로소 ERP 소프트웨어가 마련될 수 있었다.

ERP가 구축되기 이전의 상황은 경영프로세스 간의 정보누락이나 단절 정도가 심하여 재료가 바뀌면 디자인을 새로 하거나 아예 공장을 폐쇄하는 정도까지 이를 지경이었다. R&D부문에서 새로운 제조공정이나 새로운 영업방식을 예측하여 대안을 제시하는 정도에 지나지 않았다. 그러나 ERP 실행 이후에는 경영프로세스들이 인과관계로 연계되어 각 프로세스 간에 정보의 누락이나 단절이 최소화되었으며 구성원 자신이 기업에 미치는 영향을 파악하고 많은 인풋을 제공할 기회를 갖게 되어 직원의 만족도 또한 높아졌다.

핵심성공요인인 재고를 성공적으로 관리한 베네통사

의류패션업계의 선두주자인 **베네통** 사례를 이용하여 시간관리의 중요성을 설명해 보자. 파격적인 광고로도 주목을 끌었던 **베네통**은 자사의 경영상 가장 중요한 것은 유행에 뒤진 재고를 최소화하는 것임을 일찍이 깨달았다. 재고관리를 핵심성공요인으로 정의내린 **베네통**은 정보시스템을 제조전략 및 마케팅전략과 연결하여 남보다 뛰어난 경영성과를 실현할 수 있었다.

구체적으로 수요변화가 극심한 의류패션업계의 선두주자라고 할 **베네통**은 가급적 유행에 뒤진 재고를 만들어내지 않기 위해서는 유연생산시스템(FMS)을 통해 생산사이클타임을 대폭 감소시키는 것이 선결과제임을 인식하고 이에 필요한 시설을 갖추었다. 그 후 컴퓨터시스템을 이용한 전자자료전송(EDI)을 통해 회사 산하의 각 매장의 터미널에서 전송되어 온 전일 판매실적자료를 토대로 일정 장소에 보관중인 염색되지 않은 의류재고(가령, 스웨터, 스카프 및 pullover 등)의 염색칼러를 결정한 후 어느 매장에 얼마를 생산하여 보낼 것인가를 결정함으로써 재고를 현격히 감소시킬 수 있었다. **베네통** 사례는 **재고관리**라는 핵심성공요인의 실현을 위해서는 시간을 중심으로 전략적 관리가 중요함을 잘 시사한다.

2.2 시간과 경영성과

제1절에서 소개한 커패서티 관리처럼 시간관리는 경영수행과정에서의 낭비시간을 없애는 것을 목표로 한다. 시간관리에서는 종업원에 대한 시간관리가 아니라 제품의 낭비시간 제거에 초점을 둔다. 제품에 초점을 맞춤으로써 개선할 기회를 포착하고 그로부터 상당한 효과를 거둔다.

시간관리는 제품의 생산에 한정된 개념은 아니다. 제품개발 및 생산 등 기업내부의 가치사슬뿐만 아니라 공급사슬 등의 시간관리 또한 중요시된다. 즉, 시간관리는 기업경영과 관련된 모든 분야에 적용되는 것이다. 그렇다면 왜 오늘날 시간관리가 새롭게 관심을 끌게 되었을까? 그것은 시간을 기반으로 한 전략이 명확히 표면화될 환경하에 놓였기 때문이다.

시간관리가 중요시되는 이유는 강조되는 분야(또는 기대효익)와 관련하여 두 가지 형태로 구분할 수 있다. 하나는 전략으로서의 시간이고, 다른 하나는 경영도구로서의 시간인데 양자는 모두 기업의 경쟁우위를 높이는 데 기여한다. 이하에서는 이를 보다 자세히 설명한다.

TIP!

1980년대에는 **품질**이 경쟁우위의 결정요인이었다. 일본기업에 자극을 받은 서구기업들이 품질향상에 헌신적인 노력을 기울인 결과 어떤 산업에서는 모든 경쟁업체들이 최상의 품질을 제공하여 경쟁업체간 제품품질의 차이가 거의 없는 상황에 놓이게 되었다. 이는 곧 **품질**이란 기업이 경쟁우위를 유지함에 있어서 필요조건이지만 결코 충분조건이 아님을 의미한다. 즉, 품질은 경쟁사의 제품과 차별적인 속성을 가지는 것에서 제품구입시의 구매조건상 요구되는 여러 기준의 일부가 되어버린 것이 사실이다.

1. 전략으로서의 시간: 경쟁우위의 원천

전략측면에서는 먼저 경쟁우위의 성격을 파악하는 것이 필요하다. 경쟁자보다 낮은 원가나 고품질로 고객에게 적절한 가치를 전달하는 것이 가능했던 과거와는 달리 오늘날 기업은 신속하게 최소의 원가로 최대의 가치를 전달하지 않으면 안 되게 되었다. 즉, 경영의 초점이 원가로부터 시간으로 이동하게 된 것이다. 이는 곧 시간관리의 중요성으로 귀결된다. [그림 13.4]는 이를 잘 나타낸다.

그림 13.4
시간: 차세대의 전략적 우위

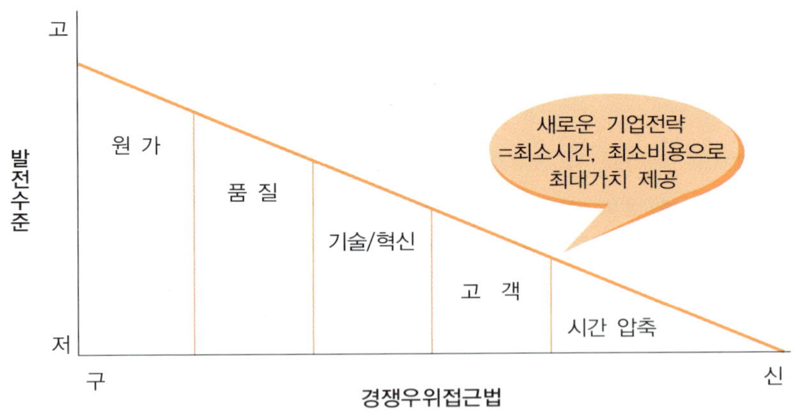

- 원가 중심: 고객기대에 부응하는 제품을 대량생산방식으로 저원가 생산
- 품질 중심: 소유관점에서 벗어나 고수준의 품질을 기대(고객)
- 기술/혁신 중심: 차별화전략의 추구
- 고객 중심: 고객의 특수한 니즈파악, 제품을 고객에 맞게 생산
- 시간 압축: 최소시간, 최소비용으로 최대가치 제공

자료: Gregory와 Rawling, 1997, Profit from Time, [도표 1.1]

그러나 시간관리가 원가의 상승이나 품질저하를 수반하지 않는다는 것을 의미하는 것은 아니다. 앞서의 [그림 13.3]을 통해 강조한 것처럼 원가 · 품질 · 시간 모두를 통합하는 전사적 관점에서 접근해야 기업은 긍정적인 성과를 거둘 수 있다.

2. 경영도구로서의 시간

시간이 경영도구로서 이용되기 시작한 것은 테일러(F. Taylor)의 과학적 관리법으로 거슬러 올라갈 수 있다. 원재료를 변환하여 제품이 고객의 손에 쥐어지기까지 걸리는 시간을 말하는 리드타임(lead time), 표준시간, clocking time, 일관생산시간, 속도(speed, velocity) 등은 제조업체에서 시간을 활용한 측정치 중 일부만을 열거한 것에 지나지 않는다.

시간 관련 측정치는 누구에게나 친숙하고 이해가 쉽다는 장점을 갖는다. 시간에 비해 원가나 품질측정시스템은 복잡할 뿐만 아니라 잘못 해석하면 오해를 불러일으킬 소지가 많다. 측정방법이 다양한 원가 또한 회계지식이 약한 사람에게는 부담이 될 수 있을 뿐만 아니라 과거지향적이어서 문제가 발생한 후 뒤늦게 대처하는 단점을 지니고 있다. 품질을 계량화하는 방법 또한 불량률, PPM, 6시그마 등 다양하다. 또한 통계치나 가치속성에 많이 의존하므로 품질측정치에 익숙하지 못한 사람에게는 오해의 소지가 적지 않게 존재한다.

이러한 원가나 품질에 비해 시간은 모든 사람이 이해할 수 있는 측정치이다. 지구상의 모든 사람이 동일한 시간단위를 사용하고 있어서 시간관리는 그만큼 쉽게 종업원에게 다가갈 수 있다. 시간이란 성과의 일반적 측정치이기도 하지만 객관적으로 실시간으로 기록될 수 있다는 주된 장점을 갖는다. 또한 적지 않은 경우에 회계적 측정치의 기본이 된다. 예를 들면, '표준시간'을 기초로 계산되는 원가가 그것이다. 원가회계(제7장 ABC)에서 소개한 ABC의 간편법인 TDABC 역시 시간을 중심으로 활동동인을 포착한 것이다.

3. 시간관리의 장점

시간에 초점을 맞추면 기업경영의 모든 측면의 시간낭비를 제거할 수 있다. 기능부서, 공장 및 기업상호간에 존재하는 장벽을 단일의 테마로서 연결시키고 모든 활동을 연계하여 생각할 수 있는 기반을 마련해준다.

시간은 또한 변화를 촉진하는 강력한 촉진제 역할을 한다. 경영개선을 포함한

시간관리로 효과를 본 기업

시간 개념에 철저하여 성공한 기업의 예로는 Federal Express, 도미노피자, 시티은행, Southwest Airlines을 들 수 있다.

Federal Express는 항공화물산업에서의 야간 수송을 개척했으며, **도미노피자**(Domino's Pizza)는 피자를 30분 이내에 배달함으로써 미국에서 두 번째로 큰 피자 체인점이 될 수 있었다. **Southwest Airlines**사는 부가가치가 없는 활동을 제거하기 위한 일환으로 항공기의 회송시간(airplane turn-around time)을 감소시켜 결과적으로 주어진 시간당 항공기 탑승인원수를 증가시킬 수 있었다. 이로 인해서 탑승객 1인당의 비용을 절감할 수 있었고 가격도 인하할 수 있는 경쟁우위를 가지게 되었다.

한편, **시티은행**(Citicorp)은 경쟁기업들과 차별화하기 위해서 타임베이스 경영전략을 완벽하게 채택했다. 이 회사는 고객들이 24시간 입출금을 자유롭게 할 수 있는 편리한 현금자동입출기(ATM : Automated Teller Machines)를 제일 먼저 갖춘 은행 중의 하나이다. 고객들은 금융시장기금에 투자하거나 양도성 정기예금증서를 매입하는 데도 ATM을 이용할 수 있게 된 것이다. **시티은행**은 또한 담보대출을 할 때도 타임베이스전략을 활용한다. 다른 은행에서는 대출을 받는 데에 보통 30일 내지 60일이 걸리는데, 이와 같이 대응이 늦은 은행에서의 대출결정은 많은 시간이 소요되는 복잡한 과정을 거쳐야만 이루어지며, 그동안 고객들은 그 결정을 초조하게 기다려야 한다. 그러나 **시티은행**에서는 많은 단계들을 생략해 보통 15일 이내에 그 결정이 내려지게 된다. **시티은행**의 담보대출 비즈니스는 이 타임베이스전략이 시행된 지 1년 만에 두 배나 성장했다.

<자료 : John W. Jones, *High-Speed Management*, 1992>

전략과 전략을 실행하는 세부적인 작업이슈를 연결하는 확실한 고리역할을 함으로써 성과측정치로서 뚜렷하고 이해하기 쉬운 지표들을 제공한다. 이 중에서도 시간관리가 주안점을 두는 곳은 가치사슬(특히, 공급사슬)과 신제품개발과정이다. 이 중 먼저 가치사슬에서의 시간관리를 설명하고 신제품개발과 시간관리는 다음에서 다루도록 한다.

시간관리를 통한 가치사슬 개선의 5가지 목표는 다음과 같다. ① 주문접수에서 제품배달에 소요되는 리드타임 감축, ② 배달 신뢰성 향상, ③ 수용가능한 리드타임 내에 추가적 제품다양성 제공, ④ 수용가능한 리드타임 내에 개별맞춤형(주문형) 제품제공, ⑤ 원가절감 등이다.

위의 목표들은 앞서 설명한 모래탑(sand-cone)이론을 통해 달성가능하다. 즉, 공급사슬 전반에 걸친 시간관리를 통해 고객대응력을 높여 원가절감뿐만 아니라 수익증대를 동시에 달성한다는 것이다. 시간관리를 통해 원가절감이 가능한 대표적인 영역 몇 가지를 설명하면 다음과 같다.

① 품질분야의 경우 하자 발생시점과 검사시점 간의 간격을 줄여 오류를 일찍

감지하여 오류의 영향을 받는 제품의 수를 줄일 수 있다. 또한 리드타임의 단축은 피드백의 속도를 높이고 결과적으로 품질원가를 감소시킨다.

② 필요하지만 비부가가치적인 활동(가령, 셋업활동)에 소요되는 시간을 최소화함으로써 생산성을 높일 수 있다.

③ 짧은 리드타임은 재공품 수준을 낮추어 운전자본은 물론 재공품 보관장소, 재공품 관리 및 보관비용을 줄인다.

④ 진부화위험의 감소이다. 사이클타임의 단축은 예측프로세스로 인한 위험을 줄여준다. 구체적으로 완성품재고를 줄여주고 재고의 진부화 가능성을 낮추어 원가를 절감할 수 있다. 만약, 리드타임이 고객이 요구한 기간 이내로 단축가능하다면 전체적 수요예측함수의 원가를 제거할 수 있다.

2.3 신제품개발과 BET

1. 신제품개발의 어려움

신제품개발 프로세스는 다른 프로세스에 비해 효과적으로 관리되고 있지 못한 실정이다. 전통적으로 제품개발활동이 기업내 타부서와 분리된 상태로 전개되어 오고 인재활용이 낙후되고 표준적인 설계프로세스의 기간결정이 쉽지 않기 때문이다. 이는 곧 신제품개발 프로세스의 개선여지가 그만큼 크다는 것을 말한다. 특정 시장에서는 제품출시가 6개월 늦은 경우에 제품수명주기 총이익이 33% 감소하였다는 기존 연구결과가 이를 뒷받침한다.

2. 출시기간 단축의 중요성

성공적인 신제품개발은 대부분의 기업들에게 필수적이다. 왜냐하면 기업들은 경쟁사보다 신속하게 신제품을 시장에 출시함으로서 시장점유율을 확보할 수 있기 때문이다. 신제품을 신속히 출시하는 기업은 타기업과의 경쟁에서 선제공격을 하는 것이며, 경쟁자를 앞지를 수 있는 가능성도 그만큼 높게 된다. 보다 신속하게 시장에 진출하는 기업일수록 고객을 확보할 가능성이 높다. 출시기간(time-to-market)은 신제품에 대한 최초의 개념이 경영자에 의해 승인된 때부터 시장에 출시될 때까지

현금순환사이클

운전자본, 특히 외상매출금이나 재고자산, 외상매입금 등은 많은 제조·소매·도매·유통업체들에 중요한 자본요소이다.

운전자본관리의 효율성을 측정하는 지표 중의 하나는 **현금순환사이클**(cash-to-cash cycle)이다. 현금사이클을 현재수준보다 감소시키려는 목표는 운전자본의 효율성을 향상시키는 훌륭한 타겟이 될 수 있다.

건설회사와 같이 운영사이클이 비교적 긴 회사는 운전자본을 관리하는 일이 매우 중요하다. 이러한 회사는 현재까지 완성된 작업에 지불한 현금 대비 공사진행도에 따른 지불금액을 추적할 필요가 있다. 이것의 강조를 통해 효과를 본 대표적인 기업은 유전개발회사인 Rockwater사를 들 수 있다.

<자료: Kaplan과 Norton, 1996, 록워터사 사례 중>

의 기간을 말한다(HFD, 1993, 제23장).

신세품개빌시긴의 단축이 강조된 이유는 제품의 수명주기가 짧아지고 있다는 사실에 근거한다. 제품의 수명주기가 단축됨으로써 제품은 보다 빨리 폐기되기 시작하였고 기업들은 신제품을 신속히 시장에 출시함으로써 이에 대응하고 있다. 많은 기업들이 신제품개발시간을 놀라울 정도로 단축하고 있다. 예를 들어, 농기계 전문업체인 Deere & Company는 신건설장비 개발에 필요한 시간을 7년에서 4년으로, Honeywell사는 최신의 자동온도조절장치를 1년이 채 안 되는 기간에 개발하고 있다(이전에는 4년이 걸렸음). NCR사도 체크아웃 단말기 개발시간을 4년에서 2년으로 단축했다.

3. 신제품개발시간의 측정

관리회계담당자는 신제품개발시간에 대한 일관된 측정방법을 개발할 임무를 지닌다. 측정과 관련해서는 다음 몇 가지를 고려해야 한다. 첫째, 어떤 날짜를 신제품개발 시작일로 간주해야 하는가? 둘째, 신제품에 대한 필요성이 처음으로 확인되고 경영자에 의해 승인된 것은 언제인가? 셋째, 제품개발팀은 언제 처음으로 함께 일하게 되는가? 넷째, 완성목표일은 언제인가? 다섯째, 첫 제품은 언제 생산되고 언제 팔리는가? 등이다.

신제품개발시간과 관련하여 가장 중요시해야 할 사항으로는 제품출시 후의 재무적 성공이다. 신제품개발시간을 줄이는 것 그 자체를 목적으로 삼아서는 안 된다. 궁극적 목적은 시장에서의 성공기회를 늘리는 것이다. 신제품개발시간의 단축이 반드시 빠른 시간에 커다란 현금흐름을 보장하는 것이 아니기 때문에 재무적 관점에서 신제품개발을 평가하는 것이 필요하다. 이런 관점에서 손익분기시간(BET : break-even time)이 중요성을 갖는다.

손익분기시간은 신제품 아이디어가 경영자에 의해 승인된 때부터 프로젝트로부터의 순현금유입액의 현재가치 누적액이 순투자지출의 현재가치 누적액과 같아질 때까지 걸리는 시간을 말한다. 즉, 신제품개발에 행해진 투자액을 회수하는 데 걸리는 기간이다. 만일 다른 모든 것이 동일하다면 보다 짧은 기간의 BET를 가진 신제품대안이 긴 기간의 BET를 가진 신제품대안보다 선호된다.

BET를 개발한 **휴렛팩커드**(HP : Hewlett-Packard)사는 BET의 열렬한 지지자이다. 이 회사의 핵심목표 중의 하나는 제품개발의 선두주자를 유지하는 것이다. 과거에는 순현재가치(NPV) 및 내부적 수익률(IRR) 등과 같은 전통적 재무기법들이 HP사의 기본적인 신제품개발기법으로 고려되었다. 그러나 HP가 속해 있는 첨단기술 사업분야에서는 출시기간이 제품수익성에 가장 커다란 영향을 미친다. 이를 인식한 HP는 이러한 기술과 제품들이 얼마나 빨리 시장에 출시되는지를 측정하고 동시에 이를 강조하기 위해 BET를 HP사의 핵심적인 제품개발기법으로 개발한 것이다.

4. BET와 회수기간법

BET분석에서 관련현금흐름은 무엇일까? 그것은 신제품 도입으로 인해 변하게 될 미래 증분현금유입액과 현금유출액이다. 즉, 분석대상은 감가상각비와 같은 비용항목이 아니라 현금흐름이다. 고정제조간접비처럼 총현금유출액은 변하지 않은 채 단지 각 제품에 배부되는 제조간접비만이 변동하는 경우 제조간접비는 비관련항목이다. BET분석은 신제품이 기존제품의 매출액에 미칠 긍정적 및 부정적 현금흐름의 영향도 포함해야 한다. 예를 들어, 새로운 면도기의 출시는 면도기의 총매출을 증가시키지만 구식 면도기의 매출감소를 가져오게 마련이다.

BET는 회수기간법과 두 가지 측면에서 다르다. 첫째, BET는 현금유출액이 발생했을 때부터 기간측정을 하는 회수기간법과는 달리 경영자가 프로젝트를 승인했을 때부터(즉, 아이디어 태동시점부터) 카운트한다. 둘째, BET는 현금유입액과 유출액을 할인함으로써 현금의 시간가치를 고려한다.

5. BET의 한계점

BET의 한계점을 몇 가지로 요약하면 다음과 같다.

① BET는 손익분기시간 이후의 프로젝트의 모든 현금흐름을 무시하기 때문에 프로젝트 수익성을 무시한다. 후반기에 높은 현금유입액이 기대되는 프로젝트가 초기에 적절한 현금흐름을 갖지만 수익성이 낮은 프로젝트보다 더 긴 BET를 갖는다면 기각될 수 있다. 이 점은 회수기간법과 유사하다.

② BET를 비판하는 사람들은 BET가 장기적 사고를 강조하지 않게 만든다고 비판한다. 성과평가를 위해 BET를 강조하게 되면 경영자들은 일반적으로 장기의 BET를 갖는 새로운 기술에 바탕을 둔 혁신적이고 장기적 프로젝트보다는 단기적인 프로젝트를 수행하고자 할 것이다.

③ BET는 주로 재무적인 면에 초점을 두고 제품개발에 대한 전략적이고 비재무적인 측면을 등한시할 수 있다.

④ 사업별로 제품수명주기와 투자니즈가 다를 수 있는데 BET는 이를 감안하지 않는바 사업별 비교상 한계가 있다.

예제 13-2 손익분기시간(BET)의 계산

홍익정보통신은 2019년 12월 31일에 새로운 통신장비 KU-134를 개발하기 위해 범기능팀(cross-functional team)을 구성했다. 그러나 다른 긴급한 업무 때문에 KU-134 프로젝트는 2020년 12월까지 연기되었다. 2020년 12월부터 홍익정보통신은 KU-134 프로젝트를 본격적으로 가동하기 시작하였다. 프로젝트에 대한 정보는 다음과 같다.

1. 프로젝트에 대한 초기투자의 항목 및 금액

(1) 초기투자항목

- 장비를 개발하기 위한 연구개발비
- 장비의 프로토타입(원형)을 설계 · 제작 · 시험하는 비용을 포함하는 제품 및 공정 설계비용
- 특수기계에 대한 투자와 운전자본의 추가분
- 시장조사와 광고를 위한 마케팅비용

(2) 초기투자금액

홍익정보통신의 초기투자액은 12억원이다. 편의상 투자는 2020년 12월 31일에 발생한 것으로 가정한다. KU-134의 수명주기는 4년으로 예상된다.

2. KU-134의 판매로 인한 홍익정보통신의 현금유입은 연중 계속하여 발생하지만 편의상 매년 기말시점에 발생하는 것으로 가정한다. 매년도의 현금유입액은 2021년 18억원, 2022년 33억원, 2023년 40억원, 2024년 16억원이다.
3. KU-134의 판매를 위해 홍익정보통신이 직접재료비, 직접노무비, 제조간접비, 마케팅 및 고객서비스비용으로 매년 지출하는 현금액은 2021년 13억원, 2022년 24억원, 2023년 30억원, 2024년 11억원이다. 현금유출은 연중 계속하여 발생하지만 계산상 매년 기말시점에 발생하는 것으로 가정한다.
4. 2024년도 말에 최초투자액의 회수(잔존가치)로 인해 유입되는 현금액은 2억원이다.

〈물음〉

위의 자료를 이용하여 손익분기시간을 계산하시오. 단, 현금흐름을 할인하기 위한 요구수익률을 12%로 가정하고 세금 및 인플레이션효과는 무시한다.

<자료 : HFD, 1994, 제23장 본문 예제수치 일부 수정>

풀이

1. 계산방법 #1

아래 표의 패널 A는 KU-134의 BET를 계산하기 위해 필요한 계산과정을 보여준다. BET 계산은 현금유출액이 시작된 시점이 아니라 경영자가 KU-134 프로젝트의 개념을 승인한 2019년 12월 31일을 그 시작점으로 한다. 그 이유는 BET의 목표가 얼마나 신속하게 새로운 아이디어가 수익성 있는 제품으로 전환될 수 있는지를 평가하기 위한 것이기 때문이다.

〈표〉 홍익정보통신의 KU-134에 대한 BET 계산 (단위: 십만원)

패널 A : 투자 및 제품 현금흐름

연도	할인율 (12%)	현금유출액	현금유출액 PV	순현금 유입액	순현금 유입액 PV	유입액 PV의 누적액
2019	1.000					
2020	0.892	(12,000)	**(10,704)**			
2021	0.797			5,000	3,985	3,985
2022	0.712			9,000	6,408	10,393
2023	0.636			10,000	6,360	16,753
2024	0.568			3,000	1,704	18,457
2024	0.568		최초투자액 회수 →	**2,000**	1,136	19,593

패널 B : 현금유출액 및 유입액

연도	할인율 12%	순현금 유입액	현금유출액	순현금흐름	순현금흐름 PV	순현금흐름 PV의 누적액
2019	1.000					
2020	0.892		12,000	(12,000)	(10,704)	(10,704)
2021	0.797	18,000	13,000	5,000	3,985	(6,719)
2022	0.712	33,000	24,000	9,000	6,408	(311)
2023	0.636	40,000	30,000	10,000	6,360	6,049
2024	0.568	16,000	11,000	5,000	2,840	8,889

홍익정보통신이 투자 현금유출액의 현재가치인 10억 7,040만원(₩1,070,400,000)을 회수하는데 얼마나 오랜 기간이 걸렸는가? 현재가치 개념으로는 2022년 12월 31일까지 ₩1,039,300,000을 회수했으며, 2023년 12월 31일까지는 ₩1,675,300,000을 회수하였다. 따라서 홍익정보통신(주)는 초기 투자현금유출액의 현재가치인 ₩1,070,400,000을 회수하는 시점은 2023년의 어느 시점일 것이다.

2023년 동안 홍익정보통신은 현금유입액의 현재가치는 ₩636,000,000이고 투자회수에 필요한 금액은 ₩31,100,000(₩1,070,400,000 − ₩1,039,300,000)이다. 따라서 홍익정보통신의 경우 다음 계산처럼 투자현금 유출액의 현재가치 누적액을 회수하는 데 3.05(=3년+311/6,360)년이 걸린다. 3.05년이 되는 시점에서 모든 프로젝트의 현금유출액의 현재가치 누적액은 모든 프로젝트 현금유입액의 현재가치 누적액과 같아진다.

2. 계산방법 #2

BET를 계산하기 위한 또 다른 접근법은 투자와 제품 현금흐름 사이의 모든 차이를 무시하고, 순현금흐름의 현재가치가 0이 될 때까지 걸린 시간을 계산하는 것이다. 표의 패널 B는 이러한 접근법을 시용히여 KU-134에 대한 BET를 계산하기 위한 계산과정을 보여준다. 현금흐름의 현재가치가 2022년 12월 31일과 2023년 12월 31일 사이에서 양(positive)이 됨을 알 수 있다.

2.4 관리회계상 대표적인 시간측정치

1. 사이클 타임과 속도(velocity) : 고객대응성의 측정치

배달성과는 주요 비재무적 측정치의 하나이며, 적시배달(on-time delivery)은 배달성과를 측정하는 중요한 지표이지만 가장 뛰어난 측정치는 아니다. 이보다는 고객주문의 이행에 소요되는 시간이 더욱 핵심적인 요인일지 모른다. 이하 대표적인 시간측정치를 소개한다.

사이클타임과 속도(velocity) 측정치가 상대적으로 더 큰 중요성을 갖는 이유는 이 측정치가 고객요구에 대응하는 기업능력을 평가하기 때문이다. 즉, 이들의 개선이 곧 배달성과를 높이기 때문이다. 이 점은 현장요원을 대상으로 한 인센티브정책에 반영될 수 있다. 가령, 사이클타임 단축으로 인한 제품원가의 절감부분을 관리자에게 보상하는 것이다. 또는 셀(cell) 가공비용을 제품이 셀을 통과하는 데 걸리는 시간을 기준으로 제품에 배분하여 셀내에서의 처리시간을 줄일 수 있다. 단위기간(가령, 일분)당 이론적으로 이용가능한 생산시간을 이용하면 분당 부가가치 표준원가를 계산할 수 있다.

주문을 받아 생산라인을 가동하는 시점부터 완성된 제품이 나오기까지의 기간을 의미하는 사이클타임(또는 리드타임)은 제품 하나를 생산하는 데 걸리는 시간(시간/생산단위수)을 의미하고, 속도는 주어진 시간에 생산할 수 있는 단위수를 의미한다. 사이클타임과 속도 둘 다 성과의 영업적 측정치로서 더욱 중요한 위치를 차지한다. 왜냐하면 시간 개념의 커패서티를 강조하기 때문이다.

2. 제조사이클 효율(MCE: manufacturing cycle efficiency)

시간 개념을 반영한 또 하나의 운용상의 측정치로서 적시생산흐름 프로세스를 통해 낭비를 줄이고자 하는 기업들이 흔히 사용하는 측정지표는 제조사이클 효율(MCE)이다. 이에 관해서는 원가회계 교재 제11장에서 다룬 바 있다.

시작과 끝을 언제로 정할 것인가는 시간단축 대상인 운영프로세스의 범위에 의해 결정된다. 마케팅 측면을 다루는 주문이행사이클은 고객의 주문접수시점에서 고객에의 제품배달까지를 의미한다. 그러나 공장에서의 공정개선에 초점을 두는 좁은 의미의 제조사이클은 원재료의 공정 투입시점부터 최종 완성시점까지를 뜻한다. 어떤 개념의 사이클을 이용하든지 기업은 시간단축 목표를 설정하고 지속적으로 사이클타임을 측정·관리해야 한다.

[그림 13.5]는 고객의 주문접수에서 고객에게의 최종 배달까지 일련의 시간 및 활동사슬을 나타낸다. 이들 시간을 단축하면 생산량 증대는 물론, 고객만족도와 수익을 늘릴 수 있다. 예를 들어, 담보대출은행의 대출담당자가 한 달에 30건의 대출을 처리한다고 가정하자. 만약 30건의 대출처리건을 보름 만에 처리할 수 있도록 처리절차가 개선될 경우 처리기간이 짧아져서 고객만족도의 증가는 물론 한 달에 더 많은 대출건을 처리할 수 있어 건당 처리원가가 낮아져 은행 역시 이득을 보게 된다.

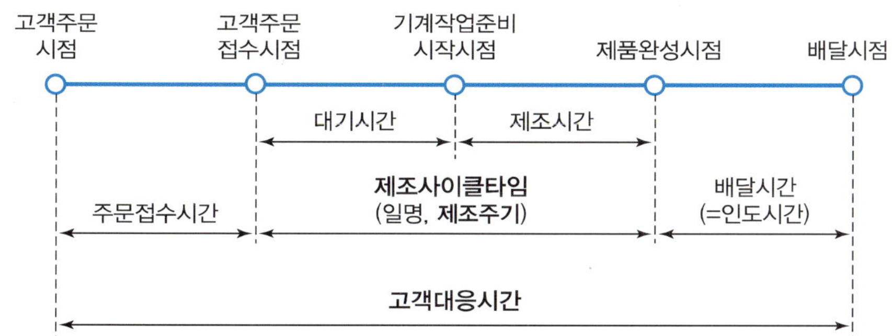

그림 13.5
고객대응시간의 구성요소

주: 일부 저자들은 제조사이클타임의 시작과 끝을 달리 정하고 있다.

3. 고객대응시간(customer-response time)

고객대응시간은 소비자가 제품을 주문하거나 서비스를 요구한 시점부터 제품이나 서비스가 고객에게 전달되는 시점까지 소요된 시간을 말한다. 고객대응시간은 많은 산업에서 핵심적인 경쟁적 요소이다. 자동차 렌트와 같은 서비스기업과 상기업(은행, 패스트푸드, 식료품점)들은 고객대응시간, 즉 평균적으로 얼마나 걸리는가 또는 고객이 줄을 서서 기다리는 시간이 얼마나 되는가를 중점관리한다.

여기서 한 가지 짚고 넘어갈 점은 왜 줄(혹은 대기행렬)이 생기고 지체가 발생하는가와 같은 시간동인을 이해하는 것이다.

시간동인(time driver)은 특정 활동의 속도를 변동시키는 어떤 변수라고 정의할 수 있다. 구체적으로 패스트푸드점의 대기시간을 예로 들어보자. 대기시간은 다음 두 가지로 구성된다.

① 소비자가 언제 제품이나 서비스를 주문할 것인지에 대한 불확실성이다. 소비자가 랜덤하게 패스트푸드식당에 도착할수록 줄이 형성되고 지체가 발생하기 쉽다.

② 제한된 커패서티와 병목현상이다. 병목현상은 수행되어야 할 작업이 이용가능한 생산커패서티에 접근하거나 초과하는 경우를 의미한다. 제1절의 커패서티와 관련된다. 예를 들어, 병목현상은 기계로 처리해야 할 필요가 있는 제품이 그 기계가 다른 제품을 처리하느라 바쁜 와중에 도착할 때 발생한다. 기계에 대한 시간적 수요가 커패서티를 초과하고 있으면 지체는 발생하기 시작한다.

제조업에서는 고객대응시간의 중요 부분으로 리드타임을 꼽고 있다. 제조업의 경우 평균대기시간을 산정하는 공식은 다음과 같다.

$$\text{평균대기시간} = \frac{\text{평균주문횟수} \times \text{리드타임}^2}{2 \times [\text{생산커패서티} - (\text{평균주문횟수} \times \text{제조시간})]}$$

위의 공식과 관련된 핵심내용을 소개하면 다음과 같다.

① 주문생산의 경우 생산리드타임은 대기시간이 존재할 경우 위의 공식을 통해 계산한 대기시간에 생산시간을 더하여 구하게 된다.

② 직관적으로 볼 때 셋업시간이 비교적 짧을 경우에는 주로 장기작업이 이루어지는 공정보다 단기작업이 많은 공정에서 평균대기시간이 짧다.

③ 평균대기시간은 유휴 커패서티와 역의 관계에 있다. 즉, 유휴 커패서티가 많을

수록 공정이 가동되지 않을 때에 주문이 도달할 가능성은 커지기 때문이다.

④ 유휴 커패서티는 기업에서 고객주문 변동충격과 불확실성을 완화하는 쿠션으로 생각한다.

한편, 제조기업의 평균대기시간의 공식은 서비스업이나 상기업에서도 적용될 수 있다. 다만 위에서 소개한 제조업공식의 세 가지 항목을 다음과 같이 바꾸어 평균대기시간을 구한다.

- 평균주문횟수 → 평균고객수
- 생산리드타임 → 평균고객서비스타임
- 생산커패서티 → 이용가능한 커패서티

예제 13-3 상기업의 대기시간 계산

〈물음〉

1. 상수상점은 계산대가 하나인 야채를 전문적으로 취급하는 가게이다. 고객이 계산하는 데 걸리는 시간은 평균 5분이다. 상수상점의 영업시간은 일일 8시간(480분)이며 고객은 평균 56명이다. 계산원의 급료는 시간당 1,500원이다. 고객이 계산을 위해 기다리는 시간은 평균 몇 분인지 계산하시오.
2. 상수상점은 계산대를 하나 더 설치하려고 고려중이다. 이로 인해 고객수는 평균 66명으로 증가하리라 예상하고 있다. 계산대를 하나 더 설치하기 전에 고객이 계산을 위해 기다리는 시간은 평균 몇 분인지 계산하시오.
3. 상수상점이 계산대를 하나 더 설치하려고 고려중에 과잉대기시간에도 관심이 있었다. 그래서 영업시간을 한 시간 늘리기로 한다면, 고객이 계산을 위해 기다리는 시간은 평균적으로 몇 분이 되는가 계산하시오.

풀이

$$\text{평균대기시간} = \frac{\text{평균고객수} \times \text{고객서비스타임}^2}{2 \times [\text{이용가능한 커패서티} - (\text{평균고객수} \times \text{고객서비스시간})]}$$

위의 공식에 따라 계산하면 답은 다음과 같다.

1. $\dfrac{56 \times 5^2}{2 \times [480 - (56 \times 5)]} = 3.5\text{분}$
2. $\dfrac{66 \times 5^2}{2 \times [480 - (66 \times 5)]} = 5.5\text{분}$
3. $\dfrac{66 \times 5^2}{2 \times [540 - (66 \times 5)]} = 3.93\text{분}$

4. 배달성과

배달성과는 경쟁이 치열해지면서 배달성과(delivery performance)가 그 중요성을 더해가고 있다. 이하 배달성과의 핵심인 적시배달(일종의 적시성과)에 대해 보다 자세히 설명한다.

적시배달(또는 적시인도)는 배달하기로 계획된 시간에 제품이나 서비스가 실제로 배달되는 상황을 의미한다. 제품이나 서비스에 대한 고객의 주문내역에는 수량, 가격 그리고 납기가 포함된다. 이러한 납기를 얼마나 지키는가를 평가하기 위해 고안된 것이 납기준수율이다. 심야 특송물에 대해 다음날 예정 배달시간을 알려주는 서비스는 **Federal Express**가 최초였다. 또한 **미국의 감사원**(GAO)은 항공사별 정시도착률을 매년 공표하여 소비자에게 알리고 항공사에게도 압력을 가한다. 이 두 사례 모두 배달성과의 중요성을 시사한다. 참고로 **사우스웨스트 항공**(Southwest Airlines)은 1992년 10월에 실제 운항횟수의 93.4%가 예정도착시간의 15분 이내에 도착하여 1위를 기록한 이후 현재까지 이 분야에서 독보적인 위치를 차지하고 있다. 이는 **사우스웨스트 항공**이 turn-around 시간관리에서 남보다 앞서기 때문에 가능한 것이다.

앞서 설명한 대기시간 동인에 해당하는 주문시기에 대한 병목현상(즉, 소비자가 한꺼번에 몰리는 경우)과 주문크기의 불확실성은 적시성과에 영향을 미친다. 그러나 고객대응시간과 적시성 양자 간에는 상충관계가 존재한다. 즉, 고객대응시간을 길게 잡으면 적시성과는 향상된다. 예를 들어, 항공사가 도착예정시간을 다소 늘려 잡은 경우에는 엄격하게 예정시간을 설정한 경우에 비해 정시도착률이 높게 마련이다.

2.5 ABC 정보를 이용한 고객대응시간의 관리

활동기준관리(ABM)를 이용하면 많은 자원을 소모하는 활동(돈이나 시간 모두 포함)들을 식별하여 고객대응시간을 단축할 수 있다. 예를 들어, 담보대출처리절차는 ① 고객의 신용파악, ② 은행의 잔고확인, ③ 다른 중요한 정보를 파악하는 것으로 이루어진다. 이들 확인작업은 컴퓨터 네트워크를 이용함으로써 상당히 시간을 줄일 수 있다. 또한 대출 관련 소수의 핵심정보만을 토대로 심사를 수행하여 대출 승인 여부를 신속히 결정할 수 있다. 상당수의 대학들이 상세한 서류나 추천장 등을 필요

삼성그룹 스피드 경영으로 경쟁력 제고

삼성그룹은 1997년 기업의 새로운 생존전략으로 '**스피드 경영**'을 주창했다. 스피드 경영은 삼성이 1993년부터 실천해 온 '질 경영'의 뒤를 잇는 전략이다. 실제 조사결과에서 삼성의 스피드는 선진국의 대기업에 비해 많이 뒤떨어지는 것으로 나타났다. 삼성의 주요 계열사와 선진기업들의 경영지표를 비교해 본 결과 삼성의 상품이나 서비스의 질은 선진기업의 90% 수준인데 비해 스피드는 50%에도 미치지 못했다. 연구개발에 걸리는 시간과 주문에서부터 상품을 배달하기까지 걸리는 시간, 납기준수율 등이 선진기업에 비해 2배 정도 느렸다. 구체적으로 연구개발에 걸리는 시간은 **삼성전관**의 경우 일본 **도시바**의 3배, **삼성전기**는 일본 **마쓰시타**의 2.5배에 달했다. 또 삼성카메라는 주문에서부터 제품출하까지 걸리는 시간이 일본 도요타보다 10배 정도 오래 걸렸다.

삼성은 '**먼저, 빨리, 제때, 자주**'라는 스피드 경영의 속성을 확보하기 위해 19가지 구체적인 과제를 선정했다. 이건희 회장도 신년사에서 '스톡(고정자산)보다는 회전속도가 중요하다'며 '돈, 상품, 기계, 사람, 정보를 빨리 돌리는 것이 효율이고 생산성'이라고 지적했다. 스피드 경영에 대한 19가지 지침이 나온 이후 각 계열사는 나름대로 스피드 경영을 실천해 가고 있다.

물론 삼성은 이전에도 부분적으로 스피드 경영이라 할 만한 시책들을 추진해 왔던 게 사실이다. 대표적인 예가 **삼성물산** 물류부문의 48시간 배달서비스와 즉시반응시스템(Quick Response System)이다. 48시간 배달서비스란 고객이 찾는 상품이 매장에 없을 경우 48시간내에 전국 매장을 샅샅이 뒤져 고객의 집까지 배달해 주는 서비스이다. 즉시반응시스템은 고객이 원하는 상품이 전국 어느 매장에도 없을 경우 7일 이내에 새로 생산해 주는 시스템을 말한다.

<자료 : 한경 비즈니스, 1997. 7. 15. 기사 일부 발췌>

〈주〉 다소 오래전 상황이지만 이러한 시간관리 경영 덕분에 삼성그룹은 오늘날 경쟁력을 갖게 된 것이다. 참고로 2013년 현재 삼성전자의 핵심경쟁력 중의 하나는 글로벌 물류관리를 통한 제품공급시간 단축 및 원가절감이 꼽힌다.

로 하는 과거방식 대신에 전화나 면담 승인처리를 이용해 입학허가절차를 간소화하고 있는 것도 같은 맥락이다.

ABM은 비부가가치적 활동을 식별·제거함으로써 고객대응시간 감축에 기여한다. 원가회계 교재(제11장) ABM 설명을 상기해 보면 비부가가치활동은 곧 시간단축과 직결된다. 가령, 공장배치를 개선하여 불필요한 이동을 없애 사이클타임을 줄이는 경우 그리고 입학절차에서 불필요한 서류를 생략하여 준비하는 학생이나 서류정리를 하는 학교 당국의 활동이 생략되어 최종합격 판정시까지의 시간이 대폭 단축되는 경우 등이다.

대다수의 기업들이 낭비측정치로서 고객대응시간을 사용한다. 고객대응시간을 길게 하는 원인을 제거함으로써 비부가가치적 원가를 감소시킬 수 있다. 리엔지니어링 및 TQM 같은 경영혁신기법들은 대기, 보관, 이동 및 검사와 같은 불필요한 활동의 제거를 강조한다. 요컨대 활동은 고객대응시간과 비용을 증가시킨다. 따라서 부가가치적 활동의 효율성을 증가시키거나 비부가가치적 활동을 제거하는 것이야말로 고객대응시간과 원가를 모두 감소시키는 지름길이다. 고객은 빠른 대응시간을 높이 평가할 것이고 이는 재구매 및 다른 고객추천 등을 통해 수익성 향상과 같은 긍정적인 효과로 이어진다.

제3절 지속가능경영과 관리회계

과거 겨울철이 되면 연예인이나 기업 임직원들의 불우이웃을 위한 연탄배달 모습 사진이 매스컴에 자주 등장했었다. 이런 연말 행사가 이제는 연중으로 바뀌어 기업의 장학재단 또는 자선단체에 거액의 기부, 다문화가정에 대한 지원활동 등 사회적 책임활동에 관한 뉴스를 자주 접하게 된다. 가령, **POSCO**의 포공사랑나눔봉사단, '쪽방봉사'을 비롯하여 '이웃사랑 캠페인'(**삼성그룹**), '우리강산 푸르게 푸르게' 캠페인을 통한 나무심기와 숲 가꾸기(**유한킴벌리**) 등이 이에 해당한다.

이제 더 이상 사회적 책임활동은 단순히 손실을 초래하는 활동이거나 이익 극대화에 기초한 주주가치경영에 반하는 경영활동으로 간주되지 않는다. 오히려 대기업은 물론 중소기업까지도 사회적 책임활동을 기업의 전략적 차원에서 적극적으로 수행할 뿐만 아니라 자사 홈페이지 또는 지속가능보고서 등을 통해 주주, 고객을 포함한 모든 이해관계자에게 알리고 있다. 이 절에서는 사회적 책임활동을 포함한 지속가능경영의 개념과 이를 지원하기 위한 관리회계의 역할을 소개한다.

3.1 지속가능경영의 개념 및 의의

1. 지속가능발전과 기업의 사회적 책임

지속가능성(sustainability)이란 현세대뿐만 아니라 미래세대의 삶의 질의 개선을 목적으로 '미래세대에게 필요한 능력의 희생 없이 현세대의 필요능력을 충족시키는 발전(development)'을 의미하며 이를 강조하는 경영을 지속가능경영이라고 부른다. 지속가능성의 주요 목적은 다음과 같다[UN이 1983년 설립한 World Commission on

Environment and Development(WCED)의 정의 참조].

- 제한된 환경자원하에서의 삶
- 사회적 정의 달성
- 경제 및 사회적 발전의 조성(foster)

원래 지속가능성은 기후변화, 온실가스배출 및 이들의 세계경제에 미치는 영향의 고려 등 환경적 관점에서 출발하였으나 현재는 기업의 사회적 책임까지 포함하는 개념으로 확대되었다. 기업도 사회의 일원으로서 지속가능한 성장을 하려면, 경제적 측면의 성장뿐만 아니라 기업이 속한 지역의 환경과 사회적 측면도 고려해야 하기 때문이다.

자본주의 발전과 더불어 기업의 목적은 이익극대화에서 기업가치극대화로 그리고 사회적 책임 및 지속가능경영을 고려한 이익추구로 변화하였고 자연히 이해관계자의 범위도 주주(shareholder)에서 기업 활동의 가치사슬전반에 걸친 모든 이해관계자(stakeholder)로 확장되고 있다. 이들 이해관계자 및 정부 규제당국은 기업들로 하여금 경제적 성과뿐만 아니라 사회적 책임 이행을 요구하고 감시활동을 하고 있다. 만약 기업이 이러한 사회적 책임을 다하지 못하는 경우, 기업 이미지(즉, 평판)에 악영향을 미칠 뿐만 아니라 자칫 소비자의 외면을 받아 기업의 매출 급감 위험에 처할 수도 있다. 2013년에 있었던 중간유통업체와 소비자가 벌인 **남양유업(주)**의 유제품 불매운동이 대표적인 사례이다. 따라서 기업의 입장에서는 이러한 리스크를 극복하고 기회로 전환하려면, 생존을 위한 전략적 차원에서 사회적 책임을 전제로 하는 지속가능발전을 추진할 수밖에 없다.

오늘날 기업에 요구되는 사회적 책임(CSR)의 유형은 크게 (i) 경제적 책임, (ii) 법률적 책임, (iii) 윤리적 책임, (iv) 자선적 책임(사회공헌), (v) 환경적 책임 5가지로 구분된다. 지속가능발전에 대한 UN의 정의가 말해주듯이 지속가능발전은 기업의 환경적 책임과 사회적 책임을 모두 강조한다. 따라서 (때론 기업의 사회적 책임과 지속가능발전을 동일한 개념으로 보기도 하지만) 지속가능발전은 사회적 책임을 포함하는 넓은 개념으로 이해하면 된다.

2. 지속가능경영과 지속가능관리회계

앞서 지속가능발전의 핵심 3요소(흔히 triple bottom line으로 부름)로 경제, 사회 및 환경적 성과를 꼽았다. 기업이 이들 핵심 3가지 측면의 성과를 한꺼번에 추진하는

TIP!

지속가능경영과 '마켓 3.0'

"요즘의 소비자들은 '환경에 신경 쓰고, 사회에 대해 동정심을 보여주는 기업이라면 내게 특별한 혜택을 주지 않더라도 그냥 좋다' 이렇게 생각한다. 이런 기업이 되려면 품성(character)과 진정성(authenticity), 그리고 배려하는 마음(caring)을 조직의 DNA에 심어야 한다." 『마켓 3.0』의 저자인 필립 코틀러 교수(자료: 위클리 비즈 2009.6.27일자 필립 코틀러 교수와의 인터뷰 기사 중 일부)

TIP!

CSV(공유가치창출)

CSV(Creating Shared value)는 기업의 경쟁력을 강화하는 동시에 커뮤니티의 사회·경제적 환경을 함께 발전시켜 지속가능성을 확보하는 개념임. 즉, CSV는 이러한 공유가치를 비즈니스 모델에 반영하여 이해관계자와 공동으로 가치를 창출하고, 기업의 장기적 성장을 도모하는 것으로 정의됨.

대표적인 사례로는 하이브리드자동차(**도요타**), Ecomagination(환경친화적 제품)(**GE**), 15~18달러대 저가 핸드폰(**보다폰**), 빈 잉크 카트리지 수거/재활용(**캐논**), 리모컨 단순화 등 노인요양시설용 Long-Term Care TV (**LG전자**) 등이 꼽힘. (자료: Porter와 Kramer(2011), *Harvard Business Review* 논문 참조)

것은 쉽지가 않다. 왜냐하면 경제적 성과와 사회 및 환경적 책임 이행 간에는 상충관계가 발생하기 때문이다. 즉, 사회적 또는 환경적 책임을 달성하기 위한 지출은 포괄손익계산서(재무적 성과)에 음(−)의 효과를 가져오는 것은 쉽게 예상된다. 이런 연유로 지속가능성을 위한 경영통제시스템이 요구된다. 즉, 기업이 사회적 책임 및 환경적 성과를 감안한 장기 전략 목표를 설정하고, 발전계획을 수립하고 이행하며 적시에 피드백하는 프로세스가 가동되도록 할 필요가 있다. 따라서 지속가능경영(sustainability management)이란 "기업이 사회적 또는 환경적 영향(impact)을 축소하면서 동시에 기업의 이익을 극대화하기 위한 경제, 사회 및 환경적 차원의 성과에 대한 측정, 모니터링 및 통제하는 프로세스"로 정의된다. 요컨대 지속가능경영의 핵심은 3가지 관점의 성과를 통합적인 차원에서 개선하는 것이다.

지속가능경영은 기업의 문화, 산업, 리더십, 조직구조 등에 따라서 다양한 형태를 보인다. 따라서 표준화하기도 쉽지 않을 뿐만 아니라 조직의 특성을 반영한 지속가능발전이 추구되어야 한다. 앞서 지적처럼 지속가능경영의 요체는 경제, 사회 및 환경 3대 핵심 구성요소의 동시적 개선에 영향을 미치는 전사적 프로세스의 전개인데 이들 3대 구성요소에 대한 분석은 필연적으로 재무적 및 비재무적인 정보의 분석을 필요로 한다. 중요한 것은 기업내부 영향 및 사회적 영향 모두를 고려하는 가운데 지속가능발전이 추진되어야 한다는 것이다. 여기서 기업내부영향(private impact)이란 지속가능발전의 영향이 기업 내부 혹은 조직의 가치사슬에 직접적으로 영향을 미치는 효과를 말한다. 한편 사회적 영향(societal impact)은 기업의 재무제표에는 반영되지 않는 외부효과(externalities)나 비용 및 효익(costs & benefits)을 말한다. 예를 들면, 생산공정에서 배출된 환경오염물질로 인한 지역주민의 건강에 미치는 부정적인 외부효과(externalities)를 들 수 있다.

물론 기업의 지역사회 투자가 가져오는 고용 증대와 같은 긍정적인 외부효과도 존재한다. 지속가능발전의 효과를 제대로 평가하려면 지속가능발전 추진과정에서 발생하는 외부효과도 반드시 고려해야 한다. 그러나 이들 외부효과가 재무제표에 반영되지 못하는 측정상의 어려움 때문에 재무제표에 반영되는 기업내부영향만으로 기업의 지속가능발전 효과를 평가하는 것이 현실이다.

> **TIP!**
> **전형적인 지속가능관리회계 이슈**
> 지속가능관리회계 수행시 당면하는 전형적인 의사결정 이슈들로는 제품디자인, 공정설계, 설비배치, 구매, 운영, 위험관리, 자본투자, 원가통제, 폐기물관리, 원가배분, 제품믹스 및 가격결정, 성과평가 등이 꼽힌다.

자칫 과도한 지출부담 때문에 지속가능발전은 기업에게 위협이 될 수 있지만 이를 잘 극복하면 오히려 경쟁사에 비하여 경쟁우위를 확보할 수 있는 기회가 된다. 이해관계자나 규제당국의 요구를 경쟁사보다 먼저 충족시키는 경우 기업이미지(reputation)가 경쟁사보다 개선되고 후발자의 추적을 어렵게 할 수 있기 때문이다. 이런 이유로 오늘날 기업들은 보다 적극적으로 지속가능경영을 전개하는데 이 과정에서 종전보다 한 차원 높은 정보의 수집 · 활용이 필요하다. 구체적으로 기업내부의 경제, 사회 및 환경적 정보의 획득, 분석 및 경영진에게 보고가 필요한데, 이러한 지속가능발전 목표달성을 위해 전략 차원의 경제, 사회 및 환경적 성과를 동시에 통합하는 관리회계를 지속가능관리회계(sustainability management accounting)라고 부른다.

지속가능관리회계의 역할은 일반적인 관리회계의 역할을 보다 지속가능 이슈에 초점을 맞추어 전개하는 것이다. 이는 크게 (i) 지속가능이슈의 기획 및 총괄, (ii) 지속가능경영 관련 의사결정의 공지, (iii) 지속가능경영 성과의 통제 및 행동적 동기부여 등으로 구분할 수 있다. 따라서 지속가능관련 관리회계담당자는 원가통제, 기업의 평판, 규제 및 수익동인(drivers) 등에 대한 이해는 물론, 내부관리회계정보와 지속가능보고서와의 연계에 전문적인 역량을 발휘해야 한다.

3. 지속가능관리회계의 범위 및 의사결정

지속가능관리회계의 핵심인 지속가능경영 관련 비용과 수익(즉, 효익)의 측정은 크게 (i) 기업내부의 비용과 수익 측정, (ii) 사회에 미치는 영향, 즉 외부효과의 측정으로 대별된다. 그러나 지속가능회계와 관련된 비용 및 수익항목은 사회봉사활동 또는 기부행위 등 일부 사회적 관점의 비용을 제외하면 환경과 관련된 비용 및 수익항목이 대부분을 차지한다. 이들 항목은 환경원가회계(일명, 물질흐름원가회계; Material Flow Cost Accounting) 또는 환경관리회계책임에서 다루게 된다.

TIP!
우리나라의 환경부는 환경원가(environmental costs)를 (i) 사후처리활동원가, (ii) 사전예방활동원가, (iii) 이해관계자활동원가, (iv) 법규대응 및 환경복원활동원가로 구분하고 있다.

실무에서는 볼보(Volvo) 그룹의 환경경영

Q 볼보그룹은 '품질(quality)', '안전(safety)', '환경(environment)'을 기업의 핵심 가치(value)로 삼고 있습니다. 그런데 사실 '환경'은 기업에는 기본적으로 비용으로 작용하는 것 아닌가요?

A 품질과 안전은 1927년 볼보가 창업될 때부터 정해진 것이고, 환경은 1970년대 초에 추가됐습니다. 우리는 기업문화나 전략, 핵심가치를 잘 바꾸지 않는 전통을 가지고 있습니다. 저는 환경이 비용이라고 생각하지 않습니다. 환경은 기업에게 이익을 창출해 주는 생산품일 수도 있습니다. 기업이 투자할 때 환경문제가 법적으로 걸리지 않는 쪽에만 신경을 쓴다면 환경은 비용이 되겠지만, 새로운 세대의 생산품을 개발하는 데 투자하면 오히려 매출에서 더 좋은 성과를 얻을 수 있습니다. 우리는 새로운 제품을 개발하면서 법적인 요건을 충족시키는 것뿐 아니라 고객들이 흔쾌히 좀 더 높은 가격을 지불할 수 있을 만큼 뛰어난 환경친화적 제품을 개발하는 것을 목표로 삼습니다.

(자료 : "볼보를 버렸다 볼보를 살렸다" 제목의 위클리비즈 2008.1.11일자 레이프 요한손 볼보그룹 회장 인터뷰 기사 중 일부)

표 13.4

지속가능관리회계의 범위

구분	범위	내　　용
기업 내부 비용	Level 1	**전형적 비용**(conventional costs) : 원/부재료, 에너지비용(전기, 가스, 수도 등), 인건비, 소모품, 설비 및 장치 등 자본설비와 감가상각비를 포함
	Level 2	**숨겨진 비용**(hidden costs) : Upfront 환경비용(예, 납품업자 탐색/조사비용), 초기 환경친화제품 디자인비용, 제조간접비 포함 규제비용, 미래해체/교정 비용 등
	Level 3	**우발적 비용**(contingent costs) : 확률적 조건에 의한 정의. 환경관련 법규위반 벌금, 청소비용, 부적절한 제품/서비스 관련 소송비용 등
	Level 4	**이미지 및 관계비용**(image and relationship costs) : 결정하기 어렵지만 회계 시스템과 구분하여 파악하기도 함. 주로 영업권이나 브랜드 등 무형자산의 가치에 영향
사회 비용	Level 5	**사회적 비용**(societal costs) : 기업의 재무제표에 반영되지 않음. 공식적인 책임은 없지만 공장가동 등으로 인한 환경훼손비용, 기업유인 배출로 인한 유해건강영향 등. 사회적 비용은 사실상 인정은 되지만 비용의 효과(영향)를 산출하기가 어려워 지속가능회계에 반영되지 않음. 그러나 물리적 측정은 가능하므로 관련된 KPI등 개발 및 성과평가는 요구됨.

자료 : USEPA, 1995.

TIP!

MFA; Material Flow Accounting

물질흐름회계(MFA; Material Flow Accounting)란 제품의 제조 전 과정을 원재료 및 에너지(물, 전기, 가스) 등 물질(material)의 흐름으로 파악하고, 각 물질이 생산 공정에서 어떻게 이동(flow)하고 체류(stock)하며, 어느 공정에서 제품과 폐기물로 구분되는지를 파악하여 양품(good)과 폐기물(loss)의 원가를 정확히 측정하고, 관련된 물질정보를 관리하는 환경회계기법을 말함. **물질흐름회계**는 정확한 원가배분, 생산현장의 원가절감, 오염물질/CO_2가스배출의 저감기회 발굴 등으로 기업의 경쟁력을 강화하고, 경영의사결정에 공헌함. (자료: 육근효(2009), 『환경관리회계』에서 일부 인용)

국가별로 차이를 보이는 지속가능관련비용의 측정 범위 및 내용에 따른 지속가능관리회계 수준별 유형은 <표 13.4>와 같다.

3.2 지속가능보고서

최근 지구의 온난화로 인한 해수면 상승, 하이얀과 같은 초강력 태풍, 폭설 또는 폭우, 이상저온 현상의 빈번한 발생 등 자연재해의 급증으로 기업의 환경적 책임에 대한 논란이 가중되고 있다. 이러한 재해의 원인이 무분별한 자원 남용 및 환경파괴에 기인함을 인식한 UN과 각 나라는 지속가능발전 차원에서의 환경보존과 자원 확보에 대한 대책수립 및 규제를 강화하고 있다. 구체적으로 각국은 온실가스 감축, 오염물질 또는 유해화물질의 저감, 에너지 효율향상, 친환경 제품의 개발활동 등 지속가능경영의 필요성을 강조하면서 기업의 환경경영 추진내용 및 성과를 재무성과와 더불어 이해관계자에게 공개할 것을 요구하고 있다. 이런 요구를 반영한 대표적인 지속가능발전과 관련된 외부보고서가 '지속가능보고서(sustainability report)'이다.

종전에는 기업의 환경적 책임에 대한 성과는 '환경보고서(green report)'에 그리고 좁은 의미의 사회적 책임의 추진성과는 '사회적 책임(CSR)보고서'에 담아 이해관계자에 공시하였다. 그러나 최근에는 기업의 경제, 사회 및 환경적 성과를 모두 포함하는 '통합지속가능보고서(integrated sustainability report)'의 발행 및 보고가 대세를 이루고 있다. 영국, 프랑스, 독일 등과 같은 일부 국가는 지속가능보고서의 발행 및 공시를 의무화하였으나 대부분의 국가는 기업의 자발적인 공시를 권장하고 있다. 우리나라도 지속가능보고서의 발행 및 공시는 기업의 재량에 맡겼다. 그러나 **POSCO**, **삼성전자**, **유한킴벌리** 등 100여개 기업이 매년 또는 격년으로 지속가능보고서를 발행하여 공시하고 있는데 매년 공시하는 기업의 수가 증가하고 있다. 이처럼 지속가능보고서의 발간 및 공시가 강제사항이 아님에도 불구하고 대기업을 중심으로 지속가능경영 조직과 시스템을 운영하고, 지속가능보고서를 발간하고 있는 주된 이유는 지속가능경영이 이해관계자의 신뢰도를 높일 뿐만 아니라 고객에게 기업이 사회적 책임을 다한다는 기업이미지 제고를 가져와 지속가능발전이 가능하다는 인식 확산 때문이다.

TIP!

GRI(Global Reporting Initiatives)

GRI는 1997년 환경책임연대와 UNEP(UN환경계획)의 협약에 의하여 공동사업형태로 구성된 범세계적 자발적 기구로 지속가능보고서 작성표준을 만들기 위하여 설립된 기구이다.

기업의 사회적 책임에 대한 이해관계자의 관심이 증대되면서 투자자, 주주, 종업원, 노동조합, 신용평가회사 등의 기업에 대한 비재무적 정보의 요구 또한 증가하게 되었다. 따라서 '비재무적 성과'가 강조되는 지속가능보고서의 형식 및 발행 기업간의 비교가능성을 위한 기준 마련 및 표준화가 요구되었다. 이러한 결과로 나타난 것이 GRI 가이드라인 및 ISO 26000시리즈와 같은 표준과 지속가능성지수이다. 현재 지속가능보고서를 발간하고 있는 국내 및 해외 기업들은 대부분 '2002년 GRI 가이드라인'에 따라 지속가능보고서를 발간하고 있다. GRI 가이드라인은 지속가능발전의 3대 핵심요소인 경제, 환경 및 사회성과에 대한 성과지표뿐만 아니라 지속가능경영을 추진하는 기업의 비전과 전략, 개요 및 지배구조와 경영시스템까지 공개할 것을 요구하고 있다. GRI 가이드라인의 관점(차원)별 구성 및 성과지표의 내용은 <표 13.5>와 같다.

TIP!

지속가능성지수

비록 표준화된 기준은 아니지만 기업의 지속가능성과를 평가하는 지표로는 지속가능성지수(sustainability index)가 있다. 미국의 Dow Jones사와 스위스의 SAM(Sustainability Asset Management)이 세계 시가총액기준 상위 3,000 상장기업을 대상으로 기업의 사회공헌, 인권, 환경, 지배구조 등을 종합평가한 후 상위 10%기업만으로 구성된 '지속가능성 주가지수'를 작성하여 매년 공시하고 있다. 또한 매년 Top 100개 기업으로 'Global 100 & DJSI'을 선정하여 발표하는데 상장기업이 Global 100 & DJSI으로 선정된다는 것은 내·외부적으로 지속가능한 기업이고, 장기적으로 경쟁력이 뛰어나다는 것을 입증하는 것이다. 이외에도 FTSE4good지수(영국), KSI(한국표준협회), KEJI(경실연) 등의 지속가능성 지수가 있다.

3.3 전략적 차원의 지속가능성을 고려한 관리회계의 전개

지금까지 논의한 지속가능성의 개념과 특징을 전략적 관리회계 차원에서 고려해야 하는 분야는 다음과 같다.

표 13.5

Global Reporting Initiatives(GRI) G3.1 Indicators: 핵심 지수를 중심으로

코드	내용
경제(Economics)	
경제성과(Economic performance)	
EC1	경제가치 창출과 분배
EC2	기후변화로 인한 조직활동의 재무적 영향과 다른 위험과 기회요인
EC3	연금제도에서 사측부담범위
EC4	정부지원금
시장상황(Market presence)	
EC6	주요사업지역에서 현지조달정책, 실적, 비중
EC7	현지고용절차와 상급관리자의 현지인 비중
경제적 간접효과(Indirect economic impacts)	
EC8	공공이익을 위한 투자자와 서비스제공
환경(Environmental)	
원/부재료(Materials)	
EN1	중량 또는 부피기준 원료사용량
EN2	재생원료 사용비율
에너지(Energy)	
EN3	1차 에너지원별 직접 에너지 소비량
EN4	1차 에너지원별 간접 에너지 소비량
물(Water)	
EN8	공급원별 총 취수량
종(생물)다양성(Biodiversity)	
EN11	생물다양성 가치가 높은 구역/주변구역에 소유, 임대, 관리하고 있는 토지
EN12	생물다양성 가치가 높은 구역에서의 활동, 제품, 서비스로 인하여 미치는 영향
배출, 폐수, 폐기물(Emission, effluents, waste)	
EN16	직·간접 온실가스 총 배출량
EN17	기타 간접 온실가스
EN19	오존층 파괴 물질배출량
EN20	NOx, SOx 및 기타 대기오염물질 배출량
EN21	최종 배출지별 폐수배출량 및 수질
EN22	형태 및 처리방법별 폐기물 배출량
EN23	중대한 유해물질 유출건수 및 유출량
제품과 서비스(Products and services)	
EN26	제품 및 서비스의 환경영향 저감활동의 성과
EN27	판매된 제품 및 관련 포장재의 재생비율
법규준수(Compliance)	
EN28	환경법규위반 부과 벌금액 및 제재건수
사회성과(Social performance)	
노동(Labor practice decent work)	
고용(employment)	
LA1	고용유형, 고용계약 및 지역별 인력현황
LA2	나이/성별/지역에 따른 종업원 수 및 이직률
노사관계(Labor/Management relations)	
LA4	상근직에게만 제공되는 혜택
LA5	운영상 변화에 대한 사전 고지기간
건강한 직장 및 안전(Occupational health & safety)	
LA7	부상, 질병, 결근율과 작업관련 사상자 수
LA8	심각한 질병에 대한 직원/가족 및 지역주민 지원을 위한 교육/훈련/상담/예방/위험관리
교육과 훈련(Training and education)	
LA10	종업원 유형별 1인당 한해 평균 훈련시간
다양성과 기회의 평등(Diversity & equal opportunity)	
LA13	성별, 나이, 소수자 등 다양성 지표에 따른 종업원과 지배기구의 구성
LA14	종업원 유형별 남녀의 평균임금비율
인권(Human right)	
투자와 구매(Investments & procurement practices)	
HR1	인권조항포함, 인권심사를 통한 주요 투자협약
HR2	인권심사를 받은 주요 공급자나 협력사 비율
무차별(Non-discrimination)	
HR4	총 차별건수 및 관련조치
단체협약(freedom of association & collective action)	
HR5	결사/단체협상 자유침해 위험분야/예방조치
아동노동(Child labor)	
HR6	아동노동발생 고위험분야와 근절을 위한 조치
강제노동(Forced and compulsory labor)	
HR7	강제노동발생 고위험분야와 근절을 위한 조치
사회(Society)	
지역사회(community)	
SO1	지역사회에 참여, 영향평가, 개발프로그램
부패(corruption)	
SO2	부패위험관리를 위한 감사 및 감사조치결과
SO3	임직원의 반부패 정책/절차 교육이수 비율
SO4	부패사건에 대한 조치
공공정책(Public policy)	
SO5	공공정책에 대한 입장, 정책수립참여 및 로비
법규준수(Compliance)	
SO8	법률/규제위반으로 부과된 벌금, 비금전적 제재
제품책임(Product responsibility)	
고객건강 및 안전(customer health & safety)	
PR1	제품/서비스 전과정에서 고객건강/안전을 향상하기 위한 절차
제품/서비스 상표표시(products & service labeling)	
PR3	필요한 labeling 정보유형 및 해당 정보 비율
마케팅과 소통(Marketing communication)	
PR6	판촉, 광고 등 관련 법/표준/자발적 준수절차
법규준수(compliance)	
PR9	고객 사생활 침해에 관한 제기된 불만건수

(1) 지속가능성을 고려한 가치사슬분석

가치사슬분석은 전략적 자리매김(strategic positioning) 및 ABC와 더불어 전략적 원가관리의 3대 핵심 개념의 하나이다. 지속가능경영에서 가치사슬분석은 기업의 지속가능활동이 사회에 미치는 영향(impacts)이 긍정적 또는 부정적인지를 이해하는 데 이용된다.

(2) 지속가능성을 고려한 원가집계 및 배분

대부분의 경우 지속가능원가는 회계시스템에서 별도로 구분되어 집계되기보다는 해당 기간의 비용으로 인식되거나 제조간접비로 처리된 후 전통적 원가계산방식에 따라서 제품 또는 (사업)부문에 배분된다. 이로써 제품원가의 왜곡이 초래된다. 그러나 지속가능회계(또는 환경회계)를 도입할 경우, 지속가능원가를 개별 제품 또는 부문에 부과하여 보다 정확한 원가계산이 가능해진다. 이로써 환경비용이 많이 발생하는 비환경친화적 제품의 원가는 높게 그리고 환경친화적이고 착한 제품의 원가는 낮아질 뿐만 아니라 사업부문의 성과평가 또한 정확해진다. 소비자의 경우 비싼 가격의 비환경친화적 제품의 구매를 줄이게 되고 윤리적 차원에서도 비환경친화적 제품의 구매를 자제하게 되어 긍정적인 사회효과(societal impacts)로 이어진다.

(3) 지속가능성을 고려한 수명주기원가계산

원가회계에서 수명주기원가계산(LCC)은 제품의 탄생부터 최종 폐기처분시까지 발생하는 원가의 총합을 계산하는 것이라고 배웠다. 따라서 제품을 생산, 판매하는 기업은 물론, 제품을 소비자에게 전달하는 유통단계 및 소비자의 사용과정 및 최종 폐기처분까지 산업의 가치사슬 전반에 걸쳐 발생하는 활동 원가의 총합을 파악해야 한다. 한 가지 유념할 점은 가치사슬상의 활동은 반드시 기업 활동의 일부가 되어야 하는 것은 아니라는 점이다. 왜냐하면 제품의 사용 또는 폐기 등 관련 활동은 기업과 무관하게 이산화탄소 배출 등으로 인하여 사회에 영향을 미칠 수 있기 때문이다.

지속가능성을 고려한 수명주기원가계산 관련 활동분석은 의사결정과 관련된 투입과 산출정보, 예를 들면 생산한 제품, 우수한 지속가능 공급자, 제품/서비스의 재설계 및 에너지자원이나 폐기물처분, 포장방법 등의 변화를 가져올 수 있는 운영프로세스의 재설계 등에 유용한 정보를 제공한다. 요컨대 지속가능성을 고려한 운영(sustainability operation)은 수명주기 전체에 걸친 총투입 및 총산출은 물론, '*what goes in must come out*'(즉, **투입이 있으면 그에 상응하는 산출이 있다!**) 원칙에 근거해 비생산적 산출을 식별하여 보다 정확한 지속가능비용을 파악할 수 있게 한다.

(4) 지속가능발전과 자본예산

지속가능성을 고려한 자본예산의 편성 및 평가는 미래에 소요될 원가 및 부담해야 할지도 모를 채무(liability) 추정 때문에 쉽지 않은 과제이다. 그러나 타당성 분석을 행할 경우 제11장에서 다루었던 프로젝트와 관련된 전형적인 비용항목 외에 앞서 언급하였던 우발비용 및 기업이미지 관련 비용 등 프로젝트와 관련된 위험(risk)을 고려해야 한다. 참고로 UN이 제시한 지속가능성을 고려한 자본예산편성시 고려해야 할 지속가능성 관련 항목의 유형은 다음과 같다.

- 전형적 비용(원/부재료, 에너지비용, 인건비)
- 행정관리비용(모니터링, 보고 및 훈련비용)
- 우빌적 비용(잠재적 정소, 사고, 보상비용 및 벌금)
- 이미지 이익 및 비용(무형원가 또는 영업권)
- 외부효과비용(규제, 세금, 수수료, 벌금 등 형태)

3.4 지속가능경영과 BSC

제10장에서 소개한 전략적 성과관리 도구인 BSC를 이용하면 지속가능전략의 이행 및 통제가 보다 용이해진다. 지속가능전략에 대한 임직원의 커뮤니케이션이 원활해짐은 물론, 관점별 중점추진사항을 대상으로 한 지속적인 모니터링 및 피드백이 가능하다. 성과지표(선행, 후행지표) 간의 인과관계를 확인할 수 있음은 물론이다. 주로 Top-down방식으로 추진되는 BSC를 이용한 지속가능경영의 접근방식은 (i) 기존 BSC의 4가지 관점별로 환경적, 사회적 측면을 통합하는 방안, (ii) BSC 내에 지속가능관점을 추가하는 방안, (iii) 기존의 BSC와는 별도의 지속가능균형성과표(sustainability balanced scorecard)를 개발하는 방안 크게 3가지로 구분할 수 있다. 각각의 방안에 대한 장단점에 대한 설명은 아래와 같다.

1. 기존의 BSC관점 내에 사회적 및 환경적 측면을 통합한 S-BSC

이 방식은 지속가능활동을 기존 BSC의 측정치를 중심으로 한 관점간의 인과관계 속에 녹아들어 자연스럽게 지속가능경영이 기업 비전 및 전략적 목표와 연결되게 한다. 즉, 지속가능활동은 가장 밑단인 학습과 성장관점에서 포착되고, 기업의 가치사슬활동인 내부프로세스와 연계되어 제품/서비스를 구매하는 고객에 의하여 보상받아 궁극적으로 지속가능 활동의 성과가 재무적 관점에 반영된다는 인과관계적 연결을 특징으로 한다. 이처럼 지속가능경영의 사회적, 환경적 관점과 재무적 관점의 통합관리를 강조한다. 한 가지 단점은 지속가능활동이 지나치게 기업내부적 영향에 국한되어 이해관계자들이 중요시하는 사회적 성과나 외부효과를 배제할 수 있다는 점이다. 대표적인 기업들로는 **Novo Nordisk**, **Shell**이 꼽힌다.

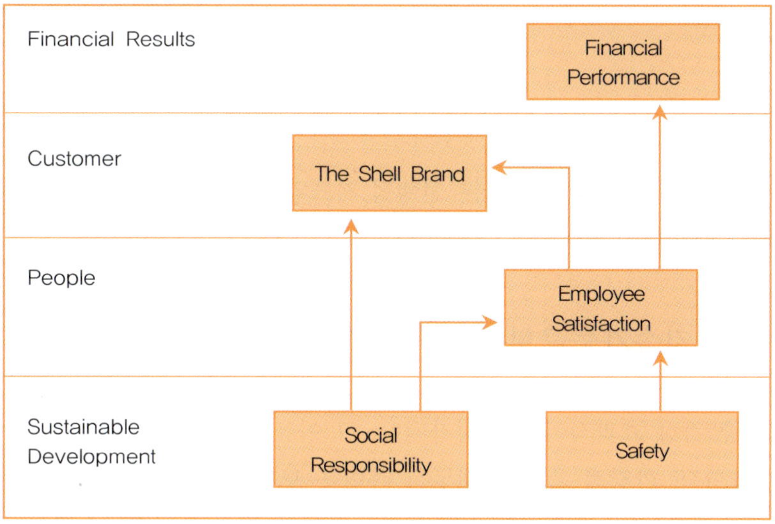

자료 : 2003/30/CEMR/INSEAD.

2. BSC내에 지속가능관점을 추가한 S-BSC

이 방법은 지속가능성이 조직의 미션과 전략의 핵심임을 강조한다. 따라서 기존 BSC의 4대 관점에 지속가능관점을 추가하고 기존 핵심성과지표(KPI)에 4~6개의 지표를 추가한다. 이 경우 지속가능 활동의 성공여부는 지속가능관점에 부여되는 가중치(weighting)의 수준에 달려 있다고 해도 과언이 아니다. 왜냐하면 비록 관점을 추가하더라도 동 관점내의 KPI가 차지하는 비중이 낮으면 평가를 염두에 둔 경영자 또는 임직원들의 관심에서 멀어질 수 있기 때문이다.

이러한 유형의 BSC를 채택하고 있는 기업들로는 일본의 **(주)리코**(환경보전관점 추가), **폭스바겐**(사회적 관점 추가) 및 **AMANCO**(환경사회관점 추가)가 있다(<표 13.6> 참조). 특히 일본의 **(주)리코**의 경우 환경보전관점에서 사회적 책임달성을 위한 성과

표 13.6

지속가능BSC의 관점 체계: 글로벌 사례

SIGMA	Shell	Dias-Sardinha	Unaxis	(주)리코	폭스바겐	AMANCO
지속가능성	재무	지속가능성	재무	재무	고객	재무
이해관계자	고객	이해관계자	사회	고객	사회	고객
내부 프로세스	인재	내부 프로세스	학습	사내 프로세스	학습	프로세스 기술
지식과 기술	지속가능 개발	학습	프로세스	학습과 성장	재무	환경/사회
				환경	프로세스	인적자원

자료 : 환경관리회계: 이론과 실천사례(육근효, 2009).

측정지표에서 지표간의 인과관계에 따른 선행적 지표와 후행적 지표를 연결하는 바람직한 구조까지 보여주고 있다.

3. 독자적인 지속가능균형성과표(S-BSC)의 개발

3가지 방법 중 가장 효과적이라고 평가된다. 그 이유는 S-BSC를 통하여 지속가능전담부서는 사회적, 환경적 측면과 재무적 측면을 보다 면밀하게 모니터링할 수 있을 뿐만 아니라 S-BSC의 측정지표가 지속가능경영의 핵심 운영활동으로부터 도출되기 때문이다. 이렇게 도출된 지속가능 측정치는 전략적 포지셔닝에 기반한 기존의 BSC와 연계되어 개발된다. 앞의 두 대안과의 차이는 독자적 S-BSC는 지속가능경영의 핵심 활동동인(driver)을 감안하여 KPI가 도출된다는 점이다.

McDONALD'S
2011 GLOBAL SUSTAINABILITY
SCORECARD

- Nutrition & Well-Being
- Sustainable Supply Chain
- Environmental Responsibility
- Employee Experience
- Community

KEY PERFORMANCE INDICATORS

PHILANTHROPIC ACTIVITIES(WORLDWIDE)

	2006	2007	2008	2009	2010
Total corporate cash and in-kind contributions	\$13.6M	\$10.6M	\$15.2M	\$19M	\$24M
LOCAL ECONOMIC IMPACT					
Total capital expenditures in top 9 markets (investments in new and existing restaurants)	\$1.7B	\$1.8B	\$1.8B	\$1.5B	\$1.5B

자료 : McDonald's 지속가능보고서, 2011.

요 약

01. 이 장에서는 전략적 원가관리의 핵심테마 중 시간과 커패서티에 초점을 맞추었다. **커패서티**는 최소의 자원으로 최대한의 고객가치를 창출하기 위해 제약자원을 100% 활용하는 기업의 산출능력으로 정의된다. 오늘날에는 종전의 물리적 산출능력보다는 소프트한 산출능력이 강조된다. 그러나 커패서티의 중요성은 여전하다.

02. 커패서티의 개념을 종업원에게 알리고 **커패서티**의 활용 정도를 측정하는 가운데 커패서티를 기업가치 창출에 최대한 활용하기 위해 수행하는 커패서티 관리는 기업이 경쟁우위를 획득하고 유지하는 데 핵심적이기 때문에 아무리 강조해도 지나침이 없다.

03. 오늘날 경영의 초점이 원가나 품질로부터 시간으로 이동함에 따라 시간관리의 중요성은 크게 부각되고 있다. 시간관리를 통하여 고객대응력을 높이면 원가절감 및 수익증대를 동시에 달성할 수 있다. 리드타임의 단축은 품질원가 감소, 비부가가치적 시간 최소화, 재공품 수준 감소, 진부화위험의 감소 등의 효과를 갖는다. 신제품개발과 관련된 대표적인 시간측정치인 **손익분기시간**(BET)은 출시기간의 단축을 유도하기 위한 대표적인 전략적 원가관리 측정치이다. 이 밖에도 사이클타임과 속도, 제조사이클 효율, 고객대응시간, 배달성과 등은 기업경영에 시간 개념을 도입한 대표적인 측정치이자 관리회계에서 강조되는 비재무적 측정치이다.

04. 오늘날 기업은 경제적 성과 이외에도 환경적 책임 및 사회적 책임을 포함한 지속가능발전을 염두에 둔 이해관계자 중심의 경영을 수행하지 않으면 안 된다. 이러한 **지속가능경영**을 지원하는 관리회계에서는 종전보다 측정 및 보고 대상이 확대된다.

핵심용어

- 커패서티
- 공학적 원가
- 감춰진 비용
- 회계적 낭비
- 손익분기시간
- 고객대응시간
- 지속가능경영
- 공유가치창출
- 지속가능보고서
- 커패서티 원가
- 유휴 커패서티
- (임의)재량원가
- 시간축 경영
- 사이클타임
- 배달성과
- 사회적 책임
- 외부효과
- 지속가능지수
- 커패서티 관리
- 정책적 낭비
- 전략적 커패서티 관리
- 모래탑이론
- 제조사이클 효율
- 납기준수율
- 환경적 책임
- 물질흐름회계
- GRI가이드라인

단답식 개념문제

01. 현행 서비스 또는 생산능력을 유지하거나 법에서 정한 의무사항을 이행함에 필요한 커패서티를 유지하는 데 소요되는 원가를 □□□□원가라고 한다.

02. □□□ 비용(□□□□□□□ costs)은 커패서티 관리와 관련하여 생산공정에 잠재되어 있는 낭비요소를 의미한다.

03. 신제품아이디어가 경영자에 의해 승인될 때부터 프로젝트로부터의 순현금유입액의 현재가치 누계액이 순투자지출의 현재가치 누적액과 같아질 때까지의 시간을 □□□□□□(BET: Break-Even-Time)이라고 한다.

04. □□□□(time-to-□□□□□□□)은 신제품에 대한 최초의 개념이 경영자에 의해 승인된 때부터 시장에 출시될 때까지의 기간을 말한다.

05. □□□□□(sustainability)이란 현세대뿐만 아니라 미래세대의 삶의 질의 개선을 목적으로 '미래세대에게 필요한 능력의 희생 없이 현세대의 필요능력을 충족시키는 발전'을 의미하며 이를 강조하는 경영을 □□□□경영이라고 부른다.

06. 경제적 성과, 사회적 성과 및 환경적 성과는 지속가능발전의 핵심 3요소로 불리는데 이를 흔히 triple □□□□□□ line으로 부른다.

[문 1] 커패서티란 무엇인가? 이의 정의를 내리고 관리회계의 이슈 중 커패서티와 관련된 대표적 이슈 세 가지를 설명하시오.

[문 2] 커패서티 관리란 무엇인가? 정의를 내리시오.

[문 3] 커패서티 관리가 쉽지 않은 이유는 무엇인가? 종업원의 측면에서 가능한 이유를 설명하시오.

[문 4] CAM-I의 커패서티 분류모델을 소개하시오. 아울러 동 모델이 갖는 장점을 설명하시오.

[문 5] 커패서티 관리와 관련하여 '감춰진 비용'이란 무엇을 의미하는가? 정의를 내리고 대표적인 유형별 낭비의 원인과 관리 포인트를 설명하시오.

[문 6] 본문에서 Fishbone chart(일명, 생선뼈 그림)로 나타낸 커패서티 낭비의 유형과

CAM-I의 커패서티 분류모델간의 유사점과 차이점은 무엇인가? 간략히 설명하시오.

[문 7] 공학적 원가(engineered cost)를 정의내리고 대표적인 유형을 세 가지만 드시오. 아울러 커패서티 관리상의 특징을 유휴 커패서티 관리 측면에서 답하시오.

[문 8] 임의재량원가(discretionary cost)를 정의내리고 대표적인 유형을 세 가지만 드시오. 아울러 커패서티 관리상의 특징을 유휴 커패서티 관리 측면에서 답하시오.

[문 9] 전통적인 손익계산서에 비해 ABC의 4단계 원가계층구조를 이용한 손익계산서가 커패서티 관리상 갖는 장점은 무엇인가?

[문10] 시간이 오늘날 기업경영에서 중요성을 갖는 이유는 무엇인가?

[문11] 모래탑이론(sand-cone theory)은 무엇을 강조하기 위한 것인가?

[문12] 시간동인을 정의하고 이것이 시간축 경영에서 어떻게 활용되는지를 관리회계적 관점에서 설명하시오.

[문13] 손익분기시간(BET)을 정의내리고 누가 고안한 측정치이며 어떤 이유로 고안했는지를 설명하시오. 아울러 한계점을 간략히 지적하시오.

[문14] 관리회계상 이용되는 대표적인 시간측정치를 몇 가지 정의내리고 활용목적을 설명하시오.

[문15] 고객대응시간의 구성을 프로세스 관점에서 몇 가지로 구분하시오.

[문16] 평균대기시간 산정공식이 시사하는 점을 간략히 설명하시오.

[문17] 지속가능성(sustainability), 지속가능경영(sustainability management) 및 지속가능 관리회계(sustainability management accounting)의 개념적 차이를 설명하시오.

[문18] 지속가능경영 또는 지속가능보고서에서 경제, 사회 및 환경적 관점이 통합적으로 관리되어야 하는 이유가 무엇인지를 간략히 기술하시오.

[문19] 지속가능보고서를 발행 및 공시하고 있는 기업이 활용할 수 있는 국제적 기준 2가지와 지속가능성 지수의 종류를 2가지 이상을 제시하시오.

[문20] 전략적 관리회계 차원에서 지속가능성(sustainability)을 고려해야 할 핵심 분야와 특징을 간단히 설명하시오.

[문21] 지속가능경영과 BSC를 접목할 수 있는 방안 3가지를 설명하시오.

[문22] 지속가능경영연구원 사이트(www.bisd.or.kr)를 방문하여 지속가능보고서를 발간한 우리나라의 기업 한 곳 이상을 선택하여 어떤 국제기준을 적용하였는지를 확인하시오.

연습문제

객관식

[문1] 다음 설명 중 손익분기시간(BET)을 가장 올바르게 설명하고 있는 것은? (★)

① 프로젝트의 최초 지출이 발생하는 시점부터 순현재가치(NPV)가 0이 될 때까지의 시간

② 수익이 발생하는 기간까지 프로젝트의 누적시간

③ 신제품아이디어를 경영자가 승인할 때부터 프로젝트로부터의 순현금유입액의 현재가치(PV) 누계액이 순투자지출의 현재가치(PV) 누적액과 같아질 때까지의 시간

④ 위의 보기 모두 맞음

[문2] 커패서티 관리와 관련한 생산공정상 낭비요소 유형에 관한 설명 중 틀린 것은? (★★)

① 이론조업도를 포기하고 어느 정도의 낭비를 포함하는 정상조업도를 기준조업도로 정의함으로써 발생하는 낭비를 정의적 낭비라고 한다.

② 병목자원에 대한 고려없이 단순히 단위당 노동시간이나 생산성에만 집중할 경우 발생하는 낭비를 관리적 낭비라고 한다.

③ 기업이 필요로 하는 생산량과 품질 및 공정을 최적으로 조화시키지 못함으로써 발생하는 방비를 구조적 낭비라고 한다.

④ 표준원가시스템이나 전부원가시스템 등이 경영자가 추구하는 전략적 목표를 달성할 수 있도록 목표일체화를 이루지 못해 발생하는 낭비를 회계적 낭비라고 부른다.

[문3] 다음은 (주)와우가 최근 수준한 주문 이행을 위해 소요된 활동시간 자료이다. 동 자료를 토대로 제조사이클 효율(MCE)은 얼마인가? (★)

작업(operation)	소요시간
절단 작업	20
재봉질 등	300
작업장 내 자재 이동	10

작업 개시까지 대기	40
포장 작업	30
	400

① 75% ② 80% ③ 87.5% ④ 90% ⑤ 100%

[문4] 다음의 지속가능원가의 구분 중 기업내부비용(private impacts)에 속하지 않는 것은? (★)

① 제품생산에 소요되는 원/부재료, 에너지비용, 인건비

② 초기 환경친화적 제품 디자인비용, 제품의 미래해체비용

③ 기업에게 책임은 없으나 공장가동으로 인하여 환경훼손비용

④ 환경관련 법규위반으로 인한 벌금, 부적절한 제품의 생산으로 발생한 소송비용 등

[문5] 제품의 설계부터 사용 및 폐기단계까지의 지속가능을 고려하는 지속가능관리회계의 수단은 다음 중 어느 것인가? (★)

① 지속가능을 고려한 가치사슬분석

② 지속가능을 고려한 원가배분

③ 지속가능을 고려한 수명주기원가계산

④ 지속가능을 고려한 자본예산

[문6] 다음의 지속가능보고서의 구성항목 중 사회성과에 속하지 않는 것은? (★)

① 배출, 폐기물, 폐수 ② 노동

③ 인권 ④ 제품책임

[문7] 다음 중 지속가능보고서 작성 시 고려하는 국제적 기준은 어느 것인가? (★)

① 다우존스 지속가능성 지수(DJSI)

② GRI guideline

③ DJSI-Asia Pacific

④ DJSI-Korea

주관식

[문1] 미활용 커패서티의 식별 및 관리 (★★)

홍익디지컴(주)은 판매관리용 소프트웨어를 판매하는 회사를 도와주는 소규모의 정보시스템 컨설팅기업이다. 시장상황은 매우 경쟁적이라 홍익디지컴(주)은 저원가로 고품질의 서비스를 제공하여야 한다. 당사는 판매관리용 시스템의 규모와 복잡성에 따른 작업완성 정도(단위)를 기준으로 고객에게 금액을 청구하고 있다. 아래 자료는 2018년과 2019년에 발생한 자료이다.

	2018년	2019년
1. 소프트웨어(=프로그램) 완성수량	60단위	70단위
2. 판매가격(단위당)	₩50,000	₩48,000
3. 소프트웨어 개발작업시간	30,000시간	32,000시간
4. 소프트웨어 개발작업시간당 원가	₩60	₩63
5. 소프트웨어 개발지원 커패서티	90단위	90단위
6. 소프트웨어 개발지원 총원가	₩360,000	₩369,000
7. 작업단위당 소프트웨어 개발지원 커패서티원가	₩4,000	₩4,100
8. 소프트웨어 개발직원수	3	3
9. 총 소프트웨어 개발비	₩375,000	₩390,000
10. 직원 1인당 소프트웨어 개발비	₩125,000	₩130,000

소프트웨어 실행노동시간당 원가는 변동비이며, 각 연도의 소프트웨어 실행지원원가는 소프트웨어 실행지원 커패서티(작업단위)를 기준으로 한다. 이는 해당 연도에 완성된 실제 작업단위에 따라 변동하지 않는다. 경영자는 각 연도초에 재량에 따라 소프트웨어 개발직원의 수를 결정한다. 소프트웨어 개발직원과 비용과의 관계는 완성된 프로그램 수에 아무런 관계가 없다.

〈요구사항〉

1. 2019년에 완성된 소프트웨어를 토대로 2019년초의 (1) 소프트웨어 개발지원과 (2) 소프트웨어 개발에 소요된 미활용 커패서티의 금액과 원가를 계산하시오. 만약 계산할 수 없다면 그 이유를 밝히시오.
2. 홍익디지컴이 소프트웨어 개발지원 커패서티를 작업단위 15개씩 추가 또는 축소할 수 있다고 가정하자. 홍익디지컴이 소프트웨어 실행지원 커패서티를 다운사이징하여 2018년에 절약할 수 있는 금액의 최대한도는 얼마인가?
3. 실제로 홍익디지컴은 미활용 소프트웨어 개발지원 커패서티를 전혀 줄이려 하지 않았다. 가능한 이유를 설명하시오.

〈자료 : HFD, 2000, 제13장 연습문제〉

[문2] 공학적 원가, 재량적 간접원가, 미활용 커패서티, 수선 및 유지 (★★)

마포공업사는 회전기계를 이용하여 기어(gear)를 생산하고 있다. 2018년도에 마포공업사의 회전기계는 80,000시간 동안 가동되었다. 마포공업사는 회전기계의 수선 및 유지요원으로 4명의 종업원을 고용하고 있다. 2018년도 각 수선 및 유지요원은 하루 8시간 250일 근무에 대한 연간 고정급여로 ₩40,000을 받는다. 2018년도 수선 및 유지요원의 실제노동시간은 6,000시간이다.

〈요구사항〉

1. 마포공업사의 수선 및 유지비용은 공학적 원가(engineered cost)인가 아니면 재량적 원가(discretionary cost)인가? 설명하시오.
2. 수선 및 유지비용을 공학적 원가로 가정하시오. 2018년도의 미활용 수선 및 유지 커패서티의 원가를 계산하시오. 마포공업사가 미활용 수선 및 유지 커패서티를 감축 또는 감축하지 않는 이유를 설명하시오.
3. 수선 및 유지비용을 재량원가로 가정하시오. 2018년도의 미활용 수선 및 유지 커패서티의 원가를 계산하시오.

〈자료 : HFD, 2000, 13-30 참조〉

[문3] 공학적 원가, 재량적 간접원가, 미활용 커패서티, 고객지원데스크 (★★)

심도 케이블TV는 2018년 유료 가입자가 750,000명이다. 심도 케이블TV는 고객상담업무를 담당하는 5명의 고객지원데스크 요원을 고용하였다. 2018년도 기간 동안에 고객지원데스크 요원은 각각 하루 8시간, 250일 동안 근무하여 연간 고정급으로 ₩36,000을 받는다. 당사는 2018년도에 고객으로부터 45,000건의 전화를 접수받았다. 평균통화시간은 10분이다.

〈요구사항〉

1. 심도 케이블TV의 고객지원데스크 원가는 공학적 원가인가? 재량원가인가?
2. 다음의 가정하에 2018년의 고객지원데스크의 미활용 커패서티의 원가를 계산하시오.
   - 가정 1 : 고객지원데스크의 원가는 공학적 원가이다.
   - 가정 2 : 고객지원데스크의 원가는 재량원가이다.

   만약, 미활용 커패서티의 규모와 원가를 계산할 수 없다면 그 이유를 밝히시오.
3. 심도 케이블TV의 유료가입자가 2019년에는 900,000명이고, 고객의 상담전화비율은 2018년도의 전화비율과 동일하다고 가정하라. 2019년의 고객지원데스크의 커패서티는 2018년과 동일하다. 다음의 가정하에 2019년의 고객지원데스크의 미활용 커패서티의 원가를 계산하시오.
   - 가정 1 : 고객지원데스크의 원가는 공학적 원가이다.

• 가정 2 : 고객지원데스크의 원가는 재량원가이다.

만약, 미활용 커패서티의 규모와 원가를 계산할 수 없다면 그 이유를 밝히시오.

〈자료 : HFD, 2000, 13-31 참조 수정〉

[문4] 손익분기시간(BET) (★★)

홍익자동차(주)의 제품개발위원회는 신제품개발 그룹으로부터 자본예산계획을 조사하고 있다. Project Space라고 명명된 새로운 자동차안은 2018년, 2019년 및 2020년까지 연구개발과 제품설계투자가 이루어져야 한다. 프로젝트에 대한 경영자의 승인은 2017년 말로 추정된다. 매출수익은 2021년부터 시작될 것이다. 현금유출액과 현금유입액에 대한 자료는 다음과 같다. 세금은 무시하기로 한다.

(단위 : 억원)

	2018	2019	2020	2021	2022	2023	2024
현금유출액							
연구개발	20	40	5	0	0	0	0
제품설계	10	25	50	0	0	0	0
제 조	0	0	0	25	300	200	45
마케팅	0	0	0	60	140	80	30
유 통	0	0	0	2	60	40	10
고객서비스	0	0	0	0	15	60	40
현금유입액							
수 익	0	0	0	80	760	540	160

홍익자동차(주)는 12%의 요구수익률을 사용한다.

〈요구사항〉

1. Project Space의 손익분기시간(BET)을 계산하시오.
2. 홍익자동차(주)가 손익분기시간을 단축시키기 위해서는 Project Space에 대해 어떤 조치를 취할 수 있는가?

〈자료 : HFD, 1994, 제23장 9절〉

[문5] 대기시간 (★★★)

홍익은행은 일본 요코하마에 지점 하나를 갖고 있다. 접수대에는 한 명의 출납계원만 있다. 접수대는 매일 5시간(300분) 동안 운영된다. 대고객 업무처리는 5분씩 걸린다. 요코하마 지점은 매일 40명의 고객이 찾아올 것으로 추정된다.

〈요구사항〉

1. 고객의 업무가 처리되기까지 평균적으로 얼마 동안 기다려야 하는가?

2. 지점이 매일 50명의 고객을 맞이할 것으로 추정되는 경우에는 평균적으로 얼마 동안 대기하여야 하는가?
3. 은행은 대기시간을 단축시킬 수 있는 방법을 고려중이다. 만일 대고객 업무처리시간이 4분으로 단축되면서 하루 50명씩 고객접수를 받게 되는 경우에는 고객이 평균적으로 얼마 동안 대기해야 하는가?

〈자료 : HFD, 1994, 문제 23-28〉

Reading materials

- 전기차는 또 하나의 모델 아닌 자동차산업 생존 카드 (키워드: 친환경)
  동아일보, 2013.09.30.
- 멀리서 해법 찾지 마라 … 현장에 답이 있다 (키워드: 시간관리, 신경영기법)
  한국경제, 2012.08.30.
- 위기를 기회로 만드는 공유가치 전략: 월마트(Walmart) 사례 살펴보기 (키워드: 지속가능성, 사회적 책임) IBR, 2014.04.21.

⋮

관리회계 전문가 되기
(新관리회계
information room)
cafe.naver.com/shinmgta

참고문헌
REFERENCES

1. 외국문헌

Anthony, R. and V. Govindaranjan, *Management Control*, Irwin, Inc., 1995. 본문표기 AG(1995)

Atkinson, Anthony A. Rajiv D. Banker, Robert S. Kaplan, and S. Mark Young, *Management Accounting*, Prentice-Hall, 1997.

Baker, Ronald J., *Pricing on Purpose*, John Wiley & Sons Inc, 2007.

Bitner, L. N. 1991. "A framework for teaching management accounting," *Issues In Accounting Education*(Spring): 112-119.

Blocher, Eward J. Kung H, Chen, and Thomas W. Lin, *Cost Management : A Strategic Emphasis*, Irwin/McGraw-Hill, 1999. 본문표기 BCL(1999)

CAM-I Target Core Group, *Target Costing : The Next Frontier in Strategic Cost Management*, McGraw-Hill Book Co., 1997.

______, *Implementing Capacity Cost Management Systems*, IMA Arthur Anderson LLP, CAM-I, 2000.

Cooper, R., and R, Slagmulder, *Target Costing and Value Engineering*, Portland : Productivity Press, 1997.

Ferdows, K & A. DeMeyer, "Lasting Improvements in Manufacturing Performance: In Search of a New Theory," *The Journal of Operations Management*(Nov. 2, 1991), pp.168-184.

Garrison, Ray H. et al., *Managerial Accounting*, McGraw-Hill Education(Asia), 2012.

Gregory, Ian C. and Simon B. Rawling, *Profit from Time : Speed Up Business Improvement by Implementing Time Compression*, Macmillan Press, 1997.

Hansen, R. and H, Mowen, *Cost Management*, South-Western College Publishing, 1997.

Hilton, Ronald W., *Managerial Accounting*, McGraw-Hill, 1994.

Horngren, Charles T., George Foster and Srikant M. Datar, *Cost Accounting : Managerial Emphasis*, Prentice-Hall, 1989. 본문표기 HFD(1989)

______, *Cost Accounting : Managerial Emphasis,* Prentice-Hall, 1994. 본문표기 HFD(1994)

______, *Cost Accounting : Managerial Emphasis*, Prentice-Hall, 1997. 본문표기 HFD(1997)

______, *Cost Accounting : Managerial Emphasis*, Prentice-Hall, 2000. 본문표기 HFD(2000)

______, *Cost Accounting : Managerial Emphasis*, Prentice-Hall, 2006. 본문표기 HFD(2006)

Ingram, Robert W., Thomas L. Albright, and John W. Hill, *Managerial Accounting : Information for Decisions*, South-Western College Publishing, 1997.

Johnson, H. Thomas and Robert Kaplan, *Relevance Lost*, Boston : Harvard Business School Press, 1987.

Jones, John W., *High-Speed Management: Time-Based Strategies for Managers and Organizations*, Jossey-Bass, 1992.

Kaplan, Robert and Anthony Atkinson, *Advanced Management Accounting*, Prentice-Hall, 3rd, 1998.

Kaplan, Robert and R. Cooper, *Cost and Effect*, Boston : Harvard Business School Press, 1998.

Kaplan, Robert and David P. Norton, *The Balanced Scorecard: Translating Strategy into Action*, Harvard Business Review Press, 1996.

______, *Strategy-Focused Organization: How balanced scorecard companies thrive in the new business environment*, Harvard Business School Press, 2001.

Mackay, James T. and Michael F. Thomas, *Management Accounting : A Road of Discovery*, South-Western College Publishing, 2000.

Magee, Robert P, *Advanced Managerial Accounting*, Harper & Row, 1986.

Maher, Michael, *Cost Accounting : Creating Value for Management*, Irwin/McGraw-Hill, 1997.

Maher, Michael and Edward B. Deakin, *Cost Accounting*, Irwin, 1994.

McNair, C. J. and Richard Vangermeersch, *Total Capacity Management : Optimizing at the Operational, Tactical, and Strategical Levels*, St. Lucie Press, 1998.

McNair, C. J., R. Lynch and K. Cross, "Do Financial and Nonfinancial Performance Measures Have a Agree?" *Management Accounting*, Nov. 1990.

Morse, Dale C. and Jerald L. Zimmermann, *Managerial Accounting*, The McGrew-Hill, Co. Inc., 1997.

Morse, Wayne J. and Harold P. Roth, *Cost Accounting: Processing, Evaulating and Using Cost Data*, Addison Wesley Publishing Company, 1989. 본문표기 Morse & Roth(1989)

Morse, Wayne J., James R. David, and A L. Hartgraves, *Management Accounting*, Addison Wesley Publishing Company, 1984.

______, *Management Accounting : A Strategic Accounting*, South-Western College Publishing, 2000. 본문표기 MDH(2000)

Rayborne, Cecily A., Jesse T. Barfield, and Michael R. Kinney, *Management Accounting*, West Publishing Company, 1999. 본문표기 RBK(1999)

Simons, R., *Levers of Control*, Boston : Harvard Business School Press, 1996.

Stalk, George Jr. and Thomas M. Hout, *Competing Against Time : How Time-based Competition Is Reshaping Global Markets*, The Free Press, 1990.

Weygandt, Jerry J., Donald E. Kieso, and Paul D. Kimmel, *Management Accounting : Tools for Business Decision Making*, John Wiley & Sons, Inc., 1999.

2. 국내문헌

강대준 · 신홍철, 『지금 당장 회계공부 시작하라』, 한빛비즈, 2012.
권용찬, 『원가관리회계』, 무역경영사, 1992.
김성기, 『원가 · 관리회계연습』, 경문사, 1990.
______, 『현대관리회계』, 다산출판사, 1988.
______, 『현대원가회계』, 경문사, 1986.
김영주 · 구태균, 『고급원가회계』, 책사랑, 2000.
박호근, 『관리회계연습』, 법문사, 1992.
송자 외 8人 공역, 『원가회계』, HFD(1993) 번역서, 대영사, 1994.
삼일회계법인, 『원가관리회계』, 삼일인포마인, 2013.
신준용 · 이석영 · 배길수, 『관리회계』, ABKY(1997) 번역서, 영풍문고, 1998.
신홍철, 『관리회계의 혁신 : 성공기업을 위한 전략적 관리회계의 실행』, 경문사, 1993.
______, 『(전략적 관점을 강조한) 관리회계』, 경문사, 2001.
신홍철 · 이주원 · 강대준, 『新원가회계』, 경문사, 2013.
신홍철 · 최웅용 · 김영주, 『객관식 원가관리회계』, 명경사, 2008.
신홍철 · 이택수 공역, 『타겟코스팅 : 전략적 원가관리의 뉴프론티어』, 명경사, 1998.
신홍철 · 이택수 · 김완희 공역, 『기업환경성과의 측정과 관리』, 명경사, 2001.
엘리 골드렛 · 제프콕스(김일운 외 역), 『*The Goal* 더 골』, 동양문고, 2002.
오경수, 『(고급)원가 · 관리회계연습』, 등용문출판사, 1997.
유필화, 『가격정책론: 이론과 응용』, 박영사, 1991.
육근효, 『환경관리회계』, 집문당, 2009.
이광우, 『원가관리회계』, 도서출판 홍, 1997.
이나모리 가즈오(김욱송 역), 『이나모리 가즈오의 회계경영』, 다산북스, 2010.
이동욱, 『원가관리 회계연습』, 도서출판 홍, 1996.
이승주, 『경영전략 실천 매뉴얼』, Sigma Insight Group, 1999.
이종수, 『행정학 사전』, 대영문화사, 2009.
정준수, 『경영원가계산』, 경문사, 1992.
조동성 역, 『경쟁우위』, 교보문고, 1991.
조용두 외 다수, 『Post-Crisis 新경영 트렌드』, POSRI 포스코경영연구소, 2009.
BSC연구회, 「한국형 BSC 성공사례11」, 삼성경제연구소, 2006.

Key Figures 연습문제수치해답

제 1 장 관리회계와 전략의 만남

객관식

[문1] ① [문2] ③ [문3] ① [문4] ③ [문5] ④

제 2 장 원가회계의 세상 다녀오기

객관식

[문1] ③ [문2] ③ [문3] ④ [문4] ① [문5] ① [문6] ③
[문7] ③ [문8] ③ [문9] ③ [문10] ② [문11] ②, ③
[문12] ③

주관식

[문1] (1) 900,000 (2) 550,000 (3) 900,000 (4) 800,000
(5) 750,000 (6) 700,000 (7) 900,000
[문2] ₩10,400,000
[문3] ₩30,800
[문4] 134.08(만원)
[문5] ₩2,500,000
[문6] ₩22,200
[문7] ₩620,000

제 3 장 원가 · 조업도 · 이익(CVP)분석

객관식

[문1] ③ [문2] ①, ③ [문3] ⑤ [문4] ① [문5] ② [문6] ②
[문7] ④ [문8] ② [문9] ③ [문10] ⑤

주관식

[문1] 1. ₩135,000
2. ₩34,000 손실
[문2] 제품X: ₩216,000, 1,800개
제품Y: ₩600,000, 1,200개
[문3] ₩3,000,000 증가
[문4] 6,917개
[문5] ₩5,000
[문6] 1. ₩16,000
2. 2.67
3. 60%
4. 신촌 기업 300개
[문7] ₩128,000
[문8] 28.57%, 3.5, 70% 증가
[문9] 800개
[문10] 1. 55% → 58%로 증가
2. 20%
3. ₩517,241 증가
4. 5→5.8로 증가
5. ₩6,000 증가
[문11]

	녹음기	전자계산기
1.	40,000개	80,000개
2.	34,000	102,000
3.	54,000	162,000

[문12] 1. ₩67,200,000 2. ₩72,000,000 3. ₩19,600

제 4 장 관련원가 분석(I): 단기적 특별의사결정

객관식

[문1] ② [문2] ⑤ [문3] ④ [문4] ① [문5] ④ [문6] ①
[문7] ① [문8] ③ [문9] ② [문10] ②

주관식

[문1] 1. 0
2. 대체안 선택에 무관함
3. 품질관리 및 미래에 예상되는 수요증가에 대비한 자세 등
[문2] 수락함. ₩70,000 이익 증가
[문3] 병 ₩2,520 증가
[문4] 수락해야 함. ₩30,000 이익 증가
[문5] ₩75,000
[문6] ₩500 이익 감소

[문7] 갑제품
[문8] ₩14,000,000 감소
[문9] 1. ₩202,000
2. (1) 아동용 제조 = 8,750개
사무용 제조 = 500개
사무용 구입 = 5,500개
(2) 공헌이익 증가액 = ₩174,125
3. (1) 아동용(특별주문) 200개
아동용(자가제조) 8,750개
사무용(자가제조) 420개
(2) ₩2,000
(3) ₩34.1
4. 사무용(자가제조) 4,000개
아동용(외부구입) 8,750개
사무용(외부구입) 2,000개
[문10] 1. ₩565 2. ₩150 3. 해답집 참조
[문11] ₩2,300

제5장 관련원가분석(II): 가격결정과 제품믹스결정

객관식

[문1] ② [문2] ④ [문3] ③ [문4] ⑤ [문5] ④ [문6] ③
[문7] ③ [문8] ①

주관식

[문1] 해답집 참조
[문2] 1. ₩40
2. 해답집 참조
[문3] 1. ₩259,000
2. ₩2,200
[문4] 1. 52.78% ₩27.5
2. 37.5% ₩27.5
[문5] 1. P ≥ ₩14
2. P = ₩16
[문6] ₩1,760
[문7] 1. 기존 가격을 유지
2. 수락이 유리
3. ₩3,550
4. ① 6,000개 ② ₩12,600,000 손실 ③ ₩4,167
[문8] 1. ₩1,192 2. 58.93% 3. ₩1,192 4. 128.89%
[문9] 1. ₩10/시간
2. A = ₩460, B = ₩575
3. 부문 1 = ₩12, 부문 2 = ₩8
4. A = ₩388, B = ₩512
5. A = ₩446.2, B = ₩588.8
6. 해답집 참조
[문10] 1. ① 34, ② 46, ③ 49, ④ 74, ⑤ 산출불가능
2. ① 34, ② 41.6, ③ 45.4, ④ 46.43

제6장 종합예산

객관식

[문1] ④ [문2] ① [문3] ⑤ [문4] ④ [문5] ② [문6] ③
[문7] ① [문8] ⑤

주관식

[문1] 1월 ₩63,000 2월 ₩64,500 3월 ₩67,500
[문2] 1. ₩560,000
2. ₩464,000
3. ₩571,000
4. ₩76,800
[문3] 1. 매출원가 ₩10,400,000
2. 상품구매액 ₩10,500,000
3. 연말 외상매입금 잔액 ₩879,167
4. 연간 예산현금지출액 ₩10,420,833
[문4] ₩2,480
[문5] 1. 1월 = 22,000,000 lbs
2월 = 28,000,000 lbs
3월 = 36,400,000 lbs
2. 1월 ₩235,000
2월 ₩301,000
[문6] 현금유입액 ₩352,500 매출채권잔액 ₩147,500
[문7] 4월 ₩82,800 5월 ₩94,500 6월 ₩106,200
[문8] 1. ₩215,000
2. ₩221,000
[문9] ₩106,325

제7장 불확실성하의 의사결정과 정보활용

객관식

[문1] ② [문2] ④ [문3] ① [문4] ③ [문5] ② [문6] ③
[문7] ① [문8] ③ [문9] ⑤

주관식

[문1] 1. EVPI = ₩17,000
2. 최소 기대기회손실금액 ₩17,000(주문량 400개)
3. 일치한다.

[문2] ₩250

[문3] 1. 입찰시 기대이익이 ₩10,000 더 크므로 입찰함.
2. EVPI = ₩40,000

[문4] 조사하는 것이 바람직함

[문5] EVSI = ₩144

[문6] 1. A = 110, B = 125, C = 118
2. 결과요약(기대화폐가치)
A = ₩4,810,000 B = ₩4,375,000 C = ₩4,278,000
3. 모델 A

[문7] 1. 거부함
2. EVPI = ₩3,000
3. EVSI = ₩918 자문을 받지 않는 것이 유리

[문8] ₩22

[문9] ₩1,350,000

[문10] 1. B기계를 이용함
2. EVPI = ₩15,000
3. 0 4. A기계 5. B기계

[문11] 1. ₩9,200 2. ₩20,000 3. 0.5 ~ 1범위

제 8 장 책임회계제도

객관식

[문1] ① [문2] ③ [문3] ② [문4] ② [문5] ③ [문6] ④
[문7] ③ [문8] ⑤

주관식

[문1] 해답집 참조

[문2] 1. 판매가격차이 ₩150(F)
판매수량차이 ₩750(F)
2. 해답십 참조
3. 순판매수량차이 ₩150(F)
4. 해답집 참조

[문3] 해답집 참조

[문4] 해답집 참조

[문5] 1. 판매수량차이 ₩1,000(F)
2. 판매믹스차이 ₩7,000(U)
3. 순판매수량차이 ₩8,000(F)

[문6] 1. 판매가격차이 ₩45,500(U)
2. 판매믹스차이 ₩35,100(U)
3. 판매수량차이 ₩35,600(F)

[문7] 1. 재료수율차이 ₩1,200,000(U)
2. 재료배합믹스차이 ₩600,000(F)

[문8] 시장점유율차이 ₩5,950,000(F)

[문9] 1. 판매가격차이 ₩220,000(U)
2. 변동원가차이 ₩82,500(F)
3. 순판매수량차이 ₩62,500(F)
4. 고정원가차이 ₩50,000(U)

[문10] 해답집 참조

제 9 장 분권화와 사내대체가격

객관식

[문1] ③ [문2] ③ [문3] ④ [문4] ② [문5] ④ [문6] ①
[문7] ③ [문8] ③ [문9] ③ [문10] ③

주관식

[문1] CD 사업부: 10%, 2회, 20%
MP3 사업부: ₩5,000,000, 10%, 0.1회
S/W 사업부: ₩10,000,000, ₩50,000, 1%

[문2] 1. 해답집 참조
2. ₩45,000

[문3] 1. (1) 0.20 (2) ₩615,000
2. 해답집 참조
3. 해답집 참조

[문4] 17,500개

[문5] 1. ₩(240), ₩(240), ₩120, ₩1,860, ₩1,660
2. ₩(28.8), ₩(28.8), ₩14.4, ₩223.2, ₩199.2
3.~5. 해답집 참조

[문6] 1,000단위까지 ₩2,700 ≤ TP ≤ ₩4,200,
1,000단위 초과시 TP 존재하지 않음

[문7] 1. B사업부 ₩10,000 손실, 회사: ₩8,000 이익
2. 불리
3. 대체안 2

[문8] 1. ₩10.53 2. ₩10
3. 해답집 참조 4. ₩28.5

[문9] 1. (1) 대체하지 말아야 한다. (2) 옳은 가격이다.
2. ₩120
3. 구매한다.
4. TP = ₩175

[문10] ₩2,000 증가

제10장 전략적 성과관리

객관식

[문1] ③ [문2] ① [문3] ① [문4] ⑤ [문5] ②

주관식

[문1] 고객 A ₩125, 고객 B ₩(235)
[문2] 1. 해답집 참조
2. 신촌사업부 상반기 ₩0, 하반기 ₩6,600,000, 연간 ₩6,600,000
강남사업부 상반기 ₩10,840,000, 하반기 ₩11,120,000, 연간 ₩21,960,000
3. 해답집 참조
[문3] 해답집 참조
[문4] 해답집 참조
[문5] 1. ₩96,900,000 2. 아니다. 3. 비윤리적이다.
[문6] 1. 해답집 참조
2. 김협상 ₩165,844,800, 이판촉 ₩71,001,600, 박구조 ₩55,901,800
3. 해답집 참조
[문7] 1. 뉴올리언스 2. 해답집 참조
[문8] 1. TV광고를 할 경우 경영자의 기대이익 ₩2,400
TV광고를 하지 않을 경우 경영자의 기대이익 ₩1,000
전문경영자의 입장에서는 TV광고를 하는 것이 유리하다.
2.~3. 해답집 참조

제11장 자본예산

객관식

[문1] ① [문2] ③ [문3] ③ [문4] ② [문5] ② [문6] ③
[문7] ② [문8] ① [문9] ②

주관식

[문1] NPV = ₩7,676,800, 기계화 추진
[문2] 1. NPV = ₩4,365
2. IRR = 16%
3. 회수기간 = 3.074년
4. ① 11.6%, ② 19.95%
[문3] ① 3.25년 ② 4.99년
[문4] 1. ₩12,300 2. ₩16,627
[문5] 증분투자액 (₩28,400),
차액현금흐름(연간) ₩5,120
투자종료시점(처분) (₩10,800)
[문6] 4,532개
[문7] 1. (1) (₩9,036) (2) ₩480,620 (3) ₩51,900
2. ₩483,484, 신기계로 대체
3. 해답집 참조
[문8] 1. 투자해야 한다.
2.~3. 해답집 참조
[문9] A = C > B > D
[문10] 1. 1,373 2. (143.4) 3. 1,373 4. (2,741)

제12장 전략적 관리회계(Ⅰ): 생산성 분석과 TOC

객관식

[문1] ① [문2] ④ [문3] ③ [문4] ② [문5] ⑤ [문6] ③
[문7] ③ [문8] ①

주관식

[문1] 1. 재료생산성 13.2, 노동생산성 36.67
2. 재료생산성 개선정도 11%, 노동생산성 개선정도 9.69%
3. 10%
[문2] 1. 0.525
2. 5%
3. 2013년 ₩690,000, 2014년 ₩1,000,000
4. ₩50,000(F)
[문3] 1. 증분손실 ₩2,000이므로 활용하지 않는다.
2. 제안수락시 증분이익 ₩1,000이다.
[문4] 1. 자동화 설비를 임차한다.
2. ₩60,000,000
3. ₩140,000,000
[문5] 1. 직접재료, 직접노무시간
2. ₩11,000 증가
3. ₩11,700(F)
4. ₩600(U)
5. 27.3% 개선
[문6] 1. 수락한다.
2. 거절한다.
3. 적용한다.

4. 적용하지 않는다.
5. 재료의 원가절감

[문7] 1. SA ₩52,000, SB ₩75,600
2. 외부구입이 바람직하다.
3. 적용한다.
4. 도입한다.

제13장 전략적 관리회계(II): 커패서티 관리, 시간관리 및 지속가능경영과 관리회계

객관식

[문1] ③ [문2] ③ [문3] ③ [문4] ③ [문5] ③ [문6] ①
[문7] ②

주관식

[문1] 1. (1) 소프트웨어 개발지원은 20단위, ₩82,000
(2) 소프트웨어 개발은 계산할 수 없음
2. ₩61,500
3. 미래수요증가 대비

[문2] 1. 재량원가
2. ₩40,000
3. 계산할 수 없음

[문3] 1. 공학적 원가
2. 1)가정 1: ₩45,000 2)가정 2: 계산할 수 없음
3. 1)가정 1: ₩18,000 2)가정 2: 계산할 수 없음

[문4] 1. BET 4.88년
2. 해답집 참조

[문5] 1. 5분 2. 12.5분 3. 4분

현가표

부표 1 미래가치계수($CVIF$)

$CVIF = (1+R)^n$

기간	이자율 1%	2%	3%	4%	5%	6%	7%	8%	9%
1	1.0100	1.0200	1.0300	1.0400	1.0500	1.0600	1.0700	1.0800	1.0900
2	1.0201	1.0404	1.0609	1.0816	1.1025	1.1236	1.1449	1.1664	1.1881
3	1.0303	1.0612	1.0927	1.1249	1.1576	1.1910	1.2250	1.2597	1.2950
4	1.0406	1.0824	1.1255	1.1699	1.2155	1.2625	1.3108	1.3605	1.4116
5	1.0510	1.1041	1.1593	1.2167	1.2763	1.3382	1.4026	1.4693	1.5386
6	1.0615	1.1262	1.1941	1.2653	1.3401	1.4185	1.5007	1.5869	1.6771
7	1.0721	1.1487	1.2299	1.3159	1.4071	1.5036	1.6058	1.7138	1.8280
8	1.0829	1.1717	1.2668	1.3686	1.4775	1.5938	1.7182	1.8509	1.9926
9	1.0937	1.1951	1.3048	1.4233	1.5513	1.6895	1.8385	1.9990	2.1719
10	1.1046	1.2190	1.3439	1.4802	1.6289	1.7908	1.9672	2.1589	2.3674
11	1.1167	1.2434	1.3842	1.5395	1.7103	1.8983	2.1049	2.3316	2.5804
12	1.1268	1.2682	1.4258	1.6010	1.7959	2.0122	2.2522	2.5182	2.8127
13	1.1381	1.2936	1.4685	1.6651	1.8856	2.1329	2.4098	2.7196	3.0658
14	1.1495	1.3195	1.5126	1.7317	1.9799	2.2609	2.5785	2.9372	3.3417
15	1.1610	1.3459	1.5580	1.8009	2.0789	2.3966	2.7590	3.1722	3.6425
16	1.1726	1.3728	1.6047	1.8730	2.1829	2.5404	2.9522	3.4259	3.9703
17	1.1843	1.4002	1.6528	1.9479	2.2920	2.6928	3.1588	3.7000	4.3276
18	1.1961	1.4282	1.7024	2.0258	2.4066	2.8543	3.3799	3.9960	4.7171
19	1.2081	1.4568	1.7535	2.1068	2.5270	3.0256	3.6165	4.3157	5.1417
20	1.2202	1.4859	1.8061	2.1911	2.6533	3.2071	3.8697	4.6610	5.6044
21	1.2324	1.5157	1.8603	2.2788	2.7860	3.3996	4.1406	5.0338	6.1088
22	1.2447	1.5460	1.9161	2.3699	2.9253	3.6035	4.4304	5.4365	6.6586
23	1.2572	1.5769	1.9736	2.4647	3.0715	3.8197	4.7405	5.8715	7.2579
24	1.2697	1.6084	2.0328	2.5633	3.2251	4.0489	5.0724	6.3412	7.9111
25	1.2824	1.6406	2.0938	2.6658	3.3864	4.2919	5.4274	6.8485	8.6231
30	1.3478	1.8114	2.4273	3.2434	4.3219	5.7435	7.6123	10.063	13.268
40	1.4889	2.2080	3.2620	4.8010	7.0400	10.286	14.974	21.725	31.409
50	1.6446	2.6916	4.3839	7.1067	11.467	18.420	29.457	46.902	74.358
60	1.8167	3.2810	5.8916	10.520	18.679	32.988	57.946	101.26	176.03

부표1 (계속)

이자율									
10%	12%	14%	15%	16%	18%	20%	24%	28%	32%
1.1000	1.1200	1.1400	1.1500	1.1600	1.1800	1.2000	1.2400	1.2800	1.3200
1.2100	1.2544	1.2996	1.3225	1.3456	1.3924	1.4400	1.5376	1.6384	1.7424
1.3310	1.4049	1.4815	1.5209	1.5609	1.6430	1.7280	1.9066	2.0972	2.3000
1.4641	1.5735	1.6890	1.7490	1.8106	1.9388	2.0736	2.3642	2.6844	3.0360
1.6105	1.7623	1.9254	2.0114	2.1003	2.2878	2.4883	2.9316	3.4360	4.0075
1.7716	1.9738	2.1950	2.3131	2.4364	2.6996	2.9860	3.6352	4.3980	5.2899
1.9487	2.2107	2.5023	2.6600	2.8262	3.1855	3.5832	4.5077	5.6295	6.9826
2.1436	2.4760	2.8526	3.0590	3.2784	3.7589	4.2998	5.5895	7.2058	9.2170
2.3579	2.7731	3.2519	3.5179	3.8030	4.4355	5.1598	6.9310	9.2234	12.166
2.5937	3.1058	3.7072	4.0456	4.4114	5.2338	6.1917	8.5944	11.806	16.060
2.8531	3.4785	4.2262	4.6524	5.1173	6.1759	7.4301	10.657	15.112	21.199
3.1384	3.8960	4.8179	5.3503	5.9360	7.2876	8.9161	13.215	19.343	27.983
3.4523	4.3635	5.4924	6.1528	6.8858	8.5994	10.699	16.386	24.759	36.937
3.7975	4.8871	6.2613	7.0757	7.9875	10.147	12.839	20.319	31.691	48.757
4.1772	5.4736	7.1379	8.1371	9.2655	11.974	15.407	25.196	40.565	64.359
4.5950	6.1304	8.1372	9.3576	10.748	14.129	18.488	31.243	51.923	84.954
5.0545	6.8660	9.2765	10.761	12.468	16.672	22.186	38.741	66.461	112.14
5.5599	7.6900	10.575	12.375	14.463	19.673	26.623	48.039	85.071	148.02
6.1159	8.6128	12.056	14.232	16.777	23.214	31.948	59.568	108.89	195.39
6.7275	9.6463	13.743	16.367	19.461	27.393	38.338	73.864	139.38	257.92
7.4002	10.804	15.668	18.822	22.574	32.324	46.005	91.592	178.41	340.45
8.1403	12.100	17.861	21.645	26.186	38.142	55.206	113.57	228.36	449.39
8.9543	13.552	20.362	24.891	30.376	45.008	66.247	140.63	292.30	593.20
9.8497	15.179	23.212	28.625	35.236	53.109	79.497	174.63	374.14	783.02
10.835	17.000	26.462	32.919	40874	62.669	95.396	216.54	478.90	1033.6
17.449	29.960	50.950	66.212	85.850	143.37	237.38	634.82	1645.5	4142.1
45.259	93.051	188.88	267.66	378.72	750.38	1469.8	5455.9	19427.	66521.
117.39	289.00	700.23	1083.7	1670.7	3927.4	9100.4	46890.	–	–
304.48	897.60	2595.9	4384.0	7370.2	20555.	56348.	–	–	–

부표 2 현재가치계수($PVIF$)

$$PVIF = \frac{1}{(1+R)^n}$$

기간	이자율								
	1%	2%	3%	4%	5%	6%	7%	8%	9%
1	0.9901	0.9804	0.9709	0.9615	0.9524	0.9434	0.9346	0.9259	0.9174
2	0.9803	0.9612	0.9426	0.9246	0.9070	0.8900	0.8734	0.8573	0.8417
3	0.9706	0.9423	0.9151	0.8890	0.8638	0.8396	0.8163	0.7938	0.7722
4	0.9610	0.9238	0.8885	0.8548	0.8227	0.7921	0.7629	0.7350	0.7084
5	0.9615	0.9057	0.8626	0.8218	0.7835	0.7473	0.7130	0.6806	0.6499
6	0.9420	0.8880	0.8375	0.7903	0.7462	0.7050	0.6563	0.6302	0.5963
7	0.9327	0.8706	0.8131	0.7599	0.7107	0.6651	0.6227	0.5835	0.5470
8	0.9235	0.8635	0.7894	0.7307	0.6768	0.6274	0.5820	0.5403	0.5019
9	0.9143	0.8368	0.7664	0.7026	0.6446	0.5919	0.5439	0.5002	0.4604
10	0.9053	0.8203	0.7441	0.6756	0.6139	0.5584	0.5083	0.4632	0.4224
11	0.8963	0.8043	0.7224	0.6496	0.5847	0.5268	0.4751	0.4289	0.3875
12	0.8874	0.7885	0.7014	0.6246	0.5568	0.4970	0.4440	0.3971	0.3555
13	0.8787	0.7730	0.6810	0.6006	0.5303	0.4688	0.4150	0.3677	0.3262
14	0.8700	0.7579	0.6611	0.5775	0.5051	0.4423	0.3878	0.3405	0.2992
15	0.8613	0.7430	0.6419	0.5553	0.4810	0.4173	0.3624	0.3152	0.2745
16	0.8528	0.7284	0.6232	0.5339	0.4581	0.3936	0.3387	0.2919	0.2519
17	0.8444	0.7142	0.6050	0.5134	0.4363	0.3714	0.3166	0.2703	0.2311
18	0.8360	0.7002	0.5874	0.4936	0.4155	0.3503	0.2959	0.2502	0.2120
19	0.8277	0.6864	0.5703	0.4746	0.3957	0.3305	0.2765	0.2317	0.1945
20	0.8195	0.6730	0.5537	0.4564	0.3769	0.3118	0.2584	0.2145	0.1784
21	0.8114	0.6598	0.5375	0.4388	0.3589	0.2942	0.2415	0.1987	0.1637
22	0.8034	0.6468	0.5219	0.4220	0.3418	0.2775	0.2257	0.1839	0.1502
23	0.7954	0.6342	0.5067	0.4057	0.3256	0.2618	0.2109	0.1703	0.1378
24	0.7876	0.6217	0.4919	0.3901	0.3101	0.2470	0.1971	0.1577	0.1264
25	0.7798	0.6095	0.4776	0.3751	0.2953	0.2330	0.1842	0.1460	0.1160
30	0.7419	0.5521	0.4120	0.3083	0.2314	0.1741	0.1314	0.0994	0.0754
40	0.6717	0.4529	0.3066	0.2083	0.1420	0.0972	0.0668	0.0460	0.0318
50	0.6080	0.3715	0.2281	0.1407	0.0872	0.0543	0.0339	0.0213	0.0134

부표2 (계속)

이자율									
10%	12%	14%	15%	16%	18%	20%	24%	28%	32%
0.9091	0.8929	0.8772	0.8696	0.8621	0.8475	0.8333	0.8065	0.7813	0.7576
0.8264	0.7972	0.7695	0.7561	0.7432	0.7182	0.6944	0.6504	0.6104	0.5739
0.7513	0.7118	0.6750	0.6575	0.6407	0.6086	0.5787	0.5245	0.4768	0.4348
0.6830	0.6355	0.5921	0.5718	0.5523	0.5158	0.4823	0.4230	0.3725	0.3294
0.6209	0.5674	0.5194	0.4972	0.4761	0.4371	0.4019	0.3411	0.2910	0.2495
0.5645	0.5066	0.4556	0.4323	0.4104	0.3704	0.3349	0.2751	0.2274	0.1890
0.5132	0.4523	0.3996	0.3769	0.3538	0.3139	0.2791	0.2218	0.1776	0.1432
0.4665	0.4039	0.3506	0.3269	0.3050	0.2660	0.2326	0.1789	0.1388	0.1085
0.4241	0.3606	0.3075	0.2843	0.2630	0.2255	0.1938	0.1443	0.1084	0.0822
0.3855	0.3220	0.2697	0.2472	0.2267	0.1911	0.1615	0.1164	0.0847	0.0623
0.3505	0.2875	0.2366	0.2149	0.1954	0.1619	0.1348	0.0938	0.0662	0.0472
0.3186	0.2567	0.2076	0.1869	0.1685	0.1372	0.1122	0.0757	0.0517	0.0357
0.2897	0.2292	0.1821	0.1625	0.1452	0.1163	0.0935	0.0610	0.0404	0.0271
0.2633	0.2046	0.1597	0.1413	0.1252	0.0985	0.0779	0.0492	0.0316	0.0205
0.2394	0.1827	0.1401	0.1229	0.1079	0.0835	0.0649	0.0397	0.0247	0.0155
0.2176	0.1631	0.1229	0.1069	0.0930	0.0708	0.0541	0.0320	0.0193	0.0118
0.1978	0.1456	0.1078	0.0929	0.0802	0.0600	0.0451	0.0258	0.0150	0.0089
0.1799	0.1300	0.0946	0.0808	0.0691	0.0508	0.0376	0.0208	0.0118	0.0068
0.1635	0.1161	0.0829	0.0703	0.0596	0.0431	0.0313	0.0168	0.0092	0.0051
0.1486	0.1037	0.0728	0.0611	0.0514	0.0365	0.0261	0.0135	0.0072	0.0039
0.1351	0.0926	0.0638	0.0531	0.0443	0.0309	0.0217	0.0109	0.0056	0.0029
0.1228	0.0826	0.0560	0.0462	0.0382	0.0262	0.0181	0.0088	0.0044	0.0022
0.1117	0.0738	0.0491	0.0402	0.0329	0.0222	0.0151	0.0071	0.0034	0.0017
0.1015	0.0659	0.0431	0.0349	0.0284	0.0188	0.0126	0.0057	0.0027	0.0013
0.0923	0.0588	0.0378	0.0304	0.0245	0.0160	0.0105	0.0046	0.0021	0.0010
0.0573	0.0334	0.0196	0.0151	0.0116	0.0070	0.0042	0.0016	0.0006	0.0002
0.0221	0.0107	0.0053	0.0037	0.0026	0.0013	0.0007	0.0002	0.0001	–
0.0085	0.0035	0.0014	0.0009	0.0008	0.0003	0.0001	–	–	–

부표 3 연금의 현재가치계수(*PVIFA*)

$$PVIFA = \left[\frac{1}{R} - \frac{1}{R(1+R)^n}\right]$$

기간	이자율								
	1%	2%	3%	4%	5%	6%	7%	8%	9%
1	0.9901	0.9804	0.9709	0.9615	0.9524	0.9434	0.9346	0.9259	0.9174
2	1.9704	1.9416	1.9135	1.8861	1.8594	1.8334	1.8080	1.7833	1.7591
3	2.9410	2.8839	2.8286	2.7751	2.7232	2.6730	2.6243	2.5771	2.5313
4	3.9020	3.8077	3.7171	3.6299	3.5460	3.4651	3.3872	3.3121	3.2397
5	4.8534	4.7135	4.5797	4.4518	4.3295	4.2124	4.1002	3.9927	3.8897
6	5.7955	5.6014	5.4172	5.2421	5.0757	4.9173	4.7665	4.6229	4.4859
7	6.7282	6.4720	6.2303	6.0021	5.7864	5.5824	5.3893	5.2064	5.0330
8	7.6517	7.3255	7.0197	6.7327	6.4632	6.2098	5.9713	5.7466	5.5348
9	8.5660	8.1622	7.7861	7.4353	7.1078	6.8017	6.5152	6.2469	5.9952
10	9.4713	8.9826	8.5302	8.1109	7.7217	7.3601	7.0236	6.7101	6.4177
11	10.3676	9.7858	9.2526	8.7605	8.3064	7.8669	7.4987	7.1390	6.8052
12	11.2551	10.5753	9.9540	9.3851	8.8633	8.3838	7.9427	7.5361	7.1607
13	12.1337	11.3484	10.6350	9.9856	9.3936	8.8527	8.3577	7.9038	7.4869
14	13.0037	12.1062	11.2961	10.5631	9.8986	9.2960	8.7455	8.2442	7.7862
15	13.8651	12.8493	11.9379	11.1184	10.3797	9.7122	9.1079	8.5595	8.0607
16	14.7179	13.5777	12.5611	11.6523	10.8378	10.1059	9.4466	8.8514	8.3126
17	15.5623	14.2919	13.1661	12.1657	11.2741	10.4773	9.7632	9.1216	8.5436
18	16.3983	14.9920	13.7535	12.6593	11.6896	10.8276	10.0591	9.3719	8.7556
19	17.2260	15.6785	14.3238	13.1339	12.0853	11.1581	10.3356	9.6036	8.9501
20	18.0456	16.3514	14.8775	13.5903	12.4622	11.4699	10.5940	9.8181	9.1285
21	18.8570	17.0112	15.4150	14.0292	12.8212	11.7641	10.8355	10.0168	9.2922
22	19.6604	17.6580	15.9369	14.4511	13.1630	12.0416	11.0612	10.2007	9.4424
23	20.4558	18.2922	16.4436	14.8568	13.4886	12.3034	11.2722	10.3741	9.5802
24	21.2434	18.9139	16.9355	15.2470	13.7986	12.5604	11.4693	10.5288	9.7066
25	22.0232	19.5235	17.4131	15.6221	14.0939	12.7834	11.6536	10.6748	9.8226
30	25.8077	22.3955	19.6004	17.2920	15.3725	13.7648	12.4090	11.2578	10.2737
40	32.8347	27.3555	23.1148	19.7928	17.1591	15.0463	13.3317	11.9246	10.7574
50	39.1961	31.4236	25.7298	21.4822	18.2559	15.7619	13.8007	12.2335	10.9617

부표3 (계속)

이자율									
10%	12%	14%	15%	16%	18%	20%	24%	28%	32%
0.9091	0.8929	0.8772	0.8696	0.8621	0.8475	0.8333	0.8065	0.7813	0.7576
1.7355	1.6901	1.6467	1.6257	1.6052	1.5656	1.5278	1.4568	1.3916	1.3315
2.4869	2.4018	2.3216	2.2832	2.2459	2.1743	2.1065	1.9813	1.8684	1.7663
3.1699	3.0373	2.9137	2.8550	2.7982	2.6901	2.5887	2.4043	2.2410	2.0957
3.7908	3.6048	3.4331	3.3522	3.2743	3.1272	2.9906	2.7454	2.5320	2.3452
4.3553	4.1114	3.8887	3.7845	3.6847	3.4976	3.3255	3.0205	2.7594	2.5342
4.8684	4.5638	4.2883	4.1604	4.0386	3.8115	3.6046	3.2423	2.9370	2.6775
5.3349	4.9676	4.6389	4.4873	4.3436	4.0776	3.8372	3.4212	3.0758	2.7860
5.7590	5.3282	4.9464	4.7716	4.6065	4.3030	4.0310	3.5655	3.1842	2.8681
6.1446	5.6502	5.2161	5.0188	4.8332	4.4941	4.1925	3.6819	3.2689	2.9304
5.4951	5.9377	5.4527	5.2337	5.0286	4.6560	4.3271	3.7757	3.3351	2.9776
8.8137	6.1944	5.6603	5.4206	5.1971	4.7932	4.4392	3.8514	3.3868	3.0133
7.1034	5.4235	5.8424	5.5831	5.3423	4.9095	4.5327	3.9124	3.4272	3.0404
7.3667	6.6282	6.0021	5.7245	5.4675	5.0081	4.6106	3.9616	3.4587	3.0609
7.6061	6.8109	6.1422	5.8474	5.5755	5.0916	4.6755	4.0013	3.4834	3.0764
7.8237	6.9740	6.2651	5.9542	5.6685	5.1624	4.7296	4.0333	3.5026	3.0882
8.0216	7.1196	6.3729	6.0472	5.7487	5.2223	4.7746	4.0591	3.5177	3.0971
8.2014	7.2497	6.4674	6.1280	5.8178	5.2732	4.8122	4.0799	3.5294	3.1039
8.3649	7.3658	6.5504	6.1982	5.8775	5.3162	4.8435	4.0967	3.5386	3.1090
8.5136	7.4694	6.6231	6.2593	5.9288	5.3527	4.8696	4.1103	3.5458	3.1129
8.6487	7.5620	6.6870	6.3125	5.9731	5.3837	4.8913	4.1212	3.5514	3.1158
8.7715	7.6446	6.7429	6.3587	6.0113	5.4099	4.9094	4.1300	3.5558	3.1180
8.8832	7.7184	6.7921	6.3988	6.0442	5.4321	4.9245	4.1371	3.5592	3.1197
8.9847	7.7843	6.8351	6.4338	6.0726	5.4509	4.9371	4.1428	3.5619	3.1210
9.0770	7.8431	6.8729	6.4641	6.0971	5.4669	4.9476	4.1474	3.5640	3.1220
9.4269	8.0552	7.0027	6.5660	6.1772	5.5168	4.9789	4.1601	3.5693	3.1242
9.7791	8.2438	7.1050	6.6418	6.2335	5.5482	4.9966	4.1659	3.5712	3.1250
9.9148	8.3045	7.1327	6.6605	6.2463	5.5541	4.9995	4.1666	3.5714	3.1250

찾아보기 INDEX

ㄱ

ㄴ

ㄷ

ㄹ

ㅁ

ㅂ

ㅅ

ㅇ

ㅈ

ㅊ

찾아보기 INDEX

A

B

C

D

E

F

G

H

I

J

K

L

M

N

T

U

V

W

저자소개

신홍철(申洪哲, Hong-Chul Shin) shinhc53@gmail.com

[학력]

서울대학교 경영학과, 동 대학원 회계학 전공, 미국 텍사스주립대학교(The University of Texas, at Austin) (회계학박사: 관리회계전공)

[경력]

(주)유공 및 (주)선경 근무
미국 텍사스주립대학교 및 하와이대학교 교환교수
홍익대학교 경영대학원 및 세무대학원 원장
행정고시 및 공인회계사 시험 출제위원
홍익대학교 경영학과 교수
BSC 연구회 회장(2000년 이후~현재)

[주요 저서 및 역서]

- 관리회계의 혁신-성공기업을 위한 전략적 관리회계의 실행(경문사, 1993)
- (전략적 관점을 강조한) 관리회계(경문사, 2001)
- 지금 당장 회계공부 시작하라(공저)(한빛비즈, 2012)
- IFRS 회계학원론(공저)(도서출판 청람, 2013)
- 新원가회계(공저)(경문사, 2013) 등 총22권의 저역서

이주원(李周媛, Ju-Won Lee) 87jwlee@hanmail.net

[학력]

이화여자대학교 법정대학, 이화여자대학교 일반대학원 경영학 석사, 박사

[경력]

백석문화대학 교수, 현 백석예술대학 교수

[주요 논문]

- 국내기업의 ABC(Activity Based Costing) 실행과 활용수준에 미치는 영향요인에 관한 연구(2004)
- 영업관리부문에서의 ABC도입 사례연구(2005)
- BSC의 효과에 관한 연구: 커뮤니케이션, 역할갈등, 보상시스템을 중심으로(2007)
- 농림부의 통합성과 관리시스템에 관한 사례연구(2008)
- 한국조폐공사 BSC 성과관리시스템의 운영이 조직유효성에 미치는 영향(2010) 등 다수
- 新원가회계(공저)(경문사, 2013)

강대준(Dae-Jun Kang) djkangCPA@gmail.com

[학력]

홍익대학교 경영학부, 성균관대학교 경영전문대학원(석사과정, 회계전공)

[경력]

공인회계사, 세무사
삼일회계법인 근무(회계감사, 경영컨설팅)
인사이트파트너스 대표이사
대우조선해양 공과대학 경영학 겸임교수
삼성그룹, 현대자동차그룹, 현대중공업그룹, 두산그룹, 한화그룹, LG전자 등 기업 원가분석 과정 강의
국가공인 재경관리사 시험 출제위원

[주요 저서]

- 게임으로 배우는 원가마인드(삼일회계법인, 2007)
- 지금 당장 회계공부 시작하라(공저)(한빛비즈, 2012)
- 재경관리사 원가관리회계(공저)(삼일인포마인, 2012)
- IFRS회계학원론 스터디가이드(공저)(청람, 2013)
- 新원가회계(공저)(경문사, 2013)

新관리회계 2판

저　자	신홍철 · 이주원 · 강대준
발행자	한헌주
발행처	도서출판 **경문사**
	서울특별시 서대문구 독립문로 21-9
	전화 738-7035　　FAX. 722-4678
	E-mail : kmsp@korea.com
	홈페이지 : http://www.kmsp.co.kr
등　록	1995년 11월 9일 제300-1995-138호

2014년 2월 20일 초판발행
2019년 2월 28일 2 판발행

정가 15,000 원

ISBN 978 89-420-0899-5 93320